Veröffentlichungen des
Heimatvereins Charlottenburg
in Verbindung mit dem
Bezirksamt Charlottenburg

Band 2

Bertold Grzywatz

Das Rathaus Charlottenburg

Zur Geschichte
und Ikonographie
eines bürgerlichen
Monumentalbauwerks

Edition
DIVAN

im Stapp Verlag

Redaktion Wolfgang Oehler

Printed in Germany 1989

ISBN 3-87776-055-4

Umschlagentwurf, unter Verwendung der
Fotos von Bethold Grzywatz und
grafische Beratung Christian Chruxin
Satz-Offizin Hümmer, Waldbüttelbrunn
Lithografien Reprogesellschaft
Lutz Wahl, Berlin
MovimentoDruck, Berlin
Bindearbeiten Heinz Stein, Berlin

Bildnachweis
Heimatarchiv Charlottenburg: 27, 129 oben, 147 oben und unten, 151 links und rechts, 166, 179, 182 oben, 245, 302, 338, 352, 353 links und rechts, 359.
Landesarchiv Berlin: 348.
Landesbildstelle Berlin: 216, 208.
Alle übrigen Abbildungen stammen aus der Sammlung Grzywatz.

Inhaltsverzeichnis

Vorwort

Mit Lage, Gestalt wie künstlerischem Anspruch nehmen Rathäuser immer einen bevorzugten Rang im Gefüge der Stadt ein. Auch die vor dem Ersten Weltkrieg errichteten Rathäuser im alten Umland der Reichshauptstadt, die sich 1920 zur neuen Verwaltungseinheit Groß-Berlin entwikkelt hat, folgen diesen Merkmalen. Im historischen oder stadträumlichen Mittelpunkt der Gemeinden gelegen, stehen sie entweder, das Stadtbild beherrschend, an der Ecke eines Baublocks wie das Steglitzer Rathaus und das Rathaus in Neukölln, oder sie gelangen wie in Schöneberg durch einen eigenen Vorplatz zu einer angemessenen städtebaulichen Wirkung. Selbst das in die Blockrandbebauung einbezogene Rathaus der früheren Stadt Charlottenburg dominiert gegenüber den umliegenden Bauten weniger durch den Aufwand seiner Fassadengestaltung und die Verwendung eines edlen Baumaterials – des Natursteins – oder durch seine ideologische Aussage, die sich in den Bildhauerarbeiten ausdrückt, als vielmehr durch sein Hoheitszeichen: den Turm (den fast alle Rathäuser dieser Zeit besitzen) – Symbol der Stadtrepublik, Kennzeichen städtischer Freiheit gegenüber fürstlichem Regiment.
Nicht nur seine Gestalt, auch seine Zweckbestimmung zeichnen das Rathaus vor allen anderen baulichen Anlagen der Stadt aus: Weil in ihm über das Schicksal des Gemeinwesens beraten und entschieden wird – und zwar über den Zeitraum von Generationen –, wird es, selbst wenn sich keine spektakulären Ereignisse in ihm abspielen und nur die Summe täglicher Arbeit in all ihrer Unscheinbarkeit den Zeitablauf bestimmt, zu einer Art historischer Stätte. Die Prägungen des jeweiligen Zeitgeistes geben sich der geschichtlichen Betrachtung zu erkennen. Ein Rathaus ist eben mehr als ein Verwaltungsgebäude.
Der städtebaulich-architektonische Anspruch und die geschichtliche Dimension der in ihm geleisteten und weiterhin zu leistenden Arbeit – denn Rathäuser verlieren so gut wie nie ihre Funktion – verleihen ihm so etwas wie eine verpflichtende Würde, die es über den Status eines reinen Funktionsgebäudes erhebt. Ein Rathaus andererseits nur unter dem Blickwinkel städtischer Repräsentation zu sehen, würde seinem historischen Anspruch ebenfalls nicht gerecht werden. Da seine hoheitliche, geschichtliche und politische Bedeutung am Erscheinungsbild wahrnehmbar sein muß, bedarf das Rathaus ständiger, seiner Bedeutung angemessener Pflege. Durch seine bauliche Gestalt wirkt es aber nicht nur in die Stadt hinein, es muß auch den hier Tätigen das Bewußtsein vermitteln, daß sie nicht irgendeinen Job ausüben, sondern im Rathaus zum Wohl der Gemeinschaft arbeiten.
Um die bauliche Pflege und Unterhaltung der Rathäuser ist es in Berlin mit Ausnahmen nicht sonderlich gut bestellt. Zu oft wird sie lieblos ausgeführt; zu lange hat die Auffassung vorgeherrscht, gerade Rathäuser als öffentliche Gebäude dürften mit einem besonderen Pflegestand nicht »prunken«, dem Bürger dürfe nicht das Argument der Verschwendung von Steuermitteln geliefert werden und die Ausstattung des rathäuslichen Arbeitsplatzes habe ohnehin Vorrang vor Instandsetzung oder gar Restaurierung. Diese auf Funktionalität zielenden (und deshalb auch guten) Gründe übersehen in ihrer Ausschließlichkeit aber die Bedeutung des Rathauses als eines politisch-gesellschaftlichen Mittelpunktes für das Gemeinwesen. Man sollte sich darüber klar sein, daß sich in ihnen auch eine Geringschätzung politischer Kultur äußert.

Den Denkmalwert überwiegend dem äußeren Erscheinungsbild beizumessen, liegt im denkmalpflegerischen Verständnis vor allem der Zeit nach 1945 begründet. So wurden – im Falle des Charlottenburger Rathauses – die durch Kriegseinwirkungen geschädigten Innenräume wie der Stadtverordneten-Sitzungssaal oder der große Festsaal dem Zeitgeschmack entsprechend modern wiederhergestellt. Doch auch Räume wie der historische Magistrats-Sitzungssaal, die unzerstört blieben, wurden in wesentlichen Bereichen umgestaltet. Von der sicherlich sehr umfangreichen ursprünglichen Ausmalung des Rathauses ist erst ein Bruchteil – die Ausmalung der Tordurchfahrt zur Straße Alt-Lietzow – restauriert.
Somit bleibt das Charlottenburger Rathaus, zusätzlich zu seiner ständigen baulichen Unterhaltung, auch eine denkmalpflegerische Aufgabe im Sinne der Wiederherstellung, insbesondere der nachweisbaren Ausmalungen. Ob es wünschenswert ist, daß das heutige Bezirksamt seine Beratungen in den alten Magistrats-Sitzungssaal zurückverlegt, können nur die Charlottenburger selbst entscheiden. Seiner ehemaligen Funktion entspricht die Lage dieses Saals im Herzen des Gebäudes. Sein Portal im 1. Obergeschoß ist markiert: Bienenkorb und Schwanenpaar, die als zwei Bildfelder den Eingang flankieren, ermahnen die Mitglieder des Magistrats, ihre Arbeit fleißig und ohne Streit zu tun; die in den Wandpaneelen des Saalinneren eingelassenen Spruchweisheiten legen sie auf bestimmte Tugenden fest. Die Gebäudefassaden und die Wege im Rathaus sind ebenfalls mit den in seiner Entstehungszeit gebräuchlichen Wertmaßstäben gekennzeichnet: Belehrungen in bildlich-ornamentaler Gestalt und Sinnsprüchen, die oft bürgerliche Tugenden betonen, vor allem Selbstlosigkeit und ständige Arbeit im öffentlichen Amt.
Ein Rathaus darf nicht als Museum festgeschrieben werden. Die Bindungen an seine Geschichte verpflichten – gerade über die politische Arbeit, die in ihm stattfindet – zu einer Öffnung für die Gegenwart und die Zukunft. Folglich muß sich Neues überall da ansiedeln dürfen, wo keine historische Substanz zerstört wird. Unverzichtbares Merkmal für die Aufnahme des Neuen ist seine gestalterische Qualität, die der des Alten gleichwertig sein muß. Anlässe dazu gäbe es im Rathaus Charlottenburg zur Genüge – zum Beispiel den ehemaligen Stadtverordneten-Sitzungssaal, dessen historische Substanz den Bomben zum Opfer gefallen ist und der nach 1945 in nur unzureichender Form wiederhergestellt wurde, im Sinne einer progressiven, vielleicht sogar avantgardistischen Moderne neu zu gestalten. – Verlockend auch der Gedanke, die Kunstsammlung des Rathauses durch den Erwerb neuer Stücke fortzusetzen.
Um solche Vorstellungen entwickeln zu können, bedarf es aber der Kenntnis der Geschichte dieses Hauses.

Helmut Engel
Landeskonservator

Vorbemerkung

Im Rahmen eines stadtgeschichtlichen Projektes, das die Historische Kommission zu Berlin mit dem Landeskonservator durchführte, entstand im August 1985 die Idee zu einer Untersuchung über die Geschichte des Rathauses Charlottenburg. War hier das Rathaus als Ort thematisiert, an dem politische Geschichte greifbar wird und von dem bestimmende Impulse auf das soziale und kulturelle Leben der Stadt Charlottenburg ausgehen, so sollten in einer breiter angelegten Monographie das Rathaus im Feld kommunaler Bauaufgaben, seine Architektur und Bauplastik sowie die im Zuge der Verwaltungsexpansion ausgeführten Erweiterungen beziehungsweise die verschiedenen Phasen der städtischen Bauplanung untersucht werden.

Galt es einerseits, die baugeschichtliche Entwicklung eines Verwaltungsgebäudes darzustellen, das Rathaus als Bauwerk unter Berücksichtigung der vielfältigen Bestrebungen in Architektur und Kunst der Jahrhundertwende und der überlieferten Tradition architekturgeschichtlich einzuordnen, mußten andererseits Bauplanung und -ausführung im Kontext der Raumbedürfnisse eines städtischen Verwaltungsapparates analysiert werden. Die Gestaltungsprinzipien der Architekten im Spannungsfeld zwischen Historismus und beginnender Moderne waren nicht minder von Interesse als die Bildsprache der Bauplastik, die sich um einen spezifischen Ausdruck des Bürgerlichen schlechthin und der bürgerlichen Selbstverwaltung bemühte. Die Betrachtung eines Bauwerks als Bedeutungsträger, der auf geschichtliche Mächte verweist und Legitimierung deutlich macht, erforderte dann auch, den Rathausbau des ausgehenden 19. Jahrhunderts vor dem Hintergrund der Historismusdebatte in den sechziger und siebziger Jahren zu reflektieren.

Meine Arbeit versteht sich sowohl als kunsthistorische Untersuchung, die insbesondere ikonologischen Fragen nachgeht, als auch als landesgeschichtlicher Beitrag, der die Entwicklung der Verwaltungsstrukturen einer »Vorstadt« beziehungsweise des späteren Stadtbezirks im Rahmen bauplanerischer Aufgaben und Umsetzungen beschreibt.

Der Charlottenburger Pressesprecher Wolfgang Bensch und der Planungsbeauftragte des Bezirksamtes Knut Lienemann haben die Arbeit mit Interesse und Verständnis begleitet und auf diese Weise den Autor in vielen Phasen der Forschung unterstützt. Ihr Engagement trug nicht zuletzt zur finanziellen Absicherung des Werkes bei.

Für zahlreiche Hinweise bin ich dem Charlottenburger Hochbaudirektor Dr. Fritz Monke, dem Bauoberamtsrat und stellvertretenden Leiter des Stadtplanungsamts Jürgen Trautwein sowie den Architekten der Entwurfsgruppe des Hochbauamtes Bernd Fogt, Dr. Samad Zamani und Dr. Fariborz Zareh zu Dank verpflichtet. Besonders herzlich möchte ich mich bei Hansjoachim Reinhardt, dem Sohn des Architekten Heinrich Reinhardt, für bereitwillig wie interessiert erteilte Auskünfte bedanken; zudem stellte er mir den Nachlaß zur Verfügung und ermöglichte dadurch, eine ziemlich lückenlose Werkübersicht der Architektengemeinschaft Reinhardt und Süßenguth aufzustellen. Der Bildhauer August Jäkel hat mir mit Hinweisen zur bauplastischen Ausstattung des Rathauses geholfen. Dem Lektor der Schriftenreihe Wolfgang Oehler danke ich für die sorgfältige Betreuung des Textes.

Die Bezirksverordneten-Versammlung Charlottenburg, der frühere Bürgermeister Baldur Ubbelohde und die amtierende Bürgermeisterin Monika Wissel haben durch ihren Einsatz zur Publikation meines Werkes beigetragen. Zu bedanken habe ich mich weiterhin bei den Mitarbeitern des Bauaufsichtsamtes, des Heimatarchivs und der Verwaltungsbücherei Charlottenburg, des Bauaufsichtsamtes Tiergarten, des Landesarchivs Berlin, des Deutschen Zentralarchivs Merseburg, des Deutschen Zentralarchivs und des Staatsarchivs Potsdam, der Senatsbibliothek Berlin und bei Gabriele Grützner Bruckmann vom Archiv der Akademie der Künste.

Der größte Dank gebührt jedoch meiner Frau, Ursula Großpietsch-Grzywatz, die meine Arbeit mit Kritik und Zuspruch förderte, und meinen ersten Kindern Nora Aimée und Laura Estelle, die zugunsten der Forschung auf so manche Spielstunde verzichten mußten. Ihnen ist dieses nach über dreijährigen Untersuchungen abgeschlossene Buch gewidmet.

Berlin-Moabit, im Juni 1989
Berthold Grzywatz

Einleitung

Das Rathaus war mit Fahnen und Girlanden geschmückt; den Zugang zum Hauptportal faßte eine Reihe bogenförmig aufgestellter, durch Tannengehänge verbundener Obelisken ein. Flächig angeordnete Glühlampen brachten die braungelb gestrichenen Streifen der Obelisken zum Leuchten, so daß trotz der Tageszeit der Eingang des Rathauses in ein warmes Licht gehüllt wurde. Eine große Menschenmenge hatte sich an diesem 20. Mai 1905 vor dem Gebäude eingefunden, als gegen 11 Uhr die Ehrengäste eintrafen, die Oberbürgermeister Schustehrus im Festsaal empfing. Unter ihnen sah man den Regierungspräsidenten der Provinz Brandenburg, Rudolf Graf von der Schulenburg, und den Dezernenten für kommunale Angelegenheiten, Regierungsrat Paul Schumann, Baurat Albrecht Lütcke, den Neuköllner Stadtbaurat Reinhold Kiehl und Polizeipräsident Richard Steifensand. Neben den Mitgliedern der städtischen Kollegien waren die höheren Beamten, die Bauinspektoren und Assessoren, der Brand- und der Bürodirektor, einzelne obere Bürobeamte, Vertreter sämtlicher Beamtengruppen, die Architekten Reinhardt und Süßenguth, alle am Bau beteiligten Künstler, Handwerksmeister, Fabrikanten und Lieferanten sowie eine Abordnung der Bauhandwerker zur feierlichen Übergabe des fertiggestellten Charlottenburger Rathauses eingeladen. Das durch die hohen Fenster des Festsaals einfallende Licht brach sich an den vergoldeten Blättern zahlreicher Lorbeergirlanden und hüllte den Raum in einen glutvollen Schimmer. Nach der Begrüßung der staatlichen Vertreter intonierte die Kapelle des Elisabeth-Regiments auf der Empore der Wandelhalle das ›Hallelujah‹ aus Händels ›Messias‹. Baustadtrat Paul Bratring – er sollte in diesem Jahr nach 24jähriger Tätigkeit aus den Diensten der Stadt scheiden – skizzierte anschließend die Baugeschichte des Rathauses und übergab in der Hoffnung, »daß der Bau seinem Zweck, der Verwaltung der Stadt nach außen und nach innen zu dienen, ihren Glanz und ihre Herrlichkeit zu vermehren, immerdar erfüllen wird«[1], dem Charlottenburger Oberbürgermeister den in Bronze getriebenen Rathausschlüssel. Schustehrus lobte die Zweckmäßigkeit der Rathaus-Anlage, die Harmonie der Bauteile und die Selbständigkeit der künstlerischen Formen. »Das Charakteristische dieser Formen scheint mir zu sein Ernst und Kraft. Passend für unser Rathaus, in dem in ernster harter Arbeit unter Ringen und Kämpfen nur mit männlicher Kraft und Stärke jene schwierigen Aufgaben zu lösen sind, die die Zeit uns stellt.«[2] Einen Ausdruck von Kraft und Stärke sollte auch der Kaiser empfinden, wenn er am folgenden Wochenende, vom Berliner Schloß kommend, am Knie in die Berliner Straße einfuhr. Noch eben vom Spiel des Licht-Springbrunnens auf der Straßeninsel des unregelmäßigen Platzes beeindruckt, wird er den über die Fahrbahn gezogenen Straßenschmuck bewundern können, der die Umrißlinie der Charlottenburger Schloßkuppel durchschnitt, das Fernbild des massig aufstrebenden Rathausturmes aber kaum beeinträchtigte. Mochte ein naturbedingter Anstieg des Geländes diesen Eindruck begünstigen und mochte der Oberbürgermeister in seiner Festrede darauf hinweisen, daß alles Streben »auf der Grundlage des geeinten Deutschen Reiches und seiner inneren

1 Die Charlottenburger Rathausfeier, in: Charlottenburger Zeitung Neue Zeit vom 21. Mai 1905.
2 Ebd.

Kraft«[3] erwachse – »Stolz und Stärke« des Bauwerks waren Zeugnis einer »modernen Zeit«, in der »die Bürgerschaft... noch eine Zukunft und in ihr große Aufgaben zu erfüllen hat«[4]. Dem Monarchen dürfte nicht verborgen bleiben, daß sich hier das Selbstbewußtsein einer Stadt artikulierte, deren Bürger und Selbstverwaltung die Leistung ihrer kulturellen Arbeit hervorhoben und damit zugleich ihrem Anspruch auf Mitgestaltung eine Form gaben.

Das Bauwerk wurde gleichsam zum Monument bürgerlichen Emanzipationsstrebens. Monumentalität ist hier nicht Zeichen eines überbetonten Repräsentationsgebarens, sondern wird zur Aussage über die politische und rechtliche Stellung des Bürgertums. Die 1883 anläßlich der Vollendung des Wiener Rathauses herausgegebene Festschrift mag diesen Gedanken verdeutlichen: »Drei Aufgaben stellte die Gemeinde den Bewerbern für den Bau des neuen Rathauses. Das Gebäude hatte den praktischen Bedürfnissen (als Verwaltungsbau, d. Verf.), den Anforderungen der Kunst und der Würde der ersten Stadt des Reiches zu entsprechen... Um dem Rathause das typische Merkmal der gleichartigen alten Prachtbauten Deutschlands zu geben und symbolisch dem Sitze, der Macht und Kraft des Bürgertums Ausdruck zu verleihen, verlegte der Künstler in die Mitte der Fassade einen von der Sohle des Gebäudes sich selbständig entwickelnden Turm.« Das Rathaus »sollte nicht nur der herausragenden politischen Stellung Wiens und dem Bedürfnisse seiner großen centralistischen Verwaltung entsprechen, sondern in seiner äußeren Erscheinung auch dem steigenden Aufblühen des Bürgertums Ausdruck geben«[5]. Daß das Vorwärtsdrängen des Bürgertums, Modernität und Zukunftsorientiertheit im architekturhistorischen Rückgriff formuliert wird, ist nur scheinbar ein Widerspruch, da das Zitat auf Grund seiner geschichtlichen Relevanz benutzt wird, mithin nicht künstlerischer Selbstzweck ist, sondern Zeichen eines historischen Vorbildes, dessen Rezeption selbst wiederum geschichtsbildend ist. Die Wiener Festschrift verdeutlicht diese Sicht: »Als die Bürger der deutschen Städte im 13. Jahrhundert sich aus ihrer früheren niedrigen und abhängigen Stellung zur Freiheit und Selbständigkeit emporschwangen und ihr Zusammenleben und Zusammenwirken durch verbriefte Rechte zu schützen suchten, bedurften sie einer Versammlungsstätte, worin ihre Erwählten die Angelegenheiten der Gemeinde beraten, die ihnen eingeräumten Machtbefugnisse ausüben und die Bürger ihre Klagen und Beschwerden gegen Übergriffe und Anfeindungen vorbringen konnten. Die Rathäuser waren die Burgen der Bürger. Aber ganz im Gegensatz zu jenen stolzen ritterlichen Bauten auf den Bergen des Landes, die aus der Willenskraft des Einzelnen entstanden, erscheinen uns diese als der Ausdruck des Machtgefühls einer großen Einigung, welche das Recht und die Freiheit barg.«[6] Die konkrete politische Differenz zwischen der Verfaßtheit mittelalterlicher und neuzeitlicher Städte spielte dabei eine untergeordnete Rolle, wichtig war allein, daß sich im Anknüpfen an einen überlieferten Bautypus »das Emporblühen des deutschen Bürgertums« manifestierte und einen erinnernden, somit monumentalen Charakter gewann,[7] wobei man im historischen Zugriff zugleich den eigenen po-

3 Ebd.
4 Ebd.
5 Festschrift zur Eröffnung des Wiener Rathauses 1883, zit. nach Peter Haiko/Hannes Stekl, Architektur in der industriellen Gesellschaft, in: Architektur und Gesellschaft von der Antike bis zur Gegenwart (= Geschichte und Sozialkunde, Bd. 6), hrsg. v. H. Stekl, Salzburg 1980, S. 265.
6 A. a. O., S. 267.
7 In der zweiten Hälfte des 19. Jahrhunderts wurde der Monumentalbau gemeinhin mit dem Begriff »öffentliches Gebäude« gleichgesetzt. Bei Wenzel Herzig hieß es etwa: »So sind Regierungsgebäude, Rathäuser, Kirchen, Schulen, Theater, Konzert- oder Musiksäle, Krankenhäuser, Bahnhöfe etc. Gebäude, welche den Charakter der Öffentlichkeit in sich tragen, weil deren allgemeine Benützung und der jedermann freigestellte

litischen Machtanspruch zu legitimieren suchte.
In den neun Punkten über Monumentalität erklärten später Sigfried Giedion, Fernand Léger und José Luis Sert, daß Monumente Marksteine bildeten, in denen die Menschen für ihre Ideale, Ziele und Handlungen Symbole schufen, die ihre eigene Epoche überdauerten. Als Bindeglied zwischen Vergangenheit und Zukunft seien sie Ausdruck der höchsten kulturellen Bedürfnisse der Menschen und der kollektiven Kraft eines Volkes. Voraussetzung wirklicher Monumentalität bleibe aber »ein einigendes Bewußtsein und eine einigende Kultur«, erst dann könne »das kollektive Gefühl der modernen Zeit« in lebendigen, dauernden Symbolen verkörpert werden. Im Verlangen nach Monumentalität äußerten sich Ansprüche an den Bau, die über Funktionalität hinausgingen und auf »Freude und innere Steigerung« abzielten.[8] Dieser Begriff der Monumentalität schließt das Moment des Erinnerns, den Symbolcharakter des Denkmals ein und postuliert überdies die Notwendigkeit eines produktiven Gemeinschaftslebens und eines sich in diesem Zusammenhang entwickelnden zeitgemäßen kollektiven Bewußtseins. In diesem Sinne ist die Rathausarchitektur der Jahrhundertwende kein wirkliches Monument, sondern eine leere Schale, da sie Überliefertes nachahmt oder bestenfalls paraphrasiert. Doch schließt das Einholen des Vergangenen auch die Möglichkeit seiner Fruchtbarmachung für das Gegenwärtige ein. Die Rezeption von Geschichte wird erst dann schal, wenn sie sich zum Selbstzweck erhebt und keinen Eingang in neue Geschichte findet. Giedion äußert selbst in seinen Anmerkungen »Über die Erziehung zum Architekten«: »Wir wollen heute die lebendigen Kräfte und die geistigen Haltungen erkennen, die die verschiedenen Perioden formten. Besonders interessieren uns dabei jene Probleme vergangener Kulturen, welche eine innere Verwandtschaft mit der heutigen Situation aufweisen. Es ist dies ein Vorgang, wie er ähnlich bei Malern und Bildhauern zu beobachten ist. Sie gehen auf sogenannte primitive Kulturen zurück, nicht etwa, um zu kopieren, sondern um Stützpunkte für ihre eigene innere Realität zu gewinnen.«[9] Nach einem solchen Stützpunkt strebte auch das Bürgertum, wenn es sich auf die erste Zeit seiner Entfaltung besann und, ohne in eine vordergründige Stilkopie zu verfallen, auf Vorbilder aus jener Epoche zurückgriff.
Die historistische Architektur erteilt damit aber jeglicher Form-Stilproblematik eine Absage, geht es ihr doch ausschließlich um inhaltliche Bezüge und Aussagen. Kommt im Zitieren eine eklektizistische Grundhaltung zum Vorschein, ist diese nicht vorschnell als unschöpferisch abzuqualifizieren, vielmehr erweist sich der Eklektizismus als künstlerische Methode, in der der Historismus ein Mittel der Selbstdarstellung findet. Entlehnungen sind integraler Bestandteil jeder Phase der Kunstgeschichte und an sich noch kein Kriterium für künstlerische Qualität. Reinhardt und Süßenguth, die als Eklektiker eine Vorliebe für die deutsche Renaissance hatten, permutierten den überlieferten Formenkanon und gewannen auf diesem Wege durchaus eine selbständige Ausdrucksweise.
Wie Friedrich von Schmidt in Wien griffen Reinhardt und Süßenguth das Turmmotiv auf, wobei es ihnen darauf ankam, Turm und Baukörper in einen harmonischen Zusammenhang zu bringen. Der »Turmkon-

Besuch ihnen den Charakter der Öffentlichkeit geben. Diese Art der Gebäude übergehen von einer Generation auf die nächstfolgende und nehmen so den Grad der Bildung des Geistes, des Ansehens, des Wohlstandes, sowie von der Größe, der Macht, welche dem erbauenden Volk eigen sind, zeugend, einen erinnernden, mithin monumentalen Charakter an, weshalb sie auch mit dem Namen Monumentalgebäude näher bezeichnet werden.« Die angewandte oder praktische Aesthetik oder die Theorie der dekorativen Architektur, Leipzig 1873, S. 9f.

8 Sigfried Giedion, Architektur und Gemeinschaft. Tagebuch einer Entwicklung, Hamburg 1956, S. 40f. Die Thesen wurden 1943 vorgelegt.

9 A. a. O., S. 51.

flikt« wurde durch einen giebelbekrönten Risalit, einen konvexen Aufschiebling und eine starke Steilheit des Daches gelöst. Die Höhenentwicklung des Turms stand allerdings in einem wenig sinnvollen Verhältnis zur Länge der Flügelbauten; diese Disproportion wurde jedoch durch die von vornherein in die Bauausführung einbezogene Erweiterungsplanung relativiert. Während der Wiener Dombaumeister an einer bildhaften neugotischen Architektur festhielt, äußerte sich in Charlottenburg »das stark sich entwickelnde Deutschtum einer neuen Zeit« [10] in einer Materialästhetik, die aus der Anordnung und Schichtung des Steins, seiner Bearbeitung und kontrastierenden Verwendung architektonische Wirkungen erzielte. Der Vertikalismus der Neugotik ist zwar noch spürbar, aber im wesentlichen von einer Gliederung durch Bauteile abgelöst. Die wuchtige Steinbehandlung und die großen Rundbogenfenster des Hauptgebäudes erinnern an den kraftvollen Romanismus eines Henry Hobson Richardson, die differenzierende Handhabung des Steins, seine gestuften Verbindungen mit bauplastischen Elementen, läßt an die skulpturale Architektur eines Bruno Schmitz denken.

Hier wird zugleich deutlich, daß die Tendenz des Jugendstils zur Verschmelzung oder seine lineare, feingliedrige Akzentuierung der konstruktiven Bauglieder nicht zum Gestaltungsprinzip dieses Rathausbaus gehören. Die Hof- und Seitenfassaden und die Front an der Straße Alt-Lietzow bleiben in ihrer strengeren Vertikalisierung und durch die Verwendung rundbogiger Blenden stärker der romanischen und der gotischen Baukunst verpflichtet. Gotisierende Details trifft man auch im Innenbau an, vor allem im Haupttreppenhaus des eingeschobenen Mittelflügels. Insgesamt beeindrucken die Treppenhäuser aber durch ihre raumgreifende Architektur: Treppe, Pfeilergerüst und Ornament werden zu einer einheitlichen Raumskulptur zusammengefaßt. Die Formen sind allerdings massig und schwer, und hierin zeigt sich die Verpflichtung der Architekten gegenüber dem zeitgenössischen Verständnis von Monumentalität. »Ein Bau in großen Zügen angelegt mit breiten ruhigen Flächen, im Wechsel mit Fenster- und sonstigen Gruppen, in großen Achsweiten, in ruhiger groß abgemessener Horizontalteilung und schweren Verhältnissen auf noch schwererem Unterbau aus echtem, in charakteristischer Form zur Schau getragenem Material« [11], wobei Monumentalität geradezu zum Synonym für zunehmende Schwere wurde. Die zyklopische Geschlossenheit nachempfundener ägyptischer und assyrischer Bauwerke war im Monumentalbau der Jahrhundertwende nicht ohne Einfluß, gehörte allerdings nicht zu Reinhardt und Süßenguths Gestaltungsmitteln, im Gegenteil, der Sockel des Rathauses war nahezu aufgelöst, die Fläche des Mauerwerks durch den Rhythmus weiter Öffnungen aufgelockert. Überhaupt verschlossen sich die Architekten einem traditionellen Aufbau, der das Verhältnis von schwer und leicht in Korrespondenz mit der Höhenentwicklung anordnete; lediglich für den Aufbau des Risalits kann man teilweise eine sich nach oben verjüngende Schichtung der Bossen konstatieren. Die Auflockerung des Mauerwerks unterstützt die Wirkung des Turms in seiner Massenentwicklung und der skulpturierten Gipfelung. Ebensowenig dürfte die Ornamentierung des Außen- und Innenbaus der herkömmlichen Vorstellung von Monumentalität entsprechen, die entweder auf einen Verzicht oder auf eine Konzentration der Zierformen im Hauptpunkt des Baus abzielte.

Die skulpturale Bauauffassung der Architekten wies nicht in die nahe Zukunft. Diese gehörte einer ornamentlosen und konstruktiven Architektur, die nicht mehr

10 Bericht über die Verwaltung und den Stand der Gemeinde-Angelegenheiten der Stadt Charlottenburg für das Verwaltungsjahr 1905, S. 11. Das Wiener Rathaus wurde zwischen 1872 und 1883 erbaut.

11 F. Rudolf Vogel, Über monumentale Baukunst, in: Deutsche Bauhütte. Zeitschrift und Anzeiger für alle Zweige praktischer Baukunst, 4. Jg. (1900), Nr. 26, S. 176.

den blanken Eisenträger auf den Stein legte. »Was schön ist, bedarf keiner Dekoration, denn es ist selber dekorativ«[12], formulierte August Perret, und schließlich setzte sich in den ersten Jahrzehnten nach 1900 die Überzeugung durch, nach der sich das Schöne in der unmittelbaren Erfüllung eines Zwecks zeige; so wurde das, was seinem Zweck diente, selbst zum Objekt. Diese Auffassung brachte später nicht selten Bauten hervor, bei denen man vergeblich nach dem Moment der Imagination suchte. Gebäude sind aber mehr als nur Gehäuse, sie sind Erweiterungen der Individuen wie der sozialen Gemeinschaft und sollten die Phantasie des Einzelnen ansprechen. Die Baumeister des 19. Jahrhunderts und auch noch der Jahrhundertwende boten dem Betrachter eine Architektur, bei der die Ornamentik gerade dort zur Selbstverständlichkeit wurde, wo sie der Dekoration der Konstruktion diente und mit dem Architekturgerüst zu einem einheitlichen Ganzen verschmolz.

Jugendstilformen beschränken sich am Charlottenburger Rathaus, sieht man von der Gestaltung einzelner Einrichtungsgegenstände ab, auf Teile der ornamentalen Bauplastik; dabei werden sie häufig mit tradierten Ornamenten, vor allem der deutschen Renaissance kombiniert. Durch stilistische Permutation verbinden die Architekten Überliefertes und Gegenwärtiges zu einer eigenständigen Form. An die Stelle fließender Bewegtheit des Jugendstilornaments, der Entfaltung der Linie in der Fläche treten bauplastische Elemente, deren Bewegung gebunden, in sich gegliedert bleibt. Auffällig ist, daß Reinhardt und Süßenguth in geradezu expressiver Weise eine Verselbständigung des Dekors zu verhindern suchten; in vielfältigen Stufungen und Durchdringungen fügten sie die Zierformen dem Architekturgerüst ein. Allein die Skulpturen der Hauptfront, die dem Pathos der Begas-Schule nahestehen, wirken in ihrer Selbständigkeit und Plastizität wie Fremdkörper am Bau, obwohl sich die Architekten auch hier bemühten, die Figuren durch gebundene Sockelungen, am überzeugendsten noch im Bereich des Hauptportals, in den Baukörper zu integrieren. Es wird aber zu erläutern sein, daß Reinhardt und Süßenguth von den städtischen Körperschaften verpflichtet wurden, sich enger, als sie es beabsichtigt hatten, an die Ikonographie des mittelalterlichen Rathauses anzulehnen. Selbst wenn man den Jugendstil nur als Dekorationssystem versteht, ist das Charlottenburger Rathaus, trotz der verarbeiteten floralen und abstrakt-dynamischen Motive, keineswegs dieser Stilbewegung zuzuordnen.

Die Kunstgeschichtsschreibung tut sich schwer mit der Architektur des 19. und der des beginnenden 20. Jahrhunderts; getragen vom romantischen Postulat der »Stileinheit«, das »eine Einheit von Kunst und Leben als Ideal«[13] gesetzt und in die Vergangenheit projiziert hat, versagt sie bei der Beurteilung einer Zeit, die sich durch eine außerordentliche Breitenentfaltung in der Baupraxis auszeichnete und die im Zuge einer rasch fortschreitenden Industrialisierung, eines rasanten Bevölkerungswachstums, einer Steigerung des Verkehrs und Warenaustausches und einer schnellen technischen Entwicklung eine immense Bautätigkeit aufnahm. Zur Vielfalt der Bauaufgaben gesellte sich eine Bereitschaft, mit alten und neuen Baustoffen zu experimentieren,der sich spätere Zeiten nicht öffnen mochten. Neue Materialien ermöglichten kühne Baukonstruktionen, die bisherige Raumgefühle und -erlebnisse entscheidend veränderten. Der rasende Rhythmus eines maschinellen Zeitalters erzeugte Unruhe. Bewahren und Überdauern wurden zu Grundgedanken, befestigten den Hang zur Monumentalität, galt es doch, nicht nur das Erinnern zu beschwören, sondern auch der eigenen Zeit zu Dauer und Fortleben zu ver-

12 Zit. nach Joseph Rykwert, Ornament ist kein Verbrechen. Architektur als Kunst, Köln 1983, S. 168.

13 J. A. Schmoll gen. Eisenwerth, Stilpluralismus statt Einheitszwang – Zur Kritik der Stilepochen-Kunstgeschichte, in: Argo. Festschrift für Kurt Badt, hrsg. v. Martin Gosebruch/Lorenz Dittmann, Köln 1970, S. 79.

helfen. Die »Besessenheit des Steinehäufens«[14] hatte hier ihren Grund, aber auch die Suche nach Vorbildern und der Versuch, an die Stelle des schöpferischen Prozesses die Wissenschaft zu setzen.
Für die Zeit des späten 19. und des frühen 20. Jahrhunderts hat die Kunstgeschichte immer wieder den Begriff des »Wilhelminismus« bemüht und damit gleichsam den letzten Hohenzollernkaiser zum Exponenten einer Architektur gemacht, die sie gemeinhin mit Adjektiven wie »auftrumpfend«, »protzig«, »parvenuhaft«, »geschmacklos«, »prahlerisch« oder »herausfordernd« zu beschreiben suchte. Hieran zeigt sich der Mangel an Begrifflichkeit, die den analytischen Zugriff auf einen bestimmten Zeitabschnitt der Kunstgeschichte ermöglichte, wie das Versagen des herkömmlichen stilgeschichtlichen Instrumentariums, da die angeführten Charakteristika in ihrer Allgemeinheit keiner zeitlichen und geographischen Spezifizierung standhalten. »Ostentation« kennzeichnet, um nur einige Beispiele zu nennen, das Berliner Reichstagsgebäude Paul Wallots (1883–1894) ebensosehr wie Bruno Schmitz' Völkerschlachtdenkmal in Leipzig (1896–1913) oder die Turbinenhalle von Peter Behrens in Berlin-Moabit (1909). Auch ist sie keine nationale Erscheinung: Die Marmorfülle und Pracht des Denkmals für Viktor Emanuel II. in Rom (nach dem Entwurf Giuseppe Sacconis von 1885 bis 1908 erbaut), der Prunk und die Kolossalität des Brüsseler Justizgebäudes (Joseph Poelaert, 1866–1883) übertreffen die meisten Berliner Bauten des Kaiserreichs einschließlich der Staatsbibliothek, des Stadthauses und der Museen. Monumentale Baugesinnung und Ostentation lassen sich auch in weiter zurückliegenden Epochen beobachten, die Caracalla-Thermen in Rom (erstes Drittel des 3. Jahrhunderts n. Chr.) wären dann nicht weniger wilhelminisch als das Rathaus zu Löwen (1448–1463) oder die Certosa bei Pavia (begründet 1396, Fassade 1473–1499). »Das wunderbarste aller Klöster« war die Gründung eines tyrannischen Territorialfürsten, Giangaleazzo Viscontis; mit einem weiteren Auftrag wollte er »die größte und prächtigste Kirche der Christenheit« errichten lassen, den Dom von Mailand, »der gegen das ganze Altertum in die Schranken treten kann«[15]. Mochte diese Baugesinnung auf Mächtigkeit, ein anderes Mal auf Schönheit gerichtet sein, in jedem Fall war sie einer monumentalen Haltung verpflichtet, in der sich »Ruhmsinn«, Ehrgeiz und Stolz ausdrückten und die dauernde Sinnbilder der Macht schaffen wollte, da diese »für die Fortdauer einer Dynastie und ihre Wiederkehr, wenn sie vertrieben war, von hohem Wert«[16] sein konnten. Eine Parallelität des Bewußtseins ist evident. Zeiten gesellschaftlichen Umbruchs produzieren Gesinnungen, die glauben, dem drohenden Zerfall mit angestrengter Zeichensetzung entgegentreten zu müssen, um selbst nicht einer Auflösung anheimzufallen.
Wilhelminismus kann kein Stil- oder Epochenbegriff sein, da er inhaltlich an psychologische und soziale Zustände gebunden bleibt, die in ihren Bedingungen und Wirkungen sowie ihren Artikulationen modifizierbar, in ihren strukturellen Gegebenheiten aber ein Epochen übergreifendes Phänomen sind. Wenn trotzdem der Begriff Wilhelminismus im Fortlauf der Arbeit verwandt wird, dann bezeichnet er im Sinne Theodor Heuß' lediglich eine geistig-politische Haltung, die in einer monumentalen und materialbetonten Architektur ihren Nenner findet.[17] Reinhardt und Süßenguths Rathaus ist demnach ebenso

14 Hans Voss, Neunzehntes Jahrhundert, Frankfurt a. M. o. J. (1969), S. 9.
15 Urkunde von 1490, zit. bei Jacob Burckhardt, Die Baukunst der Renaissance in Italien (= Gesammelte Werke, Bd. 2), Basel 1955, S. 9.
16 A. a. O., S. 8.
17 Die Theoretiker des Wilhelminismus haben dann auch Schwierigkeiten, mit dem Nebeneinander unterschiedlicher Architekturen in dieser Zeit zurechtzukommen. Julius Posener (Berlin auf dem Wege zu einer neuen Architektur. Das Zeitalter Wilhelms II. [= Studien zur Kunst des 19. Jahrhunderts, Bd. 40], München

ein wilhelminischer Bau wie die spätere Erweiterung Heinrich Seelings, obwohl der Anbau sich deutlicher an historischen Stilformen orientiert.

Bevölkerungswachstum und Verwaltungsexpansion erforderten im letzten Drittel des 19. Jahrhunderts den Bau eines neuen Verwaltungsgebäudes – nicht nur in Charlottenburg, es war vielmehr eine vordringliche Bauaufgabe vieler deutscher Städte –, wobei man eine Zentralisierung des Behördenapparates als zwingend notwendig empfand. Die Vielfältigkeit der behördlichen Funktionen verlangte eine detaillierte Programmvorgabe, die in Charlottenburg erst nach jahrelangen Planungen und Auseinandersetzungen durch Stadtbaurat Paul Bratring entwickelt wurde, und eine Grundrißlösung, die sich durch Übersichtlichkeit, Funktionalität und Ökonomie auszeichnen mußte. An die Architekten stellten nicht zuletzt die ungünstigen Bauplatzbedingungen hohe Anforderungen. Emil Högg resümierte einmal kritisch fragend: »Wird nicht Unmögliches vom Architekten verlangt und angestrebt? Liegen nicht der ganzen Bauidee Fehler zu Grunde, die sich nach bekannten Gesetzen in Unschönheit der äußern Erscheinung verraten? Gewiß ist dem so! Ja, es ist gar nicht schwer, diese Fehler zu finden, sie liegen teils im Bauprogramm, teils im Bauplatz und teils in der Bauweise. Es braucht nicht jedes moderne Rathaus an allen drei Fehlern zu kranken, an einem derselben krankt es gewiß.«[18] Högg bemängelte vor allem die Überhäufung des Bauprogramms, die durch die Zentralisierung bedingten riesigen Baumassen, die kaum zu bewältigen waren und deshalb den Entwurf klarer, übersichtlicher Grundrisse häufig scheitern ließen. Einzelne Verwaltungszweige zu dezentralisieren kam allerdings nicht in Frage, hatte doch die Vereinigung der institutionellen Macht nicht nur praktische, sondern auch symbolische

1979, S. 81 ff. u. 107 ff.) unterscheidet beispielsweise zwischen wilhelminischer und offizieller Architektur, womit er das »bedeutende Volumen an Schulen, Krankenhäusern und anderen Gebäuden der Stadt und des Staates« meint. Die Gerichtsbauten der Jahrhundertwende, ebenfalls staatliche Bauten, subsumiert er, nicht zuletzt auf Grund ihrer räumlichen Konzeptionen, dem Wilhelminismus. Gleichzeitig werden einige zeitgenössische Architekten wie Hermann Muthesius, dessen Bemühungen um einen nationalen Stil wohl kaum vom Wilhelminismus zu trennen sind, isoliert und zu Vorläufern des Funktionalismus erklärt (S. 127 ff.), oder sie werden wie Hans Poelzig (S. 508 ff.), obwohl dieser durchaus wilhelminisch zu bauen wußte, zur Randerscheinung gemacht, während die Systematisierung bei Erscheinungen wie August Endell versagt (S. 232, Anmerkung 3) und sie außerhalb der Betrachtung läßt. Der Versuch, die Verschiedenheiten durch die These vom »wilhelminischen Kompromiß« (soziale Zugeständnisse als Voraussetzung für die Verbesserung der Konkurrenzfähigkeit der deutschen Wirtschaft auf dem Weltmarkt) zu überbrücken, erscheint in diesem Zusammenhang nur noch als unvermittelte begriffliche Konstruktion. Einen anderen Vorschlag macht Karl-Heinz Hüter (Architektur in Berlin 1900–1933, Dresden 1987, S. 46), indem er Wilhelminismus als Oberbegriff beibehält und dann Untergliederungen vornimmt: Höfische Architektur, Neuberliner Bauschule, Teutonismus, Jugendstil, Frühe Sachlichkeit, Neoklassizismus. Die inhaltlichen wie zeitlichen Abgrenzungen sind dabei nicht frei von Widersprüchen. So wird die Neuberliner Bauschule durch eine einzige Bauausführung definiert, nämlich Alfred Messels Warenhaus in der Leipziger Straße einschließlich des späteren Kopfbaus am Leipziger Platz (abgeschlossen 1904), während sein nur wenig später ausgeführtes Kaufhaus in der Rosenthaler Straße dem Teutonismus zugerechnet wird. Die Gerichtsbauten von Rudolf Mönnich und Carl Vohl sowie Ludwig Hoffmanns Stadthaus werden überraschenderweise auch der Neuberliner Bauschule zugerechnet. Den Teutonismus, zu dem Hüter das Charlottenburger Rathaus von Reinhardt und Süßenguth zählt, kennzeichnet er als Architektur, die sich nur selten auf historische Formen beziehe – hierin unterscheide sie sich von der Neuberliner Bauschule –, und wenn sie es tue, diese stark umbilde. Ihre Wirkung gewinne diese Architektur durch »Masse, Gliederung, Quaderung, Behandlung des Steinmaterials und durch eine spezifische architektonische Skulptur, die aus dem Stein herausgehauen erscheint« (S. 46). Hüter muß zugestehen, daß die Grenzen des Teutonismus zu den anderen Richtungen des Wilhelminismus fließend sind (S. 53), und mag damit die Unzulänglichkeit seiner Systematisierung andeuten, da sie auf frappierende Weise von der Mannigfaltigkeit der einzelnen Architektenwerke getrennt bleibt. Übrigens unterlaufen ihm bei der Untertitelung der Abbildung zum Rathaus Charlottenburg einige Fehler: Abb. 65 zeigt das Rathaus einschließlich des Erweiterungsbaus von Heinrich Seeling, der nicht 1906, sondern zwischen 1911 und 1915 ausgeführt wurde.

18 Emil Högg, Moderne Rathäuser, in: Architektonische Rundschau, 20. Jg. (1904), H. 3, S. 17.

Bedeutung: Das Rathaus war ebenso Verwaltungsgebäude wie Repräsentationsbau. Zudem hatte man in Charlottenburg mit dem jahrelangen Mißstand einer relativ willkürlichen Zersplitterung der Verwaltung gelebt, die letztlich von den Zufälligkeiten der Anmietung privater Räume abhing. Angesichts der Widrigkeiten des Charlottenburger Bauplatzes, der nur zwei schmale Frontbildungen zuließ, im übrigen aber eine Hinterlandbebauung erforderte, war die Einfachheit und Übersichtlichkeit des Reinhardt und Süßenguthschen Grundrisses um so höher zu bewerten. Die Architekten konzipierten einen rechteckigen Bau mit zwei Innenhöfen, brachten die Sitzungssäle im eingeschobenen Mittelbau unter und teilten den ersten Hof durch einen zweigeschossigen Verbindungsgang zum Hauptgebäude auf. Die klare Struktur des Grundrisses, die für rationelle Raumnutzung und optimale Lichtverhältnisse sorgte und in gewisser Weise die Trennung der Rathausfunktionen, Verwaltung und Repräsentation, einschloß, wurde erst durch den Erweiterungsbau beeinträchtigt, dessen bauliche Lösung allerdings nicht dem entwerfenden Heinrich Seeling anzulasten war. Auch der Charlottenburger Stadtbaurat mußte sich mit unzulänglichen Bauplatzverhältnissen herumschlagen, die nur eine einseitige Erweiterung zuließen. Ein beidseitiger Anbau wäre städtebaulich überzeugender ausgefallen, doch Seelings ausgearbeitete Pläne für eine derartige Erweiterung blieben im Entwurfsstadium. Ihre Realisierung hätte aber jene Häufung von Baumassen nach sich gezogen, die Emil Högg die Bemerkung entlockte: »Teile die Massen, um sie zu beherrschen.«[19] Die Wege von Verwaltungsgruppe zu Verwaltungsgruppe zwischen Berliner und Lützower Straße, zwischen Wilhelm-Platz und Kirchhofstraße wären außerordentlich weit gewesen.

Daß sich der Gedanke der Zentralisierung mit der Auflösung des Kaiserreichs nicht zerschlug, zeigen die späteren Erweiterungsplanungen, auf die ich im vierten Kapitel eingehe. Besonders in den fünfziger Jahren nahm man Seelings Vorstellung eines Anbaus bis zum Richard-Wagner-Platz auf. Städtebauliche Gesichtspunkte – das zerstörte Gelände zwischen dem Rathaus und dem ehemaligen Wilhelm-Platz sollte unter Berücksichtigung einer Platzwandbildung einheitlich und öffentlich bebaut werden – spielten dabei eine Rolle, nicht minder die bereits den Seelingschen Entwürfen zugrunde liegende Idee, die Flügelbauten des Rathauses symmetrisch zu akzentuieren. Das Rathaus hätte zwar nicht einen in gleichen Abmessungen gehaltenen Anbau bekommen, wäre aber mit einem abgestuft angegliederten westlichen Erweiterungsbau zu einem Ensemble zusammengefaßt worden, das die Unausgewogenheit der Frontbildung an der Otto-Suhr-Allee hätte ausgleichen können. Das Scheitern dieser Pläne zeigt einmal mehr, daß Bauplanung im kommunalen Bereich eher einer Kette von interessengebundenen Zufälligkeiten entspricht als der rationalen Bewältigung konkreter innerstädtischer Bauaufgaben.

In den Rathausbauten suchte man einen spezifischen Ausdruck des Bürgerlichen zu finden, als repräsentative Kommunalgebäude waren sie Sinnbild einer städtischen Gemeinschaftsarchitektur. Die politische Verfassung gewährte dem Bürgertum die Pflege des örtlichen Gemeinwesens. Die kommunale Selbstverwaltung stand dabei immer in einem gewissen Spannungsverhältnis zur staatlichen Bürokratie, da diese häufiger von ihrem Aufsichtsrecht Gebrauch machte und beispielsweise gewählten kommunalen Amtsträgern die Bestätigung versagte. Die Parole »Los von Potsdam«, dem Sitz der Provinzialregierung, hatte lange Zeit in Charlottenburg Bestand. Der Begriff der Selbstverwaltung deckte sich aber nicht mit dem der Demokratie. Als Schöpfung des bürgerlichen Liberalismus war die Selbstverwaltung nicht nur weithin undemokratisch, sondern

19 A. a. O., S. 20.

auch antidemokratisch, da die Ausübung der politischen Rechte an Eigentum und Steuerleistung gebunden blieb. Die Bestimmung der Gemeinde als »Vertreterin des demokratischen Prinzips« schloß keineswegs die Forderung des allgemeinen und gleichen Wahlrechts ein, so daß die Arbeiterschaft nicht im adäquaten Verhältnis zu ihrer Einwohnerzahl in der Gemeindeverwaltung repräsentiert wurde; schon gar nicht in einer reichen Stadt wie Charlottenburg, deren Einkommensteuerleistung im Jahre 1904 bei circa 5,4 Millionen, deren Pro-Kopf-Aufkommen – in Preußen ohne Beispiel – bei fast 27 Mark lag[20] und wo die Arbeiter in verschiedenen Stadtbezirken selbst in der dritten Wahlklasse in der Minderheit waren. Am wenig demokratischen Charakter der Selbstverwaltung änderte auch ihre im Gegensatz zum Konservativismus der Staatsbürokratie vorwiegend liberale Einstellung nichts.

Das beherrschende Element in den Gemeindeparlamenten waren die Honoratioren, da sie sich auf Grund ihrer wirtschaftlichen Unabhängigkeit von laufenden Geschäften freimachen und ehrenamtliche Tätigkeiten in den städtischen Kollegien übernehmen konnten. Andererseits vermehrte sich durch die Ausdehnung der Verwaltung die Zahl der hauptamtlich Tätigen. In Charlottenburg setzte sich der Magistrat im Jahre 1903 aus vierzehn unbesoldeten Mitgliedern, sechs besoldeten Stadträten, dem Kämmerer und den zwei Bürgermeistern zusammen.[21] Nichtsdestoweniger war die »Demokratie der kleinen Zahl« [22] in der Lage, eine Leistungsverwaltung zu betreiben und die Entwicklung einer Urbanität zu fördern, »die stärker als gestufte politische Befugnisse homogenisierende Wirkung besaß, um so mehr, als sie durch zivilisatorische, technische und kulturelle Leistungen der Städte in Erscheinung trat«[23]. Die Nöte der Arbeiterschaft konnte aber auch sie nicht beheben, so blieben beispielsweise die Arbeiterfürsorge oder die Arbeitslosenpolitik auch in Charlottenburg eine Kette von unzulänglichen Einzelmaßnahmen.

Das von den Architekten entwickelte ikonographische Programm reflektierte die politische Verfaßtheit der Stadtgemeinde in einer Weise, die die soziale Schichtung und ökonomische Struktur der modernen Großstadt außerhalb der Betrachtung ließ. An der Nahtstelle zwischen historischer Bedeutungsübertragung und dem Ansatz zu einer Darstellung der modernen Leistungsverwaltung versagte die Interpretation: Ständeallegorien entbehren des Arbeiters, lediglich in der Vermittlung städtischer Administration wird er kenntlich, aber nur als Objekt gemeindlicher Verwaltung. Die Selbstverwaltung erfährt eine patriarchalische Deutung, die zudem den Oberbürgermeister besonders herausstellt, obwohl er nach der Städteordnung für die sechs östlichen preußischen Provinzen »primus inter pares« war. Der mögliche Gegensatz zwischen Staat und Kommunen wird aber immer wieder durch das »einigende Band« des Reiches, repräsentiert im ständig wiederkehrenden Bild des Schutz spendenden Herrscherhauses, aufgefangen. Verwaltungstätigkeit oder Arbeit schlechthin sehen die Architekten in einem bedrohlichen Lebenskampf, in dem Gut und Böse miteinander ringen, wobei der Sieg des Guten stets einen inneren Läuterungsprozeß einschließt. Diese lebensphilosophischen Vorstellungen, gepaart mit einem Gutteil Sozialdarwinismus, kleiden Reinhardt und Süßenguth in eine

20 Bericht über die Verwaltung... 1905, S. 18.

21 Wilhelm Gundlach, Geschichte der Stadt Charlottenburg, Berlin 1905, Bd. 1, S. 484f.; Bd. 2, S. 482f.

22 Theodor Eschenburg, Mythos und Wirklichkeit der kommunalen Selbstverwaltung, in: ders., Zur politischen Praxis in der Bundesrepublik Deutschland. Bd. II. Kritische Betrachtungen 1961 bis 1965, München 1966, S. 130.

23 Georg Christoph von Unruh, Die Städte im Kaiserreich, in: Das Rathaus im Kaiserreich. Kunstpolitische Aspekte einer Bauaufgabe des 19. Jahrhunderts (= Kunst, Kultur und Politik im Deutschen Kaiserreich, Schriften eines Projekt-Kreises der Fritz-Thyssen-Stiftung, Bd. 4), hrsg. v. Ekkehard Mai / Jürgen Paul / Stephan Waetzoldt, Berlin 1982, S. 23.

letztlich romanische Bildsprache, die sich nicht nur mittelalterlicher Tiersymbolik bedient, sondern auch einer dieser Zeit entsprechenden Denkweise, der Artikulation in Entsprechungen.[24] Von dieser Bemühung – auch unter Zuhilfenahme der Schrift – um eine weitgreifende Deutung gesellschaftlicher Existenz, politischer Verfassung und der Stellung des Individuums ist in der Ikonographie des Erweiterungsbaus nichts mehr zu spüren. Die Bildwerke sind ungleich trockener oder vielleicht leidenschaftsloser, ihre Form bleibt, bei aller paraphrasierenden Verarbeitung, stärker dem historischen Vorbild verbunden.

Als das Rathaus 1956 unter Denkmalschutz gestellt wurde, hatte es bereits in großen Zügen eine erste umfassende Instandsetzung erfahren. Keineswegs allein Reparatur der durch den Zweiten Weltkrieg verursachten Schäden, hatte sie teilweise den Charakter einer Sanierung angenommen – vor allem die im Innern des Rathauses unter Nutzungsaspekten durchgeführten grundlegenden Erneuerungen – oder sich – wie bei der Restaurierung der Fassaden und Bauplastiken – geradezu als paraphrasierende Rekonstruktion erwiesen. So bekam das Hauptgebäude beispielsweise eine neue Dachform, wurden die Giebeltürmchen in gotisierender Weise aufgeführt. Mochten einzelne Maßnahmen auf dem Mangel an einer vorhergehenden ausführlichen Bauuntersuchung beruhen, die Abnahme und Zerstörung erhalten gebliebener bauplastischer Elemente im Innern des Rathauses und die Erneuerung zahlreicher Ausstattungsdetails sind unverständlich und entsprechen keinem qualifizierten Umgang mit historischer Bausubstanz. Ich hoffe, daß mit meiner Arbeit nicht zuletzt eine praktische Voraussetzung für den verantwortungsvollen Umgang mit diesem Bauwerk der Jahrhundertwende geschaffen ist und sie dazu beiträgt, eine größere Sensibilität gegenüber der offiziellen städtischen Architektur des deutschen Kaiserreichs zu entwickeln.

24 Die Verbindung zwischen mittelalterlicher Ornamentik, wuchtigen Architekturmotiven der Romanik und floralen Elementen, die mit einer gewissen »Heroisierung von Männern und Mythen« einherging, ließ die zeitgenössische Kritik ironisch vom »Heroischen Jugendstil« sprechen. Karl Eschmann, Es war nicht alles Jugendstil zwischen 1890 und 1920, Kassel 1982, S. 134.

Erstes Kapitel
Die Vorgängerbauten

Das Palais des Marquis d'Ausson de Villarnoux

Als König Friedrich I. am 5. April 1705 Charlottenburg das Stadtrecht verlieh, bestimmte er das Palais eines Hofbeamten in der Schloßstraße 2 zum Rathaus und Sitz des Stadtgerichts. Sein Hofarchitekt Eosander von Göthe[1] hatte das ansehnliche Wohnhaus um 1702 für den Oberstallmeister der Königin Sophie Charlotte, Marquis François d'Ausson de Villarnoux, errichtet. Das Gebäude des Hofbediensteten wurde von einem leicht vorspringenden, siebenachsigen Mittelbau beherrscht, der mit einem aufwendigen Mansarddach abschloß. Zu beiden Seiten des Haupttraktes gliederten sich zwei schlichte Gebäudeteile mit niedrigerem Walmdach an. Die in der Mittelachse liegende Eingangstür reichte bis zum Hauptgesims und war ebenso wie die Ecken des Mittelbaus mit Ortsteinen eingefaßt. Sechs hohe, rechteckige Fenster mit einfachen Blenden und Feldern in Form von Rechtecken unter den Sohlbänken strukturierten das Erdgeschoß, während vier versetzte Rundbogenfenster und ein in der Mittelachse angeordnetes Rechteckfenster das obere Stockwerk gliederten. Um 1707 erhielt das Rathaus einen schlanken, in eine barocke Haube auslaufenden Glockenturm, den eine Balusterbrüstung einfaßte.

Obwohl d'Ausson de Villarnoux zunächst seine Wohnung nicht aufzugeben brauchte, fand am 30. April 1705 die feierliche

1 Johann Friedrich Eosander – seit 1713 Freiherr von Göthe – wurde 1669 als Sohn des schwedischen Militärbaumeisters Nicolaus Israel Eosander in Stralsund geboren und lernte vermutlich bei seinem Vater. Im Februar 1699 trat Eosander als Hauptmann in brandenburgische Dienste, wenig später bestellte ihn der Kurfürst von Brandenburg, Friedrich III., als Hofarchitekten. 1702 wurde er zum Generalquartiermeister-Leutnant ernannt, drei Jahre später zum Generalquartiermeister, sodann zum Oberst befördert. Eosander stand in einem starken Konkurrenzverhältnis zu Andreas Schlüter, den er 1707 in der Stellung des Schloßbaumeisters ablöste. 1709 von König Friedrich I. ins Amt des Ersten Baudirektors berufen, oblag Eosander die Aufsicht über den Bau von 25 Schlössern und Lusthäusern. Nachdem Friedrich Wilhelm I. die Ausgaben für Kunst und Wissenschaft radikal gekürzt hatte, konnte Eosander seine Stellung nur unter einer empfindlichen Gehaltskürzung beibehalten. Im Juni 1713 entließ der König den Baumeister in Unehren, da er verdächtigt wurde, Bauunterlagen und Dokumente veruntreut zu haben. Eosander, der inzwischen in schwedischen Diensten stand, setzte sich nach Stralsund ab. Bei dessen Belagerung im Nordischen Erbfolgekrieg (1700–1721) nahmen preußische Truppen Eosander gefangen und überstellten ihn nach Berlin. Auf Ehrenwort nach Frankfurt am Main entlassen, mußte sich der ehemalige Baudirektor in einem Prozeß »wegen Veruntreuung von Bauunterlagen, Karten, militärischen Plänen und Papieren sowie Gemälde-miniaturen aus königlich preußischem Besitz« (Uwe Kieling/Uwe Hecker, Berliner Architekten und Baumeister bis 1800. Biographisches Lexikon [= Miniaturen zur Geschichte, Kultur und Denkmalpflege Berlins, Nr. 9], hrsg. v. d. »Interessengemeinschaft für Denkmalpflege, Kultur und Geschichte der Hauptstadt Berlin im Kulturbund der DDR«, Berlin 1983, S. 19f.) verantworten. 1723 trat Eosander in sächsische Dienste und wurde im folgenden Jahr zum Chef des Ingenieur-Korps bestellt. 1728 oder 1729 verstarb er in Dresden. – Zu Anfang mit Festdekorationen betraut, nahm Eosander von 1704 bis 1713 Umbau- und Erweiterungsarbeiten an dem von Arnold Nering begonnenen Charlottenburger Schloß vor und schuf insbesondere den gekuppelten Mittelturm und das Porzellankabinett im Mittelbau, die markantesten und prunkvollsten Teile des Schlosses. Schon 1702 hatte Eosander mit der Stadterweiterung Charlottenburgs begonnen. Nach der Entlassung Schlüters führte er 1706 bis 1713 den Bau des königlichen Schlosses in Berlin weiter. Eosander verlängerte den Schloßhof, indem er Schlüters Fassade wiederholte. Außerdem errichtete er den Mitteltrakt des Schlosses Monbijou, Bauten beim Schloß Oranienburg, Schloß Altlandsberg und in Sachsen für den Grafen Fleming das Schlößchen Uebigau an der Elbe (1724–1726).

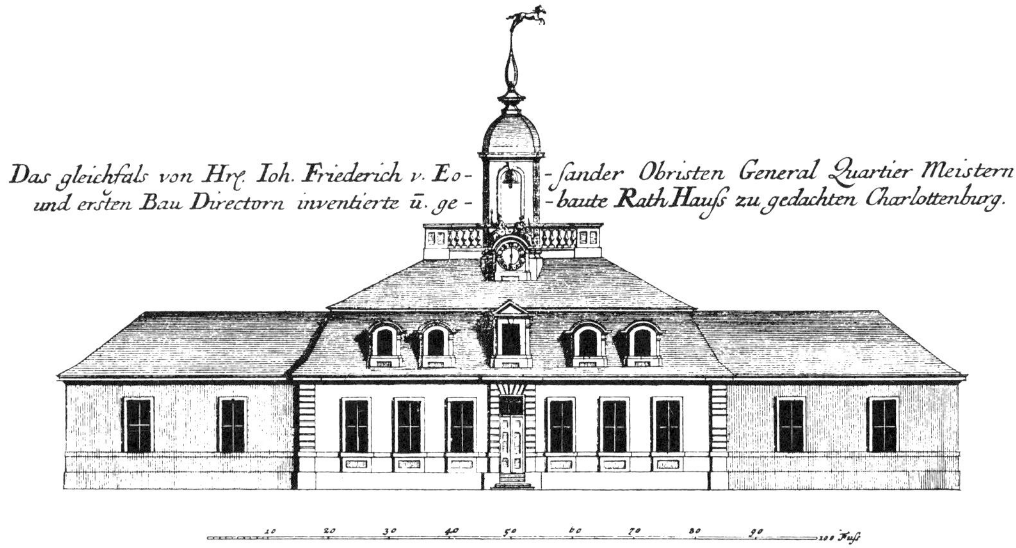

Eosander von Göthe, Palais des Marquis d'Ausson de Villarnoux, vor 1705 erbaut, Schloßstraße 2. 1705 bis 1860 erstes Rathaus von Charlottenburg. Turm, um 1707

Einweihung des Rathauses statt. Der König setzte einen »illustren Magistrat« ein, der allein aus Mitgliedern der königlichen Familie, des Hofes und Staates bestand. Anfang Juni erwarb Friedrich I. das d'Aussonsche Haus für 8500 Taler.

Friedrich Wilhelm I. aber blieb es vorbehalten, Charlottenburg eine dauernde Verfassung zu verleihen und die Stadt durch Übereignung einer ansehnlichen Feldmark zu einer leistungsfähigen Gemeinde heranzubilden. Als er am 1. November 1719 verfügte, daß in Charlottenburg vom 1. Januar 1720 an die »volle Accise« zu erheben sei, daß ferner »das Dorf Litzo soll mit zur accis geleget werden«[2], war auch die endgültige Eingemeindung Lützows besiegelt. Im gleichen Monat wurde ein ordentlicher Magistrat bestellt, der sich aus zwei Bürgermeistern, drei Ratmännern und einem Stadtrichter zusammensetzte. Das am 15. Januar 1721 bestätigte »rathäusliche Reglement« bestimmte den Aufgabenbereich des Magistrats.

Der erste und dirigierende Bürgermeister sollte die Stadt nach außen vertreten, die Geschäfte verteilen und die Aufsicht über Kirche, Schule und Armenpflege führen. Der zweite Bürgermeister, der zugleich den Posten des Stadtkämmerers innehatte, wurde angehalten, die Polizeigewalt auszuüben, die Versorgung der Stadt sowie die Maße und Gewichte zu überwachen und die verschiedenen Taxen für Nahrungsmittel aufzustellen. Der Stadtrichter nahm die freiwillige Gerichtsbarkeit wahr und fungierte als Stadtsyndikus, Sekretär und Archivar der Stadt. Der Magistrat war verpflichtet, drei- oder viermal wöchentlich zusammenzutreten. Am 8. April 1721 schenkte Friedrich Wilhelm der Stadt das Rathaus einschließlich des Gartens und des

2 W. Gundlach, Geschichte... Bd. 1, Beilage IX.

nahegelegenen Schießhauses in der Hoffnung, »daß sie und ihre Nachkommen in officio darinnen ihre Ratsversammlungen anstellen, Gericht halten und solches nebst denen dazu gehörigen Pertinentien gleich anderen Immediatstädten itzo und zu allen Zeiten ihrer besten Gelegenheit nutzen und gebrauchen sollen und mögen«[3].

Der Turm und das Dach des Rathauses waren bereits Mitte der zwanziger Jahre erheblich beschädigt. In einem Bericht des Magistrats an die Königliche Kriegs- und Domänenkammer vom 31. Oktober 1724 wurde berichtet, daß vor allem die Bodenbretter des Turmumgangs repariert werden müßten.[4] Die Bretter seien bereits so weit verfault, daß einzelne Latten, Gips und Eisen herunterfielen. Der Charlottenburger Magistrat schlug vor, die Balustrade und den Brettergang abzutragen und diesen Bereich des Daches mit Ziegeln einzudecken. Darüber hinaus hielt man es für angebracht, die Turmdurchsicht zu verschließen. Ein Beauftragter der Oberbaudirektion machte auf Geheiß des Königs eine Schadenaufstellung und einen Kostenanschlag für die notwendige Reparatur.[5] Die Besichtigung ergab, daß nicht nur die Verschalung schadhaft war, sondern auch die tragenden Balken bereits zu faulen begannen. Trotzdem wurde die Reparatur befohlen; den Auftrag erhielten der Maurermeister David Müller sowie der Zimmermeister Johann Casper Schuberth.[6] Man ließ die Balken unter dem Turm und die Bodenöffnung besonders sichern, erneuerte die beiden Galerien und die Böden, die nun zementiert wurden, und schloß die Turmöffnungen durch den Einbau von Fenstern. Auf Ordre des Königs vom 17. Januar 1725 hatte der Magistrat die Instandsetzungskosten in Höhe von über 41 Reichstalern aus der Akzise-Kasse zu bezahlen.[7]

Ein Teil des rathäuslichen Gartens wurde Ende Juni 1754 an den Geheimen Rat und Akzise-Direktor Johann Samuel von Klinggräff in »Erb-Verschreibung« verpachtet.[8] Von Klinggräff wollte das 3 Ruthen und 2 Fuß große Landstück zur Anlage einer Maulbeerplantage nutzen; der jährliche Erbzins in Höhe von zwölf Reichstalern war an den Magistrat der Stadt zu zahlen. Ein Vertrag vom 5. Juli 1760 übertrug die Plantage der Geheimrätin Dorothea Catharina von Sellenthin,[9] die dann zu Beginn der siebziger Jahre mit dem Magistrat in Streit geriet, da sie es versäumt hatte, den Erbzins zu bezahlen.[10] Im März 1774 verkaufte die Geheimrätin Garten und Plantage an den Rittmeister von Byern, den Befehlshaber der in Charlottenburg stationierten Gardes du Corps.[11] Durch Kabinetts-Ordre vom 20. April 1774 wurde der Vertrag ebenso wie der städtische Anspruch auf den Erbzins anerkannt. Zugleich bestätigte die Kabinetts-Ordre die Auffassung, daß aus dem Erlaß, der die Übergabe des Terrains an von Klinggräff sanktioniert hatte, keine bindende Verpflichtung zur Anlage und Aufrechterhaltung einer Maulbeerplantage abzuleiten sei, der Rittmeister das ehemalige rathäusliche Terrain mithin anderweitig

3 A. a. O., Beilage X.
4 Staatsarchiv Potsdam, Pr. Br. Rep. 2S, Nr. 3502, Feststellung der Kosten zur Reparatur des Rathausturms zu Charlottenburg und des Bestandes der Kriegs-, Metz-, Mahl- und Brauziesegefälle, 1724–1725, Bl. 1.
5 A. a. O., Bl. 4f.
6 Einen entsprechenden Kontrakt schloß der Magistrat am 28. November 1724 ab. A. a. O., Bl. 13.
7 A. a. O., Bl. 17.
8 Die Kabinetts-Ordre erging am 28. Juni 1754. Staatsarchiv Potsdam, Pr. Br. Rep. 2S, Nr. 3593, Vererbpachtung eines Flecks hinter dem Rathaus zu Charlottenburg an den Geheimrat von Klinggräff zur Anlegung einer Maulbeerplantage, 1754, Bl. 5f.
9 Staatsarchiv Potsdam, Pr. Br. Rep. 2S, Nr. 3594, Forderung der von der Geheimrätin von Sellenthin der Kämmerei schuldigen Summe für die in Erbpacht überlassene Maulbeerplantage und der Plan der v. Sellenthin zur Übergabe der Plantage an den Rittmeister v. Byern, 1771–1774, Bl. 24.
10 A. a. O., Bl. 1ff. u. 10ff.
11 A. a. O., Bl. 33ff.

nutzen oder mit dem Garten des von ihm erworbenen Dobberlowschen Hauses verbinden könne.[12]
Die Räumlichkeiten des Rathauses teilten sich die städtischen Behörden, das Stadtgericht und der Bürgermeister, dessen Dienstwohnung im Amtsgebäude untergebracht war.
Nach Einführung der Städteordnung mit dem Gesetz vom 19. November 1808, das den Stadtgemeinden das Recht auf Selbstverwaltung gab, wurden sowohl die Polizei als auch das Stadtgericht vom Magistrat geschieden. Die Verwaltung der Charlottenburger Polizei übernahm der Berliner Polizeipräsident, der die »Polizei-Bureaugeschäfte« am 1. Juni 1810 dem Bürgermeister Otto Friedrich Sydow gegen Renumeration übertrug. Nach dessen Tod am 31. Oktober 1818 leitete der Stadtgerichtsdirektor August Heinrich Goering die polizeiliche Verwaltung, bis ein eigenes Polizeiamt eingerichtet und mit Polizeiassessoren besetzt wurde.
Am 4. Dezember 1811 verpflichtete die Kurmärkische Regierung den Magistrat zur Einrichtung eines neuen Gefängnisses und zur Anstellung eines Gefangenenwärters.[13] Bis Mitte April hatte die Stadt im Rathaus drei Gefängnisse für Kriminal-, Zivil- und Polizeigefangene ausgebaut,[14] konnte damit aber den örtlichen Polizeikommissar nicht zufriedenstellen, so daß sich der Berliner Polizeipräsident le Coq genötigt sah, der Regierung mitzuteilen, daß in Charlottenburg für die Sicherung und Unterhaltung der Gefängnisse zu wenig geschehen sei.[15] Der Polizeipräsident beauftragte den Berliner Baustadtrat Friedrich Wilhelm Langerhans, die Beschaffenheit der Gefängnisse an Ort und Stelle zu untersuchen.
Durch den Bericht des Stadtbaurats ist die Lage der Gefängnisse überliefert.[16] Auf der Etage des Rathauses befand sich das Kriminalgefängnis nach dem Hofe hin, im Anschluß an die Stube des Gefängniswärters. Es war so groß, daß im Notfall zwei bis drei Gefangene darin sitzen konnten. Den Mangel eines zweiten Gefängnisses – der besonders offenkundig war, wenn Komplizen oder Gefangene beiderlei Geschlechts einsaßen – glaubte Langerhans, sofern nicht ein weiterer Raum neben der Stube des Gefängniswärters ausgebaut werden sollte, durch das Einziehen einer Zwischendecke beheben zu können. Das Gefängnis war durch Wasserabschläge am Giebel feucht, doch das hielt Langerhans für wenig schädlich. Das Kriminalgefängnis erreichte man allein durch die Stube des Wärters, so daß sich die Anlage eines Eingangs vom Flur her anbot, wobei die Tür und das verbleibende Fenster zum Raum des Wärters besonders gesichert werden mußten. Da die Mauern nur die in Wohngebäuden übliche Stärke hatten, sollten, um möglichen Ausbruchsversuchen vorzubeugen, durch einen entsprechenden Ausbau Verstärkungen vorgenommen werden. Die Gefängnisse für Zivil- und Polizeigefangene befanden sich im Dachgeschoß und lagen an der Straßenseite. Da eine Verlegung zur Hofseite hin nicht realisierbar war, schlug Langerhans vor, Fensterläden oder Jalousien einzubauen, damit die Gefangenen nicht von der Straße zu sehen und Gelegenheiten zu Mitteilungen ausgeschlossen waren. Ansonsten hielt Stadtbaurat Langerhans diese Gefängnisse, die zwei oder drei, notfalls mehr Personen aufnehmen konnten, für ausreichend; die Einrichtungen mußten aber dahingehend abgeändert werden, daß Männer und Frauen getrennt einsitzen konnten. Der Charlottenburger Magistrat erwirkte jedoch eine Aussetzung der vom Polizeipräsidenten geforderten Baumaßnahmen, da

12 A. a. O., Bl. 40.
13 Staatsarchiv Potsdam, Pr. Br. Rep. 2A, I Hb, Nr. 468. Bau und Reparatur des Rathauses, Einrichtung des Stadtgerichtslokals und der Gefängnisse, 1811–1861, Bl. 9.
14 A. a. O., Bl. 12.
15 A. a. O., Bl. 15.
16 A. a. O., Bl. 16.

der Kämmerei die entsprechenden Mittel fehlten.[17]

Nachdem am 11. Dezember 1809 das Gericht mit einem Stadtrichter und einem Stadtgerichtssekretär besetzt worden war, versuchte die Justizbehörde eine Erweiterung ihres Amtsbereichs im Rathaus durchzusetzen. Die Stadtverordneten protestierten, da sie der Meinung waren, daß »das Rathaus reines Eigentum der Stadt, mithin zur alleinigen Benutzung des Magistrats und der Stadtverordneten sei, um den städtischen Geschäftsbetrieb darin zu führen«[18]. Mit Schließung der rathäuslichen Gastwirtschaft zum 1. April 1822 wollte der Charlottenburger Magistrat die Räume des Verwaltungsgebäudes neu aufteilen. Für das Stadtgericht, das bislang den größten Teil des Rathauses eingenommen hatte, sah man die Zimmer der ehemaligen Schankwirtschaft vor. Insgesamt wollte der Magistrat dem Stadtgericht vier Zimmer überlassen: ein geräumiges Zimmer für öffentliche Verhandlungen, ein weiteres als Registratur und Kanzlei sowie für nichtöffentliche Verhandlungen, einen Raum zur Aufbewahrung von Registraturen und als Pfandkammer und eine nach hinten gelegene Kammer für den Gerichtsdiener. Vom bisherigen Gerichtslokal sollten zwei Räume zusammengelegt und zu einem Sitzungszimmer für die Stadtverordneten eingerichtet werden.[19]

Das Stadtgericht lehnte diesen Nutzungsplan ab und erwirkte beim Kammergericht am 28. Oktober 1828 ein Urteil in letzter Instanz, das den erweiterten Raumbedarf des Stadtgerichts anerkannte.[20] Der Magistrat wurde verpflichtet, sein bisheriges Sitzungszimmer und die darüberliegenden Polizeigefängnisse zu übergeben. Gleichzeitig mußten das Kriminalgefängnis umgebaut, insbesondere die Wärterstube abgetrennt, und zwei weitere Kriminalgefängnisse bereitgestellt werden.

Die Einrichtung neuer Gefängnisse im Rathaus hielten die städtischen Körperschaften für wenig sinnvoll. Statt dessen beabsichtigte man, im Bereich des für eine kommunale Nutzung abgetretenen Bürgermeister-Gartens ein neues Gefängnis zu bauen, das zwei Polizei- und drei Kriminalgefängnisse enthalten und mit der Gefangenenwärter-Wohnung in Verbindung stehen sollte. Damit glaubte man auch den »Haupt-Übelstand« der bisherigen Anordnung, die Lage der Gefängnisse an der häufig befahrenen Hauptstraße der Stadt, beseitigen zu können.[21]

Bei Renovierungsarbeiten stellte sich heraus, daß die Balken unter den Kanzleistuben völlig in Fäulnis übergegangen waren und notwendig erneuert werden mußten.[22] Auch am hölzernen Rathausturm waren zu dieser Zeit Schäden festgestellt worden. Das Justizministerium fragte in seinem Schreiben vom 13. Februar 1832 bei der Oberbaubehörde an, »ob das Abbrechen des alten Turmes für zweckmäßig gehalten werde oder ob man der Meinung sei, daß es dazu bei der Nähe des Schlosses der königlichen Genehmigung bedürfe«[23]. Die Oberbauräte J. K. L. Schmidt und K. F. Schinkel antworteten am 11. April 1832: »Der abzubrechende Turm hat zwar keinen architektonischen Wert, wegen der Nähe des Königlichen Lustschlosses dürfte aber doch die Allerhöchste Genehmigung zum Abbruch einzuholen sein.«[24] Zugleich wies die Oberbaubehörde darauf hin, daß die Zusammenlegung des Stadtgerichts mit dem rathäuslichen Geschäftslokal – der Amtsbereich des Gerichtes lag im hinteren Teil des Gebäudes und schloß eine

17 A. a. O., Bl. 22f.
18 W. Gundlach, Geschichte... Bd. 1, S. 315.
19 Staatsarchiv Potsdam, Pr. Br. Rep. 2A, I Hb, Nr. 468, Bau und Reparatur des Rathauses... Bl. 35 u. 39.
20 A. a. O., Bl. 67f.
21 A. a. O., Bl. 102 u. 105.
22 Bericht des Magistrats vom 18. Mai 1830. A. a. O., Bl. 100.
23 Hans Kania/Hans-Herbert Möller, Mark Brandenburg (= Karl Friedrich Schinkel. Lebenswerk [10], hrsg. v. Paul Ortwin Rave), Berlin-München 1960, S. 109.
24 Schreiben der Oberbaudeputation vom 11. April 1832, zit. nach ebd.

zwei- und eine einfenstrige Stube ein –[25] auf Grund der »baulichen Vorkehrungen« wenig sinnvoll gewesen sei, da das »Depositorium« des Stadtgerichts weder gegen Brand noch gegen Einbruch gesichert sei. Für Instandsetzung und Ausbau des ehemaligen Palais veranschlagten Schmidt und Schinkel einen Kostenaufwand von 1640 Talern, weitere 507 Taler verlange die Ausstattung. Der Abbruch des Turmes erfordere nochmals 22 Taler, andere Kosten beliefen sich auf 117 und 247 Taler, so daß insgesamt 2312 Taler aufzubringen seien. Die Oberbaudeputation schlug auf Grund der hohen Kosten schon zu diesem Zeitpunkt vor, ein passenderes altes Haus zu erwerben oder ein neues zu bauen. Eine Erweiterung des Gebäudes hielt man für ausgeschlossen.[26] Zwölf Jahre später wurde der Abriß des Turms durch die Kabinettsordre Friedrich Wilhelms IV. angeordnet.[27]

An Stelle des an das Stadtgericht abgegebenen Magistrats-Sitzungszimmers nahmen die städtischen Behörden die Dienstwohnung des Bürgermeisters Johann Christoph Wilhelm Thomas in Gebrauch und entschädigten das Stadtoberhaupt vom 1. April 1829 an mit einem Wohnungsgeldzuschuß von hundert Talern. Als sich der Magistrat weigerte, die kostspielige Instandsetzung der Gerichtsräumlichkeiten zu übernehmen, verzichtete das Stadtgericht auf den Einzug und mietete seit Anfang der dreißiger Jahre eine Privatwohnung an. Erst 1847 bezog die Justizbehörde ein eigenes Gebäude in der Kirchhofstraße (heute: Warburgzeile).

Der Magistrat bemühte sich mehrmals um die Verlegung der Gefängnisse. Mit den Anträgen von 1855 und 1858 offerierten die städtischen Körperschaften dem Justiz-Fiskus für die Räumung der Gefängnisse eine Entschädigung von 1200 Mark. Ein Beschluß des Kammergerichts vom 7. Januar 1859 gab dem Anliegen der Stadtverwaltung nur teilweise nach, indem allein die Verlegung des gerichtlichen Gefängnisses in das Kreisgericht angeordnet wurde.[28]

Die Zimmer im Rathaus benutzte das Gericht bis zum 1. Oktober 1860 als Pfandkammer; die Polizeigefängnisse blieben dagegen einstweilen noch auf dem Rathausgrundstück. Nach dem Bau des neuen Verwaltungsgebäudes in der Berliner Straße diente das erste Rathaus als Armenhospital; der Magistrat vermietete einzeln eingerichtete Wohnungen an Obdachlose und an Personen, die aus dem Landesarmenhaus oder dem Zuchthaus entlassen waren, für einen Taler im Monat. Im Jahre 1882 ließ der Magistrat das Gebäude wegen Baufälligkeit abtragen und an dessen Stelle die Gemeindeschule III errichten.[29]

Das ehemalige Palais des königlichen Oberstallmeisters Encke

Auch das neue Charlottenburger Rathaus in der Berliner Straße 73 (heute: Otto-Suhr-Allee 96–100) war nicht als Verwaltungsgebäude errichtet worden. Der Magistrat hatte das 1791 erbaute ehemalige Palais des königlichen Oberstallmeisters Encke, des Bruders der Gräfin Lichtenau, 1857 für 19300 Taler von der Berliner Charité erworben. Beim Ankauf des neuen Hauses spielten neben Raumbedürfnissen – die im Jahre 1848 beschlossene Öffentlichkeit der Stadtverordneten-Versammlung erforderte beispielsweise einen größeren Raum, der die Abtrennung eines Zuschauerraums durch eine Barriere zuließ – stadtplanerische Gesichtspunkte eine Rolle. Der Magistrat wünschte für das kommunale Verwaltungsgebäude eine zen-

25 W. Gundlach, Geschichte... Bd. 1, S. 314.
26 H. Kania/H.-H. Möller, Mark Brandenburg... S. 109.
27 W. Gundlach, Geschichte... Bd. 1, S. 314.
28 Staatsarchiv Potsdam, Pr. Br. Rep. 2A, I Hb, Nr. 468, Bau und Reparatur des Rathauses... Bl. 144ff.
29 Bericht über die Verwaltung... 1905, S. 7.

Palais des Oberstallmeisters Encke, 1791 erbaut, Berliner Straße 72. 1860 Umbau und Erweiterung. 1861 bis 1901 zweites Rathaus von Charlottenburg

tralere Lage, wobei den Bürgern die räumliche Distanz zum Schloß nicht unangenehm gewesen sein dürfte.

Mit Hilfe einer Anfang März 1859 vom Prinzregenten, dem späteren Kaiser Wilhelm I., als Gnadengeschenk bewilligten Unterstützung in Höhe von 4000 Talern[1] wurde das Enckesche Palais[2] zum Rathaus ausgebaut. Die Bauausführung übertrug der Charlottenburger Magistrat dem Baumeister von Diebitsch, während die städtische Baukommission von Stadtrat Schmeichel geleitet wurde. Die Stadtverwaltung ließ das 1. Obergeschoß des Gebäudes erhöhen und den gesamten inneren Aufbau dieses Stockwerks verändern, man stellte einen neuen Dachverbund her und deckte das Haus schließlich in Schiefer ein. Gleichzeitig erhielt das Rathaus ein neues Treppenhaus, während der östliche Seiten-

1 Die entsprechende Ordre des Prinzregenten erging am 2. März 1859. Die Königliche Regierung in Potsdam forderte, nachdem die General-Steuer-Kasse den genannten Betrag der Charlottenburger Kämmerei gezahlt hatte, den Magistrat mit dem Schreiben vom 4. Februar 1861 auf, der Ober-Rechnungs-Kammer eine Bescheinigung über die »bestimmungsmäßige Verwendung« des Geldes zu übermitteln, die nach ihrer Prüfung der Regierung zu überbringen war. Staatsarchiv Potsdam, Pr. Br. Rep. 2A, lfd. Nr. 468, Bau und Reparatur des Rathauses ... Bl. 150.

2 Der Charlottenburger Prediger Johann Christian Gottfried Dressel (1751–1824) berichtet in seinen Tagebüchern, daß die Kosten für den Bau des Hauses, die aus den Bauetats bestritten wurden, 20 000 Taler betrugen. Für die Möblierung des Hauses erhielt der Bruder der Gräfin Lichtenau nochmals 10 000 Taler. Vgl. W. Gundlach, Geschichte ... Bd. 2, S. 379. Dagegen behauptet Wilhelmine Encke in ihren ›Apologien der Gräfin Lichtenau‹: »In Charlottenburg kaufte er von einem Lotteriegewinste einen kleinen Bauplatz, auf welchem ihn der verstorbene König ein kleines Parterre-Häuschen bauen ließ.« A. a. O., S. 374. Als das Gebäude im Zuge des späteren Rathausneubaus im Januar 1902 abgerissen wurde, fand man im Grundstein eine Metallplatte mit der Inschrift: »Gelegt von Henergete Encken, geborne Holtzen, Erbauet von der Gnade des Königs Friedrich

flügel in zwei Etagen zu einem Kassenlokal erweitert und mit einer massiven Treppe ausgestattet wurde. Durch verschiedene, in Ton gebrannte Ornamente gab man der Fassade ein dekorativeres Aussehen.[3] Die Gesamtbaukosten betrugen schließlich 11 000 Taler.[4] Die Mittel für die bildhauerische Gestaltung stiftete der Beigeordnete Major von Frankenberg-Proschlitz. Die Ausführung der Bauornamente übernahm die Tonwarenfabrik Ernst March Söhne.

Das Rathaus in der Berliner Straße war als zweigeschossiger Bau ausgeführt, dem sich im rückwärtigen Geländeteil zwei kurze Seitenflügel anschlossen. Ein dreiachsiger Mittelrisalit sprang nur wenig aus der Bauflucht vor. Durch einen schlanken Säulenvorbau, der einen Balkon mit schmiedeeiserner Brüstung trug, trat man in das Geschäftsgebäude der städtischen Verwaltung ein. Hermen flankierten die Fenstertür des Balkons, den oberen Abschluß bildete eine muschelartige Nische mit einer Sitzfigur. Zum Satteldach hin wurde der Risalit durch ein kräftiges Konsolgesims begrenzt, dem in der Mitte eine große Wappenkartusche mit zwei sinnbildlichen Figuren, an den Enden Vasen in antikisierender Form aufgesetzt waren. In seiner Festansprache deutete der Stadtverordneten-Vorsteher Eduard Reichenow die figürlichen Darstellungen als Allegorien der Festigkeit und der Eintracht: »... die Festigkeit nämlich, welche in der Treue gegen das Recht und die Wahrheit besteht, und die Eintracht, welche sich durch die gemeinsame Sorge für das Wohl der Stadt zu erkennen gibt.«[5]

Die beiden Stockwerke der vierachsigen Seitenteile der Hauptfassade wurden durch ein Gurtgesims mit Reliefband getrennt. Die Fenster im Erdgeschoß hatten einfache Blenden erhalten, zwei waren als Tür ausgeführt, durch die man über eine kleine Treppe den Vorgarten erreichen konnte. Im oberen Stockwerk waren die Fenster mit rechteckigen ornamentalen Feldern bekrönt. Unter dem Konsolgesims zog sich über die Länge der gesamten Fassade ein weiteres Reliefband, den jeweiligen seitlichen Abschluß des Gesimses bildeten antikisierende Vasen. Die Fassaden der Hofseite blieben schlicht verputzt. Auf der Rückseite des Hauptgebäudes drängte sich ein wuchtiger Mittelrisalit aus der Bauflucht hervor. Der westliche Seitenflügel war mit einem niedrigeren Anbau verbunden, der ursprünglich als Stall gedient hatte.

Am 5. Dezember 1860 wurde das neue Rathaus im Kreis der städtischen Kollegien eingeweiht. In der Mittagszeit trafen sich der Magistrat, die Stadtverordneten und städtischen Verwaltungsbediensteten im alten Rathaus in der Schloßstraße. Bürgermeister August Wilhelm Bullrich hielt eine kurze Ansprache, die mit den Worten schloß: »Lassen Sie uns hinüberziehen ... und dort in Frieden und Eintracht wirken, Jeder nach seinem besten Wissen und Können, damit die Stadt hochstehen möge, wie bisher; folgen Sie mir nach dem neuen Rathause und seien Sie überzeugt, daß ich Ihnen stets mit Liebe und Freundlichkeit entgegenkommen werde.«[6] Anschließend begaben sich die Vertreter der Bürgerschaft zum neuen Verwaltungsgebäude und nahmen im Stadtverordneten-Sitzungssaal Platz. Charlottenburg: eine königstreue Stadt, verwaltet von patriotischen Bürgern, aufstrebend unter der Gnade des preußischen Königshauses – so klang es

Wilhelm des Vielgelibden für dessen Stallmeister Enckens Künder. Gebauet zu Charlottenburg, den 26. May 1791.« Ebd. Nach dem Sturz der Gräfin Lichtenau im November 1797 wurden ihr Vermögen und ihre Besitzungen eingezogen. Der neue König, Friedrich Wilhelm III., verpachtete ihren Charlottenburger Besitz – einschließlich des genannten Gebäudes – der Berliner Charité, die jedoch verpflichtet wurde, der Gräfin auf Lebenszeit eine jährliche Pension von 4000 Talern zu zahlen.

3 Schreiben des Magistrats an die Königliche Regierung in Potsdam vom 18. Februar 1861. Staatsarchiv Potsdam, Pr. Br. Rep. 2A, lfd. Nr. 468, Bau und Reparatur des Rathauses ... Bl. 153.

4 W. Gundlach nennt dagegen nur einen Betrag von 8000 Talern. Geschichte ... Bd. 1, S. 314.

5 Teltower Kreisblatt vom 8. Dezember 1860.

6 Ebd.

aus den Reden der Bürgervertreter. Und besonders dem großzügigen Prinzregenten, hochstilisiert zum omnipotenten Herrscher, in dessen Seele sich Liebe, Weisheit, Gerechtigkeit und Treue vereinigten, galt der Jubel. Begeistert sprach Polizeidirektor Maaß auf dem folgenden Festmahl den Toast aus: »Dem Stolze des preußischen Volkes, dem erhabenen Regenten unseres Vaterlandes, – dem Regenten, um den uns die anderen Völker beneiden, – dem Regenten, um dessen Zuneigung sich Kaiser und Könige abmühen,– dem Regenten, dessen Szepter hohe Weisheit und Gerechtigkeit, – dem Regenten, in dessen Arme sich ganz Deutschland werfen möchte, – dem Regenten, dessen Herz die reinste Liebe für sein Volk ist,– dem Regenten, der in seinem Privatleben allen Gatten und Vätern ein hohes Vorbild bleibt...«[7]

In der Begeisterung für Prinz Wilhelm verband sich der Dank für die materielle Unterstützung der Stadt mit dem »allgemeinen Aufatmen« über den Beginn seiner Regentschaft. Das Bürgertum glaubte auf eine Liberalisierung der Gesellschaft und eine nationalstaatliche Einigung hoffen zu können. Wilhelm war jedoch alles andere als ein liberal gesinnter Monarch; »zum Militär gebildet, sah er Staatsmacht allein auf militärische Macht gegründet«[8]. Eine militärische Reform gehörte zu seinen vorrangigen politischen Zielen, und als seine Reorganisationspläne am Widerspruch des preußischen Abgeordnetenhauses zu scheitern drohten, machte er Otto von Bismarck zum Ministerpräsidenten. Der ›Eiserne Kanzler‹ führte den Kampf gegen die Parlamentsmehrheit mit rücksichtsloser Energie. Die liberale Opposition wurde mit rigorosen Methoden eingeschüchtert. Eine Politik, die sich auch im kleinen Charlottenburg bemerkbar machen und zu Konflikten mit der preußischen Regierung führen sollte.

Doch mischten sich unter die Loyalitätsbekundungen schon selbstbewußtere Töne, wenn man auf die Notwendigkeit der bürgerlichen Selbstverwaltung hinwies und die eigenständige Kommunalverwaltung zur unabdingbaren Voraussetzung eines funktionierenden Staatswesens erklärte. Mit dem Bau des neuen Rathauses sahen die Stadtverordneten den Grundstein für die zukünftige Größe Charlottenburgs gelegt. »Es weise darauf hin, daß die Zeit kommen werde, wo Charlottenburg nicht bloß bei Tage hübsch sein werde, wie sich der Stadtverordnete Oberst Busch ausdrückte.«[9]

Das beachtliche Bevölkerungswachstum Charlottenburgs zwischen 1840 und 1860 – die ortsansässige Bevölkerung nahm um circa sechzig Prozent zu –[10] durfte nicht darüber hinwegtäuschen, daß die Stadt mit wenig mehr als 13000 Einwohnern nicht über den Status einer kleinen Landstadt hinauskam. Die selbständige Verwaltung, die Charlottenburg durch die Städteordnung vom 19. November 1808 erhalten hatte, besaß zunächst noch einen bescheidenen Umfang. Der Magistrat setzte sich aus dem Bürgermeister, dem Stadtkämmerer und sechs unbesoldeten Ratmännern zusammen – nach der Verfügung des Prinzregenten vom 21. Mai 1858 mußten sie sich zukünftig Stadträte nennen. Zum Kreis der Kommunalverwaltung gehörten weiterhin die Bürgerdeputierten. In einem Bericht an die preußische Regierung vom 17. August 1810 sprach der Charlottenburger Magistrat von je vier Vertretern, die bei den Deputationen für das Wröhewesen[11],

7 Ebd.

8 Theodor Schieder, Vom Deutschen Bund zum Deutschen Reich 1815–1871 (= Gebhardt. Handbuch der deutschen Geschichte, hrsg. v. Herbert Grundmann, 9., neu bearb. Aufl., Bd. 15), 7. Aufl., München 1982, S. 127.

9 Teltower Kreisblatt vom 8. Dezember 1860.

10 Vgl. W. Gundlach, Geschichte... Bd. 1, S. 333.

11 Ackergemeinschaften; Wröhe = Feldgericht, vgl. F[riedrich] J[ulius] Kühns, Geschichte der Gerichtsverfassung und des Prozesses in der Mark Brandenburg vom 10. bis zum Ablauf des 15. Jahrhunderts, Bd. 2, Berlin

das Sicherheits-, Bau- und Rechnungswesen, die landesherrlichen und anderen Abgaben sowie für die Verschönerung arbeiteten. Die Zahl der Deputationen erhöhte sich in den folgenden Jahren. 1842 meldete der Magistrat für die Bereiche Schul-, Militär- und Servis-, Bau-, Wröhewesen, Kommunal- und andere Abgaben, Armendirektion sowie Kuratel der Kämmereikasse sieben Deputationen.[12]

Nach Einführung der Gemeindeordnung vom 11. März 1850 und der Städteordnung vom 30. Mai 1853 wurde lediglich die Zahl der unbesoldeten Magistratsmitglieder um zwei erhöht. Neben einem Beigeordneten gab es nun sieben Stadträte. Bei der Einführung der Städteordnung von 1808 wählten die 119 stimmfähigen Bürger Charlottenburgs 36 Stadtverordnete, 1812 sank deren Zahl durch das Ausscheiden eines nicht wieder ersetzten Drittels auf 24 herab, und erst 1863 erhöhte sie sich auf dreißig. Der Umfang der städtischen Verwaltung ließ eine problemlose Unterbringung im oberen Stockwerk des neuen Rathauses zu. Das Erdgeschoß des Gebäudes konnte dreizehn Jahre lang an einen Kaufmann vermietet werden. 1873 gestaltete man das Parterre zur Bürgermeisterwohnung um; wenig später zog das amtierende Stadtoberhaupt, Bürgermeister Bullrich, in die neuen Räume ein.

Nach der Reichsgründung erreichte das Bevölkerungswachstum Charlottenburgs eine erstaunliche Dynamik. Die Volkszählung von 1871 hatte 19517 Einwohner ermittelt, 1880 wurden schon 30483 gezählt. In den folgenden Jahren nahm die Bevölkerung noch schneller zu: 1885 gaben die Statistiker 42371 Bewohner an, fünf Jahre später bereits 76859, womit sich die Einwohnerschaft in weniger als zwanzig Jahren fast verdreifacht hatte.[13]

Mit der außerordentlichen Bevölkerungszunahme vergrößerte sich die Verwaltung, was die städtischen Behörden zu neuen Planungen im Hinblick auf die Organisation und Unterbringung des Geschäftsbetriebes zwang. 1868 beschäftigte die Stadt drei Sekretäre und jeweils einen Kanzlisten, Rendanten (Rechnungsführer) und Assistenten. 1871 wurden zwei neue Assistenten für die Büro- und Kassenverwaltung eingestellt, 1874 ein weiterer Kassenbeamter für die statt der Mahl- und Schlachtsteuer zu erhebende Klassensteuer. Im Jahre 1875 waren insgesamt »24 Bureau-, Kassen- und Unterbeamte«[14] in Charlottenburg angestellt.

Zwei Jahre zuvor war der Magistrat durch ein weiteres besoldetes Mitglied, den Stadtrat Max Georg Herrmann, vergrößert worden; 1876 folgte der Stadtbaurat Wilhelm Howe, zu dessen Nachfolger die Stadtverordneten am 16. November 1881 den Regierungsbaumeister Paul Friedrich Bratring wählten. 1885 wurde eine dritte besoldete Stadtratsstelle geschaffen. Drei Jahre später hatte die Aufteilung des Bauamtes in die Abteilungen Hoch- und Tiefbau eine neue Vergrößerung des Magistrats zur Folge. Die Leitung des Tiefbaureferates übernahm am 18. April 1888 der Regierungsbaumeister Theodor Köhn, an seine Stelle trat im April 1893 der Bauinspektor August Bredtschneider. Die Zahl der unbesoldeten Magistratsmitglieder lag zu diesem Zeitpunkt bei dreizehn. Das Ortsstatut vom 26. April 1889 begründete die Stelle eines zweiten Bürgermeisters, die zunächst mit dem ehemaligen Danziger Stadtrat und Kämmerer Büchtemann besetzt wurde, nach dem 30. September 1894 mit Georg Wilhelm Paul Matting, der bis zu diesem Zeitpunkt als Stadtkämmerer in Stettin tätig gewesen war.

Im Sommer 1878 saßen wieder 36 Vertreter im Stadtparlament; mit dem Bevölkerungswachstum stieg ihre Zahl in den folgenden Jahren auf 54 an. Die Erweiterung

1867, S. 257ff.; Eberhard Faden, Berlin im Dreißigjährigen Kriege (= Berlinische Bücher, Bd. 1), Berlin 1927, S. 80.

12 Vgl. W. Gundlach, Geschichte ... Bd. 2, S. 429.

13 Vgl. Bericht über die Verwaltung ... 1910, S. 2.

14 W. Gundlach, Geschichte ... Bd. 1, S. 313.

Quergebäude des zweiten Charlottenburger Rathauses, 1880 bis 1881 erbaut, Hofseite

der Kommunalverwaltung spiegelte sich ebenso in der Zunahme der ständigen Deputationen wider. Neben den alten Abordnungen für das Kassen- und Finanzwesen, das Gesundheits-, Schul-, Straßenreinigungs- und Feuerlöschwesen, für Servis und Einquartierung sowie die Armendirektion traten neue Deputationen wie die für Grundeigentum, Hoch- und Tiefbau, Beleuchtungs-, Kanalisations- und Parkwesen sowie die Ausschüsse für die Sparkasse und zur Veranlagung der direkten Gemeindesteuern. Die Zahl der Büros, Kanzleien und Kassen hatte erheblich zugenommen. Im Jahre 1881 standen 32 Büro-, Kassen- und Unterbeamte in Diensten der Stadt, am Ende des Jahrzehnts waren es bereits 85.[15] Unterstützung fanden die Beamten durch etatmäßige Kanzlisten und ständige Hilfsarbeiter.

Um der Ausdehnung des Verwaltungsapparates zu begegnen, plante der Magistrat den Bau eines zweigeschossigen Hintergebäudes auf dem Hof des Rathauses an Stelle des bisher ausschließlich von der Königlichen Polizeidirektion genutzten Gebäudes. Im April 1880 wurde ein Gemeindebeschluß über den Neubau gefaßt. Nach knapp einjähriger Bauzeit war das Quergebäude im März 1881 fertiggestellt. Die Baukosten beliefen sich unter Ausschluß des Anstriches auf 51 841 Mark.[16]

Das schlichte Gebäude fiel durch die schräg gestellten Seitenrisalite auf, die den Eindruck eines halbkreisförmigen Hofabschlusses erweckten. Die Mitte des Baus hob ein leicht vorgezogener Risalit mit dreieckigem Frontgiebelabschluß hervor. Das Kellergeschoß war als Souterrain ausgeführt. Schmucklose Brüstungsgesimse gliederten die horizontalen Abschnitte des Gebäudes; das Hauptgesims lag vorkra-

15 Vgl. a. a. O., S. 488.
16 Vgl. Bericht über die Verwaltung und den Stand der Gemeinde-Angelegenheiten des Stadtkreises Charlottenburg für das Etatjahr 1880/81, S. 3.

gend über einem in die Fassade integrierten Fensterband des Dachgeschosses. In das Souterrain des neuen Verwaltungstraktes wurden die bisher im alten Rathaus in der Schloßstraße untergebrachten Polizeigefängnisse verlegt. Siebzehn Zimmer des Neubaus überwies man der Polizeidirektion, während die Gemeindeverwaltung sieben in Gebrauch nahm. – Es zeigte sich jedoch bald, daß selbst Umbaumaßnahmen das ehemalige Wohngebäude nur in beschränktem Umfang für die Zwecke einer Kommunalverwaltung geeignet machen konnten.

Charlottenburg war im Grunde eine junge Stadt, ohne eine über Jahrhunderte gewachsene städtische Kultur. Weder Handelsstadt, die aus der Güterverteilung Reichtum geschöpft und eine breite, abhängige Handwerkerschicht an den Warenströmen hätte partizipieren lassen, noch Mittelpunkt einer Wirtschaftslandschaft, von dem aus das Umland mit handwerklichen Produkten versorgt worden wäre, sondern eine Ackerbürgerstadt, die den Erhalt der Stadtrechtswidmung allein der königlichen Willkür verdankte. Erst die Industrialisierung im Berliner Raum veränderte seine Lage. Zunächst Sommerfrische und Villenvorort für begüterte Berliner Kreise, wurde Charlottenburg nun, besonders im Bereich zwischen dem Landwehrkanal und dem Spreebogen sowie in dem nördlich der Spree liegenden Martinikenfelde, zum Ort bedeutender Industrieansiedlungen. Gleichzeitig entwickelte sich die Stadt zu einem Zentrum von Bildungs- und Handelseinrichtungen.

Das wachsende Steueraufkommen trug nicht wenig zum Selbstbewußtsein des städtischen Bürgertums bei, zugleich ergaben sich aber für die bürgerliche Selbstverwaltung komplexere Aufgaben, die zwangsläufig in eine Expansion des Verwaltungsapparates mündeten. Die Kommunalverwaltung erhielt, bei aller Gebundenheit an staatliche Weisungen, ein administratives Gewicht, das einen baulichen wie repräsentativen Ausdruck finden mußte. So gebührte dem Rathaus schließlich unter den kommunalen Profanbauten der erste Platz. »Es sind drei ganz selbständige Zwecke, denen ein Rathaus einer... solchen Stadt zu dienen hat und zu deren Erfüllung erforderlich sind:

1. Räume für die Verwaltung
2. Räume für die repräsentativen Körperschaften
3. Festräume für die Abhaltung großer festlicher Veranstaltungen der Bürgerschaft und ihrer Vertreter.«[17]

In Charlottenburg war keine dieser Voraussetzungen erfüllt. Eingekeilt zwischen den sich nach Osten und Westen anschließenden Mietshäusern, wirkte das städtische Verwaltungsgebäude an der Berliner Straße eher wie eine kleinliche Residenz – das Stadtoberhaupt wohnte schließlich im ehemaligen Palais Encke.[18] Und selbstverständlich fehlten die typischen baulichen Merkmale eines Rathauses.

Die deutschen Rathäuser, deren wesentliche Bauperiode im 14. Jahrhundert ein-

17 Alfred Friedrich Bluntschli/G. Lasius, Stadt- und Rathäuser, in: Handbuch der Architektur, Teil 4, Entwerfen, Anlage und Einrichtung der Gebäude, Halbbd. 7, Gebäude für Verwaltung, Rechtspflege und Gesetzgebung; Militärbauten, H. 1, hrsg. v. Eduard Schmitt, 2. Aufl., Stuttgart 1900, S. 103.

18 Grundrißzeichnungen des zweiten Rathauses sind weder in den Magistratsakten noch in den Beständen des Landesarchivs Berlin auffindbar, so daß kein genaues Bild von der Anordnung der Räumlichkeiten gegeben werden kann. Die Wohnung des Charlottenburger Bürgermeisters lag im östlichen Teil des Erdgeschosses. 1890 wurde sie um das an der Westseite des Hauses Berliner Straße 72 im 1. Stockwerk gelegene Zimmer einschließlich eines Vorraums vergrößert. Das Gebäude Berliner Straße 72 schloß sich direkt an das Rathausgrundstück an, war aber insgesamt flacher angelegt und hatte niedrigere Geschoßhöhen. Vom »Alkoven des Berliner Zimmers der jetzigen Dienstwohnung« aus wurde die Mauer durchbrochen und die entsprechende Treppenanlage eingerichtet. Bezirksamt Charlottenburg von Berlin, Abteilung Personal und Verwaltung – Verwaltungsbücherei, Akten der Stadtverordneten-Versammlung in Charlottenburg, Abschnitt V, Nr. 11, Das Rathaus, Bd. I, Bl. 3 f. Das Erdgeschoß des Hauses Berliner Straße 72 wurde zu dieser Zeit von der Stadt zu Bürozwecken genutzt.

setzte, hatten zunächst einen wenig entwickelten Grundriß. Das Erdgeschoß enthielt gewöhnlich eine zum Markt hin offene Halle, die dem Warenumschlag diente; im Obergeschoß lag der Hauptraum des Gebäudes, der Rats- und Bürgersaal, der als Sitzungs-, Beratungs- und Gerichtsstätte diente und zugleich für festliche Veranstaltungen der Bürgerschaft genutzt wurde. Später trennte man vom Ratssaal die Ratsstube ab, einen kleineren Sitzungsraum des Stadtrates. Die Bedeutung des Ratssaales beziehungsweise der Ratsstube wurde durch besondere Fenstergruppierungen am Außenbau kenntlich gemacht.[19] Häufig war der Ratssaal mit einem Erker verbunden, von dem aus die Beschlüsse der Ratsversammlung öffentlich bekannt gemacht wurden oder der als Gerichtserker diente, von dem aus Richter und Rat den Urteilsvollstreckungen beiwohnten.[20] Die Fassaden hoben durch ihre Dimensionen, durch Giebel, Bauschmuck und später auch durch den Turm das städtische Verwaltungsgebäude von den umliegenden Häusern ab.

Das Palais des Stallmeisters Encke setzte dagegen weder städtebauliche Akzente, noch war es in der Lage, »der städtischen Tüchtigkeit« Ausdruck zu geben. Insofern glichen die ersten Charlottenburger Rathäuser eher Büro- und Geschäftshäusern.[21] Nun hätte der Mangel an langfristig gewachsenen, städtisch-bürgerlichen Wertvorstellungen und an einer entsprechenden Architektur zu unkonventionellen baulichen Lösungen für die Verwaltungsorganisation führen können. Es wird aber zu zeigen sein, daß Rückbesinnung und Anknüpfung an die Traditionen mittelalterlicher Stadtkultur zu den treibenden Momenten bei der Verwirklichung eines neuen Rathauses in Charlottenburg gehörten.

19 A. F. Bluntschli/G. Lasius, Stadt- und Rathäuser... S. 3f., 18ff.; Karl Gruber, Das deutsche Rathaus, München 1943, S. 99; Felix Genzmer, Rathäuser, in: Handwörterbuch der Kommunalwissenschaften, hrsg. v. Josef Brix u. a., Bd. 3, Jena 1924, S. 507f.

20 A. F. Bluntschli/G. Lasius, Stadt- und Rathäuser... S. 4; Charlotte Kranz-Michaelis, Rathäuser im Kaiserreich 1871–1918 (= Materialien zur Kunst des 19. Jahrhunderts, Bd. 23), München 1976, S. 14.

21 Vgl. Wasmuths Lexikon der Baukunst, hrsg. v. Günther Wasmuth, Bd. 1, Berlin 1929, S. 684f.

Das Rathaus nach der Einweihung 1905

Zweites Kapitel

Das Rathaus Charlottenburg

Raumbedarf und Planungsanfänge

Im Frühjahr 1884 erwarb die Stadt Charlottenburg das in unmittelbarer Nachbarschaft zum Rathaus liegende Grundstück Berliner Straße 72, auf dessen vorderem Teil sich kleinere Wohngebäude in mangelhaftem baulichen Zustand befanden, zum Preis von 160000 Mark. Daß der Erwerb des Grundstücks in keinem unmittelbaren Zusammenhang mit Planungen für eine Rathauserweiterung oder gar einem Neubau stand, geht aus dem entsprechenden Verwaltungsbericht der Stadt hervor: »Ein ausgesprochener bestimmter Zweck der Verwertung hat diesem Erwerb nicht zugrunde gelegen; derselbe erscheint auch zunächst entbehrlich, wenn erwogen wird, daß die Stadtgemeinde innerhalb der bebauten Stadt keine verfügbaren Baustellen besitzt und die beiden Grundstücke Berliner Straße 73 (jetziges Rathausgrundstück) und Nr. 72 einen zusammenhängenden oblongartigen Flächeninhalt von rot. 530 Ruthen haben, welche bei einer Tiefe von 125 m, an der Berliner Straße eine Front von 60 m haben, während die hintere Front 51 m lang ist.«[1]

Pläne für einen Rathausneubau wurden gleichwohl zu diesem Zeitpunkt in den städtischen Körperschaften diskutiert. Im Bericht vom 4. August 1884 zur Begründung einer Anleiheaufnahme in Höhe von 6 Millionen Mark war der Neubau von »Dienstgebäuden der städtischen Centralverwaltung« als Verwendungszweck angegeben. Die Notwendigkeit eines neueinzurichtenden Geschäftshauses deutete der Bericht zumindest an: »Ob ferner das jetzige Dienstgebäude des Rathauses, nach Einziehung der Dienstwohnung des Bürgermeisters und bei provisorischer Benutzung einiger Räume des Grundstückes Nr. 72, noch für eine längere Reihe von Jahren dem Bedürfnisse entsprechen wird, darüber können verschiedene Ansichten obwalten und mag deshalb dieser Punkt hier ausscheiden. Unerläßlich ist aber die baldmöglichste Beschaffung eines Sitzungssaals für die Stadtverordneten-Versammlung, nicht minder die wesentliche Erweiterung oder Verlegung der Kassenräume. In beiden Beziehungen liegen nach der Auffassung des Berichterstatters geradezu Notstände vor, denen mit den angedeuteten Notbehelfen nicht begegnet wird.«[2]

Es wurde schließlich nur eine geringfügige Summe für Vorarbeiten zum Bau eines neuen Rathauses verwendet. Der nach Aufnahme der Anleihe von 1885 in Angriff genommene Bau der Kanalisation absorbierte, mit Ausnahme dringend nötiger Schulbauten, jedes andere Interesse.

Unter den Verwendungszwecken der Anleihe von 1889 war wiederum der Neubau von Dienstgebäuden vorgesehen. Im Bericht vom 13. August 1888 stand: »Anlangend den Bau eines neuen Rathauses, so sind die aus den seit Jahren in allen Beziehungen völlig unzureichenden Räumlichkeiten resultierenden Übelstände inzwischen zu Notständen herangewachsen und letztere so schreiend geworden, daß sich die städtischen Körperschaften zu Vorarbeiten für den Bau eines neuen Rathauses entschlossen und dazu 5000 Mark ... vorgesehen haben. Weitere Beschlüsse sind zunächst nicht gefaßt. Im Rathause selbst gebricht es an geräumigen Arbeitszimmern

1 Bericht über die Verwaltung ... 1883/84, S. 10.
2 Bericht betreffend die Erbauung eines neuen Geschäftshauses für die städtische Verwaltung, S. 1, in: Akten ... Rathaus, Bd. I.

für die Mitglieder des Magistrats, sowie an Sitzungszimmern für Kommissionen. Der sogenannte große Saal dient sowohl der Stadtverordneten-Versammlung wie dem Magistrat als Sitzungsraum, ist aber notorisch für erstere (42 Stadtverordnete) schon jetzt nicht mehr ausreichend; Räume für das Büro der Stadtverordneten, namentlich für den Vorsteher, sind überhaupt nicht vorhanden.«[3] Da eine bestimmte Summe für den Rathausbau in den Vorverhandlungen nicht genannt worden war, forderte die Stadtverordneten-Versammlung den Magistrat auf, eine Aufstellung über verplante Beträge zu machen. In einer Mitteilung vom 10. Januar 1890 hieß es, daß für den Neubau eines Rathauses 1 Million Mark aus der Anleihe zu decken seien. Der Magistrat hoffte, »das auf mehrere Bauperioden berechnete Bauprogramm der Stadtverordneten-Versammlung unmittelbar nach der Etatberatung vorlegen zu können«[4]. Doch es blieb bei dieser Absicht.

Der Raummangel im Rathaus zwang die städtischen Körperschaften im April 1890, die Sitzungen der Stadtverordneten-Versammlung in die Aula des städtischen Realgymnasiums zu verlegen. Der bisherige Sitzungsraum wurde nun gleichzeitig als Geschäftszimmer des Oberbürgermeisters und, wie schon zuvor, als Versammlungsort des Magistrats genutzt. Das bisherige Zimmer des Oberbürgermeisters erhielt der Stadtsekretär, während der sogenannte kleine Saal zum Geschäfts- und Konferenzzimmer des Stadtverordneten-Vorstehers umgebaut wurde.

Im gleichen Jahr trennten die städtischen Körperschaften die Tiefbauverwaltung vom Hochbauamt und brachten sie in Räumen in der Straße Am Lützow 6 (heute: Alt-Lietzow) unter. Per Vorlage vom 11. Dezember 1890 verlängerte der Magistrat den Mietvertrag mit Brauereibesitzer Alfred Richter über diese Räumlichkeiten vom 1. April 1891 an um zwei weitere Jahre. Zugleich wurde eine im 1. Stock des Gebäudes gelegene fünfzimmrige Wohnung für einen Jahreszins von 900 Mark angemietet. Nachdem diese Räumlichkeiten für den Bürobetrieb umgebaut waren, konnte die Tiefbauverwaltung, mit Ausnahme des Büros des Betriebsinspektors, in einem Gebäude zusammengefaßt werden. Bisher hatten die Amtsräume verstreut in der Parterreetage des Hauses Am Lützow 6 und 13a sowie im obersten Stockwerk des Feuerwehrgebäudes (Am Lützow 7–8) gelegen. Der jährliche Mietzins für die Räume der Tiefbauverwaltung betrug allein 4200 Mark.[5]

Neben einer weiteren Wohnung Am Lützow 13 a erwarb der Magistrat vom Brauereibesitzer Wilhelm Reichenkron für einen Zins von 8000 Mark im Jahr die 2. Etage des Eckhauses Berliner Straße 77 und Spreestraße 3 c (heute: Wintersteinstraße). Die vorhandenen zwanzig Zimmer – ihre Ausstattung belastete die Stadt mit circa 4200 Mark – wurden der Hochbau- sowie der Armenverwaltung zugewiesen, daneben dem Gewerbebüro und dem Schulamt, das der Kalkulatur im alten Rathaus Platz machen mußte. Der Mietvertrag wurde vom 1. April 1891 an auf zehn Jahre abgeschlossen.[6] Mit Klagen über das Nichtzusammenliegen der Geschäftsräume hatten die Gemeindebehörden in diesen Jahren permanent zu tun. Vor allem vermißte man eine effektive Kontrolle der Verwaltung. Zudem waren die Kosten für die angemieteten Räume mit jährlich 13 000 Mark nicht eben niedrig.[7]

Weitere Belastungen entstanden den städtischen Körperschaften durch die Raumforderungen der Königlichen Polizeiverwaltung, denen nachzukommen der Magistrat verpflichtet war. Aufgaben im Bereich der

3 Ebd.
4 Ebd.
5 Akten der Stadtverordneten-Versammlung in Charlottenburg, Abschnitt II, Nr. 12a, Diensträume, Bd. I, Bl. 1.
6 Bericht über die Verwaltung... 1890/91, S. 7.
7 Bericht über die Verwaltung... 1891/92, S. 3.

Invaliditäts- sowie der Altersversicherung und damit verbundene Personalerweiterungen machten die Bereitstellung neuer Diensträume erforderlich. Die bisherigen Zimmer der Hochbauverwaltung auf dem Rathausgrundstück wurden der Polizei überwiesen, die damit über das gesamte Hofgebäude verfügte.

Oberbürgermeister Fritsche überzeugte die Stadtverordneten-Versammlung, daß die Einrichtung einer gemischten Deputation zur Beschaffung von Diensträumen bis zum 1. Juli 1895 beizubehalten sei. In der Begründung der Vorlage erläuterte Fritsche: »Als im Winter 1890/91 eine ganze Etage im Reichenkron'schen Haus Berliner Straße 77 für 10 Jahre gemiethet wurde, glaubten wir, daß dem Raumbedürfniß auf eine längere Reihe von Jahren genügt sei. Abgesehen aber von dem Mangel eines für etwa 25 Personen ausreichenden mittleren Sitzungszimmers überhaupt, so genügen die Räume dem Raumbedürfnisse schon jetzt nicht mehr, und es ist geradezu Raummangel zu konstatiren, denn abgesehen von der stetig wachsenden Ausdehnung der einzelnen Verwaltungszweige an und für sich, so sind inzwischen dazu gekommen

a. die sich aus dem Gesetze über die Invaliditäts- und Altersversicherung ergebenden Arbeiten;
b. das Gewerbegericht;
c. das Reichsgesetz vom 10. Mai 1892 (nebst Bekanntmachung des Reichskanzlers vom 2. Juni 1892) betreffend die Unterstützung von Familien der zu Friedensübungen einberufenen Mannschaften.«[8]

Doch trotz der »abnormen Entwicklungsverhältnisse« in Charlottenburg konnten sich Magistrat und Stadtverordnete aus finanziellen und rechtlichen Erwägungen nicht entschließen, einen Rathausneubau in Angriff zu nehmen. 1892 wurden die Räume der Steuerverwaltung im Hause Kirchstraße 3 (heute: Gierkezeile) zu klein. Der Magistrat plante den Erwerb des danebenliegenden Hundertschen Grundstücks, ein Gemeindebeschluß vom 12./18. Mai 1892 genehmigte den Ankauf. Die Stadt übernahm das Terrain für einen Preis von circa 65 000 Mark zum 1. Oktober und richtete die Räumlichkeiten in Verbindung mit den bereits vorhandenen Zimmern für die Verwaltung her. Zur gleichen Zeit zog die Hochbauverwaltung aus den beengten Verhältnissen im Haus Berliner Straße 77 in die verfügbaren Räume des Feuerwehrdienstgebäudes am Lützow. Das Haus Am Lützow 6 vermietete der Brauereibesitzer Richter der Stadtverwaltung über den 1. April 1893 hinaus für weitere drei Jahre.

Auf Antrag des Magistrats erklärte sich die Stadtverordneten-Versammlung bereit, das Grundstück Berliner Straße 72 vom 1. April 1893 an mietfrei zu stellen. Nach Kündigung der Mieter kamen baufällige Gebäude zum Abriß, ein anderer Teil wurde für die städtische Nutzung restauriert.

Im eigentlichen Rathausgebäude in der Berliner Straße 73 befanden sich im Frühjahr 1893 neben der Hauptkasse, der Sparkasse und Hauptkalkulatur die Büros I und V. Während das erstgenannte die Generalien und die Geschäfte der Stadtverordneten-Versammlung einschloß, beschränkte sich das andere auf die rechtliche Verwaltung des Tiefbauwesens. Außer dem Oberbürgermeister arbeiteten nur zwei Dezernenten im Rathaus, der Kämmerer und der Syndikus, von denen der erstere für den größten Teil der Schulverwaltung (Berliner Straße 77) und die Steuerkasse (Kirchstraße 3–4, später 4–5) verantwortlich war. Im Berichtsjahr 1892/93 betrugen die Mietkosten für die außerhalb der städtischen Gebäude untergebrachten Verwaltungen 14 038 Mark.[9]

In der von der Stadtverordneten-Versammlung angenommenen Vorlage vom 23. Februar 1893, die die nächste Anleihe zum Inhalt hatte, war erneut der Bau eines Rathauses vorgesehen. In der Begründung des Magistrats hieß es: »Der Bau eines Verwaltungsgebäudes auf dem noch unbebauten Theile des Rathhausgrundstücks nach der

8 Akten ... Diensträume, Bd. I, Bl. 7.
9 Bericht über die Verwaltung ... 1892/93, S. 6.

Lützower Straße hin ist unabweisbar. Mit dem schnellen Anwachsen der Bevölkerungsziffer, zur Zeit 95 000, geht eine stete Vermehrung der Geschäfte und des Beamtenpersonals Hand in Hand. ... Beim weiteren Wachstum der Verwaltung wird eine weitere Anmietung von Diensträumen und damit eine Verzettelung der Verwaltung stattfinden müssen, die zu den schwersten Mißständen führt. Es muß daher zu dem Neubau eines Verwaltungsgebäudes geschritten werden. Dasselbe wird überschläglich 800 000 Mark kosten, von denen 560 000 Mark auf ein Vorderhaus an der Lützower Straße, 170 000 Mark auf 2 Seitenflügel, 70 000 Mark auf die innere Ausstattung fallen.«[10] Im Hinblick auf die zu erwartende sorgfältige Prüfung der Anleihe durch die Aufsichtsbehörden sah sich Oberbürgermeister Fritsche zum ersten Mal veranlaßt, eine genaue Summe für das Bauvorhaben einzusetzen. Die Verhandlungen über die Aufgabe der Anleihe zogen sich jedoch, vielleicht nicht ganz unerwartet, in die Länge.

Mit dem Gesetz über die Kosten der Königlichen Polizeiverwaltung vom 20. April 1892 hatte sich die Raumsituation für die städtische Verwaltung weiter verschärft. Nach § 4 des Gesetzes, das am 1. April in Kraft trat, waren Stadtverwaltungen verpflichtet, »die ihnen gehörigen Grundstücke, Gebäude, Gebäudeteile, Inventarienstücke und Einrichtungen, welche gegenwärtig den Zwecken der Königlichen Ortspolizei-Verwaltung unentgeltlich dienen, auch ferner auf die Dauer des Bedürfnisses für diese Zwecke unentgeltlich herzugeben«[11]. Dieser Rechtstitel sicherte dem Königlichen Fiskus den Anspruch auf unbeschränkte Nutzung des Quergebäudes, das der Polizeidirektion auf dem für den Magistrat überaus wertvollen Rathausgrundstück im Zentrum Charlottenburgs zugewiesen worden war.

Doch bereits am 30. Juni 1894 erreichten die städtischen Behörden die Unterzeichnung eines vertraglichen Übereinkommens, in dem die Polizeidirektion auf die städtischen Räume verzichtete. Als Gegenleistung wurde dem Fiskus ein im Bebauungsplan ausgewiesener Platz zur Errichtung eines Dienstgebäudes für das Amtsgericht zur Verfügung gestellt, während die Polizeidirektion die bisherigen Räume der Justizverwaltung erhalten sollte. Da die ›Terraingesellschaft Bahnhof Charlottenburg‹ Interesse am Aufbau des Gerichtsgebäudes bekundete und die Regulierung der Zufahrtsstraßen wie des Platzes übernahm, blieben der Stadtgemeinde nicht unerhebliche Kosten erspart. Dieser Vertrag war für die Stadt einerseits wegen des Zugangs an Verwaltungsräumen von Bedeutung, andererseits wegen des Gewinns der unbeschränkten Verfügungsgewalt über das Rathausgrundstück.

Die Königliche Polizeidirektion räumte bis zum 1. Oktober 1894 das 1. Stockwerk des von ihr benutzten Hintergebäudes. Das Erdgeschoß und die Kellerräume sollten bis Ende September 1896 übergeben werden, da die Polizeidirektion erst zu diesem Zeitpunkt das baulich veränderte Gebäude der Justizverwaltung in der Kirchhofstraße 3 beziehen konnte. In die frei gewordenen Räume auf dem Rathausgelände verlegte der Magistrat die Steuerverwaltung. Über den 1. Oktober 1896 hinaus überließ die Stadtgemeinde das Kellergeschoß und Teile des Parterre dem Königlichen Amtsgericht für »Zwecke des Gefängniswesens« und zur Vernehmung von Gefangenen. Diese Vereinbarung war befristet bis zur Beziehbarkeit des neu zu errichtenden Gerichtsgefängnisses, spätestens zum 1. Oktober 1898 endete jedoch die Nutzungsmöglichkeit. Der Polizeidirektor Geheimer Regierungsrat A. von Saldern stand dem Vertragswerk zwischen seiner Behörde, der Justizverwaltung und der Stadt Charlottenburg nicht sonderlich positiv gegenüber. Er betonte nachdrücklich, daß er nur unter Berücksichtigung des dringenden Interesses der gerichtlichen Behörde und um der Stadtgemeinde entgegenzukommen, bereit war, die getroffenen Vereinbarungen

10 Bericht betr. die Erbauung eines neuen Geschäftshauses ... S. 2 ...
11 Akten ... Rathaus, Bd. I, Bl. 14.

seiner vorgesetzten Dienststelle zur Genehmigung zu empfehlen.[12]
Die durch den Gemeindebeschluß vom 21. Juli/31. August 1892 eingesetzte gemischte Deputation für den Rathausneubau empfahl dessen Errichtung auf dem jetzigen Rathausgrundstück. Der neue Verwaltungsbau zwischen Lützower und Berliner Straße sollte aus zwei Frontgebäuden, einem Mitteltrakt unter Einschluß eines Stadtverordneten-Sitzungssaals und entsprechenden, die einzelnen Teile verbindenden Seitenflügeln bestehen.[13] Nach dem Magistratsbeschluß vom 2. November 1893 war als Baubeginn das darauffolgende Frühjahr geplant. Stadtbaurat Paul Bratring hatte bereits eine Reihe von Projektskizzen vorgelegt. Zur Feststellung des Bauprogramms hätte Oberbürgermeister Fritsche nun eine Vorlage in die Stadtverordneten-Versammlung einbringen müssen, was er jedoch unterließ. Statt dessen entschied der Magistrat am 21. Dezember: »Es soll ... ein Projekt aufgestellt werden, dessen Ausführung ohne die innere Ausstattung nicht mehr als 800 000 Mark kosten würde.«[14]
Nach der Verlängerung des Mietvertrags über das Grundstück Am Lützow 6 und dem Erwerb des Geländes Kirchstraße 4 sah Oberbürgermeister Fritsche die Wiederaufnahme eines Projektes ›Rathausneubau‹ als nicht mehr erforderlich an. Die Unterbringung der Tiefbauverwaltung und die notwendige Konzentrierung der Kassen einschließlich der Steuerverwaltung hielt er in Form eines begrenzten Ausbaus auf dem alten Rathausgelände für möglich. Die Absicht des Magistrats, dem Raumnotstand für zwei bis drei Jahre abzuhelfen, »ohne etwaigen zukünftigen, weitergehenden Projekten zu präjudiciren«, fand sowohl in der Stadtverordneten-Versammlung als auch in der gemischten Deputation wenig Verständnis. Hans Fritsche fiel mit seinem Antrag durch. Die Rathaus-Deputation empfahl statt dessen die Festsetzung folgenden Bauprogramms:

I. Als Baustelle für die den Zwecken der städtischen Zentralverwaltung dienenden, neu zu errichtenden Verwaltungsgebäude wird das vereinigte Rathausgrundstück Berliner Straße 72/73 bestimmt.

II. Die Gesamtbaustelle ist in der Art auszunutzen, daß in den noch festzusetzenden Bauperioden ... erbaut werden
   a) ein Gebäude mit der Front an der Berliner Straße
   b) ein desgleichen an der Lützower Straße
   c) ein Mittelgebäude ...
   d) die zur Verbindung der Gebäude zu a bis c mit einander erforderlichen Seitenflügel.

III. Die besonderen Baustellen für die einzelnen Gebäude und Gebäudeteile sind, vorbehaltlich der Feststellung des Spezialprojekts, etwa nach Anleitung der Projektskizzen des Stadtbaurats Bratring vom 1. Dezember 1893 ... zu bestimmen.

IV. Unter vorläufiger Erhaltung der zur Zeit auf der Baustelle Berliner Straße 72/73 befindlichen Gebäude sind zunächst nur zu erbauen
   a) das Gebäude ... in der Gesamtfrontlänge der Lützower Straße
   b) von dem Mittelgebäude ... derjenige Teil, welcher der Breite des Grundstücks Berliner Straße Nr. 72 entspricht,
   c) der östliche Seitenflügel zwischen den beiden neuen Gebäuden ...
   d) der westliche Seitenflügel zwischen dem neuen Gebäude IV a und der ideell nach Westen verlängerten südlichen Frontwand des Gebäudeteiles IV b.

V. In dem neuen mittleren Gebäudeteile IV b ist ein für die Sitzungen der Stadtverordneten-Versammlung geeigneter Saal herzurichten ...[15]

12 Akten ... Rathaus, Bd. I, Bl. 15.
13 Bericht betr. die Erbauung eines neuen Geschäftshauses ... Anlage B, Sitzung der gemischten Deputation für den Rathausbau, 21. Februar 1894, S. 9 ...
14 Ebd.
15 Ebd.

Von diesen Planvorstellungen ging das Programm der Rathauskonkurrenz aus, mit ihnen hatte die Rathaus-Deputation bereits die Grundzüge der späteren Bauausführung entworfen.

In seinem Bericht vom 8. Oktober 1894 erläuterte Stadtbaurat Bratring seine Entwurfsskizzen, die sich eng an das Bauprogramm der Rathaus-Deputation anlehnten.[16] Die beiden Straßenfronten sollten mit Gebäuden besetzt, ein möglichst tiefes Quergebäude sollte in der Mitte eingeschoben werden, und die einzelnen Gebäudeteile an der Ost- und der Westgrenze des Grundstücks wollte er mit Seitenflügeln verbinden. Die verschiedenen Trakte des Verwaltungsbaus gruppierte Bratring um zwei große Innenhöfe. Im Hinblick auf die Fassadengestaltung des Hauptgebäudes an der Berliner Straße wußte Bratring schon Einzelheiten hervorzuheben. Um der Vorderfront ein »stattliches Aussehen« zu geben, wünschte er den Mittelbau um 10 m hinter die Baufront zurückzunehmen, wodurch ein äußerer, gegen die Straße abzuschließender Hof, der sich als Vorfahrt eignete, geschaffen wurde.

Von den 7590 m² Gesamtfläche des Rathausgrundstücks wollte Bratring 4490 m² bebauen lassen, für die beiden Innenhöfe sah das Projekt Flächen von 1220 und 1020 m² vor. Die östliche Ecke des Bauplatzes an der Lützower Straße war durch ein Geländestück von 20 m Tiefe und 9 m Front abgeschnitten, das zum Nebengrundstück Berliner Straße 71 gehörte, und ließ sich daher nicht arrondieren.

Das Rathaus sollte in zwei Bauabschnitten ausgeführt werden, wobei der erste, im nördlichen Bereich des Grundstücks liegende Bauteil bis an das ehemalige Gebäude der Polizeidirektion herangeführt werden sollte. Für das Vorderhaus an der Lützower Straße gab Bratring eine Fläche von 960 m² an, für den östlichen und westlichen Seitenflügel 360 beziehungsweise 230 m² und für das Quergebäude von der Ostgrenze bis zum Haus der Polizei einen Flächeninhalt von 490 m². Für einen sich daran anschließenden östlichen Seitenflügel, der das Treppenhaus enthielt, waren nochmals 80 m² vorgesehen.

Ein Nutzungsplan legte die städtischen Kassenräume in das 1. Stockwerk des Frontgebäudes an der Lützower Straße, während die übrigen Räumlichkeiten ohne nähere Bestimmung als Bürozimmer ausgewiesen wurden. Den 200 m² großen Stadtverordneten-Sitzungsaal plazierte Bratring in das 2. Stockwerk des Quergebäudes; er ging durch zwei Etagen und enthielt im oberen Stockwerk Tribünen. Nach Abzug des Sitzungssaals, der Korridore usw. gewährte der projektierte erste Gebäudeteil 3800 m² Bürofläche – gegenüber den vorhandenen städtischen Geschäftsräumen einschließlich der Nebengebäude, Mietsräume und der beiden Etagen des Polizeigebäudes ein Raumgewinn von etwa 1000 m².[17]

16 Bericht betr. die Erbauung eines neuen Geschäftshauses ... Anlage C, Bericht des Stadtbaurats Bratring, S. 10f. ... – Bratrings Projektskizzen sind in den Magistratsakten nicht mehr vorhanden.

17 Die Gesamtfläche der Geschäftsräume betrug 3116 m², von denen 234 m² für die Räume des Standesamts und der Verwaltung des Feuerlöschwesens abgezogen werden mußten, da für beide Dienststellen keine Unterbringung im Rathaus vorgesehen war. Von den verbliebenen Räumlichkeiten entfielen auf städtischen Besitz

1. das Rathaus Berliner Straße 73	673 m²
2. das Gebäude Kirchstraße 4	305 m²
3. das Gebäude Kirchstraße 5	160 m²
4. die Hochbauverwaltung im Feuerwehrgebäude	283 m²
5. die zwei Etagen des Polizeigebäudes	672 m²
	2093 m²
auf Mietsräume	
6. die Tiefbauverwaltung Am Lützow 6	327 m²
7. die Dienststellen in der Berliner Straße 77	462 m²
	2882 m²

Von der Bauausführung blieben zunächst sämtliche städtischen Räume unberührt.

Die Frage, wie das unterschiedliche Straßenniveau zwischen Berliner und Lützower Straße auszugleichen sei, ließ Bratring offen. Er erwog die Anlage sowohl ansteigender als auch horizontaler Höfe, wobei die Differenz von etwa 2 Metern durch die größere Höhe des Vordergebäudes an der Berliner Straße wieder eingebracht werden sollte.
Die Kosten für den ersten Bauabschnitt bezifferte Stadtbaurat Bratring »bei würdiger, aber nicht besonders opulenter Ausführung« und einem Kubikmeterpreis von 25 Mark auf 1250000 Mark. Für den Gesamtbau ergab sich eine Summe von 2580000 Mark, die innere Ausstattung war in beiden Fällen nicht berücksichtigt.
Viele Ausführungen in Bratrings Projektbericht lesen sich bereits wie das später entworfene Bauprogramm des Magistrats, beziehungsweise sie enthalten Konzeptionen – genannt seien die Gebäudeverteilung, die Anlage um zwei große Innenhöfe oder die Plazierung des Stadtverordneten-Sitzungssaals –, die sich in den prämiierten Wettbewerbsbeiträgen der Rathauskonkurrenz wiederfinden.
Die von der Stadtverordneten-Versammlung angenommene und dem Beschluß der Aufsichtsbehörde sowie dem Königlichen Privilegium zugrunde gelegte Anleihevorlage des Magistrats vom 18. April 1985 wies für den Bauabschnitt Lützower Straße 1500000 Mark aus. Die Erhöhung der Kosten um 700000 Mark begründete der Magistrat mit der Erweiterung des Rathausprojekts, insbesondere um die Einrichtung eines Stadtverordneten-Sitzungssaals und die Angliederung geeigneter Kommissionszimmer. Die Ausführung des Plans wurde nach den Worten des Magistrats dadurch ermöglicht, »daß das auf dem Rathausgrundstück befindliche Mittelgebäude, welches bisher der Königlichen Polizei-Direktion überwiesen war, infolge anderweiten Abkommens mit den zuständigen Staatsbehörden im Jahre 1896 wieder in das freie Eigentum der Stadt übergeht«[18].
Der Bericht des Stadtsekretärs G. Kuhlow in den Rathausakten begründete den Bau eines neuen Geschäftshauses mit der Notwendigkeit, die Verwaltung zusammenzufassen. Die Zersplitterung der einzelnen Einheiten beeinträchtige die Verwaltungsresultate. Die Einheitlichkeit der Verwaltung und der Geschäftsgänge sowie die Disziplin litten empfindlich unter dem unkoordinierten Nebeneinander. Aber die Hauptübelstände, erläuterte Kuhlow, müßten jedem einleuchten: »Die Unmöglichkeit für diejenigen Stationen, die auf stetes Zusammenarbeiten und mindestens auf stete Fühlung mit den einzelnen Sonderverwaltungen angewiesen sind, sich mit letzteren auf dem Laufenden zu erhalten; hierher die Hauptkasse, das Rechnungswesen und die Generalien. Am schwersten wiegt aber die Unmöglichkeit für den Dirigenten und seinen Stellvertreter..., eine wirksame Aufsicht und Kontrolle zu üben und die einzelnen Fäden der Verwaltung zu übersehen und zu verfolgen.«[19] Die Ausführungen des Stadtsekretärs faßten noch einmal zusammen, was die Mehrheit der Stadtverordneten dachte. Das räumliche Elend sei lange genug bewirtschaftet worden, das »Maß der Entbehrungen« übervoll, die Errichtung eines Neubaus unumgänglich. Interessant sind die Ausführungen des Stadtsekretärs über die zögernde Haltung des Magistrats bei der Projektierung des Neubaus. In vorsichtigen Worten ließ Kuhlow durchblicken, daß mangelnde Entschlußbereitschaft und Überforderung des Magistrats nicht von der Hand zu weisen waren.
Das Zögern und Abwarten des Charlottenburger Magistrats war durch die ungeklärte Eingemeindungsfrage beeinflußt. Teile der Stadtverwaltung, aber auch viele Bürgervertreter plädierten für den Anschluß an Berlin und hielten den Bau eines neuen Rathauses im Blick auf eine mögliche Ein-

18 Bericht betr. die Erbauung eines neuen Geschäftshauses ... S. 2 ...
19 A.a.O., S. 3 ...

gliederung Charlottenburgs für nicht unbedingt notwendig.[20]

Der Rathauswettbewerb

Der Standort für das neue Geschäftshaus war nicht unumstritten. Einigkeit herrschte nur darüber, daß der Neubau nicht auf derzeit bebautem Grund, der erst hätte angekauft werden müssen, auszuführen war. Zur Berliner Straße 72–73 gab es diskutierbare Alternativen: den Friedrich-Carl-Platz[1] und das Schoenemannsche Grundstück. Gegen die Wahl des Friedrich-Carl-Platzes sprach dessen Lage an der Westgrenze der Stadt, am Rande einer noch weitgehend unbebauten Gegend. Das Verwaltungszentrum hätte sich den östlichen und südöstlichen Gebieten Charlottenburgs, die zur Stadtmitte ohnehin nicht günstig lagen, noch weiter entfremdet. Gleichwohl war der Platz als Baustelle geeignet; da er aber eine zweistufige Bebauung nicht zuließ, mußte seine Wahl auch unter finanziellen Gesichtspunkten abgelehnt werden. Die Bereitstellung von Mitteln durch den Verkauf des Grundstücks Berliner Straße 72–73 konnte nicht ernstlich erwogen werden, weil dieses für die Stadt einen erheblichen Wert darstellte.

Das Schoenemannsche Grundstück war dagegen zwar näher zum wirtschaftlichen Mittelpunkt der Stadt gelegen, grenzte aber mit einer der beiden Straßenfronten an die wenig repräsentative Wallstraße (heute: Zillestraße), die nur eine Breite von 14,5 m erreichte. Als weiterer Mangel stellte sich die Notwendigkeit ein, die beiden Grundstücke Wallstraße 25 und 26 anzukaufen. Da in diesem Fall die rechtliche Möglichkeit der Enteignung nicht vorhanden war, mußten die städtischen Körperschaften unter den gegebenen Umständen mit erheblichen finanziellen Aufwendungen rechnen.

Das Gelände zwischen Berliner und Lützower Straße zeichnete sich dagegen durch seine zentrale Lage aus, war vollständig im städtischen Besitz und mit seiner Grundfläche von 7378 m^2 von ausreichender Größe. Die Eingrenzung durch umliegende Gebäude beschränkte jedoch die Kombinationsmöglichkeiten der wesentlichen Bauteile und erzwang deren Verbindung durch wenig vorteilhafte Seitenflügel.[2] Aus diesen Gründen wurde die Ansicht vertreten, daß von einer öffentlichen Konkurrenz abzusehen sei. Der Schwerpunkt des Bauplans mußte auf der zweckmäßigen Ausnutzung des Geländes und der Abgrenzung der einzelnen Bauperioden liegen. Aufgaben, die von den Technikern der Hochbauverwaltung gelöst werden konnten.

Nicht weniger Bedenken wurden gegen die Errichtung eines »Monumentalbaus« vorgebracht. Ein monumentales Rathaus, das auf »absehbare Zeiten« den Raumbedürfnissen genügte, war in Städten, die sich

20 Charlottenburg, das bereits duch die Kabinettsordre vom 28. Januar 1860 einen »Teil der alten Feldmark Lietzow« zwischen Potsdamer Straße und Zoologischem Garten sowie durch die Kabinettsordre vom 15. Januar und 2. Februar 1881 den Tiergarten, den Seepark (die Umgebung des Neuen Sees), den Zoologischen Garten und den unbebauten Teil des Hippodroms hatte abtreten müssen, wehrte sich gegen jede weitere Gebietsabtretung und plädierte statt dessen für eine Einbeziehung Charlottenburgs in den Berliner Stadtverband, was an der ablehnenden Haltung der Stadtgemeinde Berlin scheiterte. Vgl. Denkschrift über die Vereinigung des Stadtkreises Charlottenburg mit der Haupt- und Residenzstadt Berlin, verfaßt im Auftrage des Herrn Ministers des Innern vom Magistrat von Charlottenburg im September 1882, S. 2ff.; Ernst Kaeber, Das Weichbild der Stadt Berlin seit der Steinschen Städteordnung, in: ders., Beiträge zur Berliner Geschichte, Ausgewählte Aufsätze (= Einzelveröffentlichungen der Historischen Kommission zu Berlin, Bd. 14), bearb. v. Werner Vogel, Berlin 1964, S. 305f.; Klaus Nowack, Das Werden von Groß-Berlin, Phil. Diss. FU Berlin 1953, S. 14f.

1 Heute: Klausenerplatz.

2 Heinrich Reinhardt sagte später zur Lage des Bauplatzes: »... Dabei war die Baustelle nicht allzu glücklich gewählt. Wäre sie zum Beispiel an der Bismarckstraße gelegen, ungefähr da, wo heute das Deutsche Opernhaus steht, so hätte man den Grundriß entschieden günstiger anlegen können.« Charlottenburger Zeitung vom 18. September 1943.

durch eine heftige ökonomische und demographische Entwicklung auszeichneten, nicht planbar. Die Unauskömmlichkeit der Räume mußte früher oder später eintreten. Der Stadtsekretär Kuhlow hielt einen Monumentalbau in einer Vorstadt wie Charlottenburg für gänzlich unangebracht. Offen gab er zu bedenken: »Solche Bauten machen, zumal bei den für ein neues Rathaus zu erhebenden Ansprüchen, in einem Vorort der mächtigen Reichshauptstadt, der doch Charlottenburg nur ist und bleiben wird, erfahrungsmäßig nun einmal nicht den beabsichtigten Eindruck. Es ist auch nicht außer acht zu lassen, daß das, was uns heute und in den nächsten zehn Jahren hier noch monumental vorkommt, nach 30 bis 40 Jahren alltäglich erscheinen könnte. Ein abstrakter Monumentalbau aber, der für Menschenalter imponierend wirkt, möchte dann doch unser finanzielles Vermögen übersteigen.«[3]
Zu solcher Bescheidenheit wollte sich das selbstbewußte Bürgertum Charlottenburgs nicht herablassen. Der Bau, endlich in Gang gesetzt, sollte die Dynamik und Potenz der aufstrebenden Großstadt widerspiegeln.
Mit der Vorlage vom 5. September 1896 wollte Oberbürgermeister Fritsche aber zunächst nur einen begrenzten Skizzenwettbewerb ausschreiben. In den Richtlinien für das Bauprogramm überließ der Magistrat die Raumverteilung völlig den Architekten. Zur Begründung hieß es: »Von einer genauen Darlegung des Raumbedürfnisses und der Raumverteilung im Speziellen wird mit Rücksicht auf die ungewöhnlich schnelle und in ihrer Richtung unberechenbare Entwicklung der Stadt abgesehen und dem entwerfenden Baumeister die Lösung auch dieses Teiles der Aufgabe, unter Hinweis auf das erfahrungsgemäße Bedürfnis städtischer Verwaltungen, überlassen.«[4] Diese Auffassung teilten weder die Deputation für den Rathausbau, die am 18. Dezember 1895 eingesetzt worden war, noch die Stadtverordneten, der Antrag des Bürgermeisters wurde mit dem Beschluß vom 16. Oktober 1896 abgelehnt.[5]
Am 11. Januar 1897 brachte Oberbürgermeister Fritsche eine Vorlage in die Stadtverordneten-Versammlung ein, die vorsah, für den Rathausneubau einen allgemeinen Wettbewerb öffentlich auszuschreiben. Es wurde beantragt, Preisgelder in Höhe von 25 000 Mark zu bewilligen. Die gemischte Deputation für den Rathausbau sollte ein Kollegium von neun Preisrichtern, dem je zwei Mitglieder des Magistrats und der Stadtverordneten-Versammlung sowie fünf von der städtischen Verwaltung unabhängige Architekten angehören mußten, selbständig ernennen.
In der Aufgabenstellung hieß es, daß
»1. die Baustelle unter möglichster Befriedigung des Bedürfnisses nach Licht und Luft, insbesondere durch die Anlage geräumiger Höfe, welche durch Zufahrten von der Berliner Straße wie von der Lützower Straße zugänglich sind, in zweckmäßiger Weise ausgenutzt wird;
2. der Bau unter möglichst langer Erhaltung und Benutzung der auf dem Grundstück Berliner Straße 73 befindlichen massiven Baulichkeiten in mindestens zwei Bauperioden zur Ausführung gelangt«[6].
Nähere Angaben über die Raumbedürfnisse der einzelnen Verwaltungszweige waren nunmehr festgelegt. Allerdings machte der Magistrat nur »überschlägliche Angaben«, auf deren Grundlage den Architekten die Gruppierung der einzelnen BaufIä-

3 Bericht betr. die Erbauung eines neuen Geschäftshauses ... S. 5 ...
4 Akten ... Rathaus, Bd. I, Bl. 31.
5 Nicht ohne Ironie ist es, daß die in der Vorlage vom 5. September vertretene Auffassung durch die reale Entwicklung bestätigt wurde, das Bauprogramm der Rathauskonkurrenz hatte sich schon bei der Fertigstellung des Gebäudes überholt. Heinrich Seelings Erläuterungsbericht zum Erweiterungsbau des Rathauses sah dann auch, mit Ausnahme der Säle, von jeder speziellen Raumverteilung ab. Vgl. u. d. Kap. ›Der Entwurf Heinrich Seelings und die Bauausführung‹.
6 Bericht über die Verwaltung ... 1896/97, S. 20.

chen und ihre Unterteilung überlassen blieb. Im einzelnen forderte das Bauprogramm[7]

1. einen Repräsentationssaal 200 bis 300 m²
   und einen Vorraum 60 bis 70 m²
2. einen einfacheren Versammlungssaal 150 bis 200 m²
3. einen Stadtverordneten-Sitzungssaal 300 bis 350 m²
   Der Saal war, unter Berücksichtigung der Öffentlichkeit, auf 90 bis 100 Stadtverordnete und 25 bis 30 Mitglieder des Magistrats anzulegen, daneben mußte ein Geschäftszimmer für den Stadtverordneten-Vorsteher und das Büro der Versammlung eingerichtet werden.
   Nebenräume (Garderoben etc.) für sämtliche Säle 30 m²
4. die Zentralverwaltung 1450 m²
   a. der Magistrats-Sitzungssaal (bis 30 Personen)
   b. die Bibliothek mit Lesezimmer
   c. das Stadtarchiv
   d. drei Dezernentenstellen, darunter der Oberbürgermeister und Bürgermeister
   e. das Büro
   f. die Hauptkalkulatur
   g. die Hauptkanzlei
5. die städtischen Kassen 600 m²
   a. Hauptkasse 250 m²
   b. Kasse der städtischen Werke 200 m²
   c. Sparkasse 150 m²
6. die Steuerverwaltung einschließlich zweier Sitzungszimmer für je 10 bis 15 Personen, zwei Dezernenten und Büros für drei Abteilungen 1100 m²
7. die Schulverwaltung mit einem Sitzungszimmer für 15 bis 20 Personen, zwei Dezernenten und Büros für zwei Abteilungen 400 m²
8. die Armenverwaltung mit einem Sitzungszimmer für 25 bis 30 Personen, drei Dezernenten und Büros für zwei Abteilungen 500 m²
9. die Gewerbeverwaltung einschließlich des Stadtausschusses und des Gewerbegerichts. Für beide Spruchbehörden war je ein auf die Öffentlichkeit zu berechnendes Sitzungszimmer mit Nebenräumen vorzusehen. Daneben mußten Räumlichkeiten für ein Büro und zwei Dezernenten eingerichtet werden 350 m²
10. die Hochbauverwaltung mit einem Sitzungszimmer für 10 bis 15 Personen und zwei Dezernenten 300 m²
11. die Tiefbauverwaltung mit einem Sitzungszimmer für 20 bis 25 Personen und drei Dezernenten 600 m²
12. ein vereinigtes Büro für Sonderverwaltungen 200 m²
13. ein Ratskeller einschließlich der erforderlichen Wirtschafts- und Wohnräume für den Wirt
14. Kellerräume für Heiz- und Lüftungsanlagen und sonstige Nebenbedürfnisse des Gebäudes
15. eine Dienstwohnung für den Oberbürgermeister 450 m²
16. zwei Dienstwohnungen für zwei Kastellane

Geforderte Nutzungsfläche des Bauprogramms (ohne Ratskeller, Kellerräume und Dienstwohnungen der Kastellane) zirka 6900 m²

Der Magistrat forderte weiterhin, die räumlichen Anordnungen in einer Bauweise vorzunehmen, die den Einbau leichter Zwischenwände und damit Verschiebungen zwischen den Räumen ermöglichte. Geschäftsräume für das Standesamt, das Eichamt und polizeiliche Zwecke wur-

7 Rathaus für Charlottenburg, in: Deutsche Konkurrenzen, Bd. 8 (1898), H. 7 u. 8, Nr. 91 u. 92, S. 4f.

den aus dem Bauprogramm ausgeschlossen. Eine Übergangsbestimmung legte fest, daß schon im ersten Bauabschnitt ein Sitzungssaal für die Stadtverordneten – eventuell als Provisorium – herzustellen war. Dieser Saal mußte für sechzig bis siebzig Stadtverordnete und fünfzehn bis zwanzig Mitglieder des Magistrats Platz bieten.

Ein summarischer Kostenüberschlag, berechnet nach umbautem Raum und bebauter Fläche, war den Entwürfen beizugeben. Das Offenlassen der Bausumme in den allgemeinen Bedingungen des Programms blieb nicht unumstritten. Die Rathaus-Deputation hatte sich wiederholt gegen die Festsetzung eines Höchstbetrages ausgesprochen und dürfte damit auf die Kritik des Oberbürgermeisters gestoßen sein, der der finanziellen Planung von Anfang an Grenzen zu setzen gewillt war. In der Sitzung am 20. Januar 1897 nahmen die Stadtverordneten die Magistratsvorlage an. Anschließend erfolgte die Ausschreibung; als Abgabetermin setzte die Rathaus-Deputation den 15. November fest.

Zu dem einberufenen Preisgericht gehörten der Geheime Baurat Hermann Blankenstein, der Präsident der Akademie der Künste, Professor Hermann Ende, der Geheime Regierungsrat Johannes Otzen (Berlin), Professor Johann Georg Hauberrisser (München), der Geheime Baurat Paul Wallot aus Dresden und aus Charlottenburg Oberbürgermeister Fritsche, Stadtbaurat Paul Bratring, Stadtverordneten-Vorsteher Benno Jaffé sowie der Stadtverordnete und Regierungsbaumeister Georg Reimarus. Nach Prüfung der 52 eingegangenen Entwürfe zwischen dem 9. und 11. Dezember ließ die Rathaus-Deputation sie in der Aula des Volksschulhauses Spreestraße (heute: Wintersteinstraße) ausstellen.

Insgesamt war die Wettbewerbsbeteiligung eher enttäuschend; auswärtige Architekten traten kaum in Erscheinung, was wohl nicht zuletzt an der wenig dankbaren Aufgabe lag. Die Rathauskonkurrenzen der Städte Elberfeld (1893) und Stuttgart (1895) hatten eine größere Anziehungskraft ausgeübt. Für den Rathausneubau in Elberfeld waren beispielsweise nicht weniger als 129 Entwürfe eingegangen. K. E. O. Fritsch[8] kritisierte, daß auch die sachlichen Ergebnisse des Wettbewerbs im Vergleich zu den vorangegangenen schwächer ausgefallen seien. Nur eine kleine Anzahl der Entwürfe habe niveauvolle Lösungen aufzuweisen.

Neben zwei unvollständigen Arbeiten schieden nach einer ersten Prüfung neun »wegen ungenügender Ausbildung des Grundrisses« und »mangelhafter künstlerischer Behandlung«[9] aus, in einer zweiten Lesung weitere sechs Projekte. Von den verbliebenen 35 Entwürfen konnten nur acht als geeignet in die engere Wahl gezogen werden.

Nach einer erneuten Prüfung wurde das Projekt ›Civibus‹ der Berliner Architektengemeinschaft *Becker & Schlüter* ausgeschieden, da die Hauptfluchten der Büroräume auf seiten der Nachbargrundstücke lagen, die Aussicht auf diese Höfe ging und dieser Mangel nicht durch die im übrigen gute Kombination von »Grundrißdisposition« und »Architektur« ausgeglichen wurde.[10]

Becker & Schlüter hatten die Baulichkeiten um drei mittelgroße Innenhöfe gelegt und das Gebäude deutlich von der östlichen und westlichen Nachbargrenze abgerückt, so daß relativ breite Seitenhöfe entstanden und die außen angeordneten Verwaltungsräume direkt beleuchtet wurden. In der Mitte ist ein Quergebäude eingeschoben, das die Architekten bis unmittelbar an die Grundstücksgrenzen herangeführt haben. Im rechten Flügel befindet sich der Stadtverordneten-Sitzungssaal, im linken Flügel ein großer Versammlungssaal. Beide Säle erhalten von den seitlichen Höfen aus

8 Der Wettbewerb um den Entwurf eines neuen Rathauses in Charlottenburg, in: Deutsche Bauzeitung, 32. Jg. (1898), Nr. 7, S. 42.
9 Rathaus für Charlottenburg ... S. 7.
10 Ebd.

Licht. Ein breiter Korridor stellt die Verbindung zwischen diesen Sälen her; an seine Südseite grenzt das Treppenhaus, während den nördlichen Abschluß die Bibliothek mit dem Lesezimmer bildet.
Im Hauptgebäude an der Berliner Straße liegen der Festsaal mit einem geräumigen Vorsaal, der Magistrats-Sitzungssaal und das Zimmer des Oberbürgermeisters. Die Fassade wird von einem fünfachsigen Mittelrisalit beherrscht, der den Festsaal hervorhebt und den eine Pilasterordnung strukturiert. Die Akzentuierung des Mittelrisalits verstärken ein balustrierter Balkon, auf eingeschobenen Sockeln plazierte, monumentale Skulpturen, ein bildnerisch reich durchgearbeiteter Giebel und schließlich ein achteckiger Mittelturm mit Umgang, Haube und Laterne. Ebenfalls monumental gehalten ist der Eingang des Rathauses. Drei große, von Säulen eingefaßte Türen, die fast bis an das Brüstungsgesims des 1. Obergeschosses reichen, führen ins Innere des Gebäudes. Durch zwei schmale Seitenrisalite mit Giebel und Türmchen versuchten Becker & Schlüter dem Bau einen seitlichen Halt zu geben.
Im rechten Seitenrisalit befindet sich das Zimmer des Oberbürgermeisters, daran anschließend, zum Mittelbau hin, der Magistrats-Sitzungssaal. Diese Räume sind trotz ihrer hervorragenden Lage an der Hauptfront geringer bewertet als in einigen anderen Entwürfen, ihre Wirkung tritt deutlich hinter der des Festsaalrisalits zurück. Der Fassadenaufbau mit seiner starken horizontalen Gliederung, den vertikalisierenden Einschüben durch die Säulenordnungen der Risalite, dem bildnerisch prächtig aufgebauten Mittelgiebel und dem achteckigen Haubenturm lehnt sich an Vorbilder der flandrischen Spätrenaissance an,[11] wenngleich die großen Rundbogenfenster des 1. Stockwerks auf eine andere Zeit hinweisen.
Der Entwurf ›Der Residenzstadt‹ des Charlottenburger Architekten *R. Hossfeld* schied ebenso wie Becker & Schlüters Pro-

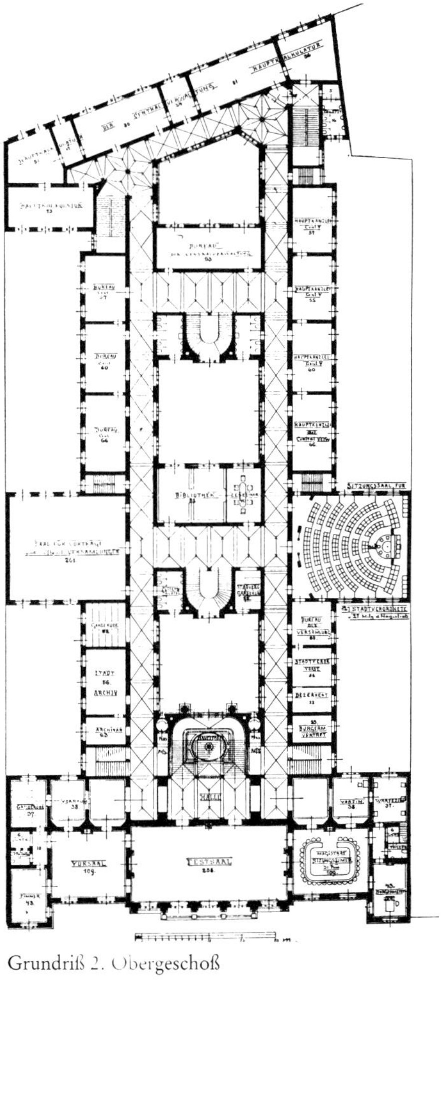

Grundriß 2. Obergeschoß

11 Vgl. A. F. Bluntschli/G. Lasius, Stadt- und Rathäuser ... S. 91 ff.

Becker & Schlüter, Wettbewerbsentwurf, Hauptansicht

jekt auf Grund einer Verlegung der Hauptfluchten der Büroräume nach den Nebenhöfen aus, zudem rügte das Preisgericht eine mangelhafte Grundrißdisposition im vorderen Teil des Erdgeschosses. Hossfelds Entwurf bleibt aber bemerkenswert durch seinen Versuch, sich an dem ›Genius loci‹ Charlottenburgs zu orientieren – wenn davon an einem baugeschichtlich armen Ort überhaupt die Rede sein konnte – und eine barocke Ausbildung vorzunehmen.

Hossfeld wählte eine symmetrische Anlage mit einem dreiachsigen Mittelrisalit, der von einem wuchtigen Dreiecksgiebel bekrönt und zum Dach hin von rechteckigen Sockeln mit allegorischen Skulpturen flankiert wird. Das Mansarddach erhielt einen gut proportionierten Uhrenturm, an dem lediglich die Ecktürmchen überflüssig sind. Wie bei Becker & Schlüter zeigt die Gliederung der Fassade eine Verbindung von horizontalen und vertikalen Elementen. Hossfeld aber gab der Senkrechten durch die ruhig durchlaufende Pilasterordnung der oberen Stockwerke größeres Gewicht. Sein Entwurf hat geschickt Anleihen bei J. van Campens Amsterdamer Rathaus (1649–55) gemacht, ohne dessen eintönig wirkende doppelte Pilasterordnung der Fassade zu übernehmen.[12] Die Räumlichkeiten des Oberbürgermeisters und der Magistrats-Sitzungssaal sind an der Fassade nicht oder nur wenig hervorgehoben; indem sie jedoch das gesamte 1. Stockwerk des vorderen Gebäudes einnehmen und die Amts- und Privatzimmer mit dem Magistrats-Sitzungssaal verbunden sind, erhält das Stadtoberhaupt eine Auszeichnung, die diesem politisch nicht zukam.

Hossfelds Grundriß konnte man etwas überspitzt als »Einhof-Anlage« bezeichnen, wurde doch der hauptsächliche Verwaltungstrakt als Vierflügelanlage um einen äußerst geräumigen Innenhof gelegt, wobei der Architekt das Gebäude bis an die Nachbargrundstücke heranrückte. Schmale Seitenflügel um einen wesentlich

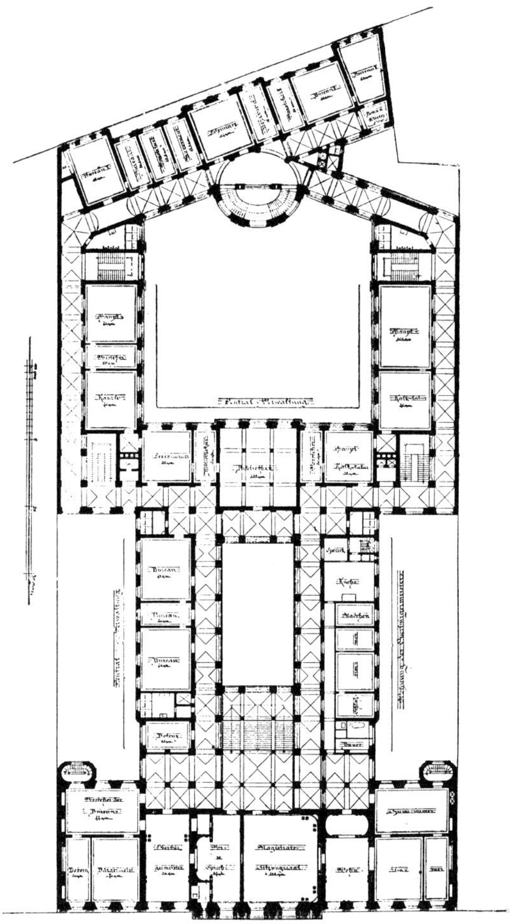

Grundriß 1. Obergeschoß

12 Vgl. a. a. O., S. 98 ff.

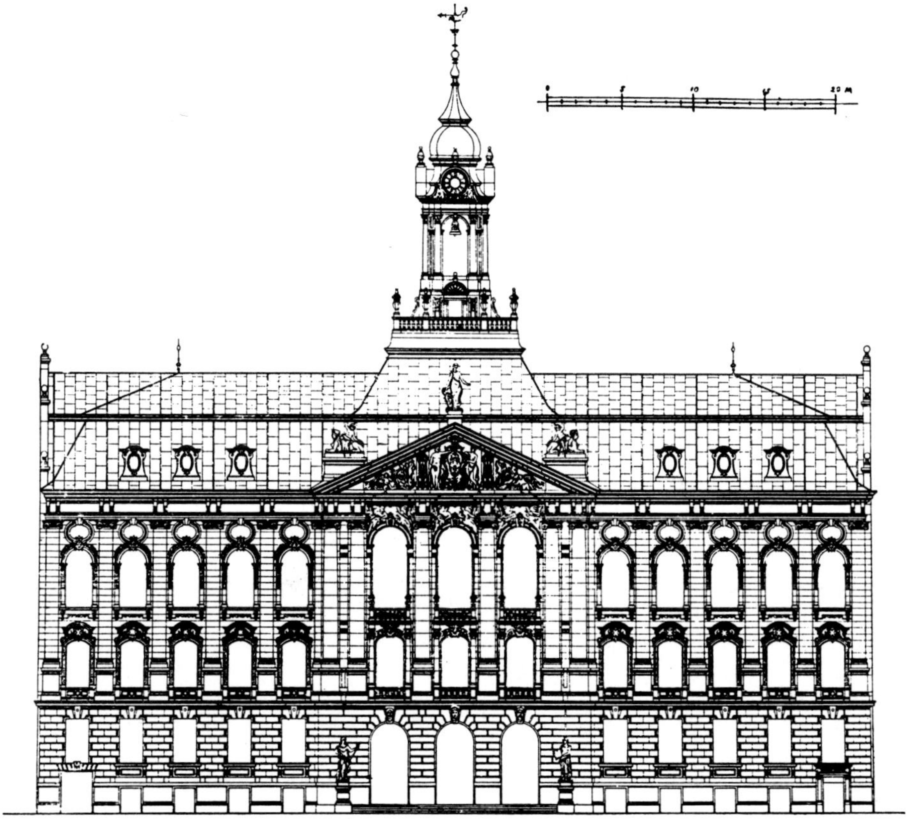

R. Hossfeld, Wettbewerbsentwurf, Hauptansicht

kleineren zweiten Innenhof schaffen die Verbindung zum Hauptgebäude an der Berliner Straße. Die Gewichtung des eigentlichen Verwaltungstrakts an der Lützower Straße erinnert an die Entwürfe Paul Bratrings.
Von den verbliebenen sechs Projekten wurde der Entwurf der Berliner Architekten Erdmann & Spindler zum Ankauf empfohlen. Die beiden vierten Preise erhielten die Architektengemeinschaften Vollmer & Jassoy beziehungsweise Walter und Hildebrand, dritter Preisträger war Hermann Guth, die Architekten Zaar und Vahl wurden mit dem zweiten Preis ausgezeichnet, und als Sieger ging die Architektengemeinschaft Reinhardt und Süßenguth aus dem Wettbewerb hervor.
Die überwiegende Zahl der Wettbewerbsentwürfe griff auf Bauformen der spätmit telalterlichen Stadt zurück, was einem jüngeren Gemeinwesen wie Charlottenburg äußerlich bleiben mußte. Hinweise auf den mittelalterlichen Werksteinbau waren im Stadtbild nirgends zu finden, sinnvoller hätte eine historisierende Gestaltung an die Bauweise des ausgehenden 17. Jahrhunderts, der Zeit Sophie Charlottes, anschließen können. Die Orientierung am historisch gewachsenen Architekturbild der Stadt war aber weder vom Magistrat noch von den Stadtverordneten gefordert worden. In der Ausschreibung des Rathauswettbewerbs überließ man den Architekten völlige Freiheit. In den allgemeinen Bemerkungen zum Bauprogramm hieß es schlicht: »... Im übrigen werden, soweit es sich um die Architektur, die Konstruktion und das Material handelt, keine bestimmten Forderungen und Bedingungen gestellt.«[13] Die Ausschreibungspraxis ließ den Architekten wenig Zeit, sich mit den architektonischen Eigenarten der Stadt auseinanderzusetzen. Ein dem Architekturbild Charlottenburgs angepaßter Entwurf hätte daher am ehesten von einem mit der städtebaulichen Charakteristik der Gemeinde vertrauten Stadtbaurat konzipiert werden können. Diese Möglichkeit hatte jedoch bei den Stadtverordneten und beim beratenden Ausschuß keine Zustimmung gefunden.
Die Bevorzugung spätgotischer Stilformen mußte als Versuch, an die bürgerlich-städtische Tradition des späten Mittelalters anzuknüpfen, verstanden werden. Im ausgehenden 19. Jahrhundert hatten die Städte sowohl in wirtschaftlicher als auch politischer Hinsicht an Bedeutung gewonnen; den Geltungszuwachs der Kommunen innerhalb des Staatswesens suchte das Bürgertum in aufwendigen Rathausbauten auszudrücken. Die Besinnung auf reichsstädtische Macht gab dem repräsentativen Rathausbau einen symbolischen Rang und eine bestimmende Stellung im Stadtbild, die derjenigen fürstlicher und staatlicher Repräsentationsbauten der Residenz- und Hauptstädte gleichkommen sollte. Wenn die Bürgervertreter Charlottenburgs – das zu lange im Schatten des Hofes gestanden hatte und dessen Bürger nie die Verbindung zum Königtum preisgaben und dem König beziehungsweise Kaiser als Symbol der Kontinuität des alten und neuen Reichs stets huldigten – sich für ein im Stil der Spätgotik gestaltetes Rathaus entschieden, konnte das als demonstrativer Hinweis, die Kontinuität bürgerlicher Macht hervorzuheben, angesehen werden. Das Rathaus wurde zum Ort politischer Selbstdarstellung eines wiedererstarkten bürgerlich-gesellschaftlichen Bewußtseins und eines aufstrebenden Gemeinwesens von außerordentlicher Dynamik. Gemeinsamkeit zwischen der Städtefreiheit des ausgehenden Mittelalters und der kommunalen Selbstverwaltung des Kaiserreichs bestand, trotz aller tiefgreifender Unterschiede, in der Abgrenzung gegen den fürstlichen Absolutismus.
Die Entscheidung gegen einen allseitig freiliegenden Bauplatz engte die Gestaltungsmöglichkeiten der Architekten ein. Der Wunsch des Magistrats nach einem würdigen Repräsentations- und Verwal-

13 Akten... Rathaus, Bd. I, Bl. 39.

tungsbau war auf einem Grundstück zu realisieren, dessen Vorderfront gerade eine Breite von 70 m erreichte und dessen Hinterfront schiefwinklig an einer völlig unbedeutenden Nebenstraße lag. Die Eingrenzung durch Privatgrundstücke brachte die Schwierigkeit mit sich, den Bau von den anliegenden Gebäuden so weit abzurücken, daß noch für eine ausreichende Beleuchtung der an den Außenseiten liegenden Räumlichkeiten gesorgt war. Ein weiteres Problem bestand in der Herstellung einer angemessenen Beziehung zwischen dem in der Achse liegenden Haupteingang und den beiden sich in die Tiefe des Grundstücks erstreckenden Hauptkorridoren.

Trotz der schwierigen Lage des Bauplatzes, der nur überschlägigen Angaben über die Raumverteilung und der mißlichen Notwendigkeit, die Wohnung des Oberbürgermeisters in den Bauorganismus zu integrieren, gelang es den Architekten, akzeptable Lösungen zu entwickeln. Allen mit Preisen ausgezeichneten Entwürfen ist die symmetrische Fassadenausbildung gemeinsam: »das Preisgericht scheint diese Frontausbildung im vorliegenden Falle für die allein zulässige gehalten zu haben, und man wird zu der gleichen Ansicht gelangen, wenn man sich vergegenwärtigt, wie seltsam die unsymmetrisch gruppierte Ansicht, wenn sie auch auf dem Papiere ganz gut aussehen mag, in Wirklichkeit, eingepfercht zwischen hohen Nachbarhäusern, dem Auge sich darstellen würde.«[14]

Der Entwurf von *Reinhardt und Süßenguth* besticht durch seine Grundrißdisposition, die Anordnung von Haupteingang, großer Halle und anschließender Treppe sowie durch die Verbindung des Vorderhauses mit dem Mittelbau. Die zu verteilenden Baumassen gruppierten die Architekten um zwei geräumige Innenhöfe und entwickelten als weitere Lichtzubringer langgestreckte Seitenhöfe. Im Erdgeschoß legten die Architekten zu beiden Seiten des Eingangs die Haupt- und Sparkasse, in den Querflügel, der durch einen Mittelgang mit dem vorderen Trakt verbunden ist, die Kasse der städtischen Werke. Eine große Querhalle im hinteren Teil des Erdgeschosses und in den darüberliegenden Stockwerken vermittelt jeweils die Zugänge zur Haupttreppe und zu den in die Tiefe des Gebäudes führenden Gängen. Diese Gänge sind an der Außenseite der Seitenflügel eingerichtet, so daß die anliegenden Büroräume Licht von den großen Innenhöfen empfangen.

Das 1. Obergeschoß des Vorderhauses nehmen die Arbeitszimmer der beiden Bürgermeister und des Stadtsyndikus sowie der zugunsten der Frontsymmetrie etwas »geringschätzig behandelte« Magistrats-Sitzungssaal ein. Im rechten Seitenflügel brachten die Architekten die Wohnung des Oberbürgermeisters mit einer gesonderten Treppe unter. Der Stadtverordneten-Sitzungssaal, der über eine Treppe vom Mittelgang des Erdgeschosses aus zu erreichen ist, befindet sich im mittleren Quergebäude. Als Mißgriff wertete die Kritik die vorgesehene Lichtzufuhr, die nur durch Oberlicht geregelt war, obwohl der Sitzungssaal an der Front des zweiten Innenhofes lag. Die weiteren Räume dieses und des darüberliegenden Stockwerks sind als Bürozimmer ausgezeichnet. Im 2. Obergeschoß des Trakts an der Berliner Straße liegen die Festsäle des Rathauses.

An der Fassadengestaltung gefielen die »wirkungsvollen Gegensätze in der Geschoßbehandlung« und die Hervorhebung des Repräsentationsgeschosses. Den Wechsel zwischen ruhig zusammengehaltenen und aufgelösten Flächen sowie des Schmucks fand man ausgesprochen gelungen.[15] Diesem Urteil kann man durchaus

14 Oskar Hossfeld, Die Preisbewerbung für den Neubau des Rathauses in Charlottenburg, in: Zentralblatt der Bauverwaltung, 17. Jg. (1897), Nr. 52, S. 585.

15 A. a. O., S. 574; im Urteil des Preisgerichts hieß es zusammenfassend: »Die Architektur im Äußeren und Inneren ist einheitlich und schwungvoll, wenngleich in einzelnen Teilen unverhältnismäßig reich.« Bericht über die Verwaltung ... 1897/98, S. 23.

folgen. Reinhardt und Süßenguth haben es vor allem verstanden, die Proportionen der einzelnen Fassadenteile abzuwägen und aus dem Grundriß heraus zu entwickeln. Der relativ schmale Mittelrisalit erdrückt in seinen Ausmaßen nicht die seitlichen Flügel, und zudem haben sich die Architekten gehütet, die kurze Front durch seitliche Risalite abzuschließen. Zwei wenig aus der Bauflucht tretende Erker, die über den seitlichen Durchfahrten angebracht sind und über zwei Geschosse verlaufen, akzentuieren lediglich den Übergang zu den Nachbargrundstücken. Daß eigene waagerechte und senkrechte Gliederungen fehlen, ist als Verbeugung vor der Tradition gotischer Kommunalbauten zu verstehen. Das vertikale Element wird überwiegend durch den Mittelturm und die seitlichen Türme des Mittelgiebels in die Fassadengliederung gebracht. Der Aufbau der Fensterordnung verstärkt diese vertikalisierenden Momente. Ein horizontales Band bildet nur das Fensterbankgesims des Festsaalgeschosses, das jedoch nicht durchläuft, sondern durch den Rahmenschmuck unterbrochen wird. Den das Mauerwerk bekrönenden Zinnenkranz reißen zu sehr vertikale Elemente auf, als daß er zur Verstärkung der horizontalen Linien beiträgt. Die Fenster sind vorwiegend in Rundbogenform angelegt, erhalten jedoch einen gespitzten Giebel, dessen sich überschneidende Leisten zu Wimpergen auslaufen. Jeweils zwei Fenster werden auf diese Weise mit einem gekurvten giebelartigen Abschluß versehen, wobei die Wimperge in den Zinnenkranz integriert sind. Die abgeflachten Spitzen der Wimperge dienen als Sockel für Skulpturen, zugleich bilden die gekurvten Giebel Baldachine für Großplastiken, die auf Konsolen am Quadermauerwerk der Fensterrahmungen plaziert sind. Die Fenster des erhöhten Erdgeschosses sind gekuppelt und spitzbogig verdacht.

Blendmaßwerk verwenden die Architekten auch bei der Gestaltung des Mittelrisalits. Es dient vor allem der Hervorhebung des Oberbürgermeisterzimmers und des Haupteingangs. Eine Verdichtung der De-

a Stadtverordneten-Sitzungssaal
b Tribünen
c Kleiderablagen
d Sitzungssaal der Armenverwaltung
e Halle
f Festsaal
g Vorsaal
h Versammlungssaal

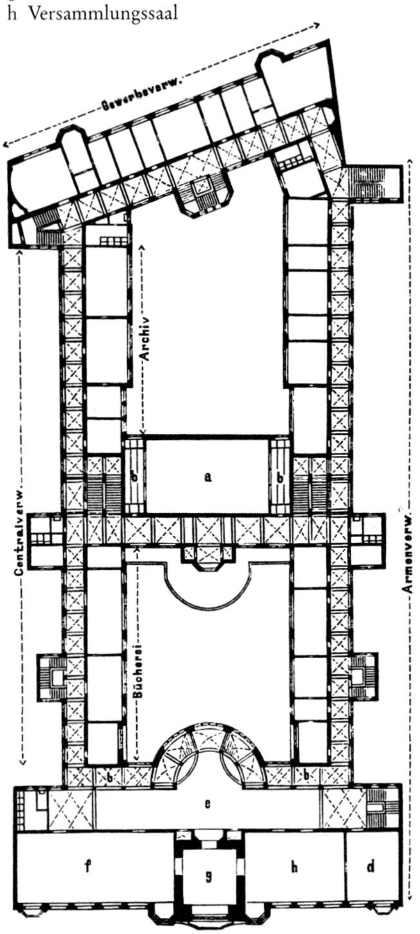

Grundriß 2. Obergeschoß

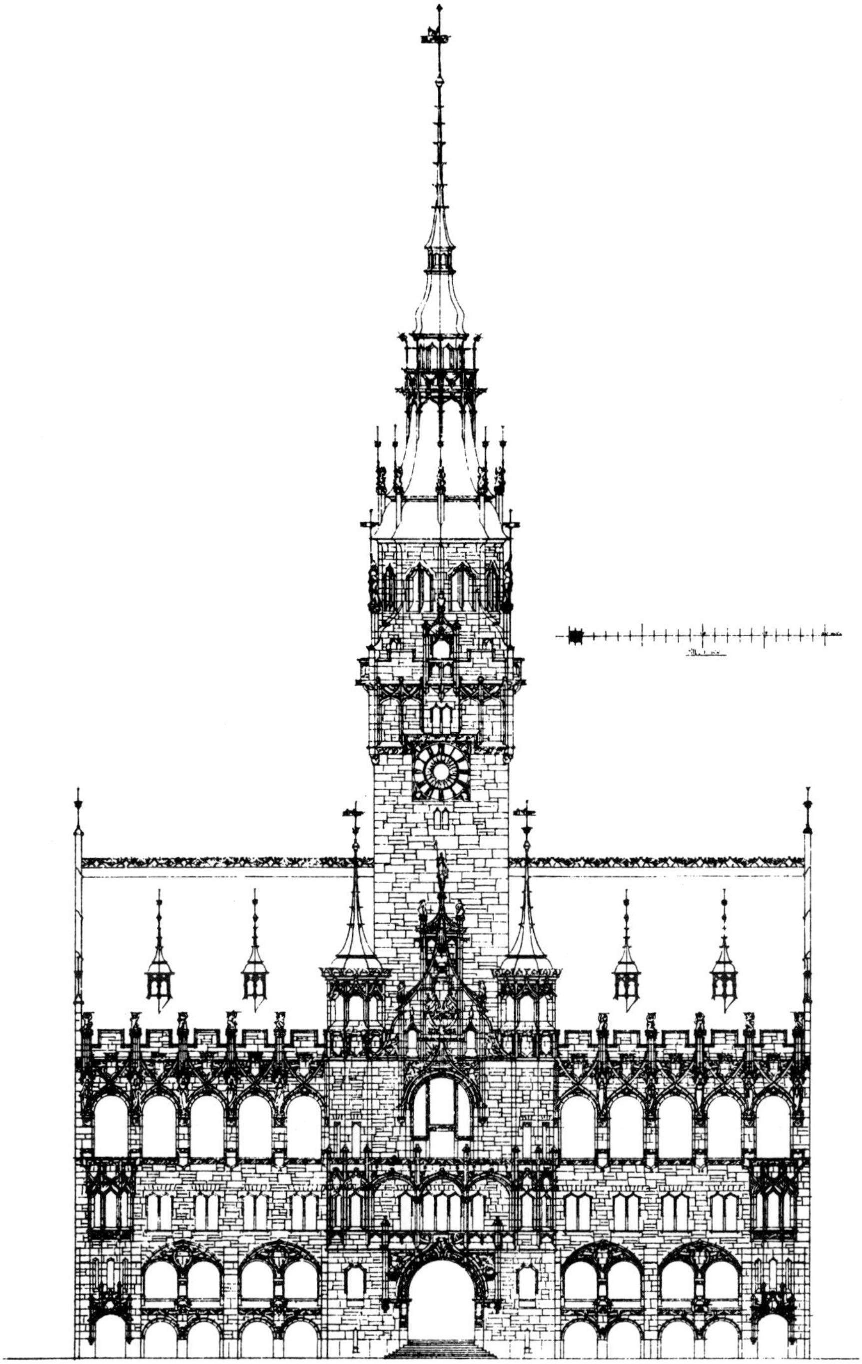

Reinhardt und Süßenguth, Wettbewerbsentwurf, Hauptansicht

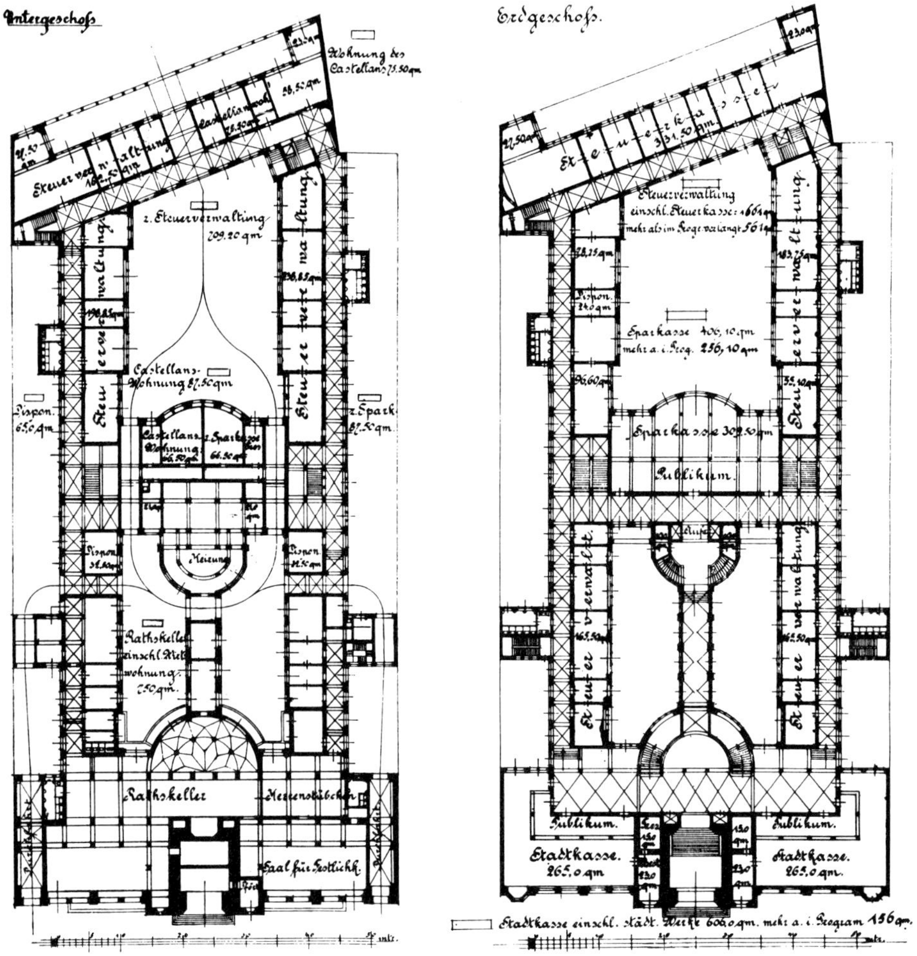

Reinhardt und Süßenguth, Wettbewerbsentwurf, Grundrisse Unter- und Erdgeschoß, 1. und 2. Obergeschoß

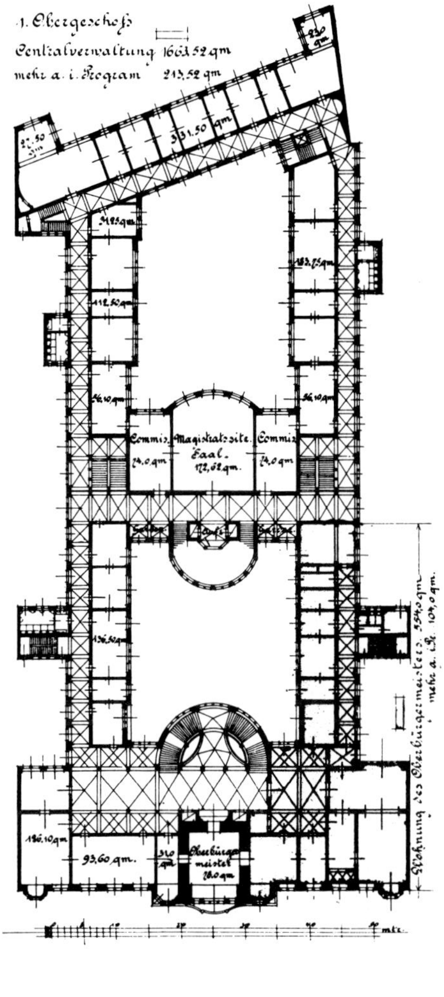
1. Obergeschoß
Centralverwaltung 1663,52 qm
Magistratssitz. Saal. 172,62 qm
Oberbürgermeister 28,0 qm

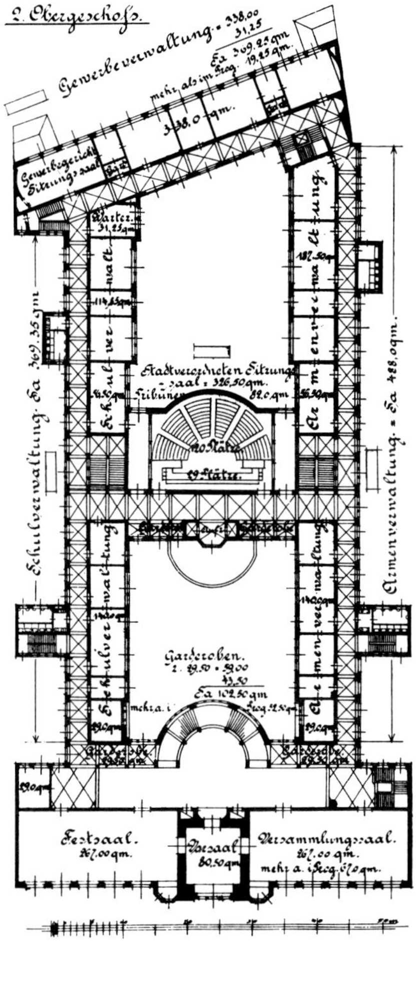
2. Obergeschoß.
Gewerbeverwaltung
Stadtverordneten Sitzungssaal = 326,50 qm.
Garderoben.
Festsaal. 267,00 qm.
Vorsaal 80,50 qm
Versammlungssaal. 267,00 qm.

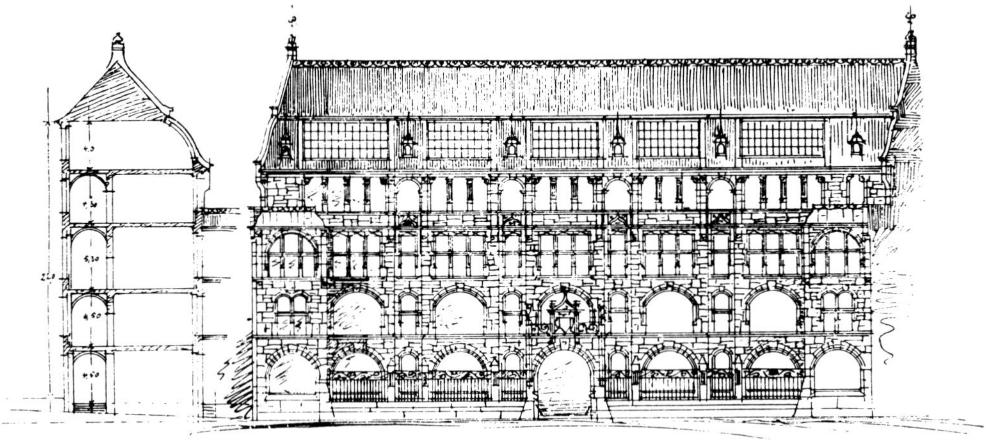

Reinhardt und Süßenguth, Wettbewerbsentwurf, Ansicht von der Lützower Straße

koration zeigt der Aufbau des Giebels. Ein geknickter Schweifgiebel wird mit einer gekurvten Verdachung des großen Festsaalfensters und einer verdachenden, mit Bauplastiken geschmückten Krone verbunden. Die Dekoration entledigt sich hier auf Grund ihres konglomerathaften Charakters der Wirkung. Wenig gelungen erscheint auch die Verbindung zwischen dem großen zentralen Festsaalfenster und dem geschlossenen oberen Mauerwerk des Risalits. Während die Fassade in den übrigen Teilen durch großzügig angeordnete Öffnungen aufgelockert wird und eine gewisse Leichtigkeit erhält, bleibt der mittlere Festsaaltrakt durch die relative Geschlossenheit des seitlichen Mauerwerks von einer Wucht, die weniger ins Bild der Komposition paßt.

Die dekorativen Arrangements am Turm zeigen, daß Reinhardt und Süßenguth mitunter zu Übertreibungen neigten. Es war überhaupt zu fragen, ob nicht in einer nur 70 m langen Front die Errichtung eines Turms, dessen Höhe zunächst sogar auf 110 m geplant war, einen Mißgriff darstellte. Die Seitenteile wurden dadurch zu schmal, so daß sich keine »Architektur von monumentaler Ruhe, wie sie als Bestimmung des Hauses und seiner Lage in einer geschlossenen Straßenfront gemäß ist, entwickeln«[16] ließ. Da aber der Turm sowohl in der Öffentlichkeit als auch von den Bürgervertretern Charlottenburgs als unverzichtbares Rathausattribut verstanden wurde, war die Beschränkung auf eine turmlose Fassade schlichtweg undenkbar. Die Ausbildung eines monumentalen Turms bot der Stadt Gelegenheit, der städtebaulichen Dominanz des Charlottenburger Schlosses entgegenzuwirken, sollte er sich doch an einer Stelle erheben, die den höchsten Punkt einer Geländekuppe im Bereich der Berliner Straße einnahm. – Eine turmlose Fassadenlösung zeigte beispielsweise der erste neugotische Rathausneubau Hauberrissers in München (1867–1874), der lediglich einen Mittelgiebel mit flankierenden Türmchen erhielt.[17] Im Charlottenburger Wettbewerb zeigten

16 K. E. O. Fritsch, Der Wettbewerb... S. 43.

17 Vgl. Winfried Nerdinger/Birgit Stenger, Das Münchner Rathaus, in: Das Rathaus im Kaiserreich. Kunstpolitische Aspekte einer Bauaufgabe des 19. Jahrhunderts (= Kunst, Kultur und Politik im Deutschen Kaiserreich, Bd. 4), hrsg. v. Ekkehard Mai/Jürgen Paul/Stephan Waetzoldt, Berlin 1982, S. 163ff. Der anschließende Erweiterungsbau Hauberrissers (1899–1909) mit einem 85 m hohen, völlig überladenen Turm sprengte dann die Baumassenverteilung auf dem Münchner Marienplatz. Der Kritik, das alte Stadtbild zu zerstören, begegnete Hauberrisser mit dem Hinweis, daß der Turm ein Symbol bürgerlicher und städtischer Freiheit sei. A. a. O., S. 166ff.

die Architekten Höniger & Sedelmeier (Kennwort ›Rotes Kreuz im schrägen Schild‹) eine solche Lösung. Sie kombinierten die Formen des Dreiecks- und des Staffelgiebels und ließen den Giebel nur wenig über das Dach hinaustreten.[18] Höniger & Sedelmeier hielten die Schrägen völlig schmuckfrei, dekorierten nur das eingeschobene rechteckige Feld und führten es über die oberen Enden der Schrägen hinaus, so daß optisch der Eindruck eines Turmaufbaus entstand. Das Projekt des Regierungsbaumeisters C. Moritz und des Architekten J. Web (Berlin – Kennwort ›Komm‹)[19] entwickelte in barocken Formen an der Hauptfront zwei kräftige Seitenrisalite und hob den zurückgelegten, fünfachsigen Hauptteil der Fassade durch einen vorspringenden hohen Dachaufbau hervor. Das mit einer Balustrade abschließende Dach erhielt nur ein zierliches Haubentürmchen.[20]

Von Reinhardt und Süßenguth hätte man eine ruhigere Turmgestaltung erwarten können. Statt dessen überhäuften sie nach einem flächig gehaltenen Schaft die Turmspitze mit dekorativen Motiven wie Blendmaßwerk, Fensterverdachungen, Balkonen, Bauplastiken und Zinnenkranz sowie einer komplexen Haube mit zwei Laternen, von denen die untere umbrüstet ist. Jürgen Pauls Bemerkung, Reinhardt und Süßenguth hätten sich mit ihrem Entwurf fast bis zum Plagiat an das Stuttgarter Ausführungsprojekt von Vollmer & Jassoy angelehnt,[21] ist in dieser Form nicht haltbar. Ähnlichkeiten, wie etwa die Verbindung zwischen dem flächigen Turmschaft, dem Mittelgiebel, der Bürgermeisterloggia und dem Haupteingang, sind zwar nicht zu übersehen, aber insgesamt bleiben doch die Differenzen in der Fassadengliederung und der Detailausbildung evident. Das gilt sowohl für den Turm- und Dachaufbau als auch für die Fassadengestaltung, deren Fensterordnungen eine stärkere Rhythmisierung hervorrufen. Zudem findet die vierfache Ausführung des Turm- und des Erkermotivs im Entwurf von Reinhardt und Süßenguth keine Entsprechung; die flankierenden Türmchen des Mittelgiebels sind bei ihnen in den Risalit integriert und werden nicht an den Enden der Fassade wiederholt. Darüber hinaus fällt es schwer zu glauben, daß die am Charlottenburger Wettbewerb teilnehmenden Vollmer & Jassoy einen als Plagiat ihres Stuttgarter Projektes empfundenen Entwurf widerspruchslos hingenommen hätten.

Der mit dem zweiten Preis ausgezeichnete Entwurf von *Zaar und Vahl* (Kennwort ›Charlotten-Burg‹) fiel durch den Versuch auf, der Front mit einem Wechsel in der Bewertung der Achsen eine »monumentale Wucht« zu geben. Unterstrichen wird diese Absicht durch die Zurücknahme der Front aus der Straßenflucht, die jedoch zu gering ausfiel, um die für die Deckung der Nachbargiebel erforderlichen Eckbauten genügend tief zu gestalten. Mit Rücksicht auf die seitlichen Vorbauten ist der Mittelrisalit nicht wesentlich breiter als der Turm konzipiert. Sein Aufbau gleicht dem des Reinhardt und Süßengutschen Entwurfs, nur Details wie das Giebelfenster, das bauplastische Feld im 1. Obergeschoß und der Haupteingang mit Maßwerkabschluß und kräftigen Gewänden, in die Figuren eingestellt sind, weichen davon ab. Die Fassade wird durch mehrere Gesimse horizontal

18 Rathaus für Charlottenburg ... S. 39.

19 A. a. O., S. 47.

20 Auf ein ähnlich ausgebildetes Projekt von Cremer & Wolffenstein (Kennwort ›Sophie Charlotte‹) weist O. Hossfeld hin. Der nicht mehr erhaltene Entwurf kam wegen seiner mangelhaften Grundrißausbildung nicht in die engere Wahl. Die Preisbewerbung ... S. 587; Rathaus für Charlottenburg ... S. 7.

21 Jürgen Paul, Das ›Neue Rathaus‹ – Eine Bauaufgabe des 19. Jahrhunderts, in: Das Rathaus im Kaiserreich ... S. 75; vgl. auch A. F. Bluntschli/G. Lasius, Stadt- und Rathäuser ... S. 113. Der Stuttgarter Rathauswettbewerb war 1894/95 ausgeschrieben. Vollmer & Jassoy wurden, wie zwei weitere Architektengemeinschaften, mit einem zweiten Preis ausgezeichnet und erhielten den Auftrag zur Bauausführung. Unter der künstlerischen Leitung von Heinrich Jassoy wurde das Rathaus zwischen 1898 und 1905 erbaut. Vgl. Fritz von Ostini, Drei neue deutsche Rathäuser, in: Velhagen & Klasings Monatshefte, 21. Jg. (1906/07), S. 11 f.

gegliedert, die verlängerten Profilrahmungen der Festsaalfenster unterbrechen jedoch den Fluß der waagerechten Linien. Insgesamt erweckt die Fassade den Eindruck, als hätten sich die Architekten nicht zu einer einheitlichen Formgebung entschließen können. Gotisches Maßwerk steht beziehungslos neben Giebelaufbauten, Fensterverdachungen und -rahmungen, die der Renaissance entlehnt sind. Das Preisgericht bemerkte daher zu Recht: »Die Architektur ... ist zwar wirkungsvoll, entbehrt indessen der künstlerischen Einheit und der Gleichmäßigkeit des Stils.«[22] Dieses Urteil war nicht im Sinne eines orthodoxen Historismus zu verstehen, der eine, in welchem Stil auch immer, historisch getreue Formulierung erheischte, es ging auch nicht um die Originalität der künstlerischen Mittel, sondern um die gesellschaftliche Relevanz des künstlerischen Ausdrucks. Die »Würde des Gebäudes« war eine Funktion der Gestaltung. Stilfragen hatten jedoch keine überragende Bedeutung, soviel Wert man im Einzelnen auch auf Repräsentation legte; vorrangiges Ziel blieb die Errichtung eines zweckmäßigen Verwaltungsgebäudes. Das wird gerade aus der Plazierung des Projekts von Zaar und Vahl[23] deutlich, denn trotz der künstlerischen Unausgewogenheit erhielt dieses den zweiten Preis, was die Architekten allein der gelungenen Grundrißlösung verdankten.

Auffallend an der Disposition ist die außerordentliche Betonung der Mittelachse, an deren nördlichem Ende der Stadtverordneten-Sitzungssaal und in deren Mitte die Haupttreppe liegt. Das Hauptgebäude an der Berliner Straße ist in nordsüdlicher Richtung wesentlich breiter gehalten als in

a Stadtverordneten-Sitzungssaal
c Kleiderablagen
e Halle
f Festsaal
g Vorsaal
h Versammlungssaal

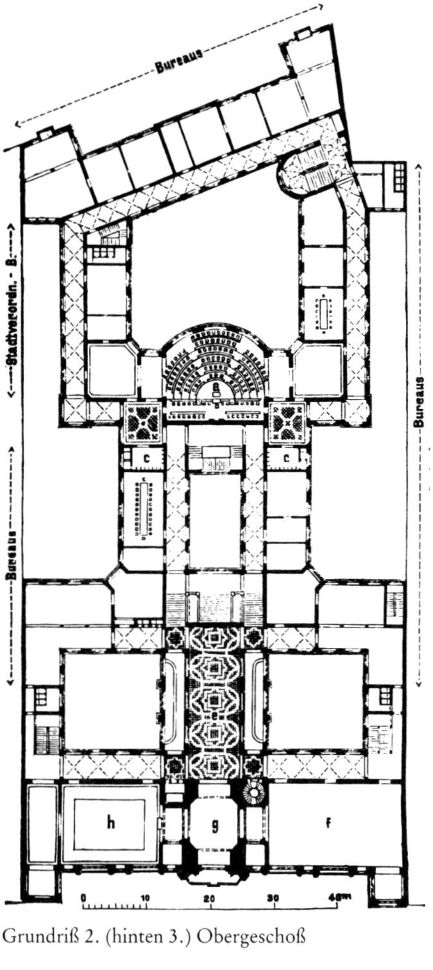

Grundriß 2. (hinten 3.) Obergeschoß

22 Rathaus für Charlottenburg ... S. 8.

23 Es gibt einen weiteren Rathausentwurf von Zaar und Vahl, der ihre Schwierigkeiten bei der Integration verschiedener Motive in den Baukörper erkennen läßt. Das unter der Leitung der Architekten 1899 erbaute Rathaus in Stolp (Pommern) stellt Motive der späteren norddeutschen Backsteingotik baukastenartig nebeneinander, die gestalterische Verschmelzung der Bildelemente, Giebel, Turm und Querdach, bleibt ungelöst. Vgl. J. Paul, Das ›Neue Rathaus‹ ... S. 66.

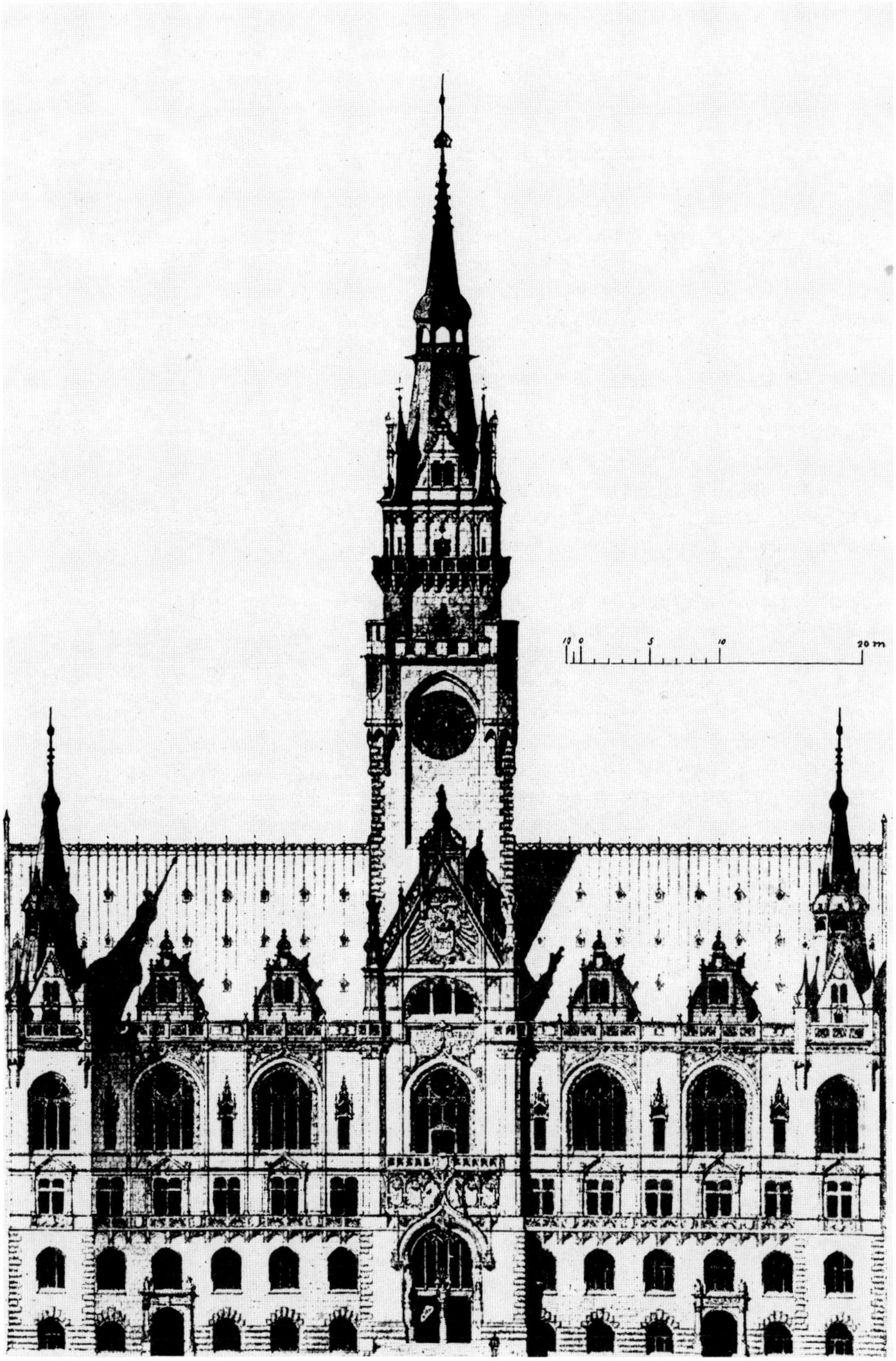

Zaar und Vahl, Wettbewerbsentwurf, Hauptansicht

anderen Entwürfen, die in der Mittelachse eingeschobene Halle machte die Gruppierung der Baumassen um zwei mittelgroße Innenhöfe als Lichtzubringer für Halle, Korridore und Büroräume notwendig. Das Verbindungsstück zum hinteren Verwaltungstrakt ist sehr kurz und schmal, die Beleuchtung der anliegenden Räumlichkeiten übernehmen große Seitenhöfe und ein kleiner Innenhof. Die Verbindung der beiden Gebäudeteile bleibt allerdings unbefriedigend, da im Anschlußbereich große Räume schlecht beleuchtet und ungünstig gestaltet sind. Dieser Mangel tritt auch bei der Anbindung des Hintergebäudes auf. Insgesamt erreichte die Grundrißdisposition nicht die Klarheit und Einfachheit des Entwurfs von Reinhardt und Süßenguth.[24] Gelungene Anordnungen im repräsentativen Bereich, das war schließlich zu wenig, in einem Verwaltungsgebäude mußten die Raumansprüche der Administration optimal gelöst sein.

Hermann Guth, der Träger des dritten Preises, legte einen sehr eigenwilligen Entwurf vor. Da er der Ansicht war, daß die geforderte Wohnung des Oberbürgermeisters früher oder später den Erweiterungsbedürfnissen der Verwaltung weichen müsse, brachte er die Wohnräume an der Hinterfront des Erdgeschosses unter und plazierte die Repräsentationsräume im 1. Stockwerk des Hauptgebäudes. Bürgermeisterei und Magistrats-Sitzungssaal liegen im 1. Obergeschoß an der Lützower Straße, ein Zusammenhang mit den Festsälen wurde bewußt vermieden. Statt dessen schließt sich der Stadtverordneten-Sitzungssaal an den großen Festsaal im Vor-

a Stadtverordneten-Sitzungssaal
c Kleiderablagen
f Festsaal
g Vorsaal
h Versammlungssaal
i Magistrats-Sitzungssaal

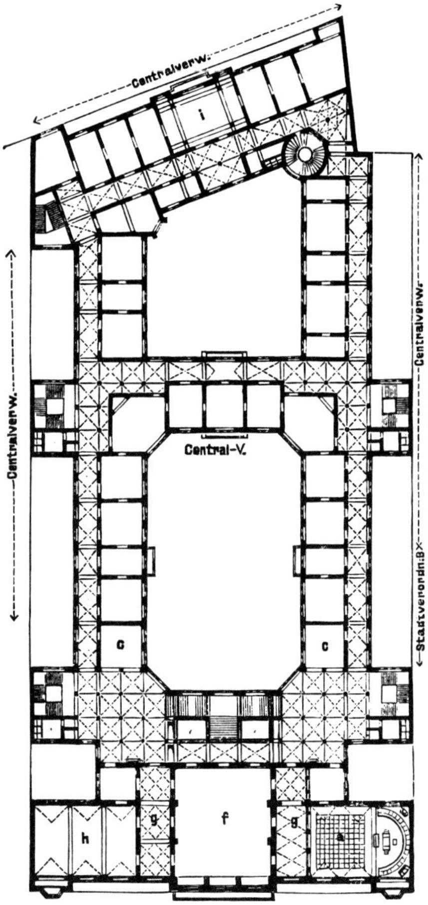

Grundriß 1. Obergeschoß

24 Georg Süßenguth berichtet, »einer der alten Herren Preisrichter« habe den Architekten später mitgeteilt: »Ihr Grundriß war so einfach, den konnte man mit einem Stock in den Schnee zeichnen.« Nachlaß Heinrich Reinhardt, Manuskript Georg Süßenguth vom Mai 1935. Diese Einfachheit in der Anordnung der Baumassen und einer zweckmäßigen Einrichtung der Büroräumlichkeiten gaben den Ausschlag für den Gewinn des Wettbewerbs.

Hermann Guth, Wettbewerbsentwurf, Hauptansicht

dergebäude an. Der Sitzungssaal ist an der Hauptfassade nicht durch bauliche Motive hervorgehoben, allein seine Plazierung ist interessant, da hier der gewählten Bürgervertretung als willensbildendem und leitendem lokalen Kollegium eine hervorragende Stelle im Frontgebäude eingeräumt wird. Für diese Anordnung spricht auch die Tatsache, daß der Stadtverordneten-Sitzungssaal weniger in Anspruch genommen wurde als der Magistratssaal, die Führung der laufenden Verwaltungsgeschäfte erforderte ein häufigeres Zusammentreten des Magistrats. Die Beanstandungen des Preisgerichts an der Lage des Magistrats-Sitzungssaals scheinen daher wenig begründet.[25] Auch O. Hossfelds Kritik[26] an der Verbindung zwischen Stadtverordneten-Sitzungs- und Festsaal ist wenig stichhaltig, denn der Sitzungssaal, der auf Grund seiner festeingebauten Stuhlreihen nicht in die Festräume miteinbezogen werden konnte, wurde keineswegs für Veranstaltungen benötigt, gliederte sich doch westlich an den Festsaal ein weiterer Versammlungsraum an. Der Grundriß ist ansonsten von einem ähnlich klaren Aufbau wie im Projekt Reinhardt und Süßenguths. Die Baumassen verteilen sich um zwei große Innenhöfe. Vier langgestreckte und zwei gedrungenere Seitenhöfe sorgen für eine ausreichende Beleuchtung der Korridore und Treppen. Das Haupttreppenhaus integrierte Hermann Guth in eine zweiflügelige Ratsdiele, an deren Enden sich die vorderen seitlichen Treppenhäuser anschließen.

Die symmetrisch entworfene Hauptfront mit einem dreiachsigen, gegiebelten Mittelrisalit und einachsigen seitlichen Vorbauten, die durch Erker und Giebelkrönung charakterisiert sind, nimmt die Formen der deutschen Renaissance auf. Die Wirkung der Fassade beruht auf einer Zusammenfassung der Geschoßfenster in der Senkrechten, der vertikale Rhythmus wird allerdings durch die Häufung dekorativer Motive beeinträchtigt. Die Verbindung von Maßwerk, Blendbogen, rundbogigen Fensterverdachungen und säulenartigen Fensterrahmungen sowie stete Wiederholungen des Giebelmotivs mit Wimpergen und Obelisken wirken ermüdend. Der mit Schweifwerk aus Voluten und Obelisken, kleeblattbogigen Fensterverdachungen und Bogenfries versehene Treppengiebel des Mittelrisalits wird zudem noch durch Bauplastiken in seinem dekorativen Charakter verstärkt. Nicht weniger überladen erscheint das Dach durch die übertriebene Verwendung von Reitern und Dacherkern; entscheidender ist jedoch, daß der Turm in keiner organischen Verbindung mit dem Grundriß steht. Oskar Hossfeld, der dem »maßvollen Entwurf« des Charlottenburger Architekten überaus positiv gegenüberstand, bemerkte hierzu, daß »der in Eisen gedachte und nur unter Zuhülfenahme dieser Construktionsweise mögliche Dachthurm in seiner Werkstein-Erscheinung ein Scheingewand trüge, das ihm bei der Übersetzung in die Wirklichkeit zum schweren Schaden der Composition genommen werden müßte«[27].

Der spätgotische Entwurf von *Vollmer & Jassoy,* ebenfalls symmetrisch ausgebildet, gefiel dagegen durch die Beschränkung in der Dekoration. Die Architekten hatten den Mut, die Flächen des Mauerwerks allein wirken zu lassen. In die schlichten Bruchsteinflächen sind die Fenster nur mit einfachen Werksteinrahmen eingefügt. Die hohen Rechteckfenster des 2. Obergeschosses zeigen eine doppelte Unterteilung, wobei der obere Teil gekuppelt ist. Blendrosetten über den Fenstern geben dem Festsaalgeschoß einen dekorativen Abschluß.

Vollmer & Jassoy verzichteten auf vorspringende Bauteile, sieht man einmal von den an die Seiten gerückten Erkerbauten ab. Dieses Motiv übernahmen die Architekten aus ihrem Stuttgarter Entwurf; aber nicht nur dieses Detail, der gesamte Ent-

25 Vgl. Rathaus für Charlottenburg ... S. 7f.
26 Vgl. Die Preisbewerbung ... S. 575.
27 Ebd.

wurf hat große Ähnlichkeit mit dem Stuttgarter Ausführungsprojekt. Das gilt insbesondere für die Fensterordnung, auch wenn in Charlottenburg an die Stelle der großen Rundbogen- schlanke, rechteckige Fenster im Festsaalgeschoß traten; es gilt ebenso für den Aufbau der Mittelachse aus Haupteingang, Giebel und Turmaufbau sowie für die Verteilung des bauplastischen Schmucks. Die Sparsamkeit in der Dekoration ist beiden Entwürfen gemeinsam. Als Mißgriff muß die mehrfache Wiederholung des Treppengiebelmotivs an der Hauptfassade gewertet werden, ein Fehler, der sich beim Turmaufbau wiederholt. Die Treppengiebel zu beiden Seiten des Turms akzentuieren den Festsaal und den Stadtverordneten-Sitzungssaal. Das gesamte 1. Obergeschoß widmeten die Architekten der Wohnung des Oberbürgermeisters, was selbst das Preisgericht für unnötig hielt.[28] Die Verlegung des Magistrats-Sitzungssaals und der Dienstzimmer des Oberbürgermeisters in den hinteren Verwaltungstrakt fand auch bei diesem Entwurf keinen Gefallen.

Der in seiner Anlage übersichtliche Grundriß verteilt die Baumassen um drei Innen- und sechs schmale Seitenhöfe. Ähnlich wie bei Zaar und Vahl gibt es Probleme mit der Lichtzufuhr an den Ecken der Mittelhöfe. Es war den Architekten nicht gelungen, dunkle, nicht voll ausnutzbare Zimmer zu vermeiden. Im hinteren Teil des Frontgebäudes ist eine große Querhalle angelegt, ohne daß diese wie bei Reinhardt und Süßenguth mit einem Haupttreppenhaus verbunden wird. Vollmer & Jassoy zerlegten die Haupttreppe in zwei seitliche Nebentreppen am Eingang zu den Verbindungsflügeln, die in den hinteren Gebäudeabschnitt führen. Eine durchaus akzeptable Lösung, die aber wenig Anerkennung fand, da man für die repräsentativen Räumlichkeiten des Rathauses einen ihrer Bedeutung entsprechenden Zugang verlangte.[29]

Die Charlottenburger Architekten *Walter und Hildebrand* ordneten die einzelnen Gebäudeteile um zwei große Innenhöfe, die, zusammen mit acht größeren und kleineren Seitenhöfen, für eine gute Beleuchtung der Korridore und Büroräume sorgen. Eigenwillig ist die Anlage der Einfahrt zu den Innenhöfen in der Mittelachse, die die Zerlegung der Haupttreppe in zwei Nebentreppen notwendig machte. Der Fest- und der Versammlungssaal sind zu beiden Seiten eines Vorsaals, der unter dem Turm plaziert ist, im 2. Obergeschoß untergebracht. In der darunterliegenden Etage befinden sich der Magistrats-Sitzungssaal und die Diensträume der Bürgermeister. Der Stadtverordneten-Sitzungssaal an der Südseite des eingeschobenen Querflügels steht nicht, wie bei Reinhardt und Süßenguth, mit einer repräsentativen Treppe in Verbindung, seinen Zugang vermitteln die langen, schmalen Korridore und zwei seitliche Treppen.

Die symmetrische Fassade erhält Prägnanz durch Wiederholungen des Turm- und des Giebelmotivs. Oskar Hossfelds Urteil, die Fassade sei eine »kühne, prunkende Composition in gothischem Stile, welche die Mittel dieser Bauweise für die eingebaute, monumentale Front auszunutzen weiß und mit dem Werthe der künstlerischen Gegensätze zu rechnen versteht«[30], ist zu wohlmeinend. Sicherlich vermochten die Architekten das Verhältnis zwischen aufgelösten und geschlossenen Flächen wirkungsvoll anzulegen, die Fassade durch das Zusammenziehen der Fenster und durch die breiten Brüstungsgesimse vertikal und horizontal gut zu gliedern; doch die Verdopplung der von größeren Türmen flankierten Giebel für die Ausbildung symmetrischer Frontflügel ist in der relativ kurzen

28 Bericht über die Verwaltung ... 1897/98, S. 23.

29 Diesen Mangel müssen Vollmer & Jassoy selbst empfunden haben, da sie noch vor Ende der Ausschreibungsfrist eine Variante für den vorderen Bauteil einreichten, die indessen keine Beachtung fand. Vgl. O. Hossfeld, Die Preisbewerbung ... S. 585.

30 Ebd.

Front ein Fehlgriff.[31] Anstatt das Giebel- und Turmmotiv als ein »seinem ganzen Wesen nach selbständiges, nur einmalige Anwendung rechtfertigendes Mittelmotiv«[32] zu erklären, ist dieses Motiv im Verhältnis von Funktion und Komposition zu sehen. Einzelheiten lassen erkennen, daß die symmetrische Ausbildung in keinem organischen Zusammenhang mit der funktionalen Bestimmung der Räumlichkeiten steht. So sind die Fenstergiebelungen im 1. Obergeschoß sinnentleert. Auf der linken Seite ist ein Lese- und Sprechzimmer im Zusammenhang mit Bibliothek und Vorsaal des Magistrats-Sitzungssaals akzentuiert, auf der rechten Seite Bürgermeister- und Dezernentenzimmer, während der Raum des Oberbürgermeisters keine besondere Hervorhebung erfährt. Die aufgewendeten Mittel werden hier wie Versatzstücke behandelt, die zwar zu einer abgerundeten Komposition zusammengefügt werden, aber der funktionalen Struktur des Gebäudes äußerlich bleiben. Zudem werden die Motive im einzelnen opulent dekoriert. Die beiden großen Dreiecksgiebel erhalten einen treppenförmigen Maßwerkaufbau mit Fialen und bekrönenden Bauplastiken sowie skulpturierten Konsolen, Fensterband und Fensterrose. Die Seitentürme schmücken Wimperge mit figürlichem Abschluß und ornamentierten Giebelfeldern, die Bandgeschlinge und

a Stadtverordneten-Sitzungssaal
b Tribünen
d Sitzungssaal der Armenverwaltung
f Festsaal
g Vorsaal
h Versammlungssaal
l Stadtverordneten-Vorsteher

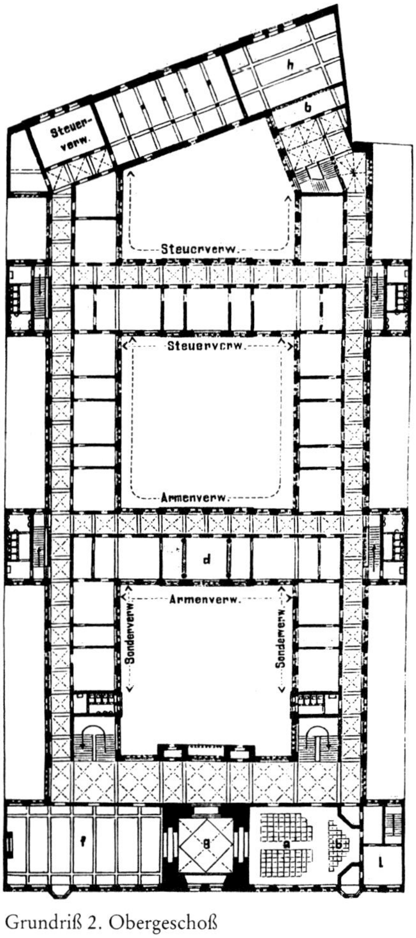

Grundriß 2. Obergeschoß

31 Im Urteil des Preisgerichts wird darauf hingewiesen, daß die Anordnung von zwei großen Giebeln an den Flügelbauten mit vier Nebentürmen und einem in der Mitte gelegenen Hauptturm von 90 m Höhe bei mehreren Preisrichtern lebhaften Widerspruch fand. Bericht über die Verwaltung ... 1897/98, S. 22.

32 O. Hossfeld, Die Preisbewerbung ... S. 585. Die mittelalterlichen deutschen Rathäuser kennen eine solche Anordnung in Verbindung mit dem Mittelturm nicht, häufiger finden läßt sich dagegen die Verbindung von Giebel und flankierenden Türmchen. Im flandrischen Rathausbau gibt es allerdings aufwendige Kompositionen, die Haupt-, Mittel- und Seitentürme mit Giebelaufbauten kombinieren. Vgl. Otto Stiehl, Das deutsche Rathaus im Mittelalter, Leipzig 1905, S. 154 f.; A. F. Bluntschli/G. Lasius, Stadt- und Rathäuser ... S. 83 f.

Vollmer und Jassoy, Wettbewerbsentwurf, Hauptansicht

Schildmotive zeigen. Die Giebelfelder am 1. Obergeschoß dekorieren die Architektur sparsamer, ausgenommen der große Dreiecksgiebel in der Turmachse. Die Pfeiler zwischen den Fensterbogen tragen unter Baldachinen große Skulpturen. Die Komposition der Turmspitze leidet unter Motivwiederholungen, insbesondere unter der Verdopplung der Ecktürmchen.
Das Projekt der Berliner Architektengemeinschaft *Erdmann & Spindler* bot die einzige asymmetrische Frontausbildung unter den in engerer Wahl stehenden Entwürfen. Der östliche, schmalere Teil des Frontgebäudes wird durch einen großen Giebel vom Nachbargrundstück losgelöst, im Westen bildet ein schlanker Haubenturm den Abschluß. Der Ostgiebel, mit Schweifwerk sparsam dekoriert, überhöht die Sitzungssäle der städtischen Körperschaften. Erdmann & Spindler lieferten damit eine Anordnung, die dem Sitzungssaal der Stadtverordneten und gleichermaßen dem Saal des geschäftsführenden Verwaltungsorgans einen herausragenden Platz an der Hauptfront einräumte. Die Verbindung zum längeren westlichen Frontflügel stellt der Turm mit dem Haupteingang und einem darüber liegenden Erker her, der zum Zimmer des Oberbürgermeisters gehört. Der Schaft des Turmes ist kubisch, geschlossen und fast gänzlich ungegliedert. Erst an der Turmspitze verdichten sich die Motive, und die sonst eher zurückhaltenden Architekten ließen es sich nicht nehmen, mit Ecktürmen, einem um den Baukörper laufenden überkragenden Balkon, Welscher Haube und gestapeltem Abschluß, der barocke Formen aufnimmt, eine effektvolle Gestalt zu entfalten. Der Westflügel des Hauptgebäudes zeigt eine vielfältige waagerechte Gliederung mit Hauptgesims, zum Dach abschließender Brüstung und der Balustrade des Balkons im 2. Stockwerk. Die Horizontale wird durch die Fensterbogenfolge des erhöhten Erdgeschosses und durch dekorativ behandelte Brüstungsfelder unterstützt. Das westliche Saalgeschoß ist zurückgesetzt, um dem über die Front laufenden Balkon

a Stadtverordneten-Sitzungssaal
b Tribünen
c Kleiderablagen
f Festsaal
g Vorsaal
h Versammlungssaal
k Plankammer

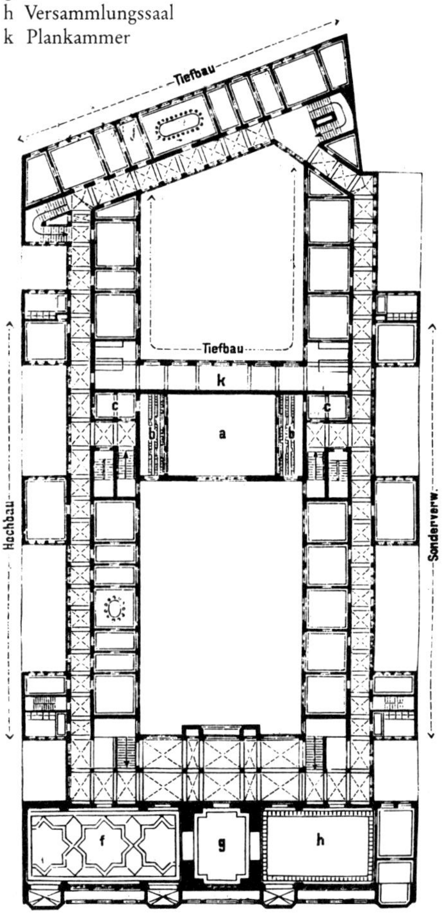

Grundriß 2. Obergeschoß

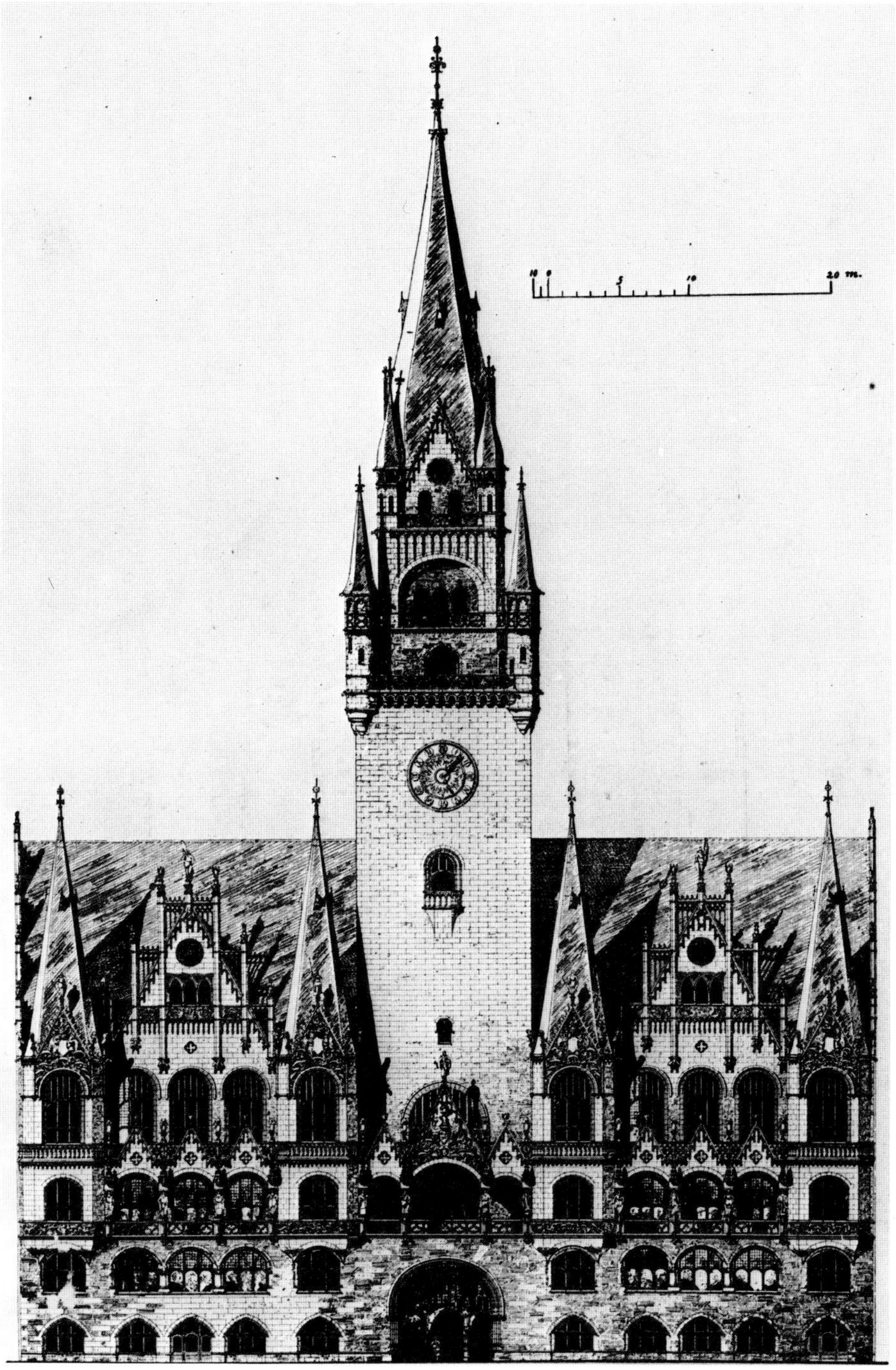

Walter und Hildebrand, Wettbewerbsentwurf, Hauptansicht

Raum zu geben. An den Pfeilern zwischen den Fenstern sind auf Konsolen Bauplastiken plaziert, die Baldachine werden durch die dreifach geteilten, konkaven Fensterabschlüsse wie durch ein wellenförmiges Band miteinander verbunden. Diese geschweiften Fensterbegrenzungen bringen ein weiteres barockes Element – in der Barockarchitektur benutzte man die geschweiften Formen jedoch vorwiegend für Fensterverdachungen – in die Fassadenkomposition[33], die sich im ganzen durch ein abgewogenes Verhältnis zwischen Flächenbetonung und Auflockerung auszeichnet.

Interessanter noch ist Erdmann & Spindlers Grundrißdisposition, die geradezu von einer funktionalen Aufteilung des Baukörpers ausgeht. Im vorderen Hauptgebäude sind die Sitzungs- und Festsäle, das Zimmer des Oberbürgermeisters und dessen Wohnung sowie die städtischen Kassen untergebracht, während alle Verwaltungsräume im rückwärtigen Gebäudeteil liegen. Die Verbindung zwischen den Gebäudekomplexen stellt nur ein etwa auf der Höhe des Turmes angeordneter Flügel her. In diesen Verbindungsflügel ist die Haupttreppe integriert, die vom westlich gelegenen ersten Hof aus beleuchtet wird. Die Kritik des Preisgerichts, daß die einseitige Verbindung nicht den Anforderungen des Verkehrs genüge,[34] erscheint wenig plausibel, da das Publikum überwiegend mit den verschiedenen Verwaltungsstellen zu tun hat und der Zugang zu den Diensträumen über den Eingang an der Lützower Straße geregelt ist.

Die Verwaltungsflügel gruppierten die Architekten um drei große Innen- und drei an der östlichen Grenze angelegte Seitenhöfe. In allen Teilen des hinteren Gebäudetraktes gibt es keine Zimmer, die auf Grund einer unzureichenden Beleuchtung oder einer

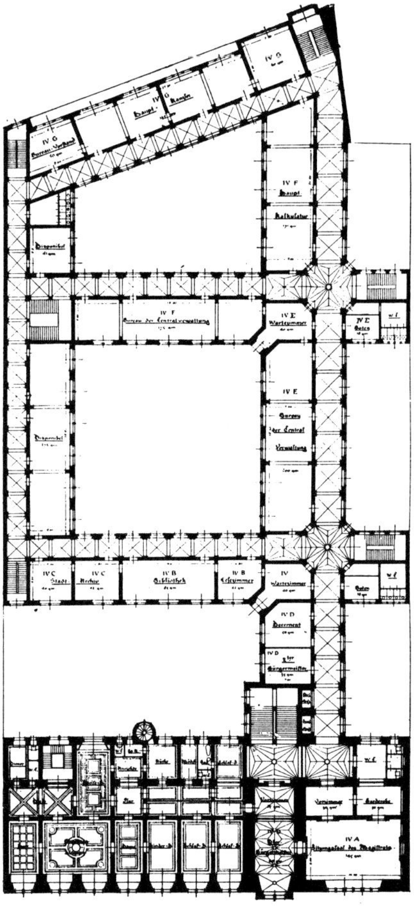

Grundriß 1. Obergeschoß

33 Diese Elemente waren es wohl, die das Preisgericht, das den Entwurf sonst wegen seiner Gesamtgruppierung lobte, zur Kritik veranlaßten und von einer nicht einheitlichen Detailausbildung sprechen ließen. Bericht über die Verwaltung ... 1897/98, S. 23.

34 Rathaus für Charlottenburg ... S. 56.

Erdmann & Spindler, Wettbewerbsentwurf, Hauptansicht

mangelhaften Plazierung nur mit Einschränkungen zu nutzen wären. Problematisch bleibt allein die Anordnung der westlichen Korridore. Erdmann & Spindler führten das Gebäude geschlossen an die westliche Grenze heran und ließen die hier angelegten Flure nur durch die jeweiligen Stirnfenster beleuchten, was bei der beträchtlichen Flurlänge unvorteilhaft ist.

Das Preisgericht empfahl den Ankauf des Projekts von Erdmann & Spindler, der Magistrat und die Rathaus-Deputation lehnten jedoch ab.[35] Für das schlechte Abschneiden war letztlich die asymmetrische Frontausbildung verantwortlich. Das Preisgericht hatte sich, trotz der geringen Länge der Front, auf eine symmetrische Ausbildung festgelegt und war von daher nicht bereit, Projekte, die sich aus Einsicht in die Unzulänglichkeit des Bauplatzes gegen eine Mittelturmanlage entschieden, günstiger zu beurteilen.

Eine zusammenfassende Betrachtung der Rathauskonkurrenz muß zwei entscheidende Gesichtspunkte hervorheben: Die Anordnung der Grundrisse und die Gestaltung der Fassaden. Sowohl die Ausschreibung als auch die Urteile des Preisgerichts räumten der Grundrißdisposition die Priorität ein. Zweckmäßige Ausnutzung des Baugrundes einerseits, günstige Gruppierung der Baumassen, nutzergerechte Regelung der Licht- und Verkehrsverhältnisse, vorausschauende Befriedigung der Raumbedürfnisse und die optimale Raumverteilung andererseits standen im Vordergrund, die praktische Bewältigung dieser Anforderungen war vom Architekten verlangt.

Fritz Schumacher betont zu Recht, daß die eigentliche Leistung der Architektur im letzten Drittel des 19. Jahrhunderts in bestechenden Grundrißlösungen für neue Bauaufgaben lag. »Sie hat am praktischen Gerüst so viele Aufgaben, für die es kein Vorbild gab, erarbeiten müssen, daß man ihr auf ästhetischem Gebiet einiges nachsehen muß. Das darf nicht so klingen, als ob wir glaubten, das praktische Gerüst und die ästhetische Form ließen sich bei einer vollgültigen Lösung voneinander trennen, nein, erst ihr Verschmelzen zu unlöslicher Einheit gibt das reife Werk, aber auf dem Wege zu diesem Ziel, für den historische Zeiten bei der Entwicklung ihrer Aufgaben oft einige Menschenalter brauchten, gibt es Stufen, die man nicht übersehen darf. Der Vollender braucht sie, oft ohne sich dessen bewußt zu sein, um zu seiner Höhe zu gelangen. In der Vorarbeit für diese praktische Seite der Bewältigung oft sehr schwieriger neuer Programme liegen die Verdienste dieser vielgeschmähten Epoche: im Grundriß sehen wir den äußeren Niederschlag dieser Vorarbeit.«[36] Das Preisgericht bewertete zuallererst den Grundgedanken der Gesamtanordnung des Grundrisses, erst in zweiter Linie die spezifische Lage der einzelnen Räume. Bei der Abwägung der in engerer Wahl stehenden Entwürfe gaben dann gelungene Raumanordnungen häufig den Ausschlag. Die Kritik der Jury am Entwurf von Zaar und Vahl, durch eine mangelhafte Verteilung der Büroräume ein Zerreißen in zu viele gesonderte Gruppen zu bewirken,[37] deutete zugleich darauf hin, daß es der Planung nicht nur auf überschaubare Raumzusammenhänge, sondern nicht weniger auf einen zügigen Verkehrs- und Arbeitsfluß, auf eine büroorganisatorische Strukturierung ankam. Die Planung des Rathausbaus im Kaiserreich hauptsächlich als »eine Frage der Massengruppierung und der Fassade«[38] zu betrachten, greift daher meines Erachtens zu kurz.

Die Erfahrung eines außerordentlichen Bevölkerungswachstums und einer immensen Verdichtung der Verwaltungsaufgaben zwang die Kommunen zu großzügigen Planungen, wobei Gesichtspunkte wie

35 Bericht über die Verwaltung ... 1897/98, S. 23.
36 Fritz Schumacher, Strömungen in deutscher Baukunst seit 1800, 2. Aufl., Köln 1955, S. 88.
37 Rathaus für Charlottenburg ... S. 8; vgl. auch K. E. O. Fritsch, Der Wettbewerb ... S. 42.
38 Vgl. Walter Meyer-Bohe, Rathäuser, Stuttgart-Berlin-Köln-Mainz 1984, S. 30.

Umnutzung, Flexibilität und Mobilität bereits in die Bauprogramme Eingang fanden. In Charlottenburg nahm die Bevölkerung[39] zwischen 1888 und 1897 durchschnittlich im Jahr um 12,4 Prozent zu,[40] eine ähnlich expansive Bevölkerungsbewegung läßt sich nach dem Zweiten Weltkrieg nicht mehr beobachten. 1950 lag die Einwohnerzahl Charlottenburgs 26,6 Prozent unter dem Stand von 1939, bis zum Anfang der sechziger Jahre blieb sie relativ konstant, um dann erneut kräftig zu fallen. Im Jahr 1970 hatte die Charlottenburger Bevölkerung gegenüber dem Ergebnis der ersten Nachkriegszählung um 8,4 Prozent abgenommen.[41] Ähnliche Entwicklungen können in den übrigen Großstädten der Bundesrepublik registriert werden, umfangreichere Bevölkerungsgewinne einzelner Städte waren überwiegend auf Gemeindereformen zurückzuführen.[42]

Daß Raumprogramme von Rathausbauten der Nachkriegsjahrzehnte oft schon beim Einzug überholt waren,[43] folgte überwiegend aus internen Verwaltungsumstrukturierungen, während die Planungsarbeiten um die Jahrhundertwende durch rasches Bevölkerungswachstum und Verwaltungsexpansion in weit höherem Maße erschwert worden sind. Die projektierte Einwohnerzahl von 300000[44] war, wie die spätere Entwicklung Charlottenburgs zeigen sollte, durchaus realistisch; in einer analogen Annahme von einer Verdopplung der benötigten Verwaltungsräume auszugehen, erwies sich jedoch als Fehlschluß.[45] Die Gemeindebehörden verfügten über kein geeignetes Planungsinstrumentarium, das angemessene Aussagen über die Differenzierung und Spezifizierung der Verwaltung im Zuge von Bevölkerungswachstum und zunehmenden Leistungen der Daseinsvorsorge und Betreuung ermöglicht hätte. Der Entwurf von Reinhardt und Süßenguth mußte unter verwaltungstechnischen Gesichtspunkten auch insofern überzeugen, als er gegenüber den Forderungen des Bauprogramms eine zusätzliche Nutzfläche von 1903 m² zur Verfügung stellte, wobei 1288,6 m² allein für Verwaltungszwecke genutzt werden konnten.[46] Daß selbst diese Raumgewinne nicht ausreichten, um die Bedürfnisse der Charlottenburger Verwaltung zu befriedigen, verdeutlicht sowohl das außerordentliche Anwachsen des Verwaltungsapparates als auch das Tempo dieser Entwicklung.

Der Rathausbau der wilhelminischen Zeit bemühte sich – was das Hervorheben des Grundrißgefüges als wesentlicher Planungsaufgabe verdeutlichte – um eine den kommunikativen und organisatorischen Bedürfnissen der Verwaltung gerecht werdende funktionale Architektur, ohne das Rathaus auf eine technisch-operative Maschinerie zu reduzieren, aber auch um Gestaltqualität. Als Symbol kommunaler Macht sollte es dem Bürger Identifikationsangebote machen, als Sinnbild und Wahrzeichen die Möglichkeit zur Orientierung geben. Das heißt, daß die praktische Verwertbarkeit mit einem künstlerischen Wollen des Bauherrn gepaart blieb, das auf

39 Ortsanwesende Bevölkerung am Ende des Jahres.

40 Bericht über die Verwaltung ... 1897, S. 15.

41 Statistisches Jahrbuch 1980, hrsg. v. Statistischen Landesamt Berlin, S. 41 f. Wohnbevölkerung auf Grund der Volkszählungsergebnisse.

42 A. a. O., S. 37f.

43 W. Meyer-Bohe, Rathäuser ... S. 30; F. Genzmer, Rathäuser ... S. 511f.

44 Bericht über die Verwaltung ... 1897, S. 24.

45 Die untere Grenze der im Bauprogramm geforderten Nutzfläche lag – unter Einschluß der Dienstwohnung des Oberbürgermeisters – bei 6870 m², gegenüber dem zur Ausschreibungszeit vorhandenen Raum – einschließlich des Stadtverordneten-Sitzungssaals von 260 m² im städtischen Realgymnasium – bedeutete das eine Zunahme von 88,2 Prozent.

46 G. Süßenguth weist ausdrücklich auf diesen Vorzug des Entwurfs hin. Nachlaß Heinrich Reinhardt ... Die Architekten hatten dabei circa 650 m² als ausgebaute Nutzfläche, den verbleibenden Rest als Reserveräume im Entwurf ausgezeichnet. Vgl. Übersicht zur Raumverteilung, Projekt 1, S. 109.

Sinnstiftung abzielte.[47] »*Monumentalität/* entsteht aus dem ewigen Bedürfnis des Menschen,/ *Symbole* zu formen/ für ihre Taten und für ihr Schicksal,/ für ihre religiösen und für ihre sozialen Überzeugungen.«[48] Das Bedürfnis, Monumente zu schaffen, die »erinner(n)«, ist jeder Periode immanent. Nach Sigfried Giedion[49] kann Monumentalität nur dort entstehen, wo auf der Grundlage eines lebendigen Gemeinschaftslebens dem Bild der Gesellschaft in kollektiven Zentren Gestalt verliehen wird. Zugleich müssen die Symbole ihren inneren Gehalt, ihre emotionelle Bedeutung bewahren; die Vorbilder der Vergangenheit können nur dann Verwendung finden, wenn sie von einer »kräftigen künstlerischen Vision« verwandelt werden. Die Architektur des 19. Jahrhunderts entwerte jedoch die Symbole, die Formen sänken zu Klischees herab. »Verlangt der Auftraggeber Klischees, so rücken die Eklektiker in den Vordergrund. Diese waren, ihrer Natur nach, gehorsame Diener des herrschenden Geschmacks.«[50] Giedion spricht dann auch vom Zeitalter der »Pseudomonumentalität«, dem Jahrhundert der seelenlosen Imitation. »Das Rezept ist stets das gleiche: Nimm einen Vorhang von Säulen und stelle ihn vor irgendeinen Bau, gleichgültig, wofür er bestimmt ist oder zu welchen Konsequenzen er führen mag.«[51] Diese Urteile sind meines Erachtens zu moralisch angelegt,[52] und sie werden den ästhetischen Vorstellungen des 19. Jahrhunderts nicht immer gerecht. Auch scheint es fragwürdig, die »visionären Künstler« des 19. Jahrhunderts als einsame Propheten ihrer geschichtlichen Sphäre zu entfremden und sie zu bloßen Vorläufern einer abstrakten Modernität zu stempeln.[53]

Vielleicht ist es in diesem Zusammenhang nützlich, an einen der führenden Architekturtheoretiker des 19. Jahrhunderts zu erinnern. Gottfried Semper hat nachzuweisen versucht, daß das »Prinzip der Bekleidung« konstitutiv für die Baukunst sei. Sempers Grundgedanke erklärte das Flecht- und Webwerk, die Decke, den Teppich zum eigentlichen genetischen und wesensmäßigen Grundelement der Baukunst. Das grobe Gewebe diente als Mittel, um das Innen- vom Außenleben zu trennen, und ging als formale Gestaltung der Raumidee jeder noch so einfach konstruierten Wand aus Stein voraus.[54] Die Gerüste, die die Raumabschlüsse hielten, befestigten beziehungsweise trugen, waren Erfordernisse, hatten aber mit Raum und Raumabteilung unmittelbar nichts zu tun. »Sie sind der ursprünglichen Idee fremd und zu-

47 Wenn Hans Scharoun in den fünfziger Jahren klagte: »Der Gesellschaft gingen und gehen fortwährend Kunstwerke, oft höchsten Ranges, verloren, die dem Leben Sinn, Bedeutung, neue Impulse verleihen könnten, und werden durch Modebauten und Routine ersetzt, nur darum, weil der echte, der geistig qualifizierte Bauherr für öffentliche Bauten fehlt« (zit. nach W. Meyer-Bohe, Rathäuser ... S. 39), so ist für den hier betrachteten Zeitraum zu bemerken, daß die Vertreter der kommunalen Behörden, nicht zuletzt der engagierte Oberbürgermeister Kurt Schustehrus, nach »künstlerischem Wert« strebten; Ausdruck und Formen des Bauwerks sollten den Zeitgeist einfangen und gleichsam auf die Dynamik der Industrialisierung Deutschlands und die »glänzende Entwicklung Charlottenburgs« hinweisen. Vgl. Bericht über die Verwaltung ... 1905, S. 9f.

48 S. Giedion, Architektur und Gemeinschaft ... S. 30.

49 A. a. O., S. 27 u. 32.

50 A. a. O., S. 27.

51 A. a. O., S. 31.

52 Zweifelhaft bleiben Giedions Erklärungsversuche, die vom Mißverhältnis zwischen der »zurückgebliebenen gefühlsmäßigen Durchbildung des Menschen« und der »hochentwickelten Natur seines Denkens« ausgehen. A. a. O., S. 47f.

53 Diese Haltung offenbart sich beispielsweise, wenn Nikolaus Pevsner schreibt: »Der Kristallpalast ist der Prüfstein für die Mitte des 19. Jahrhunderts, wenn man herausfinden will, was ganz zum 19. Jahrhundert gehört und was schon ins 20. Jahrhundert weist.« Jean Cassou/Emil Luigi/Nikolaus Pevsner, Durchbruch zum 20. Jahrhundert. Kunst und Kultur der Jahrhundertwende, München 1962, S. 230.

54 Gottfried Semper, Der Stil in den technischen und tektonischen Künsten oder Praktische Ästhetik, Bd. 1, Die Textile Kunst für sich betrachtet und in Beziehung zur Baukunst, Frankfurt a.M. 1860, S. 228.

nächst keine formenbestimmenden Elemente.«[55] Semper weist darauf hin, daß in allen germanischen Sprachen die Worte »Wand« und »Gewand« von gleicher Wurzel und Grundbedeutung sind. Ebenso deuten Begriffe wie »Decke«, »Bekleidung«, »Schranke« oder »Zaun« auf den textilen Ursprung dieser Bauteile hin.[56] Der Vorrang der geflochtenen oder gemauerten Wand begründet das Prinzip der Bekleidung in der Baukunst: »Wie das Flechtwerk das Ursprüngliche war, so behielt es auch später, als die leichten Mattenwände in feste Erdziegel-, Backstein- oder Steinquadermauern sich umgestalteten, der Wirklichkeit oder bloß der Idee nach, die ganze Wichtigkeit ihrer früheren Bedeutung, das eigentliche Wesen der Wand. – Es blieb der Teppich die Wand, die sichtbare Raumbegrenzung. Die dahinter befindlichen, oft sehr starken Mauern wurden wegen anderer, das Räumliche nicht betreffender Zwecke nothwendig, als zur Sicherheit, zum Tragen, zur größeren Dauer und dergleichen. – Überall, wo diese Seitenzwecke nicht in der Absicht waren, blieben die Teppiche die alleinigen ursprünglichen Scheidungen; und selbst, wo die Aufführung fester Mauern erforderlich wurde, bildeten sie nur das innere nicht sichtbare Gerüste, versteckt hinter den wahren und legitimen Repräsentanten der Wand, den buntgewirkten Teppichen.«[57]

Die Thesen vom Maskenhaften des Historismus, von der Unehrlichkeit vorgehängter Fassaden müssen vor dem Hintergrund dieser Theorie relativiert werden, da Baukunst nicht mehr als »durchgebildete Konstruktion, gleichsam illustrierte und illuminierte Statik und Mechanik, reine Stoffkundgebung«[58], sondern als Abbild von Tektonik aufgefaßt wird. Das Technische und Materielle wird folglich sublimiert, die realen Formen werden in »ideelle« Gebilde umgewandelt. »Das Formmotiv verliert seine Bedeutung, die es im ursprünglichen Stoffzusammenhang hatte, und gewinnt durch neue Bindung an ideellem Gehalt.«[59] Nach Semper ist die Beibehaltung der Form an den Bestand der Gesellschaftsorganismen (Adel, König, Gemeinde, Priesterschaft), die diese Formen geschaffen haben, gebunden. Sie können aber auch durch Gesellschaften, die sich durch ihre Rezeption zu legitimieren suchen, aufgenommen werden. »So ist es ohne weiteres möglich, den ägyptischen Tempel mit der christlichen Basilika des Abendlandes zu verbinden, nicht in unmittelbarer Abhängigkeit, sondern als Durchscheinen eines an eine bestimmte Menschengruppe und eine bestimmte Gottesauffassung gebundenen Raumtypus.«[60]

Sempers »empirische Kunstlehre« stellt das »Kunstsein« in den Mittelpunkt, das Entstehen des Kunstwerks als Ergebnis aller bei seinem Werden tätigen Momente. Kunstwerke werden »gleichsam entwikkelnd« betrachtet, um in ihnen die notwendig verschiedenen Werte einer Funktion, die aus vielfältigen Variablen besteht, nachzuweisen und das innere Gesetz, das analog zur Natur in der Welt der Kunstformen wirksam sei. »So wie nämlich die Natur bei ihrer unendlichen Fülle doch in ihren Motiven höchst sparsam ist, wie sich eine stetige Wiederholung in ihren Grundformen zeigt, wie aber diese nach den Bildungsstufen der Geschöpfe und nach ihren verschiedenen Daseinsbedingungen tau-

55 Ebd.
56 A. a. O., S. 229.
57 G. Semper, Die vier Elemente der Baukunst, Braunschweig 1851, S. 57f.
58 E. Stockmeyer, Gottfried Sempers Kunsttheorie, Zürich-Leipzig 1939, S. 39. Vgl. auch Günter Bandmann, Ikonologie der Architektur, in: Politische Architektur in Europa vom Mittelalter bis heute – Repräsentation und Gemeinschaft, hrsg. v. Martin Warnke, Köln 1984, S. 33 ff.; Dolf Sternberger, Panorama oder Ansichten vom 19. Jahrhundert (= Schriften, Bd. V), Frankfurt a.M. 1981, S. 204 ff.; J. Rykwert, Semper und der Begriff des Stils, in: ders., Ornament ist kein Verbrechen ... S. 226 ff.; Hans Quitzsch, Die ästhetischen Anschauungen Gottfried Sempers, Berlin 1962, S. 65 ff.
59 E. Stockmeyer, Gottfried Sempers Kunsttheorie ... S. 45.
60 G. Bandmann, Ikonologie der Architektur ... S. 35.

sendfach modifiziert, in Teilen verkürzt oder verlängert, in Teilen ausgebildet, in andern nur angedeutet erscheinen, wie die Natur ihre Entwicklungsgeschichte hat, innerhalb welcher die alten Motive bei jeder Neugestaltung wieder durchblicken, eben so liegen auch der Kunst nur wenige Normalformen und Typen unter, die aus urältester Tradition stammen, in stetem Wiederhervortreten dennoch eine unendliche Mannigfaltigkeit darbieten und gleich jenen Naturtypen ihre Geschichte haben. Nichts ist dabei reine Willkür, sondern alles durch Umstände und Verhältnisse bedungen.«[61] Semper wendet sich dabei ebenso gegen eine Architekturauffassung, die die Form an die stofflichen konstruktiven Bedingungen bindet, wie gegen eine historische Schule, die, kritisch-stilgetreu, historische Vorbilder nachformt und die Anforderung der Gegenwart nach ihnen gestaltet, anstatt »die Lösung der Aufgabe aus ihren Prämissen, wie sie die Gegenwart gibt, frei heraus zu entwickeln, und zwar mit Berücksichtigung jener traditionellen Formen, die sich durch Jahrtausende hindurch als unumstößlich wahre Ausdrücke und Typen gewisser räumlich und struktiv formaler Begriffe ausgebildet und bewährt haben«[62].

In der Ablehnung »geistlosen Kopierens« treffen sich Sempers Vorstellungen durchaus mit denen Carl Schäfers[63], des Lehrers von Reinhardt und Süßenguth, doch einer Erneuerung der Architektur durch Aufnahme historischer Bauweisen und der Forderung nach Stilgerechtigkeit stand Semper fern. Auch in der Behandlung des Form-Inhalt-Problems zeigen sich Unterschiede: Schäfer sah die Form in ihrer Abhängigkeit von der Konstruktion, forderte das Bauen von innen nach außen,[64] während Semper zwar auch hinter der »Maske« eine richtige Sache beziehungsweise eine taugliche Maske verlangte, aber die vollständige Meisterung des Stoffes, seine angemessene Behandlung und technische Beherrschung, habe seiner »Vernichtung« zu dienen: der Befreiung des Kunstgebildes, das in der Anschauung Mittel und Stoff vergessen machen und sich als Form selbst genügen solle.[65]

Das Insistieren auf »künstlerischem Wert«[66] kam in der Charlottenburger Rathauskonkurrenz weniger in der Erörterung von Stilfragen zum Ausdruck – die Bevorzugung spätgotischer Entwürfe zeigte zunächst nur einen Bedeutungszusammenhang mit der politischen Tradition bürgerlich verfaßter Stadtverwaltung – als in der Bedeutung, die Auftraggeber und Preisgericht der konstruktiven Durchbildung der Einzelheiten und deren organischer Verbindung mit dem Grundriß, der geschickten Detaillierung und der Proportionierung der Teile, schließlich der künstlerischen Einheit, der Geschlossenheit und Gleichmäßigkeit des Stils, beimaßen. Eine Architektur, die nur auf Effekte und üppige Dekoration setzte, konnte sich hier nicht behaupten. An Stelle einer Überbetonung des Repräsentativen setzte man auf »maßvolle Gestaltung«, wenngleich die Architektur »schwungvoll«[67] sein durfte, sollte sie doch die Augen des Betrachters entzücken.[68]

61 G. Semper, Der Stil ... Bd. 1, Prolegomena, S. VI.

62 A. a. O., S. XV. Vielleicht besteht hier eine Parallele zu der Auffassung, wie Hugo Häring und Hans Scharoun sie vertreten, die die Gestalt eines Bauwerks aus dem Wesen der Aufgabe zu entwickeln sucht, wobei Formfindung in Analogie zur Natur das Ergebnis einzelner Dinge im Raum in Hinsicht einer Lebensentfaltung und Leistungserfüllung sowohl des Einzelnen wie des Ganzen ist. Vgl. Jürgen Joedicke, Architektur im Umbruch. Geschichte, Entwicklung, Ausblick, überarb. u. erweit. Neuaufl., Stuttgart 1980, S. 43ff.

63 Vgl. Die heutige und zukünftige Baukunst, in: Carl Schäfer, Von deutscher Kunst. Gesammelte Aufsätze und nachgelassene Schriften, Berlin 1910, S. 401.

64 C. Schäfer, Von deutscher Kunst ... S. 287, 318 u. 399.

65 G. Semper, Der Stil ... Bd. 1, S. 231f.

66 Bericht über die Verwaltung ... 1905, S. 9.

67 Rathaus für Charlottenburg ... S. 8 u. 56.

68 So Oberbürgermeister Kurt Schustehrus. Bericht über die Verwaltung ... 1902, S. 25.

Im Rathaus als repräsentativem Gebäude manifestiert sich kommunales Bewußtsein nach außen und innen. Es ist »Gemeinschaftsarchitektur«[69]. Nun ist aber zu beachten, daß die gemeindliche Selbstverwaltung des 19. Jahrhunderts sich unter Staatsaufsicht auf ein begrenztes Feld örtlicher Initiative beschränkte und zugleich eine ausgesprochene Honoratiorenpolitik begünstigte, während heute die demokratisch verfaßten Gemeindeorgane über eine allgemeine Zuständigkeit verfügen und in Öffnung zur gesamten Bürgerschaft die Schwerpunkte der eigenen Tätigkeit bestimmen können.[70] »Das aufsteigende Bürgertum wollte um seiner Interessen willen an der Staatspolitik, in erster Linie der Gesetzgebung, und an der Verwaltung, vor allem im eigenen Wirkungsmilieu, also in den Gemeinden, beteiligt sein, aber vor den unteren Schichten, in Sonderheit der Arbeiterschaft, geschützt sein.«[71] Die demokratische Partizipation eines wesentlichen Teils der Bevölkerung wurde durch das preußische Klassenwahlrecht behindert, so daß von Gemeinschaftsarchitektur eigentlich nur in einem eingeschränkten Sinn gesprochen werden kann. Zu den wesentlichsten Aufgaben des Rathausbaus in einer demokratisch verfaßten Gesellschaft gehören das »Sichtbarmachen von Pluralität und von Demokratie«, ihre Symbolisierung und Markierung in der Ordnung der visuell räumlichen Stadtgestalt,[72] die Berücksichtigung sozialer und bürgerorientierter Belange, ohne daß die Verwaltungsforderungen dadurch vernachlässigt werden.

Es ist ein Paradox der Architekturgeschichte, daß der moderne Rathausbau nach dem Zweiten Weltkrieg diese Ansprüche häufig nicht erfüllen konnte, wogegen die konservative Rathausarchitektur des ausgehenden 19. Jahrhunderts, trotz der Optik kommunaler Macht, auch heute noch Akzeptanz als Symbolwert findet und Integrationskraft besitzt.

Bürgernähe, Bürgerorientiertheit, Transparenz der Verwaltung, Einflußnahme des Bürgers, Integration des Einzelnen und sozialer Gruppen sind Forderungen, die sich nur politisch in der Gesellschaft durchsetzen lassen.[73] »Die Pflicht des Architekten und Stadtplaners ist es, einer sozialen Insti-

69 M. Warnke, Einführung zu Politische Architektur in Europa ... S. 15.

70 Daß der verfassungstheoretische Fortschritt auf einschränkende Bedingungen befragt werden muß, darauf weist Thomas Ellwein hin. Durch die Übernahme von Weisungsaufgaben werden die Gemeinden heute zunehmend in die Staatsverwaltung eingebunden. Das Regierungssystem der Bundesrepublik Deutschland, 3., neubearb. u. erweit. Aufl., Opladen 1973, S. 52f.

71 Th. Eschenburg, Mythos und Wirklichkeit ... S. 129.

72 W. Meyer-Bohe, Rathäuser ... S. 7. Daß dieses Ziel häufig nicht eingelöst wurde, sieht Meyer-Bohe in einer Auffassung begründet, die sich dem funktionierenden Grundrißgefüge als wesentlicher Planungsaufgabe zuwendet, ferner in einer Produktionsweise, die durch Systemplanung und Vorfertigung gekennzeichnet ist und die Produktion von der Baustelle in die Fabrik verlagert. Demgegenüber müßten wesentliche Aspekte abendländischer Architektur wiedergewonnen werden: die Unverwechselbarkeit und Identität von Gebäuden, der Nachvollzug topographischer, regionen-typischer und sozialer Merkmale, eine ablesbare spezifische Nutzung von Räumen, die Verwendung heimischer Baustoffe und die Anwendung humaner kleinteiliger Maßstäbe. A. a. O., S. 39 u. 95f.

73 Untersuchungen über die Bürgernähe der Verwaltungen Charlottenburg und Kreuzberg zeigen, daß der Ort »Rathaus« für das Verhältnis zwischen Bürger und Verwaltung nur eine untergeordnete Rolle spielt. Transparenz, Informationsangebote, soziale Orientierung, Leistungs- und Fürsorgebereitschaft sind die entscheidenden Kriterien, an denen die Bürger die Verwaltung messen und ihr Verhältnis zu ihr definieren. Bürger und Verwaltung. Untersuchungen in publikumsintensiven Dienststellen der Bezirksämter Charlottenburg und Kreuzberg von Berlin, hrsg. v. Senator für Inneres, V C, Berlin 1980. T. 1, Überblick über die Ergebnisse, Maßnahmen und weitere Aufgaben, S. 2ff.; T. 2, Charlottenburg (Bürgerbefragung 1979), S. 15ff.; T. 3, Kreuzberg (Bürgerbefragung 1979), S. 15ff. Beachtenswert im Hinblick auf die räumlichen Gegebenheiten ist der Hinweis auf »komplizierte, teilweise lange und beschwerliche Wege« (Charlottenburg, S. 20) und der »verwirrende Verbund von Altbau- und Neubauteilen« (Kreuzberg, S. 20). In Charlottenburg hielten immerhin 63,2% der Befragten die Orientierung im Rathaus für gut, in Kreuzberg nur 39,5%. Diese Urteile sind allerdings durch die unterschiedlichsten Faktoren wie soziale Position, Wartezeit, Erfolg, Vorur-

tution physische Gestalt zu verleihen und die Fassaden zu errichten, die der Passant draußen und der Benutzer und Zugehörige drinnen als die Grenzlinien einer sozialen Situation erkennt, ob es sich nun um einen Bungalow oder das Rathaus einer Metropole handelt. Der Architekt hat demnach in erster Linie mit dem zu tun, was er gestalten kann: mit der rohen Materie, die er bearbeitet, und den Oberflächen, deren Gliederung das neutrale Material in einen Träger von Intentionen verwandelt. Die Fassaden, die der Designer schafft . . ., sind die Bühne, auf der die Handlung sich abspielt. Sie sind nicht Teil der Handlung, und sie können sie nicht unmittelbar beeinflussen.«[74] Durch seine gestalterische Intention, ein zusammenhängendes anschauliches Gebilde zu schaffen, ist der Architekt den sozialen Gegebenheiten verbunden. Das Herstellen einer Form schließt den Kommentar »zum Geschehen wie zum Material« ein. Es wird zu untersuchen sein, welche Stellung die Architekten zur Institution, für die sie ein Artefakt entwarfen und bauen ließen, einnahmen, inwieweit sich die ästhetische Form in der Darstellung zeitgenössischer Inhalte erschöpfte und ob sich in der Form Bedürfnisse artikulierten, die über politische Sinnvorgaben hinausgingen.

Einige Bemerkungen zu den Rathausentwürfen von Reinhardt und Süßenguth sollen die Erörterungen über die Rathauskonkurrenz abschließen. – Fritz Schumacher[75] sah in der Rathausarchitektur des 19. Jahrhunderts den vergeblichen Kampf um eine neue Form. Die Städte seien nicht in der Lage gewesen, einen »festlichen Ausdruck« ihres Bürgertums zu finden. Dem Bedürfnis nach Monumentalität habe eine romantische Auffassung der Rathausgestaltung nicht Raum gegeben. Die Entwürfe von Reinhardt und Süßenguth waren charakteristisch für diese Tendenz, die sich in einem »Übergang zur malerischen Gruppierung« äußerte. Selbst bei einem geschlossenen architektonischen Aufbau wurden die Motive gewollt kleinbürgerlicher. Es wurde versucht, die Stimmung der deutschen Stadt einzufangen, und die deutsche Renaissance gab dafür die beliebteste Note. Dieses »zierliche Beginnen« war nach Schumachers Auffassung nicht dazu angetan, ein Gefühl für selbstbewußte Haltung, für Sittlichkeit und stolze Würde zu vermitteln. Bereits vor Schumacher hatte Hubert Stier die Auffassung vertreten, daß die deutsche Renaissance nicht für monumentale Bauaufgaben geeignet wäre. Im wesentlichen auf den Wohnhausbau beschränkt, entwickelte sie ein Formensystem, das auf die kleinen und engen Verhältnisse in den mauerumschlossenen Städten zugeschnitten war. »Mangel an jener Monumentalität, wie sie in der Geschichte der Baukunst stets für die großen Aufgaben verlangt worden ist, haftet dem Stile von jenem Ursprung her an, Mangel an jener Kraft und Fülle der Masse an dem einfacheren, aber desto gewichtiger wirkenden Baugliede, welches für diese Zwecke durch keine noch so geistreiche Fülle von Einzelheiten ersetzt werden kann.«[76] Der Verlust an Monumentalität wurde aber durch die Fähigkeit zur malerischen Gestaltung ersetzt. Der »Grund der Unnatur« des neueren Rathausbaus schien darin zu liegen, daß historische Formen gebraucht wurden, deren Maßstab über die Sphäre des betreffenden Stils hinausging. »Daß jedem historischen Stil ein bestimmter Maßstab innewohnt, über den hinaus die Natürlichkeit seines Ausdruckes ver-

teile usw. beeinflußt. Die Wartebereiche (Flure) wurden in Charlottenburg von 32,3% für schlecht befunden, in Kreuzberg waren 51,8% der Befragten mit den Räumlichkeiten und ihrer Ausstattung nicht einverstanden. T. 2, Charlottenburg, S. 20f., 26ff.; T. 3, Kreuzberg, S. 20f., 29ff.

74 J. Rykwert, Die Notwendigkeit des Künstlerischen, in: ders., Ornament ist kein Verbrechen . . . S. 93.

75 Strömungen in deutscher Baukunst, Leipzig 1935, S. 75f.

76 Hubert Stier, Die deutsche Renaissance als nationaler Stil und die Grenzen ihrer Anwendung, in: Deutsche Bauzeitung, 18. Jg. (1884), Nr. 73, S. 435; vgl. auch August Grisebach, Das deutsche Rathaus der Renaissance, Berlin 1907, S. 117f.

sagt, das ist eine Erkenntnis, gegen die besonders oft gefehlt wird.«[77]
Zur Zeit des Charlottenburger Wettbewerbs befanden sich drei Rathausbauten von Reinhardt und Süßenguth in der Ausführung: Elberfeld, Köthen und Berlin-Steglitz. Die beiden letztgenannten waren Mittelstadtrathäuser mit Raumprogrammen zwischen 1400 und 1800 m^2,[78] während das Elberfelder Rathaus, für das die Ausschreibung einen Raumumfang von 3200 m^2 gefordert hatte,[79] bereits für eine Großstadt konzipiert war. Im Stil der deutschen Renaissance war das Köthener Rathaus gehalten, in Steglitz kam die norddeutsche Backsteingotik zum Zuge, das Elberfelder Rathaus wurde im »Übergangsstil« einer späten Gotik gestaltet. Trotz der unterschiedlichen Stilfassungen zeigten die Gebäude Gemeinsamkeiten, die auf Merkmale der deutschen Renaissance verwiesen. Zunächst in ihrer von den Eckgrundstücken begünstigten asymmetrischen Gruppierung und ihrer malerischen Perspektive.[80] Selbst bei einer um mehrere Höfe angeordneten vierflügeligen Anlage wie in Elberfeld gingen Reinhardt und Süßenguth von einer Eckakzentuierung aus, indem sie den Turm an die Seite rückten und vom Betrachter des Gebäudes eine seitliche Position verlangten. Die stete Entwicklung einer Schauseite entsprach nicht mittelalterlichen Bauvorstellungen, wonach die gleichmäßige Behandlung aller freiliegenden Seiten erforderlich war. Auch betonten Reinhardt und Süßenguth die Breitseiten, während der Vertikalismus der Gotik eine Hervorhebung der schmalen Giebelseiten verlangte.[81] Die horizontalen Gliederungen der Fassaden durch Gurte, waagerechte Fensterabschlüsse sowie die Dämpfung der vertikalen Linien durch Dreiecks-, mitunter Rundbogenvergiebelungen der Fenster waren typische Stilmerkmale der deutschen Renaissance. Selbst im gotisierenden Entwurf des Steglitzer Rathauses wurden die vertikalen Elemente durch Gurte und Rundbogenfenster abgeschwächt. In Elberfeld, und auch beim Entwurf für das Rheydter Rathaus,[82] milderten die Architekten das senkrechte Streben der erhöhten Saalfenster durch bogenförmige Verdachungen.
Der Charlottenburger Wettbewerbsentwurf ließ demgegenüber eine Vernachlässigung der Horizontalen zugunsten des vertikalen Elementes erkennen, was auch in den Fensterordnungen zum Ausdruck kam. Die Verarbeitungen der Motive Giebel, Erker, Balkon, Risalit, Dach und Turm wurde in den früheren Entwürfen, und hier ist Schumacher zuzustimmen, vom Prinzip der malerischen Gruppierung getragen. Dieses der deutschen Renaissance eigene Kompositionsprinzip[83] löste die kompakten Baumassen und die Flächen auf, indem einzelne Glieder zu einer Gruppe verbunden wurden. Der gotisierende Entwurf des Steglitzer Rathauses übernahm dieses Prinzip. Erker, Balkone und Eingangshallen aus der Wand hervortreten zu lassen, hatte keine Entsprechung im mittelalterlichen Rathausbau Norddeutschlands, dessen Mauerverbände eine

77 F. Schumacher, Architektonische Aufgaben der Städte, in: Die deutschen Städte. Geschildert nach den Ergebnissen der ersten deutschen Städteausstellung zu Dresden 1903, Bd. 1, hrsg. v. Robert Wuttke, Leipzig 1904, S. 54.

78 Vgl. Rathaus für Köthen, in: Deutsche Konkurrenzen, Bd. 5 (1895), H. 7, Nr. 55, S. 2–5; Rathaus für Dessau und Steglitz, in: Deutsche Konkurrenzen, Bd. 6 (1896), H. 3, Nr. 63, S. 3–5.

79 Vgl. Rathaus für Elberfeld, in: Deutsche Konkurrenzen, Bd. 3 (1894), H. 6–7, Nr. 30–31, S. 3–5.

80 Vgl. A. Grisebach, Das deutsche Rathaus der Renaissance ... S. 118ff.; O. Stiehl, Das deutsche Rathaus im Mittelalter ... S. 72ff.

81 Diese Ordnung galt selbst für solche Rathäuser, die, wie beispielsweise in Bremen, mit ihrer Breitseite zum Platz lagen. Vgl. Gustav Pauli, Das Rathaus zu Bremen (= Die Baukunst, Ser. 1, H. 6), Berlin-Stuttgart 1898, S. 12.

82 Vgl. Rathaus für Rheydt, in: Deutsche Konkurrenzen, Bd. 3 (1894), H. 10, Nr. 34, S. 7f.

83 Gustav von Bezold, Die Baukunst der Renaissance in Deutschland, Holland, Belgien und Dänemark (= Handbuch der Architektur, T. 2, Die Baustile. Historische und technische Entwicklung, Bd. 7), Stuttgart 1900, S. 7f; Karl Gruber, Das deutsche Rathaus, München 1943, S. 56ff.

größere Geschlossenheit aufwiesen, auch wenn die Fassaden mit Hilfe durchlaufender Pfeiler in einzelne Abschnitte zerlegt wurden.[84] Freifiguren erhielten bei Renaissance-Rathäusern – Reinhardt und Süßenguth übernahmen dies – eine rein dekorative Aufgabe und verloren damit ihre Funktion im Organismus der Fassade. Sie wurden nicht mehr als gleichmäßige architektonische Gliederungsmerkmale verwandt, sondern, wie beim Entwurf für Rheydt, individualisiert; oder zwei Figuren standen, so im Ausführungsentwurf des Dessauer Rathauses,[85] in Korrespondenz zueinander. Reliefdarstellungen, ornamentale Verzierungen und Wappentafeln konzentrierten sich auf die Erkerflächen, die Felder über den Portalen oder die Dachgesimse.[86] Diese Form der Flächenbelebung war ein charakteristisches Merkmal aller frühen Rathausentwürfe von Reinhardt und Süßenguth, selbst der Ausführungsentwurf des Charlottenburger Rathauses wies dieses Merkmal auf.

Ein weiteres Charakteristikum des Renaissance-Rathauses bestand in der Abwandlung des Turmmotivs. Der Turm wurde, entgegen mittelalterlichen Rathausanlagen, häufig in die Fassadenkomposition integriert. Er verwandelte sich aus einem viereckigen Stamm in ein Polygon, der Übergang zum Vieleck wurde durch einen Altan vermittelt, der reiche Dekorationen erhielt. Insgesamt rückte der Turm in ein innigeres Verhältnis zur Konstruktion des Dachstuhls, zu den Erkerhelmen und den Dacherkergiebeln. Der Altan fand bei Reinhardt und Süßenguth auch im gotischen Entwurf für das Steglitzer Rathaus Verwendung, in späteren Entwürfen tauchte er als Motiv immer wieder auf.

Doch trotz der vielfältigen Bezüge zur deutschen Renaissance können Reinhardt und Süßenguth nicht in die Reihe der Architekten eingereiht werden, die getreu und bedenkenlos die kleinen Formen deutscher Giebelbauten auf den Rathausbau des 19. Jahrhunderts übertrugen. Sie hatten ein Gefühl für die Schwierigkeit des Maßstabes und versuchten bereits in den frühen Entwürfen, die weitverzweigten Gebäudemassen der mittleren und großen Rathäuser durch eine geschickte Anordnung der Einzelmotive zusammenzuhalten. Entscheidend war das Verhältnis von Giebel und Turm. Reinhardt und Süßenguth lösten den Turm vom Giebelmotiv und gaben ihm eine selbständige Stellung innerhalb des Gebäudekomplexes, wobei der im Schnittpunkt der Gebäudeflügel plazierte Turm – insbesondere, wenn es sich um eine Zweiflügelanlage handelte – die einzelnen Bauglieder integrierte. Der Turm des deutschen Renaissance-Rathauses hatte nie eine derartige Stellung innegehabt. Und bei den wenigen mittelalterlichen Rathäusern Deutschlands, die, wie Regensburg oder Würzburg, mit einem Turm in Beziehung standen, war dieser als Einzelwesen aufgeführt, ohne Verbindung zu anderen Fassaden- und Dachausbauten.[87] Das Renaissance-Rathaus bezog den Turm enger in den Fassaden- und Dachaufbau ein und ließ ihn häufiger mit dem Giebelmotiv verschmelzen.[88] Auch flandri-

84 Vgl. O. Stiehl, Das deutsche Rathaus im Mittelalter ... S. 31 f., 53 ff.; A. F. Bluntschli/G. Lasius, Stadt- und Rathäuser ... S. 20 f.

85 Das neue Rathaus in Dessau, in: Deutsche Bauzeitung, 37. Jg. (1903), Nr. 59, S. 380.

86 A. Grisebach, Das deutsche Rathaus der Renaissance ... S. 118; O. Stiehl, Das deutsche Rathaus im Mittelalter ... S. 128 f., 139 ff.

87 O. Stiehl, Das deutsche Rathaus im Mittelalter ... S. 141 ff.; A. F. Bluntschli/ G. Lasius, Stadt- und Rathäuser ... S. 19; Die ältesten Rathausbauten in Deutschland, in: Deutsche Bauzeitung, 4. Jg. (1870), Nr. 28, S. 229. Reinhardt und Süßenguth hatten für die Duisburger Rathauskonkurrenz einen Entwurf abgeliefert, in dem der Turm, wenn auch in Verbindung mit einem Anschlußbau, aus dem Gefüge der Baumassen fiel. Der Turm wirkte wie ein Anhängsel, das in keiner organischen Verbindung mit den übrigen Gebäudeteilen stand. Vgl. Rathaus für Duisburg, in: Deutsche Konkurrenzen, Bd. 6 (1896), H. 3, Nr. 63, S. 16 f.

88 Als Beispiel sei das Schweinfurter Rathaus genannt. Vgl. A. Grisebach, Das deutsche Rathaus der Renaissance ... S. 42 ff.

sche Rathäuser, wie in Francecker und Bolsward, zeigten eine solche Kompositionsweise;[89] zugleich aber gab es hier eine andere Tradition, die Turm und Giebel nebeneinandersetzte, was sowohl für mittelalterliche – als auch für Renaissancebauten galt.[90] Das Auseinanderrücken beider Motive war aber nicht zu beobachten und muß als eine selbständige Leistung von Reinhardt und Süßenguth eingeschätzt werden. Der Giebel bildete gleichsam ein Gegengewicht zum Turm, zumal er häufig mit einem Risalit in Verbindung stand (Köthen, Rheydt) oder die verbindenden Flächen in den oberen Geschossen zurückgenommen waren (Elberfeld). Giebel und Turm gaben dabei den Rahmen für den Sitzungssaal der Gemeinde- und Stadtvertreter, oder der Giebel akzentuierte den Saal der Stadtverordneten. Diente der Giebel als Rahmenelement, so hob er einen weiteren Sitzungssaal hervor, der im Bereich der städtischen Selbstverwaltung eine hervorragende Rolle spielte. Im Elberfelder Ausführungs- wie im ersten Wettbewerbsentwurf des Dessauer Rathauses betonte er jeweils den Saal des Gewerbegerichts.

Diese Kompositionsweise macht zudem deutlich, daß eine Auffassung, die von theaterhafter Architektur oder maskenhaftem Historismus sprach,[91] die Baumeister schlichtweg nicht verstand. Bei Reinhardt und Süßenguth stand das Außen immer in einer Beziehung zum Innen, war der Grundriß mithin an der Fassade ablesbar, womit sie einem Grundgedanken Carl Schäfers folgten.[92] Dieses Gestaltungsprinzip wies auf eine mittelalterliche Bauauffassung zurück, erzielte, indem es Zweckbestimmung, Material und Konstruktion einbezog, organisch-ästhetische Wirkungen und entging dem Problem der Verselbständigung der Form.[93]

89 A. F. Bluntschli/G. Lasius, Stadt- und Rathäuser... S. 95ff.

90 Hier wäre das mittelalterliche Rathaus von Alost und das nach 1560 errichtete Rathaus im Haag zu nennen. A. F. Bluntschli/G. Lasius, Stadt- und Rathäuser... S. 83f. u. 91f.

91 F. Schumacher, Architektonische Aufgaben der Städte ... S. 54; Klaus Konrad Weber, Staats- und Kommunalbauten, in: Berlin und seine Bauten, hrsg. v. Architekten- u. Ingenieur-Verein zu Berlin, T. 3, Bauwerke für Regierung und Verwaltung, Berlin-München 1966, S. 3; D. Meyer-Bohe, Rathäuser... S. 30; C. Schäfer, Von deutscher Kunst... S. 303. K. K. Webers Kritik, der zweite Giebel (Grunewaldstraße) des Steglitzer Rathauses sei wenig organisch an den Baukörper angebunden, was in einer unterschiedlichen inneren Raumzuteilung zum Ausdruck komme, kann nicht überzeugen, da die Maueröffnungen der Giebel sich nicht von denen der anschließenden Fläche unterscheiden und die akzentuierten Räumlichkeiten an die übrigen Funktionszimmer angebunden sind, während an der Hauptfront eine über zwei Stockwerke verlaufende Fensterordnung auf den Sitzungssaal der Gemeindevertreter hinweist. Dem Gebäude wird durch die Verbindung von Eckturm und nach außen gezogenen Giebeln eine wirkungsvolle Geschlossenheit gegeben.

92 Vgl. A. Steinmetz, Einleitung zu C. Schäfer, Von Deutscher Kunst... S. XII.

93 Carl Schäfer faßte die Unterschiede zwischen der Bauweise der deutschen Renaissance und ihrer oberflächlichen Rezeption durch die Berliner Architekten im letzten Drittel des 19. Jahrhunderts folgendermaßen zusammen: »Wie bekannt, haben wir es bei der deutschen Renaissance des 16. Jahrhunderts mit keiner organisch erwachsenen Kunstform zu tun. Die Schlösser, die Rathäuser, die Wohngebäude dieser Zeit sind gotische Bauten, aufgeputzt mit neuen, von Italien her bekannt gewordenen Einzelformen. Die Grundrißgestaltung, die Verbindung verschiedener Bauten zur Baugruppe, die Bildung des Aufrisses, die Dachform, die Entwicklung des Hauses von innen nach außen, die gesamte Konstruktion folgt unentwegt der mittelalterlichen Überlieferung. Für die spätgotischen Hohlkehlen aber treten Karniese, für die Stäbe Wulste, für die Pfosten unter Umständen Säulchen, für die Giebelstaffeln Voluten, für die Fialen Pyramiden ein usw. Was das ganze Bauwesen dieser Zeit nach wie vor durchleuchtet, ist der überkommene Sinn für das Wahre, Naive, Unmittelbare; und nirgends verleugnet sich die gesunde Technik der altdeutschen Meister. – Umgekehrt ist das Deutschrenaissance-Haus unserer siebziger und achtziger Jahre nichts anderes als das moderne Haus jener Hitzig, Knoblauch und anderen Meister, denen das bauliche Berlin so viel zu danken hat – geschmückt mit den Bauformen einer um drei Jahrhunderte hinter uns liegenden Zeit. Das braucht in mehr als einer Beziehung nicht bedauert zu werden; ist doch diese Hausanlage in der Tat aus den wohnlichen Bedürfnissen der Neuzeit heraus entstanden. Zu bedauern ist nur, daß man sich von einigen gewiß nicht wesentlichen Überlieferungen des letzten Jahrhunderts so selten freizumachen verstanden hat. Wir meinen die Überlieferung des Bauens von außen nach innen, die Meinung von der Selbständigkeit der Form gegenüber der

Dem Charlottenburger Wettbewerbs- und besonders dem späteren Ausführungsentwurf kommen im Werk von Reinhardt und Süßenguth eine herausragende Bedeutung zu, da die Architekten hier erstmals versuchten, die malerische Komposition zu überwinden und zu einer geschlosseneren Bauweise zu gelangen. Die Linien werden strenger, symmetrische Dispositionen häufen sich, das vertikale Element wird stärker betont, vor allem tritt der Stoffcharakter des Materials, seine natürliche Wirkungskraft, entschiedener hevor. Damit gewinnt die Fläche an Bedeutung, die Bauplastiken verlieren ihre individuelle Stellung und werden in den Bauorganismus integriert. Der Konkurrenzentwurf für Charlottenburg verwendet die Freifiguren, der Tradition des mittelalterlichen Rathausbaus folgend, als gleichmäßige architektonische Glieder und nimmt ihnen die rein dekorative Aufgabe, wie sie noch beim Dessauer Rathaus zu beobachten ist. In späteren Rathausentwürfen[94] verschwinden die Freifiguren fast völlig von den Fassaden, während der ornamentale Schmuck, sparsam verwendet, enger mit dem Mauerwerk verbunden ist.

Die Bemühungen um Geschlossenheit, Formenstrenge und eine realistische Bauweise verbleiben allerdings im Bereich einer historisierenden Sprache, auch an der Vorliebe für die deutsche Renaissance halten die Architekten fest, jedoch das »zierliche« Nebeneinander von Einzelmotiven verschwindet aus den Entwürfen, historistische Elemente treten nur noch als Stilreminiszenzen in Erscheinung. Dieser Weg nimmt seinen Ausgang am Charlottenburger Rathaus und führt schließlich zur sachlichen Architektur der Spandauer Anlage.

Zum Werk der Architekten Reinhardt und Süßenguth

Heinrich Reinhardt wurde am 19. September 1868 in Offenbach geboren. Nachdem er zeitweilig im kleinen Lederwarengeschäft seines Vaters gearbeitet hatte, ermöglichte ihm ein Stipendium 1884 den Besuch der städtischen Kunstgewerbeschule. Der Architekt Karl Wiegand förderte und unterstützte Reinhardts Ausbildung im Baufach und regte ihn zu ersten praktischen Arbeiten in Baubüros und Werkstätten an.[1] Nach dem Schulabschluß fand Reinhardt im Büro des Iserlohner Architekten Otto Leppin eine Anstellung. 1887 siedelte er nach Berlin über und war in einem kleineren Architektenbüro tätig. Vorübergehend ging Reinhardt nach Offenbach, arbeitete in einem Frankfurter Baugeschäft und im Atelier von Alexander Linnemann und trat schließlich für mehrere Jahre in das Büro der Berliner Architektengemeinschaft Abesser & Kröger[2]

Konstruktion, die Überlieferung einer weniger naturgemäßen, den unsoliden Reichtum begünstigenden Technik.« Von deutscher Kunst... S. 287.

94 In dieser Hinsicht ist der Wettbewerbsentwurf für das Remscheider Rathaus besonders eindrucksvoll: hier spricht nur noch das Quadermauerwerk für sich. Berliner Architekturwelt, 7. Jg. (1905), H. 10, S. 361.

1 Ein Offenbacher baute Charlottenburgs Rathaus, in: Offenbacher Zeitung vom 25. April 1942; Das fünfundzwanzigjährige Bestehen der Architektenfirma Reinhardt & Süßenguth, in: Deutsche Bauzeitung, 53. Jg. (1919), Nr. 18, S. 82f.; Allseitig anerkannter Baumeister eines Jahrhunderts. Architekt Professor Heinrich Reinhardt, der Schöpfer des Charlottenburger Rathauses, wird morgen 75 Jahre alt, in: Charlottenburger Zeitung vom 18. September 1943; Lebensläufe und Werkverzeichnisse im Nachlaß Heinrich Reinhardt; Mitteilungen des Sohnes Hansjoachim Reinhardt am 6. Mai 1986 und 20. Mai 1987.

2 1888 von Hans Abesser und Jürgen Kröger gegründet, spezialisierte sich das Architektenbüro auf kirchliche Bauten. Der führende Kopf der Gemeinschaft war Kröger, der fünf Jahre lang im Büro von Johannes Otzen gearbeitet hatte. 1893 kündigte er seine Verbindung mit Abesser auf. Als geschätzter Kirchenbaumeister errichtete Kröger in Nord- und Mitteldeutschland zahlreiche Kirchen, wobei er romanische und gotische Stilformen bevorzugte. Für Charlottenburg entwarf er die Kirche Am Lützow (1911). Daneben widmete er sich später dem Bahnhofs- (Metz, Hamburg, Leipzig) und Rathausbau (Görlitz, Kassel, Friedrichshagen,

ein. Neben seiner beruflichen Tätigkeit besuchte er die Vorlesungen von Carl Schäfer an der Technischen Hochschule in Charlottenburg, an der Reinhardt 1897 und 1898 Assistent Christoph Hehls war.
Sowohl Heinrich Reinhardt als auch Georg Süßenguth verstanden sich als Schüler Carl Schäfers.[3] »Der geniale Lehrer Carl Schäfer«[4] gehörte in Deutschland zu den hervorragenden Vertretern der Neugotik. Er wählte den gotischen Stil, »weil man ihn als den Styl der Construktionen und des rein vernunftmäßigen Systems für ein ausgezeichnetes Bildungsmittel hielt, auch der durch die Thatsachen bis jetzt bestätigten Ansicht war, daß dieser Styl zur Lösung aller Aufgaben, wie sie die Gegenwart stellt, die Mittel bietet und als unserem Klima, unseren bürgerlichen und religiösen Verhältnissen sowie unseren Materialien durchaus entsprechend eine immer weitere Verbreitung und Bedeutung erringen wird«[5]. Noch im August 1896 beklagte Schäfer auf der Berliner Gewerbeausstellung in einem vielbeachteten Vortrag die »Verwirrung und Zerfahrenheit« in der zeitgenössischen Architektur und das Fehlen einer »stilreinen Kunst« und bestimmter Bauregeln. Eine Besserung versprach er sich nur durch den Anschluß an die historischen Baustile. Wie mit den Mitteln einer bestimmten Sprache immer wieder neue Werke geschaffen werden könnten, so wäre das unzweifelhaft auch mit dem Konstruktions- und Formenapparat historischer Baustile möglich. Die Bemühungen um einen neuen Stil, insbesondere auf dem Wege einer Eisen- und Glasarchitektur, hielt Schäfer für mißlungen. Mit einem Material, das wenig Fläche bot und zudem noch den Nachteil unveränderlicher Profile besaß, ließ sich »keine Kunst zurechtmachen«. Bauten, die etwa ihre Funktion vorzeigten, waren für Schäfer »Notdurftbauten«, die sich der Kunst verweigerten.[6] Vom Beton als Baumaterial nahm Schäfer keine Notiz, ebensowenig von den bereits bekannten architektonischen Entwürfen Victor Hortas und Louis Sullivans, die dem Eisen beziehungsweise dem Eisenrahmenwerk eine tragende Be-

Wilmersdorf). Vgl. Allgemeines Lexikon der bildenden Künstler von der Antike bis zur Gegenwart, begründ. v. Ulrich Thieme u. Felix Becker, Bd. 21, hrsg. v. Hans Vollmer, Leipzig 1927, S. 553f.

3 Nachlaß Heinrich Reinhardt...

4 Hermann Muthesius, Stilarchitektur und Baukunst. Wandlungen der Architektur im 19. Jahrhundert und ihr heutiger Standpunkt, Mülheim a.d. Ruhr 1902, S. 33. Schäfers einziger Lehrer an der Höheren Gewerbeschule in Kassel war der dogmatische Neugotiker Georg Gottlieb Ungewitter (1820–1864), der durch sein ›Lehrbuch der gothischen Construktionen‹ (Leipzig 1858–1864) und seine protestantischen Kirchenbauten bekannt geworden war. Jutta Schuchard (Carl Schäfer 1844–1908. Leben und Werk des Architekten der Neugotik [= Materialien zur Kunst des 19. Jahrhunderts, Bd. 21], München 1979, S. 14) faßte die dogmatische Phase der Neugotik in Deutschland wie folgt zusammen: Betonung der Gotik als nationaldeutsche und christliche Baukunst; Anspruch auf normative Lehrbarkeit gotischer Baugesetze und universelle Anwendung gotischer Bauprinzipien; die Hervorhebung des assoziativen Aspekts und des Malerischen; Wahrheitsanspruch in Grund- und Aufriß-, Innen- und Außengestaltung, Konstruktion und Material. Formbildende Elemente bleiben ausschließlich Konstruktion und Material, die einem funktionsgerechten Bauen zugeordnet werden; Betonung des Handwerklichen; durch Weiterarbeiten mit gotischen Bauprinzipien soll ein zukünftiger Stil entwickelt werden. Schäfer trat 1868 an der Gewerbeschule in Kassel eine Stelle als Lehrer für architektonisches Zeichnen und Geschichte der Baukunst und Perspektive an. Von 1871 bis 1877 war Schäfer Universitätsbaumeister in Marburg, anschließend betätigte er sich bis 1885 als Hilfsbaumeister im Ministerium für Öffentliche Arbeiten in Berlin und hielt seit Ostern 1878 Vorlesungen an der Bauakademie, der späteren Technischen Hochschule Charlottenburg. Trotz seiner Ernennung zum etatmäßigen Professor im Jahre 1885 folgte Schäfer einem Ruf an die Technische Hochschule Karlsruhe. Die Mißachtung seiner Person bei der Vergabe öffentlicher Bauten, vor allem auf dem Gebiet des Kirchenbaus, in der Reichshauptstadt und ihren Vororten ließ ihn verbittert Abschied nehmen. Vgl. Ludwig Dihm, Carl Schäfer, in: Zentralblatt der Bauverwaltung, 28. Jg. (1908), Nr. 39, S. 267.

5 Denkschrift Carl Schäfers vom 24. Mai 1869. Zit. nach J. Schuchard, Carl Schäfer... S. 14.

6 C. Schäfer, Die heutige und zukünftige Baukunst... S. 397ff.

deutung bei der Lösung neuer Bauaufgaben zuwiesen.[7]
An der Technischen Hochschule Charlottenburg las Schäfer über ›Formenlehre der mittelalterlichen Baukunst‹, ›Geschichte der Holzbaukunst‹ und ›Ausbau und ausstattende Kunst im Mittelalter‹.[8] Im Oktober 1885 übernahm er den Lehrstuhl für mittelalterliche Baukunst, den man zunächst Johannes Otzen übertragen hatte. Schäfer machte den gotischen Stil zur Grundlage der Ausbildung und trug nicht unwesentlich zur Neubelebung der Architektur in Deutschland bei, indem er eine handwerkliche Baugesinnung förderte und entgegen der Trennung der reinen Architektur von den Problemen der Baupraxis, der Kunstform von der Konstruktion auf deren Zusammenhang bestand. Der Einfluß des raumgestaltenden Künstlers sollte sich nach seiner Auffassung über alles zum Bau Gehörige erstrecken, Bildhauer, Maler und Handwerker hatten sich seinen leitenden Vorstellungen unterzuordnen und »dem Wesen seines Werkes« einzufügen.[9]
Die bedeutendste bauliche Ausführung Schäfers in Berlin war das Geschäftshaus der Equitable-Versicherungsgesellschaft an der Ecke Leipziger und Friedrichstraße (1887/88). Der im Stil der Spätrenaissance errichtete Bau war darin von »grundlegender Bedeutung«, »daß er durch Auflösung der Außenmauern in Pfeilerstellungen den ersten Anstoß zur Entwicklung des heutigen Geschäftshauses gegeben hat und statt der bis dahin üblichen Plattenbekleidung als Quaderbau, und zwar aus Granit, durchgeführt wurde«[10]. Zu den wesentlichen neugotischen Bauten Schäfers gehörten die Gebäude für die Universität Marburg, insbesondere der Hörsaalbau. L. Dihm sprach von einer »Meisterleistung ersten Ranges«[11], die mit dem herkömmlichen Schema des symmetrischen Grundplans gebrochen habe. Schäfer hatte einen asymmetrischen, auseinandergezogenen Grundriß entwickelt und die Anlage des Auditoriumsgebäudes als »malerischen Gruppenbau« konzipiert, wobei er sein besonderes Augenmerk auf relativ symmetrische Fassadengestaltungen, ausgewogene Proportionen und reiche Detailbildungen richtete. Eine dem Bau eigene Spannung erzeugte Schäfer durch den Kontrast zwischen großen, glatten Flächen und üppiger Ornamentik. Das Architekturensemble nahm auf den Charakter des Stadtbildes Rücksicht und gliederte sich dem städtebaulichen Umriß ein, ohne dabei seine Autonomie einzubüßen.[12] Um-

7 Nikolaus Pevsner, Architektur und angewandte Kunst, in: Jean Cassou/Emil Luigi/Nikolaus Pevsner, Durchbruch zum 20. Jahrhundert ... S. 236–239.

8 J. Schuchard, Carl Schäfer ... S. 19.

9 Schäfer setzte in den Prüfungen eine individuelle Aufgabenstellung durch. Der Maßstab war festgelegt, gefordert wurden Grundrisse, Schnitte, Ansichten und Schaubilder, wobei Schäfer der Konstruktion und der künstlerischen Durchbildung größten Wert beimaß. Die Schülerarbeiten wurden zusammengefaßt und unter dem Titel ›Bauhütte‹ herausgegeben. Rückbesinnung auf handwerkliche Gediegenheit und die Abkehr vom Klassizismus, die sich unter Schäfers Einfluß in der jüngeren Architektengeneration vollzog, lobte Hermann Muthesius vor allen Dingen als Schäfers Verdienst. »Eine neue aufrichtigere Art künstlerischer Gesinnung ist in dieser (der jungen Generation, d. Verf.) allmählich heraufgezogen, die ähnlich wie in England der Nährboden für künstlerische Neuausgänge, namentlich für eine heimische Kunstauffassung und für Ideale wurde, die man im Gegensatz zu den klassischen als germanisch-nordische Art bezeichnen kann. Freilich, so lange hauptsächlich die äußere Form der Gotik noch diktatorisch als das Erstrebenswerte gelehrt wurde und wird, konnte sich der Geist, auf den es allein als erziehlichen Endwert ankommt, noch nicht in völliger Freiheit entfalten.« H. Muthesius, Stilarchitektur und Baukunst ... S. 33f. Auch Viollet le Duc, den Schäfer stets verehrte, verstand die Neugotik zunächst als Kampfansage gegen den Klassizismus, dem er die Klarheit des Konstruktionssystems, die Sparsamkeit der gotischen Lösungen gegenüberstellte. Vgl. Leonardo Benevolo, Geschichte der Architektur des 19. und 20. Jahrhunderts. Bd. 1, München 1964, S. 145.

10 L. Dihm, Carl Schäfer ... S. 267; J. Schuchard, Carl Schäfer ... S. 263ff.; vgl. auch Johann Friedrich Geist, Passagen. Ein Bautypus des 19. Jahrhunderts, München 1969, S. 132f.

11 L. Dihm, Carl Schäfer ... S. 266.

12 J. Schuchard, Carl Schäfer ... S. 208ff.

stritten blieben jedoch schon zu Lebzeiten Schäfers seine weiteren Hauptwerke, so zum Beispiel die Wiederherstellung des Friedrichsbaus des Heidelberger Schlosses, die Entwurf gebliebene Restauration des dortigen Ottheinrichsbaus, der Ausbau der Westtürme des Domes zu Meißen sowie des Martin- und Schwabentores in Freiburg (Breisgau). »... Und wenn er selber baute..., blieb das Mauerwerk stumm, und die Formen belebten sich nicht.«[13] Schäfers Restaurierungen waren eher rekonstruierende als konservierende Instandsetzungen und ließen sich mitunter, trotz seiner hervorragenden Kenntnisse mittelalterlicher Baukunst, von subjektiven Stilvorstellungen leiten, so daß einzelne Kritiker seine Form des Restaurierens als »Verschäfern« abqualifizierten.[14]

Als Nachfolger Carl Schäfers auf dem Lehrstuhl für mittelalterliche Baukunst wurde Christoph Hehl (1847–1911) berufen, der durch seine prämiierten Wettbewerbsentwürfe für die Dresdner Garnisonskirche und das Essener Rathaus auf sich aufmerksam gemacht hatte. Hehl war in erster Linie Kirchenbaumeister. Wie Schäfer gehörte er zu den Schülern von Ungewitter und hatte in den Büros von George Gilbert Scott[15] und Erwin Opplers in Hannover gearbeitet. Für seine Bauten verwandte Hehl fast ausschließlich mittelalterliche Bauformen. Seine Formensprache war »geschichtlich streng« und bewegte sich vorzugsweise, in den späteren Jahren allein, im Stil der romanischen und der Übergangszeit.[16] In der Beherrschung des Baumaterials zeigte sich Hehl als überlegener Gestalter.

Noch vor seiner Assistentenzeit bei Hehl beteiligte sich Heinrich Reinhardt mit Erfolg an öffentlichen Wettbewerben. Erste Aufmerksamkeit erregte er mit seinem Entwurf für das Märkische Provinzial-Museum in Berlin (1893), vor allem durch seinen Versuch, an Stelle einer magazinartigen Architektur den Raum und die einzelnen Bauteile an ihren Inhalt anzupassen.[17] Noch im gleichen Jahr errang Reinhardt

13 F. Schumacher, Strömungen in deutscher Baukunst... S. 88. Schumacher gehörte neben Hermann Muthesius, Friedrich Ostendorf, Hans Poelzig und Paul Schmitthenner zu den bekanntesten Schülern Schäfers.

14 J. Schuchard, Carl Schäfer... S. 25f.

15 Scott (1811–1878) galt als Hauptvertreter der Neugotik und zugleich als bester Kenner der gotischen Bauweise im England des 19. Jahrhunderts. Zahlreiche Kirchen wurden dort unter seiner Leitung restauriert. Von seinen eigenen Bauten ist die Nikolaikirche in Hamburg zu erwähnen sowie sein nicht ausgeführter Entwurf für ein Rathaus in Hamburg. Vgl. Wasmuths Lexikon der Baukunst... Bd. 4, Berlin 1932, S. 355.

16 Felix Genzmer, Christoph Hehl, in: Zentralblatt der Bauverwaltung, 31. Jg. (1911), Nr. 55, S. 349; vgl. auch Hans Reuther, Die Sakralbauten von Christoph Hehl. Ein Beitrag zur Hannoverschen Bauschule Conrad Wilhelm Hases, in: Niederdeutsche Beiträge zur Kunstgeschichte, 8. Jg. (1969), S. 211ff. In Berlin baute Hehl zahlreiche Kirchen wie etwa die Herz-Jesukirche und die Rosenkranzkirche (Steglitz) sowie die Pfarrkirchen in Lichterfelde, Zehlendorf und Spandau.

17 Vgl. Albert Hofmann, Wettbewerb für Entwürfe zu einem Märkischen Provinzial-Museum in Berlin, in: Deutsche Bauzeitung, 27. Jg. (1893), Nr. 22, S. 133f. An Reinhardts Entwurf in romanisierenden Formen kritisierte Hofmann den kirchlichen Charakter der Außenarchitektur und die unregelmäßige Gestalt des Lichthofs. Den ersten Preis errang in diesem Wettbewerb Regierungsbaumeister Wilhelm Möller, ihm folgte der Wiesbadener Architekt H. Eggert, während den dritten Preis die Berliner Architektengemeinschaft Zaar & Vahl zugesprochen bekam. Zum Ankauf empfohlen wurde vom Preisgericht unter anderem der Entwurf von Heinrich Seeling, der durch seine »meisterhafte Beherrschung der Formen des märkischen Backsteinstils in ihrer Zusammenwirkung mit Putzflächen und dem Granit einzelner Architekturteile« beeindruckte. A. Hofmann, Wettbewerb für Entwürfe zu einem Märkischen Provinzial-Museum... Nr. 20, S. 123. Zur Ausführung kam keiner der genannten Entwürfe. In der Zeit von 1896 bis 1908 wurde das Märkische Museum am Köllnischen Park (Berlin-Mitte) nach Entwürfen und unter der Leitung des Berliner Stadtbaurats Ludwig Hoffmann gebaut, der ähnlich wie Reinhardt und auch der Charlottenburger Architekt Otto March von dem Gedanken einer freien Bauanlage, die für jede Sammlung eigene Räume vorsah, ausging. Vgl. Hans J. Reichhardt/Wolfgang Schäche, Ludwig Hoffmann in Berlin. Die Wiederentdeckung eines Architekten (= Ausstellungskataloge des Landesarchivs Berlin, 5) Berlin 1987, S. 74f.

erste Preise für Kreishäuser in Rastenburg und Itzehoe; für das Gebäude des Kreises Steinburg wurde ihm zum erstenmal eine Ausführung übertragen.[18] 1894 gelang Reinhardt ein Entwurf, der ihn in Fachkreisen bekannt machte. Im Wettbewerb um das Rathaus in Elberfeld, an dem sich Architekten wie Bruno Schmitz, Hermann Billing und Rudolf Mönnich beteiligt hatten, bekam Heinrich Reinhardt einen zweiten Preis zugesprochen. Das Preisgericht vertrat die Meinung, daß der erste Preis dem sich »durch Klarheit und Natürlichkeit« auszeichnenden Entwurf Heinrich Seelings zukomme. Da die im Bauprogramm angesetzten Kosten überschritten worden waren, sah es sich jedoch gezwungen, von einer Verleihung Abstand zu nehmen,[19] und man entschloß sich, drei zweite Preise zu vergeben. Neben Reinhardt wurden die Leipziger Architektengemeinschaften Arwed Rossbach und Theodor Körner sowie Polster & Höhne und Alwin Anger ausgezeichnet. Ein dritter Preis ging jeweils an Emil Schreiterer (Köln) und Bruno Schmitz (Berlin). Die Gemeindevertretung Elberfelds entschied sich später dafür, den Entwurf Reinhardts nach einer Umarbeitung ausführen zu lassen, und übertrug dem Architekten die künstlerische Leitung. Die »musterhafte Klarheit«[20] des Grundrisses überzeugte, nicht minder die Gestaltung der Hauptfassade und der geschickte Aufbau des Turms. Die drei Fronten nach den Nebenstraßen waren »im Sinne eines reinen Nutzbaues« ausgebildet, Hermann Muthesius sprach von einer gelungenen Verbindung zwischen äußerer Architektur und innerer Funktion des Gebäudes.[21]

An den preisgekrönten Arbeiten zum Elberfelder Rathaus lassen sich beispielhaft die stilistischen Haltungen der wilhelminischen Zeit aufzeigen. Die »wandbetonte flächig-kubische Schlichtheit« des Seelingschen Entwurfs kündigte den »proportionsbetonten Monumentalismus der Zeit nach 1900« an, Rossbach & Kössers Arbeit stand in der Tradition des »akademischen zitierfreudig-überladenen Musterbuch-Historismus«, während Reinhardts Architektur sich durch die »virtuos-dekorative, freie Stilparaphrase«[22] auszeichnete. Die paraphrasierende Stilverarbeitung, dekorativ, aber phantasievoll entwickelt, traf den Zeitgeschmack.

Am 1. März 1894 gründete Heinrich Reinhardt mit seinem Kollegen Georg Süßenguth ein gemeinsames Büro. – Süßenguth, am 27. Januar 1862 in Göttingen geboren, erlernte das Maurerhandwerk und die Steinhauerei, anschließend besuchte er die Baugewerkschule zu Nienburg an der Weser. Nach dreijähriger Arbeit in einem Hannoverschen Architekturbüro siedelte Süßenguth 1885 nach Charlottenburg über, um hier für fünf Semester an der Technischen Hochschule zu studieren. Er arbeitete dann in einem kleineren Berliner Atelier und wurde während seiner darauf folgenden Anstellung bei Abesser & Kröger mit Reinhardt bekannt. Erst einige Jahre später legten sie mit ihrem Entschluß zu ständiger Zusammenarbeit den Grundstein zu einer äußerst erfolgreichen Karriere, in deren Verlauf sich die Charlottenburger Architekten zu Spezialisten für öffentliche Repräsentationsbauten entwikkelten. Die künstlerische Leitung des Büros übernahm Heinrich Reinhardt, er führte die Entwürfe aus, wohingegen Süßenguth – nicht zuletzt dank seines gründ-

18 Deutsche Konkurrenzen, 3. Jg. (1894), H. 3, Nr. 27, S. 5–7.

19 Rathaus für Elberfeld ... S. 6 u. 9f. Zu den Preisrichtern gehörten die Professoren Hermann Ende (Berlin) und Friedrich Thiersch (München), der königliche Baurat Hermann Pflaume (Köln) und der Elberfelder Stadtbaurat Mäurer.

20 H. Muthesius, Die Preisbewerbung um Entwürfe für ein Rathaus in Elberfeld, in: Zentralblatt der Bauverwaltung, 14. Jg. (1894), Nr. 8, S. 81.

21 A. a. O., S. 81f. In seinem abschließenden Urteil bemerkte Muthesius, daß eine vollendete Beherrschung der architektonischen Gestaltung als auch der Grundrißbildung selbst in diesem hervorragenden Wettbewerb vielleicht nur in den Entwürfen von Schreiterer, Seeling und Reinhardt zu finden sei. Vgl. a. a. O., S. 115.

22 J. Paul, Das ›Neue Rathaus‹ ... S. 54.

licheren Hochschulstudiums – eher für die technische und organisatorische Seite zuständig war.[23]
Noch im ersten Geschäftsjahr fielen dem Büro[24] zwei erste Preise für ein Rathaus in Rheydt und eine Kirche in Magdeburg-Wilhelmstadt zu. 1885 wurde die Konkurrenz um das Rathaus in Köthen gewonnen und den Architekten die Ausführung übertragen.[25] Es folgte der erste Preis für eine Kirche in Cannstatt und der dritte für ein Hallenschwimmbad in Breslau. Nicht weniger erfolgreich verlief das Jahr 1896. Reinhardt und Süßenguth gewannen die Konkurrenzen um eine Kirche für Burtscheid (Aachen) und das Rathaus Steglitz, und die Gemeinden verpflichteten sie für die Ausführung. In Steglitz mußte die Architektengemeinschaft einmal mehr die Erfahrung machen, daß die Vertreter der gemeindlichen Baubehörden zuweilen rigoros in die künstlerische Ausführung des Baus eingriffen. Für die Außenfassade des in märkischer Backsteingotik gehaltenen Baus hatten Reinhardt und Süßenguth Material in mittelalterlichem Format und Handstrichverblender verwenden wollen, mußten aber statt dessen glattes, kleinformatiges Material nehmen, was dem Bau nach ihrer Meinung einen Teil der Wirkung nahm.[26] Des weiteren gewannen Reinhardt und Süßenguth einen zweiten Preis für die Stadthalle in Elberfeld sowie zwei dritte Preise für Rathäuser in Duisburg und Dessau.[27]
1897 schlossen sich, neben dem Erfolg im Charlottenburger Wettbewerb, erste Preise für das Rathaus in Dessau und das Städtische Museum in Altona sowie deren Ausführungen an.[28] In die gleiche Zeit fiel

23 Nach Mitteilung von Hansjoachim Reinhardt fand diese Arbeitsteilung auch in finanziellen Regelungen ihren Niederschlag. Steuerabrechnungen wiesen aus, daß Reinhardt zwei Drittel der Einnahmen bezog.

24 Das Büro von Reinhardt und Süßenguth befand sich zunächst in der Lankwitzstraße 7 und 8 (heute: Ruhlsdorfer Straße) und wurde dann in der Kleiststraße 11 eingerichtet. 1898 befanden sich die Geschäftsräume in der Knesebeckstraße 86. Heinrich Reinhardt, der inzwischen Anna Schallopp geheiratet hatte, wohnte zu dieser Zeit in der Uhlandstraße 14. Schon im darauffolgenden Jahr wurde das ›Atelier für Architektur‹ in der Grolmanstraße 23 eröffnet, wenig später zog die Architektengemeinschaft in das 4. Stockwerk der Grolmanstraße 21 um. Die Familie Reinhardt bewohnte die darunterliegende Etage. 1930 richtete man das Atelier der Firma in der obersten Etage des Reinhardtschen Mietshauses – die Familie Reinhardt zog ebenfalls um – in der Mecklenburgallee 3 (heute: Marathonallee 8) ein. Nach dem Zweiten Weltkrieg beschlagnahmten die britischen Besatzungsbehörden das Gebäude. Da nur eine Frist von drei Tagen für die Räumung blieb, war Heinrich Reinhardt gezwungen, Bücher, Zeichnungen, Unterlagen usw. zurückzulassen.

25 Die städtischen Behörden hatten ihnen zur Auflage gemacht, unter Beibehaltung des Wienkoopschen Grundrisses – Arthur Wienkoop war wie Reinhardt und Süßenguth zweiter Preisträger gewesen – die Außenfassaden neu zu entwerfen. Vgl. Konkurrenzentwurf für ein Rathaus in Köthen, in: Architektonische Rundschau, 12. Jg. (1896), H. 11.

26 Architektonische Rundschau, 13. Jg. (1897), H. 8, Tafel 57.

27 Das Ergebnis des Dessauer Wettbewerbs war insofern unbefriedigend, als das vorhandene Grundstück den Programmanforderungen nicht entsprach und die Erweiterungsmöglichkeiten des Verwaltungsgebäudes sehr beschränkt waren. Die Stadt erwarb daraufhin angrenzende Grundstücke und forderte die preisgekrönten Architekten zur Teilnahme an einem engeren Wettbewerb auf, aus dem Reinhardt und Süßenguth dann als Sieger hervorgingen. Ihr Entwurf wurde der Ausführung des Baus zugrunde gelegt, den Architekten die künstlerische Oberleitung übertragen. Vgl. Das neue Rathaus in Dessau ... S. 377.

28 Der Erfolg Reinhardt und Süßenguths läßt sich auch daran ablesen, daß sie auf der Pariser Weltausstellung 1900 mit ihrem Wettbewerbsentwurf für das Charlottenburger Rathaus vertreten waren. Als Forum nationaler Geltungsbedürfnisse bot die Ausstellung den einzelnen Ländern Gelegenheit, sich durch einen charakteristischen Baustil zu repräsentieren. Bezeichnenderweise wählte das Reichskommissariat und der beigeordnete künstlerische Rat ein Gebäude in Formen der Frührenaissance, das der kaiserliche Postbauinspektor und Architekt des Reichskommissariats, Johannes Radke, entworfen hatte: einen malerischen Gruppenbau mit asymmetrischer Frontausbildung, der sich auf mancher Rathauskonkurrenz hätte sehen lassen können. Von den fünfzig ausstellenden Architekten beziehungsweise Architektengemeinschaften seien neben Reinhardt und Süßenguth Hermann Billing, Martin Dülfer, Bodo Ebhardt, Hermann Ende, Theodor Fischer, Georg Hauberrisser, Christoph Hehl, Jürgen Kröger, Hugo Licht, Otto March, Bruno Möhring, Johannes Otzen, Gabriel Seidl und Friedrich Thiersch genannt. Die Ausstattung des ›Deutschen Hauses‹ zeigte Möbel und

der Bau ihrer ersten Mietshäuser und die Einrichtung der Odd-Fellow-Loge in Stettin, zwei Jahre später folgte das Kaufhaus Letsch, ebenfalls in Stettin.
Einen ihrer größten Erfolge konnten Reinhardt und Süßenguth 1901 verzeichnen.[29] Beim Wettbewerb um das Empfangsgebäude des neuen Hamburger Hauptbahnhofs erhielten sie neben dem Altonaer Bauinspektor E. Möller einen zweiten Preis und nahmen später an der Ausführung teil, deren Leitung der Königlichen Eisenbahndirektion Altona oblag. An der Konkurrenz hatten sich namhafte Architekten wie Hermann Billing, Franz Schwechten, Vollmer & Jassoy, Otto Sturm und Paul Huber sowie Jürgen Kröger beteiligt.[30] Die Aufgabe war überaus schwierig, da eine Reihe von Vorbedingungen, die sich aus der komplizierten Lage des Bauplatzes und der kurvenförmigen Führung der Gleisanlagen ergaben, der freien Gestaltung enge Grenzen setzten. »An die Stelle freudigen künstlerischen Schaffens trat daher ein mühseliges Abfinden mit unzähligen hemmenden Verhältnissen, und für jeden, der sich nähere Aussicht auf Erfolg bewahren wollte, galt mithin vor allem der Grundsatz, daß sich der Meister nur in der Beschränkung zeigen kann.«[31] Während der Entwurf E. Möllers wegen seiner »reifen und flüssigen Durchbildung des Grundrisses«[32] ausgezeichnet wurde, im architektonischen Aufbau durch die Schwerfälligkeit und Massigkeit der rundbogigen, mittelalterlichen Stilformen aber nicht überzeugen konnte, begeisterten Reinhardt und Süßenguth durch »künstlerischen Schwung, eigenartige Erfindung und Frische«[33]. Die Verteilung und Abwicklung der Massen in Reinhardt und Süßenguths Entwurf wurde als ebenso hervorragend beurteilt wie die Form, die die Funktion des Gebäudes nicht dem Blick entzog. Das Dach der großen Bahnsteighalle lag beherrschend über den korbförmigen Jochen der Seitenhallen und überspannte ohne Unterbrechung die Verbindungshalle. Reinhardt und Süßenguth konnten die Wirkungen des Aufbaus nur erzielen, indem sie eine Bedingung der Ausschreibung ignorierten und die Höhe der Haupthalle um 5 auf 35 m heraufsetzten.[34] Auf seitliche, das Empfangsgebäude eingrenzende Ecktürme mochten Rein-

Kunstgewerbe, wobei man auch den Jugendstil zu Wort kommen ließ. Die Entwürfe Bruno Pauls, Bernhard Pankoks, Josef Niedermosers und Josef Maria Olbrichs erregten nicht minderes Aufsehen. Weltausstellung in Paris 1900. Amtlicher Katalog der Ausstellung des Deutschen Reichs, S. 58ff. u. 136f. In den genannten Dessauer und Altonaer Konkurrenzen wurden Reinhardt und Süßenguth zu engeren Wettbewerben geladen. Vgl. Deutsche Konkurrenzen, Bd. 6 (1896), H. 2, Nr. 71, S. 5; Das neue Rathaus in Dessau... S. 377; Deutsche Konkurrenzen, Bd. 8 (1898), H. 1, Nr. 85, S. 32; Blätter für Architektur und Kunsthandwerk, 15. Jg. (1902), S. 34.

29 Das Geschäftsjahr brachte darüber hinaus engere Wettbewerbe für eine Kirche in Turn (Österreichische Bezirkshauptmannschaft – Gerichtsbezirk Teplitz [Böhmen]) und das Kaiserliche Patentamt in Berlin.

30 Das Preisgericht vergab keinen ersten Preis, sondern teilte die ausgesetzte Summe in zwei zweite Preise und zwei dritte, die dem königlichen Baurat E. Schwartz (Altona) und Jürgen Kröger (Berlin) zuerkannt wurden. Der zuletzt genannte Architekt war Reinhardt und Süßenguths ehemaliger Chef im Büro Abesser & Kröger. Krögers Entwurf in romanischem Stil bescheinigte die Kritik zwar gewandte Durchbildung der Einzelheiten, Abgewogenheit und monumentale Geltung, kritisierte jedoch die mangelnde Vertrautheit mit den Bedingungen der Aufgabe, was vor allem die Lösung des Grundrisses beeinträchtigte. Vgl. Alexander Rüdell, Der Wettbewerb um den Entwurf für das Empfangsgebäude auf dem neuen Hauptbahnhofe in Hamburg, in: Zentralblatt der Bauverwaltung, 21. Jg. (1901), Nr. 13, S. 78.

31 Julius Faulwasser, Der Wettbewerb zur Erlangung von Entwürfen für das Empfangsgebäude des neuen Hauptbahnhofes in Hamburg, in: Deutsche Bauzeitung, 35. Jg. (1901), Nr. 12, S. 69.

32 A. Rüdell, Der Wettbewerb um den Entwurf für das Empfangsgebäude... S. 68.

33 A. a. O., S. 77.

34 Vgl. A. Rüdell, Neuere Eisenbahnhochbauten. VII. Das neue Empfangsgebäude auf dem Hauptbahnhof in Hamburg, in: Zentralblatt der Bauverwaltung, 26. Jg. (1906), Nr. 97, S. 622; Nr. 99, S. 632. Das Preisgericht rügte diese Maßnahme, da die Vergrößerung der Binderweite kostspielige Zwischenkonstruktionen notwendig machte; bei der späteren Ausführung jedoch nahm man diesen Gedanken auf, die Mittelhalle erhielt sogar eine Höhe von 36 m.

hardt und Süßenguth nicht verzichten. Sie lösten sich allerdings deutlich von den vielfach reproduzierten spätmittelalterlichen Aufbauformen, indem sie einen schlichten Unterbau entwickelten, der in eine von einer Figurengruppe gestützte Mauerkrone auslief. Für die architektonische Einzelausbildung bedienten sich Reinhardt und Süßenguth aktueller Stile. In der bewegten, sich über die Außenarchitektur des Gebäudes ziehenden Linie oder in den mit Figuren bekrönten Uhrtürmen war beispielsweise die Anlehnung an den Darmstädter Stil insbesondere Josef Maria Olbrichs unübersehbar.[35] Die Kritik sprach einerseits von einer meisterhaften Durchführung in den Formen des modernen Stils,[36] rügte andererseits eben diese Formen, die eine Rücksichtnahme auf die Grenzen der Aufgabe vermissen ließen, als Absonderlichkeiten.[37] Und da der Kaiser als oberster Bauherr seine Genehmigung verweigerte, legten Reinhardt und Süßenguth einen überarbeiteten Entwurf vor, der sich an die Renaissanceformen des Hamburger Rathauses, nur schnörkelloser und vereinfachender, anlehnte.[38] Die Zustimmung Kaiser Wilhelms II. ließ nicht lange auf sich warten. – Bedauerlich bleibt, daß der ursprüngliche Entwurf nicht zur Ausführung kam, denn trotz allen Verbeugungen vor zeitgenössischen Bauweisen und einer eklektizistischen Grundhaltung konnten Reinhardt und Süßenguth durch eine fließende, die Verbindung zwischen den einzelnen Gebäudeteilen organisch entwikkelnde Gestaltung überzeugen. Der realisierte Bau wirkte dagegen betulicher, die Linienführung gedrungener. In seiner architektonischen Durcharbeitung zeigte er dennoch einige bemerkenswerte Details. So stand das Empfangsgebäude fast in seiner ganzen Ausführung auf dünnen, eisernen Stützen zwischen den Gleisen. Mit Ausnahme der Umfassungsmauern mußte es ganz in Eisenfachwerk errichtet werden. Die Architekten waren bestrebt, diese konstruktive Notwendigkeit nicht zu verbergen, sondern künstlerisch zu verwerten. Nicht zuletzt auf Grund ihrer Leistungen im Hamburger Wettbewerb und bei der Ausführung des Bahnhofsgebäudes erhielten Reinhardt und Süßenguth am 2. Dezember 1906 das Professoren-Patent.

In den anschließenden Jahren folgten engere Wettbewerbe für die Kaiser-Wilhelm-Akademie zu Berlin und das Schiller-Theater in Charlottenburg, in der Konkurrenz um das Rathaus der Stadt Recklinghausen wurden die Architekten mit einem zweiten Preis ausgezeichnet. 1905 errangen Reinhardt und Süßenguth erneut einen ersten Preis für eine Friedhofsanlage in Frankfurt am Main, und man betraute sie mit der Ausführung.[39] Im gleichen Jahr beteiligten sich die Architekten am Wettbewerb um

35 Vgl. a. d. Kap. Jugendstil und die Architektur der Jahrhundertwende, S. 104f.

36 J. Faulwasser, Der Wettbewerb zur Erlangung von Entwürfen für das Empfangsgebäude... S. 70.

37 A. Rüdell, Der Wettbewerb um den Entwurf für das Empfangsgebäude... S. 78. Der Kritiker des Zentralblattes resümierte: »Derartige Stilexperimente, denen jede noch so bewegte Kurve recht ist, nur bei Leibe nicht die einfache ruhige natürliche Linie, sind nirgendwo weniger am Platze als in einem Eisenbahnverkehrsgebäude, dessen Formengebung vor allen Dingen durch die Zweckmäßigkeit bestimmt werden und bei dem Maßhalten oberste Richtschnur sein und bleiben muß.« Ebd.

38 Vgl. A. Rüdell, Neuere Eisenbahnhochbauten... S. 632. Fritz Schumachers (Strömungen in deutscher Baukunst... S. 81) Auffassung, Reinhardt und Süßenguth hätten mit ihrem Entwurf den »überzeugenden Typus eines großen Durchgangsbahnhofes« entwickelt, gleichzeitig aber den Kern der Sache verhüllt und durch rathausartige Zierbauten das Bahnhofsgebäude verniedlicht, läßt die Geschichte des Baus außer acht. Vgl. auch Manfred Berger, Historische Bahnhofsbauten II. Braunschweig, Hannover, Preußen, Bremen, Hamburg, Oldenburg und Schleswig-Holstein, Berlin 1987, S. 227ff.

39 Zu dieser Zeit wollte ein junger Bauzeichner, Mies van der Rohe, aus seiner Heimatstadt Aachen nach Berlin übersiedeln. Als er im Gespräch mit einem Freund meinte, er könne doch nicht ohne Stellung dorthin gehen, schlugen sie kurzerhand eine Bauzeitung auf, »die Bauwelt oder eine andere, und darin waren zwei Stellengesuche in der Rubrik, eine für den Rathausneubau in Rixdorf. Die andere war bei Reinhardt und Süßenguth, eine ziemlich große Firma... Die waren ja noch nicht so genau in der Architektur, jeder konnte ja bauen, wenn die Baupolizei es erlaubte, Du brauchtest keine Prüfungen vorher gemacht zu haben, sondern der Bau

das Hotel Aschinger am Potsdamer Platz in Berlin und lieferten neben Bruno Möhring den wohl interessantesten Fassadenentwurf ab.[40] Beide Arbeiten wurden jedoch auf Grund mangelhafter Grundrißlösungen nicht für einen Preis vorgeschlagen. Reinhardt und Süßenguth entfalteten eine üppige Architektur, vor allem in den Fassadenabschlüssen mit figürlichen Turmaufbauten, bemühten sich sonst aber um eine klare architektonische Gliederung. Eine großzügige, elegante Behandlung erfuhr der markanteste Bereich der Fassade, das Geschäfts- und Saalgeschoß: Nur wenige vertikale Streben durchbrachen die Glasflächen. Die Arbeit von Reinhardt und Süßenguth ließ ebenso wie Möhrings schöner Jugendstil-Entwurf den Historismus der Wettbewerbssieger weit hinter sich.

Zweite Preise gewann die Charlottenburger Architektengemeinschaft bei den Wettbewerben um ein Realgymnasium in Groß-Lichterfelde und den Hauptbahnhof in Karlsruhe, ihr Entwurf für den Bahnhof Darmstadt wurde angekauft. Dieser Bahnhofsentwurf gehört sicherlich zu den beachtenswertesten Arbeiten von Reinhardt und Süßenguth, und wenn sie sich in diesen Jahren einmal in die Moderne vorgewagt haben, so kommt das in diesem Wettbewerbsbeitrag zum Ausdruck. Hier fehlte jeglicher Fassadenschmuck, verzichteten die Architekten auf aufwendige Turmbauten, sie verließen das Umfeld der Stilparaphrase.[41] Die tektonisch klar gegliederte Fassade mit schlichtem Mauerwerk zeigte eine nüchterne Architektur, bei der nur noch Akzentuierungen der Anlage, wie die Asymmetrie der Seitenteile oder das hohe Mansarddach der Mittelhalle, die Vorliebe der Architekten für die malerische Gruppierung verriet. Hermann Billings »moderne Formensprache« beim Entwurf des Karlsruher Bahnhofs erreichte durch die Einbeziehung des Turmmotivs und den aufwendig gestalteten erhöhten Mittelbau der Haupteingangshalle bei weitem nicht die Ausgewogenheit des Reinhardt und Süßenguthschen Beitrags für Darmstadt.

Bedeutende Aufträge erhielten die Architekten im Jahre 1908. In Treptow bauten sie nach eigenen Plänen ein größeres Schulgebäude einschließlich Turnhalle und Direktorialwohnungen, eine evangelische Kirche und zwei Pfarrhäuser. Auch die Stadt Spandau übertrug Reinhardt und Süßenguth die künstlerische Leitung bei der Realisierung ihres Rathausentwurfs, der »durch eine geschickte großzügige Gruppierung der Baumassen«, seine »einheitliche und sehr monumentale Wirkung«, durch die geschickte Architektur der Fronten, die gute Ausnutzung des Bauplatzes und den »sehr wohl gelungenen« Grundriß überzeugte.[42] Reinhardt und Süßenguth hoben die Mitte hervor – im Wettbewerbsentwurf als vorspringender Rundbau mit einer in das Mansarddach eingefügten Halbkuppel angelegt –, entwickelten die Fassade mit Hilfe von Vorsprüngen und Pilasterordnungen im Sinne einer Steigerung

sollte ja die Prüfung sein. Die bauten alles mögliche, Fabriken, Theater, wie das ja hier auch eigentlich geschieht. Man sagte, machen Sie doch mal ein paar Skizzen, wir wollen nur sehen, ob sie zeichnen können. Das andere machen die alleine. Wir brauchen Zeichner. Die eigentliche Schwierigkeit bei dem Rathaus in Rixdorf war, daß das Baubüro dort M 200 im Monat zahlte, und Reinhardt und Süßenguth zahlten M 250. Ich machte also Skizzen und schickte beiden einen Haufen Skizzen. Freihandzeichnungen hauptsächlich. Ich bekam beide Angebote. Da sagte der Dülow, der mich in solchen Dingen unterstützte: Sie gehen nach Rixdorf für M 200. Dort ist ein guter Freund von mir Bürochef. Martens war dessen Name, ein sehr feiner Kerl, ein Balte, ein sorgfältiger Architekt, Künstler vor allen Dingen.« Mies van der Rohe, Interview mit Dirk Lohan, zit. nach Franz Schulze, Mies van der Rohe. Leben und Werk, Berlin 1986, S. 26.

40 Vgl. Ernst Spindler, Wettbewerb ›Hotel Aschinger‹, in: Berliner Architekturwelt, 8. Jg. (1906), Nr. 4, S. 121, Abb. 156 u. 157.

41 Programmatisch versahen Reinhardt und Süßenguth ihren Wettbewerbsbeitrag mit dem Kennwort ›Neuzeit‹. Nachlaß Heinrich Reinhardt...

42 Richard Saran, Außerordentlicher Wettbewerb unter den Mitgliedern des Architekten-Vereins zu Berlin zur Erlangung von Entwürfen zum Neubau des Rathauses in Spandau, in: Wochenschrift des Architekten-Vereins zu Berlin, 3. Jg. (1908), Nr. 45, S. 246.

zur Mitte hin und knüpften damit an barocke Bauvorstellungen an. Der Ausführungsentwurf verzichtete auf Teile der barocken Formen, wie zum Beispiel die insgesamt geschwungene Linie der Hauptfront, den bogenförmigen Risalitbau oder die horizontale Teilung der Fassaden, und bemühte einen barock inspirierten Klassizismus mit einer strengen vertikalisierenden Pilasterordnung und einem vereinfachten Mansardwalmdach. Geschwungene Linien beschränkten sich auf die Haube des Turms, den Segmentgiebel des Risalits und die Abschlüsse der Giebeltürmchen. Die Geschlossenheit des Konkurrenzentwurfs wurde zugunsten einer Gruppenanlage aufgegeben, das Polizeigebäude setzten die Architekten als langgestreckten Bautrakt mit Eckpavillons vom Hauptbau ab. Die Verbindung stellte ein zweibogiger Brückenbau her. Durch die Auflockerung der Baumassen war es Reinhardt und Süßenguth ausgezeichnet gelungen, das Rathaus an die Nachbarbauten anzugliedern. Die Formen hatten sich insgesamt beruhigt, die Architektur blieb trotz ihrer historisierenden Reminiszenzen sachlich, nicht zuletzt führte der bauplastische Schmuck kein Eigenleben mehr, war vielmehr in die Architektur eingebunden, und so konnte man dem Gesamtwerk durchaus zugestehen, daß »reifes Maßhalten und die Ruhe großer Verhältnisse zu einer dem Charakter de(s) Bau(s) angemessenen Monumentalität geführt hat«[43].

Der Rathausbau für Treptow, der 1909 folgte, setzte Reinhardt und Süßenguths Bemühungen um eine sachlich gehaltene Verwaltungsarchitektur fort. Auch hier zeigten sich Einflüsse ländlicher Architektur des Barock, das Gebäude erhielt keinen monumentalen Turm, sondern entsprechend der locker bebauten Wohngegend nur einen Dachreiter. Zugleich nahmen Reinhardt und Süßenguth einen Gedanken Reinhold Kiehls auf und brachten die klassischen repräsentativen Räumlichkeiten des Rathauses in einem hervorgehobenen Trakt unter, während die Geschäftszimmer in einem schlichten »Funktionsflügel« angeordnet waren. Stilistisch machten Reinhardt und Süßenguth hier, was nicht minder auf das im gleichen Jahr entworfene und zur Ausführung bestimmte Reform-Realgymnasium in Mariendorf zutraf, beschränkte Anleihen bei der späten, kühlen Phase des Rokoko.

1910 standen Reinhardt und Süßenguth zusammen mit den Architekten Cremer & Wolfenstein, Kayser & von Groszheim, Schmieden & Boethke sowie Franz Schwechten im engeren Wettbewerb für das Reichsmarineamt. Erneut gewannen sie durch einen sparsam disponierten klaren Grundriß und hervorragende Beleuchtung der Korridore und Büroräume.[44] Reinhardt und Süßenguth bewiesen einmal mehr, daß sie »über reiche Erfahrung in der Bewältigung großer Raummassen verfügen«[45] und über ein hohes Maß an Dispositionsgabe, die es ihnen ermöglichte, selbst mit den ungünstigsten Geländebedingungen fertig zu werden. Und wie alle dem Eklektizismus verhafteten Baumeister besaßen sie ein reichhaltiges Formenrepertoire und wußten die überlieferte Tradition für eine assoziative Bauweise zu nutzen. Unverkennbar tendierten sie zur Vereinfachung. Die Linien werden, wie schon beim Rathausbau in Spandau, straffer, die Ornamentierung wird sparsamer und das einzelne Ornament stärker in die Fläche einbezogen. Die malerische Gruppierung weicht einem strengeren, geschlossenen Aufbau, der sich als barocker Klassizismus präsentiert.[46] Allerdings waren Reinhardt

43 Hans Thierbach, Neue Bauten von Reinhardt und Süßenguth, in: Berliner Architekturwelt, 16. Jg. (1914), H. 12, S. 480. Vgl. auch Richard Neuse, Spandau – ein märkisches Stadtbild. Festschrift zur Einweihung des neuerbauten Rathauses, Spandau 1913, S. 74ff.

44 Vgl. Der engere Wettbewerb zur Erlangung von Entwürfen für ein Dienstgebäude der obersten Marinebehörden in Berlin, in: Deutsche Bauzeitung, 44. Jg. (1910), Nr. 95, S. 776f.

45 A. a. O., S. 775.

46 Auf der II. Versammlung der Vereinigung Berliner Architekten am 20. April 1911 erklärte Georg Süßenguth,

und Süßenguth weit vom flächig-kalten Neoklassizismus der Repräsentativbauten von Peter Behrens[47] entfernt. Eine Flachdachkonstruktion wäre den Charlottenburger Architekten nicht in den Sinn gekommen. Sie strebten nicht nach Modernität, einer funktionalen Architektur ohne jedes Ornament. Der sinnbildliche Ausdruck, die romantische Komposition, zuweilen auch schrille Akzente, gehörten zu den Bestandteilen ihrer Bauauffassung. Die strenger werdenden Formen konnten diese Neigungen nicht überdecken. Dabei hatten Reinhardt und Süßenguth durchaus Sinn für Form und Verhältnis, für Raum und Maß. Ihre Arbeit war nicht oberflächlich-dekorativ, blieb keineswegs »im roh Materialistischen«[48] stecken, sondern zeigte Können und zuweilen eine Detailphantasie, die es wert macht, länger vor ihren Bauwerken zu verweilen. Ihre Art des Bauens, repräsentativ, sinnlich, impressionistisch, begütigend und durchaus autoritär, glich vielleicht derjenigen Ludwig Hoffmanns, wenn auch Reinhardt und Süßenguth bei weitem nicht das Talent, den Geschmack und die Bildung des Berliner Baustadtrates besaßen.

Pragmatismus und Anpassungsfähigkeit erlaubten es Reinhardt und Süßenguth, stilistische Trends und Wandlungen in durchaus eigenständiger Weise zu verarbeiten, ohne jedoch selbst innovativ zu sein. So betonte Georg Süßenguth ausdrücklich, daß sich die Architektengemeinschaft den vielfältigen Bestrebungen der Baukunst um die Jahrhundertwende nicht ferngehalten habe. Doch neben der stilistischen Durcharbeitung legten Reinhardt und Süßenguth, deren Vorliebe eigentlich den Formen der Renaissance galt, immer Wert darauf, »bei allen gemeinsamen Arbeiten ... das Äußere eines Gebäudes entsprechend den dahinter liegenden Räumen zu entwickeln, diese möglichst in der Ansicht zum Ausdruck zu bringen und für gute Beleuchtung aller Räume zu sorgen, dazu gute Übersichtlichkeit des Grundrisses und gute Verteilung und Zugänglichkeit der (Räumlichkeiten)«[49]. Diesem Anspruch wurden die Architekten häufig, aber nicht immer gerecht.[50]

Die Architektur des 19. Jahrhunderts wird häufig als eine retrospektive Baukunst betrachtet, die, dem »ursprünglich Schöpferischen« abhold, nur vom historischen Formenvorrat lebt und für die »die Benutzung der Geschichte wesentlicher ist als die Entdeckung und Entwicklung neuer Systeme«[51]. »Historismus ist die Tendenz, an die Macht der Geschichte in einem solchen Maße zu glauben, daß ursprüngliches Handeln erstickt und durch ein Tun ersetzt wird, das von einem Präzedenzfall inspi-

daß die Stilfassung des Reichsmarineamts sich der »antiken Richtung« annähern und das Treppenhaus eine »monumentale Durchbildung« erhalten solle. Vgl. Deutsche Bauzeitung, 45. Jg. (1911), Nr. 36, S. 307.

47 Zu den massig-monumentalen Repräsentativbauten von Peter Behrens muß vor allen Dingen die Botschaft in St. Petersburg (1911/12) gerechnet werden. Noch für die Ausstellung des Deutschen Werkbundes entwarf Behrens 1914 ein neoklassizistisches Festspielhaus, das für viele seiner sonstigen Bewunderer als »stilistischer Rück- und Sündenfall« galt. Vgl. K. Eschmann, Es war nicht alles Jugendstil ... S. 36; s. aber auch J. Posener, Berlin auf dem Wege zu einer neuen Architektur ... S. 378, der wohlwollend von einer Übertragung der modernen Fabrikarchitektur Behrens' auf die offizielle Architektur spricht.

48 Karl Scheffler, Verwandlungen des Barocks in der Kunst des 19. Jahrhunderts, Wien 1947, S. 166.

49 Nachlaß Heinrich Reinhardt ...

50 Im Wettbewerb für das Empfangsgebäude des Bahnhofs Karlsruhe entwickelten Reinhardt und Süßenguth eine Architektur, die auf Grund ihrer Gesamtgruppierung und Umrißlinie überzeugen konnte – die Mittelhalle war sichtbar hervorgehoben –, aber der Abschluß des Haupteingangs durch einen mittelalterlichen Torturm störte die Wirkung der Architektur erheblich. Demgegenüber wirkte der mit einem ersten Preis ausgezeichnete Entwurf Hermann Billings durch seine schlichte Formensprache, ohne jegliche historische Reminiszenzen überaus modern. Vgl. Deutsche Bauzeitung, 39. Jg. (1909), Nr. 32, S. 193f; Nachlaß Heinrich Reinhardt ...

51 N. Pevsner in: Historismus und bildende Kunst. Vorträge und Diskussionen im Oktober 1963 in München und Schloß Anif (= Studien zur Kunst des 19. Jahrhunderts, Bd. 1), München 1965, S. 97.

riert ist.«[52] Architekten wie Reinhardt und Süßenguth oder auch Heinrich Seeling wären demnach keine schöpferischen Künstler, sondern eher sterile Nachahmer, für deren Bewußtsein und Arbeitsweise es »Form auf andere Weise wie als Form eines historischen Stils«[53] gar nicht gab. Stilektizismus ist aber nicht nur ein Merkmal der Kunst des 19. Jahrhunderts, sondern ein allen Zeiten immanentes Phänomen, und trägt durchaus schöpferische Züge.[54] Die Unterscheidung zwischen einem puren Historismus des 19. Jahrhunderts und einem »freien und fortschrittlichen Historismus«[55] des 20. Jahrhunderts, mit dem gemeinhin Namen wie Richard Riemerschmidt, Peter Behrens, Heinrich Tessenow oder Paul Bonatz verbunden werden und der heute um Architekten wie Philipp Johnson, Charles W. Moore, James Stirling oder Aldo Rossi zu erweitern wäre, bleibt selbst ein historistisches Mißverständnis. Der Historismus resultiert nicht aus einem rein ästhetischen Verhältnis zur überlieferten Kunstwelt, sondern aus einer Verbindung des Ästhetischen mit Ideologischem. Wie das Frühere nicht immer das Echtere ist, so ist das Neuere nicht immer das Bessere. Friedrich Meinecke sprach vom »schöpferischen Epigonentum«, und ihm bedeutete der Historismus »nicht nur eine neue Sehweise des Historikers, sondern eine solche des menschlichen Lebens überhaupt«[56]. Der Historismus ist somit mehr als eine spezifische historische Methode: eine Weltanschauung, Gesinnung, zu der als künstlerische Methode der Eklektizismus gehört. »Historismus kann sich in der Kunstgeschichte ohne Eklektizismus nicht veranschaulichen, nicht artikulieren; Eklektizismus muß nicht notwendig zum Historismus führen; er kann auch rein formalästhetisch gegründet auftreten.«[57] Die Ergebnisse des Eklektizismus sind dabei nach ästhetischen Qualitätsstufen bewertbar, während der Historismus zwar wesenhaft festgestellt, aber nicht wertmäßig meßbar ist. Für den Historismus ist der Eklektizismus ein Mittel der Selbstdarstellung, wobei die Auswahl der Formen nicht wegen ihrer ästhetischen Affinität, sondern wegen ihrer geschichtlichen Relevanz erfolgt. Nicht die wiederholte Form, sondern die in der sich wiederholenden Form reaktivierte Geschichte, das aus einem Geschichtserlebnis verdichtete Geschichtsbewußtsein sind für die Werke des Historismus entscheidend. Insofern äußert sich im Historismus kein primär ästhetisches Problem. Das Nachleben von Stilformen bleibt dem Historismus entgegengesetzt, da sich mit ihm keine programmatische Neubelebung verbindet.

Die Wiederbelebung der Gotik im 19. Jahrhundert war mit der Idee eines »erwachenden, vergangenheitsbewußten und vergangenheitsstolzen deutschen Nationalgeistes«[58] verbunden, gipfelnd in Schinkels Projekt eines gotischen Nationaldoms, der auch ein »unmittelbar bildendes und im Volke historischen Sinn begründendes Monument«[59] sein sollte. Die Rathausarchitektur von den siebziger Jahren des 19. bis in das erste Jahrzehnt des 20. Jahrhunderts gestaltete sich stilistisch recht einheitlich, vornehmlich Spätgotik und deutsche Renaissance dominierten. »Es

52 N. Pevsner, Moderne Architektur und der Historiker oder die Wiederkehr des Historizismus, in: Deutsche Bauzeitung, 66. Jg. (1961), Nr. 10, S. 757.

53 Hermann Beenken, Der Historismus in der Baukunst, in: Historische Zeitschrift, Bd. 157 (1938), H. 1, S. 66.

54 Vgl. Wolfgang Götz, Historismus. Ein Versuch zur Definition des Begriffes, in: Zeitschrift des deutschen Vereins für Kunstwissenschaft, Bd. 24 (1970), S. 197ff.

55 Gustav Friedrich Hartlaub, Zur Sozialpsychologie des Historismus in der Baukunst, in: ders., Fragen an die Kunst. Studien zu Grenzproblemen, Stuttgart 1950, S. 52f.

56 Friedrich Meinecke, Die Entstehung des Historismus, München–Berlin 1936, S. 627.

57 W. Götz, Historismus... S. 205.

58 H. Beenken, Der Historismus in der Baukunst... S. 37.

59 Aus Schinkels Bericht an den Kabinettsrat Albrecht, zit. nach H. Beenken, a. a. O., S. 42.

war... nicht die Pracht und Qualität der Gestaltung und die Schönheit der Formen, die zur Rezeption anregten, sondern die Bedeutung, die mit diesen Formen verbunden war und über welche diese aussagen konnten.«[60] Das liberale Bürgertum bezog sich auf eine Epoche, die durch die Macht des Bürgertums – das sich, gestützt auf den Kaiser, gegen Adel und Klerus erhoben hatte – geprägt worden war. Mit dem gotischen Stil verband sich die Vorstellung, daß er »Ausdruck des nicht in Konfessionen gespaltenen und fast schon nationalen Reichs gewesen war«[61]. Diese geschichtliche Assoziation wurde allerdings mit veränderten Bauprogrammen verknüpft. Das Rathaus beherbergte nicht mehr alle Ordnungsbereiche des städtischen Gemeinwesens, insbesondere die Polizei und die Rechtsprechung waren nun, entgegen der Tradition, außerhalb des Rathauses untergebracht. Gab das Ideal der städtischen Selbstverwaltung Anlaß zur Neubelebung gotischer Bauformen, so war die spätere Phase des Wilhelminismus einem klassizistischen Barock verpflichtet; zunehmend ließ sich auch eine Auflösung der Bedeutungszusammenhänge beobachten; ein Abwenden von der überlieferten Tradition, an deren Formen nur noch die ästhetischen Qualitäten gesehen und in den Gesamtorganismus der Bauwerke eingegliedert wurden.

Reinhardt und Süßenguth waren nicht auf eine Weise historistische Architekten, bei der durch neue Formen, die sich in Ähnlichkeit zu alten entwickelten, ein künstlerischer Ausdruck gesucht wurde, vielmehr waren ihre Architekturentwürfe durch die Rezeption älterer Formen geprägt – die Bedeutungszusammenhänge spielten, zumindest in der frühen Phase ihres Werkes, eine nicht unwesentliche Rolle –; die Verpflichtung gegenüber der Geschichte ließ aber Werke entstehen, die bald ihren »Zug zur Altertümlichkeit«[62] verloren beziehungsweise ihn fortbildeten und bei der Behandlung der Formen »große Selbständigkeit« zeigten, wie ein mit Carl Schäfer besetztes Preisgericht urteilte,[63] und insofern sind die Bauwerke von Reinhardt und Süßenguth als schöpferische Leistung anzusehen.

Ein Vergleich der Fassaden des Reichsmarineamts und der Behrensschen Kaiserlich Deutschen Botschaft vermittelt beispielhaft die Unterschiede zwischen traditionellen und modernen Bestrebungen in der Baukunst, wobei es sich in beiden Fällen um Bauwerke handelt, die dem Historismus verpflichtet waren. Bei Peter Behrens die klassische Kühle, die Einfachheit architektonischer Flächenkunst, eine überwiegend glatte Oberflächenbehandlung, Reihenrhythmus und monumentale Vertikalisierung, eine flach abgetreppte Attika und die Übersetzung der überlieferten Säulenordnung in »bloße Struktur«;[64] bei Reinhardt und Süßenguth kannelierte Pilasterordnungen, ornamentaler Schmuck, ein vorkragendes, gezahntes Hauptgesims, die Giebelung des Risalits und schließlich der hohe Dachaufbau. Die Architektur von Behrens versucht die traditionellen Aufgaben eines Botschaftsgebäudes, das zugleich Wohnhaus des Botschafters und »Tempel der Monarchie auf fremdem Staatsgebiet«[65] ist, auf ein nach praktischen Bedürfnissen gegliedertes Dienstgebäude zu reduzieren. Die Raumordnung löst die Bindung an den Monarchen auf, das Herrscherhaus wird gleichsam entpersönlicht, und an die Stelle des monarchischen Pomps tritt ein bürgerlich-industrielles

60 G. Bandmann, Ikonologie der Architektur... S. 38.

61 Wolfgang Freiherr von Löhneysen, Der Einfluß der Reichsgründung von 1871 auf Kunst und Kunstgeschichte in Deutschland, in: Zeitschrift für Religions- und Geistesgeschichte, Bd. 12 (1960), S. 38.

62 Rathaus für Elberfeld... S. 10.

63 Rathaus für Duisburg... S. 9.

64 Tilmann Buddensieg, Die Kaiserlich Deutsche Botschaft in Petersburg von Peter Behrens, in: Politische Architektur in Europa... S. 392.

65 Alexander Benoit, in: Peter Behrens und die russische Kritik, in: Vossische Zeitung, Nr. 89 vom 18. Februar 1913, 2. Beilage.

Deutschland. Reinhardt und Süßenguth folgen dagegen einer barocken Bauvorstellung, der herrscherlichen Selbstdarstellung im Aufbau eines Palais. Deutlich arbeiten sie eine Repräsentationsachse aus Risalit, Portal, Vestibül, einem zentralen und mehrgeschossigen Treppenhaus und dem die Front beherrschenden Sitzungssaal heraus. Findet sich hier der deutlich nach außen hin sichtbare Ausdruck herrscherlicher Monumentalität, so zeigt die »idealistische Architektur« von Peter Behrens, der »großzügig rhythmische Adel«[66] der Fassade, die jeden Einblick in das Innere versperrt, den imperialen Anspruch einer aufgestiegenen Klasse. Insgesamt steht jedoch einer gediegenen und etwas spröden Architektur, die ein bewährtes Formenrepertoire variiert und sich bei allem monumentalen Ausdruck als sparsame und sachliche Verwaltungsarchitektur darstellt, ein repräsentatives Bauwerk gegenüber, das in seiner kubischen Geschlossenheit und seiner zyklopischen Säulenarchitektur geradezu gewalttätig wirkt. Die über dem Haupteingang plazierten Großplastiken gaben dem Gebäude »trotz seiner Breitenwirkung auch einen turmhaft-überragenden Akzent«[67]. »Deutsche Eigenart« offenbarte sich in Petersburg, bei allem »Rückbezug auf die preußische Klassik«, nicht als Ausdruck eines »ausgeprägt mittelständisch-bürgerlichen Deutschland(s)«[68], sondern als Machtwillen eines entfalteten Monopolkapitalismus.

1912 erhielten Reinhardt und Süßenguth den Auftrag für die Ausführung einer höheren Mädchenschule in Mariendorf. Ein schlichter Zweckbau, dessen aufwendiges Mansarddach mit Uhrenturm an die historistische Auffassung der Architekten erinnerte. Im gleichen Jahr folgte ein dritter Preis im Wettbewerb um das Rathaus in Niederschönhausen. Hier zeigten sich Reinhardt und Süßenguth erneut als Meister der Stilparaphrase. Renaissanceformen wurden mit Merkmalen des Darmstädter Stils kombiniert: Die geschweiften Giebel erhielten durch strenge Pilasterordnungen eine Betonung der Vertikalen, eine Charakteristik, die sich in der übrigen Fassadengestaltung durch die Einbindung der Fenster in Pfeilersegmente fortsetzte.

Die Kriegsjahre trafen auch das Architektenbüro in der Grolmanstraße außerordentlich. Obwohl sich Reinhardt und Süßenguth weiterhin an Wettbewerben beteiligten, blieben öffentliche Aufträge aus. Sie erhielten 1914 den zweiten Preis für eine höhere Schule in Stendal, standen 1915 in einem engeren Wettbewerb für das Konzerthaus in Stettin, 1916 gewannen sie einen der ersten Preise für die Gestaltung des Rathausplatzes in Spandau, ebenso ausgezeichnet wurde zwei Jahre später ihr Entwurf für einen Friedhof in Saarbrücken. Erst 1920 konnten die Architekten mit der Saalanlage Spreegarten in Treptow wieder einen Bau ausführen. Im Jahr darauf folgte das schlichte zweigeschossige Gebäude für die Privat- und Commerzbank in Lichterfelde, in dessen Mansarddach zusätzliche Geschäfts- und Privaträume unterzubringen waren.

Zwischen 1922 und 1924 baute die Archi-

66 Fritz Hoeber, Peter Behrens (= Moderne Architekten, Bd. 1, hrsg. v. F. Hoeber), München 1913, S. 182. Vgl. auch Karl Schaefer, Die Deutsche Botschaft in St. Petersburg (= Sonderdruck des Profanbau, hrsg. v. H. Licht), Leipzig o. J. (1914), S. 3f.

67 Richard Hamann/Jost Hermand, Stilkunst um 1900. Epochen deutscher Kultur von 1870 bis zur Gegenwart, Bd. 4 (= sammlung dialog 52), 2. Aufl., München 1975, S. 358.

68 T. Buddensieg, Die Kaiserlich Deutsche Botschaft... S. 388. Diese von Buddensieg nicht nachgewiesene These wird durch die Formanalyse widerlegt. Buddensieg deutet es schließlich selbst an: »Das hohe Maß an Formalismus entläßt die in dem Gebäude dargestellte ›Staatsmacht‹ aus einer eindeutigen Bestimmung, wegen des Verzichtes auf die personale Bindung an den Monarchen und den Botschafter, und macht sie... austauschbar und verwendbar für ganz andere und bösere Definitionen von staatlichen Mächten als sie Behrens und Schüler mit ihrem mittelständischen Werkbundstil der Welt zu offerieren suchten.« (S. 392). Was hier angesprochen ist, meint, daß das abstrakte klassische Zitat ein unentbehrliches Ausdrucksmittel der heroischen und herrscherlichen Architektur des Nationalsozialismus wurde.

tektengemeinschaft drei Landhäuser[69] in Charlottenburg und Zehlendorf für die Rechtsanwälte Karl Giehler, August Heinroth und Fritz Bennigson[70]. Die Gestaltung des Giehlerschen Landhauses folgte einem seit etwa 1910 in Deutschland sehr beliebten Haustyp. Der Giebel war der Straße zugewandt, ein hochgezogenes Mansarddach sorgte für eine optimale Raum- und Bauvolumenausnutzung. Die an Straßen- und Gartenseite angeordneten Erker blieben ohne Austritte im Obergeschoß.[71] Das Landhaus Heinroth war kubischer, zeigte aber insgesamt eine aufwendigere Gestaltung. Die längere Straßenfront hatte einen kräftigen Mittelrisalit mit seitlichem Austritt erhalten, dem ein durch Pilaster gegliederter Erker vorgebaut war. Das Walmdach lief weit aus und kragte über die Gebäudeflucht vor. Der Sockel des Hauses war mit Klinkern verblendet. Die südliche Querseite wurde durch einen weiteren Erkervorbau aufgelockert.

Die Umwälzung der politischen Verhältnisse nach dem Ersten Weltkrieg blieb nicht ohne Folgen für die Baukunst. Eine junge Architektengeneration, getragen von der Bereitschaft, soziale Aufgaben zu übernehmen, schloß sich in vielfältigen Gruppen zusammen und entfachte eine rege Publikationstätigkeit, um die Gedanken und Theoreme der modernen Architektur zu verbreiten. Es ging nicht mehr um Stilfragen, sondern um Neues Bauen. »Die neue Architektur verlangte vom Architekten Askese«[72]. Das Ornament wurde aus dem Arsenal der Gestaltungsmittel verbannt, der Architekt sollte an objektivierbare Maßstäbe, an aus wissenschaftlichen Erfahrungen gewonnene Regeln über Arbeitsabläufe, Weg-Zeit-Relationen, Wirtschaftlichkeit, Bautechnik usw. gebunden werden. Funktionalität – die Bindung der Form an die Struktur – und Rationalität – die Bindung der Form an Wirtschaftlichkeit und Zweck – wurden zu den Leitmotiven des Neuen Bauens erhoben. Seriell vorgefertigte Bauteile gehörten nun zum Bestand einer auf Ökonomie bedachten Planung. Der Stahlbeton eröffnete neue Gestaltungsmöglichkeiten, zugleich bemühte man sich, besonders im Hausbau, um Typenbildung. Diese Entwicklung konnte eine Architektengemeinschaft, die in wilhelminischen Traditionen groß geworden war, exklusiv und individualisierend arbeitete, die dem Monumentalbau, dem Ornament und der malerischen Gestaltung verpflichtet war, nicht mehr mitmachen. Schon gar nicht lag es Reinhardt und Süßenguth, an die Öffentlichkeit zu treten oder gar durch theoretische Beiträge an der Architekturdiskussion teilzunehmen. Vielmehr gingen sie den bereits vor dem Weltkrieg eingeschlagenen Weg der Formenvereinfachung weiter, so daß es ihnen nicht schwerfiel, schlichte, aber architektonisch durchaus ansprechende Bauten in den Nachkriegsjahren auszuführen.

Zu den wichtigsten Bauaufgaben der zwanziger Jahre gehörte der Wohnungs-

69 Im Nachlaß Heinrich Reinhardt wird bereits für die Jahre 1905 bis 1907 der Bau von Landhäusern in Charlottenburg und Hiddensee vermerkt.

70 Der Bauplatz des Landhauses für Fritz Bennigson konnte nicht ermittelt werden, ebensowenig Pläne und Zeichnungen. Bennigson ließ 1923 eine Villa auf dem Grundstück Karolinger Platz 4 errichten. Die Entwürfe für diesen Bau stammten von Paul Zimmereimer. Das Haus wurde bereits acht Jahre später abgerissen, um durch zwei Mehrfamilienhäuser, die die Fläche des Eckgrundstückes Frankenallee/Karolinger-Platz einnahmen und an das bereits vorhandene Mietshaus von Bennigson in der Frankenallee anschlossen, ersetzt zu werden. Die Entwürfe für diese Gebäude hatte Georg Caro geliefert. Landesarchiv Berlin, Rep. 207, Acc. 1039, Nr. 292, Karolinger Platz 4.

71 Das Haus erhielt 1933/34 durch E. und G. Zillmann einen größeren seitlichen Anbau. Landesarchiv Berlin, Rep. 207, Acc. 2372, Nr. 2752, Stuhmerallee 2. 1973 wurde die »vorhandene Villa mittelmäßiger Qualität« abgerissen und durch ein dreigeschossiges Wohnhaus ersetzt. Bezirksamt Charlottenburg von Berlin, Abteilung Bauwesen – Bauaufsichtsamt, Bauakten Stuhmerallee 2, Bd. 2/3.

72 Wolfgang Pehnt, Architektur, in: Giulio Carlo Argan, Die Kunst des 20. Jahrhunderts 1880–1940 (= Propyläen Kunstgeschichte, Bd. 12), Frankfurt a. M. – Berlin – Wien 1984, S. 340.

bau. In seinem Bericht über die Reichswohnungszählung im Mai 1918 hatte das Statistische Reichsamt festgestellt, daß bereits »vor Ausbruch des Krieges das Angebot an Wohnungen so gering war, daß fast von einer Wohnungsnot gesprochen werden konnte«[73]. Da sich die Knappheit nach dem Krieg außerordentlich verschärfte, wurde der Wohnungsbau mit Hilfe von Hypotheken aus der Hauszinssteuer angekurbelt. Träger waren Wohnungsbaugesellschaften, an denen häufig die Gemeinden beteiligt waren. Berlins jüngere Architektenelite realisierte eine Reihe von Siedlungsbauten, die weit über Deutschlands Grenzen hinaus bekannt werden sollten.

Reinhardt und Süßenguth hatten bereits in früheren Jahren Mietshäuser entworfen und ausgeführt,[74] aber erst Mitte der zwanziger Jahre wurde der Siedlungs- und Mietshausbau zu ihrem fast ausschließlichen Betätigungsfeld. Für Fritz Bennigson schufen sie die Anlage Kaiserdamm 73/ Ecke Frankenallee (heute: Heerstraße 9/ Frankenallee 16 und 18) – auf dem Anschlußgrundstück am Kaiserdamm ließ Heinrich Reinhardt ein eigenes Mietshaus nach seinen Entwürfen errichten –, für die Alfred Schrobsdorff Kommanditgesellschaft zwischen Preußen-, Bayern- und Marathonallee einen dreiseitigen Wohnblock mit kurzen Anschlußflügeln an der vierten Seite.[75] Es handelte sich ausschließlich um Putzbauten, die sich mit Mansarddächern, Balkonen, Loggien und Erkern noch an den Stil der Vorkriegs-Mietshäuser anlehnten. Sie waren jedoch vom Pathos des Fassadenschmucks befreit und brachen mit dem Typus der Mietskaserne; Seitenflügel und Quergebäude, die enge Höfe einschlossen, fehlten. Die Gebäude lagen als zwei- oder dreiflügelige Blocks um eine großzügig bemessene Gartenanlage.

Diese Wohnbauten fielen in eine Zeit, in der sich wohnreformerische Ziele in einer neuen Bauordnung Berlins niederschlugen. Das Gesetz vom 1. Dezember 1925 schränkte die Nutzung der Grundstücksflächen ein und verbot Hinterhauswohnungen sowie selbständige Wohnungen in Flügelbauten.[76] 1927/28 arbeiteten Reinhardt und Süßenguth mit der Gemeinnützigen Baugesellschaft Berlin-Heerstraße[77]

73 Friedrich Schmidt/Martin Ebel, Wohnungsbau der Nachkriegszeit in Deutschland, Einleitungsbd. und Bd. 1, Berlin-Brandenburg, Berlin o. J. (1919), S. 9.

74 Ihre ersten Mietshäuser bauten sie 1897 in Stettin, zwischen 1905 und 1907 folgten weitere in Wilmersdorf und Charlottenburg. Nachlaß Heinrich Reinhardt...

75 Die Vorentwürfe für die Anlage hatte A. Schrobsdorff, der selbst Architekt war, geliefert. Bezirksamt Charlottenburg... Bauaufsichtsamt, Bauakten Preußenallee 30.

76 Vgl. Geschichte der gemeinnützigen Wohnungswirtschaft in Berlin, hrsg. v. Verband Berliner Wohnungsbaugenossenschaften und -gesellschaften e. V. am 28. November 1957, S. 97 f.; J. Schallenberger/H. Kraffert, Berliner Wohnungsbauten aus öffentlichen Mitteln. Die Verwendung der Hauszinssteuer, Berlin o. J. (1926), S. 6 u. 7. Die einschränkenden Bestimmungen stießen auf die Kritik privater Baugesellschaften, die eine möglichst weitgehende Ausnutzung der Flächen wünschten. Georg Haberland (Wohnungsversorgung und Bauordnung, Berlin 1925, S. 8 u. 40) hielt die Randbebauung in Zeiten, in denen der Wohnungsbau nur mit Hauszinssteuer-Hypotheken aufrechtzuerhalten war, für untragbar.

77 Die Gesellschaft wurde 1919 von der Stadt Charlottenburg und der Märkischen Heimstätte begründet und ging 1936, zusammen mit anderen selbständigen bezirklichen Wohnungsbauunternehmen, in der Gemeinnützigen Siedlungs- und Wohnungsbaugesellschaft Berlin m. b. H. (GSW) auf. Vgl. Geschichte der gemeinnützigen Wohnungswirtschaft... S. 212. Die Vorsitzenden des Aufsichtsrates der Gesellschaft waren der Charlottenburger Bezirksbürgermeister Karl Augustin und der sozialdemokratische Stadtrat Albert Horlitz, den Vorstand bildeten Friedrich Marohn und Regierungsbaumeister a. D. Curt Congas. Zu den Zielen der Gesellschaft erläuterte Karl Augustin, man habe sich nicht auf den Standpunkt gestellt, daß unter dem Eindruck des Wohnungsnotstandes in den Nachkriegsjahren zunächst nur Wohnungen mit einfachster Ausstattung herzustellen seien, »um unter Zurückstellung aller Kulturansprüche dem Massenbedürfnis gerecht zu werden«. Vielmehr sollten Wohnungen geschaffen werden, die auch bei veränderter Marktlage nachgefragt würden. Die Baugesellschaft habe »unter Ablehnung aller Schlagworte und zugleich unter bewußter Gegenwehr auch gegen die Bestrebungen der übertriebenen Mechanisierung und Rationalisierung des Wohnwesens (Wohnmaschine!) stets besonderen Wert darauf gelegt, daß die von ihr geschaffenen Wohnungen den kultu-

zusammen. In der Kaiserin-Augusta-Allee (Ecke Wiebestraße und Neues Ufer) wurde nach ihren Plänen und unter ihrer Leitung ein fünfgeschossiges Reihenhaus mit 114 Wohnungen errichtet. Bestimmend für Grundriß und Fassadengestaltung waren der befriedigende Anschluß des Gebäudes an die bestehende städtische Gemeindeschule und das städtebauliche Gesamtbild an der Kaiserin-Augusta-Allee. Reinhardt und Süßenguth vermieden eine geschlossene Randbebauung, indem sie die Hauptfront durch zwei etwa 12 m breite Bauwiche unterbrachen.[78] Auffallend an der äußeren Gestaltung der Gebäude waren der hohe Dachaufbau mit einem weit auskragenden Hauptgesims und die Verwendung von Klinkern für Eingänge, Treppenaufgänge, einzelne Fensterunterteilungen und die Stützen der Balkone. Ein Teil der Eingänge erhielt einen Vorbau mit geklinkerten Stützen und einem Dreiecksgiebel, der eine figürliche Bauplastik aufnahm.

1928/29 waren Reinhardt und Süßenguth von der ›Baugesellschaft Berlin-Heerstraße‹ mit dem Entwurf und der Ausführung einer Anlage mit 190 Wohnungen am Bahnhof Jungfernheide beauftragt.[79] Die geschlossene Randbebauung im Straßengeviert Olbers-, Kamminer-, Fabricius- und Herschelstraße erstreckte sich um eine große Grünanlage. Die schlichten, in gelblichem Putz gehaltenen Fassaden wurden durch gelegentliche Klinkergliederungen an Sockel, Eingängen, Balkonen und Erkern aufgelockert. Das Dach dieses Baus schloß bündig mit der Fassade ab. Über einzelnen Eingängen hatten die Architekten auf verschiedenförmigen Sockeln kleine Plastiken anbringen lassen, die aus der Werkstatt Heinrich Gieseckes stammten. Im folgenden Jahr ließ Heinrich Reinhardt das eigene Mietshaus in der Mecklenburgallee bauen. Das in Putzbau ausgeführte Haus knüpfte mit seinen Loggien und Erkern an die Gestaltung der ersten Nachkriegs-Wohnbauten an. Charakteristisch für den Bau war das noch ein wenig über die Flucht der Erker hinauskragende Dach und das aus dem Boden gezogene Kellergeschoß mit dem abgesenkten Hauseingang.

Zwischen 1931 und 1933 beschäftigten sich Reinhardt und Süßenguth mit der Anlage einer größeren Wohnsiedlung, die für 428 Wohnungen konzipiert war. Als Bauträger trat die ›Gemeinnützige Aktiengesellschaft für Angestellten-Heimstätten‹ auf.[80] Die Wohnsiedlung in der Steegerstraße (Wedding) bestand aus einem an die vorhandene Bebauung anschließenden Wohnhaus, fünf quer zur Straße errichteten Gebäuden, einem Baukomplex, der in weitem Bogen dem Straßenverlauf folgte, und im südlichen Bereich der Anlage, auf der gegenüberliegenden östlichen Straßenseite, aus einem kleineren Längsbau. Die sehr sachlich gehaltenen Putzbauten ließen die Neigung der Architekten zum Ornament nur

rellen Bedürfnissen und den Wohnsitten des modernen Bürgers gerecht werden und daß die Mittel, die in ihnen investiert wurden, kapitalerhaltend angelegt sind«. Die Gemeinnützige Baugesellschaft Berlin-Heerstraße, Berlin o.J. (1919), Vorwort.

78 Vgl. Bezirksamt Tiergarten von Berlin, Abteilung Bauwesen – Bauaufsichtsamt, Bauakten Kaiserin-Augusta-Allee 96/97, Bd. 3, Bl. 22.

79 Zu den engagierten Architekten gehörten E. Engelmann, H. C. Schmidt, Heinrich Iwan und Stefan von Zamojski, Franz Fedler und Hans Scharoun. Vgl. Die Gemeinnützige Baugesellschaft Berlin-Heerstraße... S. 14.

80 Die Gagfah wurde im August 1918 unter maßgeblicher Beteiligung der verschiedenen Angestelltenverbände und der Reichsversicherungsanstalt für Angestellte in Berlin gegründet. Während sie für Angestellte zunächst den Bau von Einfamilienhäusern bevorzugte, ließ sie bereits 1921 die ersten mehrgeschossigen Mietwohnungshäuser errichten. Zu den bekanntesten Siedlungen der Gagfah in Berlin gehörten die ›Siedlung Fischtalgrund‹ (Zehlendorf), an der unter anderen die Architekten Alexander Klein, Paul Mebes und Paul Emmerich, Hans Poelzig und Heinrich Tessenow beteiligt waren, und die Forschungssiedlung in Haselhorst. Vgl. Gagfah 1918–1968. Eine Dokumentation, Hamburg o.J. (1968), S. 21f., 55f., 224f. u. 232f.

noch ahnen. Hauseingänge und Gebäudesockel waren lediglich sparsam verklinkert. Die eckigen, überdachten Doppelbalkone an der Gartenseite, die die Gebäudefronten kräftig rhythmisierten, erinnerten an Fassadengestaltungen von Paul Mebes und Paul Emmerich in der Rubensstraße (Schöneberg).[81]

An das Projekt ›Steegerstraße‹ schloß sich ein größerer Auftrag für Hirsch, Kupfer- und Messingwerke AG in Finow,[82] an, der die Errichtung von Wohngebäuden, eines Bürohauses und die Gestaltung eines Ehrenmals umfaßte. Der 60 m hohe Wasserturm des Messingwerkes, dessen Architektur sich am mittelalterlichen Wehrturmbau orientierte und der durch die ungewöhnlich hochgestelzten, das Mauerwerk öffnenden Rundbogen eine eigenartige Note erhielt, wurde von Reinhardt und Süßenguth zu einer Gedenkstätte für die Gefallenen des Ersten Weltkrieges umgestaltet. Das Bürogebäude schloß an die Sachlichkeit der Siedlungsbauten an, war aber monumentaler gehalten. Der langgestreckte Ziegelbau wurde von einem nur wenig aus der Bauflucht hervortretenden Mittelrisalit beherrscht, dessen Wirkung ein abgerundetes Giebelfeld und ein Fensterband mit schmalen, über zwei Stockwerke verlaufenden Segmenten verstärkten. Ein Flachdach gehörte weiterhin nicht zum Formenrepertoire der Architekten, wenngleich das ausgeführte Walmdach extrem flach und abgerundet war. 1935 begann der Bau einer Siedlung mit 17 Doppelhäusern für Meister und Vorarbeiter der Kupfer- und Messingwerke. Anbauten waren für Wirtschaftsküchen und Bäder vorgesehen. Daneben wurde eine Reihe von Mehrfamilienhäusern mit geräumigen Wohnungen errichtet.[83] Unter den letzten Arbeiten der Architektengemeinschaft befanden sich Entwürfe für die Fassaden der Pionierschule in Berlin-Karlshorst.[84] Georg Süßenguth starb am 30. März 1940, Heinrich Reinhardt einige Jahre später, am 19. Juli 1947.

Jugendstil und die Architektur der Jahrhundertwende

Bevor wir uns dem ersten Bauabschnitt zuwenden, sollen, vor dem Hintergrund einer in der Literatur häufig anzutreffenden Einordnung der Architektur des Charlottenburger Rathauses in den Jugendstil,[1] ei-

81 Vgl. Die Gemeinnützige Baugesellschaft Berlin-Heerstraße... S. 23f.

82 Die Stadt Finow im Kreis Oberbarnim wurde 1928 durch den Zusammenschluß der Orte Heegermühle, Eisenspalterei-Wolfswinkel und Messingwerk gegründet. Seit 1970 ist die Stadt mit Eberswalde vereinigt. Das Messingwerk der ›Hirsch-Gesellschaft‹ gehörte zu den größten und modernsten Produktionsstätten für Messingfabrikate in Europa. Vgl. Siegmund Hirsch, Revolution im Messing 1908–1928, Lammersdorf 1967, S. 155f.

83 Welche Wohnbauten Reinhardt und Süßenguth im einzelnen für das Metallunternehmen ausführten, konnte nicht endgültig geklärt werden. Im Nachlaß Heinrich Reinhardt befindet sich lediglich der Entwurf für eine Kriegsbeschädigten-Siedlung in Potsdam. Die genannten Siedlungsbauten für Hirsch-Kupfer waren für »Kriegsbeschädigte und Frontkämpfer« sowie »alte Kämpfer der Bewegung« vorgesehen. Vgl. Siegfried Ohm, Beiträge zur Kultur- und Sozialgeographie der Eberswalder Pforte (= Berliner geographische Arbeiten, H. 17), Stuttgart 1938, S. 91; Wilhelm Krusche, 5 Jahre nationalsozialistischer Aufbauarbeit in Finow, in: Oberbarnimer Kreiskalender, 28. Jg. (1939), S. 66f; Um Eberswalde, Chorin und den Werbellin-See: Ergebnisse der heimatkundlichen Bestandsaufnahme in den Gebieten Joachimsthal, Groß-Ziethen, Eberswalde und Hohenfinow (= Heimatkundliche Bestandsaufnahme in der DDR, Bd. 34), hrsg. v. d. Akademie der Wissenschaften der DDR, Institut für Geographie und Geoökologie, Arbeitsgruppe Heimatforschung, Berlin 1981, S. 126.

84 Charlottenburger Zeitung vom 18. September 1943.

1 K. K. Weber, Staats- und Kommunalbauten... S. 7; Die Bauwerke und Kunstdenkmäler von Berlin. Im Auftrage des Senators für Bau- und Wohnungswesen hrsg. v. Amt für Denkmalpflege, Bd. 2, Charlottenburg, Zweiter Teil, Stadt und Bezirk Charlottenburg, Schriftleitung u. Einführung Paul Ortwin Rave, bearb. v. Irmgard Wirth, Textbd., Berlin 1961, S. 141; Günter Wollschläger, Das Rathaus Charlottenburg, in: Mitteilungen des Vereins für die Geschichte Berlins, 70. Jg. (1974), Nr. 13, S. 37. Hans Reuther (Die große Zerstörung Berlins. Zweihundert Jahre Stadtbaugeschichte, Frankfurt a. M.-Berlin 1985, S. 125) spricht von

nige Anmerkungen zur Entwicklung der Architektur um die Jahrhundertwende gemacht werden.
Auf der ›Ausstellung für das grafische Gewerbe‹, die 1897 in Leipzig stattfand, erregte die von Georg Hirth herausgegebene Münchener Zeitschrift ›Jugend‹ wegen ihrer neuartigen schwungvollen Randverzierungen von Otto Eckmann Aufsehen; die Kritik sprach spöttisch vom »Jugendstil«. Die Künstler, die sich um die Zeitschriften ›Jugend‹, ›Pan‹ (Berlin 1895), ›Die Deutsche Kunst‹ (Berlin 1896), ›Kunst und Kunsthandwerk‹ (1898) oder ›Deutsche Kunst und Dekoration‹ (Darmstadt 1897) gruppierten, wandten sich gegen die Formen der Neorenaissance und des Neubarock und deren übersteigerte Ornamentik, den Ausdruck eines mit der rasch fortschreitenden Industrialisierung zu Wohlstand gekommenen Bürgertums. »Reichtum will sich zeigen, zumal wenn er neu ist.«[2] Das Bedürfnis nach kultureller Repräsentation mochte sich nicht mit den ungeschmückten Flächen klassizistischer Bauten bescheiden, sondern bevorzugte den Prunk der »aristokratischen Stile«. Die Maschine, die das Handwerk aus vielen Bereichen verdrängt hatte, sorgte für die massenhaft hergestellte, täuschende und billige Reproduktion aller erdenklichen kunstgewerblichen Gegenstände und architektonischen Bauteile. Auf der Suche nach neuen Formen, aber auch in der Absicht, das künstlerische Handwerk zu erneuern, Architektur und Städtebau zu reformieren und das Verhältnis von Handarbeit und Maschinenarbeit umzugestalten,[3] wandte sich die ›Jugend‹ gegen den akademischen Eklektizismus, »das leere Stroh eines banalen Historismus«[4].
Seinen Anfang nahm der Jugendstil in der Malerei. Otto Eckmann gab bereits 1894 die reine Malerei auf und entwickelte aus zusammengefügten Pflanzenmotiven, die weniger die Einzelform als das organisch Wachsende, das triebhaft Bewegte erfaßten, neue Flächenmuster. Es ging nicht um die Naturkopie, es ging um die Gestaltung von Bewegungsabläufen. Hermann Obrist[5] verlangte, daß vom Bildwerk »dynamische Energien« ausgingen. Der Künstler sollte »Kräfte sichtbar machen durch Stärke oder Schwäche der Mittel, der Farben, des Lichtes, der Strichstärke, Formenhärte oder Weichheit, Curvenintensität, der Intensität der Gebogenheit durch Verstärkung des Striches, durch Multiplikation crescendo, decrescendo, acreterando, retardando, oclocita, Intensität, Violence, Contraste«[6].
Anregungen für die Ausbildung neuer Formen erhielten die Maler, Grafiker, Kunsthandwerker, Designer und Architekten durch naturwissenschaftliche Veröffentlichungen[7], die die mannigfaltigsten Muster und Strukturen pflanzlichen und tierischen Lebens einem großen Publikum nahebrachten. Eine Sehweise, die sich durch Klarheit, elegante Linienführung und

»geläuterten Jugendstilformen«, Jürgen Paul (Das ›Neue Rathaus‹... S. 75) gar vom »erste(n) konsequente(n) ›Jugendstil‹-Rathaus«.

2 Friedrich Ahlers-Hestermann, Stilwende. Aufbruch der Jugend um 1900, Frankfurt a. M.-Berlin-Wien 1981, S. 19.

3 N. Pevsner, Architektur und angewandte Kunst... S. 246ff.; Robert Schmutzler, Art Nouveau-Jugendstil, Stuttgart 1962, S. 191ff.

4 K. Scheffler, Verwandlungen des Barocks... S. 186.

5 Hermann Obrist gehörte wie zunächst Otto Eckmann, August Endell, Bernhard Pankok, Bruno Paul, Richard Riemerschmid und Peter Behrens zum Kreis der Münchner Jugendstilkünstler. »Sie waren alle Individualisten, fanden aber trotzdem einen gemeinsamen Nenner, entweder in der floralen Richtung, in der Stilisierung vegetabiler Naturformen, oder in der dynamischen Richtung, im kurvenreichen Linienspiel der Abstraktion.« Karl Eschmann, Jugendstil. Ursprünge. Parallelen. Folgen, Saarbrücken-Kastellaun 1976, S. 45.

6 Nachlaßschriften, zit. nach Siegfried Wichmann, Jugendstil Floral Funktional in Deutschland und Österreich und den Einflußgebieten, Herrsching 1984, S. 13.

7 Ernst Haeckel, Kunstformen der Natur, Leipzig-Wien 1899–1904; ders., Natürliche Schöpfungsgeschichte, Berlin 1879; Wilhelm Bölsche, Entwicklungsgeschichte der Natur, 2 Bde., Berlin 1896.

Komposition, die Beschränkung auf das Wesentliche und durch Einfachheit und Natürlichkeit der Motive auszeichnete, fanden die jungen Künstler in japanischen Holzschnitten und Keramiken. Das Vorbild von Flächen ohne modellierende Schatten und ohne perspektivische Tiefe half die inhaltliche Überladung und die bis ins kleinste Detail gehende Strichführung eines akademischen Stils zu überwinden.[8]
Nicht minder einflußreich für die neue Bewegung in Deutschland waren die praktischen und theoretischen Arbeiten der Engländer John Ruskin und vor allem William Morris, der sich bereits Mitte des 19. Jahrhunderts gegen einen maskenhaften Historismus – »Maskierung in anderer Leute weggeworfenen Kleidern« – gewandt hatte. Morris forderte »truth« im handwerklichen Sinne, »Ehrlichkeit des Materials und Ausdrucks«. Er hatte die Struktur der mittelalterlichen Kunst vor Augen, wenn er durch eine erneute Anbindung der Kunst an das Handwerk und durch deren Unterordnung unter eine gemeinsame Idee sowohl die Stellung des Handwerks zu heben als auch die gesellschaftliche Isolierung des Künstlers zu überwinden hoffte. Das selbständige Einzelwerk integrierte Morris in das Gesamtwerk, die Kunst diente wieder als Wand- und Fußbodenschmuck und offenbarte sich folglich in einem dekorativen Stil.[9] In den Werkstätten der Firma Morris, Marshall & Faulkner sowie den unter Morris' Einfluß gegründeten kunstgewerblichen Betrieben von C. R. Ashbee und der ›Arts and Crafts Exhibition Society‹ besann man sich auf Werktreue und sagte der »seelenlosen« industriellen Massenproduktion und der Maschinenarbeit den Kampf an. Der Umgang mit maschinell hergestellten Grundstoffen (Papier, Glas, Ton, Stoffe) blieb dabei ein notgedrungenes Zeitzugeständnis.
Mit ihren einfachen und soliden Formen, den zurückhaltend stilisierten Naturmotiven, ihrem Versuch, Form und Dekor zu proportionieren und ein organisches Ornament zu entwickeln, gaben die Arbeiten der Arts and Crafts-Bewegung entscheidende Impulse für die Überwindung des Historismus;[10] es ist das Verdienst von Hermann Muthesius, wie kein anderer die englischen Erfahrungen, insbesondere die Ideen von Arts and Crafts, assimiliert und für Deutschland fruchtbar gemacht zu haben.[11]

8 Vgl. Theodor Riewerts, Die Entwicklung des Kunstgewerbes seit der Mitte des 19. Jahrhunderts, in: Geschichte des Kunstgewerbes, hrsg. v. H. Th. Bossert, Bd. 6, Berlin-Charlottenburg, S. 312.

9 N. Pevsner, Architektur und Design. Von der Romantik zur Sachlichkeit, München 1971, S. 215 ff.

10 A. a. O., S. 350 ff. Henry van de Velde hatte Ruskin und Morris stets als Anreger und Vorbilder für seine Entwicklung als Kunstgewerbler und Architekt angegeben. H. van de Velde, Geschichte meines Lebens, München 1962, S. 80 f.; ders., Ruskin und Morris. Vortrag, Brüssel 1898, abgedruckt in: H. van de Velde, Zum neuen Stil. Aus seinen Schriften ausgewählt und eingeleitet von Hans Curjel, München 1955, S. 68 ff.

11 Muthesius war von 1896 bis 1903 als technischer Attaché an der deutschen Botschaft in London tätig. Zu seinen Aufgaben gehörte die Sammlung von Erfahrungen mit Organisationsformen, Baumethoden und technischen Neuheiten, die in Berichten der deutschen Öffentlichkeit zugänglich gemacht wurden. Muthesius verfaßte zu Architektur, Kunstgewerbe, Ausstellungen, Wettbewerben und Vereinsarbeit, Büchern und Zeitschriften, Problemen und Methoden in Erziehung und Ausbildung, Denkmalpflege und technischen Neuheiten jährlich 10 bis 15 Artikel, von denen man etwa die Hälfte veröffentlichte. Später gab Muthesius die Berichte und Aufsätze in Buchform heraus. Noch während seines Aufenthaltes in England erschienen ›Der kunstgewerbliche Dilettantismus in England‹ (Berlin 1900), ›Die englische Baukunst der Gegenwart‹ (4 Bde., Leipzig-Berlin 1900 bis 1903) und ›Die neuere kirchliche Baukunst‹ (Berlin 1901). Sein berühmtestes, epochemachendes Buch, ›Das englische Haus‹, erschien erst 1904 bis 1905 in drei Bänden. Vgl. Hans-Joachim Hubrich, Hermann Muthesius. Die Schriften zu Architektur, Kunstgewerbe, Industrie in der ›Neuen Bewegung‹, Berlin 1981, S. 32 ff. Nach seiner Rückreise bereitete Muthesius durch eine vielfältige publizistische Tätigkeit die Gründung des Deutschen Werkbundes vor, die im Oktober 1907, nachdem Muthesius in seiner Eröffnungsrede zu den Vorlesungen über modernes Kunstgewerbe an der Handelshochschule Berlin die »mit Imitationen und Surrogaten arbeitende Kunstindustrie« (Die Bedeutung des Kunstgewerbes. Eröffnungsrede zu den Vorlesungen über modernes Kunstgewerbe an der Handelshochschule in Berlin, in: Dekorative Kunst, 10. Jg. [1907/08], S. 182) kritisiert und heftige Proteste des

1897 hatte Henry van de Velde auf der Dresdner Kunstgewerbeausstellung mit seinen Raumentwürfen großen Erfolg. Der Herausgeber der Zeitschrift ›Pan‹ Julius Meier-Graefe hatte van de Velde bereits einige Zeit zuvor in dessen Haus ›Bloemenwerf‹ besucht und war begeistert von der organischen Geschlossenheit des Baus und der »Notwendigkeit der Formen« von Möbeln und Mustern. 1899 verlegte van de Velde sein Büro nach Berlin und gewann mit seinen kunstgewerblichen Entwürfen, aber auch durch seine schriftstellerische und seine Vortragstätigkeit[12] erheblichen Einfluß auf die Stilbewegung der Jahrhundertwende. Van de Velde verteidigte die Dekoration, forderte aber ihre funktionale Klarheit: »Diese Ornamentik ist vor allem notwendig, entsteht aus dem Gegenstande, mit dem sie verbunden bleibt, sie weist auf seinen Zweck oder seine Bildungsweise hin. Sie hilft ihm, sich der Aufgabe, die ihm zufällt, der Nützlichkeit noch mehr anzupassen.«[13] Zweckmäßigkeit und Materiallogik waren van de Veldes Leitworte. Die Schönheit eines Gegenstandes entwickelte sich aus seiner spezifischen Stofflichkeit, die Formgebung aber vergeistigte den Stoff. Das konstruktive Mittel zur Betonung der Funktion eines Gegenstandes war van de Velde die Linie. Er »zwang den Linien seiner Flächenmuster sowie den Kanten und Umrissen der Gegenstände seinen Willen auf: er bog sie wie federnden Stahl und ließ sie in den Winkeln anschwellen wie Muskeln. Immer schienen sie eine Funktion auszuüben: umgrenzen, stützen, verbinden, spannen, einem sie Ergänzenden zustreben. Er konstruierte ›Komplementärlinien‹ und nutzte die Zwischenräume, welche somit eine ›negative Form‹ bildeten.«[14] Aus dieser Linie

Fachverbandes für die wirtschaftlichen Interessen des Kunstgewerbes hervorgerufen hatte, vollzogen wurde.

12 H. van de Valde, Kunstgewerbliche Laienpredigten, Leipzig 1902; ders., Die Renaissance im modernen Kunstgewerbe, Berlin 1901. Van de Velde gehörte auch zu den Gründungsmitgliedern des Deutschen Werkbundes.

13 A. a. O., S. 102f. Da das Ornament immer mit dem logischen und vernünftigen Prinzip der Konstruktion verschmelzen mußte, konnte es niemals naturalistische Formen annehmen. »Ein naturalistisches, ja selbst stilisiertes Ornament würde nie den Eindruck der Unabänderlichkeit und den endgültigen Begriff der Dinge, die wir schaffen, vervollständigen. Zwischen einem stilisierten Ornament, dessen Motiv der Natur entlehnt ist, und dem Zweck, zu dem wir es bestimmen, liegt immer doch seine naturalistische Erscheinung und seine Bedeutung. Beide wollen ihre Rechte wahren, sie dulden wohl eine Stilisierung, welche den stilisierten Gegenstand in eine vereinfachte, veredelte Welt versetzt, aber sie werden sich nie in den Willen der reinen Ornamentik fügen, welche ihre Bestandteile aus sich selbst schöpft und Formen schafft, indem sie sich auf die notwendigen, nötigen Konstruktionsmittel stützt oder der sonst toten Materie Leben gibt, mittels Licht und Schatten, die sie hervorruft und rhythmisch verteilt.« Kunstgewerbliche Laienpredigten ... S. 182f. Für van de Velde hatte die griechische Kunst das Wesen des Ornaments begriffen, da es in der Architektur nichts Eigenes ausdrückte, vielmehr eine »lebenerweckende Funktion« ausübte, indem das Material belebt und Rhythmus in den Raum gebracht wurde. Die Griechen »empfanden die Notwendigkeit, es da anzubringen, wo ein Vorsprung ohne Wirkung leblos blieb, da, wo eine tiefbeschattete Fläche sich befand, bei deren Anblick man ohne Ornament die schreckliche Ahnung des Nichts gespürt hätte. Bei den Griechen ist das Ornament das Leben, es hat das Leben in sich, gerade wie der Dionysos-Kultus selbst.« A. a. O., S. 184. In der modernen Architektur übte das Ornament nach van de Veldes Auffassung eine doppelte Aufgabe aus, einerseits unterstützte es die Konstruktion und gab ihre Mittel an, andererseits brachte sie durch das Spiel von Licht und Schatten Leben in einen ansonsten zu gleichmäßig erhellten Raum. Das Ornament war jedoch an die Gegebenheiten des Raums, den es belebte, selbst gebunden und folgte den Intentionen des Baus, den einzelnen Konstruktionsmitteln und Gliederungen, während es sich nach Maßgabe des Materials veränderte.

14 F. Ahlers-Hestermann, Stilwende ... S. 50. Karl Scheffler sah in der Jugendstilornamentik van de Veldes ein Wiederaufleben barocker Formen. Im Kampf gegen den Historismus sei der Jugendstil in barocken Traditionen verblieben und habe, wenn auch in freierer Weise, selbst wieder historisiert. »Der Unterschied hier und dort war, daß im Jugendstil die barocken Formen unbewußt wirkten, während sie im Eklektizismus den Namen von lebendigen Überlieferungen überhaupt nicht mehr verdienten.« Verwandlungen des Barocks ... S. 187.

entwickelte van de Velde auch sein Ornament. In seinem konstruktiven Stil jedoch die »konsequente Ablehnung jeglichen Naturvorbildes«[15] und in van de Velde daher den »Antipoden« Otto Eckmanns und Hermann Obrists zu sehen, läßt außer acht, daß der belgische Jugendstilkünstler seine Formen nachweislich aus einer genauen Kenntnis der Konstruktion und der funktionalen Elemente der floralen Umwelt gewann.[16] Entscheidend war, daß in der Auseinandersetzung mit der natürlichen Formenwelt nicht mehr die symbolische Abstraktion angestrebt wurde, sondern die Betrachtung unter konstruktiven Gesichtspunkten. Die natürlichen Formen waren durch ihre funktionalen Voraussetzungen definiert. Durch Beobachtung galt es, die »komplizierte(n) Kräfte der Natur (zu) erkennen und in ihrer Funktionalität (zu) nutzen«.[17] Van de Veldes dynamischer Stil, sein Versuch, durch Linien körperhafte Funktionen sichtbar zu machen, die Forderung einer offenen Schaustellung des Herstellungsverfahrens, von »Vernunft und Logik« in der Baukunst gingen über den Floralismus hinaus und wiesen den Weg zum sachlichen Gestalten. Sachlichkeit konnte sich aber erst mit Aufgabe der Funktionsexpression einstellen; wenn an die Stelle der »Tektonik«, des Anschaulichmachens der Funktionen der einzelnen Bauglieder, die unorganische, die »stereometrische Form« (G. Semper) trat. Das Bauwerk war dann nicht mehr in ein »anschauliches Mosaik von Funktionen« zergliedert, »zu einem Organismus aufeinander zugeschnitten«, sondern öffnete sich dem Kubischen als »spezifisch sachliche(r) Formkategorie«[18].

Praktisch arbeitete van de Velde bis zu seinem Ruf nach Weimar, wo er im Jahre 1902 mit Unterstützung des Großherzogs von Sachsen-Weimar ein kunstgewerbliches Seminar gründete, überwiegend als Innenarchitekt. Seine bedeutendste Arbeit während dieser Periode war die Fertigstellung und der Innenausbau des im Rohbau ausgeführten Folkwangmuseums in Hagen. Bei der Gestaltung der einzelnen Räume, vor allem der Mittelhalle, versuchte van de Velde seine tektonischen Vorstellungen umzusetzen und einen organischen Zusammenhang der Einzelteile zu schaffen. Charakteristisch waren das Abfangen der Ecken, ihre Akzentuierung durch gebogene Wülste, die ornamentierten Deckenbeleuchtungen und die elastischen Linienführungen bei den Treppengeländern und Türbeschlägen. In Weimar erhielt van de Velde bessere Möglichkeiten zu architektonischem Schaffen. Hervorzuheben sind die Kunstschule in Weimar (1906), das Haus Hohenheim (Hagen, 1907) und als Abschluß dieses Zeitabschnitts das Werkbundtheater in Köln (1914). Van de Velde entwickelte symmetrische und asymmetrische Grundkonzeptionen, rundete mit Vorliebe die Ecken und Dächer seiner Gebäude ab, zeigte auch bei einer wuchtigen Pfeiler- und Glasarchitektur die Neigung zu gekurvten Einzelmotiven und fand schließlich zu einer kubischen Gestalt, »die alle einzelnen Bauteile als plastische Körper einander zuordnet und die Ornamentik auf wenige Linien und Flächen zurückführt«[19].

Die Materialien Eisen und Glas begannen für die Jugendstilkünstler eine überragende Rolle zu spielen. In Belgien wandte

15 Th. Riewerts, Die Entwicklung des Kunstgewerbes... S. 187.

16 Vgl. S. Wichmann, Jugendstil Floral Funktional... S. 6f, 113 u. 178.

17 A. a. O., S. 7.

18 Fritz Schmalenbach, Jugendstil und neue Sachlichkeit, in: Jugendstil (= Wege der Forschung, Bd. CX), hrsg. v. Jost Hermand, Darmstadt 1971, S. 76. Schmalenbach betrachtet den Jugendstil, ähnlich wie Karl Scheffler, als historistische Kunst. Der Jugendstil ist ihm gleichsam die Endphase des Historismus, da er auf der Ebene des Formalismus bleibe und sich lediglich um die Erneuerung ornamentaler Motive bemühe. A. a. O., S. 71f. Dieser Ansicht kann hier nicht gefolgt werden, da Schmalenbach den Historismus-Begriff im Bereich des Ästhetischen beläßt.

19 Jürgen Joedicke, Geschichte der modernen Architektur. Synthese aus Form, Funktion und Konstruktion, Stuttgart 1958, S. 43.

Victor Horta als einer der ersten Architekten Eisen im Hausbau an. Und zwar führte er das wie eine organische Faser behandelte Eisen in die Konstruktion ein, um die Schwerkraft des Steins visuell zu mindern. Bei seinem berühmtesten Bau, dem Maison du Peuple (1897–1900) in Brüssel, verzichtete er auf eine dekorative Umdeutung der Eisenstützen und erzielte allein durch die freiliegenden, feingliedrigen Tragkonstruktionen eine fließende, räumliche Wirkung, während die Fassaden eine »Architektur der offengelegten Konstruktion«[20] entwickelten, in der schmale Profileisen und breite Metallträger mit geschwungener Unterkante zu einem System von Rechtekken zusammengenietet und mit wenigen »Mauerresten« verbunden waren.

Um 1900 stand der »dynamisch-florale Jugendstil«[21] auf seinem Höhepunkt. Die Industrie hatte sich bereits der Formen angenommen und »machte sich... schleunigst daran, diesen neuen Stil zu bewirtschaften«[22]. Immer deutlicher zeigte sich, daß diese Jugendstilkünstler, von wenigen Ausnahmen abgesehen, es »bei der Erfindung eines neuen Ornaments«[23] beließen. Die vegetabilen Formen verblieben an den Brüstungen, Erkern und Zwischenfeldern der Fassaden, Anregungen für eine konstruktiv-tektonische Erneuerung gingen kaum vom floralen Jugendstil aus, neue Elemente des Architektonischen beschränkten sich zu häufig auf die Gliederungen der Innenräume.

Im Rückblick die stilistischen Neuerungen des Jugendstils als »gesellschaftlich nicht revolutionär« beziehungsweise »gesellschaftlich erhaltend« zu interpretieren oder als »unzulänglichen Versuch des gebildeten Bürgertums«, eine »eigene Form zu finden«[24], erscheint mir als zu objektivistisch. Die Herausbildung einer modernen funktionalen Architektur, die Befreiung von historischen Formen nahm ihren Ausgang in den Entwürfen des Jugendstils, und es kam nicht von ungefähr, daß sich die Weiterentwicklung in Persönlichkeiten wie etwa Henry van de Velde und Peter Behrens vollzog.[25] Richtig ist allerdings,

20 Kenneth Frampton, Die Architektur der Moderne. Eine kritische Baugeschichte, Stuttgart 1983, S. 61.

21 K. Eschmann, Jugendstil... S. 83.

22 H. Muthesius, Stilarchitektur und Baukunst (Mülheim a. d. Ruhr 1902), im Auszug abgedruckt in: J. Posener, Anfänge des Funktionalismus. Von Arts and Crafts zum Deutschen Werkbund (= Bauwelt Fundamente 11), Berlin-Frankfurt a. M.-Wien 1964, S. 162. Die Münchner Künstler hatten teilweise durch Übertreibung der Formen ihrem eigenen Prinzip der Materialgerechtigkeit widersprochen, was F. Ahlers-Hestermann als Ausdruck der Dynamik einer Umbruchsituation erklärte: »Revolutionäre Jugend aber muß überschäumen, und wir dürfen uns nicht wundern, wenn neben einer Theorie, die von ›Materialgerechtheit‹ und ›praktischer Anpassung an den Zweck‹ überzeugend vernünftig zu reden wußte, von denselben Künstlern, die sie verkündeten, oft Dinge gemacht wurden, die das Material vergewaltigten und das Praktische auf einem höchst unpraktischen Wege zu verwirklichen suchten.« Stilwende... S. 41.

23 K. Scheffler, Verwandlungen des Barocks... S. 187. Vgl. auch Hans Hildebrandt, Die Kunst des 19. und 20. Jahrhunderts (= Handbuch der Kunstwissenschaft, Bd. 23), Wildpark-Potsdam 1924, S. 285 u. 286.

24 J. Posener, Berlin auf dem Wege zu einer neuen Architektur... S. 22 u. 23. Im Hinblick auf die Unterschiede zwischen der Arts and Crafts-Bewegung um William Morris und dem Deutschen Werkbund charakterisiert Posener diesen als »fortschrittlicher«, da die deutschen Reformer die »veränderten Produktionsverhältnisse« anerkannt hätten, während sich Morris' »rückschrittliche« Auffassung in der Nichtanerkennung der industriellen Form der Produktion geäußert habe. Vgl. a. a. O., S. 13 f. Demgegenüber ist zu bemerken, daß das von Morris angeführte Problem der Entfremdung zunächst in jeder Industriegesellschaft virulent ist; praktische Lösungsansätze allein mit dem Hinweis auf die notwendige Aufhebung der Warenproduktion abzutun, kann nicht überzeugen.

25 N. Pevsners Einschätzung: »Das Wesen des Jugendstils bedeutet Kunst um der Kunst willen. Das führte seinen Mißerfolg herbei und nötigte die besten Künstler, sich von ihm abzuwenden, um in ihrer Entwicklung weiterzukommen« (Wegbereiter moderner Formgebung. Von Morris zu Gropius [= rowohlts deutsche enzyklopädie, Bd. 33], Hamburg 1957, S. 66) ist nicht haltbar, verband sich doch mit der »Faschingsrebellion« (R. Hamann/J. Hermand, Stilkunst um 1900... S. 246) eher der Versuch, »den Widerspruch wegzuschaffen, der zwischen dem lebendigen Körper (des Menschen) und dem unlebendigen stofflichen Gerät... oder – ganz allgemein – zwischen Leben und Kunst gegeben war«. Man wehrte sich gegen die Dauerhaftigkeit und die Härte dieses Widerspruchs und setzte die Schaffenskraft gegen die »bedrängende Dingwelt industrieller

daß einige Jugendstilkünstler in einen Widerspruch zwischen Theorie und Praxis gerieten, den sie nicht aufzulösen vermochten. Henry van de Velde, der sich frühzeitig für eine Gestaltung einsetzte, die auf die Logik in der Struktur der Gegenstände abzielte und rationale Klarheit zum obersten Formprinzip erhob, verband seine Ideen stets mit dem sozialpolitischen Anspruch, auf eine »größere Anzahl von Menschen« zu wirken. Er bekannte sich zum Prinzip der industriellen Serienherstellung und wollte zur Hebung der Kunstindustrie »die Schöpfung von Modellen und die Wahl der Materialien beim industriellen Herstellungsprozeß Künstlern anvertrau(en)«[26]. Van de Veldes kunstgewerbliche Arbeiten verblieben jedoch in der Sphäre des Exklusiven, das »kunstvolle Serienprodukt« gehörte nicht zu seinem Schaffenskreis.[27]

Nach der Jahrhundertwende verschwanden die fließenden und flutenden Linien, die beschwingten Flächen, die floralen Biegungen und Kurven zusehends aus den Entwürfen der Architekten und Kunstgewerbler. Das zeigte sich bereits auf den Ausstellungen der Wiener Sezession im Jahre 1900 und ein Jahr später auf der Mathildenhöhe in Darmstadt. In Wien bildete sich unter dem Einfluß Otto Wagners eine Schule heraus, die auf der Grundlage eines neoklassizistischen Repertoires die traditionelle Formensprache zu überwinden suchte.

Die Erneuerung der Baukultur blieb zunächst »Erweiterung der Tradition«[28], jedoch auf einem Wege, der eine Umwandlung der überkommenen Formen sowie der Seh- und Denkgewohnheiten ermöglichte. Otto Wagner sah eine Architektur voraus, die sich durch Einfachheit und durch den Vorrang von Konstruktion und Material auszeichnete. Und er verlangte die Zweckgebundenheit der Gestaltung. »Etwas Unpraktisches kann nie schön sein«[29], erklärte Wagner, fand aber erst in seinen späteren Arbeiten (Postsparkassenhalle, 1905) zu einer Architektur, die sich weitgehend von historischen Stilmerkmalen freimachen konnte, auf ornamentale Applikationen verzichtete und die einzelnen Elemente auf ihre einfachste Form reduzierte. Wagners Schülern Joseph Maria Olbrich und Josef Hoffmann blieb es vorbehalten, den Jugendstil zu überwinden, die plastischen Elemente in die Fläche einzubinden, die dynamischen Kurven durch einfachere, lineare Formen zu ersetzen.

Olbrich hatte bereits 1898/99 mit dem Bau der Ausstellungshalle der Wiener Sezession ein Gebäude gestaltet, das zwar noch eine schmiedeeiserne Kuppel mit einer überreichen Blumendekoration besaß, die halbkreisförmige Umrißlinie der Kuppel und die Fassadengestaltung mit ihren überwiegend glatten Flächen kündigten jedoch bereits eine sachliche Architektur an. Die Ausstellung von 1900 machte die Wiener Architekten mit den Arbeiten des Schotten Charles Rennie Mackintosh bekannt, dessen funktionale Bauauffassung bedeutenden Einfluß gewann. Außer Funktionsgerechtigkeit, der auch die Verwendung von Ornamenten zu entsprechen hatte, forderte Mackintosh die Vermeidung historisierender Formen. Der linear-flächenhafte Stil des Schotten, die Radikalität der ornamentalen Abstraktion, die Bevorzugung von starren Vertikalen und Horizontalen »wirkte in Wien wie eine Bestätigung und bekehrte manchen«[30]. Vor allem J. Hoffmann, der eine Vorliebe für das Rechteck

Waren-Fabrikation« und die »repetierende Nachahmung historischer, also unvermeidlich ungemäßer, dem gegenwärtigen Bedürfnis, dem ›neuen‹ Menschenwesen nicht passender, nicht sich schmiegender Stilformen«. Dolf Sternberger, Zauberbann, in: Jugendstil... hrsg. v. J. Hermand... S. 149.

26 H. van de Velde, Geschichte meines Lebens... S. 85.

27 Vgl. auch Alexander Kochs Kritik an der »Luxus-Kunst«, die auf der Ausstellung der Darmstädter Künstlerkolonie gezeigt wurde. Die Ausstellung der Darmstädter Künstler-Kolonie, hrsg. v. A. Koch (unveränd. Nachdruck der ersten Ausgabe von 1901), Darmstadt 1971, S. 11.

28 L. Benevolo, Geschichte der Architektur... S. 346.

29 Otto Wagner, Moderne Architektur, Wien 1896, S. 41.

30 N. Pevsner, Der Beginn der modernen Architektur und des Design, Köln 1971, S. 141.

und den rechten Winkel entwickelte. Einfache geometrische Formen und helle Farbtöne bestimmten seine Inneneinrichtungen.

Auf der Darmstädter Ausstellung[31] versuchte Olbrich ein Gestaltungsprinzip zu verwirklichen, das auf Zweckmäßigkeit, Einfachheit der Formen sowie Material- und Funktionsgerechtigkeit beruhte. Besonders modern mutete das breit gelagerte, mit einem flachen Pultdach ausgestattete Ateliergebäude (Ernst-Ludwig-Haus) an, modern vor allem durch die glatten Flächen der Außenarchitektur und die Reihung der Atelierfenster, eine Vorwegnahme des Fensterbandes.[32] Am Außenbau verwandte Olbrich nur noch am Eingangsportal und an der vorkragenden Dachpartie vegetabile, fast gänzlich in geometrische Muster aufgelöste Ornamentformen. Bemerkenswert war Olbrichs Versuch, die Front des Gebäudes in einer Portalpartie zusammenzuziehen und gleichzeitig mit dem davorliegenden Platz und der heraufführenden Treppenanlage zu einem Ensemble zu verschmelzen. Den Treppenausgang flankierten zwei überlebensgroße Plastiken, hinter ihnen war der Eingang gewölbeartig vor die eigentliche Gebäudefläche gezogen. Das Eingangstor selbst hatte Olbrich rechteckig fassen und von zwei gleichgestalteten dunklen Bronzefiguren rahmen lassen. Die Plastiken stellten geflügelte Genien dar, die mit weit ausgestreckten Armen Lorbeerkränze gen Himmel hielten. Der Aufbau dieser Portalpartie hatte Reinhardt und Süßenguth mit ziemlicher Sicherheit bei der Gestaltung des Eingangs zum Festsaal des Charlottenburger Rathauses angeregt. Auch hier fand sich der überwölbte Eingangsbogen, die flankierenden Bronzefiguren und die Vermittlung des Treppenausgangs und des Portals durch Plastiken, die jedoch nicht, wie vor Olbrichs Gebäude, als Monumentalskulpturen ausgebildet und von der Absicht geleitet wurden, figurales und tektonisches Element zu verbinden. Ludwig Habichs Großplastiken ›Mann und Weib‹ wuchsen reliefartig aus einer in ihrer Quaderung sichtbaren Bosse heraus, vereinfachten die plastischen Formen und suchten das Material und die handwerklichen Bedingtheiten ihrer Entstehung sichtbar zu machen. Während Habich sich um eine Überwindung des antiken Vorbilds bemühte, blieben die Plastiken Heinrich Gieseckes und auch diejenigen Otto Stichlings dem klassischen Schema verpflichtet. Die Verbindung von Plastik und Beleuchtungsring fand sich auch in Darmstadt. Rudolf Bosselts Lampenentwurf zeigte eine sehr geschlossen wirkende Frauenfigur, deren ausgestreckte Hände einen gläsernen Beleuchtungsring hielten.[33] In Charlottenburg wurde daraus der durchbrochene bronzene Beleuchtungskörper, der einen Satz offen ausstrahlender Glühbirnen trug.

Bei der Ausführung des Wohnhauses für den Bildhauer Ludwig Habich umging Olbrich tradierte Bauvorstellungen: Er verzichtete auf einen symmetrischen Grundriß, gestaltete von innen nach außen, die Wände wurden nur dort durchbrochen, wo es die Funktionen des Inneren verlangten. In diesem Verhältnis von Baukörper, Wandfläche und Fenster kam eine neue Vorstellung von Architektur zum Ausdruck. In Darmstadt konzentrierte sich noch einmal die ganzheitliche Kunstvorstellung der Jahrhundertwende. Hier sollte die »frei schaffende Gemeinde«, das »selbständige Künstlertum«, das »rohe, unge-

31 Der in England erzogene Großherzog von Hessen, Ernst Ludwig, gründete auf Anregung des Verlegers Alexander Koch eine Künstlerkolonie auf der Darmstädter Mathildenhöhe, um »durch eine neue Formauffassung ausdrücklich gegen den herrschenden Stilwirrwarr und gegen den rein dekorativen ›Jugendstil‹ zu protestieren«. K. Eschmann, Jugendstil... S. 85.

32 F. Ahlers-Hestermann kritisierte, im Gegensatz zu Olbrichs Wohnbauten, die Architektur des Ernst-Ludwig-Hauses, da die »verblüffende Fassade (...) nur eine Kulisse (war), die die nach hinten gelegenen Ateliers verdecken sollte«. Stilwende... S. 78f.

33 Felix Commichau, Rudolf Bosselt, in: Die Ausstellung der Darmstädter Künstler-Kolonie... S. 292f.

staltete Leben zur Schönheit«[34] durch Form läutern und dieses Kunst und Leben verbindende Wirken in einem Gesamtkunstwerk präsentieren, pyramidenförmig angeordnet auf der Mathildenhöhe, wie eine symbolische Krone der Stadt.

Als weiterer Architekt trat in Darmstadt Peter Behrens auf, der als Maler im floralen Stil begonnen und sich erst später der Architektur zugewandt hatte. Sein Haus auf der Mathildenhöhe war die erste praktische Architekturarbeit. Behrens verzichtete noch nicht auf schwungvolle kantige Linien, aber bereits hier traten sein Hang zur monumentalen Strenge, seine »Vorliebe für körperhafte und schwere Elemente«[35] in Erscheinung. Während Olbrich die Achsenarchitektur aufgab, äußerte sich bei Behrens durch rote und grüne Klinkerlisenen, die sich scharf von den Putzflächen des Hauses abhoben, verstärkt ein »Achsenzwang«[36]. Die Fenster faßte Behrens zu vertikalen Ordnungen zusammen und gab damit dem Äußeren einen ins Repräsentative gehenden Charakter. Für die Ornamentik bevorzugte er gerade Linien, die abgeschrägt, spitz aufeinander zulaufend oder, wie im mystisch überhöhten Musikzimmer des Hauses, gar eckig gebrochen wurden. An die Stelle der geschwungenen Kurve, der nie enden wollenden Linie traten häufiger gebündelte Geraden, die sich diagonal streifen und mit der Form des spitzwinkligen Dreiecks kombiniert wurden. Das Fließende machte Peter Behrens zur festen Form, die Kurve zu einem strukturellen Moment in einer strengen, rechtwinklig angelegten Ordnung. Diese Art der ornamentalen Bearbeitung werden wir im Hauptbau des Charlottenburger Rathauses, wenn auch in einer abgemilderten Form und ohne den ins Mystische gehenden Zug der Strahlenbündelung, wiederfinden.

In der nachfolgenden Zeit sollte Peter Behrens bei der Entwicklung der modernen Architektur – und das hieß »keine Suche nach neuen Formen, sondern Neues Bauen«[37] – durch seine praktischen Arbeiten zu einer Schlüsselfigur werden. Hermann Muthesius berief ihn 1903 zum Direktor der Kunstgewerbeschule in Düsseldorf, 1907 wurde er Architekt und künstlerischer Berater der AEG in Berlin.

Die Ablösung des Dynamisch-Bewegten, der geschwungenen Linie durch Quadrat und Kreis, Rhombus und Oval, durch Reihung von Einzelmotiven war nach der Darmstädter Ausstellung nicht mehr aufzuhalten. Georg Süßenguth berichtete später, daß sich auch die Charlottenburger Architektengemeinschaft mit den Bestrebungen der Darmstädter Künstlerkolonie auseinandergesetzt hatte: »Wenn wir uns auch immer von den Übertreibungen dieser Zeit ferngehalten haben, so lag uns doch der Wunsch nahe, uns bei dem Rathausbau nicht ganz zu verschließen, wozu schon starke Ansätze bei der Ausbildung der Schauseite des Hauses am Lützow zu erkennen sind, die dann bei der Bearbeitung der Sitzungssäle im Mittelbau des Hauses und später bei der Hauptschauseite mit Turm an der Berliner Straße schon ausgesprochene Formen annahmen, weil wir uns sagten, daß ein solches großstädtisches Gebäude auch in seiner Formengebung dem Zeitgeist Rechnung tragen müßte.«[38]

Berlin spielte als Ort der Jugendstilarchitektur keine bedeutende Rolle. Daran änderte auch der zeitweilige Berliner Aufenthalt Henry van de Veldes nichts. Zu den hervorragenden Jugendstilarchitekten müssen Bruno Möhring und August Endell gerechnet werden. Möhring, Mitherausgeber der Berliner Architekturwelt, schuf mit dem Hochbahnhof und Viadukt

34 Die Ausstellung der Darmstädter Künstler-Kolonie... S. 29 u. 60.

35 L. Benevolo, Geschichte der Architektur des 19. und 20. Jahrhunderts, Bd. 2... S. 8.

36 Hans-Günther Sperlich, Stichwort Architektur, in: Jugendstil. Der Weg ins 20. Jahrhundert, hrsg. v. Helmut Seling, Heidelberg-München 1959, S. 54.

37 W. Pehnt, Architektur... S. 340.

38 Nachlaß Heinrich Reinhardt...

Bülowstraße (1902) eine der bekanntesten Jugendstilschöpfungen in Berlin. Zwischen der skulpturalen Architektur einzelner Pfeiler des Möhringschen Baus mit ihrer Betonung der Fläche, ihrer strengen Geometrie und wuchtigen Geschlossenheit, ihrer starken Stilisierung natürlicher Formen, wie zum Beispiel des Muschelornaments, und der Formensprache des Charlottenburger Rathauses lassen sich Ähnlichkeiten feststellen.[39] Endell, der vor der Jahrhundertwende in München mit der Einrichtung des Fotoateliers Elvira Aufsehen erregt hatte,[40] kam 1901 nach Berlin und schuf bereits im nächsten Jahr das Bunte Theater in Kreuzberg (Köpenicker Straße). Endells Ausgestaltung des alten Gebäudes, das mit Variété-Saal und verschiedenen kleinen Sälen im Hof eines großen Mietshauses lag, begeisterte durch die phantasievollen und farbensprühenden Motive der Stoffe und des Wandschmucks. Die Ornamentik war gegenüber früheren Entwürfen insgesamt ruhiger geworden, abstrakter, deutlich blieb aber die Anlehnung an Formen der Meeresbiologie. Endell erklärte zu seinen formalen Prinzipien: »Der Ausgangspunkt für meine Arbeit waren die Stickereien von Hermann Obrist, in denen ich zum ersten Male frei organisch erfundene, nicht äußerlich zusammengesetzte Formen kennenlernte. Ich studierte diese Arbeiten zunächst rein als Psychologe und Ästhetiker, bis sich in mir die Überzeugung bildete, daß es möglich sein müsse, ausschließlich durch frei erfundene Formen starke und lebendige Wirkungen in der Architektur zu erreichen... Es werden Formen, Linien, Flächen, Hell und Dunkel, frei und willkürlich aneinandergesetzt, ohne irgendwelche andere Rücksicht als die der Wirkung; ob die entstehenden Formen in der Natur vorkommen oder nicht, ist gänzlich gleichgültig. Ein eingehendes Naturstudium geht damit Hand in Hand. Doch besteht dasselbe nicht im getreuen und vollständigen Nachbilden von Naturformen, sondern vielmehr in einem intensiven Studium der Formelemente und ihrer Kombinationen... Die Zahl der Kombinationen ist endlos, sie wird um so größer, je umfangreicher die Formenkenntnis entwickelt ist... Derart gewonnene Formen haben den Vorzug, daß sie jeder äußeren Bedingung in bezug auf Länge, Breite, Richtung, Leichtigkeit und Schwere Genüge leisten können, was man von den Naturformen nicht behaupten kann, deren bestimmt gegebene Verhältnisse immer nur mit mehr oder weniger Glück einem bestimmten architektonischen Zweck dienstbar gemacht werden können. Frei, ohne Rücksicht auf Natur erfundene Formen dagegen lassen sich bis in das letzte Detail dem praktisch und tektonisch gegebenen Zweck unterordnen, sie allein vermögen ihn vollständig und ohne Rest zu erfüllen.«[41] Auch bei der Verwendung der Farbe vermied Endell naturalistische Prinzipien, obgleich ein eingehendes Naturstudium Ausgangspunkt für die Entwicklung seiner Farbsysteme und -kompositionen gewesen war. Die späteren Bauten näherten sich einem sachlicheren Stil an, wie er in Darmstadt zum Tragen kam, wenn Endell auch bei der inneren Gestaltung eines Gebäudes wie des Hauses am Steinplatz noch reichlich pflanzenhafte Stuckornamente verwandte.

Die Gebäude und Innenausstattungen der Jugendstilkünstler blieben exotische Tupfer in der Architektur einer Metropole, deren offizielle Bauweisen sich nach wie vor eklektizistischer Mittel bedienten und ei-

39 Hans Schliepmann, Die Berliner Hochbahn als Kunstwerk, in: Berliner Architekturwelt, 4. Jg. (1902), H. 9, Abb. 410–412 u. 414.

40 Der Vorwurf, Endells Stil erschöpfe sich in »dekorativer Ornamentik« (K. Eschmann, Jugendstil... S. 47), läßt sich nach N. Pevsners Auffassung nicht aufrechterhalten, da durch asymmetrische Fensteranordnungen sowie Fenster- und Türabschlüsse in der Art hochgeraffter Vorhänge tektonische Mittel eingesetzt wurden. Besonders im Treppenhaus verliefen alle Formen wellenartig, sie waren dreidimensional gedacht und bezogen sich nicht nur auf die Ornamentik. Der Beginn der modernen Architektur... S. 94.

41 August Endell, Das Wolzogen-Theater in Berlin, in: Berliner Architekturwelt, 4. Jg. (1902), H. 11, S. 384, 386 u. 388.

nem pompösen Neubarock huldigten. Die Entwicklung einer modernen Architektur in Berlin ging andere Wege. Im Jahre 1896 hatte Alfred Messels Bau des Kaufhauses Wertheim in der Leipziger Straße durch seine große Pfeiler- und Glasarchitektur Begeisterung hervorgerufen. Die großzügige Sachlichkeit der Fassade, die Messel durch schlanke Pfeiler- und Fensteröffnungen gegliedert hatte, empfand die zeitgenössische Kritik als ausgesprochen modern. Der Bau wurde zum Prototyp für Kaufhäuser nicht nur in Deutschland.[42] Die Fassade des drei Jahre später von Bernhard Sehring errichteten Warenhauses Tietz war mit ihren sehr dünnen eisernen Vertikalen und Horizontalen noch großartiger. Das nach N. Pevsner »am kühnsten verglaste Geschäftshaus jener Zeit«[43] hatte jedoch ein Mittel- und zwei seitliche, wenig aus der Bauflucht hervorspringende Risalite aus Mauerwerk, die sich an die herkömmlichen Formen des Neubarock hielten.

Die bedeutendsten staatlichen Bauten jener Zeit, das Land- und Amtsgericht I (Grunerstraße, 1896–1906) von Otto Schmalz und Rudolf Mönnich, das Kriminalgericht Moabit (Turmstraße, 1902–1906) von R. Mönnich und Carl Vohl sowie die Anlage des Rudolf-Virchow-Krankenhauses (1897–1906) von Ludwig Hoffmann, waren ebenfalls den Formen des Barock verpflichtet, und doch kann nicht mehr von einem spezifischen Eklektizismus gesprochen werden. Die genaue Kenntnis der historischen Vorbilder wurde nicht geleugnet, aber man kopierte nicht, sondern ging mit dem Überkommenen frei um, zitierte, um durch das Zitat die Distanz zur Vergangenheit herzustellen. Der Krankenhausbau Hoffmanns[44] überzeugte durch seine rationale Organisation und wirkte durch die Vereinfachung der Formen modern. Die Gerichtsbauten fielen durch ihre monumentale Haltung, ihre Weiträumigkeit, die Verwendung kostbarer Materialien auf und durch eine Gestaltung der Innenräume, die J. Posener von »Raumschöpfungen«, »labyrinthischen Raumdurchdringungen und -verschiebungen«, gar von »einem geheimen Expressionismus«[45] sprechen ließen. Gemeinsam war den beiden Gerichtsbauten die Übernahme gotisierender Gestaltungsmerkmale bei der Ausbildung der Haupttreppenhäuser. Die geschwungenen Linien und ornamentalen Einzelheiten an den Fassaden, den Treppenbrüstungen und Portalen waren eher Ausdruck einer barocken Formensprache, als daß sie sich dem Jugendstil annäherten.[46] Die überreiche Symbolik und Allegorik, die sich durch Architektur, Plastik, Metallarbeiten, Spruchbänder und Ornamente entfaltete, war, wie bei Teilen des ornamentalen und bauplastischen Programms des Charlottenburger Rathauses, als politisch-pädagogischer Hinweis auf die Funktion der Gebäude zu deuten.

42 In den Jahren 1901 bis 1904 wurde das Kaufhaus unter Messels Leitung in Richtung Leipziger Platz und Voßstraße erweitert; die stilistische Anlehnung insbesondere des Kopfbaus an die Gotik interpretierte die zeitgenössische Kritik keineswegs als Rückschritt. »Messels Warenhaus genoß unter allen Bauten der wilhelminischen Zeit die allgemeinste Anerkennung. Es spiegelt sich in dieser Anerkennung das Behagen, das man an der eigenen Leistung empfand: Das war neu, das war großartig. Auch in diesem Bau sah man gern den Anklang an die Kathedrale, der hier so viel greifbarer war als in den Fabrikbauten.« J. Posener, Berlin auf dem Wege zu einer neuen Architektur ... S. 23.

43 Der Beginn der modernen Architektur ... S. 96.

44 In einem persönlichen Gespräch am 5. Mai 1986 teilte mir Hansjoachim Reinhardt mit, daß unter den Berliner Architekten, die sein Vater geschätzt und bewundert hatte, in erster Linie Ludwig Hoffmann und Alfred Messel zu nennen seien.

45 Berlin auf dem Wege zu einer neuen Architektur ... S. 86.

46 Vgl. K. K. Weber, Justizbauten, in: Berlin und seine Bauten ... S. 66.

Überarbeitung des Wettbewerbsentwurfs und Bauausführung

Anfang 1898 trat die Rathaus-Deputation, die sich aus den Magistratsmitgliedern Georg Wilhelm Paul Matting (Bürgermeister), Georg Toebelmann und Paul Bratring (Stadträte) sowie den Stadtverordneten Benno Jaffé, Carl Ströhler, Emil Fränken, A. Schrobsdorff, Georg Reimarus und Theodor Peters zusammensetzte, mit der Architektengemeinschaft in Verhandlungen ein und schlug vor, den Sitzungssaal der Stadtverordneten eine Etage höher zu legen und die Anordnung der Sitzplätze im Raum zu verbessern. Die Fassade an der Lützower Straße müsse schlichter gestaltet und in ihrer Gesamtheit um 5 m zurückversetzt werden. Ein Gedanke, der auf den Entwurf von Zaar & Vahl zurückging. Weiterhin forderte die Deputation, den vorderen Teil des 1. Obergeschosses, vor allem im westlichen Bereich, und den »in der gegenwärtigen Gestalt nicht zweckentsprechenden Magistrats-Sitzungssaal«[1] zu überarbeiten. Die Haupttreppe im Mittelbau mußte entsprechend der neuen Anordnung der Sitzungssäle ein Stockwerk höher geführt werden,[2] außerdem war den seitlichen Treppenhäusern des Mittelgebäudes, neben dem bereits geplanten, noch Oberlicht zuzuführen.

Es wurde empfohlen, vor der Umarbeitung die prämiierten Entwürfe zu vergleichen. Dieser im ersten Augenblick befremdlich erscheinende Hinweis entsprach einer gängigen Praxis kommunaler Baubehörden, über die Wettbewerbsbeiträge frei zu verfügen. Die Verschmelzung verschiedener Wettbewerbsentwürfe beziehungsweise die Übernahme von Einzelheiten aus anderen Entwürfen bereitete pragmatisch denkenden Archtitekten wie Reinhardt und Süßenguth wenig Schwierigkeiten, gegen Eingriffe in ihren künstlerischen Entwurf verwahrten sie sich allerdings.

Am 14. Februar 1898 legten die Architekten nach mehrfachen Beratungen mit der Rathaus-Deputation einen veränderten Entwurf der Grundrisse vor, vierzehn Tage später den neuen Plan für die Fassade in der Lützower Straße. Der großzügig bemessene Raumbedarf der einzelnen Verwaltungszweige wurde an Hand der Grundrisse vom 14. Februar festgelegt. Seit Anfang der Projektbearbeitung war das neue Gebäude für eine Verwaltung von 300 000 Einwohnern konzipiert, die neuen Entwürfe schienen dieser Maßgabe zu genügen. Lediglich bei den Kommissions- und sonstigen Sitzungszimmern konnten nicht jedem Verwaltungszweig besondere Räume zugewiesen werden. Der Bedarf war allerdings insgesamt gedeckt, da die Möglichkeit bestand, die einzelnen Sitzungssäle multifunktional zu nutzen. Für die kleineren Verwaltungs-Deputationen mit neun Mitgliedern hielt man die Zimmer der jeweiligen Dezernenten für ausreichend. Die nutzbare Fläche des Rathauses verringerte sich durch die vorgesehenen Änderungen um 31 auf 8742 m^2. Gegenüber dem der Verwaltung bislang zur Verfügung stehenden Raum von 3650 m^2, die in angemieteten Räumlichkeiten untergebrachten Büros und der Stadtverordneten-Sitzungssaal miteingerechnet, bedeutete dies eine Steigerung von 129 Prozent. Als Bausumme wurden zunächst 3,1 Millionen Mark festgelegt.

Nach den Vorschlägen der gemischten Deputation sollte den Architekten die »künstlerische und konstruktive Leitung« des Baus übertragen werden, die Bauausführung hingegen einer besonderen Baukommission, die die Stelle des Bauherrn vertrat. Zu den vorrangigen Aufgaben

1 Bericht über die Verwaltung... 1897/98, S. 23.

2 Die weitere Erörterung der Rathausarchitektur folgt der ursprünglichen Stockwerkseinteilung, demnach gehören Rathauskeller und Erdgeschoß des Bauabschnitts Lützower Straße zum Untergeschoß, das Erdgeschoß ist dem heutigen 1. Stockwerk gleichzusetzen.

Raumvertheilung
der städtischen Verwaltungen, Büreaus pp. im neuen Rathhause.

Jetzige Unterbringung		Verlangt sind nach		Projekt I		Abänderung vom 14. Februar 1898		Bemerkungen
Gebäude	Fläche in qm	dem Bauprogramm	Fläche in qm	Fläche in qm	Lage	Fläche in qm	Lage	
		I. Repräsentationssaal m. Vorsaal	250—370	347,50	2. Obergeschoß	347,50	2. Obergeschoß	Außerdem
		II. Saal für Versammlungen	150—200	267,00	desgl.	267,00	desgl.	Garderobenräume
Real-Gymnasium	260	III. Sitzungssaal d. Stadtverordneten	300—350	326,50	desgl.	326,50	desgl.	102,50 qm
Rathhaus Vorderhaus u. Seitenflügel	541 } 639	IV. Central-Verwaltung A—G	1450	1637,20	1. Obergeschoß	1637,20	1. Obergeschoß	einschl. d. Büreaus
Berliner-Straße 77 I	98	V. Kassen und zwar:						d. städt. Werke
Desgl. linker Seitenflügel I	132	A. Hauptkasse	250	303,00	Erdgeschoß	606,00	Erdgeschoß	
		B. Kasse der städtischen Werke	200	303,00				
Spree-Straße 16	105	C. Sparkasse	150	309,50	desgl.	87,50	Untergeschoß	zus. 493,60 qm
						406,10	Erdgeschoß	
Rathhaus Quergebäude	772 } 1032	VI. Steuerverwaltung	1100	1203,10	desgl.	589,85	Erdgeschoß	zus. 1759,30 qm
						709,20	Untergeschoß	
Kirch-Straße 4/5 I	260					460,25	Erdgeschoß	
Spree-Straße 3c I	237	VII. Schulverwaltung	400	428,35	Untergeschoß	369,35	2. Obergeschoß	
Berliner-Straße 77 II	251	VIII. Armenverwaltung	500	488,00	2. Obergeschoß	488,00	desgl.	einschl. des Sitzungss. im 1. Obergeschoß
Spree-Straße 3c II	211	IX. Gewerbeverwaltung	350	369,25	desgl.	369,25	desgl.	
Feuerwehrgebäude Lützow 7/8	283	X Hochbauverwaltung	300	369,35	desgl.	422,10	3. Obergeschoß	
Wilmersdorfer-Straße 21	ca. 500	XI. Tiefbauverwaltung	600	627,60	3. Obergeschoß	849,85	desgl.	
		Reserveräume		441,75	desgl.	24,00	Erdgeschoß	Reserveräume
				202,60		65,00	Untergeschoß	
		XII. Vereinigtes Büreau	200	421,35	Untergeschoß		I. Obergeschoß	
		XIII. Rathskeller pp.			desgl		Untergeschoß	
		XIV. Räume f. Heiz. u. Lüftungsanl.			desgl.		desgl.	
		XV. Dienstwohnung für den Oberbürgermeister	450	554,00	1. Obergeschoß	554,00	I. Obergeschoß	
		XVI Desgl für 2 Kastellane		174,00	Untergeschoß	163,00	Untergeschoß	
	3650 qm		6870	8773		8742		

Quelle: Akten .. Rathaus, Bd. I, Bl. 107

der Kommission zählten die Schlichtung etwaiger Zwistigkeiten zwischen den bauausführenden Organen und die Entscheidung aller die Bauentwürfe und -ausführung betreffenden Fragen, soweit nicht die Anrufung des Magistrats und der Gemeindebehörden oder eines einzusetzenden Schiedsgerichtes erfolgen müßte.

Der Magistrat mochte sich nicht in allen Punkten den Vorschlägen der gemischten Deputation anschließen. In der Vorlage vom 20. April 1898 trat er dafür ein, die Leitung der allgemeinen Bauausführung unmittelbar dem Stadtbaurat für den Hochbau zu überantworten, während die »verantwortliche Mitwirkung« der Architekten auf das künstlerische Gebiet zu beschränken sei. Der Magistrat versäumte es allerdings, die Regelung der Bauaufsicht in den Vertragsentwurf, der die Geschäftsbedingungen zwischen der Stadtgemeinde und den Architekten festlegte, aufzunehmen, integrierte sie vielmehr in die Bestimmungen über die Ausführung des Rathausbaus. Im § 2 hieß es: »... Die Ausführung des Baus erfolgt unter der geschäftlichen und technischen Oberleitung des Stadtbaurats für den Hochbau. Die künstlerische Oberleitung wird den Herren Reinhardt und Süßenguth übertragen.«[3] Die Stadtverordneten widersetzten sich diesen Vorschlägen und beriefen zur weiteren Beratung einen Ausschuß ein.

Unter Leitung des Stadtverordneten Schrobsdorff erarbeitete dieser einen neuen Vertragsentwurf und eine Geschäftsordnung für die vorgesehene Rathaus-Deputation, die, zusammen mit der Bewilligung des Bauvorhabens, am 18. Mai von den Stadtverordneten angenommen wurden. Der neue Vertrag stärkte die Stellung der Architektengemeinschaft, der man ohne nähere Einschränkungen die künstlerische Oberleitung übertrug. Zu den Aufgaben der Architekten gehörten insbesondere die weitere Ausarbeitung des Entwurfs vom 14. Februar sowie die Anfertigung sämtlicher »nach dem Ermessen der Stadtgemeinde zum Bau erforderlichen

3 Tagesordnungen sowie Vorlagen und Mitteilungen für die Stadtverordneten-Versammlung zu Charlottenburg 1898, Drucksache Nr. 110, Anlage B.

Zeichnungen, allgemeinen Kostenanschläge, Baubeschreibungen und Konstruktionszeichnungen«[4] (§ 2). Alle nach ihren Entwürfen angefertigten Modellskizzen und Modelle mußten von ihnen geprüft und genehmigt werden. Bei der Bestellung von Künstlern, Handwerkern oder Lieferanten war den Wünschen der Architektengemeinschaft Rechnung zu tragen. Die geschäftliche Oberleitung legte die Geschäftsordnung für die Rathausbau-Deputation in die Hände des Stadtbaurats und stellte ihm ein Baubüro zur Seite.

Der Vertrag mit den Architekten wurde am 7. Juni geschlossen. Die neugewählte Deputation hielt unter Vorsitz von Stadtbaurat Bratring ihre erste Sitzung am 26. September ab. Neben dem Stadtbaurat gehörten ihr von seiten des Magistrats Oberbürgermeister Kurt Schustehrus und die Stadträte Max Cassirer, Georg Toebelmann und Bernhard Meyer an, daneben die Stadtverordneten Martin Altgelt, Carl Bertuch, Emil Fränken, Benno Jaffé, Otto Kaufmann, Georg Reimarus, Karl Schliemann, A. Schrobsdorff, H. Sommer sowie Carl Ströhler. Von Anfang an beschäftigten die Deputation weitere Veränderungen des Rathausentwurfs. Da die Festlegung des Bauplans für die Bauerlaubnis eine ihrer ersten Aufgaben war, beschloß sie, die Unterkellerung des Baus inklusive eines Teils der ersten Hoffläche in den Entwurf aufzunehmen. Am 6. April 1899 wurde schließlich die Baugenehmigung erteilt.

Unter Berücksichtigung der Erweiterungen des Bauprogramms legten Reinhardt und Süßenguth die Bausumme auf 3,5 Millionen Mark fest. Prüfungen der Deputation ergaben, daß 260 000 Mark zu sparen seien, so daß mit folgenden Gesamtkosten zu rechnen war:

1. Reine Bausumme für den umbauten Raum	3 280 000 Mark
2. Bauleitung einschließlich Architektenhonorar (rund 6% der Summe)	200 000 Mark
3. Bauzinsen für 5 Jahre von der Hälfte der Bausumme	350 000 Mark
4. Mobile Ausstattung der Innenräume	170 000 Mark
Als Gesamtkosten sind in Aussicht zu nehmen	4 000 000 Mark[5]

Die Ausführungsbestimmungen zum Rathausbau verlangten einen »mobilen Innenausbau«[6]. Da man auf künftige Raumaufteilungen Rücksicht nehmen wollte und erfahrungsgemäß sich die Raumbedürfnisse in Rathäusern häufig änderten, sollten die Träger auf allen Pfeilerachsen so berechnet werden, daß sie sich für eine Zwischenwand als tragfähig erwiesen, mithin jederzeit Zwischenwände herausgenommen oder eingefügt werden konnten. Wände, Decken, Treppen, Fußböden sowie die Dachkonstruktion hatten, mit Ausnahme der Sparren, aus feuersicherem Material zu bestehen.

Die Ausstattung des Baus war in allgemeiner Form festgelegt. Während die Straßenfronten und der Turm in reiner Sandsteinarchitektur zur Ausführung kommen sollten, waren in den Höfen helle Verblendziegel in Klosterformat für die Flächen, für Gesimse, Sohlbänke und Bindersteine heller Sandstein vorgesehen. Sockelteile, Schwellen und Stufen sollten in Granit hergestellt werden. Die Dächer plante man mit Schiefer, allein den Turm mit Kupfer zu decken. Hallen, Haupttreppenhäuser, Repräsentationsräume und die verschiedenen Säle sollten eine »künstlerisch vornehme, den einzelnen Zwecken entsprechende gediegene Ausstattung«[7] erhalten,

4 Ebd.
5 Tagesordnungen ... Stadtverordneten-Versammlung ... 1899, Drucksache Nr. 194.
6 Bericht über die Verwaltung ... 1898/99, S. 150.
7 Tagesordnungen ... Stadtverordneten-Versammlung ... 1899, Drucksache Nr. 194, Erläuterungsbericht zum Ausführungsprojekt für den Rathausneubau.

die freistehenden Pfeiler und Säulen in Sandstein gearbeitet werden. Am 29. Mai 1899 begannen, gleichzeitig mit dem Abriß des alten Quergebäudes, die Erdarbeiten am Bauabschnitt Lützower Straße.
Die Jahre vor der Fertigstellung des neuen Verwaltungsgebäudes blieben eine Zeit vermehrter Raumnot. Der Magistrat sah sich zu weiteren Anmietungen gezwungen. Die Bevölkerung Charlottenburgs hatte in den neunziger Jahren erneut rapide zugenommen, das relative Wachstum lag zwischen 1890 und 1900 bei 146,3 Prozent. Die Volkszählung von 1895 ermittelte 132377, diejenige von 1900 189305 Einwohner.[8] Die Kommunalverwaltung richtete zwei weitere Stadtratsämter ein, und zwar bereits 1894 für die Bereiche Armendirektion und Versorgungsbetriebe und 1899, verzögert durch Auseinandersetzungen mit dem preußischen Unterrichtsministerium über die staatliche Aufsichtsbefugnis für die Charlottenburger Volksschulen, das Amt eines Stadtschulrates.
Die Zahl der unbesoldeten Magistratsmitglieder steigerte sich bis zur Jahrhundertwende auf vierzehn. Nachdem die Obliegenheiten des Kämmerers vom Amt des zweiten Bürgermeisters getrennt worden waren und seit 1903 einem eigenständigen Stadtratsamt zufielen, setzte sich das Magistratskollegium aus insgesamt 23 Mitgliedern zusammen. In der Stadtverordneten-Versammlung saßen inzwischen 72 Vertreter der Charlottenburger Bürgerschaft. Die Deputationen wurden um die Abordnungen für das städtische Fortbildungswesen (1894), die höheren Lehranstalten, den städtischen Arbeitsnachweis (1898) und für das Elektrizitätswerk (1899) erweitert. Die Zahl der »Bureau-, Kassen- und Unterbeamten« war bis zum April 1901 auf 475 gestiegen.[9] Am 1. Oktober 1901 wurde das Büro- und Kassenwesen in siebzehn Stellen aufgeteilt, denen man sieben Kanzleien zuordnete.

Die Organisation des Büro- und Kassenwesens nach dem 1. Oktober 1901

Stelle	I.	Allgemeine Verwaltung.
Stelle	II.	Bibliothek, Drucksachen und Schreibbedarf.
Stelle	III.	Elektrizitätswerk, Gesundheitspflege, Grundeigentum, Militärsachen u. a. m.
Stelle	IV.	Statistische und Wahlangelegenheiten (Statistisches Amt).
Stelle	V.	Rechnungswesen.
Stelle	VI.	Gewerbegericht, Stadtausschuß, Arbeiterversicherung und Gewerbesachen.
Stelle	VII.	Schulverwaltung.
Stelle	VIII.	Armenverwaltung.
Stelle	IX.	Tiefbau (Verwaltungsstelle).
Stelle	IX.	Tiefbau (technische Stelle).
Stelle	X.	Hochbau.
Stelle	XI.	Einkommensteuer.
Stelle	XII.	Gebäude-, Grund-, Gewerbe-, Umsatz- und Hundesteuer.
Stelle	XIII.	Gasanstaltsverwaltung.
Stelle	XIV.	Feuerlösch-, Straßenreinigungs- und Parkwesen.
Stelle	XV.	Verwaltung des Kranken- und Bürgerhauses.
	St. V.	Geschäftsstelle der Stadtverordneten-Versammlung.

Quelle: Bericht über die Verwaltung... 1901, S. 11

Im Oktober 1897 mieteten die städtischen Körperschaften zum jährlichen Zins von 6000 Mark eine weitere Etage des Hauses Berliner Straße 77 beziehungsweise Spreestraße 3c (heute: Wintersteinstraße), in die das Standesamt und das Schulbüro einzogen, außerdem wurde die Volksbibliothek mit einer Lesehalle in drei Zimmern untergebracht. Um Raum für die technischen Büros der Tiefbauverwaltung zu schaffen, mietete der Magistrat seit April 1899 für 4900 Mark pro Jahr das

8 Bericht über die Verwaltung... 1910, S. 2.
9 Akten... Rathaus, Bd. I, Bl. 123.

Haus in der Wilmersdorfer Straße 21.[10] Zum 1. Oktober 1898 gab Oberbürgermeister Schustehrus seine Dienstwohnung im alten Rathaus auf. Die freigewordenen Räume wurden nach kurzen Umbauten einzelnen Verwaltungsstellen zugewiesen. Die Steuerverwaltung, die vor dem Abriß des alten Quergebäudes weichen mußte, brachte man im Haus Kirchstraße 10 / Ecke Grünstraße (heute: Haubachstraße) unter.

Der Rathausneubau erforderte weiterhin die Verlegung des Bauhofes und der angeschlossenen Werkstätten. Der Magistrat hatte diese Einrichtung auf dem Rathausgrundstück angelegt, um Instandsetzungs- und Umbauarbeiten bei den häufigen Umzügen der verschiedenen Verwaltungseinheiten durch städtische Arbeiter ausführen zu lassen. Nach längeren Auseinandersetzungen gelang es im Herbst 1899, die Stadtverordneten für einen Umzug auf das Grundstück des Feuerwehr-Dienstgebäudes Am Lützow 7–8 (heute: Alt-Lietzow) zu gewinnen. Im Februar des nächsten Jahres mietete die Stadt zwei Etagen des Hauses Schulstraße 4 (heute: Behaimstraße) zu einem Jahreszins von 3000 Mark für das Statistische Amt an, das insbesondere durch die im gleichen Jahr geplante Volkszählung mit einer Personalzunahme zu rechnen hatte.

Die Vollendung des Rohbaus im ersten Bauabschnitt wurde von Frühling bis Herbst 1899 durch Streikbewegungen außerordentlich behindert. Bereits Ende Mai / Anfang Juni war in Berlin ein Maurerstreik ausgebrochen, der schnell auf Charlottenburg übergriff und hier zunächst die Baustellen in der Ansbacher und Bayreuther Straße traf. Die Streikenden forderten eine Erhöhung des Stundenlohns von 60 auf 65 Pfennige.[11] Die Arbeitsniederlegung zog sich in die Länge und wurde von Streiks anderer Teile der Arbeiterschaft begleitet. Die Arbeitgeberorganisation, der Bund für das Maurergewerbe, reagierte mit Aussperrung, gleichzeitig forderte sie die Verbände und Innungen des Maurergewerbes im Berliner Umland dazu auf, keine Berliner Gesellen einzustellen. Von weitaus größerer Bedeutung war jedoch der Beschluß des Arbeitgeberbundes, einen Arbeitsnachweis einzuführen und die Mitglieder bei Androhung von Konventionalstrafen zu verpflichten, ihre Arbeiter nur aus diesem Nachweis zu beziehen. Wiederholte Unmutsäußerungen der Arbeiter über diese als Mittel der Disziplinierung verstandene Einrichtung und die Forderung nach einem paritätisch besetzten Arbeitsnachweis begleiteten die Arbeitskämpfe im Sommer und Herbst 1899.[12] Die Maurer hatten ihre Forderungen nicht vollständig durchsetzen können, die Löhne sollten erst zum 1. Januar 1900 auf 62,5 Pfennig und zehn Monate später auf 65 Pfennig erhöht werden. Als Erfolg war allerdings die Anerkennung ihrer Organisation zu werten, die zukünftig Delegierte in eine paritätisch besetzte Kommission schicken konnte, um mit den Unternehmern die Festlegung der Löhne für die jeweilige Bauperiode zu beraten.[13]

Der Arbeitsfriede währte nach Wiederaufnahme der Arbeit gegen Ende Juni 1899 nicht lange: Andere Teile der Bauarbeiterschaft, wie Putzer, Zimmerer, Steinträger und Hilfsarbeiter, stellten Lohnforderungen und unterstrichen diese durch Arbeitsniederlegungen. Besonders der Steinmetzstreik, der den ganzen Herbst andauerte, traf den Rathausbau, die Ausführung der Front an der Lützower Straße sowie sämtlicher Hoffassaden, da die Ziegelverblendung, die Verarbeitung von Sandstein für Bogenwiderlager, das Anbringen von Schlußsteinen und Gurtgesimsen der Arbeit von Steinmetzen oblag. Der Magistrat kalkulierte die Bauverzögerung auf ein halbes Jahr, hoffte jedoch die Disposition für

10 Tagesordnungen ... Stadtverordneten-Versammlung ... 1898, Drucksache Nr. 312.
11 Charlottenburger Bürger-Zeitung vom 7. Juni 1899.
12 Charlottenburger Bürger-Zeitung vom 15. August 1899.
13 Charlottenburger Bürger-Zeitung vom 27. Juni 1899.

den weiteren Ausbau so treffen zu können, daß der Schlußtermin der ersten Bauperiode sich um nicht mehr als drei Monate verschieben würde.

Der innere Ausbau wurde dann so gefördert, daß der Magistrat glaubte, die Ingebrauchnahme der Büroräumlichkeiten des hinteren Verwaltungstraktes einschließlich der Seitenflügel zum 1. Oktober 1901 und die Eröffnung der Magistrats- und Stadtverordneten-Sitzungssäle auf den 1. September 1902 festlegen zu können. Zwischen dem 15. September und Mitte Dezember 1901 begann der Einzug verschiedener Verwaltungsstellen. Die Fertigstellung der Sitzungssäle wurde auf Antrag von Reinhardt und Süßenguth mit »Rücksicht auf die künstlerische Durcharbeitung der sehr umfangreichen Holzbildhauerarbeiten«[14] auf den 1. Januar 1903 verschoben. Die Architekten erklärten in einem Schreiben vom 9. August 1902, sie hätten, dem Wunsch der Rathausneubau-Deputation folgend, ihren ersten Entwurf des Stadtverordneten-Sitzungssaals, dem sie »als Kern der Anlage« die »vornehmste Ausgestaltung von sämtlichen Räumen des Rathauses«[15] geben wollten, mehrfach umgearbeitet. Reinhardt und Süßenguth fertigten von sämtlichen ornamentalen Teilen des Saals Zeichnungen in natürlicher Größe an, da »es dem Bildhauer große Schwierigkeiten machte, sich in die ihm vollständig neuen Formen nach den Zeichnungen 1:10 und 1:5 ohne weiteres hineinzufinden, ja wir haben trotzdem persönlich sehr viel Zeit daran setzen müssen, bei dem Bildhauer in der Ausführung der Modelle das zu erreichen, was wir in die Arbeit hineinlegen wollten«[16]. Das Zurichten des Holzes nach Fertigstellung der Modelle nahm wiederum erhebliche Zeit in Anspruch, aus Gründen der Haltbarkeit war bei großen Stücken eine sorgfältige Zusammensetzung aus vielen kleinen Teilen erforderlich.

Die aufwendige Gestaltung beider Sitzungssäle einschließlich der Vor- und Nebenräume führte im Oktober 1901 zur Nachbewilligung von 50 000 Mark. Nachdem der endgültige Entwurf der Sitzungssäle von der Deputation genehmigt worden war, brachte die Ausschreibung eine Kostenüberschreitung von 60 000 Mark. Ein Zuschlag wurde deshalb ausgesetzt, die Architekten forderte man zu Vereinfachungen und Abänderungen auf. Die Neuausschreibung ergab einen Mehrbedarf von 40 000 Mark, von denen 3000 auf die Ausstattung des Magistrats- und 30 000 Mark auf die bessere Ausgestaltung des Stadtverordneten-Sitzungssaals entfielen. In diesem Saal waren ursprünglich Stuckvouten vorgesehen, die jedoch mit Rücksicht auf die Akustik durch teurere Holzvouten ersetzt werden sollten. Die zunächst nicht geplante Abtrennung des Sitzungssaals von den Vorräumen durch Holzverschläge und große Türen hatte sich ebenfalls wegen der Akustik als notwendig erwiesen. Weitere Mehrkosten ergaben die Holzverkleidungen der Vorräume und einzelner künstleri-

14 Bericht über die Verwaltung... 1901, S. 25.

15 Tagesordnungen ... Stadtverordneten-Versammlung ... 1902, Drucksache Nr. 294 – Abschrift des Schreibens der Architekten Reinhardt und Süßenguth.

16 Ebd. Georg Süßenguth berichtete später, »daß die überwiegend schnellen Absichten der örtlichen Bauleitung sich in Wirklichkeit nicht dementsprechend auswirkten. Es darf nicht vergessen werden, daß für die sehr reichen Räume des Mittelbaus... nebst ihren Vorräumen und dem reichen Treppenhause sehr zeitraubende Vorarbeiten zu machen waren, weil wir gewohnheitsgemäß auch für die schmückenden Einzelheiten solcher Bauteile große Zeichnungen anzufertigen pflegten... Der Laie kann sich keine Vorstellung davon machen, welche Fülle von Arbeit bei einem großen Rathause mit den verhältnismäßig vielen Repräsentationsräumen zu leisten ist. Von der ersten Skizze bis zur Durcharbeitung der Zeichnungen im großen Maßstabe, bis zu den Modellen und der Ausführung ist ein weiter Weg... Wir hatten deshalb die Mitglieder der Baudeputation gelegentlich zu einer Besichtigung unseres damaligen Ateliers in der Grolmanstraße 23 eingeladen, in dem wir eine Ausstellung der Zeichnungen im größeren Maßstabe für alle schmückenden Teile des Rathauses veranstaltet hatten; zu unserer Freude erschienen unter Führung des Herrn Oberbürgermeisters Schustehrus die meisten Herren, und es herrschte anscheinend große Freude über die Fülle und Güte der gewählten Motive.« Nachlaß Heinrich Reinhardt...

Übersicht der entstehenden Mehrkosten für die Ausstattung der Sitzungssäle des Magistrats und der Stadtverordneten-Versammlung mit zugehörigen Nebenräumen.

Bezeichnung	Betrag nach dem genehmigten Kostenanschlage	Betrag nach der Verdingung	Ersparnisse an anderer Stelle des Kostenanschlags
	M	M	
Magistrats-Sitzungssaal	16340	24285	4680 M aus Pos. 75 des Kostenanschlags (Parkettboden, statt dessen nur Gipsestrich mit Linoleumbelag ausgeführt werden soll).
Ursprünglicher Kostenanschlag .... 20600 M			
Davon Abstriche bei der Revision:			
für Teppiche .... 3400 M			
und 5% der nun verbleibenden .... 17200 M			
mit .... 860 M			
bleiben 16340 M			
Beleuchtungskörper		900	
Ausstattung des Vor- und Sprechzimmers für die Magistratsmitglieder (im Anschlag nicht vorgesehen)		2218	
Stadtverordneten-Sitzungssaal	69120	99000	
Ursprünglicher Kostenanschlag .... 92800 M			
Davon Abstriche bei der Revision:			
für Teppiche .... 6400 M			
und 20% der nun verbleibenden .... 86400 M			
mit .... 17280 M			
bleiben 69120 M			
Beleuchtungskörper		1000	
Ausstattung des Zimmers für den Stadtverordneten-Vorsteher (im Kosten-Voranschlag nicht vorgesehen)		1154	
Bleiverglasung in den Haupttreppenhäusern	3050	3900	
Summa	88510	132457	4680

	127777 M
Hiervon Kostenanschlag	88510 M
bleiben	39267 M
oder rund	40000 M

Quelle: Tagesordnungen... Stadtverordneten-Versammlung... 1901, Drucksache Nr. 361

scher »Details in den Sitzungssälen der Stadtverordneten und des Magistrats, deren Wegfall zwar möglich wäre, aber die künstlerische Wirkung beeinträchtigen würde.«[17]

Eine zusätzliche Nachbewilligung gegenüber der Revision des Kostenanschlags der Architekten vom 2. Februar 1899 in Höhe von 97000 Mark erforderten die Installa-

17 Tagesordnungen ... Stadtverordneten-Versammlung ... 1901, Drucksache Nr. 361.

Verhältnis der Baukosten zum Kostenanschlage für beide Bauperioden.

Bezeichnung der Titel	Kostenanschlag	Ausführungskosten			Überschreitung	Ersparnis	Hiervon Überschreitung innerhalb der ersten Bauperiode
		I. Bauperiode	II. Bauperiode	zusammen			
	M	M	M	M	M	M	M
a) Be- und Entwässerung ...	35 000	41 000	26 000	67 000	32 000	–	21 000
b) Blitzableiteranlage	3 000	1 850	800	2 650	–	350	–
c) Elektrische Lichtanlage ...	20 000	33 500	25 500	59 000	39 000	–	23 500
d) Fahrstühle	30 000	22 000	15 000	37 000	7 000	–	4 000
e) Tresoranlage	1 400	3 200	3 200	6 400	5 000	–	2 600
f) Heizanlage	–	9 000*	3 000*	12 000	12 000	–	9 000
				Summa	95 000	350	60 100

Von den nachgeforderten 97 000 M fallen auf den ersten Theilbau rund 60 000 M

* Nachtrag für Deflektoren und besonderen Putz hinter den Heizkörpern

Überschreitung in beiden Bauperioden insgesamt ...	94 650 M
Für Unvorhergesehenes ...	2 350 M
Zusammen	97 000 M

Quelle: Tagesordnungen... Stadtverordneten-Versammlung... 1901, Drucksache Nr. 361

tionen des gesamten Neubaus. Kostenüberschreitungen bei der Be- und Entwässerung verursachten die Anlage von Hydranten im Innern des Hauses sowie die Vermehrung der Zu- und Ableitungen zu den Sitzungssälen und Dezernentenzimmern. Da die Büroräume nicht nur, wie ursprünglich veranschlagt, mit einer Dekkenbeleuchtung, sondern sämtliche Arbeitsstellen auch mit Tischlampen zu versehen waren, verteuerte sich die elektrische Lichtanlage. Der Einzelpreis für die »Flamme« lag bei 15,25 Mark. Andere Bewilligungsposten, wie Fahrstühle, Tresor- und Heizanlagen, waren bei der Aufstellung des Kostenanschlags vom Februar 1899 ebenfalls nicht berücksichtigt worden.

Der erste Bauabschnitt wurde bereits unter erheblichen baulichen Veränderungen ausgeführt. Die Architekten gaben den »gotisierenden Spitzbogenstil« ihres prämiierten Entwurfs auf und entwickelten eine strengere Gliederung der Fassade an der Lützower Straße. Die Form der inneren Räumlichkeiten wurde der schlichten Monumentalität des Äußeren angepaßt. Diese Umgestaltung blieb nicht unumstritten, zumal ein neuer Entwurf für die Hauptfassade an der Berliner Straße noch nicht fertiggestellt war. Das am 22. Januar 1902 im Vorzimmer des Stadtverordneten-Sitzungssaals ausgestellte Modell der neuen Hauptfront konnte nicht überzeugen, da Reinhardt und Süßenguth es unterlassen hatten, die Fassade in ihren Einzelheiten vollständig darzustellen. Die Charlottenburger Bürger-Zeitung berichtete, die neue Fassade mache »nach Äußerungen von sachverständiger Seite... einen sehr nüchternen, kasernenmäßigen Eindruck«[18]. Eine Reihe von Stadtverordneten waren vom »etwas herben, ... neudeutschen Baustil« des ersten Bauabschnitts enttäuscht und befürchteten, daß die Hauptfassade des Rathauses »nicht würdig genug für das hervorragendste Gebäude unserer Stadt ausfallen

18 Ausgabe vom 24. Januar 1902.

würde«[19]. Spontan formulierte eine Gruppe von 35 Stadtverordneten einen Antrag, in dem sie die Herstellung eines zweiten Modells nach dem prämiierten Entwurf der Architekten verlangte. Die Stadtverordneten forderten, daß, sollte dies nicht ausführbar sein, der durch Gemeindebeschluß genehmigte Konkurrenzentwurf »unverändert dem Neubau zu Grunde gelegt wird«[20]. Diese Drohung veranlaßte die Architekten, ein zweites Modell anzufertigen, das zusammen mit dem des neuen Entwurfs in den letzten Februarwochen im ›Roten Haus‹ in der Schillerstraße ausgestellt wurde.

Allmählich setzte sich unter der Mehrheit der Stadtverordneten die Auffassung durch, man könne es nicht bei Modifizierungen der gotisierenden Fassade belassen, vielmehr sei die »Eigenart de(s) Gesamtbau(s)«[21] zu bewahren. Die Befürworter der Umgestaltung waren sich allerdings darin einig, daß der Hauptfassade noch »eine besondere, reichere Ausschmückung zuteil und dadurch ein Bauwerk geschaffen werden (müsse), welches in vollster Harmonie den Baustil unserer Zeit in einer Weise und Ausführung zutage treten läßt, wie solches einzig in unserer Stadt dastehen wird«[22]. Und enthusiastisch erklärte die Charlottenburger Bürger-Zeitung: »Das neue Rathaus wird den modernen Baustil in vollendeter Form repräsentieren und dadurch seiner Zeit für unsere schöne Berliner Straße nicht nur der hervorragendste Schmuck werden, sondern ihr auch seinen Charakter aufprägen.«[23] Am 24. März legten Reinhardt und Süßenguth eine überarbeitete Entwurfsskizze vor, die das Wohlwollen des Magistrats und der Deputation fand. In der Sitzung vom 2. April 1902 schlug der Stadtverordnete Ferdinand Döbler als Berichterstatter die Annahme des Fassadenentwurfs vor und wies resümierend darauf hin, daß »man unmöglich dem Monumentalbau durch Annahme des gotischen Stils die Einheitlichkeit rauben dürfe und daß der neue Sezessionsstil die Bestrebungen, das Kämpfen und Ringen unserer Zeit in der architektonischen Kunst deutlich in Erscheinung treten lasse«[24]. Die Gegner der Fassadenänderung, besonders die Stadtverordneten P. Rostock, Martin Altgelt und P. May, konnten mit ihrer Ansicht, »daß Vorder- und Hinterfront nie zusammen in die Erscheinung treten und eine etwas modifizierte gotische Fassade sich wohl rechtfertigen ließe«[25], nicht durchdringen. Und ebensowenig mochte man sich ihrer Meinung anschließen, die vorliegende Zeichnung wirke »unschön« und »(entspreche) nicht der hohen Bedeutung des ganzen Bauwerks (...)«[26]. Leider sind die verschiedenen Entwurfszeichnungen nicht erhalten, daher können die ursprünglichen Absichten der Architekten nicht mehr rekonstruiert werden. Im Magistratsbericht zur Stadtverordnetensitzung vom 2. April wurde lediglich erwähnt, die Fensterabschlüsse hätten zu den Streitpunkten gehört und die Architekten hätten mehrere Lösungsvarianten entwickelt.[27]

Bemerkenswert war, daß die Charlottenburger Gemeindevertreter bei dem zentralen öffentlichen Gebäude der Stadt die

19 Charlottenburger Bürger-Zeitung vom 12. Februar 1902.

20 Akten ... Rathaus, Bd. I, Bl. 178. In den Magistratsakten finden sich keine Hinweise auf Auseinandersetzungen über die Ausführung des ersten Bauabschnitts; so kann davon ausgegangen werden, daß man Reinhardt und Süßenguth zunächst einen beträchtlichen Freiraum bei der Gestaltung des Rathauses ließ beziehungsweise Änderungen im Einvernehmen mit der Rathausneubau-Deputation und dem Magistrat vorgenommen wurden, denen die Stadtverordneten übrigens am 18. Mai 1898 zugestimmt hatten.

21 Charlottenburger Bürger-Zeitung vom 12. Februar 1902.

22 Ebd.

23 Ebd.

24 Charlottenburger Bürger-Zeitung vom 4. April 1902.

25 Ebd.

26 Ebd.

27 Tagesordnungen ... Stadtverordneten-Versammlung ... 1902, Drucksache Nr. 127.

Reinhardt und Süßenguth, Ausführungsentwurf, Hauptansicht

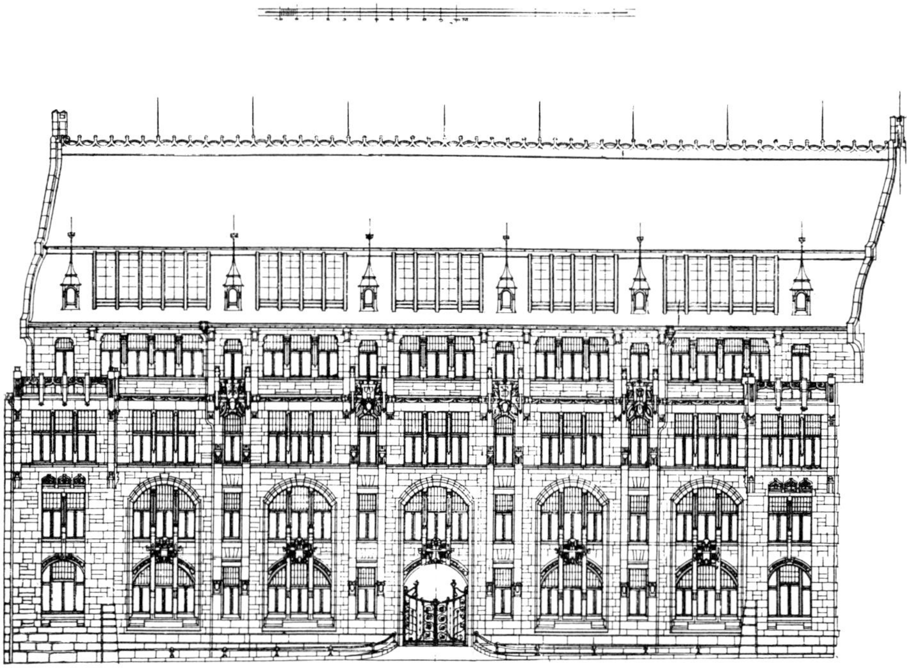

Reinhardt und Süßenguth, Ausführungsentwurf, Ansicht von der Lützower Straße

traditionellen Bahnen verließen und sich bürgerliches Selbstverständnis nicht mehr allein in der Rezeption von Bedeutung erschöpfte, sondern sich als Gestaltungswillen darstellte, der einen kulturellen Führungsanspruch formulierte. Wenn die historische Legitimation durch altdeutsche Vorbilder aufgegeben wurde, das Rathaus als »großdimensioniertes Denkmal bürgerlicher Macht«[28] erschien, so manifestierten sich darin die Versuche einer Klasse, aus dem Schatten ihrer nur ökonomisch begründeten Führungsrolle herauszutreten und nach Jahrzehnten der »Parvenükultur« auch »auf ästhetischer Ebene... Überlegenheit zu demonstrieren«[29]. Die Aufnahme zeitgenössischer Architekturformen bewegte sich allerdings im Rahmen des allgemein Anerkannten und vollzog sich nicht bruchlos, wie der Streit um die Fassadenausführungen in Charlottenburg zeigt. Die Architekten hatten auf die innergemeindliche Diskussion um die Ausführung der Außenarchitektur des Rathauses vermutlich wenig Einfluß, vielmehr dürften sie die Durchsetzung eines erheblichen Teils ihrer Vorstellungen ihrem Ruf als anerkannte Rathausspezialisten, vor allem aber der Unterstützung durch den aufgeschlossenen Magistrat verdankt haben.[30]

Am 21. Mai 1902 hatte die Rathaus-Deputation die Kostensumme für den fertiggestellten ersten Bauabschnitt auf 1946500 Mark festgesetzt, während für den zweiten Teil 2200500 Mark vorgesehen waren. Doch schien diese Summe noch keineswegs auszureichen. Die Vergrößerung des Vorderhauses, die Veränderung der Kü-

28 Ch. Kranz-Michaelis, Rathäuser im deutschen Kaiserreich 1871–1918 ... S. 101.

29 R. Hamann/J. Hermand, Stilkunst um 1900... S. 251.

30 Es ist außerordentlich zu bedauern, daß sich die Stadt Charlottenburg erst zur zweiten Hälfte des Jahres 1903 entschließen konnte, über die Verhandlungen der Stadtverordneten-Versammlungen stenographische Berichte abfassen zu lassen. So sind die Auseinandersetzungen um die Ausführungsentwürfe von Reinhardt und Süßenguth nur spärlich durch verschiedene Zeitungsnotizen dokumentiert.

chenanlage, der Steuerkassenräume und der Ratskellereinteilung verursachten einen Mehrbedarf von etwa 260000 Mark, darüber hinaus mußte die Erhöhung der Arbeitslöhne seit 1899 berücksichtigt werden. Die bebaute Fläche des Vorderhauses wurde um 1060 m^2 erweitert, die Küchenanlage durch einen Anbau im Hof ergänzt und mit einem Lasten- und Speiseaufzug, der zum Festsaal führte, ausgestattet. Der Ratskeller sollte entgegen der ursprünglichen Planung in mehrere kleinere Räume aufgeteilt werden. Zwischen dem eigentlichen Ratskeller und der Küchenanlage wurden zwei kleine Lichthöfe eingerichtet, um dem Ratskeller von den Haupthöfen her Licht und Luft zuzuführen. Das frühere Konzept einer vollständigen Hofunterkellerung gab der Magistrat mit Ausnahme des Kohlenkellers für die Heizungsanlage auf.[31]

Das Haupttreppenhaus im Vordergebäude wurde erhöht, der umbaute Raum nahm dabei um 260 m^3 zu. An die Stelle der Scheingewölbe traten im Hauptgebäude massive Gewölbe. Durch die Abänderung der Oberlicht- und Dachkonstruktion über dem Stadtverordneten-Versammlungssaal – zur Verbesserung der akustischen Verhältnisse wurde das innere Oberlicht gesenkt – vermehrten sich die Eisenarbeiten, ferner durch die in Eisen hergestellte Tribünen- und Fußbodenkonstruktion. Zu den weiteren kostensteigernden baulichen Änderungen gehörte die Einrichtung äußerer Kellerzugänge, Lichtpaushäuschen für die Bauverwaltungen, die Anbringung von eisernen Doppelfenstern in den Zeichensälen an Stelle der Einfachfenster, die Abdekkung der Gesimse mit Kupfer beziehungsweise Zink, die Einrichtung einer Attika in den Höfen, die Gurtbekleidung der Oberlichte in den Zeichensälen und die Verwendung von gepreßtem Glas für die unteren Scheiben der Arbeitsräume. Neben »bauliche Änderungen aus Zweckmäßigkeitsgründen« trat ein »Mehrbedarf baulicher Änderungen behufs besserer Ausgestaltung«[32]. Dazu gehörten Gesimse und dekorativer Putz in den Fluren und Treppenhäusern, die statt der Sandstein- eingesetzten Granitsockelleisten, die Eindeckung des Hauptdachs mit Mönch und Nonne an Stelle von Biberschwänzen, der »reichere Zierkamm der Firste im Vorderbau«, Zieranker in den Treppenhäusern, Facetten- und Spiegelglas in den Windfängen, gemustertes Linoleum anstatt des einfachen, Waschvorrichtungen in den einzelnen Zimmern, Wand- und Fußbodenfliesen in den besser ausgestatteten Aborten sowie Marmortrennwände für die Pissoirs. Einschließlich der Möbelausstattung des neuen Verwaltungsgebäudes, der Kosten für Umwehrung und einstweilige Einrichtungen, Pflaster- und Gartenanlagen, Kanalisationsbeiträge und Gehälter ließ sich eine Nachbewilligung in Höhe von 417925 Mark begründen. Die Rathausneubau-Deputation beschloß jedoch, von weiteren finanziellen Belastungen Abstand zu nehmen und nach Einsparungsmöglichkeiten zu suchen. Ausgeschlossen erschienen solche Maßnahmen, die »den Grundriß oder die Fassade wesentlich beeinflussen«, da sie einen erheblichen Zeitverlust sowie eine Beeinträchtigung des »einheitlichen Grundrißgedankens« nach sich gezogen hätten. Eine Kostenüberschreitung konnte nach Ansicht der Deputation nur dadurch vermieden werden, »daß man die Festsäle vorläufig in ganz einfacher Weise herrichtet und die reichere Ausgestaltung einer späteren Zeit überläßt«[33]. Darüber hinaus hatten die Architekten bei der Anlage einzelner Räume des Vorderbaus Kosten vermindert, insbesondere durch den Verzicht auf eine reichere Ausbildung des Ratskellers.

Zur Vorberatung der Kostenanschläge setzte die Stadtverordneten-Versammlung am 18. Juni 1902 einen Ausschuß mit dreizehn Mitgliedern ein, der die Pläne und

31 Magistrat von Charlottenburg, Schreiben vom 5. Mai 1902, in: Bezirksamt Charlottenburg... Bauaufsichtsamt, Bauakten Otto-Suhr-Allee 100, Bd. 6/7, Bl. 70.
32 Tagesordnungen... Stadtverordneten-Versammlung ... 1902, Drucksache Nr. 259.
33 Ebd.

Reinhardt und Süßenguth, Ausführungsentwurf, Längsschnitt

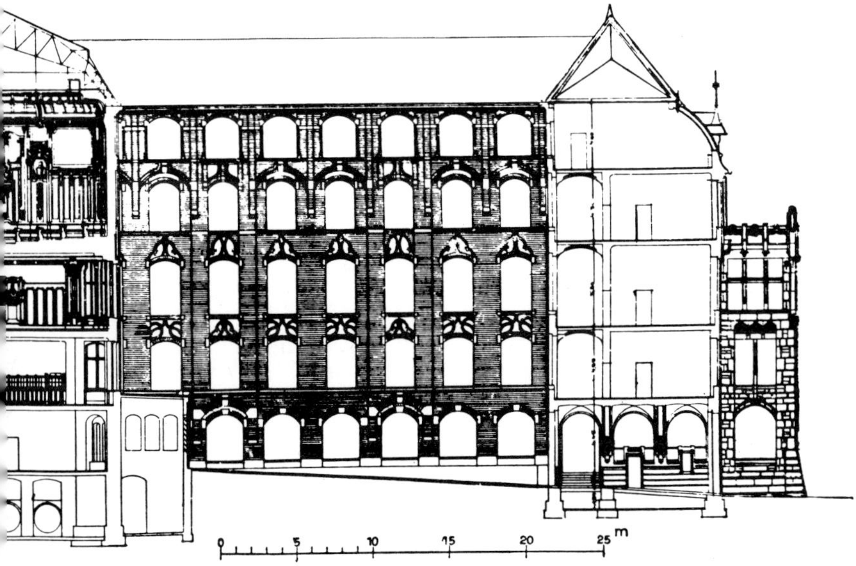
0
5
10
15
20
25 m

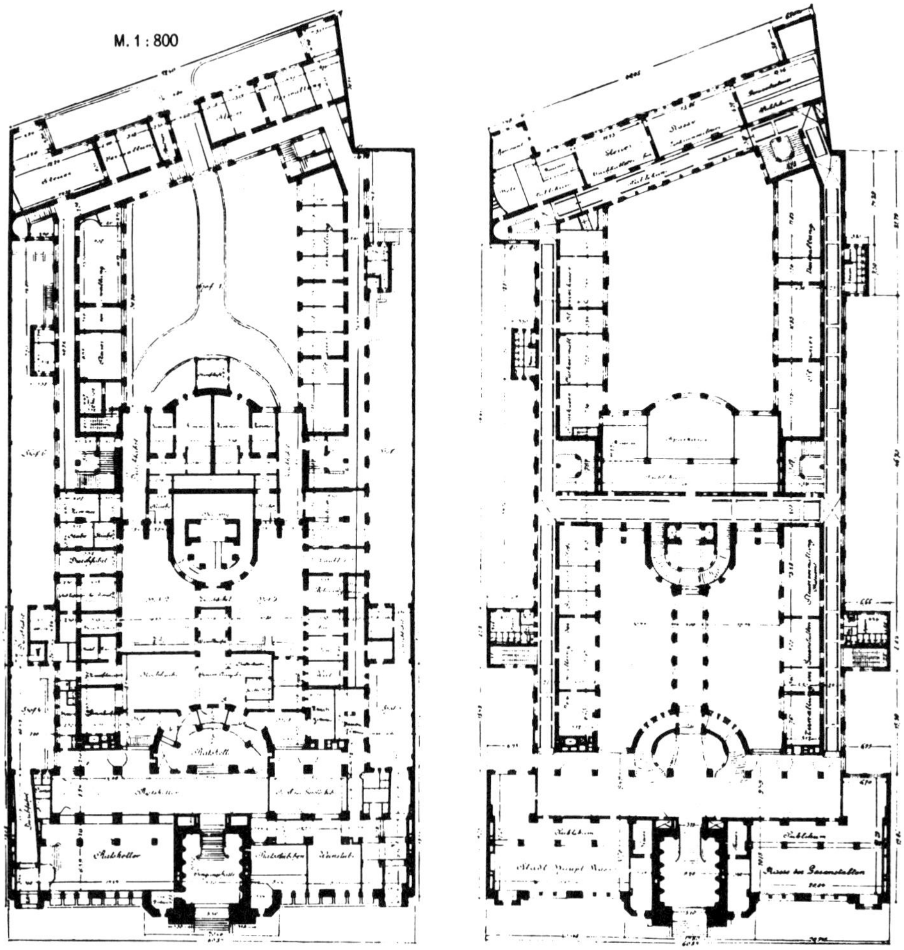

Reinhardt und Süßenguth, Ausführungsentwurf, Grundrisse Unter- und Erdgeschoß, 1. und 2. Obergeschoß

M. 1 : 800.

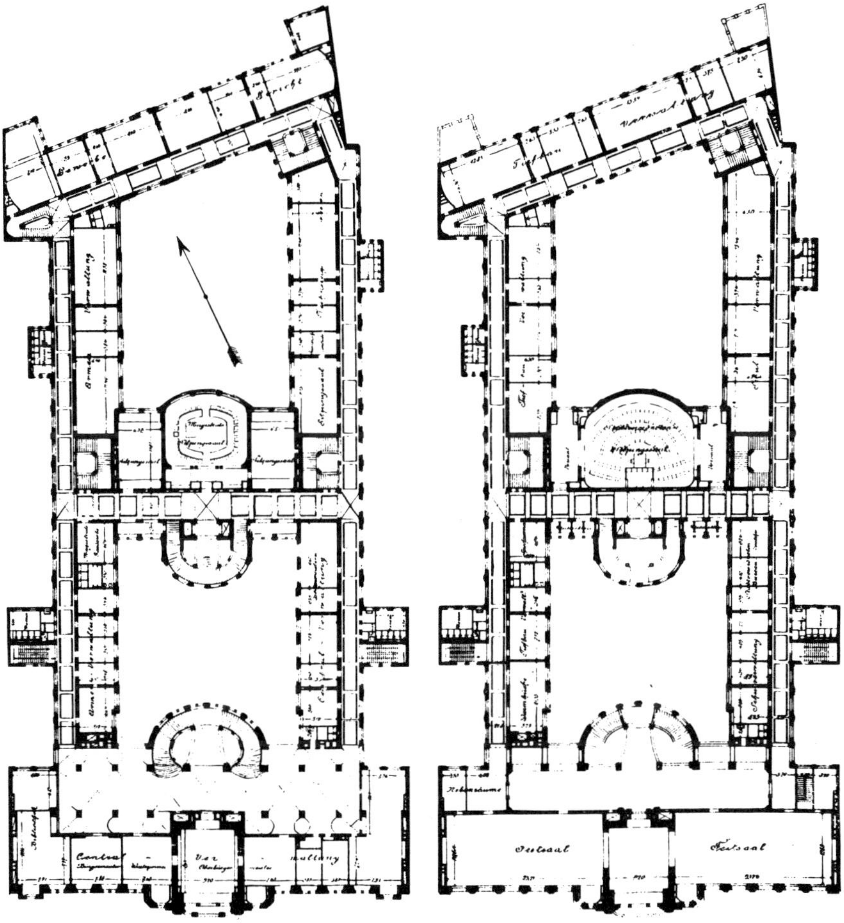

Kostenberechnungen und -anschläge für die einzelnen Bauabschnitte des Rathausneubaus

Titel	Bezeichnung	Bisher bewilligt	Kosten des I. Bautheils	Kosten des II. Bautheils		Kosten I. und II. Bautheil, Sp. 4+6 zusammen nach den Abstrichen	Mehr	Weniger
				nach dem Anschlag vom 21. 5. 02	nach den Abstrichen durch Deput.-beschluß vom 4. 6. 02			
1	2	3	4	5	6	7	8	9
		M	M	M	M	M	M	M
I	Erdarbeiten	23 000	7 800	24 000	22 500	30 300	7 300	–
II a	Maurerarbeiten }	} 939 250	} 562 000	265 500	265 500	} 1 140 955	} 201 705	} –
II b	Maurermaterialien }			195 000	185 000			
II c	Sonderarbeiten }			149 150	128 455			
III	Asphaltarbeiten	3 125	1 100	2 500	2 500	3 600	475	–
IV	Steinmetzarbeiten }	} 889 900	} 232 000	} 633 180	} 432 380	} 664 380	} –	} 225 520
IV a	Bildhauerarbeiten }							
V	Zimmerarbeiten	55 200	23 000	22 000	22 000	45 000	–	10 200
VI	Staakerarbeiten	–	–	–	–	–	–	–
VII	Schmiede- und Eisenarbeiten	184 450	120 000	140 000	137 000	257 000	72 550	–
VIII	Dachdeckerarbeiten	18 000	10 800	15 000	15 000	25 800	7 800	–
IX	Klempnerarbeiten	110 120	32 500	80 500	59 100	91 600	–	18 520
X	Tischlerarbeiten	321 219	196 000	198 680	126 736	322 736	1 517	–
XI	Schlosser- und Kunstschmiede-Arbeiten	116 495	62 000	82 365	58 474	120 474	3 979	–
XII	Glaserarbeiten	72 273	37 300	56 550	36 944	74 244	1 971	–
XIII a	Anstrich, Tapeten u. }	} 142 320	} 82 000	} 65 155	} 51 245	} 133 245	} –	} 9 075
XIII b	Linoleum }							
XIV	Stuckarbeiten	148 340	32 000	70 000	67 875	99 875	–	48 465
XV	Heizanlagen und Herde	171 700	122 000	46 500	44 500	166 500	–	5 200
XVI a	Wasseranlagen	67 000	43 500	30 000	27 000	70 500	3 500	–
XVI b	Beleuchtungsanlagen	59 000	40 000	36 000	36 000	76 000	17 000	–
XVI c	Sonstige Anlagen	43 400	27 500	55 750	47 700	75 200	31 800	–
XVII	Innere Einrichtung	179 150	116 000	218 125	111 725	227 725	48 575	–
XVIII	Umwehrung	–	5 000	2 000	2 000	7 000	7 000	–
XIX	Befest. und Gartenanlagen	–	12 000	5 000	5 000	17 000	17 000	–
XX	Insgemein	53 058	30 000	63 400	63 400	93 400	40 342	–
XXI	Entwurf und Bauleitung	200 000	112 000	170 000	157 466	269 466	69 466	215 000
XXII	Verzinsung der Bausumme	350 000	40 000	95 000	95 000	135 000	–	–
		4 147 000	1 946 500	2 721 355	2 200 500	4 147 000	531 980	581 980
		2 200 500 (Sp. 4+5)				vgl. Spalte 3.		

Quelle: Tagesordnungen ... Stadtverordneten-Versammlung ... 1902, Drucksache Nr. 259

Anschläge für den Rohbau zur Annahme und die weitere Überprüfung der Zeichnungen und Kosten für die übrigen Bauteile zur Überleitung an einen Unterausschuß empfahl. Die Stadtverordneten stimmten am 24. Juni zu. In drei Sitzungen einigte sich der Ausschuß, zu dessen Beratungen neben Vertretern des Magistrats und der Stadtverordneten auch die Architekten geladen waren, auf ein umfangreiches Sparprogramm.

Der Magistrat hatte bereits in seiner Vorlage vom 13. Juni 1902 bemerkt, daß durch die neue Fassade an der Berliner Straße schon die Sandsteinarbeiten eingeschränkt worden waren. Für das Innere des Gebäudes schlug der Ausschuß vor, bei der Werksteinausführung der Treppengeländer und Pfeiler der massigen Treppenanlage, bei Brüstungen und Kandelaberpfeilern, dem an der Umfassungsmauer umlaufenden Deckengesims, den anschließenden inneren Fenstersohlbänken sowie dem oberen Treppenvorbau auf der Ebene der Festsäle einschließlich des Balkons und der Fensterkämpfersteine mit »möglichster Sparsamkeit« vorzugehen und »bei den Profilen und Reliefs der Bildhauerarbeiten eine größere Einfachheit und Zartheit eintreten zu lassen, besonders auch für das Innere«[34]. In den Beratungen hatten Reinhardt und Süßenguth »diese Anregung dankbar entgegengenommen«. Hinsichtlich des Fest- und Versammlungssaals wurden die Architekten aufgefordert, »eine dem provisorischen Charakter entsprechende Einrichtung vorzuschlagen« und von einer »definitiven Ausgestaltung der Decken und Türen« abzusehen.[35] Reinhardt und Süßenguth mußten auf eine farbige Behandlung der Wände und eine Gestaltung der gewölbten Decke mit gezogenen Gesimsen verzichten. Für die Festsäle sollte an Stelle eines Parkettfußbodens ein »einfacher kiefern gemusterter Riemfußboden«[36] genügen. Die innere Eingangstür zur Haupthalle hatten die Architekten in Bronze geplant, die Stadtverordneten wollten sich mit einer Eichenholzausführung zufrieden geben. Die dekorative Malerei im Innern des Gebäudes sollte einfacher gehalten werden; der Ausschuß regte an, »nicht zuviel sogenannten Jugendstil hineinzubringen«[37]. Eine Wohnung für den Oberbürgermeister war nicht mehr vorgesehen. Den Raum neben den gemeinsamen Vorzimmern des ersten und zweiten Bürgermeisters »ausschließlich als Repräsentationssaal«[38] zu nutzen, stieß auf den Widerstand der Stadtverordneten. Statt dessen mußte ihn das Stadtoberhaupt als Empfangs- und Arbeitszimmer verwenden. Man gestand dem Oberbürgermeister jedoch ein weiteres Konferenz- und ein kleineres Ruhezimmer zu.

Nach dem Magistratsbericht vom 31. Oktober 1902[39] wollten die Stadtverordneten einzelnen Kunsttreibarbeiten – hauptsächlich den Turm- und Portalfiguren – nur unter dem Vorbehalt einer späteren Vorlage zustimmen. Für den Turm beabsichtigten Reinhardt und Süßenguth, vier Figuren von 4 m Höhe »nach einem Modell natürlicher Größe in 2,5 Millimeter starkes Kupferblech« treiben zu lassen, wobei die allegorischen Plastiken als Attribut 6 m lange Lanzen erhalten sollten. Einschließlich der notwendigen inneren Eisenkonstruktion und der Montage hatten die Architekten einen Einzelpreis von 2 500 Mark veranschlagt. Der Ausschuß empfahl eine Lösung, »die sich nicht so teuer stellt«[40]. Über die Portalfiguren, deren Kosten mit 5000 Mark berechnet waren, lag noch keine Entscheidung vor.

Am 31. März 1903 übergaben Reinhardt

34 Akten... Rathaus, Bd. I, Bl. 220.
35 A. a. O., Bl. 226.
36 A. a. O., Bl. 220.
37 A. a. O., Bl. 221.
38 A. a. O., Bl. 222.
39 Tagesordnungen... Stadtverordneten-Versammlung ... 1902, Drucksache Nr. 414.
40 Akten... Rathaus, Bd. I, Bl. 211.

und Süßenguth dem Magistrat den Entwurf für eine einfachere Ausführung der Turmfiguren und gleichzeitig eine neue Lösung des ganzen Turmhelms, »der in der Werksteinausführung um ca. 6,50 m höher wird, während die kupfergedeckte Spitze sich um ungefähr dasselbe Maß erniedrigt«[41]. Die neue Turmlösung hatte Mehrkosten für die Steinmetz- und Maurerarbeiten zur Folge, die nur zu einem geringen Teil durch kleinere Eckquader am unteren Teil des Turms und durch Einschränkungen der Einbände sowie Einsparungen bei den Brandgiebeln und der Fassade überhaupt aufgefangen werden konnten. Reinhardt und Süßenguth hatten sich deshalb entschlossen, die Kostenüberschreitungen durch »bedeutende Vereinfachungen« der Steinmetz- und Bildhauerarbeiten in der großen Halle vor den Festsälen auszugleichen. Ihr überarbeiteter Entwurf sah den Verzicht auf die Werksteine der vier Oberlichte und des Frieses über den Saaleingängen vor. Weiterhin entfielen 28,55 m^3 Werksteine »der Architekturen der beiden Kopfwände«[42]. Vereinfachungen an der Werksteinfassung des Hauptportals zu den Festsälen minderten ebenfalls die Kosten der Steinmetzarbeiten. Die Steinbildhauerarbeiten schränkten die Architekten ein, indem sie auf die vier Gurtbogenanfänger, die acht Schilde der Oberlichtfenster, die zwei Kartuschen an den Oberlichtfenstern der Kopfwände, die vier Zierschilde neben den großen Kartuschen der Stirnwände und auf einzelne Flächenverzierungen verzichteten. Daneben entfielen die Bildhauermodelle für die Gurtbogenträger, der Zierschild an den Öffnungen über dem Saaleingang und derjenige der Stirnwand. Die Kosten für die Turmfiguren, die nur noch in einer Größe von 3 m ausgeführt werden sollten, hatten die Architekten um die Hälfte gesenkt, während die für die Figuren des Hauptportals an der Berliner Straße, »Weisheit und Gerechtigkeit«, veranschlagte Summe beibehalten wurde. Die Charlottenburger Stadtverordneten stimmten am 8. April 1903 der Überarbeitung des Entwurfs beziehungsweise des Kostenvoranschlages zu.

Im Dezember 1902 waren Reinhardt und Süßenguth mit weiteren Honorarforderungen an den Magistrat herangetreten. Die Architekten hielten eine Aufstockung insofern für gerechtfertigt, als sich ihre Arbeiten nicht auf den Bau selbst beschränkten, sondern auch die mobile Ausstattung zum Gegenstand hatten. In Absprache mit der Rathaus-Deputation war es für notwendig erachtet worden, aus Gründen der einheitlichen künstlerischen Gestaltung des Gebäudes die nicht zum Bau gehörigen Möbel und sonstigen Ausstattungsstücke, wie Aushängekästen, Tafeln, Schilder usw., »dem Charakter des Baus«[43] anzupassen. Wo erforderlich, hatten die Architekten Zeichnungen von Mobiliar- und Ausstattungsteilen angefertigt oder, soweit die Ausführungen von beauftragten Unternehmen nicht befriedigten, Änderungen beziehungsweise Berichtigungen vorgenommen. Die Kosten der Ausstattungsgegenstände, für die Entwurfszeichnungen hergestellt oder Korrekturen vorgenommen worden waren, veranschlagten die Architekten auf 123 400 Mark, so daß nach ihrer Ansicht, der der Magistrat weitgehend folgte, eine Nachforderung in Höhe von 12 000 Mark angebracht erschien.

Die Honorarerhöhung begründeten die Architekten ebenfalls mit ihrer Mitwirkung bei der Aufstellung eines Bebauungsplans für die von der Stadt Charlottenburg erworbenen Grundstücke Berliner Straße 71 und Lützower Straße 13–14. Reinhardt und Süßenguth hatten Skizzen angefertigt, »um die Zweckmäßigkeit der Angliederung der hier zu errichtenden Gebäude an den Rathausbau darzutun«[44]. Der Magistrat hatte seinerseits die Architektengemeinschaft von der Verpflichtung, die er-

41 Tagesordnungen ... Stadtverordneten-Versammlung ... 1902, Drucksache Nr. 130.
42 A. a. O., Kostenvergleichsaufstellung.
43 Tagesordnungen ... Stadtverordneten-Versammlung ... 1902, Drucksache Nr. 442.
44 Ebd.

forderlichen Konstruktionszeichnungen zu liefern, befreit. Im Magistratsantrag hieß es hierzu: »Es ist nicht üblich und liegt auch nicht im Interesse des Bauherrn, derartige Arbeiten konstruktiver Natur den mit der künstlerischen Oberleitung eines Baues betrauten Architekten allein zu überlassen, sondern sie vielmehr solchen Personen zu übertragen, die als Techniker auf diesem Gebiet ausschließlich tätig sind und hierbei sich den Ruf als spezielle Autoritäten erworben haben.«[45] Für den ersten Bauabschnitt hatten noch Reinhardt und Süßenguth die statischen Berechnungen der Eisenkonstruktionen, der Tragmauern und Mauerwerkspfeiler übernommen. Für den zweiten Bauabschnitt beauftragte der Magistrat den Ingenieur Heinrich Barth mit der Nachprüfung beziehungsweise der Anfertigung der statischen Berechnungen und Zeichnungen der Konstruktionen und Fundamente, insbesondere der eisernen Dachkonstruktionen, der eisernen Träger in den massiven Decken und über den Öffnungen und der in Eisen angelegten Turmhelmkonstruktion. Einzelne Berechnungen wie die für die Trägerlage über dem Kellergeschoß oder die Träger und Stützen der Steuerkassen-Schalteröffnungen wurden dem Stadtbauinspektor Rudolf Walter übergeben. Mitte Januar 1903 stimmten die Stadtverordneten, nicht zuletzt auf Grund des erhöhten Kostenanschlags und der kooperativen Haltung der Architekten bei der Bauausführung – durch die häufige Anwesenheit hatten sie den vertraglich vereinbarten ständigen Vertreter überflüssig gemacht –, dem Magistratsantrag zu. »Über den vorgenannten Betrag von 122 000 Mark stehen ... den Herren Reinhardt und Süßenguth weder aus der Vergangenheit noch in der Zukunft keinerlei Mehransprüche, sie mögen einen Namen oder eine Ursache haben, welche sie wollen, zu.«[46]

Bereits im Januar 1902 war das alte Rathaus, das der Gemeinde über vierzig Jahre zur Verfügung gestanden hatte, abgebrochen worden. Im April wurde mit den Erd- und Fundamentarbeiten an der Berliner Straße begonnen. Am 19. Juni fand die feierliche Grundsteinlegung für den vorderen, »stolzesten Teil des Baus« in Anwesenheit des Oberbürgermeisters, des Magistrats und der Stadtverordneten statt. Überschwenglich erklärte Oberbürgermeister Schustehrus, daß »der stattliche Bau den Zwecken der städtischen Verwaltung auf fernere Jahrhunderte dienen«[47] solle. Den Grundstein legte das Stadtoberhaupt in die Grundmauern des Turmes, »genau an der Stelle, auf welcher das alte Rathaus sich erhob«. Für Schustehrus eine durchaus symbolträchtige Platzwahl: »So erwächst auf dem Boden des alten Hauses der neue Bau. Das soll uns eine gute Vorbedeutung sein. Das Neue erhebt sich auf dem Boden des Alten.«[48] Der Oberbürgermeister schloß seine Rede mit einem idealistischen Bild städtischer Selbstverwaltung, die, ganz im Sinne der Zeit, als selbstlose, pflichterfüllte Männerarbeit verstanden wurde: »Möge sich in dem neuen Hause der Segen der Selbstverwaltung erfüllen durch die Arbeit tüchtiger, selbstloser Männer, die mit Freudigkeit ihres Amtes walten. Möge Unfriede, Mißgunst und Haß diesem Hause fernbleiben. Möge nie die wechselnde und trügerische Gunst der Menge oder die Herrschsucht eines einzelnen hier bestimmenden Einfluß gewinnen, sondern immer nur Recht und Gerechtigkeit, Wahrhaftigkeit und Treue, ehrliche Überzeugung und edles Wohlwollen die Richtschnur des Handelns sein und vor allem: mögen die Männer, die hier wirken werden, niemals vergessen, daß unsere Stadt nur ein Glied des ganzen großen Vaterlandes ist, daß wir nur für das Vaterland arbeiten, indem wir für das Wohl der Stadt tätig sind.«[49] Dann verlas der Stadtverord-

45 Ebd.
46 Akten ... Rathaus, Bd. I, Bl. 263.
47 Bericht über die Verwaltung ... 1902, S. 22f.
48 A. a. O., S. 23.
49 A. a. O., S. 24.

neten-Vorsteher Ströhler den Text der Urkunde, die dem Grundstein beigelegt wurde.
Im Laufe des Sommers 1902 gingen die Arbeiten am zweiten Bauabschnitt zügig voran, auch im Winter konnte, mit Ausnahme einer sechswöchigen Unterbrechung durch Frostwetter, gearbeitet werden, so daß im Frühjahr 1903 die Fassade, ausschließlich des Turmes, nahezu fertiggestellt war. Bis zum Anfang des nächsten Jahres hatte man den östlich des Turmes gelegenen Flügel vollendet und das Dach mit schwarzen Falzziegeln eingedeckt. Im Frühjahr 1904 wurde dann der westliche Abschlußgiebel bis zur Dachhöhe hochgemauert, anschließend erfolgte die Eindekkung des westlichen Gebäudeflügels. Bis zum September hatte der Turm Gestalt erhalten, und es konnte mit dem inneren Ausbau der einzelnen Räume begonnen werden. In der Nacht vom 26. zum 27. Januar 1905, mit Beginn des Geburtstages Wilhelms II., wurde die Uhr im Rathausturm in Gang gesetzt. Ende April waren die Arbeiten nach sechsjähriger Bauzeit zum Abschluß gekommen. Die feierliche Übergabe des neuen Verwaltungsgebäudes an den Magistrat der Stadt Charlottenburg fand schließlich am 20. Mai 1905 statt.

Außenarchitektur und Bauplastik des ersten Bauabschnitts

Die Fassade an der engen Lützower Straße hatte nach dem ursprünglichen Wettbewerbsentwurf bis an die Bauflucht herangeführt werden sollen. Bei der Bauausführung nahmen Reinhardt und Süßenguth jedoch den Gedanken von Zaar & Vahl auf, die Front um 5 m hinter die Bauflucht zu versetzen und die auf diese Weise freigelegten Teile der Nachbargiebel durch Vorbauten abzudecken. Die Seitenrisalite führten die Architekten nur bis zum 2. Obergeschoß; von der darüberliegenden, in die Fassade eingerückten Etage aus konnten die zu Balkonen ausgebauten Risalitabschlüsse betreten werden. Durch die Anordnung der Vorbauten glaubte man die Front »von der nüchternen Umgebung der Fabrik- und Mietshäuser«[1] losgelöst zu haben. Das Architekturgerüst der Fassade verriet noch Merkmale der gotischen Konstruktionsweise, insbesondere durch den Wechsel zwischen Pfeilern und Fensteröffnungen. Die Fassadenstruktur des Wettbewerbsentwurfs hatten horizontale Gliederungsmerkmale charakterisiert: Durchlaufende Gesimse grenzten die Geschosse deutlich voneinander ab, während die Fenster, deren Anordnung durch den Wechsel von Rundbogen- und Rechteckfenstern bestimmt wurde, nicht zusammengezogen, sondern jeweilig als selbständiger Teil in die horizontale Ordnung eingebunden waren. Der in den Bauakten enthaltene Entwurf vom 17. Januar 1899[2] und die endgültige Frontausführung zeigten dann den Versuch der Architekten, die Fassadengliederung durch vertikalisierende Momente zu dynamisieren. Die Mauerabschnitte zwischen den Fenstern erhielten glattflächige Doppelpilaster. Die Rundbogenfenster der beiden unteren Geschosse wurden mit Hilfe von durchlaufenden Gewänden und pfeilerartigen Unterteilungen zusammengeführt.[3] Dabei setzte sich die Vertikale der Fensterpfeiler in den Pfeilern der oberen Rechteckfenster fort.
Erst oberhalb des 2. Geschosses fingen die Architekten die Senkrechten durch horizontale Gliederungen ab. Fensterbank-, Gurt- und Hauptgesims besorgten den oberen Abschluß der Fassade, die Trauflinie oberhalb der Atelierräume und der Zierkamm ergänzten die waagerechten Ar-

1 Friedrich Schultze, Das neue Charlottenburger Rathaus, in: Zentralblatt der Bauverwaltung, 21. Jg. (1901), Nr. 57, S. 350.
2 Bezirksamt Charlottenburg ... Bauaufsichtsamt, Bauakten Otto-Suhr-Allee 100, Bd. 3/4, Bl. 4.
3 Im Entwurf vom Januar 1899 schlossen die Rahmen nicht mit den Fensterbänken ab, sondern liefen bis zum Sockel hinunter.

Arbeiten am zweiten Bauabschnitt (Berliner Straße)

Teilansicht von der Lützower Straße, 1903

chitekturteile. Die Absicht der Architekten, der gesamten Front, die insgesamt 52,41 m lang war, während der zurückgesetzte, innere Teil nur 40,06 m maß, eine Höhen- und Breitenwirkung zu geben, schränkten dekorative Elemente ein. Die Doppelpilaster liefen nicht bis zum Hauptgesims, sondern endeten am Gurtgesims, oberhalb des 2. Stockwerks, und wurden von einem Ornamentfeld bekrönt, das vom Dachansatz herunterführende Lisenen eingrenzten.[4] Die vertikalisierende Wirkung der Fensterordnung schwächten Reinhardt und Süßenguth durch starke, kleinflächige Unterteilungen der oberen Fensterflächen ab. Dennoch fand die Fassadenkomposition die Anerkennung zeitgenössischer Architekturkritiker. Friedrich Schultze resümierte: »Geschickt wurden die Fenster gruppiert und die Flächen und das Schmuckwerk so angebracht, daß trotz der aus praktischen Rücksichten gleichmäßig verteilten Fenster ein großer Maßstab, eine weite Achsenteilung und eine ernste, vornehme Wirkung dieser Front erzielt ist.«[5] Dieses Urteil sah über einige Mißstimmigkeiten hinweg, die sich vor allem aus der Kombination des gewählten Materials und der bauplastischen Elemente ergaben. Die Behandlung der Flächen, die Verwendung eines Rustikamauerwerks, verlieh der Front eine Unruhe, die durch die Häufung ornamentaler Elemente an einer bereits relativ gedrängten Fassade noch verstärkt wurde. Zwar gaben die Eckvorbauten dem Gebäude einen guten seitlichen Abschluß, die Eckarmierungen mit bossierenden Quadern wechselnder Höhe und Länge setzten sich jedoch nur wenig vom übrigen Mauerwerk ab, ebensowenig vermochten die glatten Flächen der Fensterrahmungen ein Gegengewicht herzustellen. Das enge Nebeneinander verschiedener Gliederungsmerkmale beeinträchtigte die gewünschte »Monumentalität« des Gebäudes – zumal der zweischichtige Sockel im Verhältnis zur Höhe der Fassade zu schmal ausgefallen war –, dies galt auch für den Wechsel der Fensterformen. Hier wurden Rundbogenfenster von solchen mit horizontalem Sturz abgelöst, denen wiederum loggiaartig zurückversetzte Fenster folgten. Horizontal gekuppelte wechselten mit einfach gefaßten Fenstern, schlichten, nur undeutlich lisenierten Mittelgewänden standen kapitellisierte Säulenpaare gegenüber.

Charakteristisch für die offizielle Architektur der Jahrhundertwende war die Verwendung wertvoller Materialien bei der Fassadengestaltung. Die rückwärtige Straßenfront ließen die Architekten in hellem Warthauer Sandstein ausführen, für die Flächen wählten sie Wünschelberger Sandstein. Die Hof- und Außenfassaden der Seitenflügel wurden mit hellgelben Backsteinen großen Formats verblendet, die aus der Gailschen Dampfziegelei bei Gießen stammten. Für die Bogenanfänger, Schlußsteine und Gesimse wurde Warthauer Sandstein, an bevorzugten Flächen zwischen Zierbogen und Backsteinen Putz verwandt. Während die Dachflächen zur Straßenseite mit roten Biberschwänzen eingedeckt und mit einem Zierkamm in Kupfer bekrönt waren, erhielten die Hofdächer eine Schieferdeckung. Den Sockel des Gebäudes ließen die Architekten in Beuchaer Granit herstellen, der mit gesprengten Flächen versetzt wurde.

Bei den Fronten der Hof- und Seitenflügel verzichteten Reinhardt und Süßenguth auf eine skulpturale Architektur; sie gliederten das Mauerwerk lediglich durch Pfeiler, Lisenen und Bogen und setzten als dekorative Elemente Putzspiegel ein, deren Flächen durch linienförmige Backsteinornamente belebt wurden. Wandstruktur und Dekor zeigten deutlich Einflüsse romanischer und gotischer Bauweisen. Für die Maueröffnungen verwandten die Architekten nur Rundbogenfenster, deren

4 Im ersten Ausführungsentwurf (Januar 1899) waren die Ornamentfelder insgesamt kleiner angelegt und strenger begrenzt. Neben den erwähnten Lisenen faßten die verlängerten Rahmen der Rundbogenfenster des 4. Geschosses die Bauplastiken ein.

5 F. Schultze, Das neue Charlottenburger Rathaus ... S. 350.

Kreisradien unterschiedlich ausgelegt waren. Die Fenster des 3. Obergeschosses erhielten durchweg Blendbogen, die durch vom Dachgesims herunterlaufende Lisenen zusammengehalten wurden, so daß hier mit Sicherheit von einer Abwandlung des aus der romanischen Baukunst bekannten Bogenfriesmotivs gesprochen werden kann. Die Linienornamente variierten das Bogenmotiv. Es ist unschwer zu erkennen, daß Kleeblatt-, Schulter-, Vorhang-, Karnies- und Kielbogen in ihre Einzelteile zerlegt und wieder zu einem ornamentalen Muster zusammengefügt wurden. Die Architekten nahmen einzelne Kreisbogenstücke und brachten sie in konvexe oder konkave Formen, wobei sich die Linien überschnitten oder gegeneinander gerichtet waren.

Die Übergänge zu den quergestellten Bauteilen schwächten Reinhardt und Süßenguth ab, indem sie jeweils die dritte Achse der seitlichen Flügelbauten akzentuierten. Die gesamte Achse wurde vor die Bauflucht gerückt, das Blendbogenband im 3. Obergeschoß unterbrochen und durch eine besondere Fensterverdachung, die aus einem kräftigen Gesims und Lisenen bestand, ersetzt. Die Außenfassaden zeigten dagegen eine gleichförmige Ordnung. Hier reihten sich die Blendbogen in ununterbrochener Folge aneinander, während die Achsenarchitektur durch gemauerte Pilaster verstärkt wurde. Für eine horizontale Gliederung sorgten Fensterbankgesimse im 1. und 4. Obergeschoß. Die hintere Front des Gebäudes an der Lützower Straße wiederholte die vertikale Struktur der Außenfassade, wobei das Doppelpilastermotiv durch einen vor die Bauflucht geschobenen Mauerstreifen aufgenommen wurde, der im mittleren und obersten Geschoß Blendnischen erhalten hatte. Die Fensterordnung folgte nicht dem Muster der Seitenflügel, da die Architekten ausschließlich schmale gekuppelte Rundbogenfenster einsetzten. Das Mittelgewände der Fenster lief gleichsam als Pfeiler vom 1. bis zum 3. Obergeschoß durch. Die Fassade des Mittelbaus wirkte durch die gerundete Mauer des Sitzungssaalbereichs und die großen Blendnischen des 2. und 3. Obergeschosses. Dem bogenförmigen Bauteil gaben Reinhardt und Süßenguth durch schmale Pfeiler und Lisenen vertikale Momente, zwei bis zum Magistrats-Sitzungssaal herunterlaufende Lisenen sorgten für seitliche Abschlüsse. Die zweiachsigen Verbindungsteile zu den Seitenflügeln hin hielt ein kräftiger Mittelpfeiler zusammen, den man auf der Südseite abgetreppt in das Mauerwerk des Erdgeschosses eingegliedert hatte. Die loggiaartigen Verbreiterungen der Flure vor den Sitzungssälen erzwangen diese Maßnahme. Die Treppenhausfassade des Saalbaus rhythmisierten bis ins Erdgeschoß gezogene Lisenen. Die seitlichen Stirnwände hatten Blendnischen und eine zinnenartige Bekrönung erhalten.

Die Gestaltung der Fassaden des ersten Bauabschnitts unterschied in Material und Dekor, nicht minder in einer differierenden Behandlung der Flächen zwischen Front-, Neben- und Hofseiten. In den Höfen und an den Außenfassaden der Seitenflügel kam ein Reihenprinzip zur Geltung, das das Mauerwerk in großzügige Fensterordnungen auflöste und streng vertikalisierte, während die Fassade an der Lützower Straße senkrechte Gliederungsmerkmale hervorhob, aber von einer starren Achsenarchitektur abrückte, was im Wechsel der Fensterordnungen und in dem Versuch, der Fläche des Mauerwerks und der Wirkung seines Materials mehr Raum zu geben, zum Ausdruck kam.

Der Dachaufbau des hinteren Frontgebäudes fiel durch zwei gegenläufige Bewegungen auf, die in einer stark ausgebildeten Trauflinie zusammengefaßt wurden. Den unteren, teilweise verglasten Teil des Daches – hier befanden sich die Atelierräume der Bauverwaltung – führten Reinhardt und Süßenguth bogenförmig aus, während die oberen Dachmassen in einer leicht konkaven Bewegung aus der geschlossenen Fläche herausgeführt und in der vorspringenden Trauflinie über den Atelierfenstern zum Abschluß gebracht wurden. Der Sandsteinrahmen der Brandgiebel wiederholte diese geschwungenen Linien. Die

Dachflächen zwischen den Atelierfenstern und zwischen den Fenstern und Giebeln erweiterten die Architekten durch Dacherker mit überkragenden Hauben.
Das Rundbogendach diente der günstigeren Raumausnutzung und, durch die Vergrößerung der Dachfläche, dem verbesserten Lichteinfall. Seine Konstruktion bestand aus freitragenden genieteten Gitterträgern und Pfetten, die in Stahl hergestellt waren. Die Glasflächen der Atelierräume wurden nicht bis zum Hauptgesims heruntergeführt, die verbleibende Fläche zwischen Fenster und Gesims ließen die Architekten mit Ziegeln auf Latten eindekken. Für die Berechnung des Winddrucks und der Belastungen teilte Heinrich Barth die gewölbte Fläche in vier Zonen auf, ermittelte den Neigungswinkel der Sehnen, sodann die »horizontalen Componenten des Winddrucks« und die »totale Vertikallast pro qm der Horizontalprojektion«[6]. Während der horizontale Druck zur Trauflinie hin abnahm, blieben die vertikalen Lasten auf die einzelnen Zonen der Atelierfenster annähernd gleich, nur für die Dachfläche zwischen Hauptgesims und Fenster mußte eine größere Belastung in Rechnung gestellt werden.
Die schlichten Satteldächer über den Seitenflügeln erhielten eine Eindeckung aus Schiefer auf Schalung und hölzernen Sparren. Die Dachkonstruktion über dem Stadtverordneten-Sitzungssaal, die von Stadtbaurat Bratring, in Zusammenarbeit mit Stadtbauinspektor Walter, entwickelt worden war, bestand aus einem Stahlgerüst mit freitragenden Dachbindern, von denen die größeren jeweils mit einem festen und einem beweglichen Auflager versehen waren, und mit Pfetten, Trägern, Gratsparren, Stielen und vereinzelten Stützen. Dachbinder und Hauptträger waren in Gitterwerk ausgeführt. Die Stahlbinder trugen gleichzeitig die Decke des Sitzungssaals, die in ihrem mittleren Teil »aus einer Glaseindeckung auf eisernen Sprossen«[7] bestand. Für die Glasdecke entfiel, abgesehen von gelegentlichen Reinigungs- und Reparaturarbeiten, jede Nutzbelastung. Den Abschluß des Glasdaches zu den Giebelseiten hin bildeten Träger, die auf dem Obergurt der Dachbinder auflagen. Die an die Glaseindeckung anschließenden Wände waren Mauerwerkskörper mit schwerer Holztäfelung, wobei man oberhalb der Vouten einen Laufsteg einrichtete. Die Decke über der Zuschauertribüne, an deren Unterseite ein Rabitzgewölbe befestigt wurde, zog man massiv zwischen Stahlträgern ein. Das Glasdach des Sitzungssaales wurde in Richtung der Brandmauern von einem Schieferdach mit gleichem Neigungswinkel abgelöst. Das Mansarddach zur Seite des ersten Hofes an der Lützower Straße war ebenfalls mit Schiefer eingedeckt, während der gegenüberliegende, fast horizontal angelegte schmale Dachstreifen als Deckung Holzzement auf Schalung und hölzernen Sparren erhielt.[8]
In der Behandlung der Ornamentik erblickten zeitgenössische Kritiker Neuartiges. Friedrich Schultze sah hier frei behandelte romanisierende und gotisierende Formen, die ihn an die Wallotsche Schule

6 Heinrich Barth, Statische Berechnung der eisernen Dachkonstruktionen für den Neubau des Rathauses zu Charlottenburg, S. 4, in: Bezirksamt Charlottenburg ... Bauaufsichtsamt, Bauakten Otto-Suhr-Allee 100–102, B. 5/6.
7 A. a. O., S. 11 ...
8 Die Herstellung der Eisenkonstruktionen hatte die oberschlesische Königshütte sowie die Fabrik für Eisenkonstruktionen und Wellblechbauten Hein, Lehmann & Co. AG in Berlin-Reinickendorf ausgeführt. Die massiven Decken – teilweise Zwei- und Dreilochsteindecken mit Eiseneinlage in jeder Fuge beziehungsweise entsprechende mit Vollsteinen für die Hofkeller und Durchfahrten – waren den Berliner Architekten F. W. und S. M. Müller sowie, insbesondere für den Bereich des Saalbaus (»Kleinesche Decken«), dem Unternehmen des Regierungsbaumeisters A. Stapf übergeben worden. Die Lieferung und Installation der eisernen Trägerkonstruktionen über den einzelnen Stockwerken hatte die Berliner Firma G. E. Dellschau übernommen. Bezirksamt Charlottenburg... Bauaufsichtsamt, Bauakten Otto-Suhr-Allee 100–102, Bd. 6/7, Bl. 31 ff.

Portal an der Lützower Straße, 1904

Ornamentfeld über dem Portal an der Lützower Straße

erinnerten.[9] Das »Neue« bei Reinhardt und Süßenguth besteht in der paraphrasierenden Stilverarbeitung einer dekorativ aufgefaßten Architektur, die Material, architektonische Versatzstücke und das zugehörige formale Vokabular zu einem einheitlichen Gesamtbild zusammenzufügen wußte; die Wende zur Sachlichkeit kündigte sich dagegen eher in den glatten Flächen, der monumentalen Einfachheit eines Bruno Schmitz[10] an, der das Ornament stärker in die Architektur einband. Die Fassadengestaltung von Reinhardt und Süßenguth ließe sich als skulpturale Architektur definieren, die sich in der reichen Entfaltung von Schmuckformen und in der Verwendung von Säulen, Lisenen und Gesimsen manifestierte. Ähnlich wie Wallot benutzten die Architekten in den ornamentalen Teilen heraldische Motive. Zierschilde schmückten die Scheitelpunkte der unteren Rundbogenfenster und des Ein-

9 F. Schultze, Das neue Charlottenburger Rathaus ... S. 350. Paul Wallot (1841–1912) wurde durch seinen Entwurf für den Berliner Reichstag (1884–1894) berühmt. Das Gesamtgefühl und die Formen des Gebäudes blieben barock, »die Wendung zum Neuen« (J. Posener, Berlin auf dem Wege zu einer neuen Architektur... S. 82) war in Wallots Entwurf allein in der glaseisernen Konstruktion der Kuppel zu sehen. Für die ornamentale Ausgestaltung des Reichstagsgebäudes griff Wallot vor allen Dingen heraldische Motive auf, die er zur Entrüstung mancher Zeitgenossen fernab jeglicher historischer Stilkunde verwandte. Vgl. Michael S. Cullen, Der Reichstag. Die Geschichte eines Monumentes, o. O. (Berlin) 1983, S. 275ff. Wallots Schmuckmittel wiesen jedoch nicht in die Zukunft: sie lag in der »Reduktion« (Karl Scheffler) des ornamentalen Beiwerks sowie in der Zurücknahme des Schmucks in die Fläche, seiner Unterordnung unter das architektonische Ganze. Vgl. J. Posener, Berlin auf dem Wege zu einer neuen Architektur... S. 107ff.

10 J. Posener bezeichnete Schmitz, der unter anderem das Kyffhäuser- und das Völkerschlacht-Denkmal sowie das Weinhaus Rheingold in der Berliner Bellevuestraße geschaffen hatte, als den »Großmeister des Wilhelminismus« (A. a. O., S. 102).

gangsbogens oder dienten, versetzt zwischen den Einfachfenstern des 2. und 3. Stockwerks und in Verbindung mit einem aufwendigeren Rahmenwerk, mit Blumen-, Blatt- und Knospenmotiven, einem Bandgeschlinge sowie allegorischen Köpfen, der Darstellung verschiedener Berufsstände. Es ging (von links nach rechts) um die Symbolisierung des Handwerks und des Handels, der Kunst und der Wissenschaft. Die Fensterstürze im 1. Stockwerk der Seitenrisalite zeigten als Schmuckformen Blumen und Früchte, die, zu Gruppen zusammengefaßt, die Jahreszeiten symbolisierten.

Die Verbindung von naturalistischen Bildungen und dem Linienprinzip des Jugendstils konnte man an den Kunstschmiedearbeiten des Portals beobachten. Das Tor an der Lützower Straße war von der strengen Geschlossenheit des späteren Hauptportals weit entfernt. Hier wurde floral fabuliert. Die Streben des Bogenfeldes waren gekrümmt und durch eine halbkreisförmige Mittelstrebe miteinander verbunden. Eine Knospengirlande schmiegte sich an das Mauerwerk des Torbogens, einzelne Linien lösten sich aus dem Rahmenwerk und schwangen sich in einer abgeknickten Kurve über das Eisen. Die Architekten gingen sogar so weit, daß sie bei Einzelheiten auf plastische Wirkungen setzten. In Höhe der Bogenanfänger etwa trat das Eisen aus der Fläche und formte sich zu einer kräftigen Blüte mit unterlegtem Blattwerk. Blatt- und Blütenmotive mit plastischen Wirkungen bedeckten auch die eigentlichen Torflügel: einmal in Fortsetzung der senkrechten Streben, die sich in einem Spiel geschwungener Linien verloren, ein anderes Mal als Ornamente auf den geschlossenen unteren Stahlblechen.

In einem gewissen Gegensatz zu den geschwungenen Linien des Portals stand das über dem Torbogen liegende Vermittlungsornament, das eine Verbindung zwischen der profilierten Fensterbank und dem Bogen schuf. Die das Schmuckelement gliedernden vertikalen und horizontalen Linien, das nach unten verlängerte Stabwerk der Fenster und ein an den Enden schneckenförmig aufgerolltes Verbindungsband fanden zunächst eine schöne Entsprechung in den vertikalen Streben des Portalmittelfeldes sowie einem einzelnen waagerechten Eisenteil, jedoch waren die nach oben strebenden aufgelösten Linien des Bogenfeldes nur wenig mit der Gestaltung des Verbindungsornaments vermittelt. Zwar öffneten sich die beiden mittleren Linien des Bogenfeldes kelchartig, als sollten sie das Schmuckelement auffangen, und die Akanthusblätter des Ornaments betonten in ihrer Richtungsgebung die aufsteigende Linie, aber im ganzen blieb das Verhältnis zwischen den Linien unproportional. Wenigen geschwungenen Linien stand ein Ornamentfeld gegenüber, das durch massigflächige Unterteilungssegmente beherrscht wurde. Betrachtete man das Vermittlungsornament ausschließlich als Verbindungsstück auf dem Mauerwerk zwischen zwei übereinander angeordneten Rundbogenfenstern, fügte es sich harmonischer in die architektonische Gliederung der Fassade ein. Die Architekten hatten versucht, das Vermittlungsornament durch Richtungskontraste zu beleben. Herabhängende Schnüre und Quasten, nach unten gerollte Voluten[11] und die nach unten gerichtete Wellenform zweier Schlangen, die das verlängerte Stabwerk verzierten, standen im Gegensatz zu den aufstrebenden Akanthusblättern.[12] Das Symbol der doppelten

11 Das Spiralmotiv blieb hier mehr oder weniger traditionell an Renaissancevorbildern orientiert und unterschied sich damit deutlich von den Schneckenformen etwa an den Pfeilern der Flurhalle des Hauptgebäudes, die kantig und eckig waren und die spiralförmige Bewegung fast zur Auflösung brachten. Zur Entwicklung der Schneckenform vgl. Hermann Pfeiffer, Die Formenlehre des Ornaments (= Handbuch der Architektur, T. 1, Allgemeine Hochbaukunde, Bd. 3), Leipzig 1926, S. 269.

12 Die Diktion der Ornamentik zeigte hier deutliche Einflüsse von Paul Wallot und seinem Reichstagsbau. Sowohl in der Verwendung einzelner Elemente wie Schnüre, Quasten, Schilde oder grotesker Köpfe als auch in der Art, strenge und freie Formen in Verbindung zu bringen. Reinhardt und Süßenguth neigten in ihrer Formgebung allerdings deutlicher zur Abstraktion. Ein Schild erschien bei ihnen nur noch als flaches,

Albert Männchen, Skizze zu einer Wandmalerei für das Rathaus Charlottenburg

Schlange, die hier in gefiederter Form auftrat, erinnerte an den Dualismus zwischen Geist und Materie. Die Anordnung des Stadtwappens über diesem Symbol – gleichsam als Krone des Vermittlungsornaments – gab zu erkennen, daß die Gemeinde als Ordnungselement, die Stadt als Institution über dem Leben stand, als immerwährende Gewalt den rivalisierenden Kräften zwar nicht entrückt, jedoch hatten sich diese der Idee des Gemeinwesens unterzuordnen.

Die Anklänge an die florale Diktion beim hinteren Portal setzten sich in den Deckengewölben und Seitenwänden der Einfahrt sowie den Gurtbogen der seitlichen Eingänge zu den Verwaltungsräumlichkeiten fort. An den Gewölben befanden sich vor dem Hintergrund einer Sonne, die durch die ausschließliche Betonung der Strahlen sehr abstrakt gefaßt war, gemalte Blumenrabatten in rechteckiger oder kreisförmiger Gestalt. Die Wandbogen der Einfahrt wurden mit einem Blätter-, Blüten- und Astmotiv belegt, das, aus einer Henkelvase aufsteigend, dem Verlauf des Bogens folgte. In die Felder unterhalb der Bogen waren Akanthusblätter gemalt, die sich in einer weit ausholenden Bewegung zu sich selbst neigten. Auf den Gurtbogen der Seiteneingänge entfaltete sich ein an Rosen erinnerndes Blütenband, das durch kontrastierende Linien gegliedert war; die Gewölbeflächen hatten eine Bemalung mit sich überschneidenden Spiralen erhalten, die jeweilig aus einer Blüte erwuchsen. Auffallend an dieser Malerei waren die Stilisierungsmomente und der Versuch, die floralen Formen in geometrische Anordnungen zu bringen. Es ging weniger um ein organisch-rhythmisches Ranken als um das Prinzip strenger Regelmäßigkeit und der Wiederholung gleicher Elemente.

Diese Gestaltungsmerkmale sind in einer

geschlossenes Feld. Vgl. Theodor Krauth/Franz Sales Meyer, Die Bau- und Kunstarbeiten des Steinhauers, Bd. 1, Leipzig 1896, S. 121–123.

Skizze zu Wandmalereien für das Rathaus Charlottenburg, die Albert Männchen[13] angefertigt hatte, wiederzufinden. Der nicht ausgeführte Entwurf, der sich sicherlich auf die Behandlung der Flurwände im Mittelbau bezog, zeigt, wenn auch ungleich stärker dem zeitgenössischen Floralismus verpflichtet, eine ähnliche Hervorhebung formaler Prinzipien, die der Anordnung naturhafter Motive zugrunde gelegt waren.

Einzelne Formen der Eingangsmalereien wiesen deutlich auf ältere Vorbilder hin. Beispielsweise ließen sich die einer Blume entspringenden Spiralen, deren Linien sich überschnitten, an Eisengitterarbeiten der Renaissance beobachten;[14] die an den Gurtbändern der Seiteneingänge aufsteigenden Blumenmuster mit ihren herz- und kelchförmigen Linien erinnerten nicht weniger an dekorative Arbeiten der genannten Epoche.[15]

Im Februar 1989 wurden beim Einbau eines neuen Fahrstuhls am Eingang zum rechten Seitenflügel des alten Hauptgebäudes, im erhöhten Erdgeschoß und im 3. Obergeschoß Malereien freigelegt. Bei den Instandsetzungsarbeiten im Jahre 1953 hatte man, um Rohre und Leitungen zu verdecken, der alten Wand eine neue vorgesetzt, ohne sich weiter um den Verlust der Malereien zu kümmern. Die Dekorationsmalerei paraphrasierte hier, insbesondere im Bereich des erhöhten Erdgeschosses, Zierformen der Renaissance und integrierte sie in florale Muster, die durch Linien verbunden und zugleich eingegrenzt wurden. Die Entwicklung der Linien war in eine mehr oder weniger starre Ordnung gepreßt, die sich stetig wiederholte. Das ebenfalls flächig aufgebrachte Blattwerk im Entwurf Albert Männchens hatte sich dagegen freier in der Fläche entfaltet, obwohl der Maler auch hier an der unteren Seite die Linien des Astwerks als rahmengebendes Moment einsetzte. Die Wirkung der ausgeführten Malereien beruhte auf dem Kontrast von Linie und Fläche, von Fläche und Gegenstand sowie auf einer sensiblen Nuancierung von rostrot, oliv- und lindgrün, blaugrün und ocker. Das Festonmotiv wurde durch eine strengere Fassung der Blattanordnung und den Verzicht auf die häufig verwandten flatternden Bänder abgewandelt, statt dessen entwickelte der Maler ein geometrisierendes Schleifenarrangement.

Im 3. Obergeschoß räumte man der Linie einen noch größeren Raum ein. Das zentrale florale Motiv wurde in wellenhafter Bewegtheit zu einer pfauenradähnlichen Form aufgetürmt, in der Mitte befand sich eine an Muscheln erinnernde Blattform, um die die anliegenden Blätter in geschlungenen Linien, oben spitz zusammenlaufend, plaziert waren. Zwischen den einzelnen Blattarrangements hatte man jeweilig ein Feld angeordnet, in dem sich die rahmenden Linien flächig öffneten. Ein abstrahiertes vegetabiles Muster unterteilte die Fläche, während den oberen Abschluß jeweils eine Reihe mit drei Früchten bildete. Erwähnenswert ist, daß das Blattmotiv immer über die obere Begrenzungslinie hinausging oder diese auf der Höhe der Früchtereihe Wellenform annahm.

Die polychrome Wandbehandlung gehörte zu den dekorativen Gestaltungsprinzipien der Innenausstattung des Rathauses, wobei die unterschiedliche Farbgebung zugleich der Orientierung diente. Die Instandsetzung nach dem Zweiten Weltkrieg hat so-

13 Die Übereinstimmung in der Gestaltung läßt vermuten, daß Albert Männchen für die Ausführung der Eingangsmalereien verantwortlich war. Belegt werden kann diese Vermutung nicht. Georg Süßenguth nannte nur Marno Kellner als Maler, die Deutsche Bauzeitung (Das neue Rathaus in Charlottenburg, 38. Jg. [1904], Nr. 53, S. 326) erwähnte daneben Louis Männchen. Es wäre auch denkbar, daß der letztgenannte Entwürfe Albert Männchens ausgeführt hat, wie dies bei anderen dekorativen Arbeiten der Fall gewesen ist. Vgl. Berliner Architekturwelt, 6. Jg. (1904), H. 4, S. 140.

14 Vgl. Julius Hofmann (Hrsg.), Baukunst und dekorative Skulptur der Renaissance in Deutschland, Stuttgart 1909, S. 113 u. 133.

15 Vgl. a. a. O., S. 28; H. Dolmetsch, Der Ornamentenschatz. Ein Musterbuch stilvoller Ornamente aus allen Kunstepochen, Stuttgart 1897, Taf. 73 u. 74.

wohl das Dekor als auch den funktionalen Aspekt der Farbe völlig ignoriert und für die Verkehrsräume des Rathauses einen einheitlichen Anstrich gewählt. Erst jetzt entschloß sich das Charlottenburger Hochbauamt, mit Unterstützung des Landeskonservators die Funde zu archivieren, aufzuarbeiten und schließlich wiederherstellen zu lassen und auf Grund meiner Forschungen auch an anderen Stellen nach verlorengegangenen Malereien beziehungsweise übertünchten Ornamenten zu suchen.

Die Bildhauermodelle für die Fassade an der Lützower Straße führte Ernst Westpfahl aus, die Steinmetzarbeiten C. Schilling, die Kunstschmiedearbeiten A. M. Krause (alle in Berlin ansässig), die Kupferarbeit der Rinnenkästen und des Zierkammes fertigte Paul Thom (Berlin) an.[16]

Als weiteres schmückendes Motiv nahmen die Architekten die Schrift auf. Über den Fensterbogen des Erdgeschosses waren in gotisierenden Buchstaben Leitsätze angebracht, wie beispielsweise »Reden ist Silber, Schweigen ist Gold«, »Rast' ich, rost' ich«, »Recht geht vor Macht« und »Eintracht hat große Macht«, die an bürgerliche Tugenden, Fleiß, Einigkeit, Mäßigkeit, Gerechtigkeit oder Verschwiegenheit, appellierten. Als zentrales Thema über dem Eingang an der Lützower Straße, der nach Auffassung des Magistrats und der Stadtverordneten als Haupttor für den Publikumsverkehr zu gelten hatte, wählten die Architekten – und es durfte davon ausgegangen werden, daß dies im Einvernehmen mit der Stadtverwaltung geschah – die sozialdarwinistische Maxime »Das Leben ein Kampf«. Die Verbindung zwischen einer darwinistischen Gesellschaftsauffassung und den Idealen der Harmonie bürgerlichen Lebens diente dem Zweck, die Widersprüche der Klassengesellschaft zu überdecken. Galt es einerseits, die sozialen Ungerechtigkeiten des Kapitalismus durch eine biologistische Gesellschaftsauffassung zu rechtfertigen, so diente die Proklamation bürgerlicher Einigkeit der Produktion des Scheins gesellschaftlichen Konsenses. Es blieb zu fragen, ob die subjektiven Wunschträume des Bürgertums die Ängste vor den divergierenden, die politischen und sozialen Fesseln der wilhelminischen Gesellschaft nicht hinnehmenden Kräften verbargen.

Im Gurtgesims des 3. Geschosses kehrte das Lebenskampfmotiv wieder: Schlange und Mungo standen sich hier, wenn auch schablonenhaft, gegenüber. Die Unversöhnlichkeit des Gegensatzes wurde allerdings durch Blumenranken und das die jeweiligen Seiten abschließende Friedenssymbol der Taube gemildert.[17] Wie ein Band war diese Metaphorik den Darstellungen der Berufsstände unterlegt: Im Lebenskampf stand jeder Einzelne, der Lebenskampf vereinte aber auch das Bürgertum in seinem Willen, Wirklichkeit zu gestalten, der zugleich von der Sehnsucht nach gesellschaftlicher Integration begleitet wurde.

Berufsständische Ordnungsvorstellungen fanden als politische Konzeption im freisinnigen und liberalen Bürgertum Charlottenburgs sicherlich wenig Anklang; das Zitat von Attributen der mittelalterlichen Ständegesellschaft war eher als Bezug auf

16 Die Berliner Architekturwelt (4. Jg. [1902], H. 12, S. 430f.) nennt irrtümlich P. Thone in Charlottenburg als ausführende Firma. In der Deutschen Bauzeitung (Das neue Rathaus in Charlottenburg ... S. 326) findet sich der Hinweis auf die Firma Paul Thom.

17 Die Kombination von naturalistischen Tier- und Pflanzenmotiven mit einem wellenförmigen Band, das der Flächenunterteilung dient, ist der romanischen Bauplastik entlehnt. An die Stelle der strengen Linearität und Geometrisierung romanischer Bauornamente trat hier aber eine Auflockerung, die Einzelmotive wurden selbständiger behandelt und in ihren Einzelheiten nicht an die überlieferten Vorbilder angenähert. Vgl. Gustav Ebe, Die Schmuckformen der Monumentalbauten aus allen Stilepochen seit der Griechischen Antike. Ein Lehrbuch der Dekorationssysteme für das Äußere und Innere, Bd. 1, Antike und altchristliche Zeit – Romanische Epoche – Gothische Epoche, Leipzig 1896, S. 57ff.; Hanna Losowska, Romanik und Frühgotik, in: Yves Christie u. a., Handbuch der Formen- und Stilkunde. Mittelalter, Stuttgart-Berlin-Köln-Mainz 1982, S. 340, 350f.

Die Erwerbsbeteiligung in Charlottenburg, Neukölln, Berlin und in den Großstädten des Deutschen Reichs im Jahre 1907 (Berufszählung; in Prozent)

Großstädte	Erwerbstätige	Dienende bei der Herrschaft	Angehörige		Berufslose Selbständige
			insgesamt	unter 14 Jahren	
Charlottenburg	39,8	7,6	44,8	22,1	7,8
Neukölln	40,4	1,2	55,3	31,2	3,1
Berlin	47,4	2,8	44,2	23,0	5,6
Großstädte insgesamt	42,3	3,4	48,4	27,1	5,9

Quelle: Statistik des Deutschen Reichs, Bd. 211, S. 69

die historischen Traditionen städtischen Bürgertums zu deuten. In einer Zeit realer politischer Diskriminierung der Arbeiterschaft mußte diese Identitätssuche jedoch ideologischen Charakter annehmen. Nach der Berufs- und Betriebszählung von 1895 lag der Bevölkerungsanteil der Arbeiterschaft einschließlich Berufsabteilung D, Häusliche Dienste und Lohnarbeit wechselnder Art, bei 45,8 Prozent; immerhin 30,7 Prozent der Bevölkerung gehörten zu den in Industrie und Handwerk beschäftigten Arbeitern, und fast die Hälfte der erwerbstätigen Bevölkerung (49,6 Prozent) der Stadt war der Arbeiterschaft zuzurechnen.[18]

Der folgende Zensus ermittelte im Jahre 1907 einen Bevölkerungsanteil der Arbeiterschaft von 43,0 Prozent, die Bevölkerungsquote der in Industrie und Handwerk beschäftigten Arbeiter hatte sich zwar auf 27,6 Prozent erniedrigt, während die entsprechende Erwerbstätigenquote noch bei 45,8 Prozent lag;[19] trotzdem waren die Arbeiter in der Stadtverordneten-Versammlung seit 1893 zunächst nur mit zwei Mandaten der Sozialdemokratie vertreten. Erst 1901 nahm die Zahl der Mandatsträger um sechs, in den Jahren 1903 und 1905 um weitere drei beziehungsweise zwei zu, so daß im Jahr des Charlottenburger Stadtjubiläums dreizehn Sozialdemokraten in der Stadtverordneten-Versammlung saßen. Im Verhältnis zu den insgesamt 24 Stadtverordneten der Dritten Klasse konnte die Sozialdemokratie damit nur wenig mehr als die Hälfte der Sitze erwerben. Ihre geringe Vertretung war nicht nur Folge des Klassenwahlsystems, sondern auch des überdurchschnittlichen Einkommens der hiesigen Steuerzahler. Gewerbetreibende Beamte und Angehörige der freien Berufe blieben in Charlottenburg mit einer Steuerleistung, die sie in anderen

18 Berechnet nach: Statistik des Deutschen Reichs, Bd. 107, S. 47. Die Bevölkerungsquote schließt die Erwerbstätigen einer Berufsgruppe (Berufsgruppe C: sonstige Gehilfen, Lehrlinge, Fabrik-, Lohn- und Tagearbeiter, einschließlich der im Gewerbe tätigen Familienangehörigen und Dienenden), ihre Angehörigen ohne Hauptberuf und »Dienende für häusliche Dienste, im Haushalt der Herrschaft lebend« ein. Die erwerbstätige Bevölkerung umfaßt die hauptberuflich Erwerbstätigen aller Berufsabteilungen einschließlich der berufslosen Selbständigen (Berufsabteilung F, Rentner, Pensionäre usw.). Die Berufsgruppen unterscheiden Selbständige, Angestellte und Beamte sowie Arbeiter und die Wirtschaftsabteilungen Landwirtschaft, Industrie und Handwerk, Handel und Verkehr; hinzukommen die Abteilungen Häusliche Dienste und Lohnarbeit wechselnder Art, Militär-, Hof-, bürgerlicher und kirchlicher Dienst, die freien Berufe und die berufslosen Selbständigen.

19 Berechnet nach: Statistik des Deutschen Reichs, Bd. 207, H. 1, S. 38. Die angegebenen Zahlen geben nur ein annäherndes Bild der wirklichen Verhältnisse, da die Berufsgruppensystematik der Reichsstatistik keine genaue Abgrenzung der Arbeiterschaft zuließ. Beispielsweise wurden die mithelfenden Familienangehörigen in den verschiedenen Wirtschaftssektoren zur Arbeiterschaft gezählt, andererseits die Hausgewerbetreibenden in Industrie und Handwerk, bei denen es sich vorwiegend um Heimarbeiter(innen) handelte, der Gruppe der Selbständigen zugeordnet. Vgl. Statistik des Deutschen Reichs, Bd. 206, S. 1.

preußischen Großstädten zu Wählern der Ersten oder Zweiten Klasse gemacht hätte, nur im Kreis der Dritten Klasse, so daß »in verschiedenen Stadtbezirken die Arbeiter selbst in der Dritten Klasse die Minderheit der Wähler«[20] darstellten. Politisch unterrepräsentiert, fand der Proletarier schon gar nicht Eingang in die repräsentativen Formen einer bürgerlichen Rathausarchitektur.

Treppenhäuser und Sitzungssäle

Die baulichen Arbeiten an den Sitzungssälen waren kurz vor Weihnachten 1902 abgeschlossen worden. Die offizielle Eröffnung des Stadtverordneten-Sitzungssaals fand am 7. Januar des folgenden Jahres statt, während der Tagungsraum des Magistrats einen Tag später in Gebrauch genommen wurde. In einer Feierstunde übergab Oberbürgermeister Schustehrus dem Stadtverordneten-Vorsteher Ströhler den neuen Sitzungssaal. »Ein Kunstwerk«, in dem sich nach Meinung des Stadtoberhaupts »ein wohliges Behagen mit stolzer Würde glücklich vereint, in dem bei aller Verschiedenheit der Formen im Einzelnen die Einheitlichkeit derselben, die Harmonie des Ganzen das Auge des Beschauers entzücken«[1]. Schustehrus dankte unter dem Beifall der Stadtverordneten der Architektengemeinschaft Reinhardt und Süßenguth für ihre »künstlerisch vollendete Leistung«. Als der Oberbürgermeister anschließend erklärte, die zukünftige Arbeit der Stadtverordneten würde »unter dem Schutze der mächtigen Fittiche des Hohenzollernaares« stehen, dessen Bildnis die Glasdecke des Saales schmückte, erhob sich die Fraktion der Sozialdemokraten von ihren Plätzen und verließ geschlossen den Saal. Unter das Gottesgnadentum der Hohenzollerndynastie, die in Preußen immer noch Garant der Verhinderung einer umfassenden Demokratisierung des politischen Lebens war, wollte sich die Sozialdemokratie unter keinen Umständen stellen. In der anschließenden Rede des Stadtverordneten-Vorstehers wurde nochmals auf die Verbundenheit der Stadt mit dem Königshaus hingewiesen und ein Zusammenhang zwischen dem Wachstum der Stadt und dem Sieg im Deutsch-Französischen Krieg 1870/71 hergestellt. Eine solche Begründung blieb fragwürdig, denn das Wachstum der Stadt hatte sowohl im Hinblick auf die Bevölkerungsziffer als auch die Finanzkraft erst nach 1890 in größerem Umfang und mit größerer Geschwindigkeit zugenommen. Nachdem die Stadtverordneten Seine Majestät, den Kaiser, König und Markgrafen hatten hochleben lassen, kehrte die sozialdemokratische Fraktion in den Saal zurück und nahm am 25jährigen Amtsjubiläum des Stadtverordneten Adolf Frank sowie an der Einführung von sieben neu- beziehungsweise wiedergewählten Stadträten teil.

Das Übereinanderlegen des Magistrats-

20 Eduard Bernstein, Die Berliner Arbeiterbewegung von 1890 bis 1905, Berlin 1924, S. 224. Artikel 71 der Preußischen Verfassung legte das Dreiklassenwahlrecht fest, das in Preußen bis zum 9. November 1918 bestand. Die Wähler wurden nach ihrem Steueraufkommen in drei Klassen eingeteilt, die aufgefordert waren, die jeweils gleiche Anzahl von Wahlmännern zu wählen, die dann über die Mitglieder des Abgeordnetenhauses (Landtag; Charlottenburg war der 10. Wahlbezirk) abstimmten. Bei den Gemeindeparlamenten kam das gleiche Verfahren zur Anwendung. Während die ersten beiden Klassen etwa sechs beziehungsweise siebzehn Prozent der Wähler vertraten, gehörten der untersten Klasse drei Viertel der Wählerschaft an. Vgl. Wilhelm Altmann, Aus geschichtlichen Urkunden zur brandenburgisch-preußischen Verfassungs- und Verwaltungsgeschichte, Berlin 1897, Bd. 2, S. 153ff. Bei den Reichstagswahlen – Charlottenburg gehörte zum Wahlkreis Teltow-Beeskow-Storkow-Charlottenburg –, die nach dem allgemeinen, gleichen und direkten Wahlrecht durchgeführt wurden, lagen die Stimmanteile der Sozialdemokratie nach 1890 deutlich über 40 Prozent, die hohen Bevölkerungsanteile bürgerlicher Schichten verhinderten jedoch den Gewinn einer deutlichen Stimmenmehrheit. Vgl. E. Bernstein, Die Berliner Arbeiterbewegung... S. 207f.

1 Akten der Stadtverordneten-Versammlung in Charlottenburg, Abschnitt I, Nr. 23, Sitzungssaal, Bd. I, Bl. 19.

und des Stadtverordneten-Sitzungssaals im 1. und 2. Obergeschoß eines selbständigen Mitteltraktes[2] konnte als bestechendes Resultat eines Kompromisses angesehen werden, zu dem Reinhardt und Süßenguth auf Grund einschränkender Bestimmungen des Bauprogramms gezwungen waren. Eine architektonische Lösung, die das dualistische Prinzip der Selbstverwaltung – etwa durch die horizontal-symmetrische Anordnung der Sitzungssäle zu beiden Seiten eines überkuppelten Mitteltraktes wie im Rathaus von Hannover[3] – zum Ausdruck gebracht hätte, wäre auf dem relativ schmalen Geländestreifen kaum zu verwirklichen und von Reinhardt und Süßenguth selbst unter günstigeren Voraussetzungen auch nicht zu erwarten gewesen. In anderen Rathausausführungen, wie beispielsweise in Elberfeld, Dessau, Köthen oder Spandau, gaben die Architekten den Sitzungssälen eine deutliche Gewichtung in der Außenarchitektur: Sie rückten die Säle an die Hauptfront und ließen ihre Bedeutung in der Gliederung und den Motiven der Fassade widerspiegeln. Dieses Gestaltungsprinzip stand in der Tradition des mittelalterlichen Rathausbaus, der auf äußere Gestaltung und freie, aus der inneren Einteilung hervorgegangene Gruppierung der wichtigsten Gebäudeteile größten Wert gelegt hatte. Allerdings blieben zu dieser Zeit die Grundrisse einfach. Überwiegend hatten sie die Form eines geschlossenen Rechtecks. Die erweiterten Bedürfnisse der Stadtverwaltung führten dann regelmäßig zu Anbauten, so daß schließlich nicht mehr vom Rathaus, sondern von der Rathausanlage gesprochen wurde.[4]

Im komplexen Gruppenbau waren aber »die älteren, schlichteren Bauteile mit größtem Geschick in die reiche Gesamtkomposition« eingebunden, was durch »die Neigung zu einheitlicher Zusammenfassung der Formen«[5] begünstigt wurde. Häufig haben erst Anbauten des 18. Jahrhunderts die Übereinstimmung zwischen Baukörper und äußerer Form zerstört und eine Scheinarchitektur geschaffen.[6] Die Sicherheit der mittelalterlichen Baumeister bei der Gestaltung beruhte auf einer »strengen Sachlichkeit, mit der die Bauten nicht nach vorgefaßten, erlernten Regeln und Vorbildern, sondern in jedesmaliger Anpassung an die Erfordernisse des einzelnen Falls herausentwickelt wurden«[7]. Diese Arbeitsweise war auch für Reinhardt und Süßenguth charakteristisch, und insofern war ihre Erfahrung des mittelalterlichen Rathausbaus, wie Jürgen Paul[8] es formulierte, nicht inhaltlich-objektivistisch, sondern sensitiv-subjektivistisch, die Geschichtsauffassung hatte sich von einer normativen zu einer rezeptiven gewandelt.

Die überaus vielfältigen Raumansprüche einer industriegesellschaftlichen Kommunalverwaltung verlangten komplexe Grundrißlösungen, die, wie in Charlottenburg, häufig in Vierflügelbauten bestanden; nicht selten mußten die Architekten, ver-

2 Im erhöhten Erdgeschoß des eingeschobenen mittleren Baukörpers befanden sich die Schalterräume der städtischen Sparkasse.

3 Hermann Eggerts ausgeführter Entwurf für das Rathaus von Hannover (1901–1913), ein Beispiel für die gelungene »Integration des Gewaltenteilungsprinzips« in den Grundriß, ließ Ch. Kranz-Michaelis (Rathäuser im deutschen Kaiserreich ... S. 50f.) von der Verwirklichung eines städtischen Parlamentsgebäudes sprechen. Vgl. auch A. F. Bluntschli/G. Lasius, Stadt- und Rathäuser ... S. 177. Der politische Kern der kommunalen Selbstverwaltung wurde durch diese Architektur allerdings verfehlt.

4 A. a. O., S. 34ff.; O. Stiehl, Das deutsche Rathaus im Mittelalter ... S. 112ff.

5 A. a. O., S. 158.

6 O. Stiehl führt das Beispiel des Lüneburger Rathauses an, dessen schmale Giebelfront, die trotz wiederholter Überarbeitung ihre gotische Form bewahrt hatte, im 18. Jahrhundert »zu einer breiten, mit dem Baukörper nicht übereinstimmenden Scheinarchitektur« umgewandelt wurde. Das deutsche Rathaus im Mittelalter ... S. 154.

7 A. a. O., S. 161.

8 Das ›Neue Rathaus‹ ... S. 60.

anlaßt durch ungünstige Grundstücksverhältnisse, erhebliches Geschick bei der Grundrißdisposition entwickeln, um eine klare, übersichtliche Verteilung der Raummassen zu erzielen. In gewisser Weise gelang Reinhardt und Süßenguth durch die Gliederung der Baumassen eine funktionale Gestaltung des Baukörpers, indem die repräsentativen Räumlichkeiten in abgeschlossenen Bauteilen, Frontgebäude und Mittelbau, aufgenommen und die Verwaltungsstellen in zum Teil schlichter ausgebildeten Baugruppen, den Seitenflügeln und dem Hintergebäude, zusammengefaßt wurden.[9] Der Plazierung der Sitzungssäle kam – und darin liegt sicherlich ein Reiz der Charlottenburger Rathausanlage – durchaus Symbolwert zu, da durch das Einbinden des Saaltrakts in die Verwaltungsflügel gleichsam auf die spezifisch politische Substanz der kommunalen Selbstverwaltung: daß »Regieren« in einer Stadtgemeinde verwalten heißt, aufmerksam gemacht wurde.

In der Achse des Haupteingangs (Berliner Straße) im erhöhten Erdgeschoß führte ein kurzer Verbindungsgang zur Treppe D, die dem Verkehr zu den Sitzungssälen sowie den Kommissionszimmern diente und eine ihrer Bedeutung entsprechende aufwendige Gestaltung erhalten hatte. Die Pfeilerkapitelle an den Treppenaufgängen waren als Köpfe ausgeformt, welche die einzelnen Tageszeiten darstellten.[10] Den Köpfen, charakterisiert durch üppige, wallende Haartrachten, Stirn- und Haarbänder, wurden Natursymbole beigegeben: Der Nacht beispielsweise die Schlange als Verkörperung der Finsternis – auffallend trug sie einen Männerkopf, war mithin maskulin aufgefaßt –, dem Abend der Stern, ein Attribut der Venus, und die Mohnblume zur Versinnbildlichung der »Zeit des Schlafes und des Todes der Vegetation«[11], oder dem Morgen die Rose als Zeichen der Jungfräulichkeit. Mehr als Kuriosum muteten die Reliefs mit dekorativen Köpfen in den Nischen unterhalb des Treppenaufgangs an. Zur linken Seite wies ein Frauenkopf mit Stirnband, das eine Rose zusammenhielt, Kopfhörern und Blitzen im Hintergrund auf die Tür zum Fernsprecher hin. Zur Rechten zeigte ein bemützter Männerkopf mit dem Attribut gekreuzter Schlüssel die Pförtnerloge an. Für die bogenförmigen Wandausschnitte über den Fahrstuhlausgängen hatte Heinrich Giesecke Reliefs angefertigt. Links ein Männerkopf mit tuchartiger Kopfbedekkung, der von Schlangen, scharf gezackten Blättern und Stachelhämmern umgeben war; rechts ein Frauenkopf mit wallendem Haar, von Sonnenstrahlen bekrönt und mit dem Attribut der gekreuzten Schwerter ausgestattet – Süßenguth zufolge Allegorien, in denen sich Gewalt und Milde gegenübertreten.[12]

Die Ornamentik der durchbrochenen

9 Die Idee einer solchen funktionalen Aufgliederung wurde im Neuköllner Rathaus von Reinhold Kiehl verwirklicht. Kiehl trennte die repräsentativen Räumlichkeiten streng von den Verwaltungszimmern und gab dieser Aufteilung in der Außenarchitektur deutlich Ausdruck. Ein Saalbau mit den Bürgermeister- und Deputationszimmern sowie den Kassenräumen wurde in Kombination mit Turm, Erker, Balkon und Fassadenschmuck zum klassischen Rathaus geformt, während die übrigen Verwaltungsräume in langen, einfach gehaltenen Flügeln, »als Anhängsel des Hauptbaus«, zur Wirkung kamen. Das neue Rathaus in Neukölln, in: Deutsche Bauzeitung, 43. Jg. (1909), Nr. 93, S. 637f. – Reinhold Kiehl, dem die örtliche Bauleitung für den zweiten Bauabschnitt des Charlottenburger Rathauses übertragen worden war, schätzten Reinhardt und Süßenguth als »feinsinnigen Architekten mit viel Taktgefühl«. Die örtliche Bauleitung für den ersten Bauabschnitt hatte man dem Stadtbauinspektor Rudolf Walter übertragen, im letzten Baujahr trat der Regierungsbaumeister Hans Kurtze an die Stelle von Kiehl. Zu den Mitarbeitern im Atelier Reinhardt und Süßenguths gehörten die Architekten Josef Reuters und Wilhelm Scheuermann sowie Leo Wasser und Bruno Rudloff. Nachlaß Heinrich Reinhardt... A. Hofmann, Das neue Rathaus in Charlottenburg... S. 420.

10 Die Ornamente hatte Gotthold Riegelmann ausgeführt. Vgl. ders., Ausgeführte Ornamente, Berlin o.J. (1900), Taf. 26.

11 J[ean] C[ampbell] Cooper, Illustriertes Lexikon der traditionellen Symbole, Leipzig 1986, S. 121.

12 Nachlaß Heinrich Reinhardt...

Treppenhaus im Mittelbau, erster Ausführungsentwurf

Hausteinbrüstung des Treppengeländers thematisierte den »Kampf ums Dasein«. Die Darstellung begann mit einem Lanzen schwingenden Drachentöter und setzte sich in den verschiedensten Tiergestalten fort, die sich gegenseitig bekriegten. Der Fuchs schlug die Taube, die Eule krallte die Schlange, der Hund trat die Ratte, die Katze griff die Maus usw. Über dem Ausgang des Treppenhauses zum Magistrats-Sitzungssaal empfing die politischen Vertreter der Bürgerschaft die Maxime »Jedem das Seine«, rechts schloß sich der Sinnspruch »Das Leben ein Kampf« an, links folgte der Leitsatz »Durch Kampf zum Sieg«. Die um die Sitzungssäle als dem Kernpunkt der Rathausanlage angeordnete Metaphorik deutete auf einen zentralen Punkt bürgerlicher Weltanschauung. Der Daseinskampf, die Auslese der Anpassungsfähigsten im Kampf aller gegen alle wurde als universelles Selektionsprinzip der gesellschaftlichen Entwicklung verstanden. Diese biologistische Gesellschaftsauffassung hatte sich im Anschluß an Darwins Evolutionstheorie und deren Projizierung auf die Gesellschaft, namentlich unter dem Einfluß von Ernst Haeckels Natur- und Menschenwelt, in der zweiten Hälfte des 19. Jahrhunderts in weiten Kreisen des deutschen Bürgertums durchgesetzt. Die Ausbildung eines naturwissenschaftlichen Entwicklungsbegriffs führte zur Enthistorisierung der Gesellschaftsauffassung. Die Konkurrenzgesellschaft sah im Zwang zum Kampf ums Dasein ein Grundelement individueller und gesellschaftlicher Existenz: Im ökonomischen und kulturellen Wettbewerb mußten sich die Leistungsfähigen durchsetzen und die Schwachen zurückdrängen.

In den Reden der Stadträte und Stadtverordneten wurde der Daseinskampf als Lebensprinzip immer wieder betont. Oberbürgermeister Schustehrus erklärte beispielsweise in seiner Festrede zur Übergabe des Sitzungssaals: »... der sachliche Kampf ist eine der besten Gaben Gottes, er muß bestehen bleiben, ihn brauchen wir:

Treppenhaus im Mittelbau, zweiter Ausführungsentwurf

er treibt die Dinge vorwärts!«[13] Die sozialen Ungerechtigkeiten der kapitalistischen Gesellschaft ließen sich durch die biologisch-darwinistische Theorie überdecken, sie verschwanden hinter behaupteten naturgesetzlichen Notwendigkeiten, was den

13 Charlottenburger Zeitung. Neue Zeit vom 8. Januar 1903. In einer Rede anläßlich der Geburtstagsfeier Kaiser Wilhelms II. im Charlottenburger Rathaus gab Schustehrus am 27. Januar 1910 ein anschauliches Bild vom »Lebenskampf des deutschen Volkes«: Getrieben von der Notwendigkeit einer Industrialisierung und Modernisierung Deutschlands gerieten Staat und Gesellschaft in einen »Gärungsprozeß«, in dem man sich nicht nur der Konkurrenz ausländischen Kapitals, sondern auch der »neu erwachten Kräfte« im Innern erwehren mußte. Zum Garanten des Fortschritts, der gesellschaftlichen Integration und der friedlichen Entwicklung wurde der Hohenzollernkönig hochstilisiert. Wurde die Umbruchssituation der Vorkriegsgesellschaft hier nuanciert registriert, so blieb die politische Perspektive, die auf die Integrationskraft und das staatsmännische Geschick des Königshauses rekurrierte, illusionär. Wegen ihres grundsätzlichen Charakters sei es gestattet, die Rede in einem größeren Auszug zu zitieren: »Jene ruhig hingleitende alte Zeit der Behaglichkeit des äußeren und der stillen Beschaulichkeit des inneren Lebens in der ersten Hälfte des vergangenen Jahrhunderts, in der die große Mehrzahl unserer Volksgenossen in ruhiger stetiger Arbeit, aber ohne nennenswerte Erfolge, vorzugsweise Ackerbau betrieb, selbst in den Städten als Ackerbürger, jene Zeit, in der der politische Geist des Volkes im Staat und in den Städten wie in einem Traum – um nicht zu sagen in festem Schlafe – lag, in der die Welt auf uns Deutsche als auf unpraktische ideale Gelehrte und Träumer mit mitleidig lächelndem Spott herabsah, in der ›Deutschland‹ nur ein geographischer Begriff war ohne realen, kraftvollen Inhalt, jene Zeit, in der unser Land und Volk nichts galten in der Welt, jene Zeit ist unwiderbringlich dahin. Ich will sie nicht schelten oder verachten, jene Zeit. Sie war eine nützliche und notwendige Vorstufe unserer Entwicklung. Aber heute liegt sie abgeschlossen hinter uns. Wir haben nicht mehr mit ihr zu rechnen. Seitdem die Maschine in die Welt gekommen ist und der elektrische Strom ihr dienstbar geworden, ist eine neue Welt entstanden. Ungezählte Millionen neuer Kräfte sind wach geworden. Die bisherigen Werte sind in Umwertung begriffen. Aus der idealen Welt ist eine reale geworden. Handel, Industrie und Technik haben in kurzer Zeit ungeahnte Höhen erklommen und bieten täglich neue

sozial und politisch empfindlicheren Vertretern des Bürgertums nicht verborgen blieb.
Indem die Darstellungen in den Treppenaufgängen mit dem Sieg des Heiligen Georg über den Drachen begannen, der in der christlichen Überlieferung den Sieg über die Mächte des Bösen symbolisiert, wurde der Lebenskampf ethisch gerechtfertigt;[14] die Naturalisierung gesellschaftlicher Hierarchien erhielt zusätzlich eine religiöse Komponente. Der »Kampf ums Dasein« war nicht nur durch das »Überleben der Tauglichsten«, sondern ebenso, in einem engeren Sinne, durch den »Sieg der Stärkeren« charakterisiert, als setzte man die »Tauglichsten« mit den zur Spitze der Gesellschaft Aufgestiegenen gleich. Die obsiegenden Tiere verkörperten zugleich den Sieg der guten Mächte, der Tugenden oder anders ausgedrückt: sie spiegelten den Sieg der »Begnadeten« wider. Diese Interpretation läßt sich für den überwiegenden Teil der Darstellungen in den einzelnen Brüstungsabschnitten aufrechterhalten.
In den bewegten Linien der Haare, der Bänder und Blütenknospen und noch deutlicher in den bewegten Formen der zackig aufgerissenen Pflanzenmotive, der Menschen- und Tiergestalten der Treppenbrüstungsrahmen fand sich ein Ornament, das auf »Bewegung in der Fläche«[15] abzielte. Die spitzzackigen, verschlungenen und in sich liniierten Blattformen, die in ihrem bizarren Duktus an Endells phantastische Ornamentik des Ateliers Elvira erinnerten,[16] standen auf Grund ihrer organisch lebendigen Sprache in einem auffallenden Gegensatz zur naturalistischen, körperhaften Auffassung der Tiergestalten. Diese Gegenständlichkeit, der Verbleib am natürlichen Vorbild, widersprach einer Bildwerkauffassung, der es bei der Darstellung von Bewegungsabläufen weni-

schwindelnde Ausblicke in eine nahe Zukunft... Der alte Agrarstaat wandelt sich täglich mehr in den neuen Industriestaat. Und alle neu erwachten Kräfte ringen und kämpfen miteinander und mit den alten. Wie in einem gewaltigen Kessel brauen und gären sie, mächtig, voll ewiger Unruhe. Und mitten in diesem Gärungsprozesse, der unseren Staat erfaßt hat, stehen wir selbst, zuschauend und handelnd, jubelnd und klagend, voll Hoffnung oder Zweifel und Erwartung: Was soll das werden? Wie wird es enden? Wie wird sich diese höchst bedeutsame Entwicklungskrise unseres Volkes schließlich gestalten? Aus diesem Sturm und Drang unseres Volkes ragt eine Persönlichkeit über alle hervor: Unser Kaiser. Auch in seiner Seele ringen miteinander die alte und neue Zeit. Auf der Grundlage altpreußischer Tradition stehend empfindet er doch als moderner Mensch, und er steht dem Geist der neuen Zeit nahe in vielen Dingen. Ganz erfüllt von dem Gedanken, daß es sein ihm von altersher überkommener, von Gott ihm bestimmter, heiliger Beruf ist, für sein Volk und dessen Entwicklung zu wirken, gibt er sich diesem Berufe mit seiner ganzen, kraftvollen Persönlichkeit oft ganz der neuesten Zeit hin, setzt sein bestes Wollen und seine beste Erkenntnis dafür ein, unermüdlich in seinem starken vorbildlichen Pflichtgefühl. In diesem Pflichtgefühl hat er klar erkannt, daß nur unter den Segnungen des Völkerfriedens der gärende Entwicklungsprozeß unseres Volkes sich vollenden kann, und er, der mächtige König über das mächtigste Kriegsheer der Welt, ist der überzeugendste Friedensfürst. Noch im verflossenen Jahre hat er den Weltfrieden gesichert, als er in deutscher Treue an die Seite des österreichischen Bruders trat. Und seitdem strahlt sein ruhmvoller Name wieder noch heller in der Welt... Wir verehren unseren Kaiser, wir lieben ihn, und wir sind stolz auf ihn, den die Welt uns neidet.« Charlottenburger Zeitung Neue Zeit, 41. Jg. (1910), Nr. 23, vom 28. Januar 1910.

14 Der Heilige Georg erscheint hier, ganz in der Nachfolge eines Bernt Notke, als jugendliche Heldengestalt, ist aber entgegen der spätmittelalterlichen Interpretation seiner kultischen Dimension entkleidet; der Jüngling ist nackt und wendet sich in einer dramatisch angespannten Körperhaltung gegen das Böse. Vgl. Gerhard Eimer, Bernt Notke. Das Wirken eines niederdeutschen Künstlers im Ostseeraum, Bonn 1985, S. 114ff. Das Georgsmotiv wurde in das Skulpturenprogramm der Außenfassade des ersten Münchner Rathausneubaus (1867–1874) aufgenommen, die Plastik von Syrius Eberle (1844–1903) ausgeführt. Vgl. W. Nerdinger/B. Stenger, Das Münchner Rathaus... S. 169.

15 R. Schmutzler, Art Nouveau... S. 29.

16 Vor allem die über dem Ateliereingang plazierten Blattformen legen diese Verbindung nahe, aber auch der untere Teil des plastischen Hauptornaments der Fassade, das in seiner Gesamtheit allerdings auf ältere chinesische Phönixdarstellungen zurückgeht. Vgl. S. Wichmann, Jugendstil Art Nouveau, München 1974, S. 94ff.

Figürliche Darstellungen im Haupttreppenhaus, Mittelbau. Bildhauer: Heinrich Giesecke

ger um Naturkopie als um eine »Deformation«[17] der realen Gegenstände ging, während Räumlichkeit sich in einem »Stofflichwerden der Linien«[18] offenbarte. Den Körpern, obwohl bewegt, fehlte die Vermittlung zum Linienspiel des ornamentalen Rahmens. Diese Unentschiedenheit der Form zeigte sich noch deutlicher an den erwähnten Säulenkapitellen des Treppenaufgangs. Die bewegten Kurven und Bänder waren nur Zitat in einem Schmuckwerk, dessen kantig strenger Rahmen nicht an eine dynamische Bewegung denken ließ. Plastizität und leicht gebogene seitliche Endungen des Ornaments verwiesen auf die Kartusche des Barock mit ihrer schildartigen Innenfläche und dem aus Rollwerk gebildeten Rahmen. Allerdings waren die Wellenbewegungen hier auf das Äußerste reduziert: Schildfläche und Rahmen brachten das Schwellende der barokken Zierform nur noch in einer leichten, kantig abgeschnittenen Biegung der Ränder zum Ausdruck.

Gegenüber dem teilweise floralen Empfinden der Ornamentik gab sich die architektonische Struktur des Treppenhauses streng, geschlossen und von einer klaren symmetrischen Gliederung. Erneut war die Vorliebe der Architekten für den flachen Bogen zu spüren. Zugleich artikulierte sich ein Sinn für den Raum[19], der zumindest für die Ebenen der Sitzungssäle – an der geschwungenen Treppenführung, den weiten, gebogenen Öffnungen zu den Hauptfluren hin und den Mauern an den Treppenausgängen – gleitende Übergänge zu schaffen suchte. Diese gleitende Massenbehandlung stand in einem Spannungsverhältnis zu dem Bemühen um Geschlossenheit der Architekturteile. Auflösenden Momenten des Architekturgerüstes wirkten Reinhardt und Süßenguth durch abschließende Bauteile entgegen. Die Mauerverbände des Treppenhauses wurden nicht auf das Pfeilerwerk reduziert, sondern durch Bogeneinstellungen abgefangen. Die Höhe der Treppenausgänge milderten die Architekten durch Maßwerk ab. Der aufstrebenden Bewegung der Pfeiler wurde durch herablaufende Lisenen begegnet. Die Gurtbogen der Korridore erhielten plattenartige Abschlüsse; die seitlichen Flure wurden durch Sandsteinmaßwerk, das aus Kreisbogensegmenten bestand, abgegrenzt. Diese Tendenz zur Zusammenfassung und Beschränkung der auflösenden Wirkungen deutete auf die Verbundenheit der Architekten mit der mittelalterlichen Rathausarchitektur.[20]

Der gekrümmte Teil des Treppengeländers, dessen Handlauf gar eine gewölbte Oberfläche erhalten hatte, wurde durch senkrechte, bänderartig profilierte Pfosten eingefaßt. Die oberen Abschlüsse waren in strenger Tektonik mit Kuppel, Ecktürmen, Rundmauer und auskragenden Zinnen dem Burgenmotiv nachempfunden. Praktisch waren die Geländerpfosten eine Verlängerung der unteren Treppenhauspfeiler. In ihrer Glattflächigkeit und Massigkeit, ihren rechtwinkligen Sockeln kam eine Strenge zum Vorschein, die sich einer dynamischen Plastizität wie dem »Eindruck des Biegsamen, Labilen und Schwerelosen«[21] verschloß.

Die nur wenig profilierten Türöffnungen zu den Fahrstühlen des Mittelbaus gemahnten mit ihren geschwungenen oberen Abschlüssen an die Fenster Endells im Atelier Elvira, die allerdings jede plastische

17 Gabriele Sterner, Jugendstil. Kunstformen zwischen Individualismus und Massengesellschaft, Köln 1975, S. 21.

18 R. Schmutzler, Art Nouveau... S. 31.

19 Vgl. Stefan Tschudi Madsen, Jugendstil. Europäische Kunst der Jahrhundertwende, München, 1967, S. 104.

20 O. Stiehl weist nach, daß für die mittelalterlichen Kommunalbauten das Streben nach Auflösung der Massen und strikter Vertikalisierung, wie es aus dem gotischen Kathedralsystem und dem Burgenbau abgeleitet ist, nicht zutrifft. Das deutsche Rathaus im Mittelalter... S. 158 u. 162f.

21 R. Schmutzler, Art Nouveau... S. 32.

Rahmung vermieden.[22] Der Eindruck geraffter Vorhänge konnte sich einstellen, die unkonventionelle Linienführung war jedoch im Grunde genommen älteren Vorbildern verpflichtet. Das Motiv des Schulterbogens wurde hier variiert; ähnliche Formen sind durch den spätgotischen Profanbau überliefert.[23] Der mittelalterliche Einfluß trat bei Reinhardt und Süßenguth auch insofern deutlich hervor, als die Öffnungen durch einen Rundbogen eingefaßt beziehungsweise überwölbt wurden. Durch die oberhalb der Fahrstuhleingänge angebrachten Profilleisten, die leicht aus der Fläche geführt waren und zugleich als Basis für die im Bogenfeld plazierten Relieffüllungen dienten, erhielten die Öffnungen gleichsam eine Überdachung. Die Mauerdurchbrüche des Haupttreppenhauses und der seitlichen Treppenhäuser wiederholten die Form des Schulterbogens, indem sie den Zwillings-, Drillings- und Vierpaßfenstern entsprechende Abschlüsse gaben.

Im 1. Obergeschoß erweiterte sich das Treppenhaus nach oben zu einer geschlossenen Halle, die von einer elliptischen Tonne überwölbt wurde. Unter reich verzierten, das Stadtwappen einschließenden Baldachinen waren Zierschilde mit Köpfen angebracht, die durch die ratsherrlichen Amtssymbole des Spätmittelalters ergänzt wurden.

Die Reliefs hatten einen turmartigen Aufbau und wurden durch schmale Lisenen eingegrenzt. Die Spitze bildete eine in Eichenlaub eingebettete Eule als Symbol der Weisheit, darunter ein Stadttor mit Rundtürmen und Brückenbau als Hinweis auf die Stadt Charlottenburg. Der Mittelteil des Ornaments bestand aus einem mit Zinnen bewehrten Mauerbogen, der eine Art Baldachin für den darunterliegenden figürlichen Abschnitt des bauplastischen Elements bildete. Die Unterkante des Baldachins war reich profiliert, wobei sich die einzelnen geschwungenen Linien kreuzten oder ineinander übergingen. Derartige Profildurchdringungen, zumal in ihrer abstrakten Form, sind aus der Spätgotik bekannt, in der sie bei den Verdachungen von Türen und Fenstern oder eben beim Aufbau von Baldachinen Verwendung fanden.[24] Auch die Bekrönung eines Baldachins mit einem stilisierten Gebäude ist der Gotik entlehnt. Eine solche Überdachung zeigen beispielsweise die Gewändefiguren des südlichen Ostportals am Bamberger Dom.[25] Der Baldachin, der seinen Ursprung im göttlichen Wohnwagen hat, entsprach dem Thronhimmel über dem Kaiserthron beziehungsweise über den Altären, einem auf vier Säulen ruhenden Kuppeldach, von dem oftmals Vorhänge herabhingen, so daß der Thron wie in einer abschließenden Nische stand.[26] Die Gotik nahm diese Architekturform auf und schuf sich damit ein Mittel, um vollplastische Figuren in die Architektur einzufügen, wobei in den stützenlosen Baldachinkronen der »Versuch der Skulptur« zum Ausdruck kam, »sich von der Architektur zu emanzipieren«[27]. Die Baldachine entwickelten sich zu Stadtkronen, die »Miniaturformen kleiner Zentralbauten«[28] darstellten. Die vor 1200 entstandenen Kronen betonten nur peripher die Stadtmauer, und ihre quadratische beziehungsweise vorwölbende Form zeigte, daß sie aus der Vorstellung des Kapitells sowie der flächigen Arkade

22 Warum Schmutzler in Endells Fensterformen eine Vorwegnahme des »Spät Art-Nouveau« sieht, bleibt uneinsichtig. Art Nouveau... S. 20.

23 Vgl. Eugène-Emmanuel Viollet-le-Duc, Dictionnaire raisonné de l'architecture française du XIe au XVIe siècle, Paris o.J. (1854–1869), Bd. 5, S. 416f.; Bd. 6, S. 243f.; vgl. auch G. Ebe, Die Schmuckformen der Monumentalbauten... Bd. 1, S. 182ff.

24 A. a. O., S. 244ff., 251f.

25 Vgl. Max Sauerlandt, Deutsche Plastik des Mittelalters, Königstein i. T.-Leipzig 1924, S. 40f.

26 Percy Ernst Schramm, Herrschaftszeichen und Staatssymbolik. Beiträge zu ihrer Geschichte vom dritten bis zum sechzehnten Jahrhundert, Bd. 3, Stuttgart 1956, S. 723f.

27 Hans Sedlmayr, Die Entstehung der Kathedrale, Zürich 1950, S. 272.

28 A. a. O., S. 273.

Treppenausgang zum Stadtverordneten-Sitzungssaal, Mittelbau. Bildhauer: Gotthold Riegelmann

Berufsständische Darstellungen im Treppenhaus, Mittelbau. Bildhauer: Gotthold Riegelmann, *links* Der Geistliche, *rechts* Der Krieger

erwachsen waren.[29] Reinhardt und Süßenguth griffen diese Motive auf, zerlegten sie und fügten die Teile zu einer Form, die ihrer Intention einer Einbindung in die Fläche gerecht wurde. Im Gegensatz zur Bauplastik der Hoch- und Spätgotik nur verhalten von der Wand gelöst,[30] erhielt das Ornament einen strengen Rahmen und einen schildartigen unteren Anschluß, der sich flach an das Mauerwerk schmiegte. Das Problem einer gelungenen Verbindung zwischen Ornament und Architekturrahmen meisterten Reinhardt und Süßenguth, indem sie der Wand eine Lisene vorlegten und damit dem bauplastischen Feld die Funktion einer Pfeilerkrone gaben. Durch eine Verlängerung des Holms der Balkonbrüstung im 2. Obergeschoß wurden die Ornamente horizontal zusammengefaßt.

Unter den Baldachinen befanden sich, eingerahmt von einem Schild mit Spiralmotiv, halbplastische Kopfskulpturen, die nach Auskunft Georg Süßenguths[31] die Charlottenburger Oberbürgermeister Fritsche und Schustehrus darstellen sollten. Die Bildwerke blieben jedoch in ihrem Ausdruck oberflächlich, waren keinesfalls charakterisierende Portraits, zumal Haartracht und Kopfbedeckung die Darstellung verfremdeten. Die neuzeitlichen Stadtoberhäupter Charlottenburgs waren als spätmittelalterliche Bürgermeister aufgefaßt und mit einer Reihe von Insignien ausgestattet worden. Sie trugen die Amtskette, und als Symbole ihrer Amtsgewalt waren ihnen Schwert und Schwurhand auf der einen, Urkundenrolle und Stab auf der anderen Seite beigegeben. Geradezu überhöht wur-

29 A. a. O., S. 274 u. 299f.
30 Joseph Schlipf, Hochgotik und Spätgotik, in: Yves Christie u. a., Handbuch der Formen- und Stilkunde. Mittelalter … S. 386.
31 Nachlaß Heinrich Reinhardt …

den diese Zeichen der Macht und der Würde, indem die Plastiken eine stilisierte Krone als oberen Abschluß erhielten. In der Verbindung zwischen der spezifischen Form des Rahmenwerks und der herrscherlichen Attribute offenbarte sich eine von konservativen Vorstellungen getragene Staatssymbolik, die die demokratischen Elemente der Kommunalverfassung vernachlässigte.

Die prägnante Hervorhebung des Stadtoberhaupts entsprach nicht der politischen Realität, da die Städteordnung in den sechs östlichen Provinzen Preußens nur einen »kollegialischen Gemeindevorstand«[32] kannte, worauf zurückzukommen sein wird. Unter Bezug auf die mittelalterliche Stadtverwaltung wurde der Anspruch der Städte auf Autonomie und Selbstverwaltung formuliert. Die politische Stadtgemeinde des Mittelalters, die ihren Ausdruck in der selbstgewählten Stadtobrigkeit gefunden hatte, war weit über das Maß der modernen, dem Staatsganzen ein- und untergeordneten kommunalen Selbstverwaltung hinaus selbständig: »die Stadt war mehr oder weniger eine Republik, übte in ihrem Gebiet selbst die meisten staatlichen Hoheitsrechte aus«[33]. Die Städteordnung von 1853, die uneingeschränkt bis 1920 in Kraft blieb, war ein Werk der preußischen Reaktion auf die Revolutionszeit, das die Aufsicht der staatlichen Bürokratie über die städtische Selbstverwaltung und innerhalb dieser das Gewicht der kommunalen Bürokratie verstärkte. Die Wahl der Magistratsmitglieder wurde von der staatlichen Bestätigung abhängig gemacht,[34] während man die staatliche Kommunalaufsicht wieder vollständig bürokratischen Organen, den Bezirksregierungen, übergab. Den Selbstverwaltungskörpern wurden die Wahrnehmung obrigkeitlicher Funktionen und staatliche Geschäfte der inneren Landesverwaltung übertragen. Die Stadtgemeinden »bilden keine unabhängigen Korporationen, sondern sind in den Organismus des Staates eingefügt und seinem Einfluß und seiner Einwirkung unterworfen«[35]. Den Autonomieanspruch über die Person des Bürgermeisters zu vermitteln, gab dem Bildwerk gerade einen obrigkeitsstaatlichen Zug. Die ständisch-korporative Gemeinschaft des Bürgertums in den mittelalterlichen Städten blieb auf eine oligarchische Oberschicht beschränkt, und selbst dort, wo es der genossenschaftlichen Organisation der Handwerker gelungen war, am Stadtregiment teilzunehmen, bildete sich nur eine »erweiterte Oligar-

32 § 10, Städteordnung; Ottomar Oertel, Die Städteordnung für die sechs östlichen Provinzen der Preußischen Monarchie vom 30. Mai 1853, 6. Aufl., Liegnitz 1914, S. 73 f. Die Einrichtung einer Bürgermeisterverfassung bestand nur in Gemeinden mit weniger als 2500 Einwohnern. § 72, Städteordnung; a. a. O., S. 611 ff.

33 Heinrich Heffter, Die deutsche Selbstverwaltung im 19. Jahrhundert. Geschichte der Ideen und Institutionen, 2. Aufl., Stuttgart 1969, S. 15. Da Charlottenburg als einer von den Hohenzollern ins Dasein gerufenen und von ihnen abhängigen Gemeinde eine entsprechende Tradition fehlte, sei an die Stellung der mittelalterlichen Doppelstadt Berlin-Cölln erinnert: Die Kommune hatte im Laufe des 14. Jahrhunderts ein hohes Maß an politischer Autonomie erreicht, die in der vom Rat wahrgenommenen Verwaltungs-, Gerichts-, Steuer- und Wehrhoheit, vor allem aber »im anerkannten Bündnisrecht und in der selbständig geführten ›Außenpolitik‹ deutlich« wurde. Städtische Bündnisse schloß man auf territorialer Grundlage ab, spätere Einigungen griffen sogar über die Landesgrenzen hinaus. Winfried Schich, Das mittelalterliche Berlin (1237–1411), in: Geschichte Berlins, hrsg. v. Wolfgang Ribbe, Bd. 1, Von der Frühgeschichte bis zur Industrialisierung, München 1987, S. 206. Vgl. W. Gundlach, Geschichte der Stadt Charlottenburg... Bd. 1, S. 96 ff.

34 § 33 der Städteordnung bot der Staatsaufsicht die Möglichkeit, die politische Zusammensetzung des Magistrats zu kontrollieren. »Der von der Bestätigung handelnde § 33 ist in der Hand der Regierung ein Mittel, politisch anrüchige Personen, mögen sie auch noch so tüchtig sein, von der Verwaltung fernzuhalten, und tatsächlich haben die Behörden von diesem Mittel mehr als einmal in einer Weise Gebrauch gemacht, die klar und deutlich den politischen Mißbrauch beweist, den sie damit treiben. Ganz abgesehen davon, daß Sozialdemokraten in Preußen grundsätzlich die Bestätigung versagt wird, sind wiederholt auch Anhänger bürgerlicher Parteien aus Gründen, die mit dem Wohl einer Gemeinde absolut nichts zu tun haben, nicht bestätigt worden.« Paul Hirsch, Die Städteordnung für die sechs östlichen Provinzen der Preußischen Monarchie vom 30. Mai 1853, Berlin 1910, S. 68.

35 O. Oertel, Die Städteordnung... S. 72.

chie«[36] heraus. Die Städteordnung von 1853 verlieh dem Magistrat eine »möglichst starke obrigkeitliche Stellung gegenüber den Stadtverordneten«[37], so daß er in seiner Tätigkeit als Ortsobrigkeit nicht auf die Mitwirkung der Stadtverordneten-Versammlung angewiesen war und auch nicht deren Kontrolle unterlag.[38]

Die konservative Deutung der Selbstverwaltung drückte sich auch im Einbezug der Krone aus, wenngleich das Patronat des Königshauses als Garant gegen die »Anarchie eines überwuchernden Partikularismus«[39] und einen beschränkten Stadtegoismus verstanden werden mußte. Noch deutlicher enthüllte sich die Darstellung der Selbstverwaltung als obrigkeitsstaatlich, wenn das zwischen den Bauplastiken angeordnete Ornamentfeld in die Interpretation einbezogen wurde. Unter dem Spruch »Jedem das Seine« befand sich ein aufgeschlagenes Buch, beschwert durch eine Waage, deren Schalen gekreuzte Schwerter überdeckten. Die Gesetzgebungsgewalt lag allein beim Staat, und alle Angelegenheiten der Stadt waren ihr schrankenlos untergeordnet. Selbst dort, wo den Stadtgemeinden Autonomie gewährt wurde, bedurfte es zur Gültigkeit statuarischer Normen der staatlichen Sanktion in Gestalt der Genehmigung durch den Bezirksausschuß. Als Organ der Staatsgewalt war dem Magistrat die Ausführung der Gesetze, Verordnungen und Verfügungen der vorgesetzten Behörden auferlegt.[40] Der Bürgermeister hatte als Vorsitzender des Magistrats die Einhaltung der Befugnisse und die Gesetzmäßigkeit der Magistratsbeschlüsse sowie die Wahrung des »Staatswohls« oder des »Gemeininteresses« zu prüfen beziehungsweise mit »aufschiebender Wirkung zu beanstanden«[41]. Diese Einbindung der Selbstverwaltungskörper in den Staatsorganismus akzentuierte das Bildprogramm, während antizipierende Hinweise auf eine Ausweitung der Selbstverwaltung, etwa als eine alle Bevölkerungsschichten einbeziehende Selbstregierung, völlig fehlten. Die Hervorhebung von Rechtssymbolen deutete andererseits auf eine Verflechtung der Selbstverwaltung mit dem Rechtsstaatsgedanken hin. In dieser Verbindung äußerte sich der Kampf des liberalen Bürgertums »um eine eigene Freiheitssphäre für die einzelnen Staatsbürger und für die kommunalen Zellen eines neuen bürgerlichen Gemeinwesens«[42], der in der Einführung der Verwaltungsgerichtsbarkeit in den siebziger Jahren einen wesentlichen Erfolg zeitigte.[43] Die insgesamt konservative Sicht der kommunalen Verfassung wurde durch diese Ideenkonstruktion nicht tangiert. Schließlich zitierten Reinhardt und Süßenguth vorwiegend Herrschaftszeichen. Das zeigte sich einerseits im Rahmenwerk mit Baldachin und Schild, andererseits in Attributen wie Schwert, Stab, Schwurhand, lange Haare und Kopfbedeckung sowie Urkundenrolle und Amtskette. Sicherlich übernahmen die einzelnen Motive eine dekorative Funktion, sie auf diese zu beschränken hieße aber, den differenzierten Aufbau des Bildprogramms und die nuancierte Stellung der Einzelelemente in der Rathausarchitektur außer acht zu lassen.

Neben dem erwähnten Baldachin kann auch der Schild als Herrschaftszeichen ge-

36 H. Heffter, Die deutsche Selbstverwaltung... S. 16.

37 A. a. O., S. 332.

38 § 56 der Städteordnung unterschied die Aufgaben des Magistrats nach seiner Funktion als Ortsobrigkeit und als Gemeindeverwaltungskörper. Als Ortsobrigkeit war der Magistrat mit Zwangsbefugnissen ausgestattetes Staatsverwaltungsorgan. Vgl. O. Oertel, Die Städteordnung... S. 262ff. Als Gemeindeverwaltungsorgan war dem Magistrat die Stadtverordneten-Versammlung als kontrollierendes Gremium beigegeben. Die Beschlüsse der Stadtverordneten waren wiederum von der Zustimmung des Magistrats abhängig.

39 H. Heffter, Die deutsche Selbstverwaltung... S. 14.

40 § 56 Nr. 1, Städteordnung.

41 § 57, Städteordnung.

42 H. Heffter, Die deutsche Selbstverwaltung... S. 7.

43 A. a. O., S. 623ff.

deutet werden, das in einer Verbindung zur Sphaera des römischen Kaisertums und zum scheibenförmigen Ornament der antiken und frühchristlichen Kunst steht, die ein Brustbild oder eine Figur umschließen. Eine Darstellungsart, die auf die römische Sitte, Bilder der Ahnen, Herrscher oder berühmter Männer auf dem Schilde anzubringen und als Votivgaben in den Tempeln aufzustellen, zurückging.[44] Das Schwert ist Attribut des königlichen Herrschers und spielte seit dem 9. Jahrhundert im Königsritual eine Rolle,[45] in dem man den König als Zeichen seiner Macht mit dem Schwert gürtete. Der Stab vereinigt in der germanischen Rechtssymbolik besondere Kräfte, die seinen Besitzer in den Stand setzen, die »Mächte« zu rufen.[46] Als Dienst- und Amtsstab drückt er dauernde Vollmacht und Gewalt aus und hat als Attribut des Lordmayor von London auch noch in der Neuzeit Bedeutung. Die Schwurhand symbolisiert hier wohl die mit der Übertragung der Amtsgewalt eingegangene Verpflichtung zur Rechtmäßigkeit der Verwaltung, was auch im Zeichen der Urkunden- und Gesetzesrolle zum Ausdruck kommt. Die Amtskette gehörte bereits zur Tradition der Charlottenburger Stadtverwaltung. Einem Antrag der städtischen Behörden, dem Bürgermeister und Stadtverordneten-Vorsteher die Befugnis zum Tragen goldener Amtsketten zu verleihen, gab der preußische König im Januar und Februar 1864 statt und schenkte der Stadt die Ketten. Die Anordnung des Königs war aber zunächst mit dem Vorbehalt ergangen, daß für jeden Amtsnachfolger die Befugnis gesondert erwirkt werden müsse. Erst im März 1871 wurde vom Minister des Innern verfügt, daß die Auszeichnung nicht mehr dem Amtsträger, sondern den Ämtern gewährt werde.[47]

Gegenüber diesem offenkundigen Zeichen kommunaler Selbstverwaltung mutet das Attribut der langen Haare seltsam an, zumal die Skulpturen Portraits der Oberbürgermeister sein sollten. Das Haar den Zitaten ornamentalen Jugenstils zuzurechnen, ist in diesem Fall wenig plausibel. Vielmehr dürfte die Haartracht, indem sie auf ein Attribut germanischer Stammeskönige verwies, der Hervorhebung des Stadtoberhauptes gedient haben und war somit ikonographisch als Herrschaftszeichen aufzufassen.[48] Interessanterweise wurden die Oberbürgermeister bartlos dargestellt – Schustehrus war Bartträger –, während die figürlichen Teile der Standessymbole im Treppenhaus Barttrachten erhalten hatten.

Erwähnenswert bleibt noch, daß die Kapitelle des Rahmens mit Masken besetzt waren. Auch hier wird ein Bezug zur germanischen Kunst des Mittelalters deutlich. Die Tendenz, das menschliche Gesicht in ornamentalen Formen zu bilden, setzte bereits im 6. Jahrhundert ein.[49] Die Masken waren häufig lediglich Schmuckform und entsprachen »dem beherrschenden Zug der germanischen Kunst zum Ornament«[50]. In Verbindung mit Gegenständen, die im Ma-

44 P. E. Schramm, Sphaera Globus Reichsapfel. Wanderung und Wandlung eines Herrschaftszeichens von Caesar bis zu Elisabeth II. Ein Beitrag zum Nachleben der Antike, Stuttgart 1958, S. 36f.

45 In Preußen hatte es nach Friedrich I. keiner der Könige mehr für erforderlich gehalten, sich krönen zu lassen. Allein Wilhelm I. erneuerte den Königsbrauch noch einmal am 18. Oktober 1861 und vollzog an Stelle der herkömmlichen Huldigung die Krönung, wodurch die Absage an die Revolution von 1848 sichtbar gemacht werden sollte: der Herrscher Preußens hatte die Krone vom Altar genommen und nicht vom Volke empfangen. Beim Krönungsakt selbst nahm Wilhelm I. nach Inbesitznahme von Krone, Szepter und Reichsapfel mit seiner Rechten das Schwert des Reiches vom Altar und hielt es den Versammelten entgegen. A. a. O., S. 157f.

46 Adolf Gauert, Das ›Szepter‹ von Sutton Hoo, in: P. E. Schramm, Herrschaftszeichen und Staatssymbolik ... Bd. 1, Stuttgart 1954, S. 277.

47 Vgl. W. Gundlach, Geschichte der Stadt Charlottenburg ... Bd. 1, S. 312.

48 P. E. Schramm, Herrschaftszeichen und Staatssymbolik ... Bd. 1, S. 216.

49 A. Gauert, Das ›Szepter‹ von Sutton Hoo ... S. 273.

50 A. a. O., S. 274.

gischen und Religiösen wurzeln, erhielten sie jedoch eine tiefere Bedeutung, waren nicht Abbild, sondern Zeichen des Ahnenkults adliger Geschlechter, mit dem man sich unter das Heil seiner Sippe und seiner Ahnen stellte und als Mann des Glücks gegen das Unheil gefeit war. In dieser Konstruktion offenbarte sich zugleich, daß Herrschaft in der germanischen Welt Schutz bedeutete.[51] Das Maskenornament wird uns noch an anderen Orten der Rathausarchitektur begegnen, wo es deutlicher als dekoratives Element in Erscheinung tritt.

Das Bild des patriarchalisch verstandenen Bürgermeisters wurde durch die Darstellung der Stände an den Fensterpfeilern der rundbogigen, geschlossenen Außenwand ergänzt. Neun Zierschilde mit dekorativen Köpfen gaben die verschiedenen Berufsstände wieder. Die bildnerische Durcharbeitung war auf Typisierung angelegt. Die einzelnen Stände wurden durch verschiedene Kopfbedeckungen, Haartrachten, pflanzliche Motive und die stets im unteren Feld des Zierschilds angebrachten Standessymbole charakterisiert.

Beim Blick auf die Fensterwand erschien ganz links der Handwerker mit Hammer und Eichenlaub als Zeichen der Stärke und der Beständigkeit. Der Kaufmann wurde mit dem verschnürten Ballen und Kornähren attribuiert, der Schiffer mit dem vom Tau umwickelten Anker und der Seerose. Dem Krieger waren gekreuzte Schwerter und Eichenlaub beigegeben. Der Ackerbauer trat mit Gießkanne und Rose auf, der Beamte mit Tintenfaß und Gänsekiel. Kornähren und Weinlaub mit Trauben – eine Versinnbildlichung der Unsterblichkeit und des Opfers – begleiteten den Geistlichen, sein Stand wurde durch die aufgeschlagene Schrift, das Kreuz und die gekreuzten Gänsekiele gekennzeichnet. Den Abschluß auf der rechten Seite bildeten der Künstler, charakterisiert durch Lorbeerkranz und Spatel, sowie der Wissenschaftler, der von Akanthusblättern eingerahmt wurde und dessen Standeszeichen die auf einem geschlossenen Buch hockende Eule war.

Die nicht mehr erhaltenen bleiverglasten Fenster des Treppenhauses dämpften den Lichteinfall. Die Glasarbeiten des ersten Bauabschnitts führten G. Pohl, J. C. Spinn, J. Zimmermann und Franz Eissing aus. Bei der Bearbeitung der gepreßten Gläser achteten die Architekten auf die Verwendung sanfter Farben in feiner Abstimmung, um die Zeichnung der Linien zur Geltung kommen zu lassen. Unterhalb des Kämpfers herrschten senkrechte Linien vor, die nur von wenigen wellenförmigen Querbändern durchzogen wurden und nach oben in kleine stilisierte Blüten ausliefen. Oberhalb des Kämpfers verdichteten sich die von dichten Linien umschlungenen Blumenmotive, ehe sich die Senkrechten zum abschließenden Rundbogen fortsetzten. Diese Ausführung der Glasmalerei, die sich auf den Entwurf von Reinhardt und Süßenguth stützte[52], die Farben vermeiden sollte, um die Zeichnung der Linien zur Geltung kommen zu lassen,[53] verblieb im Planungsstadium. Franz Eissing fertigte später Glasfenster an, die in Abweichung von den Formen des Entwurfs sich an die berufsständischen Darstellungen der Bauplastik anschlossen.[54] Von links beginnend wurden in den Fenstern »Wehrmacht, Landwirtschaft, Handel, Kunst und Wissenschaft«[55] dargestellt. Deshalb kann mit ziemlicher Sicherheit angenommen werden, daß die in der Berliner Architekturwelt[56] abgebildeten Glasfensterentwürfe von Franz Eissing die Grundlage für die Ausführung waren, zumal bei einzelnen Fenstern in den unteren Feldern

51 A. a. O., S. 278.
52 Veröffentlicht wurde der Entwurf im Zentralblatt der Bauverwaltung, 21. Jg. (1901), Nr. 57, S. 350.
53 Friedrich Schultze, Das neue Charlottenburger Rathaus ... S. 352.
54 Nachlaß Heinrich Reinhardt ...
55 Ebd.
56 8. Jg. (1906), H. 10, S. 386–389.

das Charlottenburger Stadtwappen zu erkennen ist. Die berufsständischen Darstellungen lehnten sich in Kleidung, Haltung und Symbolik auch hier an mittelalterliche Vorbilder an, während der ornamentale Hintergrund, ein Mauerausschnitt mit Nische und üppiger vegetabiler Umkleidung, floralen Stilformen verpflichtet war, wobei sich eine Neigung zur Geometrisierung der Blüten und Bänder erkennen ließ.

Das Ideal der kommunalen Selbstverwaltung im Stil feudaler Städtefreiheit war eine geschichtliche Assoziation, in der sich, trotz aller konservativ patriarchalischen Deutung, ein politischer Anspruch des Bürgertums auf Selbstregierung äußerte. Der historisierende Bezug unterstrich gerade diesen Anspruch, der in den Bemühungen um eine freiheitlichere Gestaltung der Städteordnung von 1853 Aktualität gewann.[57] Der Kampf des liberalen Bürgertums gegen staatliche Bürokratie und feudale Reaktion fand jedoch dort seine Grenzen, wo Forderungen nach einer allseitigen Demokratisierung der Selbstverwaltung gestellt wurden. Bei der Hervorhebung der Städtefreiheit übersah man leicht, daß sich der Charakter der Selbstverwaltung infolge der Industrialisierung selbst verändert hatte. Das Wachstum der Städte führte zur Vermehrung der öffentlichen Verwaltungsaufgaben und der Eingriffe der staatlichen Verwaltungstätigkeit in das wirtschaftliche und soziale Leben. Die Freiheit der kommunalen Selbstverwaltung blieb davon nicht unberührt; darüber hinaus zogen die erweiterten administrativen und finanziellen Verpflichtungen der Stadt die Ausbildung einer kommunalen Bürokratie nach sich, die an Stelle der Bürgerschaft mehr und mehr zum Hauptträger der Selbstverwaltung wurde.

Ursprünglich war die dekorative Ausmalung der gewölbten Decke des Treppenhauses geplant.[58] Nach den vorliegenden Entwürfen sollten sich Blumenbänder mit geometrischen Motiven verbinden. Über dem linken Treppenausgang erhob sich, in lange Kleider gewandet und von Pflanzenornamenten eingerahmt, Justitia mit Schwert und Waage, über dem rechten Ausgang eine Verkörperung der Wahrheit mit dem Attribut des Spiegels, der zugleich ein Symbol der Weisheit, des Verstandes, aber auch der Selbsterkenntnis ist. In der bildlichen Darstellung von Gerechtigkeit und Wahrheit verschmelzen politische Symbolik und Tugendallegorien.

Die Hervorhebung von Recht und Gesetz war bereits für das mittelalterliche Rathaus von herausragender Bedeutung und wurde dort in der Bauplastik der Hauptfront sowie in Gemälden und Bildwerken des Innenbaus thematisiert.[59] Die Betonung dieses Themenkreises lag in der Geschichte der Stadt und der städtischen Freiheit begründet. In den mittelalterlichen deutschen Städten bestanden zunächst das »Burgrecht«, das als Satzung und Weisung herrschaftliche und genossenschaftliche Elemente enthielt, das Gewohnheitsrecht der Kaufmannsgilden und, als eigentlich dynamisches Element, der Schwurverband, die Einigung der Stadtbewohner, die geschlossen gegenüber dem Stadtherrn auftrat, Rechte forderte und ertrotzte. Der Schwurverband beanspruchte, Friedensordnung zu sein, und es gelang ihm im 12. Jahrhundert als Friedensverband, Selbstverwaltung und städtische Gerichtsbarkeit durchzusetzen. Erst der wirtschaftliche Abstieg, der in der zweiten Hälfte des 16. Jahrhunderts einsetzte, erschütterte die Gerichts-, Finanz- und Wehrhoheit der Städte; nicht weniger trugen die politischen Auseinandersetzungen zwischen Patriziat und Zünften zur Stärkung der fürstlichen Stadtherrschaft bei. Das unter dem preußischen Absolutismus heranwachsende Charlottenburg besaß nur in

57 H. Heffter, Die deutsche Selbstverwaltung... S. 606ff.

58 Weder im Nachlaß von Heinrich Reinhardt noch in der Charlottenburger Zeitung vom 8. Januar 1903 findet sich ein Hinweis über Deckenmalereien im Treppenhaus des Mittelbaus, so daß mit einiger Sicherheit angenommen werden darf, daß die Malereien nicht zur Ausführung kamen.

59 Ch. Kranz-Michaelis, Rathäuser im deutschen Kaiserreich... S. 15.

Franz Eissing, Entwurf zu einem Glasfenster

beschränktem Maße Selbstverwaltungsrechte. Das rathäusliche Reglement und der Etat wurden von der königlichen Bürokratie aufgestellt, die Bürgerschaft unterstand der staatlichen Aufsicht des Steuerrats (commissarius loci). Das Reglement überwies den Magistratsmitgliedern durch die Zusammenlegung von Ämtern eine umfangreiche Amtsgewalt, während die Stadtverordneten keine kontrollierende Funktion ausübten, ihr Bitt- und Beschwerderecht konnten sie selten ausüben, und im übrigen übernahmen sie ebenfalls administrative Aufgaben.[60] Die Ausübung der Gerichtsbarkeit gehörte zu den Rechten und Pflichten des Charlottenburger Magistrats. Nach der Gerichtsordnung von 1712 oblag dem Stadtgericht die gesamte bürgerliche und Strafgerichtsbarkeit, unter dem Kammergericht als oberster Instanz. Das Stadtgericht bestand aus einem bestellten Stadtrichter und vier Schöffen.[61] Das rathäusliche Reglement von 1721[62] setzte einen Stadtrichter ein, der im Namen des Magistrats die freiwillige Gerichtsbarkeit wahrnahm und in Zivil- und Strafprozessen Recht sprach. Als Beisitzer wurden ihm die beiden ältesten Ratmänner zugeordnet.[63] Auf Grund der dürftigen Besoldung verband man in Charlottenburg das Amt des ersten Bürgermeisters mit dem des Stadtrichters.[64]

Wenn im Bildprogramm des mittelalterlichen Rathauses Rat und Bürger zur Gerechtigkeit beziehungsweise Richter und Gesetzgeber zur Wahrung des Rechts aufgerufen wurden, gab es also immer einen konkreten Bezug zur politischen Verfassung der Stadt und zur Tätigkeit der Selbstverwaltungsorgane. Diese Verbindung wurde im 19. Jahrhundert aufgelöst, und in der Folge verschwanden Gerechtigkeitsdarstellungen aus den Bildprogrammen zeitgenössischer Rathäuser.[65] Charlottenburg konnte nicht auf eine Tradition städtischer Autonomie zurückblicken; um so bemerkenswerter war es, daß das Gerechtigkeitsbild hier, entgegen der allgemeinen Entwicklung, durch seine Plazierung und wiederholte Aufnahme zu einem zentralen Thema im Bildprogramm gemacht wurde. In Form der allegorischen Darstellung wurde es einer patriarchalisch gedeuteten Selbstverwaltung eingefügt, Gerechtigkeit war, was deutlich im geplanten Anbringungsort und in der Verbindung mit der Wahrheitsallegorie zum Ausdruck kam, zur »Herrschertugend« geworden und damit von der Geschichte der autonomen Gerichtsbarkeit der Stadtgemeinden abgelöst. Das Skulpturenprogramm der Hauptfassade und des Stadtverordneten-Sitzungssaals nahm diese Thematik wieder auf.

Allegorien, die die Tugenden und Ideale einer bürgerlichen Lebenswelt erschließen, bestimmten den Inhalt der weiteren Bildwerke auf den Fluren des Mittelbaus. Die Darstellung bemühte dabei häufig das Spannungsverhältnis von Gegensatzpaaren wie Freiheit und Knechtschaft, Milde und Gewalt, Fürsorge und Eigennutz und gewann dadurch belehrenden Charakter; sie wirkte angestrengt und setzte sich in ihrer idealistischen Symbolträchtigkeit über die Realität des großstädtischen Lebens und die Probleme einer modernen Kommunalverwaltung hinweg. Die Idealisierung steigerte sich allerdings nicht zum imperativen Pathos, da sich die Bildwerke, bei aller Tendenz zum Anschauungsunterricht in bürgerlich-sittlicher Normativität, durch ihre naturalistische Darstellung und durch die Bevorzugung einfacher Natursymbole der stilisierten Überhöhung entzogen.

Die »herrscherliche« Interpretation der Selbstverwaltung erhielt durch die orna-

60 W. Gundlach, Geschichte der Stadt Charlottenburg... Bd. 1, S. 135.
61 A. a. O., S. 57.
62 Abgedruckt in: A. a. O., Bd. 2, S. 122 f.
63 A. a. O., Bd. 1, S. 80.
64 A. a. O., S. 129.
65 Ch. Kranz-Michaelis, Rathäuser im deutschen Kaiserreich... S. 115.

mentale Gestaltung des Eingangs zum Magistrats-Sitzungssaal weitere Bestätigung. Über dem Eingang wucherten aus einem monumentalen, durch Pilaster gegliederten Brunnen, der fast ein Haus hätte sein können, zwei Bäume mit dichtem Geäst. In zwei Halbkreisen waren Blattbänder über das Geäst gelegt, in der Mitte ein Nest, Vögel fanden im Geäst Unterschlupf oder umkreisten Baum und Haus. Der Baum, das nährende, Zuflucht gewährende Prinzip, verkörpert »die Welt in ständiger Erneuerung und Regeneration, die stirbt, um zu leben«[66]. Der Lebensbaum fußte auf dem aus dem Brunnen sich ergießenden Wasser, der Quelle allen Seins, dem »sprudelnde(n) Quell der Weisheit«[67]. In der Doppelung des Baumes mochte ein Hinweis auf die ausübenden und kontrollierenden Gewalten der Stadtverwaltung, Magistrat und Stadtverordnete, liegen, in der Verbindung des Wassers mit einem gebäudeähnlichen Brunnen eine Deutung der Verwaltung als Schutz gewährende und die Geschicke des bürgerlichen Lebens lenkende Institution zum Ausdruck kommen. Andererseits wäre es auch möglich, daß mit der Doppelung auf den biblischen Mythos vom Baum der Erkenntnis des Guten und Bösen angespielt wurde. In der griechischen Baumsymbolik, die stark auf die christlich mittelalterliche Kunst einwirkte, drückt das pythagoreische Ypsilon mit seinen beiden nach oben auseinanderlaufenden und nach unten sich zusammenfügenden Ästen eine Analogie zum zweiästigen Baum aus, die notwendige menschliche Lebensentscheidung zwischen den zwei Wegen des Guten und Bösen.[68] Bei den Vögeln, die im Geäst des Lebensbaumes hausten, handelt es sich um Tauben als »Geschöpfe ohne Falschheit«[69], das heißt, sie wurden im alttestamentarischen und christlichen Sinne als Symbol der Aufrichtigkeit verstanden.[70] Im griechischen Physiologus, der als eine Art »orthodoxes Lehrbuch der Moral und klassisches Compendium der Naturgeschichte«[71] das Wirken der Tiere erklärt und der dann allegorisch auf die Heilsgeschichte bezogen wurde, ist über die Tauben zu lesen: »Wiederum hat der Herr gesagt: und ohne Falsch wie die Tauben. Diese, wenn sie ihrer Jungen beraubt werden, grollen nicht denen, die solches getan haben, sondern suchen sich wiederum eine andere Höhle, um dort zu nisten, und sind auf eine andere junge Brut bedacht. So ermahnt uns die Taube, daß wir gegen alle ohne Böses seien; und wenn man uns etwas nimmt, so sollen wir des nicht im Zorne gedenken noch störrisch sein, sondern mit Freuden hinnehmen, was immer uns widerfahre.«[72] Die Bedeutung der Taube reicht in der christlichen Ikonographie noch weiter, indem sie zum Abbild des Heiligen Geistes schlechthin wird. Den Abschluß der allegorischen Darstellung bildeten zwei unterschiedlich gestaltete Drachen zur rechten und linken Seite des Saaleingangs, die in den über die Wand laufenden Blattfries eingebunden waren. Wenn bei der Doppelung des Baumes eine mögliche Anspielung auf das Schicksalsorakelmotiv erwogen wurde, verdichtet sich hier die Vermutung, daß der christliche Mythos, »in welchem Christus, ›das Holz des Lebens‹, den Kampf gegen Tod und Teufel siegreich be-

66 J. C. Cooper, Illustriertes Lexikon ... S. 19; Mircea Eliade, Das Heilige und das Profane. Vom Wesen des Religiösen, 2. Aufl., Frankfurt a. M. 1985, S. 130f.
67 Nachlaß Heinrich Reinhardt ...
68 Gerd Heinz-Mohr, Lexikon der Symbole. Bilder und Zeichen der christlichen Kunst, 7. Aufl., Köln 1983, S. 45f.
69 Nachlaß Heinrich Reinhardt ...
70 J. C. Cooper, Illustriertes Lexikon ... S. 193.
71 Wera von Blankenburg, Heilige und dämonische Tiere. Die Symbolsprache der deutschen Ornamentik im frühen Mittelalter, 2. Aufl. (Reprint der Erstaufl. von 1943), Köln 1975, S. 33; B. E. Perry, Physiologus, in: Paulys Realencyclopädie der classischen Altertumswissenschaften, neue Bearb. v. Georg Wissowa, hrsg. v. W. Kroll u. K. Mittelhaus, Halbbd. 39, Stuttgart 1941, Sp. 1074f.
72 Der Physiologus, übertragen und erläutert von Otto Seel, Zürich-Stuttgart 1960, S. 35.

steht«[73], gemeint ist. In der christlichen Ikonographie stellt der Drache eine Verkörperung des bösen Prinzips dar und ist in diesem Sinne mit der Schlange identisch. Die Drachensymbolik wird nicht nur mit dem Heiligen Georg, sondern mit einer ganzen Anzahl von Heiligen, dem Erzengel Michael und Christus selbst in Verbindung gebracht. Die Magistratsmitglieder Charlottenburgs, die schon im Aufstieg zu ihrem Versammlungsort sinnbildlich im Lebenskampf standen, wurden also gemahnt, über die Mächte des Bösen zu siegen und Gerechtigkeit zu üben, wobei sie ihre sich regenerierende Kraft vom Baum des Lebens empfingen. Der Kampf gegen das Böse äußert sich aber, was die Einbindung der Drachensymbolik in Tugendallegorien verdeutlichte, nicht als Abwehr irgendwelcher äußeren Mächte, sondern als Bezwingung der Kräfte des Bösen im Menschen, als Überwindung seiner eigenen finsteren Natur,[74] und hat damit den Gewinn innerer Weisheit, Aufrichtigkeit und Selbstbeherrschung zur Folge. Der Kampf gegen das Böse als innere Läuterung wurde ikonographisch auch durch die Gegenüberstellung von Tugend und Untugend unterstützt.

Das Drachenmotiv wiederholte sich an zwei der vier Hochreliefs auf dem Flur zum Magistrats-Sitzungssaal: links neben dem Saaleingang und auf der schräg gegenüberliegenden Wand des Treppenausgangs. Die wellenförmig bewegten Drachen standen sich in Kampfstellung gegenüber. Im unteren Teil des Reliefs erhob sich einmal über einem flachen, als Flechtwerk stilsierten Nest ein Pelikan mit weit ausgebreiteten Flügeln. Er fütterte seine Jungen: eine Versinnbildlichung der Fürsorge.[75] Der Physiologus[76] stellt den Pelikan als Vogel dar, der durch ein Selbstopfer seine Jungen belebt und nährt. In der christlichen Kunst des Mittelalters wird der Pelikan dann zum Symbol des Blutes Christi, das dieser am Kreuz für die sündige Menschheit hingegeben hat.[77] Auf dem anderen von Drachen gerahmten Relief, an der rechten Stirnseite des Treppenausgangs, wurde eine auf einem Podest stehende Eule, umgeben von Astwerk mit Pinienzapfen, dargestellt, unter der sich zwei in geduckter Haltung und mit gestreckten Flügeln nach oben blikkende Vögel befanden. Im Bildwerk geht es um eine Symbolisierung der Weisheit.[78] Die Eule ist in der griechischen Mythologie Symboltier der Pallas Athene, die, da sie die Stadt gegen deren Feinde schützt, eine »wehrhafte Göttin«[79] ist. Außer in ihrer stadtschirmenden Funktion erscheint Athene als Beschützerin der Kunstfertigkeit, des Handwerks und der industriellen Tätigkeit und ist auf diese Weise Beispiel für das, »was man als Sakrilität der technischen Erfindung und Mythologie der Intelligenz bezeichnen könnte«[80]. Zur Zeit der großen Philosophen Athens, im 4. Jahrhundert v. Chr., wurde sie zum Symbol der göttlichen Wissenschaft und der Weisheit der Menschen. Kerényi weist darauf hin, daß auf alten Darstellungen die Eule oft selbst die Athene bedeutet hat.[81]

73 W. von Blankenburg, Heilige und dämonische Tiere ... S. 305.

74 Die Drachensymbolik findet eine Parallele in der Geschichte des Propheten Jona, dessen Aufenthalt im Innern des Wals einer Reise durch die Unterwelt und Finsternis und dem Weg der Sonne vom Untergang zum Aufgang gleichkommt. Die Tiefenpsychologie sieht hier das archetypische Thema des Sieges des Ichs über die regressiven Tendenzen behandelt. G. Heinz-Mohr, Lexikon der Symbole ... S. 74.

75 Nachlaß Heinrich Reinhardt ...

76 Der Physiologus ... S. 6f.

77 W. von Blankenburg, Heilige und dämonische Tiere ... S. 138f.

78 Nachlaß Heinrich Reinhardt ...

79 Martin P. Nilsson, Geschichte der griechischen Religion, Bd. 1, Die Religion Griechenlands bis auf die griechische Weltherrschaft, 3., durchges. u. erg. Aufl., München 1967, S. 582f.

80 M. Eliade, Geschichte der religiösen Ideen, Bd. 1, Von der Steinzeit bis zu den Mysterien von Eleusis, Freiburg-Basel-Wien 1978, S. 260.

81 Karl Kerényi, Die Mythologie der Griechen, Bd. 1, Die Götter- und Menschheitsgeschichten, 10. Aufl., München 1988, S. 101.

Die im Relief unterhalb der Eule abgebildeten Vögel könnte man ihrem Aussehen nach zunächst für Raben halten, der Bedeutungszusammenhang mit dem Weisheitssymbol läßt aber an die Darstellung von Ibissen denken. Der Ibis mußte sich am Rande der Flüsse und Seen von »unreinen kleinen Fischen ernähren«; daß er nicht zu tauchen und ins Tiefe hineinzugehen verstand, brachte ihm den Ruf eines »unreinen Tieres« ein. Seine Lebensweise versinnbildlichte das Unvermögen, »geistlich« zu tauchen und damit in den »tiefen geistlichen Fluß«, in »die Tiefe des Reichtums, der Weisheit und der Erkenntnis Gottes«[82] zu kommen. In der Zuordnung von Eule und Ibis wurde somit die Überwindung der Geistlosigkeit und der Gewinn von Weisheit, die letztlich religiös motiviert ist, veranschaulicht.[83]

In den beiden weiteren Hochreliefs verbanden die Architekten unter Einbezug der menschlichen Gestalt Pflanzen- und Tiersymbole. Rechts vom Saaleingang, im oberen Teil des Bildwerks, saßen zwei Knaben zu beiden Seiten einer Sonnenblume. Während der eine sich Wein in die Trinkschale goß, trug der andere den Krug auf den Schultern. Darunter, vor dem Hintergrund eines Kornährenkranzes, befanden sich zwei Hamster: Sinnbild des Eigennutzes.[84] Der Hamster ist kein Symboltier antiker Mythologien, sondern ikonographisch neuzeitlichen Ursprungs. Anders verhält es sich mit dem Korn beziehungsweise der Kornähre und dem Wein, die bei den Griechen mit Fruchtbarkeits- und Vegetationsgottheiten in Beziehung standen. Das Korn war Demeter geweiht. In den von ihr eingeführten Eleusischen Mysterien sollte sich die Sakrilität des Geschlechtsaktes, der vegetativen Fruchtbarkeit und der Ernährung offenbaren.[85] Der Wein gehört zu den Attributen des Dionysos und weist auf seine Situierung als Vegetationsgott hin.[86] Dem Wein kam in den dionysischen Riten jedoch keine sakramentale Bedeutung zu, er war lediglich Bestandteil von Vegetationskulten und keineswegs der orgiastischen Mysterien, in denen sich die Seinsweise des Gottes als Werden und Vergehen, als »paradoxe Einheit von Leben und Tod«[87] ausdrückte. In der Verbindung von Korn und Wein wird »das Erzeugnis der Arbeit des Menschen«[88] verkörpert. Wer aber nur eigennützig auf den Erwerb seines Lebensunterhalts schaut, der ist, wie das Symbol der Sonnenblume verdeutlicht, verblendet und erntet nur falsche Reichtümer.

Das Bild des Weines, in der oben genannten Situation des Tragens und Einschenkens, trat im diagonal gegenüberliegenden Relief am Treppenausgang wieder auf. Im

82 Der Physiologus... S. 37. Vgl. auch B. E. Perry, Physiologus... Sp. 1093; W. von Blankenburg, Heilige und dämonische Tiere... S. 137.

83 Der Rabe hat in der biblischen Überlieferung dem Ibis verwandte Züge, ist insgesamt gesehen jedoch ein wesentlich komplexeres Symbol. Da er sich von Aas ernährt, galt er ebenfalls als unrein. Sein Nicht-Zurückkehren in die Arche machte ihn zum Sünder und Dämon, der sich den Vergnügungen dieser Welt ausliefert und seine Bekehrung in die Zukunft verschiebt. Dagegen erscheint er auch als positives Symbol und Bote Gottes. G. Heinz-Mohr, Lexikon der Symbole... S. 242f. Die Doppelung des Vogels könnte auch als Anspielung auf die beiden Raben Odins gedeutet werden. Hugin und Munin – Denkkraft und Erinnerung – erweiterten ständig Odins Wissensstand. Vgl. Wolfgang Golther, Handbuch der germanischen Mythologie, 3. Aufl. (unveränd. Nachdruck der revid. Ausg. von 1908), Essen 1987, S. 310; W. von Blankenburg, Heilige und dämonische Tiere... S. 285. Der Aufbau des Bildwerkes mit seiner deutlichen Über- und Unterordnung und die Tendenz, polare Gegensätze in die Darstellung einzubringen, schließen jedoch eine solche Interpretation aus.

84 Nachlaß Heinrich Reinhardt...

85 M. Eliade, Geschichte der religiösen Ideen, Bd. 1... S. 277; vgl. auch M. P. Nilsson, Die Griechen, in: Lehrbuch der Religionsgeschichte, begründ. v. Chantepie de la Saussaye, hrsg. v. A. Bertholet u. E. Lehmann, Bd. 1, Tübingen 1925, S. 369f.

86 M. P. Nilsson, Geschichte der griechischen Religion, Bd. 1... S. 582f.

87 M. Eliade, Geschichte der religiösen Ideen, Bd. 1... S. 340.

88 J. C. Cooper, Illustriertes Lexikon... S. 95.

unteren Abschnitt des Bildwerkes zeigte sich ein Bienenkorb, umgeben von einem Blütenband und schwirrenden Bienen. Sowohl in der griechischen als auch der christlichen Mythologie gilt die Biene als Zeichen des Fleißes, diese Bedeutung hatte sie auch im Relief.[89] Als Symboltier verkörperte sie aber ungleich mehr. Den Griechen galt sie als »priesterliches« Tier, da sie das Unreine meide und nur vom Duft der Blumen lebe. Heilige Bienen waren die Ammen des Zeus, der ihnen aus Dankbarkeit besondere Kraft verlieh.[90] Das Christentum übernahm die Reinheitsvorstellung und sah darüber hinaus in Biene und Bienenstock das »Sinnbild einer frommen und einigen Gemeinde«[91]. Mit Fleiß und Strebsamkeit und in selbstloser Uneigennützigkeit sollte der Magistrat also Fürsorge für den einzelnen Bürger und die Bürgerschaft betreiben, was den Bürgermeistern und Stadträten aber nur gelingen konnte, wenn sie aus der Quelle ihrer, durch innere Läuterung gewonnenen Weisheit schöpften.

Die Bogenfelder über den Fahrstuhltüren zierten wie im Erdgeschoß Reliefs mit allegorischen Darstellungen. Die linke Bauplastik zeigte einen Männerkopf mit Kapuze, Dornen und eine um den Hals gelegte, als Ring geschlossene Kette. An den Seiten fanden sich als weitere Attribute die mit Kugeln besetzte Peitsche und zwei Schlangen. Das Bildwerk der gegenüberliegenden Seite stellte vor dem Hintergrund einer strahlenden Sonne einen Frauenkopf mit langem, welligen Haar dar, das durch einen Stern zusammengehalten wurde. Die um das Haupt gelegte Kette war zerbrochen. Die figürlichen Darstellungen sind Personifikationen der Knechtschaft und der Freiheit.[92] Als bildlicher Ausdruck eines politischen Ideals vermittelten sie zwischen der Interpretation der Stadt als Selbstverwaltungskörperschaft im Treppenhaus und den besonderen Tugendallegorien auf den Fluren vor den Sitzungssälen. Dornen, Peitsche, die verschiedenen Formen der Kette, Kopfbedeckung, Sonne und Schlangen zeigten die Begriffsinhalte an.

Spitze Dornen stehen, da sie nicht aufhören zu stechen, für die unaufhörliche Last der Unfreiheit; die Peitsche drückt die die Knechtschaft aufrechterhaltende Gewalt aus; die geschlossene Kette das unmittelbare Gefangensein des Einzelnen. Die Knechtschaft wurde von Schlangen begleitet, weil sie in der christlichen Ikonographie als »Mächte des Bösen«[93] gelten. In der Dualität von Sonne und Schlange zeigt sich der Widerstreit zwischen Licht und Finsternis, zwischen dem Positiven und Negativen.[94] Als Feind der Schlange steht die Sonne für die solaren und spirituellen Mächte; als Zeichen des Lebens, der Liebe, Erkenntnis und Gerechtigkeit[95] deutet sie auf die menschlichen Grundlagen der Freiheit. Das Zerreißen der Kette schließlich symbolisiert die Aufhebung der knechtenden Verhältnisse.

Auf dem Korridor zum Stadtverordneten-Sitzungssaal wurden die symbolischen und allegorischen Darstellungen fortgesetzt. Der bauplastische Schmuck über den abschließenden Bogenfeldern der Fahrstuhlausgänge schloß an die politische Allegorik des darunter liegenden Stockwerks an. Auf der rechten Seite befand sich frontal vor dem Betrachter ein Frauenkopf mit Augenbinde und in weiten Linien auslaufendem Haar, im Hintergrund zeigten sich Sonne und Gesetzestafel. Als weiteres Attribut erschien die Waage, auf deren Schalen jeweils ein Schwert lag. Das Symbol der Waage wurde im Relief über dem linken Fahrstuhlausgang wiederholt, nur trugen

89 Nachlaß Heinrich Reinhardt...
90 K. Kerényi, Die Mythologie der Griechen, Bd. 1... S. 51.
91 G. Heinz-Mohr, Lexikon der Symbole... S. 51.
92 Nachlaß Heinrich Reinhardt...
93 J. C. Cooper, Illustriertes Lexikon... S. 163.
94 A.a.O., S. 160.
95 G. Heinz-Mohr, Lexikon der Symbole... S. 269.

Allegorische Darstellungen über den Fahrstuhlausgängen, 1. und 2. Obergeschoß im Mittelbau.
Bildhauer: Heinrich Giesecke, *oben* Knechtschaft, *unten* Bestechlichkeit

in diesem Bild die Schalen Geldbeutel und Urkundenrolle. Am linken und rechten Rand des Schmuckfelds waren Schlangen plaziert, die vom Schwert durchbohrt wurden. Es handelt sich hierbei um Personifikationen der Gerechtigkeit und der Bestechlichkeit.[96]

Die Allegorie der Gerechtigkeit wurde mit den üblichen Zeichen attribuiert. Mit der Waage als Symbol der öffentlichen Rechtsprechung, sie »prüft das Gewicht der Taten«[97]. Auf ihren Schalen liegen Schwerter, weil sie ein »Instrument der Entscheidung«[98], aber auch ein »Symbol für Einsicht und Urteilskraft« und »die durchdringende Kraft des Intellekts«[99] sind. Die Gesetzestafel verweist auf die Bindung der Gerichtsbarkeit an das Gesetz. Als Zeichen für die Bestechlichkeit fungiert das Geld, das auf dem Wege der gegenseitigen Vorteilsnahme die gerechte Auslegung der Gesetze bedroht. Die Verworfenheit eines solchen Verhaltens in der Ausübung der Verwaltung hoben die von Schwertern durchbohrten Schlangen besonders hervor. Die Polarität von Gut und Böse wurde auf diese Weise nicht mehr allein durch zwei einander gegenübergestellte Bildwerke, sondern bereits in der Allegorie selbst zum Ausdruck gebracht. Der Aufbau der Hochreliefs am Saaleingang und an den Treppenausgängen folgte demjenigen im 1. Stockwerk. Im Relief zur rechten Seite des Eingangs erblickte man vor dem Hintergrund einer strahlenden Sonne einen Frauenkopf mit langen Haaren und Stirnband, das in Abwandlung des Sternenmotivs durch ein Medaillon zusammengehalten wurde. Darunter befanden sich zwei schwimmende Schwäne, deren Hälse sich kreuzten. Die Kapitelle banden Eidechsen und Früchte ein, die an Äpfel erinnerten. Links vom Saaleingang wurde ein gekrönter Männerkopf, von zwei Schlangen mit gefiederten Flügeln umringelt, dargestellt, im unteren Feld des Bildwerks standen sich zwei Hähne in Kampfstellung gegenüber. Die Reliefs, die in diagonaler Anordnung an den Treppenausgängen wiederholt wurden, symbolisieren Eintracht und Zwietracht.[100] Inhaltlich offenbarten sie erneut ein in Entsprechungen angelegtes Denken, das die Idee des Gegensatzes einschließt. Das Erlebnis von Gut und Böse ist aber nicht ausschließlich Seinserfahrung, sondern in der Darstellung des Gegensatzes äußert sich nicht minder eine politische Allegorik – auch wenn in einzelnen Bildwerken vornehmlich Tugenden angesprochen wurden –, die Programm und Leitideen eines gesellschaftlichen Ideals versinnbildlichen. Das Spannungsverhältnis von Eintracht und Zwietracht wurde dabei nicht durch weitere Bildwerke auf dem Flur aufgelöst. Die Doppelung des Motivs und seine wechselseitige Anordnung verstärkten vielmehr den Gegensatz.[101] Wenn man davon ausgeht, daß die Bildwerke auf jedem Stockwerk des Mittelbaus mit denen der sich jeweilig anschließenden Räume in Verbindung standen und gleichsam ikonographisch zusammengehörten, so wurde die Befreiung des Menschen vom Bösen, und das heißt an dieser Stelle: die Überwindung Verderben bringender Herrschaft (Zwietracht) und der Gewinn segensreicher Harmonie, erst im Bildnis des Drachentöters im Stadtverordneten-Sitzungssaal vollzogen.

Das Gute beziehungsweise das Ideal eines gemeinschaftlichen Regierens und Verwaltens wurde wiederum mit der Sonnensymbolik verbunden. Die Symbole Stern (Medaillon), Apfel und Eidechse verdichteten

96 Nachlaß Heinrich Reinhardt...
97 G. Heinz-Mohr, Lexikon der Symbole... S. 298.
98 A.a.O., S. 262.
99 J. C. Cooper, Illustriertes Lexikon... S. 171.
100 Nachlaß Heinrich Reinhardt...
101 Anzumerken ist allerdings, daß über die ursprüngliche Gestaltung der Eingänge zum Stadtverordneten-Sitzungssaal nichts bekannt ist. Die Arbeitsweise von Reinhardt und Süßenguth läßt jedoch vermuten, daß diese wohl bauplastisch akzentuiert wurden und daß die dabei verwandten bildnerischen Elemente in Zusammenhang mit den übrigen Symbolen des Flures standen.

das Bild des Lichtes und legten nahe, daß der Gewinn des Guten auf dem Weg der Einsicht und der Läuterung zu erreichen ist. Der Stern, der die Finsternis durchdringt, nimmt »an dem beständigen Kampf zwischen den Mächten des Lichts und der Finsternis, der spirituellen und materiellen Kräfte teil«[102]. Der Prophet Daniel beschreibt das ewige Leben der Gerechten unter dem Bild der Sterne.[103] In der christlichen Ikonographie steht der Stern in Anlehnung an den alttestamentarischen Verheißungsmythos für die Hoffnung auf den Erlöser; in der neutestamentarischen Offenbarung des Johannes ist der Morgenstern das Sinnbild Christi.[104] Ist der Stern Zeichen und Bringer des Lichts, so zeigt sich die »Sonneneidechse«[105] als Symbol für die nach der Erfahrung der Blindheit wiedergewonnene Einsicht. Der Physiologus nahm von der Eidechse an, daß sie im Alter erblinde. Indem sie in eine Mauerritze schlüpfte und gegen die aufgehende Sonne blickte, erhielt sie das Augenlicht wieder. »Gleichermaßen mach's auch du, Mensch: Wenn du des alten Menschen Kleider trägst, und die Augen deiner Einsicht sind stumpf und blöde, dann suche die aufgehende Sonne der Gerechtigkeit, das ist Christus... Und er selbst wird auftun die Augen deines Herzens und vertreiben jegliche Finsternis von dir.«[106] Die Heilung der Blindheit schließt somit das Abstreifen der alten Haut ein – des alten Menschen Kleider – und auf diese Weise das ›Ausziehen‹ des Bösen.[107] Die Äpfel müssen in diesem Zusammenhang wohl als Erlösungszeichen gedeutet werden. Trägt Christus den Apfel in der Hand, »bedeutet dies die Erlösung von der durch den Sündenfall bedingten Erbsünde«[108]. Im Sinnbild der Eidechse und des Apfels vereinigt sich die Vorstellung vom »Neuen Adam«[109], dem durch innere Läuterung befreiten Menschen, der erst in der Erfahrung der Gerechtigkeit die Finsternis überwindet. Die jedes Gemeinwesen destruierende Zwietracht, die nicht zuletzt im Menschen selbst situiert ist, muß dann der Eintracht weichen.

Daß Reinhardt und Süßenguth im Sinnbild der Eintracht das Schwanenmotiv aufgegriffen haben, ist sicherlich ein Hinweis auf die Einbindung der politischen Symbolik in Erlösungsvorstellungen. Die frühchristliche Ikonographie gab dem Schwan allerdings noch keine besondere Rolle.[110] In den Mythologien der Kelten, der slawischen und germanischen Völker, im griechischen und kleinasiatischen Raum wurde der Schwan auf Grund seines makellosen Weiß als Symbol des Lichtes aufgefaßt und in der Folge mit den Lichtwesen verbunden.[111] Apollon, der »Reine« (phoibos)[112],

102 G. Heinz-Mohr, Lexikon der Symbole... S. 275.

103 Dan. 12, 3. »Die durch das Licht der Gerechtigkeit Gottes, die sie in sich tragen, das Licht der Gerechtigkeit in andern angezündet haben, werden den Sternen gleichen, die von der Sonne Licht empfangen, die aber dieses Licht wieder in den Himmel leuchten lassen, den Planeten. Es wird dann erscheinen, was sie auf Erden unerkannt schon waren.« Das Alte Testament nach Martin Luthers Übersetzung mit Erläuterungen und erklärenden Anmerkungen, hrsg. v. Otto von Gerlach, Bd. 4, 2. Abteilung, 6. Aufl., Leipzig 1883, S. 50.

104 Joh. 22, 16.

105 B. E. Perry, Physiologus... Sp. 1079.

106 Der Physiologus... S. 4f.

107 Der Physiologus zeigt hier eine Kongruenz zwischen Schlangen- und Eidechsensymbolik. Vgl. Der Physiologus... S. 12f.

108 G. Heinz-Mohr, Lexikon der Symbole... S. 34.

109 J. C. Cooper, Illustriertes Lexikon... S. 13.

110 G. Heinz-Mohr, Lexikon der Symbole... S. 261; W. von Blankenburg, Heilige und dämonische Tiere... S. 45, 47 u. 138.

111 G. Heinz-Mohr, Lexikon der Symbole... S. 260; Karl Hoenn, Artemis. Gestaltwandel einer Göttin, Zürich 1946, S. 68.

112 Walter F. Otto, Die Götter Griechenlands. Das Bild des Göttlichen im Spiegel des griechischen Geistes, 5. Aufl., Frankfurt a. M. 1961, S. 63; K. Kerényi, Apollon. Studien über antike Religion und Humanität, 2., erweit. Aufl., Amsterdam-Leipzig 1941, S. 42f.

Zwietracht, allegorische Darstellung auf dem Flur zum Stadtverordneten-Sitzungssaal.
Bildhauer: Gotthold Riegelmann

entrückte auf einem Schwanenwagen in das »Lichtland der Hyperboreer«[113], wohin kein Schiff und kein Wanderer gelangen konnte und in dem das heilige Volk lebte, das weder Krankheit noch Alter kannte. Mit der warmen Jahreszeit brachten die Schwäne Apollon nach Delphi, dem er Gesang und Weissagung bescherte. Die Grußformel des delphischen Apollon: »Erkenne dich selbst«, deutet an, daß dieser Gott die Menschen durch Selbstprüfung zur Erkenntnis führte. Für das antike Griechenland war Apollon denn auch der Stifter der Ordnungen, die dem Zusammenleben der Menschen die rechte Gestaltung gaben, und auf seine Autorität gründeten die Staaten ihre gesetzlichen Einrichtungen.[114] Das Symbol des Schwans reicht jedoch noch weiter in vorhellenische Zeiten zurück. Die Urmutter der pelasgischen Griechen war Leda, die Schwanenjungfrau, die die Zwillinge Kastor und Polydeukes sowie Helena zur Welt brachte.[115] Die Flugformation der Schwäne beim Zug zu ihren nördlichen Brutplätzen, ein riesiges V, galt als »Abbild der weiblichen Geschlechtlichkeit«, die Schwanenwanderung selbst als »Proklamation der Weiblichkeit«[116]. Da der Schwan die »Lebensmacht des Wassers« heranträgt, ist er zugleich der Lebensvogel.[117] Der jungfräuliche Zeugungsmythos wird in späteren Erzählungen seines matriarchalischen Gehalts entkleidet. Zeus nahm die Gestalt eines Schwans an, um Leda zu verführen. In der Schwanenhochzeit vereinigt er sich mit einer Göttin, die neben der Mutter Erde »das erste weibliche Wesen der Welt war«[118]. Vielleicht war es die Verbindung des Schwans mit der mythologischen Urhochzeit, die ihn zunächst für die christliche Symbolik suspekt machte. Erst im späteren Mittelalter wurde der Schwan unter Berücksichtigung seiner Eigenart, den eigenen Tod durch Gesang anzukündigen, auch zum Christussymbol.[119]

Dem Jugendstil war der Schwan das liebste Tiersymbol, wobei die Identifikation mit dem weiblichen Sexus und dem Sonnenmotiv aufgenommen wurde.[120] Erinnert sei vor allem an Otto Eckmanns »Schwäne auf schwarzem Wasser« (1895), einen flächenhaften Holzschnitt mit einfachsten Umrißlinien, in dem zugunsten einer dekorativen Flächenwirkung auf eine perspektivische Durchführung verzichtet wird.[121] Nach Eckmanns frühen Entwürfen folgten rasch zahlreiche Schwanendarstellungen anderer Jugendstilkünstler wie Richard Grimm, Ludwig von Hofmann und Walter Leistikow, dessen Schwanenvignetten für »Pan« noch freier mit dem Naturvorbild umgingen und das mittelpunktsbezogene, symmetrisch angeordnete Motiv entschieden zur stilisierten Flächenform vereinfachten. Die inhaltlichen

113 K. Hoenn, Artemis... S. 68; W. F. Otto, Die Götter Griechenlands... S. 64f.

114 W. F. Otto, Die Götter Griechenlands... S. 72.

115 Helmuth M. Böttcher, Die große Mutter. Zeugungsmythen der Frühgeschichte, Düsseldorf-Wien 1968, S. 29.

116 Ebd.

117 A. a. O., S. 36.

118 K. Kerényi, Die Mythologie der Griechen, Bd. 1... S. 86. Kerényi leitet Leda vom lykischen »lada« (die »Frau«) ab und folgert daraus, daß mit dem Urweib »Leda« die griechische Nemesis gemeint sei. In der Nemesis sieht er »ein sprechendes Sinnbild der kosmischen Weiblichkeit, die ihre Tochter und Doppelgängerin (Helena), das schöne Übel für die Menschheit, gebar«. Die Geburt der Helena, Zürich 1945, S. 26.

119 G. Heinz-Mohr, Lexikon der Symbole... S. 261.

120 Hans H. Hofstätter, Symbolismus und die Kunst der Jahrhundertwende. Voraussetzungen Erscheinungsformen Bedeutungen, Köln 1965, S. 208; Jutta Thamer, Zwischen Historismus und Jugendstil. Zur Ausstattung der Zeitschrift »Pan« (1895–1900) (= Europäische Hochschulschriften, Reihe XXVIII, Kunstgeschichte, Bd. 8), Frankfurt a. M.-Bern-Cirencester 1980, S. 118ff.; Dominik Jost, Literarischer Jugendstil, Stuttgart 1969, S. 17.

121 J. Thamer, Zwischen Historismus und Jugendstil... S. 119; Maria Gräfin Lanckorońska, Das Jugendstil-Ornament in der deutschen Buchkunst, in: Jugendstil... hrsg. v. J. Hermand, S. 161f.; H. H. Hofstätter, Jugendstil. Graphik und Druckkunst, Eltville 1985, S. 135.

Bezüge zur Antike sind offensichtlich: Eckmann ließ die Schwäne vor der Sonne schwimmen, von Hofmann nahm in Bildern wie ›Badende und Schwan‹, ›Schwanenweiher‹ und ›Badendes Mädchen‹ das Leda-Motiv auf.[122] Es ist aber nicht nur das Bild des Sexus, das sich in diesem Symbol äußert, sondern auch die Melancholie: »der Schwan mit der elegischen Kurve seines Halses, der sich im einsamen Waldteich spiegelt und vor dem Tod seinen Schwanengesang ertönen läßt«[123]. Der Schwan wird zum Sinnbild der Erlösung aus der Diesseitigkeit,[124] in der Schwanengesangsstimmung enthüllt sich »Todessehnsucht«[125]. Diese Interpretation führt zu Apollon, dem Erkennenden, der nicht in den Dingen befangen ist, zurück. Die apollinische Läuterung schließt »Todesnähe«[126] ein, denn sie ist mit der höchsten Reinheitsaussicht des Menschen, »mit der Aussicht auf völlige Reduktion der Lebensmannigfaltigkeit«[127] verbunden. Der Schwanengesang ist dann aber nicht schmerzerfüllt, sondern Zeichen höherer Glückseligkeit, da die Schwäne das Gute sehen, das ihrer im Tode harrt.[128] Von Wichtigkeit ist in unserem Zusammenhang der Läuterungsprozeß. Die Verwirklichung des politischen Ideals bleibt an das Erkennen gebunden, fernab seelischen Ineinsfließens und mystischer Ekstase. Erst in der »schauenden Erkenntnis« kann man der Welt in Freiheit gegenübertreten und einem »sinnvollen Walten der Ordnung und des Ebenmaßes«[129] zum Sieg verhelfen.

Die Formen der Bauplastiken zeigen weder das »(O)rganisch-(W)achsende« noch das »(T)riebhaft-(B)ewegte« des floralen Jugendstils. Geoffrey Warrens Beschreibung des Jugendstils: »Man denke an eine sinnliche Linie; an eine fließende Linie, die an ihren Ausgangspunkt zurückkehrt. Man denke an weibliche Formen, sich rundend und kurvenreich. Man denke an pflanzliche Formen, die wachsen und sprießen. Man denke an Blumenknospen, an Knospen, die sich zur Blüte öffnen, sich entfalten. Man denke an Linien, die frei nebeneinander herlaufen. Man denke an Wellen, an Frauenhaar und Rauchschwaden. Man denke an organisierte Linien, die zunächst parallel verlaufen, dann auseinanderstreben und sich schließlich überschneiden«[130], ist mit starren Rahmungen und

122 Von Rainer Maria Rilke gibt es eine Gedichtfolge zu Ludwig von Hofmanns Skizzen und Buchschmuck im ›Pan‹ (2. Halbjahr 1898); auf Blatt 1 zum »Schwanenweiher« wird die Verbindung zwischen Sexual- und Erlösungssymbolik des Tieres deutlich, wenn es heißt: »Schenke den Schwänen dein Schaun/gieb ihnen dein Vertraun/zu tragen –/weit; bis hin wo die Bäume ragen,/bis an die Hügel,/die blaun./Traun:/es legt sich dein Blick wie ein silberner Zügel/um sie. Und lenkt sie in ruhigen Ronden./Und ihre Flügel, die selten schlagen,/sind wie Gefühle von Fraun,/von blonden.« Sämtliche Werke, hrsg. v. Rilke-Archiv in Verbindung mit Ruth Sieber-Rilke besorgt durch Ernst Zinn, Bd. 3, Wiesbaden 1959, S. 621 f.

123 H. H. Hofstätter, Symbolismus ... S. 208.

124 Ebd. Diese Bedeutung wird in einem späteren Gedicht Rilkes, ›Der Schwan‹, vom Winter 1905/06 noch deutlicher: »Diese Mühsal, durch noch Ungetanes/schwer und wie gebunden hinzugehen,/gleicht dem ungeschaffnen Gang des Schwanes.//Und das Sterben, dieses Nichtmehrfassen/jenes Grunds, auf dem wir täglich stehn,/seinem ängstlichen Sich-Niederlassen –://in die Wasser, die ihn sanft empfangen/und die sich, wie glücklich und vergangen,/unter ihm zurückziehn, Flut um Flut;/während er unendlich still und sicher/immer mündiger und königlicher/und gelassener zu ziehn geruht.« Sämtliche Werke, Bd. 1, Wiesbaden 1955, S. 510.

125 K. Kerényi, Apollon ... S. 46.

126 Ebd.

127 A. a. O., S. 47.

128 A. a. O., S. 45 f.

129 W. F. Otto, Die Götter Griechenlands ... S. 80.

130 Geoffrey Warren, Jugendstil, Wiesbaden 1972, S. 4. Starre Rahmungen in Verbindung mit floralen und figürlichen Motiven lassen sich auch bei anderen europäischen Architekten beobachten. Hermann Gesellius, Armas Lindgren und Eliel Saarinen entwickelten beispielsweise für ihr 1901 in Helsinki erbautes »Pohjola-Haus« – den Auftrag hatten sie von einer Versicherungsgesellschaft erhalten – eine in dieser Weise strukturierte Bauplastik, deren Symbolik auf das finnische Nationalepos ›Kalevala‹ zurückgriff. Die Auf-

festen Abschlüssen kaum in Einklang zu bringen. An Stelle der von Obrist geforderten »dynamischen Energien« sah man Geschlossenheit, Statik, Einbindung.

Florale Momente waren dagegen an den Blattfriesen und den die Gurtbogen nach unten abschließenden Flachreliefs im Mittelbau zu beobachten.[131] Im 2. Obergeschoß zog sich, nur wenig unterhalb des Bogenanfangs der Saaleingänge, ein Lindenblattfries in schwingenden Linien über das Mauerwerk, der die Blattformen sich kurvig gegeneinander bewegen ließ. Auf diese Weise wurde ein zusammenhängender Rhythmus geschaffen, die Fläche arabeskenhaft belebt und gestaltet. Die Flachreliefs zeigten nach oben schwingende Seerosen, die bogenförmig auseinanderfielen und sich mit geöffneten Blüten zu einem Kranz formten; daneben Kiefernzweige mit nach oben und unten gelegten Nadeln, zwei in gegensätzlichen Schwingungen aufstrebende Akanthusblätter oder ein Bündel Rosen, deren Stiele parallel zueinander verliefen und sich an ihren Enden zusammenschlossen, während die Knospen einen Halbkreis bildeten. Die Bewegung des Ornaments war hier aber nie uferlos, das Mauerwerk wurde nicht gleichsam von vegetabilen Formen überwuchert, vielmehr waren die pflanzlichen Motive durchweg in einen festen Rahmen eingebunden, und es ist offensichtlich, daß sich die Architekten stets um eine Vermittlung zwischen Architektur und Bauplastik bemüht haben. Rahmenwerk und Abschlüsse waren jedoch verhalten. Selten erfuhren die Linien einen abrupten Abriß, meistens kam es zu einem sanften Ausfließen. Selbst an den Stellen, wo die Pflanzenmotive fester eingefaßt wurden, zeigte der Rahmen noch Andeutungen bewegter Linien. Auf dem Flur zum Magistrats-Sitzungssaal war es ein Eichenblattfries, bei dem sich die Blätter noch in gegensätzlichen Bewegungen formten, jedoch eine stärkere Tendenz zur Typisierung und Reihung der Motive aufwiesen. Der Fluß der Blätter wurde immer durch Äste unterbrochen, die in schräger Linie eingeführt waren, so daß der vegetabile Strom der Pflanzen fast einen abstrakten, das heißt geometrischen Formen angenäherten Rhythmus erhielt.

Dagegen wurden die Hochreliefs mit ihren symbolischen Inhalten weniger in Bewegungsabläufe eingebunden. Der Rahmen, hochformatig mit plattenförmigem unteren Abschluß, blieb starr, die pflanzlichen Motive waren nur aufgelegt. Sie wuchsen nicht organisch aus dem Stein, obgleich das Einbringen in rechteckige Vertiefungen einen solchen Eindruck hervorrufen sollte. Bemerkenswert erscheint mir jedoch bei diesen Bauplastiken, daß der Flächenausschnitt zum Kompositionselement wurde. Wiederum sind es Kreissegmente, die wie konturierende Linien die Fläche zerlegten und in aneinander grenzende Teilflächen auflösten. Der Ausschnitt wird hier zu einem der »Grundgesetze der Fläche«[132] gemacht und dient der Akzentuierung der geistigen Aussage. Reinhardt und Süßenguth wußten dabei auch die dem Jugendstil eigene Darstellungsweise des Überschneidens zu handhaben. Die figürlichen Teile der einzelnen Bildwerkausschnitte blieben nicht auf diese beschränkt, sondern überschnitten die linearen Umgrenzungen, nach oben hin öffnete sich das Bildwerk.

Die einzelnen Naturobjekte wurden nicht in ihrer äußeren Erscheinung verändert, ihre Darstellung war gegenstandsabhängig und rang sich nicht zur Deformation der natürlichen Erscheinungen durch, wie es dem späteren Jugendstil zu eigen war. Sie entsprachen aber nicht der Naturrichtig-

nahme mythologischer Themen stand hier in einer engen Beziehung zu einer künstlerischen Identitätssuche. Parallelen zum Charlottenburger Rathausbau zeigen sich auch bei der Fassadengestaltung: hier wie dort eine skulpturale Architektur, die ihre Wirkungen aus variierender Steinbehandlung bezieht und eine Durchdringung von Architektur und Plastik anstrebt. Vgl. M. Rheims, Kunst um 1900... S. 36, Abb. 68.

131 Diese ornamentalen Arbeiten führte Gotthold Riegelmann aus.

132 H. H. Hofstätter, Jugendstil... S. 11.

keit. Die Architekten entkleideten die Naturform vielmehr ihrer organischen Bezüge und setzten sie nach imaginativen Gesichtspunkten zusammen, die auf Bedeutung konzentrieren sollten. Diese Bildauffassung bezeichnet Hofstätter als »naturalistische Permutation«[133], die Beziehungen des Jugendstils zur mittelalterlichen Kunst offenbare[134] und die als Gestaltungsmittel Architekten wie Reinhardt und Süßenguth, nicht zuletzt auf Grund ihrer Beziehungen zur mittelalterlichen Baukunst, sicherlich überaus vertraut war. Das Bildwerk zielt hier auf kontemplatives Schauen und die »Läuterung des Geschauten durch den Geist und die Erinnerung des Menschen«[135]. Die Naturerscheinung selbst wird für Symbolhaftes transparent gemacht. Im »Wollen zur Aussage«[136] findet sich ebenfalls eine Parallele zur mittelalterlichen Kunst. Es sind aber nicht die »Übergangsnöte« des Spätmittelalters, der Skeptizismus und Pessimismus einer Gesellschaft gegenüber der christlichen Heilslehre,[137] sondern eher die früheren Phasen dieses Zeitalters, in denen alles Denken und Handeln noch auf das Heilsgeschehen eingestellt war. Die Verwirklichung der christlichen Idee war der entscheidende Impuls für den mittelalterlichen Künstler, für die offizielle Rathausarchitektur des ausgehenden 19. Jahrhunderts war es das politische Ideal der bürgerlichen Selbstverwaltung, wie immer sie in ihren Einzelheiten interpretiert wurde. Die gemeißelte Tierornamentik des Mittelalters offenbarte Heilslehren und kosmische Erlebnisse, die Tierskulptur im Charlottenburger Rathaus ein Bild bürgerlicher Gemeinschaft, das an den Einzelnen die Forderung der Läuterung stellte. Erkenntnis und Läuterung aber garantierten erst das Bestehen im allseitig tobenden Lebenskampf und waren Voraussetzung für die Verwirklichung des politischen Ideals. Der mittelalterliche Mensch war allerdings mit einem symbolischen Denken vertraut, das Bedeutsames und Wichtiges mit der Würde eines Symbols in Beziehung zu setzen wußte,[138] während im 19. Jahrhundert ein assoziatives Denken vorherrschte, das ein Symbol als jenseits aller Begrenzung, Festlegung und Entscheidung liegendes Bild begriff.[139] Die Mehrdeutigkeit und wechselnde Interpretierbarkeit machte die Qualität des Symbols aus. Doch kann keine Rede davon sein, daß Reinhardt und Süßenguth das Symbol in seiner Unbestimmtheit verwandten; Symbole sind bei ihnen in eine politische Didaktik einbezogen und deshalb auf Bestimmtheit angelegt. Das Symbol nähert sich hier der Allegorie, der rationalen Form des Sinnbildes, die dem Gedächtnis des Einzelnen »abstrakte Gedankengänge und bedeutungshafte Zusammenhänge«[140] einprägt.

Gestalterisch löst sich die Einzelform durch ihre weniger blockhafte Stilisierung, ihre Linienhaftigkeit und Flächigkeit von mittelalterlichen Vorbildern[141], wenn auch ihre Vorbildrolle nirgendwo verschwiegen wird. Zieht man die Bauplastik des Erweiterungsbaus zum Vergleich heran, offenbart sich eine ästhetische Differenz: die romanisierende Kapitellbearbeitung in der Sparkassenhalle orientierte sich beispiels-

133 Symbolismus ... S. 81. Hofstätter übernimmt diesen Begriff aus Max Deris Aufsatz ›Naturalismus, Idealismus, Impressionismus‹, in: ders. u. a., Einführung in die Kunst der Gegenwart, 2. Aufl., Leipzig 1920, S. 61 f.

134 H. H. Hofstätter, Jugendstil ... S. 42.

135 A. a. O., S. 12.

136 W. von Blankenburg, Heilige und dämonische Tiere ... S. 315.

137 Rudolf Stadelmann, Vom Geist des ausgehenden Mittelalters. Studien zur Geschichte der Weltanschauungen von Nicolaus Cusanus bis Sebastian Franck (= Deutsche Vierteljahresschriften für Literaturwissenschaft und Geistesgeschichte, Bd. 15), Halle a. d. S. 1929, S. 16 f.

138 W. von Blankenburg, Heilige und dämonische Tiere ... S. 99 ff.

139 H. H. Hofstätter, Symbolismus ... S. 45 f.

140 A. a. O., S. 30.

141 W. von Blankenburg, Heilige und dämonische Tiere ... S. 109 f.

weise, trotz aller Paraphrasierung im Detail, überaus eng am historischen Vorbild, während Reinhardt und Süßenguth aus der Kenntnis der Vorbilder zu einer selbständigen Form fanden.
Das Bildprogramm der übrigen Treppenhäuser des ersten Bauabschnitts, das östliche und westliche Nebentreppenhaus im Mittelbau und die beiden hofseitigen Treppenhäuser des Frontgebäudes an der Lützower Straße, hatten berufsständische Darstellungen zum Inhalt. Die Architekten nutzten die in Sandstein ausgeführten Pfeiler zur Anbringung der bauplastischen Elemente. Es fällt dabei auf, daß Reinhardt und Süßenguth auch hier immer eine Integration der Dekoration in den Architekturrahmen anstrebten. Der Bauschmuck trat nie isoliert in Erscheinung, etwa als aufgesetzter Zierschild, sondern wurde durch vielfältige Stufungen und Wandlungen der Abschlüsse mit den Architekturteilen verschmolzen. Die Einbindung blieb jedoch dort vordergründig, wo das figürliche Moment für die ikonographische Gestaltung ausschlaggebend war. Andere bauplastische Elemente, einzelne Schild-, Band- und Spiralmotive, waren wiederum so flach gehalten, jeder dem Motiv zugrunde liegenden Bewegung entkleidet, daß sie sich kaum von der Architektur lösten. Die wuchtig und eckig gehaltenen Pfeiler selbst strebten nach oben, bar jeglicher Andeutung eines organischen Prozesses.
Der Bildaufbau im Verhältnis zu Pfeiler und Wand folgte in allen genannten Treppenhäusern dem gleichen Schema. Im jeweilig obersten Stockwerk bildete eine figürliche Plastik, ein Kopf oder auch ein Oberkörper, die Krone beziehungsweise eine Art Baldachin für die symbolische Darstellung. Die darunter liegenden Zierformen, die auf dem Hauptpfeiler oder wechselseitig auf den übrigen Stützen plaziert waren, zeigten attributive Darstellungen, zumeist Dinge, die selten in Verbindung mit vegetabilen Motiven standen. In den Nebentreppenhäusern des Mittelbaus, im Anschluß an den Komplex der Sitzungssäle und zusätzlich durch ein großes Oberlicht beleuchtet, symbolisierten zwei jeweils im Zwickel der Bogen zum seitlichen Flur hin angebrachte Frauenköpfe die Kunst und die Wissenschaft. Es handelt sich um eine Darstellung der Pallas Athene mit ihren Attributen Helm, Stern, Fackel und Eule. Die Eule als Symbol der Weisheit und Attribut der Athene haben wir bereits kennengelernt. Der Helm deutet auf den kriegerischen Aspekt Athenes, zu deren Wesen die in klarer Bewußtheit vollzogene Tat, die Bereitschaft zum vernunftgeleiteten spontanen Handeln gehört.[142] Der Helm der Göttin, der »bewaffneten schrecklichen Jungfrau«[143], dient als Waffe sowohl der Abwehr als auch der Abschreckung: »ihr abschreckend kriegerischer Aspekt trifft sich darin mit dem mütterlich schützenden ...«[144] Die Fackel ist ebensowenig wie der Stern als herausragendes Attribut der Athene bekannt. Fackel wie Stern gehören zur Lichtsymbolik und weisen von alters her auf Sieg und Freude, Freiheit und Erlösung hin.[145] Vielleicht deutet die Fackel hier auf den »Genius der Sieghaftigkeit«[146] der helläugigen Göttin, die »mit nie getrübter Klarheit immer Rat findet und den schwersten Aufgaben mit der schlagfertigsten Bereitschaft entgegengeht«[147]. In einer überlieferten Erzählung half Athene dem Titanen Prometheus, eine Fackel am Sonnenrad zu entzünden und den Menschen das Feuer zu bringen.[148]

142 W. F. Otto, Die Götter Griechenlands ... S. 56ff.
143 K. Kerényi, Die Jungfrau und Mutter der griechischen Religion. Eine Studie über Pallas Athene, Zürich 1952, S. 26.
144 A. a. O., S. 28.
145 G. Heinz-Mohr, Lexikon der Symbole ... S. 99.
146 W. F. Otto, Die Götter Griechenlands ... S. 58.
147 A. a. O., S. 60.
148 K. Kerényi, Die Mythologie der Griechen, Bd. 1 ... S. 171.

Oben Gottfried Riegelmann, Eintracht, Allegorie auf dem Flur zum Stadtverordneten-Sitzungssaal. *Unten* Ernst Westpfahl, Allegorie der Wissenschaft im westlichen Treppenhaus, Mittelbau

Prometheus verschaffte den Menschen aber nicht nur das Feuer, sondern ebenso alle Künste, geistige und körperliche Fertigkeiten, kurz, die ganze Kultur. Die zu Ehren des Prometheus alljährlich in Athen gefeierte Promethia war mit einem Fackellauf verbunden, bei dem man Feuer vom Altar des Titanen im Wettlauf in die Stadt brachte.[149] In der zweiten Hälfte des 19. Jahrhunderts gewann die Fackel als Sinnbild aktuelle Bedeutung. In der politischen Symbolpublizistik stellte sie vor allem das Streben nach Freiheit oder die bereits errungene, beispielgebende Freiheit dar. Häufig brachte sie dabei auch andere, mit dem Freiheitsgedanken verwandte Bedeutungsinhalte wie Fortschritt, Bildung und Aufklärung zum Ausdruck.[150] Die Fackel kündet somit vom Sieg und Fortschritt der Kunst und der Wissenschaft, die sich aber – das dürfte in ihrer Zuordnung zu den Sitzungssälen sinnfällig werden – in den Dienst des Gemeinwesens stellen und, wie Athene ihren Helden, den Bürgervertretern der Stadt teilnehmend, ratend, helfend und begeisternd zur Seite stehen mußten.[151]

Leier und Tontafel sind spezifische Attribute von Kunst und Wissenschaft und der ihnen verbundenen Gottheiten. Die griechische Mythologie nennt die Lyra ein Attribut Apollons. Es ist aber nicht ausschließlich die Freude an der Musik, die Apollon die Leier schlagen läßt; die Erkenntnis des Richtigen gemahnt mit einer »besonderen Erhobenheit des Geistes«[152] an Musik, die gleichsam die ganze Natur zu erfüllen scheint. Mit dem Klang hält Apollon »das All in Harmonie zusammen«[153]. Ursprünglich gab es auch Leiern mit nur drei bis vier, später mit bis zu zwanzig Saiten. Den Griechen war jedoch die siebensaitige Lyra zu eigen. Die Siebenzahl drückte die dem Universum zugrunde liegende Zahlenharmonie aus, sie war die kosmische Strukturzahl, die in den sieben Sphären des Alls wirkte.[154] Die Saiten des Instruments entsprachen den sieben Planeten.[155] In einem dem Philolaos zugeschriebenen Fragment wird die Siebenzahl mit Athene verglichen als »Führerin und Herrscherin aller Dinge, als Gott, einig, ewig, beharrlich, unbeweglich, sich selbst gleich, von allem anderen verschieden«[156].

Zahlensymbolik dürfte auch beim Attribut der Wissenschaft, dem Schild mit den drei Tafeln, eine Rolle spielen. Die Drei ist die erste Zahl, auf die das Wort »alles« zutrifft: »Wie die Pythagoräer sagen, ist das All und

149 Helmut Hunger, Lexikon der griechischen und römischen Mythologie mit Hinweisen auf das Fortwirken antiker Stoffe und Motive in der bildenden Kunst, Literatur und Musik des Abendlandes bis zur Gegenwart, 6., erweit. u. erg. Aufl., Wien 1959, S. 353. Kerényi, der in Athene die widersprüchliche Zweiheit von Mutter und Jungfrau vereinigt sieht, erwähnt das Feuergefäß, das im athenischen Kult der Göttin eine besondere Bedeutung besaß. Die »Schale des heiligen Feuers« interpretiert er als ein Bild der Mutterschaft, »der einen goldenen Kern bergenden Weiblichkeit«. Die Polarität von wehrhafter Jungfrau und schützender Mutter war patriarchal bestimmt: die Vaterstochter diente dem Interesse des Vaters an Nachkommenschaft, indem sie den Jünglingen die Jungfrauen auslieferte, damit sie Mütter wurden und die Herrschaft des väterlichen Geistes bestehen blieb. Die Jungfrau ... S. 33f. u. 56.

150 Arnold Rabbow, Lexikon der politischen Symbole, München 1970, S. 92.

151 Auf diesen Aspekt der Athene hat bereits ein früher Monograph der Göttin hingewiesen: »Sie ist Retterin in jeder Gefahr und Not, weiß Rat zu schaffen in jeder Bedrängnis, ist die höchste Weisheit. Von ihr werden die Häupter und Vorsteher des Volkes, von ihr wird das ganze Volk selbst beraten, sie ist Vorsteherin der Rats-, Volks- und Bundesversammlungen.« Emil Rückert, Der Dienst der Athena, Hildburghausen 1829, S. 192ff.

152 W. F. Otto, Die Götter Griechenlands ... S. 73

153 K. Kerényi, Apollon ... S. 43.

154 Ernst Cassirer, Philosophie der symbolischen Formen, T. 2, Das mythische Denken, 3. Aufl., Darmstadt 1958, S. 180f.

155 Nach dem Weltbild der Pythagoräer Mond, Sonne, Merkur, Venus, Mars, Jupiter und Saturn. J. C. Cooper, Illustriertes Lexikon ... S. 116; Dorothea Forstner, Die Welt der Symbole, Innsbruck-Wien-München 1961, S. 35f. u. 578.

156 Zit. nach E. Cassirer, Philosophie der symbolischen Formen ... S. 175.

Blick in das westliche Treppenhaus, Mittelbau

alle Dinge durch die Zahl Drei begrenzt. Ende und Mitte und Anfang enthalten die Zahl des Alls, die Zahl der Dreiheit. Da wir von der Natur gleichsam die Gesetze der Dreiheit empfangen haben, so bedienen wir uns zu den Bräuchen der Götter dieser Zahl.«[157] Die Drei ist universell und die dreigeteilte Natur der Welt: Himmel, Erde und Wasser; sie ist der Mensch als Körper, Seele und Geist; Geburt, Leben und Tod; Vergangenheit, Gegenwart und Zukunft. Die Drei verweist in unserem Zusammenhang auf Vielfalt, Schöpferkraft, Wachstum und Vollendung der Wissenschaft, auf ihre vorwärts gerichtete Bewegung. Die Tafel selbst gehört, neben dem Griffel und der Buchrolle, zu den Attributen der Kalliope.[158] Sie war als Muse eine der neun gleichgesinnten Töchter von Zeus und Mnemosyne, der Göttin »Gedächtnis«.[159] Die »Rühmenden«, wie die Musen im Hinblick auf ihre Aufgabe genannt wurden, dachten nur an Gesang und Tanz und wurden von Apollon, dem Musagetes, »Musenführer«, geleitet.[160] Dem zum Dichter geweihten Hesiod sagten die Musen: »Sie wüßten wohl zu lügen, doch vielmehr noch die Wahrheit zu offenbaren«[161]. Sie schützten die Gedächtniskraft und wurden schließlich zu »Beschützerinnen alles Geistigen«[162]. Ihre Namen wurden unter die verschiedenen musischen Tätigkeiten verteilt, wobei Kalliope zur Muse der epischen Dichtung und Wissenschaft bestimmt war.[163]

Die berufsständischen Symbole hatten noch vegetabile Attribute erhalten: das in vielen Bildwerken des Mittelbaus gegenwärtige Eichenlaub und Kiefernzapfen. Die Eiche war Gewittergottheiten wie dem griechischen Zeus oder dem germanischen Thor geweiht und erschien als Bild der Kraft und Stärke.[164] Die Kiefer steht hier wohl für die Pinie, unter der man im Altertum alle zapfentragenden Nadelbäume verstand. Ihre Zapfen waren ein Symbol der Fruchtbarkeit, das in der christlichen Ikonographie mit dem Gedanken der »Lebensspendung« zusammenfiel.[165] Sowohl Eiche als auch Pinie stehen mit der Symbolik des Lebensbaumes in Verbindung.

Die hofseitigen Treppenhäuser des hinteren Frontgebäudes waren der Darstellung von Handwerk und Handel vorbehalten. Im engen westlichen Aufgang krönte, unter einem gotischen Baldachin, ein Handwerker den Hauptpfeiler. Die Figur zeigt den Oberkörper eines bärtigen, bemützten Mannes, der in einer ausladenden, pathetischen Pose Hammer und Meißel in seinen Händen hält. Auf der Höhe des 1. Obergeschosses wiederholte sich das Berufssymbol des Hammers in monumentaler Form. In den anderen Stockwerken fielen flach gehaltene Schilde und Kapitelle auf, die in abstrahierender Weise mit dem Stadtmotiv, der zinnenbewehrten Burg, verbunden waren. Hierin mag wohl ein Hinweis auf die Rolle des Handwerks und der Zünfte in den Städten des Mittelalters liegen. Im östlichen Treppenhaus wurde wiederum auf Motive der griechischen Mythologie angespielt, die mit einer Vielzahl von Attributen aus der Sphäre des Berufsstandes verknüpft waren. Den Handel versinnbildlichte der Hermesstab im Erd- und im 3. Obergeschoß. Hermes ist der an keinen festen Ort gebundene Gott. Der schwebende Zustand des Reisenden gilt als »sichtbar-

157 Aristoteles, De coelo, I. 268 A 12ff., zit. nach D. Forstner, Die Welt der Symbole ... S. 63.
158 H. Hunger, Lexikon der griechischen und römischen Mythologie ... S. 262; Hermann Kees, Musai, in: Paulys Realencyclopädie ... Halbbd. 31, Stuttgart 1933, Sp. 686f., 724f. u. 733.
159 K. Kerényi, Die Mythologie der Griechen, Bd. 1 ... S. 83.
160 A. a. O., S. 118; H. Hunger, Lexikon der griechischen und römischen Mythologie ... S. 262.
161 K. Kerényi, Mythologie der Griechen, Bd. 1 ... S. 83.
162 H. Hunger, Lexikon der griechischen und römischen Mythologie ... S. 262.
163 Ebd.
164 D. Forstner, Die Welt der Symbole ... S. 212f.
165 A. a. O., S. 237. An der Hauptfassade des Augsburger Rathauses dienten, ähnlich wie auf antiken Rundtempeln, Pinienzapfen als Abschlußelement der Giebel.

ster Aspekt der Hermes-Welt«[166]. Geschicklichkeit, List, Behendigkeit und Betrügen gehören zu seinen Eigenschaften. »Von ihm kommt der Gewinn, der klug berechnete und der gänzlich unerwartete; ... er ist es, dem der Kaufmann sich anvertraut; von ihm kommt die Kunst des schlauen Rechnens, aber auch die gute Gelegenheit, ohne die alle Geschicklichkeit erfolglos bleibt.«[167] Hermes schützt die Reisenden, den glücklichen Fund, den Diebstahl und den Handel. Aber ebenso plötzlich, wie Hermes Gewinn bringt, kann er den Besitz verloren gehen lassen oder die Menschen nach seiner Willkür in der dunklen Nacht irreführen.[168] Eine Seinsform, die mit all ihren Fragwürdigkeiten zu den Grundgestalten der Wirklichkeit gehört.

Neben den Flügelschuhen und dem Reisehut gehört der Heroldsstab (Kerykeion) zu den ständigen Attributen des Hermes: ein Stab, bekrönt von zwei Schlangen, die am oberen Ende ihre Köpfe einander entgegenstrecken. Die Darstellung im Charlottenburger Rathaus folgte späteren Abbildungen des Kerykeion, auf denen der Stab in seiner Gesamtheit von Schlangen umringelt wird und zusätzlich mit einem Flügelpaar versehen ist. Schlange und Flügel verweisen wohl auf die Unbeständigkeit des Handels und des Handelsglücks, obwohl sie den Griechen ein Sinnbild für die chthonische Seite des Hermes gewesen sein dürfte.[169] Die Darstellung selbst war in ihrer Starrheit und Kantigkeit überaus pathetisch. Ein Zug, den die in Reliefs angelegten Illustrationen des Handels abmilderten. Im einzelnen waren Galgen, Zugketten, Winde, eine Sackkarre, Ballen, Fässer, Kannen, Kisten und Maiskolben zu sehen. Die Illustrationen bezogen sich sowohl auf die durch Arbeitsmittel vertretene berufliche Tätigkeit als auch auf spezifische Handelswaren, die zum Bereich des alltäglichen Lebensbedarfs gehören, wie Wein, Mais und Tuch. Diese Art illustrativer Darstellung, die schon bei der Wiedergabe der Berufsstände an der Lützower Fassade zu beobachten war,[170] greift auf antike Vorbilder zurück. Sie erinnert an die römisch-antike Schilderung von Abläufen in bestimmten Berufsbereichen.[171] Zeitgemäß sind hier aber die verwendeten Arbeitsmittel, die Überlagerung, Durchdringung und Verflechtung der Einzelmotive sowie das ornamentale Rahmenwerk, das tradierte Formen wie Schild, Band und Spirale abwandelt. Mit dem Handel steht die Seefahrt und damit das Transportwesen in unmittelbarer Verbindung. Der vom Tau umwickelte Anker und auf dem Bogenzwickel des 4. Obergeschosses die Reliefansicht eines Segelschiffes über dem Haupt eines blumengeschmückten Männerkopfes: ein Sinnbild des Meergottes Poseidon, des wilden, naturhaften Erregers des Meeres, dem die Seeleute nicht als dem Beschützer der Seefahrt opferten, sondern um den Gefahren des Meeres zu entgehen.[172]

Durch ihre dekorative Ausstattung wurden die Treppenhäuser, über ihre kommunikative und vermittelnde Funktion hinaus, innerhalb des Bauensembles zu Bedeutungsträgern, die die Rationalität des Überwindens von Ebenen auf verschiedenen Höhen zu einem Weg des Erinnerns und Erkennens machten. Konstruktiv am aufwendigsten war die Haupttreppe des

166 K. Kerényi, Hermes der Seelenführer, Zürich 1944, S. 21f. Hermes verband als Götterbote Himmel und Erde und geleitete die menschlichen Seelen aus dem Diesseits ins Jenseits, ohne aber selbst zum chthonischen Gott zu werden.
167 W. F. Otto, Die Götter Griechenlands ... S. 109.
168 K. Kerényi, Die Mythologie der Griechen, Bd. 1 ... S. 136.
169 R. Boetzkes, Kerykeion, in: Paulys Realencyclopädie ... Halbbd. 21, Stuttgart 1921, Sp. 339ff.
170 Den figürlichen berufsständischen Symbolen wurden hier zu beiden Seiten die verschiedensten Gegenstände aus dem Bereich des jeweiligen Tätigkeitsfeldes beigegeben.
171 Vgl. Gerhard Zimmer, Römische Berufsdarstellungen (= Archäologische Forschungen, Bd. 12), Berlin 1982, S. 44ff. u. 216ff.
172 M. P. Nilsson, Geschichte der griechischen Religion, Bd. 1 ... S. 452.

Mittelbaus, bei der es sich um zwei parallel übereinander geführte, gekrümmt zweiarmige Treppen handelt. Die Verbindung zwischen den Treppenteilen übernahm ein Brückenelement – der Mittelaustritt –, das den Raum auf der Höhe des 1. Obergeschosses in einem weiten Bogen überspannte. Die sich an die Sitzungssäle anschließenden Seitentreppen waren dreiläufig angelegt, mit gleichsinnigem Richtungswechsel und den entsprechenden Zwischenpodesten. Die gleiche Konstruktion wählten Reinhardt und Süßenguth für die östliche Treppe des Frontgebäudes an der Lützower Straße, während am westlichen Ende eine zweiläufige Treppe mit Richtungswechsel eingebaut war. Die Läufe wurden schräg geführt. Die Seitentreppen des Mittelbaus waren ursprünglich nur zweiläufig entwickelt,[173] der Übergang zu einer fließenderen Raumbehandlung und -durchdringung hat zu einer Öffnung der Treppenhäuser geführt, die hier konstruktiv möglich war. Die Kunststeintreppen waren freitragend,[174] nur die Zwischenpodeste mußten auf Verfügung der Polizeidirektion durch Träger gestützt werden.[175] Reinhardt und Süßenguth nutzten dieses konstruktive Erfordernis, um in den einzelnen Treppenhäusern eine vielfältige Bogen- und Gewölbearchitektur zu entwickeln, was einmal mehr ihre Vorliebe für mittelalterliche Bauformen bestätigt, die durch die Berührung mit dem Jugendstil kaum beeinträchtigt wurde.[176] Die Öffnungen der Treppenhäuser zu den Fluren hin wurden durch Kreis- und Korbbogen vermittelt, im westlichen Treppenhaus des hinteren Frontgebäudes waren diese Architekturteile durch unterlegte schmalere Bogen profiliert. Wandseitig erhielten sie ornamentierte Konsolen, die jeweils die Kapitellform des Hauptpfeilers wiederholten.

Die Zwischenpodeste wurden unterseitig durch sehr flach gehaltene Bogen eingefaßt; die Decke selbst war in Kreuzgewölbeform ausgeführt, als sollte damit angedeutet werden, daß hier ursprünglich, bedingt durch den Richtungswechsel der Treppenführung, zwei Tonnengewölbe einander durchdrangen. Auf den Fluren wurde diese Raumbehandlung konkret ausgeführt. Die Raumüberdeckung war gekrümmt, so daß in den jeweiligen Eckräumen der Korridore immer zwei Tonnengewölbe aufeinandertrafen, einander durchdrangen und damit ein Kreuzgewölbe bildeten. Diese Vermittlungsräume, die sowohl die Verbindung zwischen den einzelnen Fluren als auch den Zugang zu den Treppen schufen, wurden durch Gurtbogen von den Korridoren besonders abgegrenzt. Die Tonnengewölbe selbst erhielten durch fortlaufende Gurtbogen eine Unterteilung in Joche, deren rechteckige Mittelfelder vertieft und durch profilierte Rahmen von der Linienführung der Gewölbe abgesetzt waren. Die Gewölbe übernahmen aber keine konstruktive Funktion und waren daher nicht massiv ausgeführt.

173 Bezirksamt Charlottenburg... Bauaufsichtsamt, Bauakten Otto-Suhr-Allee 100, Bd. 3/4, Bl. 9; vgl. auch o. den ersten Ausführungsentwurf.

174 A. a. O., Bd. 6/7, Bl. 132. Ausführende Firma war M. Czarnikow & Co., Berlin W., Werderscher Markt 9.

175 Ebd.

176 Die Vorliebe für den Bogen als Gestaltungselement ist zur Jahrhundertwende allgemein: Ob an einem Hochhaus wie dem Guaranty-Building von Louis Sullivan (Buffalo, 1894–95), dem Ernst-Ludwig-Haus Olbrichs oder den Landhäusern Charles F. Annesley Voyseys (z. B. Haus Vodin, 1902), an Otto Wagners Station Karlsplatz der Wiener Stadtbahn (1898–99), Hector Guimards Metrostation Bastille (1898–1900) oder auch in einem Raum wie Henry van de Veldes Eingangshalle des Hagener Folkwang-Museums (1900–1902). Mitunter mischen sich in die Gestaltung deutlich neuromanische und neugotische Tendenzen wie bei Charles Harrison Townsends Whitechapel Art Gallery (1895–99), seinem Horniman-Museum in London (1896–1901) oder auch an Victor Hortas Erweiterungsbau für das ›Maison du Peuple‹ (1900–1904). Vgl. Maurice Rheims, Kunst um 1900, Wien-München 1965, S. 34f., 76, Abb. 41, 47, 56, 57 u. 82; Jean-Paul Bouillon, Der Jugendstil in Wort und Bild, Stuttgart 1985, S. 109f., 130f., 160f.; N. Pevsner, Architektur und angewandte Kunst... Abb. 281.

Geländer im östlichen Treppenhaus, Gebäudeabschnitt Lützower Straße. Ausführung: Methling & Gleichauf, Kunstschmiede in Charlottenburg

Die Behandlung tradierter Architekturformen diente hier dem ›Fließen‹ des Raumes, verlieh ihm eine gewisse Weichheit, obwohl die Tendenz zur sanften, schön gegliederten Bewegung immer den Charakter eines Kompromisses hatte, da die konstruktiven Teile des Gebäudes zuallererst in ihrer nüchternen Funktion gehandhabt wurden. Fließen ist hier also immer gebremste Bewegung, in der sich ein betonter Wille zur Zusammenfassung der Teile äußert.
Das zeigte sich sehr detailliert bei der ornamentalen Behandlung des Eisens in den Treppenhäusern. Die Lichtwangen der Treppen haben schmiedeeiserne Ornamente erhalten, die die Biegsamkeit des Eisens, seine plastischen Möglichkeiten ausnutzten. In eckig gebrochener Linienführung, in sich selbst gedreht, wurde der Eisenstab nicht nur in eine festere Form gebracht, sondern gleichzeitig, wie etwa bei den Nebentreppen des Mittelbaus, durch plattenartige Grundelemente an den Stein gebunden und durch Mittelstäbe mit trombenförmigen Abschlüssen zusammengehalten. Die Verbindung zwischen Mittelstab und Platte stellte jeweils ein aufgespultes Band her. Das Ornament blieb trotzdem bewegt, und es ist sehr schön, wie die Architekten durch das Ineinandergreifen der Einzelteile den Eindruck einer Linie ohne Anfang und Ende hervorrufen; aber der Fluß der Bewegung wurde nicht zur Schwingung, die in ihrer Prozeßhaftigkeit den Raum organisch durchdringt.[177] Auch die Brüstungselemente der Bogeneinstellungen an den Ausgängen des Mittelflures zeigten eine feste Grundstruktur, nur die Enden der Rahmenelemente führten eine geschwungene Bewegung aus und öffneten sich zu einem plastischen Ornament.

177 Zum Vergleich sei an Endells ›fließende‹ Treppe im Photoatelier Elvira erinnert, bei der Architekturrahmen und Dekor in Bewegung gebracht werden. J.-P. Bouillon, Der Jugendstil... S. 122f.

Bei den Treppengeländern gelang es den Architekten, durch einen geschickten Wechsel zwischen geraden und gekrümmten Linien rhythmische Akzente zu setzen. Besonders schön in den Treppenhäusern des Frontgebäudes an der Lützower Straße: Ein gerader Stab wurde im oberen Drittel schräg abgebogen und versetzt, so daß der obere Teil jeweils mit dem unteren Abschnitt des nächsten Stabes korrespondierte und der Eindruck einer fortgesetzten Bewegung entstand. Der gleichsam geöffnete Teil des Stabes entfaltete sich zu einem vegetabilen Motiv mit rahmenden Blättern, die spiralförmig aufgerollt waren. Die Geländer der Seitentreppen des Mittelbaus zeigten den Wechsel zweier paarweise angeordneter Stäbe, von denen die äußeren oben in schwingenden Kurven nach innen gebogen und miteinander verbunden wurden, sowie eines einzelnen stärker ausgeführten, rhombenförmig profilierten Stabes, der sich wiederum oben in paralleler Anordnung in weiten Kreisen öffnete; sich einerseits um die anschließenden Stäbe rankte, andererseits in einer losen Spirale wieder zum Ausgangsstab zurückgeführt wurde. Den zeitgenössischen Puristen war ein solch begrenztes Linienspiel bereits zuviel. Paul Ferdinand Schmidt sah in diesen Stilversuchen nur einen »wahllosen Eklektizismus«, »naturalistische und symbolistische Kraftlosigkeit«, die es nicht wage, »die ruhige Schönheit des kantigen Eisenstabes für sich wirken zu lassen«[178]. Betont flächiger waren die erhalten gebliebenen Heizungsgitter im Mittelbau. Die schlichte Linie wurde hier verlassen, die streng stilisierten Pflanzenmotive grenzten sich voneinander ab, und nur im Mittelfeld war ein Ineinandergreifen aufstrebender Elemente zu sehen.

Heizungsgitter am Aufgang zum Haupttreppenhaus, Mittelbau. Ausführung: Methling & Gleichauf, Kunstschmiede in Charlottenburg

Der Eingang zum Stadtverordneten-Sitzungssaal auf dem Korridor des 2. Obergeschosses im Mittelbau bestand aus zwei großen eichenen Flügeltüren, die mit geschmiedeten Zierbeschlägen besetzt waren. Sie vermittelten den Zugang zu den auf beiden Seiten des eigentlichen Tagungsraumes angeordneten Vorsälen. Es handelte sich um zwei langgestreckte Räume mit verzierten Holzeinstellungen, trapezförmig geschlossener Decke und einem Erkeranbau an der Fensterseite, der mit einer Bleiverglasung versehen war. Wände und Decken der Räume hatte man bis auf die Füllungen über den gepolsterten und mit Leder bezogenen Wandsitzen mit Eichenholz getäfelt sowie mit ornamentalem Schmuck bereichert. An die Vorsäle schloß sich auf jeder Seite ein kleiner Fernsprechraum an.[179] Große, mit Kunstschmiedearbeiten und Spiegelscheiben ausgestattete Flügeltüren stellten die Verbindung zum Stadtverordneten-Sitzungssaal her. Der Tagungsraum hatte die Form eines halben

178 Berliner Gitter, in: Berliner Architekturwelt, 10. Jg. (1908), H. 8, S. 284.

179 Fotografien von den Vorsälen waren nicht auffindbar. Die Beschreibung fußt auf dem Bericht ›Die neuen Sitzungssäle‹ der ›Charlottenburger Zeitung Neue Zeit‹ vom 8. Januar 1903.

Ovals mit rechteckigem Abschluß, maß in der Länge 16,5 und in der Tiefe 14,2 m, während die Höhe bei rund 9 m lag. Der Saal bot 103 Stadtverordneten und 28 Vertretern des Magistrats Platz, bis zum Übergabetag waren jedoch erst 72 Sitze für die Stadtverordneten und die fünf Plätze auf dem Podium des Stadtverordneten-Vorstehers ausgeführt.

Die Architektur des Sitzungssaals schloß an die auf den Fluren und in den Treppenhäusern beobachteten Gestaltungsmerkmale an. Auch hier das Ineinanderübergehen, die weichen Abschlüsse, die auf das Detail beschränkte Bewegung und vertikalisierende Momente, die stets abgefangen wurden.[180] Der rechte Winkel als raum- und strukturbildendes Merkmal fehlte im Saal fast völlig. Die Ecken wurden durch große, nach innen gewölbte Pfeiler verdeckt, der Übergang zur Oberlichtdecke war durch ein kurvig aufstrebendes Feld, das durch die Rundung der Saalecken einem Kreisstück gleichkam, überbrückt. Beim Rahmen des Oberlichtes und der Tribüneneinstellungen hatten die Architekten den Schnittpunkt der geraden Linien abgerundet. Die durch Lisenen gegliederten Felder der Holztäfelung führten ebenso wie die darüberliegenden Bildrahmungen nur im unteren Teil einen rechten Winkel aus, während ihre oberen Ecken bogenförmig ausgespart oder sich, wenn auch in sehr abstrahierender Weise, wie eine Spirale einrollten. Die senkrecht die Wandtäfelung teilenden Streifen wurden durch ein in den Raum schwingendes Gesims zusammengehalten und hatten oben einen konsolenartiken Abschluß erhalten, der sich wiederum in einer abschwingenden Bewegung dem unteren Holz anschmiegte. Schon der Ansatz der Lisenen vermied ein rein rechtwinkliges Aufstreben, war eher trichterförmig entwickelt, so daß das Emporstreben andeutungsweise einem Wachsen gleichkam. Auch die festen Einrichtungsgegenstände waren dem geschilderten Kompositionsprinzip untergeordnet. Die seitlichen Umfassungswände und die Stirnwand des Podiums für den Vorstand der Stadtverordneten-Versammlung setzten jeweils mit einem halbkreisförmigen Aufschwung an, die Seitenrahmen des Rednerpults übten oben eine spiralförmige Bewegung aus, die Arbeitsplatten der Stadtverordnetentische waren nach vorne abgerundet, während die Seitenwände in eine Welle ausliefen.

Neben der Vermeidung rechtwinkliger Verbindungen fällt die plastische Behandlung des Holzes auf. Ruhige, belassene Flächen, die ihren Ausdruck allein aus der Wirkung des Materials bezogen, waren selten und beschränkten sich vorwiegend auf die Felder der Wandtäfelung; sonst wurde das Holz kräftig bearbeitet, profiliert, kanneliert und mit reichen Schnitzereien versehen, die zur Belebung der Fläche nicht mit phantastischen Formspielereien geizten.

Die zeitgenössische Kritik sah in dieser Form der Innenausstattung eine Variante der aktuellen Stilbewegung, die sich »von der traumhaften, im Grunde doch so öden Linienschwelgerei, von der gesucht rudimentären Wiedergabe antiker Details oder dem das Neue heuchelnden Hervorholen ältester, aus dem Kindheitsalter der Kunst stammenden Formen« abgewandt habe und »in maßvoller Beschränkung nach einem dem modernen Empfinden entsprechenden Ausdruck«[181] strebe. An diesem Urteil, das heute unter dem Aspekt der Beschränkung befremden mag, erscheint mir wichtig, daß Reinhardt und Süßenguth als Vertreter »der neuen Richtung« gewertet wurden, dabei waren sie einem Traditionalismus treu, der stets für das Aufgreifen historischer Bauformen offen war. Reinhardt und Süßenguth beschritten einen Mittelweg, der die schöpferische Neuformung anstrebte, aber immer im Gefühl,

180 Auf den überlieferten Fotos wird die Wirkung des Raumes nur unzureichend vermittelt, die Höhenentwicklung bleibt unscharf und beeinträchtigt das Verhältnis zwischen Raumgliederung und Ornament.

181 G. Ebe, Der Stadtverordneten-Sitzungssaal im neuen Rathause zu Charlottenburg, in: Deutsche Bauhütte, 9. Jg. (1905), S. 302.

»einer Reihe von Vorfahren zu entstammen«[182]. Als Baumeister, die sich fast ausschließlich öffentlicher Architektur widmeten, war ihr Spielraum für ein vorurteilsloses Herangehen an neue Bauaufgaben immer eingeschränkt, und es spricht sowohl für die Architekten als auch die Charlottenburger Stadtverwaltung, daß die Ausführung des zentralen städtischen Verwaltungsgebäudes mit einem »Kunst-Wollen« verbunden wurde, das sich dem Neuen nicht verweigerte. Reinhardt und Süßenguth schufen aus einem »ungemein stark ausgeprägten Gefühl für das dekorative Element«[183], sie hatten einen Sinn für originelle Kompositionen, für Formen- und Farbenreichtum, wobei das Finden und Bilden sicherlich nicht wichtiger war als der Schmuckwert der Form selbst, darin unterschieden sie sich von den Suchern und Anregern der Jahrhundertwende.

Die »selbständigen Einzelformen« waren, wie bereits Ebe bemerkte, an den Stil der deutschen Renaissance angelehnt.[184] Schild-, Band- und Rollwerk, Masken, Köpfe, Spiralen[185] wurden als Motive aufgenommen und mit vegetabilen sowie linearen Formen verschmolzen. Am Beispiel der Baldachine, mit denen die Pfeilereinstellungen besetzt waren, kann die Art und Weise der Verarbeitung sehr gut aufgezeigt werden. Vor dem Untergrund eines Schildes für die Bildaufnahme bilden geschwungene Konsolen und eine stark profilierte Leiste, deren Enden in einer kreisförmigen Bewegung nach unten geführt werden, den Rahmen des Baldachins. Die Bewegung des Profilholzes korrespondiert dabei sehr schön mit der Linienführung des unteren Balkens der Tribüneneinstellung. Als unterer Rand des Baldachins streckt sich eine Doppelspirale in einer weiteren und einer engeren Schwingung zum Mittelpunkt des profilierten Rahmens und wird mit dem nur oben überlappenden Rollwerk des Schildes verknüpft. Darüber befindet sich ein abgeschrägtes, aber gerade geführtes Band, das an den Enden leicht eingerollt ist. Eine Krone, von einem verschlungenen Band eingefaßt und im Hintergrund mit einem rechteckigen Schild verbunden, der eine stilisierte Sonne darstellt, schließt das Ornament nach oben ab. Die doppelte Reihung der Einzelelemente und die bedingt geradlinige Auffassung traditionell gekurvter Ornamente weisen über das historische Vorbild hinaus. Das Ineinandergreifen der Formen war für die Renaissance nicht untypisch, aber dort hatte es den Charakter einer endlosen Bewegung, wogegen Reinhardt und Süßenguth die Bewegtheit der Formen reduzierten und die Verbindung zwischen den Teilen häufiger zu einer bewußten Verknüpfung machten.

Diese Form der Stilverarbeitung habe ich bislang mit dem Begriff »Paraphrase« umschrieben: eine kompositorische Handhabung historischer Motive und Formen, die phantasievoll und anpassungsfähig ein konsistentes und harmonisches Gesamtbild entwickelt, das durchaus die Qualität einer selbständigen Form gewinnt und mit einem Historismus-Begriff, der zwischen der »Benutzung der Geschichte« und der »Entwicklung neuer Systeme«[186] trennt, nicht zu fassen ist. Zur Präzisierung der Arbeitsweise von Reinhardt und Süßenguth möchte ich in Anlehnung an Max Deri und Hans H. Hofstätter den Begriff der stilistischen Permutation[187] einführen. Permutation bedeutet die Vereinigung des Unvereinbaren oder logischerweise nicht Zusammengehörenden. Stilformen und Stilbereiche, die in der klassischen Kunst streng getrennt sind, werden miteinander

182 F. Ahlers-Hestermann, Stilwende... S. 91.
183 H. Thierbach, Neue Bauten von Reinhardt und Süßenguth... S. 480.
184 G. Ebe, Der Stadtverordneten-Sitzungssaal... S. 302.
185 Vgl. G. Ebe, Die Schmuckformen der Monumentalbauten... Bd. 2, Früh- und Hochrenaissance, Spätrenaissance und erste Barockperiode, Berlin 1897, S. 234.
186 Siehe die o., S. 90f., zitierte Historismus-Definition von N. Pevsner.
187 H. H. Hofstätter, Symbolismus... S. 86ff.

Oben Stadtverordneten-Sitzungssaal, 1905. *Unten* Östliche Tribüneneinstellung im Stadtverordneten-Sitzungssaal, 1905

verbunden; klassizistisch-akademisch Geschulte mißverstanden dies als »Stilbruch«. Der Historismus ist Voraussetzung der stilistischen Permutation, da sich erst mit ihm die Möglichkeit eröffnete, die Struktur der verschiedenen Stile zu erfassen. Vom Architekten verlangt sie einen gewissen Eklektizismus, »ein Gefühl für die jeder Stilform eigene Assoziationsmöglichkeit, sowie deren psychologische Wirkung auf den Betrachter«[188]. Das Zusammenstellen verschiedener Stilelemente soll dann auch verschiedenartige Wirkungen auslösen. In der Verarbeitung selbst liegt eine zeitgemäße und selbständige Auseinandersetzung mit historischen Stilen, der eigene »Ausdruckswillen einer bewußt geschichtlich denkenden Zeit«[189]. Bei der Verschmelzung und Durchdringung der Einzelelemente, ihrer harmonischen Gliederung und Gestaltung wußten Reinhardt und Süßenguth sich bemerkenswert zu behaupten.

Die beiden Querseiten des Stadtverordneten-Sitzungssaals wurden vollständig von Tribüneneinstellungen eingenommen.[190] Zwei freistehende Pfeiler mit geschnitzten Kapitellen unterteilten die Front des Tribünenraumes. Die Brüstung, die wie ein Vordach in den Raum hineingezogen war, hatten die Architekten besonders dekorativ ausgestaltet: Auf zwei Pfeilern ruhte ein mit Kanneluren durchzogener Querbalken, dessen Enden in einer leichten Kurve nach unten geführt waren. Oberhalb der Balken hatten die Architekten allegorische Figuren plaziert. Die Kapitelle der Pfeiler waren zu Baldachinen geformt, denen man Bänder mit eingerollten Enden aufgelegt hatte. Sie dienten der Aufnahme von Köpfen, die wie Hermen den quergestellten Tribünenbalken zu tragen schienen. Die Mittelfelder der Brüstungen hatten Reinhardt und Süßenguth als Spruchfriese ausgebildet.

Die Form der Pfeilereinstellungen zu beiden Seiten der Tribüne wiederholte sich als wandgliederndes Element an der gebogenen Seite des Saals und teilte die Flächen ähnlich wie die nach Süden liegende Mittelpartie, die allerdings eine abweichende formale Gestaltung erhalten hatte. Die freien Felder über den durch senkrechte Stützen strukturierten Wandflächen waren durch schwere Rahmen eingefaßt; sie sollten später Gemälde mit Landschaften der Mark Brandenburg aufnehmen, während die Flächen unter den Baldachinen der Pfeilereinstellungen Portraits von Ehrenbürgern Charlottenburgs erhalten sollten. Die Pfeiler selbst reichten bis unter die etwa 1 m hohe Deckenkehle, deren unterer Abschluß ein ornamentiertes Gesims bildete: Blätter- und Blütenformen wurden hier mit einem Schriftfries verbunden. Die Schnittpunkte von Pfeiler und Gesims verdeckten groteske Köpfe.

188 Ebd.

189 Ebd. Sir George Gilbert Scott hat die Problematik der Einbindung des Architekten in die Geschichte der Kunst für das 19. Jahrhundert treffend beschrieben: »Das besondere Charakteristikum der Gegenwart ist, daß wir mit der Kunstgeschichte vertraut sind. Wir wissen besser als sie selbst, was die Griechen den Ägyptern, die Römer den Griechen, der romanische Stil Rom verdankt haben. Es bleibt unsere Aufgabe, uns allein von allen Generationen überlassen, unsere eigene Lage zu kennen und auf die ganze vorhergegangene Geschichte zurückzusehen. Das ist für uns erstaunlich interessant, sowohl im Sinne der Unterhaltung wie der Wissenschaft. Aber es ist ein Hindernis für den Künstler. Tatsachen sind dickköpfig. Wir können nicht die Bedingungen ändern, unter denen wir arbeiten. Sehen wir zu, daß wir sie uns unterwerfen können. Es wäre töricht, sich einzubilden, daß unsere Kenntnis der ganzen Geschichte der Kunst ohne Einfluß auf das bleiben sollte, was wir selbst hervorbringen« (1858). Zit. nach N. Pevsner, in: Historismus und bildende Kunst... S. 23. Scott löste das Problem, indem er programmatisch einen Stil zur Grundlage seiner Arbeiten machte, ihn eklektisch bereicherte und mit den praktisch-technischen Fertigkeiten der Gegenwart perfektionierte. Am Ausgang des 19. Jahrhunderts steht »der Plan« der Architekten Reinhardt und Süßenguth nicht mehr im Banne eines basisbildenden Stils, auch wenn Vorlieben und Anlehnungen jederzeit zu erkennen sind, sondern im Spannungsfeld der Permutation.

190 Die über den Vorsälen liegenden Tribünen hatten 94 Sitzplätze, davon war jeweils die erste Reihe mit 12 Plätzen für Pressevertreter reserviert. Das Mobiliar, ausschließlich Klappsitze, stammte von der Berliner Firma P. Hyan.

In paralleler Anordnung zur Wandgliederung hatten die Architekten acht in geschmiedeter Bronze gearbeitete Beleuchtungskörper[191] am Oberlichtrahmen anbringen lassen, wobei die Mitteleinstellungen jeweilig von zwei Leuchtern flankiert wurden. Diese standen durch die Leichtigkeit ihres Linienspiels in einem gewissen Gegensatz zu den schwereren Formen der Holzornamente. Der eigentliche Lampenkörper bestand aus einer sich trichterförmig nach oben verjüngenden Platte, die an ihrer Unterseite einen Lampenkranz abschirmte. Vier geschwungene Bügel umschlossen kelchartig den Kranz. An ihren Enden hingen einzelne Glühlampen herab, während oben aus dem geschmiedeten Körper vier weitere Lampen gleichsam herauswuchsen. Die Lichtquellen wurden nicht abgedeckt, sondern als Schmuckelement behandelt. Die Anordnung der Einzelelemente gehorchte in ihrer Grundstruktur jedoch funktionellen Gesetzen, sie zeigte die Handschrift des Architekten, die auf Formgebung abzielte und nicht auf koloristische Wirkungen.

Das Spiel zwischen Fläche und Linie war als strukturgebendes Moment auch an den in Kupfer getriebenen Heizungsgittern[192] der konkaven Saalwand zu beobachten. Flächig gehaltene, in ihrer Bewegtheit stark stilisierte vegetabile Formen wurden geschickt mit geometrischen Mustern und Linienreihungen gemischt.

Alle plastischen Rundungen, kreisförmigen Abschlüsse und bewegten Verknüpfungen der Einzelornamente können nicht darüber hinwegtäuschen, daß die Architektur insgesamt statisch blieb, dem Raum die beschwingte Leichtigkeit und Eleganz der Linienführung fehlte, die viele Jugendstilkünstler in ihren Raumkompositionen zu entwickeln wußten. Die Ornamentik entfaltete sich zu körperhaft und massig, verhinderte in ihrer Konzentration auf akzentuierte Punkte der Raumstruktur ein organisches Fließen. Innerhalb der Stadtverordneten-Versammlung war das Urteil über die künstlerische Gestaltung des Saals denn auch überaus geteilt.

Konservativ zeigte sich die Skulptur. Die allegorischen Figuren Heinrich Günthers[193] waren heroische Frauengestalten, kraftvoll, mit voluminösen Körpern, pathetischen Posen und starr entschlossenem Blick. Charakteristika, die inhaltlich motiviert waren: Allegorien der Gerechtigkeit und der Wahrheit konnte der Bildhauer im Zeitverständnis wohl kaum durch Frauengestalten zum Ausdruck bringen, deren Ideal das Schöne, das Sehnsüchtige, Lyrisch-Zarte und Erblühende war. Subtile Übergänge, äußerste Feinheit des Details, lineare Erstreckung und sensible Spannung, Verhaltenheit und sanfte Modellierung ließen sich nicht mit einer erzieherisch intendierten politischen Allegorik verbinden. Schließlich konnten »Gerechtigkeit« und »Wahrheit« nicht organisch aus der »Natur« hervorfließen, da sie ihr nicht angehörten. So standen die Figuren fest, in triumphierender Pose auf ihren Sockeln, trugen sie doch ihrem allegorischen Gehalt nach zur Lösung des Streits zwischen Gut und Böse bei, der in den Vorräumen zum Saal angelegt war. Justitia erschien bewehrt mit Brustpanzer, das Gerechtigkeitssymbol, die Waage, in der Rechten emporhaltend, während ihr linker Arm Gesetzbuch und Schwert, »das Symbol der reinigenden Kraft und der wie ein Blitz aufleuchtenden Wahrheit«[194], am Körper hielt. Ihr weiblicher Widerpart stand, nur lose von faltigem Gewand umhüllt, obsiegend auf einer von zwei Schlangen und hielt mit der linken Hand den

191 Die Leuchter hatte das Unternehmen Frost & Söhne (Berlin) hergestellt.

192 Ausführung: Gustav Lind Nachf. Vgl. Gustav Lind Nachf., Metallbildhauerei, Berlin 1905, Taf. Nr. 57. Die Gitter waren 1,9 m hoch und 0,35 m breit.

193 Nachlaß Heinrich Reinhardt...; Das neue Rathaus in Charlottenburg... S. 326. Die Angabe in der ›Charlottenburger Zeitung Neue Zeit‹ vom 8. Januar 1903, die allein G. Riegelmann als Bildhauer erwähnt, ist falsch.

194 G. Heinz-Mohr, Lexikon der Symbole... S. 262.

Heizungsgitter, Kupfertreibarbeit, Detail aus dem Stadtverordneten-Sitzungssaal. Ausführung: Gustav Lind Nachf.

Spiegel empor. Ein Attribut, in dem sich Wahrheit und Weisheit verbinden. Beide Figuren wurden durch Körperhaltung und Armbewegung einander zugeordnet und in dieser Situierung dem Charlottenburger Stadtwappen als Rahmen beigegeben.
Daß der Bildhauer die Allegorie der Wahrheit im Zusammenhang mit dem Schlangensymbol zur Darstellung gebracht hat, erscheint mir ikonographisch als eine schlechte Lösung, da der Sieg des Guten über das Böse, immer die Läuterung des Einzelnen einschließend, durch die Allegorie des Drachentöters versinnbildlicht wurde, die im unteren Teil der Mittelpartie der zum Flur gelegenen Saalhauptwand angebracht war. Aber damit nicht genug, zwangen die allegorischen Figuren zwei fratzenhafte Dämonen nieder, erhoben sich gleichsam auf deren Rücken. Die Hände der Unholde waren zudem noch mit Handschellen gefesselt. Die Doppelung von Symbolen beziehungsweise Attributen ist dem gesamten Bildprogramm eigen und stellt eine Schwäche in der inhaltlichen Strukturierung dar.
Das in Kupfertreibarbeit ausgeführte Relief[195] befand sich auf einer rechteckigen Holzeinstellung, deren oberes Ende rollwerkartig über den Rand eines Baldachins lappte. Der Baldachin verband als Brükkenteil die die Mittelpartie eingrenzenden Pfeiler – wiederum ein schönes Beispiel für die Tendenz zur wechselseitigen Durchdringung ornamentaler Formen. Die Stirnseite des Baldachins war mit einem blütenbekrönten Kopf verziert, den schwellende Pflanzenformen flankierten. Das Relief maß in der Länge zwei, in der Breite drei viertel Meter. Beherrscht wird es von der zentralen Figur des »Ritter Georg«[196], der jugendlich-athletisch ganz auf den Kampf gegen den Drachen konzentriert ist. Die Nacktheit seines Körpers – nur ein schmaler Gewandstreifen bedeckt seine Blöße – steht in auffallendem Kontrast zum behelmten Kopf. Der Helm ist hier Zeichen des Willens zur Wehrhaftigkeit. Die emporgehobenen Hände des Ritters haben dem sich windenden Drachen, dessen Rachen drohend aufgerissen ist, mit der Lanze den vernichtenden Stoß beigebracht. Der Ritter steht noch im flammenden Feuer des Bösen, doch schon setzt er als Zeichen des Sieges seinen Fuß auf den Schuppenpanzer des Drachen, der sich aber noch nicht erkennbar geschlagen gibt. Der Sieg ist hier auch Bewährung des Guten, zu dem sich der Mensch immer wieder durchringen muß. Im Bildwerk wird dies dadurch zum Ausdruck gebracht, daß die männliche Gestalt inmitten der hochaufgerichteten Flügel, der lodernden Dünste und Flammen steht. Im bewußten Waffengang, im Wollen zum Guten erweist sich der Ritter als »Werkzeug göttlicher Gerechtigkeit«[197]. Auf die Präsenz des Heiligen deutet die überhöhende Rahmung des Ritters hin.[198]
Ergänzt wurden die lebensphilosophischen und politisch-didaktischen Darstellungen durch die figürlich angelegten Allegorien der vier Temperamente, die als Hochreliefs die Brüstungen der Tribüneneinstellungen flankierten, und durch eine Reihe von Sinnsprüchen mit Idealen und Maximen der bürgerlichen Welt. Das die Deckenkehle nach unten abschließende Gesims enthielt einen Schriftfries, der über den Tribüneneinstellungen und der zum Korridor gelegenen Hauptwand des Saals Verse aus Schillers ›Glocke‹ zitierte: »Arbeit ist des Bürgers Zierde,/Segen ist der Mühe Preis; Ehrt den König seine Wür-

195 Das Modell fertigte G. Riegelmann an; ausführende Firma war G. Lind Nachf. Vgl. G. Lind Nachf., Metallbildhauerei... Taf. Nr. 56.
196 So der bei G. Lind Nachf. angegebene Titel des Reliefs. Ebd.
197 In dieser Bedeutung sieht G. Heinz-Mohr das Symbol der Lanze. Lexikon der Symbole... S. 180.
198 In der christlichen Mythologie findet Ritter Georg eine Entsprechung im Erzengel Michael, dessen Kampf gegen den Drachen die Überwindung des Teufels symbolisiert. Seine spirituelle Bedeutung ist die »des wahren Selbst, das im Kampf liegt mit den Dämonen der Selbstsucht und Eitelkeit«. Wolfgang Bauer u. a., Bildlexikon der Symbole, München 1980, S. 213. Vgl. auch G. Heinz-Mohr, Lexikon der Symbole... S. 88f.

Ritter Georg, Kupfertreibarbeit, Detail aus dem Stadtverordneten-Sitzungssaal.
Modell: Gotthold Riegelmann

de,/Ehret uns der Hände Fleiß.« An der konkaven Wand setzten die Sprüche (von links nach rechts) »Vertrauen erweckt Vertrauen«, »Große Gedanken kommen aus dem Herzen«, »Kürze ist des Witzes Seele« den Schriftfries fort. Das Stadtwappen enthielt den Wahlspruch »Jedem das Seine«, am erhöhten Podium des Stadtverordneten-Vorstehers war die Maxime »Einigkeit macht stark« angebracht. Die Brüstung der östlichen Tribüne zeigte ein doppelzeiliges Schriftband: »Klug zu reden ist oft schwer, / klug zu schweigen noch viel mehr«, auf der gegenüberliegenden Seite war zu lesen: »Das ist fürwahr ein halber Mann, / der weder Ja noch Nein sagen kann.« Stellt man diese Maximen in den Zusammenhang mit der Symbolik des Lebenskampfes und des Ringens zwischen Gut und Böse, so müssen sie als Illustrationen oder genauer: als inhaltliche Fixierungen des sieghaften Guten angesehen werden. Der Versammlungssaal wurde mithin zum Ort einer idealisierten Gemeinschaft stilisiert, die durch äußere und innere Erfahrung den Seinszwiespalt erlebt, durch Liebe und Erkenntnis zu Gerechtigkeit und Weisheit findet, zu einem Sein in wahrer Tugendhaftigkeit, in dem Solidarität und Vertrauen den Ausgleich der Interessen fördert und Einigkeit schafft. Arbeit und Fleiß sind aber die Grundpfeiler des Lebens, die schließlich zum Sieg des Guten führen. Dieses Bild gesellschaftlicher Harmonie bemüht ein Ideal, das in seiner angestrengten Pathetik beinahe schon anrührend wirkt, vor dem Hintergrund der modernen Klassengesellschaft aber wie eine groteske Flucht vor der Wirklichkeit anmutet.

Reinhardt und Süßenguth nutzten auch die Schrift in ihrer dekorativen Wirkung. Es waren nicht mehr die kantigen Frakturbuchstaben der Fassade an der Lützower Straße, sondern, in Anlehnung an die spezifische Form der stilistischen Paraphrasierung im Saal, Antiquaversalien, die sich ohne Spitzen und Kanten in der Fläche ausbreiteten. Die Ansätze waren mitunter verschnörkelt. Die Architekten hatten die Buchstaben, mit Ausnahme des weiter geschwungenen S, sehr schlank gehalten, so daß sie die gekurvten waagerechten Linien anderer Ornamente kontrastierten.

Das Mobiliar des Stadtverordneten-Sitzungssaals schloß sich stilistisch eng an die Architekturformen an. Abgesehen vom Stuhl des Stadtverordneten-Vorstehers neigte die Formgebung zu ornamentloser Schlichtheit. Die Stühle waren streng konstruiert; einfache, organische Linien wurden bevorzugt, ohne daß es zu fließenden Bewegungen kam. Die gebogenen Rückenlehnen hatten rundende Abschlüsse erhalten, nur im Scheitelpunkt unterbrach eine leichte Ausstülpung die Geschlossenheit der Linienführung. Die Armlehnen schwangen leicht nach außen und rollten in einer nur wenig angedeuteten Bewegung nach vorne ab. In ihrer Einfachheit mochten diese Stühle an die Entwürfe Henry van de Veldes[199] erinnern, ließen jedoch dessen dynamische Linienführung und Kontrastierung zwischen kurvenden Stäben und glatten Füllflächen vermissen. Reinhardt und Süßenguth verzichteten auch nicht mit der van de Velde eigenen Konsequenz auf die Übernahme vergangener Stilelemente. Die spiralförmig aufgerollten Armlehnen etwa und die Art, wie ihre Enden leicht nach außen gedreht wurden, verrieten bei ihnen noch spätbarocke Einflüsse.[200]

Das ist auch an den Stuhlformen des Magistrats-Sitzungssaals mit ihren gekrümmten Beinen und den tatzenartig ausgestellten Füßen nachzuweisen. Die Rückenlehnen gingen bis zu den Sitzflächen durch und waren gepolstert, der Rahmen war oben brettartig erweitert und mit ornamentalen Verzierungen belegt, die vermutlich vegetabile Formen nachzeichneten. Die Sitzflächen hatten eine bequemere Polsterung. Doch auch diese Sessel bezeugten das Interesse der Architekten an einer klaren Konstruktion.

Die Akustik des Stadtverordneten-Sitzungssaals wurde schon in den ersten Wochen nach der Eröffnung heftig kritisiert. Der Berliner Lokal-Anzeiger[201] berichtete, daß Redner, die sich bei ihren Ausführungen dem Vorstandstisch zuwandten, von den hinter ihnen sitzenden Stadtverordneten nicht zu verstehen waren. Zu beiden Seiten des weit in den Saal vorgebauten hohen Vorstandstisches hatten die Architekten die Sitze des Magistrats angeordnet. Sprach der Oberbürgermeister, dessen Sitz sich unmittelbar neben dem Vorbau befand, konnten ihn die links vom Vorstand Sitzenden nicht verstehen, da das Stadtoberhaupt vom Vorstandstisch verdeckt wurde. Und auf der Zuschauertribüne konnte man den Reden bereits bei der geringsten Unruhe nicht mehr folgen.

Das Stadtbauamt beließ es zunächst bei einer Absenkung des Vorstandstisches, konnte jedoch damit die Stadtverordeten auf Dauer nicht zufriedenstellen.[202] Man machte vor allen Dingen die Höhe des Raumes und die Glasdecke für die mangelhafte Akustik verantwortlich.[203] Erneute Untersuchungen, die Stadtbaurat Otto Schmalz nach dem Beschluß der Stadtverordneten-Versammlung vom 14. Februar 1906 unternahm, führten zu dem Ergebnis, daß die glatten Flächen der gebogenen Wandfläche des Raumes für die ungünstigen Schallverhältnisse verantwortlich waren. Da eine vollständige Bekleidung der Wandfläche mit Stoff nicht in

199 Vgl. van de Veldes Sessel für den Friseursalon Haby in Berlin oder das Herrenarbeitszimmer des Hauses Hohenhof in Hagen (Westfalen). Frank Russel, Stuhl und Stil 1850–1950. Die Bedeutung des Sitzmöbels in Beispielen der bedeutenden Gestalter, Stuttgart 1980, S. 81; Karl Mang, Geschichte des modernen Möbels. Von der handwerklichen Fertigung zur industriellen Produktion, Stuttgart 1978, S. 68. Der Diktion Reinhardt und Süßenguths ähnlich, wenn auch insgesamt bereits mit einer Tendenz zu geraden Formen, sind die Sessel von Kristeller & Sonnethal für die Villa Schayer in Berlin. Vgl. Jugendstil. Zimmereinrichtungen um 1900 (Reprint der Ausg. Möbel- und Zimmereinrichtungen der Gegenwart, Berlin 1904/05), Hannover 1981, Taf. 87.

200 Vgl. Deutsche Möbel des Barock und Rokoko (= Deutsche Möbel vom Mittelalter bis zum Anfang des 19. Jahrhunderts, Bd. 2), hrsg. v. Hermann Schmitz, 2. Aufl., Stuttgart 1937, S. 133f. u. 139ff.

201 Ausgabe vom 20. Januar 1903.

202 Akten der Stadtverordneten-Versammlung... Sitzungssaal, Bd. I, Bl. 75.

203 Der Stadtverordnete Ferdinand Döbler äußerte sich in dieser Weise: »... Die große Glasfläche ist gerade des Pudels Kern, damit fängt die Sache an. Mit allen anderen Mitteln werden wir eine gute Akustik nicht erreichen. Da muß ein Resonanzboden wirken, wo jetzt die große Glasfläche ist«. Akten der Stadtverordneten-Versammlung... Sitzungssaal, Bd. I, Bl. 76.

Frage kam – sie hätte die ästhetische Konzeption des Raumes zunichte gemacht –, entschloß man sich, die glatten Füllungsflächen durch Eichenholzplatten »mit erhabenem Linienmuster« zu verkleiden sowie den Hohlraum zwischen Wandvertäfelung und Mauer mit einem geeigneten Stoff wie Koksasche oder Kork auszufüllen, wodurch Schwingungen der Wandvertäfelung verhindert werden sollten.[204] Darüber hinaus war für die Fußbodenfläche ein Teppich mit Filzunterlage vorgesehen, während man den glatten Putz an den Wänden und Decken der Zuschauerräume durch eine rauhe Oberfläche ersetzen und die Bildrahmen im oberen Teil der Wände mit einem schweren, faltigen Stoff bespannen wollte. Nachdem die Stadtverordneten am 13. Juni[205] einem entsprechenden Kostenanschlag des Magistrats zugestimmt hatten, wurden die Nachbesserungsarbeiten im Sommer 1906 ausgeführt.

Im Gegensatz zu Stadtbaurat Schmalz war für die Architekten die Ästhetik des Saales durch die Veränderungen beeinträchtigt. Georg Süßenguth erklärte: »Leider ist die Gesamtwirkung der vorbildlich ausgeführten Holzarbeit durch die nachträglich aufgebrachte Kleinmusterung der Flächen der Holzfüllungen sehr gestört, und es wäre wünschenswert, daß diese wieder entfernt würde. Der angebliche akustische Mangel ist sicher mit anderen Mitteln zu lösen«[206].

Der Plan, unter den üppig ornamentierten Baldachinen der vier abgerundeten Ecken und der Saalmitte Bronzebildnisse verdienstvoller Stadtoberhäupter anzubringen, wurde von der Kunstdeputation wieder fallengelassen, ebenso sprach man sich gegen Bilder auf den dafür vorgesehenen Wandflächen des Stadtverordnetensaals aus.[207] Reinhardt und Süßenguths Vorschlag, unter den Baldachinen dekorative Beleuchtungskörper zu installieren, brachte Stadtbaurat Heinrich Seeling im Zusammenhang mit einer neuen Deckenbeleuchtung sowie der Einrichtung eines Notstromaggregats als Antrag in die Stadtverordneten-Versammlung ein.[208] Durch die vorhandenen Pendelleuchten wirkte das Glasoberlicht vollständig schwarz und störte den Gesamteindruck des Saales empfindlich. Seeling wollte nun oberhalb der Glasdecke eine Moorelichtanlage[209] anbringen lassen, um eine nahezu gleichmäßige Beleuchtung der Decke zu erreichen und die gesamte Lichtwirkung im Saal entscheidend zu verbessern.[210]

Die Auseinandersetzungen über die Magistratsvorlage zogen sich über fast ein Jahr hin. Probeinstallationen der Moorelichtgesellschaft sollten die Stadtverordneten überzeugen helfen. Die offensichtliche Unlust der Stadtverordneten, die erforderlichen 21 000 Mark zu bewilligen, war unschwer als Unzufriedenheit mit der gesamten Einrichtung des Sitzungssaales zu deuten. Der liberale Stadtverordnete Otto Harnisch äußerte etwa: »Der Saal ist so übermäßig reich, es ist kaum ein Flecken, der kein Ornament hat, ausgenommen das Sitzleder an den Stühlen; ... wir haben überall, wo noch freie Fläche war, zum Teil aus praktischen Rücksichten, noch Ornamente anbringen müssen. Die glatten Wände sind rauh gemacht und gemustert

204 Vgl. Vorlagen für die Stadtverordneten-Versammlung zu Charlottenburg 1906, Drucksache Nr. 242.

205 Amtliche Berichte über die Verhandlungen der Charlottenburger Stadtverordneten-Versammlung in den öffentlichen Sitzungen nach stenographischer Aufnahme 1906, S. 201.

206 Nachlaß Heinrich Reinhardt...

207 Vgl. Vorlagen... Stadtverordneten-Versammlung ... 1912, Drucksache Nr. 208; Amtliche Berichte... Stadtverordneten-Versammlung... 1912, S. 313.

208 Vorlagen... Stadtverordneten-Versammlung... 1912, Drucksache Nr. 208.

209 Beim Moorelicht (nach Moore-McFarlan) handelte es sich um Gasentladungslampen, die mit Kohlendioxid gefüllt waren.

210 Heinrich Seeling berichtete, daß sowohl Reinhardt und Süßenguth, die von den Probebeleuchtungen sehr angetan waren, als auch das Hochbauamt zu den einzelnen Vorschlägen ihre Zustimmung gegeben hatten.

Magistrats-Sitzungssaal, 1905

worden, und Muster haben auch die einst glatten Holzflächen bekommen«[211]. Auch der sozialdemokratische Stadtverordnete Fritz Zietsch sprach von einer überreichen Ornamentik. »Ich habe das Empfinden, daß die künstlerische Ausgestaltung des Raumes, soweit die Holzflächen in Frage kommen, ganz übertrieben ist«[212]. Gleichzeitig wurde bemerkt, daß die Ausgestaltung des Stadtverordneten-Sitzungssaales noch immer provisorisch sei. Im April 1913 stimmte schließlich die Mehrheit der Stadtverordneten für die Bewilligung von 4000 Mark, um eine einfache Deckenbeleuchtung installieren zu lassen.[213] Die vorhandenen Pendelleuchten sollten erhalten bleiben und besser abgeblendet werden. Von den dekorativen Beleuchtungskörpern unterhalb der Baldachine hatte schon lange niemand mehr gesprochen.

Am 8. Januar 1903 wurde der Magistrats-Sitzungssaal (heute: Pommernsaal), der im 1. Obergeschoß des Mittelbaus lag, in Gebrauch genommen. Der Raum, von dem ein Teil der Innenausstattung erhalten ist, folgte im Grundriß der Form des Stadtverordnetensaals, war aber in seinen Abmessungen kleiner: 13,5 m breit und 14,36 m tief. Der im Unterschied zum Plenarsaal der Stadtverordneten verbleibende Raum kam den sich in westlicher und östlicher Richtung anschließenden Kommissionszimmern zugute, die in der Breite 6,25 beziehungsweise 6,57 m maßen und eine Tiefe von 11,27 m hatten.

Zwei freistehende Zwillingspfeiler unterteilten den Saal. Den vorderen Bereich, eine Art offenen Vorraum, hatte man an der Korridorwand mit eingebauten Ledersitzen versehen; an seiner Westseite stand ein – heute nicht mehr vorhandener – »originell entworfene(r) Bibliotheks-

211 Amtliche Berichte... Stadtverordneten-Versammlung... 1912, S. 313.
212 A. a. O., S. 314.
213 Amtliche Berichte... Stadtverordneten-Versammlung... 1913, S. 185.

schrank«[214], während nach Osten eine mit einem Schrank überbaute Tür die Verbindung zu dem sich anschließenden Kommissionszimmer herstellte. Der Magistratstisch bestand aus zwei Teilen eines Rechtecks mit ausgerundeten Ecken und bogenförmig geführten Längsseiten, die durch einen Mitteldurchgang getrennt wurden. 24 Personen konnten am Tisch Platz finden; jedes Magistratsmitglied hatte hier ein Schubfach, dessen Schlüssel gleichzeitig zum entsprechenden Schrank in der Magistratsgarderobe paßte. Die Garderobe lag im vorderen westlichen Seitenflügel und war vom Korridor des Mittelbaus aus zugänglich. Ein Waschraum schloß sich direkt an dieses Zimmer an.

Die strukturgebenden und stilistischen Elemente des Stadtverordneten-Sitzungssaals wurden wieder aufgenommen, nur scheint mir der ornamentale Schmuck im Tagungsraum des Magistrats insgesamt ruhiger und sparsamer angewandt zu sein. Die einzelnen Ornamentformen wurden weniger plastisch herausgearbeitet, dafür war die Fläche mehr betont. Die Ecken hatte man wiederum durch Pfeilereinstellungen abgedeckt, die Wände durch ein vertikalisierendes Eichenholzpaneel gegliedert, das mit einem Gesims abschloß. Die darüberliegenden horizontalen Flächen, die nur schwach gerahmt waren, hatte man lediglich provisorisch behandelt, da sie später, wie im Stadtverordneten-Sitzungssaal, Wandgemälde aufnehmen sollten. Die Holzvertäfelung wurde nicht durch aufgesetzte Lisenen strukturiert, sondern, umgekehrt, durch eine Höherstellung der glatten Holzflächen und eine zur Wand geführte Vertiefung der Teilungssegmente. Diese nahmen eine schmale Profilleiste mit einem krönenden, plastisch behandelten Ornament auf. Die Flächenteile hatten schmale, profilierte Rahmungen erhalten und waren zur Wand hin abgetreppt worden. Ihre gerundeten oberen Ecken schlossen sich zu einem leicht konvexen Bogen zusammen und waren nur wenig ornamentiert. Der vielfach gegliederte Übergang zur Decke bestand aus einem Gesims, das mit einem Schriftfries verziert war, dem wiederum ein leicht überlappender profilierter Balken folgte, und einem in den Deckenbereich hineingezogenen Abschlußholz. Die Übergänge zwischen den einzelnen Elementen waren eher getreppt, als daß sie sich in kurvenförmigen Bewegungen nach oben schwangen. Die in Stuck gearbeitete Decke hatten die Architekten durch Profilleisten in verschiedene Felder unterteilt, zwischen die sich in den Raum abgesenkte Stege schoben. Der Schnittpunkt ihrer Bahnen öffnete sich durch Ausrundungen zu einem fast kreisförmigen Feld, das in der Achse des Saaleingangs der Aufnahme eines Bildwerks diente. An den Enden der Stege war der Übergang zur Holztäfelung durch eine Verdichtung ornamentaler Motive akzentuiert. Es sprach für das dekorative Empfinden Reinhardt und Süßenguths, daß sie die Eckfelder durch einen Kranz aus geschmiedeter Bronze, der als fortlaufendes vegetabiles Band geformt war, verbanden. An den Ecken breitete sich der Kranz blütenartig aus, wobei es zu Durchdringungen der verschiedensten ornamentalen Motive kam. Er bildete den Körper für die Beleuchtungsinstallation.[215] Die Glühlampen wurden auch hier dekorativ eingesetzt: Zwischen den geöffneten Stellen des Kranzes waren in gleichmäßigen Abständen jeweils vier Lampen frei montiert, während es an den blütenartigen Ausstülpungen zu einer Kombination von abgedeckten und offenen Lichtquellen kam. Im Zentrum ein größeres kreisförmiges Beleuchtungselement mit einem mattierten Glasschirm, an dessen Fassung vier nicht abgedeckte Glühlampen mit grazilen Halterungen herabhingen. Die Punkte zwischen dem Ornamentfeld und der fortlaufenden Linie des Kranzes waren mit zwei weiteren runden Lichtelementen belegt, die ebenso wie

214 Die neuen Sitzungssäle, in: Charlottenburger Zeitung Neue Zeit vom 8. Januar 1903.
215 Die Beleuchtungsanlage stammte von der Berliner Firma Frost & Söhne.

die zentrale Lichtquelle, nur in kleinerer Ausführung, durch einen Glaskörper abgeschirmt wurden.
Zu den interessantesten architektonischen Details des Magistrats-Sitzungssaals gehören zweifellos die Zwillingspfeiler. Sie muten vegetabilisch an: Ihre Außenseiten wurden fast unmerklich bauchig nach außen geführt, die Oberfläche der Stützen zerfaserte zu Schlieren, so daß der Eindruck eines organischen Emporsteigens entstand. Es fehlte jedoch die gegenständliche Annäherung an pflanzliche Formen, die Linienführung entfaltete sich abstrakt und dynamisch.[216] Reinhardt und Süßenguth mochten allerdings nicht auf ornamental vermittelnde Anschlüsse verzichten. Ein Ornamentfeld verband die Pfeiler mit den von ihnen gestützten Querbalken: Bekrönt vom Stadtmotiv lief das Ornament nach unten in einen sehr abstrakt gehaltenen Schild aus, verschiedene horizontal und vertikal geführte Bänder verknüpften die beiden Grundelemente, wobei es zu den üblichen Überlappungen und Durchdringungen kam. Die Schildflächen umspielten in einem Wechsel von geraden und geschwungenen Linien feine Schnüre, deren Anfang und Ende nicht einsehbar waren. Die Kapitellbildungen der Eckpfeiler waren ähnlich angelegt; zum Schild- und Rollwerk, dem Spiral- und Bandmotiv trat hier das Muschelwerk als weitere paraphrasierte Zierform hinzu. Die Pfeiler zur gebogenen Außenwand des Saals hin trugen Uhren: auf der einen Seite eine angedeutete Sanduhr, auf der anderen eine Normaluhr mit bronzenem Zifferblatt. Pflanzliche Formen traten relativ isoliert in Erscheinung, etwa bei den Türfüllungen, im Rahmenwerk des dekorativen Deckenfeldes oder als Ergänzung der permutierten historischen Stilformen. Die erneut dekorativ eingesetzte Schrift blieb schlank, bewegt und insgesamt etwas kantiger.
Das Bildprogramm des Magistrats-Sitzungssaals wiederholte das Gerechtigkeitsthema und die illustrativen Maximen eines bürgerlichen Bewußtseins. Thematisierte an der Decke des Stadtverordneten-Sitzungssaals der Adler das Patronat des preußischen Königshauses, so waren hier zwei Bilder von den Stiftern der Stadt, Friedrich I. und Sophie Charlotte,[217] angebracht. An den Querseiten des Sitzungssaals wurde das Paneel durch Portraitreliefs geteilt, die einen üppig dekorierten Rahmen aus Voluten, Bandelwerk und Spiralen besaßen.
Das Mittelfeld der Decke nahm die Allegorie der Gerechtigkeit auf: Eine martialische Justitia mit entblößter Brust thronte vor dem Hintergrund einer stilisierten Sonne, oberhalb eines bogenförmig ausgeschnittenen Mauerstreifens. Ein faltenreich drapiertes Gewand umfloß in seiner Bewegtheit beinahe den Körper. Die ausladende Haltung der Figur – weit ausgestreckt die

216 Ähnliche Entwürfe für architektonische Stützen hatte Otto Eckmann bereits 1897 entwickelt, Henry van de Velde führte vergleichbare Pfeiler im Folkwang-Museum 1901 aus. R. Schmutzler, Art Nouveau ... S. 204. Beim Bau des Dessauer Rathauses (1898–1901) gewannen Reinhardt und Süßenguth die Vereinigten Werkstätten für Kunst und Handwerk in München für Teile der Innenausstattung, insbesondere für die Vertäfelungen und Möbel des Oberbürgermeister- und des Trauzimmers. Bernhard Pankok stellte dabei Säulen her, die floraler gehalten waren. Aus einem rechteckigen Sockel heraus gingen sie in eine florale Form mit Wurzel, sich verjüngendem Stamm und einer stilisierten Blattkrone über. Vgl. P. Albert Kuhn, Geschichte der Baukunst mit ästhetischer Vorschule als Einleitung zur Geschichte und zum Studium der bildenden Künste, Halbbd. 2, Von der Baukunst der gotischen Stilperiode bis zur Baukunst der neuesten Zeit inkl. (= Allgemeine Kunstgeschichte, Bd. 1), Einsiedeln-Waldshut-Cöln a. Rh. 1909, S. 1058, Beil., Abb. 3; Das neue Rathaus in Dessau ... S. 388.

217 Es handelte sich um »sehr gute Kopien alter Bilder« aus dem Charlottenburger Schloß, die Wilhelm Müller-Schoenefeld angefertigt hatte. Die Bilder waren am Einweihungstag noch nicht vorhanden. Nachlaß Heinrich Reinhardt ... Otto Stichling schuf daneben Marmorbüsten Kaiser Wilhelms II. und seiner Gemahlin Auguste Viktoria für den Magistrats-Sitzungssaal, die nicht mehr vorhanden sind. Vgl. Dressler's Kunsthandbuch, hrsg. v. Willy Oskar Dressler, 6. Jg. (1911/12), Sp. 633 f; Bezirksamt Charlottenburg von Berlin, Abteilung Volksbildung – Kunstamt, Inventarliste der Kunstwerke des Bezirks Charlottenburg von Berlin.

Arme, die angewinkelten Beine kräftig voneinander abgerückt – vermittelte den Eindruck des Umfassens, des Umarmens, in dem sich zugleich die Geste des Obsiegens enthüllte. Mit ihrem rechten Arm hielt die Gerechtigkeit das Gesetzbuch, mit dem linken Schwert und Waage. Zu ihren Füßen unterhalb des sie erhöhenden Mauerausschnitts war der Adler mit der Schlange in den Klauen dargestellt, das Sinnbild für den Sieg des Guten über das Böse, des Lichts über die Finsternis, der himmlischen über die irdischen und der geistlichen über die weltlichen Mächte. Im Spruch »Recht ist und bleibt Recht« fand die Allegorie ihren oberen Abschluß, womit zum wiederholten Mal auf den Gedanken der Rechtsstaatlichkeit verwiesen wurde. Der in Holz geschnittene Fries am Fuße der Decke appellierte an Leistungswillen, Entschlossenheit, Bedachtsamkeit, Selbsterkenntnis, Eintracht und Liebesbereitschaft.[218]

Die Kosten für den Magistrats-Sitzungssaal betrugen etwa 30 000 Mark, der Ausbau des Stadtverordneten-Sitzungssaals erforderte einschließlich der Vorsäle, Tribünen und des Mobiliars eine Summe von circa 120 000 Mark. Die Tischlerarbeiten im Plenarsaal der Stadtverordneten wurden von Gottlieb Olm – der durch seine Tätigkeit bei der Ausstattung des Reichstagssaals bekannt geworden war – ausgeführt, während die Holzschnitzereien von Gotthold Riegelmann stammten. Dieser hatte auch die Antragearbeiten für den Magistrats-Sitzungssaal übernommen,[219] als Tischler war für diesen Raum Richard Fahnkow verpflichtet worden.

Die sich zu beiden Seiten des Magistratssaals anschließenden Kommissionszimmer hatten nicht die aufwendige Ausstattung der Sitzungssäle erhalten, aber durch eine Holzvertäfelung und gewölbte Decken sollte auch ihnen eine »bewußte Bedeutung«[220] gegeben werden. In das Holz geschnittene Friese schlossen Sinnsprüche ein, die an menschliche Tugenden wie Fleiß, Strebsamkeit, Entschlußkraft, Freigiebigkeit und an gemeinsames Handeln appellierten. So stand in dem links vom Magistratssaal liegenden Kommissionszimmer: »Vor den Erfolg haben die Götter den Schweiß gestellt«, »Unablässige Arbeit überwindet alles«, »Arbeit schändet nicht«; im rechten Kommissionszimmer fanden sich die Maximen: »Zwischen heut' und morgen liegt eine lange Frist, lerne schnell besorgen, so lang' du noch munter bist«, »Die Alten sind zähe; sollen sie zahlen, tut's ihnen wehe«, »Doppelt gibt, der schnell gibt« und »Mit vereinten Kräften«.

Die Schrift hatte sich gegenüber der der Sitzungssäle verändert. Sie war insgesamt flächiger, weniger schlank und erzielte ihre Wirkung aus dem Gegensatz zwischen bewegt fließenden Teilformen und festeren Umrißlinien. Das »H«, das die Form des Minuskels aufnahm, hatte beispielsweise einen rechtwinklig angelegten Stamm mit gerader Außenlinie, während der Mittelbalken gekurvt nach unten geführt wurde. Reinhardt und Süßenguth bezogen hier die Schrift noch stärker in das Architekturgerüst ein. Es gab nur wenige Öffnungen der Buchstaben nach unten und oben, vielmehr suchte man balkenförmige Abschlüsse, so daß sich die Schrift nur zwischen zwei parallelen Linien in der Fläche bewegte.

Einzelne Ornamente in den Kommissionszimmern zeigten auf gelungene Weise eine organische Verbindung verschiedener Stil-

218 Im einzelnen waren folgende Maximen aufgenommen: »Erkenne dich selbst«/»Nutze den Tag«/»Erst wägen, dann wagen«/»Eintracht hat große Macht«/»Wer gar zu viel bedenkt, wird wenig leisten«/»Nicht zu hassen, mit zu lieben bin ich da«. Den zuletzt genannten Sinnspruch hatte der Magistratsdirigent selbst ausgewählt und am Wandabschnitt hinter seinem Sessel anbringen lassen. Nachlaß Heinrich Reinhardt...; Die neuen Sitzungssäle, in: Charlottenburger Zeitung Neue Zeit vom 8. Januar 1903.

219 Nachlaß Heinrich Reinhardt... Die ›Charlottenburger Zeitung Neue Zeit‹ gibt in ihrer Ausgabe vom 8. Januar 1903 fälschlicherweise Heinrich Giesecke als Bildhauer an. Vgl. auch G. Riegelmann, Ausgeführte Ornamente... Taf. 26.

220 Nachlaß Heinrich Reinhardt...

Detail der Wandvertäfelung im Kommissionszimmer, Mittelbau

formen. Das durch schmale senkrechte Stützen gegliederte Holzpaneel war mit dünnen Stäben lisenert, deren Abschlüsse man ornamentiert hatte. In diesen plastisch gearbeiteten Zierelementen wurde das traditionelle Spiralmotiv solcherart mit vegetabilen Formen kombiniert, daß abstrakte Muster entstanden, die nur noch fern an Motive aus der Natur erinnerten. Die Architekten hatten die beiden Körperhälften eines stilisierten Rochens in Spiralen aufgerollt, den Körper nach unten zu einer zweizahnigen Gabel geöffnet, um den durch Kerben in Segmente unterteilten und mit einem blütenartigen Abschluß versehenen Schwanzteil aufzunehmen. Die einzelnen Teile des Ornaments standen in einem unterstützenden oder kontrastierenden Verhältnis zur Linienführung des anzubindenden Architekturteils, so daß diese eine innere Dynamik entwickelte.

Neben den beiden Kommissionszimmern befand sich ein weiterer Sitzungsraum im östlichen Seitenflügel, der sich gleich an das Treppenhaus F anschloß. Ob dieses Zimmer eine besondere Ausstattung erhalten hatte, konnte nicht ermittelt werden. Alle genannten Räume waren für Ausschußsitzungen der Stadtverordneten-Versammlung und für Beratungen der Verwaltungsdeputationen vorgesehen.[221] Das Kommissionszimmer I, die beiden Vorräume zum Stadtverordneten-Sitzungssaal und der Raum 211 im 2. Obergeschoß dienten gleichermaßen den Sitzungen der verschiedenen Fraktionen.[222]

221 Akten... Rathaus, Bd. I, Bl. 255.

222 Tagesordnungen... Stadtverordneten-Versammlung... 1902, Drucksache Nr. 414. Von den vier Fraktionen der Stadtverordneten-Versammlung tagte die Freie Vereinigung im Kommissionszimmer I, die Fraktion Alt-Charlottenburg im Raum 211, die liberale und die sozialdemokratische Fraktion im linken beziehungsweise rechten Vorraum zum Plenarsaal der Stadtverordneten. Akten... Rathaus, Bd. I, Bl. 253 u. 256.

Wandmalerei im Gewerbegerichtssaal, 1904. Ausführung: Marno Kellner

Zu den besonders ausgestatteten Räumen des ersten Bauabschnitts gehörte ebenfalls der Sitzungssaal des Gewerbegerichts. Charlottenburg hatte erst im Jahre 1894 eine derartige Einrichtung erhalten, obwohl das Reichsgesetz über die Einrichtung der Gewerbegerichte bereits am 1. April 1891 in Kraft getreten war. »Magna Charta des deutschen Arbeiters«[223], sah es die Einrichtung eines Einigungsamtes für gewerbliche Streitigkeiten zwischen Unternehmern und Arbeitern vor, aber auch für Auseinandersetzungen unter Hausgewerbetreibenden, sofern diese bei einem Arbeitgeber beschäftigt waren. Daneben oblag dem Gericht die Aufgabe, bei Arbeitskämpfen Gutachten zu erstellen. Zu den Beisitzern des Gerichts gehörten Vertreter der Arbeiter und der Unternehmer. Frauen waren zu den Beisitzerwahlen nicht zugelassen. Als Schlichtungsstelle fand das Gewerbegericht nur langsam Beachtung. Vor allem die Unternehmer wehrten sich gegen seine Tätigkeit, da sie zwangsläufig mit einer Anerkennung der freien Gewerkschaften – die Arbeiterbeisitzer kamen überwiegend aus dem Bereich der Gewerkschaftskommission – verbunden war.[224] Anfang Januar 1905 kam dann das Kaufmannsgericht als Schiedsstelle für Arbeitsstreitigkeiten zwischen Kaufleuten und Handlungsgehilfen hinzu.

Im Charlottenburger Rathaus nahm die Gewerbegerichtsverwaltung das gesamte 1. Obergeschoß des rückwärtigen Frontgebäudes ein. Mittelpunkt des Raumensembles war der öffentliche Sitzungssaal[225], dessen Wände Marno Kellner mit Male-

223 Ignaz Jastrow, Sozialpolitik und Verwaltungswissenschaft. Aufsätze und Abhandlungen von I. Jastrow, Bd. 1, Berlin 1902, S. 405.

224 Vgl. E. Bernstein, Die Berliner Arbeiterbewegung... S. 245f.

225 Der Saal, dessen Grundfläche in den Rathausakten mit circa 100 m² angegeben wird, befand sich im östlichen Teil des hinteren Frontgebäudes. Akten... Rathaus, Bd. II, Bl. 231.

reien versehen hatte. Ein Fries, der durch Schwerter mit gekrümmter Klinge in einzelne Segmente unterteilt wurde, zog sich, von Bandgeschlinge, sich überschneidendem Astwerk und rankenden Blattbändern überwuchert, an den Wänden entlang. Schilde mit bildlichen Darstellungen verschiedener Handwerksberufe bildeten den Mittelpunkt innerhalb der einzelnen Wandabschnitte, die durch eine säulenartige Flächenmalerei unterbrochen wurden. Über einem reichen, von einem Medusenhaupt bekrönten Sockel erhob sich, diesmal jugendlich strahlend, Justitia mit Schwert und Gesetz in den emporgehaltenen Händen. Die symbolische Sonne im Hintergrund schloß den Sinnspruch »Fürchte Gott – Tue Recht und Scheue Niemand« ein. Das Gorgoneion fand hier im apotropäischen Sinne Verwendung: als Sinnbild des abschreckenden, erstarren machenden Entsetzens, das das Böse abwenden sollte. Die Kopfdarstellung folgte nicht der archaischen Form, die das Fratzenhafte, Häßliche und Groteske betonte, sondern späteren Bildwerken, die die Verzerrungen des Frauengesichtes aussparten und den gorgonischen Ausdruck »in die weit geöffneten, starren, kalten Augen«[226] legten, denen Schlangen sekundierten. Das ornamentale Feld unterhalb der figürlichen Malerei hatte Marno Kellner in der Form eines Wandbehangs angelegt, dessen rechter Rand leicht eingeschlagen war. Das deutlich aufstrebende ornamentale Muster des Wandbehangs bestand aus stark stilisierten Pflanzen- und Tiermotiven, wobei das Motiv des Streites in zwei sich gegenüberstehenden Hähnen, das der Einigung in zwei sich umschließenden Händen symbolisiert wurde.

Die Verbindung zwischen figürlichen und arabesken Formen vermittelten Bänder: eine hinter dem Thron der Gerechtigkeit zweiarmig herauslaufende Blatt- und Blütengirlande sowie Schlangen, die sich um das Pflanzenwerk ringelten und sich dann mit den das Gorgonenhaupt umschließenden Reptilien verbanden. Der Thronsessel enthielt auf der Stirnseite der Lehnen eine abstrahierte vegetabile Zierform – sie erinnerte an die aufgelegten pflanzlichen Ornamente, die das Rahmenwerk der Hochreliefs im Mittelbau schmückten –, die aus einem schlichten gegabelten Stamm und einer Fruchtkrone mit Äpfeln bestand. Die Früchte mochten hier als »Zankapfel«, als Sinnbild der widerstreitenden Parteien aufgefaßt sein, deren Interessenausgleich durch die gerechte Auslegung des Gesetzes besorgt wurde. Der besondere Charakter des Gewerbegerichts wurde durch dieses Bild nur bedingt erfaßt, da es seiner Funktion nach nur »Einigungsamt« war, nicht aber als Institution Bestandteil der allgemeinen Rechtsprechung.

Die skulpturale Außenarchitektur des zweiten Bauabschnitts

Das Hauptgebäude an der Berliner Straße war als drei- beziehungsweise viergeschossiger Bau angelegt, wobei das Festsaalgeschoß, der Tradition entsprechend, im zweiten plaziert war und zwei Etagen einnahm. Die Symmetrie der Fassade wurde durch einen Mittelrisalit aufgelockert. Ein monumentaler Giebel, in zwei Turmerker eingebunden, schloß den aus der Fassadenflucht heraustretenden Bauteil nach oben ab. Die Hervorhebung des Mittelrisalits wurde durch den oberhalb der Dachtraufe ansetzenden Turm verstärkt.

Mit dieser Gliederung der Baumassen blieben Reinhardt und Süßenguth im Rahmen der festgeschriebenen Regeln des deutschen Rathausbaus zum Ende des 19. Jahrhunderts, die Kritiker gar von einer »Rathaus-Schablone« sprechen ließen. In den meisten Fällen war die Fassade in drei Abschnitte aufgeteilt: »einen quergestellten Längsbau mit steilem, weit sichtbarem Dach, einen von einem Giebel überragten

226 Konrad Ziegler, Gorgo, in: Paulys Realencyclopädie... Halbbd. 14, Stuttgart 1912, Sp. 1654.

Saaltrakt mit oder ohne höheren Dachaufbau, und den Turm«[1].

Die einzelnen Elemente wurden häufig miteinander kombiniert. Einmal rückte man den Giebel in die Mitte und den Turm an die Ecke, ein anderes Mal wurden Turm und Giebel einander gegenübergestellt, oder sie rückten zusammen. Die Rathausfronten wiesen dementsprechend eine symmetrische oder asymmetrische Gliederung auf. Die oftmalige Verwendung von Erkern, Zwerggiebeln, Loggien oder Arkaden mußte als sekundäre Gewichtsverteilung und Akzentuierung verstanden werden. Das Schwergewicht der formalen Gestaltung richtete sich immer auf das 2. Obergeschoß, weil hier die Repräsentationsräume angeordnet waren. Der Übergang zur Dachzone wurde in diese Schwerpunktsetzung mit einbezogen. Im Erdgeschoß erzielte allein die Hervorhebung des Eingangs dekorative Momente. Der Aufbau des funktional nutzlosen Turms erfolgte ebenfalls nach festen Gliederungsmerkmalen: Während der Schaft geschlossen und nicht selten ohne Strukturierung war, zeigte er im mittleren Abschnitt eine Auflockerung und Ausschmückung in Form von Erkern, Loggien oder Blendgiebeln.

Reinhardt und Süßenguth erzielten die gewünschte monumentale Wirkung des Rathauses durch die Konzentration auf die Mitte des Gebäudes, die Höhenentwicklung des Turms und des steil aufsteigenden Daches, das die Flügelbauten zusammenhielt. Das Wechselspiel von Giebel, Erker und Turm innerhalb eines als Gruppenbau konzipierten Verwaltungsgebäudes wich in Charlottenburg einem Drang zur Geschlossenheit, der die einzelnen Architekturteile straff zusammenfaßte. Auch die dreigeschossigen seitlichen Vorbauten waren nur wenig vor die Bauflucht gezogen und dienten ausschließlich der Eckakzentuierung; im Mittelmotiv mit Giebel, Giebeltürmchen und Hauptturm waren die Einzelteile so eng aneinandergelegt, daß sie zu einer skulpturierten Architektur zusammenwuchsen.

Reinhardt und Süßenguth behielten die Achsenteilung ihres Wettbewerbsentwurfs bei, gleichzeitig gelang ihnen »eine noch größere Aufteilung der Fläche«[2] in aufgelöste und zusammengehaltene Teile. Die besondere Wirkung der Fassade beruhte auf einem Spannungsverhältnis zwischen vertikalen und horizontalen Momenten, das mit einem Wechsel in der Materialbehandlung einherging. Erst oberhalb des 2. Geschosses setzte eine strikte Vertikalisierung ein, der Übergang nach unten wurde dabei durch ein kräftiges waagerechtes Band vermittelt, das allein dem Material Geltung verschaffte. Die schmaleren Rechteckfenster des 1. Obergeschosses hatten eine nur unmerklich hervorgehobene Bossenrahmung erhalten, die Öffnung war direkt mit dem Mauerwerk verbunden, der Übergang abrupt, so daß sowohl die Flächenwirkung des Mauerwerks als auch die wechselseitige Durchdringung der Architekturteile verstärkt wurden. Die vertikalen Tendenzen im unteren Abschnitt der Fassade fingen die Architekten durch begrenzende Architekturteile, die Bogeneinstellungen im Erd- oder die Bossenquaderung im 1. Obergeschoß, ab. Die klare Zweiteilung der Fassade war augenfällig: Reinhardt und Süßenguth trennten zwischen einem wandbetonten unteren und einem großzügig aufgelösten oberen Teil. Dieses Teilungsverhältnis zwischen Wand und Öffnungen galt nur für den Bereich der Flügelbauten, da der Risalit insgesamt dem geschlossenen Mauerwerk mehr Raum gab, woran die Mittelachse mit ihren durch Eingang, Bürgermeister-Loggia und Turmsaalfenster geöffneten Flächen wenig änderte. Gegenüber der Hinterfront war die Fassade an der Berliner Straße besser und ausgewogener gegliedert. Einerseits durch die klare Pfeilerordnung, die Betonung des Übergangs

1 J. Paul, Das ›Neue Rathaus‹ ... S. 60.

2 Die Architektur auf der Großen Berliner Kunstausstellung, Berlin 1903, in: Der Baumeister. Monatsschrift für Architektur und Baupraxis, 2. Jg. (1904), S. 7.

Hauptansicht des Rathauses

zum Dach sowie die schlichter gefaßten, weiteren Fensteröffnungen, andererseits durch den Einschub des kräftigen Horizontalbandes, das durch das Fensterbankgesims zwischen Ratskeller und erhöhtem Erdgeschoß ergänzt wurde. Zugleich erhielt das Architekturgerüst durch die Reduktion der Einzelformen eine größere Differenzierung.

Noch stärker als am ersten Bauabschnitt entwickelten Reinhardt und Süßenguth eine Materialästhetik, die den Stoffcharakter des Materials und seine natürliche Wirkungskraft in die Komposition miteinbezog. Die Steinbehandlung setzte auf den Reichtum verschiedener Formate und Grade des Reliefs. Das Material gewann darüber hinaus aus dem Gegensatz zwischen bearbeiteten und unbearbeiteten Oberflächen an Spannkraft. Die Fensterstreben, Bogenlaibungen, Pfeiler und Pfeilervorlagen des Saalgeschosses, das Mittelband des Horizontalgliedes, die Giebelrahmen oder auch die Abschlüsse der Giebeltürmchen bildeten mit ihren völlig glatten Oberflächen einen starken Kontrast zur Unregelmäßigkeit des gut gefügten Mauerwerks. Daneben gab es Teile, deren Relief zarter angelegt war, wie beispielsweise die Mittelabschnitte der Pfeiler im Kellergeschoß. Die effektvolle Materialbehandlung und die Entscheidung für repräsentative, wertvolle Materialien zeugten von der Leistungsfähigkeit der Stadt.[3]

Das dekorative Material war auf den Baukörper in einem Gegensatz von flächiger Leere und plastischer Verdichtung appliziert. Die Architekten bemühten sich um eine Synthese von Architektur und Plastik, die die Skulptur aus dem Baukörper wachsen beziehungsweise diesen selbst zur Skulptur werden ließ. Dabei erfuhr das Verhältnis zwischen figürlichen und rein ornamentalen Motiven eine antithetische Behandlung. Die Figuren erhoben sich über glatt geschliffenen Steinquadern und wurden von glatten Rahmungen eingefaßt; Reliefs, Friese, modellierte Schlußsteine waren dagegen entweder in das Rustikamauerwerk direkt eingebettet oder zumindest abgestuft eingegliedert. Eine Tendenz, die bereits am ersten Bauabschnitt beobachtet werden konnte.

Die Verteilung von Figur und Ornament kehrte sich am Risalit um. Hier erhob sich im oberen Teil aus der rustikalen Textur des Steines das große Relieffeld, während im unteren Abschnitt des Bauteils die Freiskulpturen plaziert waren, wobei das Streben nach Integration des Plastischen wiederum deutlich wurde: Auf der Höhe des Kämpfers am Eingangsbogen begann ein schmaler, glatter Streifen nach oben zu laufen, über dem Scheitelpunkt des Bogens setzte, mit einem abgetreppten abstrakten Ornament beginnend, ein zweiter aufgelegter Streifen an, und der nach unten abschließende Schild eines dekorativen Kopfes bildete gewissermaßen den dritten Streifen, der nun mit dem figürlichen Teil der Zierform und dem glatten Sockel der Skulptur verwuchs. Der hinter der Freifi-

3 Max Creutz hat diesen Aspekt der Materialästhetik sehr deutlich gesehen: »Für ein Gemeinwesen wie Charlottenburg mit seiner rapiden Entwicklung, seiner gefährlich glücklichen Lage, die alle Lebenskraft Berlins aufzusaugen droht, seiner in jeder Beziehung fortschrittlichen Gesinnung war der Bau eines neuen Rathauses eine Frage, die an Intelligenz und Fähigkeit der schöpferischen Kräfte die allerhöchsten Anforderungen stellte. Denn es handelte sich darum, das Netzwerk der komplizierten und verschiedenartigen Äußerungen eines modernen städtischen Organismus in einem Punkte zusammenzufassen, gleichsam den neuen einheitlichen Ausdruck des Werdens und Wollens der bürgerlichen Gemeinschaft aufzustellen. Der leitende Gedanke mußte hier vor allem zu einer monumentalen Kundgebung werden, zum Ausdruck einer hohen Leistungskraft nach jeder Richtung. Denn die Stadt ist eine Verbindung der verschiedenartigsten Kräfte zwecks erhöhter Lebensfähigkeit, und ein Bauwerk, welches ihre mannigfachen Interessen in sich vereinigt, wird zum lebendigen und sprechenden Ausdruck ihres geistigen und physischen Wollens. Nach guter alter Bürgertradition ist im Charlottenburger Rathause die materielle Leistungsfähigkeit aufs allerstärkste betont. Das Äußere des gut disponierten Giebelbaus, dessen Mitte vom hohen Turme überragt wird, ist ein Sieg des Materiales, ein gewaltiger Komplex mächtiger Quadern aus Wünschelberger Sandstein, im einzelnen von einer Größe und Messung und einer Wucht der Behandlung, die im Norden ihresgleichen kaum finden wird.« Das Charlottenburger Rathaus, in: Berliner Architekturwelt, 8 Jg. (1906), H. 7, S. 239.

gur liegende Wandteil schmiegte sich abgestuft an den rauhen Haustein und fand in einem spiralförmig verdichteten Schmuckelement seinen oberen Abschluß.

Der Versuch einer gegenseitigen Durchdringung von Architektur und Plastik war auch am Wechsel zwischen abrupten und abgestuften Übergängen der Architekturteile erkennbar. Der Rahmen des Mittelgiebels, die Fenstereinstellungen des Turmschaftes oder die Bogenlaibungen in den beiden unteren Geschossen unterbrachen jäh das Rustikamauerwerk, der Bruch zwischen der Rauhheit der Rustika und der Glätte der Rahmenelemente wurde durch den Wechsel in der Vermauerung keineswegs gemildert. Am Horizontalglied war der Wechsel geradezu rhythmisiert: Auf den rauhen Haustein folgte unvermittelt ein geschliffenes Band, das in aller Härte von einem Hausteingesims abgelöst wurde. Nicht minder deutlich setzten das darüberliegende Fensterbankgesims und die Schaftbasen der Pfeilervorlagen an, die beide ornamentiert waren. Ein abgestufter Übergang läßt sich am Beispiel der Fensterpfeiler des Keller- und des erhöhten Erdgeschosses aufzeigen: Die Basis[4] war rauh und stark modelliert, der mittlere Teil des Schaftes besaß nur ein zart ausgebildetes Relief – es kontrastierte den nur grob behauenen mächtigen Steinen des unteren Fensterbankgesimses –, schließlich folgte der glatte obere Teil des Pfeilers, der zunächst noch das Format des Mittelabschnitts beibehielt und erst auf der Höhe des unteren Fensterquerholzes zurückgesetzt wurde. Die Verbindung zwischen mittlerem Relief und glattem Stein stellte ein plastisches Element her, das aus einem abstrakt geometrisch geformten unteren und einem reliefartig gehaltenen figürlichen oberen Teil bestand. Der mit einem vertikalen Stabwerk ansetzende geometrisierende Teil des Ornaments schuf zugleich in Material und Form einen stufig gegliederten Übergang zu den Seiten.

Aber nicht nur in den Formen des Materialwechsels, sondern auch in der Binnenstruktur des Materials selbst waren Variationen zwischen harten und weichen Übergängen angelegt, die hier über das Ornament vermittelt wurden. Der Mittelteil des Risalits beispielsweise bestand vornehmlich aus geschliffenem, in den unterschiedlichsten Formen behandeltem Material. Der Linie des in Rustika ausgeführten Eingangsbogens folgte ein geometrisierender Fries, der sich nach oben öffnete und den Rahmen für das Zierfeld über dem Portal bildete. Deutlich erkennbar war hier der Kontrast zwischen ruhiger Innenfläche und plastisch geformtem Rahmen. Der Fries ging, vermittelt durch figürliche und abstrakte Reliefs, in die glattflächigen Pfeilereinstellungen der Oberbürgermeister-Loggia über, in der oberen Hälfte wurden die Pfeiler liseniert, der Übergang zur glatten Oberfläche des Turmsaalbalkons war durch Kopfbildungen plastisch hervorgehoben. Während Boden und Holm nur dem geschliffenen Stein Raum ließen, war der Hauptteil der Brüstung mit einem geometrischen Muster ornamentiert. Auf der Höhe der Pfeilereinstellungen in die Brüstung eingelassene Hausteine erzielten eine scharf kontrastierende Wirkung. Die Fensterlaibung und -pfeiler des Saalfensters waren wiederum völlig glatt, nur der waagrechte Pfosten und der Bogen der Balkontür hatten figürliche und abstrakte Ornamente erhalten. Schließlich wurde das Gewände des Fensterbogens mit einer stabförmigen Zierform profiliert. Im Wechsel zwischen geometrisierenden – Bogen- und Brüstungsfries, Gewändeprofilierungen – und figürlichen Ornamenten – Scheitelpunkte des Eingangs- und Balkontürbogens, Pfeilerabschlüsse der Loggia – entwickelte sich ein Rhythmus, der Architekturteile, Ornament und Material verband.

Das Prinzip der Variation zwischen kontrastreichen und abgestuften Übergängen

4 Der Sockel des Gebäudes wurde durch die Pfeilereinstellungen des Keller- und des Erdgeschosses geöffnet, die strikte Trennung zwischen Sockel und Mauer aufgehoben.

Teilansicht der Hauptfront, 1905

trat ebenso deutlich im einzelnen Ornamentfeld auf, besonders eindrucksvoll an den Reliefs für die Pfeiler des Erdgeschosses. Über den verschiedenen Reliefs des Sockels und des ersten Hausteinquaders erhoben sich glatt behandelte Steine, denen ein weitgehend unbehandelter Teil des Ornamentfeldes aufgelegt war. Eine dekorative Wirkung wurde in diesem Bereich nur durch die Verschachtelung und Abstufung glattflächiger Teile erreicht, an denen nur die Bruchlinien profiliert waren. Die Verbindung zum groben Relief des Sandsteins übernahm die Zierform des Halbrundstabes. Der obere Rahmen des Bildwerkes hatte eine rauhe Oberfläche, der anschließende quadratische Haustein gehörte fast schon zum Mauerwerk, nur seine leichte Hervorhebung zeigte die Verbindung zum Ornamentfeld an. Der Rahmen des Reliefs könnte aus zwei verschieden großen, ineinandergeschobenen Parabeln bestehen, deren Rundung zwischen Scheitel- und Brennpunkt abgeschnitten und deren Arme stufig abgewinkelt wurden, so daß ein polygonales Gefüge entstand. Eine weitere abgewandelte Parabelform grenzte das figürliche Zentrum des Reliefs ein. Die Schlußlinien der unteren Parabelformen wurden geöffnet, um gestufte Übergänge zu schaffen. Der figürliche Teil des Reliefs war den Formen des Rahmens angepaßt: Die Flügel des Adlers beziehungsweise des Pelikans führten fast rechtwinklig vom Körper ab, ihre Linien verliefen nahezu parallel zu den Längsseiten des Rahmens. Die Stirnseite der Flügel hatte der Bildhauer[5] abgeflacht, in ihrer Glattflächigkeit kontrastierte sie wiederum der reliefartigen Textur des oberen Rahmens. Die Körper der Tiere, insbesondere die Köpfe, waren den starren Formen angeglichen; das als Flechtband angelegte Nest wirkte in seinen vielfältigen Verschlingungen wie ein stark modellierter Naturstein.

Im Wechsel des Materials und in der Kontrastierung der Übergänge drückte sich die Einheit des Mauerwerks aus, in der körperhaft-flächigen Stilisierung figürlicher Motive und der auf Gegensätze in der Materialbehandlung angelegten Ornamententwicklung sowie der Verflechtung von abstrakten und vegetabilen Zierformen äußerte sich das Bestreben nach einer Verschmelzung von Architektur und Plastik. Diese Synthese und die Artikulation der Bauteile durch Übergänge ließen Parallelen zur Architektur von Bruno Schmitz erkennen. Man vergleiche etwa den Sockel des Kaiserdenkmals am Deutschen Eck in Koblenz (1894–1897) oder die ornamentfreudige Fassade des Festsaalbaus ›Rosengarten‹ in Mannheim (1899–1903) mit Reinhardt und Süßenguths Charlottenburger Rathausfront. Hier wie dort eine Materialästhetik, die ihren Charakter aus der differenzierenden Strukturierung des Steins gewinnt und eine Symbiose von Architektur und Plastik anstrebt, die sich von

Detail der Hauptfront, 1905.
Bildhauer: Hermann Giesecke

5 Die Modelle für die Reliefs hatte Heinrich Giesecke hergestellt. Nachlaß Heinrich Reinhardt...

stilistischen Bindungen freimacht und den Eindruck der Geschlossenheit hervorruft. Dabei gibt es Entsprechungen, die bis ins Detail gehen. Die großen Rundbogenfenster des Festsaalbaus in Mannheim sind in der Unterteilung und ihrer Verbindung mit einem bogenförmig gefaßten Austritt dem Turmsaalfenster des Charlottenburger Rathauses überaus ähnlich.[6] Nach Posener ist der Wilhelminismus, zu dessen hervorragenden Vertretern er Schmitz zählt, nicht eine Form, sondern eine Haltung, die sich durch »Eigenschaften wie große Dimensionen, monumentale Haltung, Weiträumigkeit, kostbare Materialien«[7] definieren läßt. Dem Charlottenburger Rathausbau lag diese Haltung zugrunde. Die Architektur war pathetisch und setzte auf die monumentalisierende Wirkung einer wuchtigen Materialbehandlung, deren Symbolcharakter außer Frage stand. Die zeitgenössische Kritik hob am Rathausbau immer wieder die »in neuer Formensprache erdachte Fassade«[8] hervor, Heinrich Reinhardt sprach in einer rückblickenden Betrachtung selbst von der »Suche nach neuen Formen«[9], ohne daß der Versuch gemacht wurde, das hier verwirklichte Neue begrifflich zu fassen. Modern wirkte die Betonung der Wand und der Fläche, die Tendenz zu einer skulpturalen Architektur und der Drang zu Geschlossenheit, der die Teile und ihre Stufungen einem einheitlichen Ganzen unterwarf. Doch da, wo es Reinhardt und Süßenguth, ähnlich wie Schmitz, gelang, sich einem bildnerischen Planen anzunähern, das auf einfachen Umriß und einfache Linienführung hinwirkte, blieb ihre »Symbiose von plastischer Architektur und architektonischer Plastik«[10] eine Halbheit; vor allem die Freiskulpturen an der Loggia und an der Übergangszone zum Dach konnten in ihrer körperlichen Auffassung nicht in das Architekturgerüst integriert werden. Max Creutz hatte diesen Mangel deutlich wahrgenommen: »Doch äußert sich naturgemäß auch bei diesem Bauwerk wieder die moderne Fähigkeit einer eminenten künstlerischen Materialverarbeitung, die zum Teil getrennt vom eigentlichen Bauorganismus arbeitet und ihre Erzeugnisse später als etwas Fremdes, Sekundäres dem Baue anfügt. Hierhin gehören die zahlreichen Figuren der Fassade, deren kleingesehene Silhouette in der malerischen Unruhe des Sandsteinmateriales zu keiner rechten Wirkung kommt. Aber in unserer Zeit, wo man sich nicht damit begnügt oder vielmehr noch nicht fähig ist, den reinen idealen Ausdruck einer architektonischen Form auf sich wirken zu lassen, soll ein derartiges Bauwerk auch etwas erzählen. Es wird allerlei Figurenwerk in Szene gesetzt, das schließlich nur für naive Gemüter noch einige Wirkung hat. Damit soll keineswegs gesagt werden, daß wir auf figürliche Elemente verzichten sollen. Die Grundbedingung muß nur im logischen Herauswachsen aus dem Organismus, also in einer künstlerischen Ursache, nicht jedoch in Äußerlichkeiten gesucht werden.«[11] Wir wissen jedoch aus den Debat-

6 J. Posener, Berlin auf dem Wege zu einer neuen Architektur ... S. 105, Abb. 40. Berliner Architekturwelt, 6. Jg. (1904), H. 5, Abb. 210, 212 u. 213.

7 A. a. O., S. 81. Posener nimmt hier einen Gedanken Theodor Heuß' auf. In der Einleitung zu dessen Naumann-Biographie ist zu lesen: »Wilhelminismus ist eine geistige politische Haltung, die von den Fürsten nur den Namen borgte; sie ist keine subjektive Leistung oder Schuld, sondern objektiver Tatbestand, der den November 1908 (und auch den November 1918) überdauert hat.« Friedrich Naumann. Der Mann, das Werk, die Zeit, Stuttgart-Berlin 1937, S. 1f.

8 Max Osborn, Berlin (= Berühmte Kunststätten, Bd. 43), 2. Aufl., Leipzig 1926, S. 270.

9 Charlottenburger Zeitung vom 18. September 1943; Berliner Morgenpost vom 24. September 1968.

10 J. Posener, Berlin auf dem Wege zu einer neuen Architektur ... S. 99; vgl. auch Cornelius Gurlitt, Zur Befreiung der Baukunst. Redig. u. komment. v. Werner Kallmorgen (= Bauwelt-Fundamente, Nr. 22), Frankfurt a. M.–Berlin 1968, S. 129. R. Hamann/J. Hermand sahen in den Denkmälern Bruno Schmitz' das »Utopisch-Ausschweifende der Phantasie«, das architektonische Monstren erweckt, die trotz ihrer »zyklopenhaften Quaderung nicht den Eindruck der erträumten Realität« hervorriefen, »da sich das ›Archaische‹ nicht auf rationell-künstliche Weise nachbilden läßt«. Stilkunst um 1900 ... S. 355f.

11 Max Creutz, Das Charlottenburger Rathaus ... S. 239.

ten in der Charlottenburger Stadtverordneten-Versammlung, daß der ursprüngliche Entwurf der neuen Fassade nüchterner und weniger skulptural gehalten war und daß es nicht zuletzt der Wunsch der Bürgervertreter war, ein an der Tradition des deutschen Rathausbaus orientiertes Figurenprogramm in die Fassadengestaltung einzubringen.

Immerhin hatten die Architekten einen Kompromiß angestrebt, indem sie die Skulpturen auf den Pfeilervorlagen des Saalgeschosses plazierten, streng vertikal ausrichteten und die flach gehaltenen rahmenden Nischen als Fortsetzung der Pfeiler auffaßten. Im Fernblick, wäre er möglich gewesen, hätte sich dann eine Verschmelzung der figürlichen Elemente mit den flächigen Teilen des Architekturgerüstes von selbst ergeben. Bei den Figuren der Bürgermeister-Loggia verwirklichten die Architekten dieses Prinzip der Eingliederung von Skulptur vielleicht noch besser. Insgesamt hatten die Bildhauer, die alle noch mehr oder weniger im Banne Begas' standen, eine reiche sinnliche Formensprache entwickelt, die der Geschlossenheit des Architekturgerüstes widersprach.[12] Gleichwohl äußerte sich bei Reinhardt und Süßenguth in der Verbindung von Architektur und Skulptur ein Sinn für die plastische Strukturierung der Flächen, der die Spannung zwischen dem Relief des Materials und dem Ornament zu nutzen wußte. Die Freude an einer ornamentalen Architektur verband die Architekten mit den Jugendstilkünstlern; sie wurden aber ebensowenig zu Mitgliedern der Stilbewegung, wie der Hauptbau des Charlottenburger Rathauses Beispiel eines in den Formen des Jugendstils errichteten Verwaltungsgebäudes war.[13] Reinhardt und Süßenguth nahmen – und hier erwiesen sie sich einmal mehr als aufgeschlossene Eklektiker – Einzelformen des Jugendstils auf und verarbeiteten sie paraphrasierend, zusammen mit abgewandelten historischen Formen. Auf diese Weise erzeugten sie ein permutiertes Formengeflecht, das sicherlich nicht der Originalität entbehrte, in der Mischung früh- und spätmittelalterlicher sowie zeitgenössischer Motive aber einer üp-

12 Bruno Schmitz hatte einen Franz Metzner zur Seite, der radikal mit der Eigenbedeutsamkeit der Skulptur brach und in bewußter Stilisierung eine architektonische Plastik schuf. In seiner ornamentalen Konzeption für die Monumentalfiguren des Völkerschlachtdenkmals (1898–1912) wandte er das Prinzip des Parallelismus an. Die Gestalten lehnten sich als Relief an die unteren Bossenreihen, waren symmetrisch aufgebaut, knapp umrissen und in ihrer Einzelform klar abgegrenzt. Die Figuren wölbten sich in großen Flächen nach vorne, die Wölbung wiederholte die Rundung des kuppelartigen Aufbaus und artikulierte dekorativ dessen Gliederung. Berthold C. Hackelsberger sah trotz des Materialaufwandes und der gesteigerten Dimensionierung nur »eine ins Riesenhafte vergrößerte kunstgewerbliche Arbeit« ohne »Gestalt, Größe und plastische Kraft«. Stichwort Plastik, in: Jugendstil. Der Weg ins 20. Jahrhundert... S. 291. Diese Kritik übersieht, daß es sich bei der Denkmalskunst von Schmitz und Metzner um das Finden einer plastischen Architektur handelte, bei der Architektur und Plastik nicht mehr zu trennen waren. Zudem wird hier die Behandlung des Steins zu wenig berücksichtigt: das Erzielen belebender Kontraste in der Quaderung durch unterschiedliche Bearbeitungsformen – rauhe Bossen, grob und fein gestockt, scharriert, gespitzt oder geschliffen – oder durch die Anordnung des Materials, bei der, übrigens auch an Reinhardt und Süßenguths Charlottenburger Rathaus zu beobachten, stetig durchlaufende Lagerfugen vermieden, die horizontalen Schichten immer wieder durch vertikale Einschübe oder durch Einschieben kleinerer Schichtungen abgesetzt werden. Vgl. H. Pfeiffer, Die künstlerische Bedeutung des Fugenschnittes und der Steinbehandlung, in: Architektonische Rundschau, 20. Jg. (1904), H. 12, S. 94. Pfeiffer weist nachdrücklich auf den Einfluß hin, den der amerikanische Architekt Henry Hobson Richardsen (1838–1886) durch die derbe Bossenquaderung seines »modern romanesque« ausgeübt hat.

13 Die wohlmeinende Kritik sah es letztlich, trotz aller modernen Formgebung, nicht anders: »Die Architekten des Charlottenburger Rathauses, die in Elberfeld und Dessau noch einer etwas weichlichen Frührenaissance gehuldigt hatten, haben sich bei dieser neuen Aufgabe während des Baus eines bessern besonnen und sind mit fliegenden Fahnen zu einer Formgebung im Stile der Modernsten – fast möchte man sagen, im ›Jugendstil‹ – übergegangen.« E. Högg, Moderne Rathäuser... S. 19. Max Osborn bezog das Kriterium der »modernen Formensprache« nur auf das Architekturgerüst der Fassade, während er bei der Behandlung des ornamentalen und figürlichen Schmucks »historische Anklänge« sah. Berlin... S. 270.

pigen Phantasie entsprach, der es mitunter an straffendem Zugriff mangelte.
Das Verhältnis zwischen Architektur und Ornament stand um die Jahrhundertwende im Mittelpunkt einer heftigen Diskussion, bei der es im Grunde genommen um eine Neubestimmung des architektonischen Gestaltens unter funktionalen Gesichtspunkten ging. Die Forderung logischen Aufbaus führte, über den Weg der Funktionsexpression – bei van de Velde am deutlichsten artikuliert –, zu einer Architektur, die sich durch größte Einfachheit, tafelförmige Durchbildung der Fläche, das Hervortreten von Konstruktion und Material sowie durch eine tragende und stützende Linie auszeichnete. Das Ornament verschwand im Streben nach funktionaler Zweckmäßigkeit; Versuche einer skulpturalen Architektur mochten in ihrer Eigenwilligkeit großartig sein, sie blieben aber individuelle Lösungen. An die Stelle des Spiels mit dem Ornament, der Flächenbewegung und Verzierung trat schließlich der Umgang mit der Oberfläche wertvoller Materialien, die die Einheit der Formen durch Glanz und Farbe erhöhten, sie aber insgesamt bestehen ließen.
Dieser Weg führte zur Suche nach einer neuen Form, die zunächst noch in der Vorstellung von der stilprägenden Bedeutung des Ornaments befangen blieb. Die »Stilbemühungen« waren aber nicht auf einen kleinen Kreis von Aktivisten der Jugendstilbewegung beschränkt, sondern erfaßten eine ganze Generation von Architekten, ältere und jüngere, konservative und fortschrittliche, selbständige und staatlich bedienstete. In einer Zeit außerordentlicher wirtschaftlicher Expansion war das Kunstwollen Bestandteil des Zeitgeistes, Stilsuche schließlich eine Sache des Nationalbewußtseins, der sich nur wenige entziehen mochten. Heinrich Reinhardt wies als Vertreter der Bauleitung am Tage der Einweihung des Rathauses darauf hin, daß bei der Entwicklung der Formensprache, bei dem architektonischen Gestalten der Fassaden und Räume »deutsche Bauweisen Pate gestanden« hätten, und er fuhr fort: »In das sich entwickelnde Deutschtum einer neuen Zeit ist aber ein aufstrebender Geist, ein echt deutscher Schaffensdrang eingezogen, welcher sich auch, wie auf anderen Gebieten, so auf dem der Baukunst neuschaffend betätigen will. Diese künstlerischen Bestrebungen der letzten Jahre haben nun auch auf den Bau des Rathauses eingewirkt und diesem sichtbar ihren Stempel aufgedrückt.«[14]
Den Zusammenhang zwischen dem Emporstreben des neuen Reiches und einem adäquaten künstlerischen Ausdruck betonte auch Oberbürgermeister Schustehrus in seiner Ansprache: »So entsprechen die Formen des Baus dem Gedanken der starken und kräftigen modernen Zeit, die auf der Grundlage des geeinten Deutschen Reiches und seiner inneren Kraft erwachsen ist und nun mächtig vorwärts drängt. Die Kunst, insbesondere die Baukunst, ringt nach einem neuen, dieser heutigen Zeit angepaßten Ausdruck der Formen.«[15]
Hermann Muthesius setzte die Überwin-

14 Bericht über die Verwaltung... 1905, S. 11.
15 A. a. O., S. 9. In Überlegungen zur Entstehung der Darmstädter Künstler-Kolonie sah Georg Fuchs einen engen Zusammenhang zwischen der Konkurrenzfähigkeit des Reiches und der Förderung seiner künstlerischen Kultur. »›Die werbende Kraft‹ des deutschen Volkes soll gehoben werden! Das ist ein Ruf, der immer lauter und dringender ertönt, je weiter die Machtstellung des Deutschen Reiches an allen Meeresküsten sich ausbreitet. Die Beziehungen des Deutschen Reiches zum Auslande nehmen immer mächtigere Dimensionen an, und es unterliegt keinem Zweifel, daß wir erst am Anfange einer großen Epoche stehen, welche deutschen Geist und deutsche Arbeitskraft hinausrufen wird in alle Erdteile als Träger der Kultur und des Nationalwohlstandes. Ein Volk, das sich zu solchen Taten anschickt, muß nicht allein Tatkraft und Wissen und Geld besitzen, sondern auch durch seine an hervorragender Stelle im Auslande wirksamen Vertreter eine gewisse ›werbende Macht‹ ausüben. Es muß imponieren durch das sichere, vornehme Auftreten seiner Repräsentanten, durch die Verfeinerung und den innerlichen Reichtum seiner kulturellen Elemente. Die Völker, welche bisher in der Weltkultur tonangebend waren, die Engländer und Franzosen, haben wohl gewußt, warum sie der ästhetischen Durchbildung so außerordentlichen Wert beimaßen. Auch ihnen, wie neuerdings den Ame-

dung der Architektur des 19. Jahrhunderts, einer abhängigen und damit wesenlosen Kunst, immer mit der Erneuerung der Kunst auf der Grundlage nationaler Traditionen gleich.[16] Dabei sollten Formen und Techniken aus der Vergangenheit aufgenommen werden, »ohne daß der Künstler der Gegenwart unter ihrem Diktat eigene Ideen und Vorstellungen seiner Zeit, ob technischer oder ideeller Natur, aufgeben mußte«[17].

Das Germanische an der neuen Kunst umschrieb Muthesius mit Begriffen wie »Werklichkeit, Sachlichkeit, Natürlichkeit« und »Individualisierung nach den Sonderumständen«, oder er nannte Merkmale wie »Unregelmäßigkeit, phantastische Überfülle« und »Innerlichkeit der Empfindung«[18]. Die »sinngemäße sachliche Kunst« der Germanen sah er in einem scharfen Gegensatz zur oberflächlich schmückenden Kunst der Romanen, deren Kunst er mit Worten wie »Neuerungssucht, Gesetzmäßigkeit, das Hoheitsvolle und Majestätische« umschrieb. Diese Trennung entsprang eher chauvinistischen Gefühlen als »ästhetischen Grundsätzen und einer kunsthistorisch faßbaren, sich formierenden Realität«[19]. Gleichwohl wurde der Glaube an eine neue harmonische Kultur zum Motor für jene Kräfte, die Zeitschriften wie ›Pan‹[20] herausgaben, die Gründung des Deutschen Werkbundes und die Kooperation zwischen freien und angewandten Künsten ermöglichten.

Die zeitgenössische Architekturkritik unterschied drei Richtungen im Umgang mit dem Ornament, von denen eine ganz auf die dekorativen Elemente verzichten und an deren Stelle lediglich die Linienführung der Konstruktion treten lassen wollte; eine zweite stritt seine Daseinsberechtigung nicht ab, wollte aber nur die »abstrakte Form eines wesenlosen Linienspiels« zulassen; die dritte suchte den bewußten Übergang von der abstrakten dekorativen Linie zu deren Verbindung mit naturalistischen und figürlichen Gebilden.[21] Die konstruktive Linie gehörte zu den Forderungen van de Veldes: »Ich habe eine Form der Ornamentik aufstellen wollen, welche der Willkür der Künstlerphantasie nicht mehr frei die Zügel schießen ließ, ebensowenig wie dies einem Ingenieur für die äußere Form einer Lokomotive, einer eisernen Brücke oder einer Halle verstattet wäre. Dieselben Gesetze, welche die Arbeiten des Ingenieurs leiten, leiten auch die Ornamentik, welche ich der Technik hierin gleich machen will. Die Überlegung und die Geschmeidigkeit,

rikanern, galt die bildende Kunst und vornehmlich die Kunst, in welcher sich die kulturellen Elemente am stärksten und unmittelbarsten zum Ausdrucke bringen, als ein unersetzliches Mittel zur Stärkung der werbenden Kraft der Nation. In den großen Seestädten zeigt sich nunmehr auch in Deutschland die gleiche Tendenz, und man hat dort Institutionen der verschiedensten Art in Anregung gebracht, die darauf berechnet sind, das ästhetische Niveau der gebildeten Volkskreise zu heben... Daß solche Tendenzen, die in ihrem tiefsten Grunde auf Machtfragen von nationaler Bedeutung zurückgehen, sich allmählich in den gebildeten Kreisen des deutschen Volkes gebieterisch durchsetzen, ist eine zuverlässige Gewähr für die Zukunft und breite Entwicklung der angewandten Kunst. Georg Fuchs, Großherzog Ernst Ludwig und die Entstehung der Künstler-Kolonie, in: Die Ausstellung der Darmstädter Künstler-Kolonie... S. 21 f.

16 H.-J. Hubrich, Hermann Muthesius... S. 95.

17 Ebd.

18 A. a. O., S. 96. Vgl. Kurt Breysigs Hymnus auf das Behrenssche Haus in Darmstadt: »Eines offenbaren diese Werke alle in ganz unaufdringlicher Weise, darum doch so beredterer Schweigsamkeit, daß hier der etwas schwere und spröde, aber im tiefsten Innern nachhaltig lodernde Ernst deutscher Art einen seltenen Bund mit dem Drang zur reinen Form, zur hohen Kunst eingegangen ist.« Kurt Breysig, Das Haus Peter Behrens. Mit einem Versuch über Kunst und Leben, in: Die Ausstellung der Darmstädter Künstler-Kolonie... S. 344.

19 H.-J. Hubrich, Hermann Muthesius... S. 98. Muthesius selbst wurde, ungeachtet dessen, zum Wegbereiter einer internationalen Architektur in Deutschland.

20 Vgl. J. Thamer, Zwischen Historismus und Jugendstil... S. 35.

21 Carl Zetzsche, Neue Formen. Deutsche Ornamentik, in: Architektonische Rundschau, 19. Jg. (1903), H. 1, S. 2.

welche für jene charakteristisch sind, müssen auch für diese bezeichnend sein... Es kann niemandem in den Sinn kommen, daß unsere Banken, unsere Börsen und unsere Bahnhöfe in ihrer Abstammung irgendwelche Beziehungen zu den Tempeln und Kirchen der Vergangenheit haben. Unsere modernen Bauten haben keine andere Bedeutung als ihren Zweck. Unsere Bahnhöfe, Dampfboote und Brükken, unsere Türme von Eisen haben keineswegs den geheimen Sinn, den Anblick der Welt mit ihrem Erdreich, ihren Bäumen, ihrem Himmel, ihren Gestirnen zum Ausdruck zu bringen, wie das die alten Tempel und Kirchen erstrebten, und bei ihnen haben deshalb Blumengewinde an Pfeilern und Wölbungen keinen Daseinsgrund... Gegenwärtig müssen wir alle möglichen Anstrengungen darauf richten, eine Ornamentik zu schaffen, die unseren Baudenkmälern und ihrer neuen Aufgabe, unseren Häusern und ihrer wirklichen und vereinfachten Aufgabe angemessen ist.«[22]

Zur »wesenlosen Linie« gehörten die auf Flächenwirkung angelegten, dekorativ melodischen Schwingungen, die Verschlingungen und Verdoppelungen Otto Eckmanns. Die naturalistische Bildung blieb den eklektisch geschulten Architekten vorbehalten, die das Naturstudium früherer Epochen der Kunstgeschichte und ebenso den Formenkanon linienhafter historischer Formen kannten und die Überliefertes selbständig zu verarbeiten wußten. Es waren Künstler, »die ihre Ornamente ganz unbekümmert um theoretiche Erörterungen über die notwendige Bildung neuer, noch nie dagewesener Formen aus der reichen Fülle der uns umgebenden Natur schöpfen. Indem sie die Naturformen, Pflanzen, Tiere, Muscheln und Kristalle mit echtem Künstlerauge sehen und an der richtigen Stelle verwenden, geben sie dem Ornament... den geistigen Inhalt, der unsere Phantasie auf die Dauer beschäftigen... kann. Lehnen sie sich auch darin an die alte gute Überlieferung an, – denn das Studium beziehungsweise die freudige Wiedergabe der Naturformen ist ja der gotischen Schule etwas ganz Selbstverständliches –, so schaffen sie doch, freilich ohne das große Aufheben, das die Linienkünstler von ihren Neuschöpfungen machen, durchaus neue Formen, denn das selbständige künstlerische Erfassen und Gestalten erzeugt nicht nur zu verschiedenen Zeiten, sondern auch je nach der Art des gestaltenden Künstlers neue, den Geist der Zeit und des Urhebers atmende Gebilde.«[23] Reinhardt und Süßenguth gehörten zu dieser Gruppe von Baukünstlern und Kunstgewerblern, immer mit einer starken Tendenz zur Permutation, auch wenn sie florale Motive aufnahmen.

Was aber für die Bestrebungen in der Kunst allgemein galt, hatte nicht weniger seine Bedeutung für die Entwicklung der Einzelform. Das deutsche Ornament sollte »sinnige Bilder« erzeugen, anregend, humorvoll, poetisch, empfindungsreich und erzählerisch sein, darin dem Geist der geschnitzten Holzarchitekturen der deutschen Renaissance folgend, die durch ihre allegorischen Darstellungen im Betrachter ein tieferes geistiges Interesse auslöste, als es die äußere Form je vermochte.[24] Zum Formenkanon einer nationalen Ornamentik gehörten die mit Verschlingungen durchsetzten paraphrasierten Formen des Flecht- und Bandwerks sowie Blätter-, Blüten- und Tiermotive, die durch neue Formen aus den Bereichen der Zoologie, Geologie, Paläontologie und Mikroskopie – Schuppen, Federn, Behaarung, Glieder, Flügeldecken, Muschel- und Korallenformen, Diatomeen, Radiolarien, Kieselschwämme, Infusorien, Schliffe der Steine und Mineralien – zu ergänzen waren. Das Aufgreifen naturwissenschaftlicher Forschungsergebnisse erinnerte an Verfahren der Jugendstil-

22 H. van de Velde, Die Renaissance im modernen Kunstgewerbe... S. 97ff.
23 C. Zetzsche, Neue Formen... H. 2, S. 11.
24 C. Zetzsche, Neue Formen... H. 3, S. 11f.; H. 3, S. 17.

Figurenfries an der Hauptfront, Aufnahme 1958. Bildhauer: Johannes Götz, *links* Kunst, *Mitte* Wissenschaft; W. Haverkamp, *rechts* Verwaltung

künstler, aber hier ging es um ein differierendes Kompositionsprinzip. Nicht das Sichtbarmachen körperhafter Funktionen, die organisch-konstruktive Linie und schließlich eine Materiallogik folgten aus der Auseinandersetzung mit der Natur, sondern allein die Erweiterung des Formenrepertoires auf naturalistischer Basis, wobei die einzelnen Formen in einen sinnlich-narrativen Ornamentaufbau integriert werden sollten. Das, was sich unter dem Mikroskop zeigte, war eine willkommene Bereicherung, die dem überlieferten Formenkanon, der in vielfältiger Weise paraphrasiert worden war, neue Impulse gab. Eckmanns Entwicklung der dekorativen Linie in der Fläche war mit einer solchen Ornamentauffassung nicht in Einklang zu bringen, seine Art der Stilisierung und Verarbeitung floraler Motive wurde aber als vorbildlich anerkannt.[25] Durch die »Freude am Inhalt« durfte nicht die »nötige organische Unterordnung des Ornamentes unter das Ganze«[26] vergessen werden. Das Ornament war kein Stilleben, es sollte vielmehr »wirken durch Umstricken und Gefangennehmen, auch unbewußtes Hinlenken der Phantasie auf die Hingabe an die Form, ihren Rhythmus, auf Ergänzen und Weiterführen«[27].

Die Bemühungen um eine nationale Formensprache, insbesondere diejenigen konservativer Architekten, blieben zweifelhaft, da ihre Beziehung zu tradierten Formen die Grenzen verwischte. Aber auch die einzelnen Ornamentauffassungen ließen sich nicht immer voneinander trennen. Gerade Reinhardt und Süßenguths Charlottenburger Rathaus war ein Beispiel für die Mischung eines geschichtsverbundenen, sinnlich-naturalistischen Ornaments mit der »wesenlosen Linie«.

Die Architekten des Jugendstils ordneten die konstruktiven Bauteile linienhaft, fügten sie zu einem feingliedrigen Netz, während Reinhardt und Süßenguth den Baukörper durch seine Teile gliederten; dem Verschmelzen, Zusammenfließen, Verwischen der Grenzen im Jugendstil setzten sie verschieden angelegte Formen des Übergangs entgegen. Die Kurven, Wellen und Wülste einer strukturgebenden Ornamentik, wie sie für Victor Horta oder Henry van de Velde charakteristisch war, fehlten hier, nicht weniger die schwellenden Linien floraler Motive oder der hinreißende Linienschwung, der sich

25 Ebd.
26 Ebd.
27 A. a. O., S. 18.

in den Abstraktionen vegetabiler Formen äußerte. Reinhardt und Süßenguth wandten sich vielfach von weichen Formen ab. Die Ornamente waren eckig, scharfkantig, der Dynamik innerer Bewegungskontraste, die man noch bei der Innenausstattung des Rathauses beobachten konnte, entledigt. Der Formenkanon lehnte sich wiederum an die deutsche Renaissance an: Rollwerk, Volute, Muschel, Feston, Maskaron und Rankenbänder wurden variiert,[28] ergänzt durch eine Reihe von Friesen mit abstrakt stereometrischer Bildung und frühmittelalterlichem Flechtwerk. Elemente des Jugendstils beschränkten sich auf die fließenden Linien der Dachbekrönung, die durchbrochenen Kronen der Giebeltürmchen, die Rahmungen der Dachfenster, die Kopfbildungen der Kapitelle über dem Saalgeschoß und einige Details des Architekturgerüstes, auf die ich noch zu sprechen komme.

Die Verarbeitung der einzelnen Motivkreise läßt sich besonders gut an der Übergangszone zum Dach beobachten. Die Relieffelder zwischen den allegorischen Figuren hatten eine Rahmung erhalten, deren Voluten nahezu abgerollt, gleichsam begradigt waren, nur kurze eckige Haken erinnerten noch an das ihnen zugrunde liegende Spiralmotiv. Die nach unten bogenförmig abschließenden Rankenbänder waren nicht mehr, wie für die Renaissance typisch, naturalistisch aufgefaßt, sondern in ihrer Stilisierung völlig abstrahiert. Wurden die Scheitel der Ranken mit Masken geschmückt, stand man der historischen Form näher; nutzten Reinhardt und Süßenguth ein abstraktes Motiv, das beispielsweise Spiralen oder Muscheln nachempfunden war, so blieb ihre Formbehandlung selbständiger. Gleiches galt für die halbkreisförmig angelegten Baldachine, deren Stirnseiten mit einem schlichten geometrischen Muster ornamentiert waren, während ihre Unterseiten von grotesken Masken geziert wurden.

Das Maskenmotiv fand als Ornamentform um die Jahrhundertwende weite Verbreitung.[29] Man konnte sich dabei an die Beispiele der Renaissance, der mittelalterlich-nordischen Ornamentik und der Romanik anlehnen oder gar auf aztekische und polynesische Motive, die durch ethnologische Forschungen bekannt geworden waren, zurückgreifen.[30] Bizarre Maskenbildungen schmückten auch am Charlottenburger Rathaus die Fensterpfeiler im Unter- und Erdgeschoß, die Pfeilereinstellungen an der Loggia, den Fries unterhalb der Fensterbänder der Giebeltürmchen und wurden als dekoratives Element im Innenbau wiederaufgenommen. Reinhardt und Süßenguth kannten mit Sicherheit die Masken, die an Kapitellen, Säulenausbuchten, Friesen und Portalen romanischer Kirchen oder auch an deren Außenfassaden, unterhalb des Daches – die Parallele zur Ornamentik des Charlottenburger Rathauses ist in diesem Fall besonders auffallend – angebracht waren.[31] Die romanische Bauplastik verband das Maskenmotiv häufig mit Bän-

28 Vgl. Wilhelm Lübke, Geschichte der Renaissance in Deutschland (= Geschichte der neueren Baukunst, Bd. 2), Abtlg. 1, 2., verb. u. verm. Aufl., Stuttgart 1882, S. 192 ff.; G. Ebe, Die Schmuckformen der Monumentalbauten... Bd. 2, S. 234; H. Dolmetsch, Der Ornamentenschatz... Taf. 33 D; Th. Krauth/F. S. Meyer, Das Steinhauerbuch... Bd. 1, S. 82 ff.; Wilfried Koch, Baustilkunde. Europäische Baukunst von der Antike bis zur Gegenwart, München 1982, S. 222 ff.

29 Als Beispiele seien die Schlußsteinbildungen an der Fassade des Berliner Kaufhauses A. Tiedemann Nachf. von Otto Rieth genannt, Kartuschenbildungen im Schiffahrtsgebäude auf der Pariser Weltausstellung von 1900 oder an Alfred Messels Fassade des Kaufhauses Wertheim in der Rosenthaler Straße. Architektonische Rundschau, 18. Jg. (1902), H. 5, Taf. 38; 19. Jg. (1903), H. 1, S. 2; 21 Jg. (1905), H. 2, Taf. 10.

30 C. Zetzsche, Neue Formen... S. 11.

31 Vgl. W. von Blankenburg, Heilige und dämonische Tiere... Abbildungsteil, S. 83 ff. Vgl. auch die Pilasterabschlüsse und Abwicklungen von Säulenkapitellen in den skandinavischen Kirchen von Hurum, Urnes und Gol. H. Dolmetsch, Der Ornamentenschatz... Taf. 33 D, Fig. 5, 6, 12 u. 13.

dern, die geometrische oder stilisierte vegetabile Muster enthielten. Die Bänder liefen aus den Mündern der Masken und bewegten sich in Wellenform von Kopf zu Kopf oder waren mit einem Tiermotiv verbunden: Schlange oder Drache lagen bogenförmig um die Maske und kreuzten sich zuweilen.[32] An der Charlottenburger Rathausfassade waren die Masken als isoliertes Ornament angelegt; das Bandmotiv blieb trotzdem erhalten, indem es in der Zierform zum Bart oder Nasenring abgewandelt wurde. Gegenüber den flach gehaltenen und vereinfachten romanischen Maskenbildungen trat hier eine sehr plastische Gestaltung auf. Die Gesichter waren gefurcht; starke Oberflächenkontraste riefen eine bizarre Wirkung hervor, die durch die Doppelung des Maskenmotivs – den oberen Abschluß bildete eine weitere kleine Maske – unterstützt wurde. In der mittelalterlichen Bauplastik war die Maske beziehungsweise Fratze ein Bannsymbol und wurde unheilabwehrenden Tieren, wie Löwe, Widder oder Stier, gleichgesetzt.[33] Ein Tierfries oder Folgen von Tierköpfen und Masken unter den Kirchendächern waren »Ausdruck mythischer Lichterlebnisse«[34]. Durch heil- und wunderkräftige Opferhäupter sollten die Götter geehrt und günstig gestimmt werden. Da Bild und wirkliches Sein dasselbe vermochten, wurden die dargestellten Köpfe zugleich als Versöhnungsopfer und Abwehrzauber erlebt. Doch was dem mythischen Menschen magischer Blitzschutz war, hatte um die Jahrhundertwende nur noch dekorative Funktion.

Die Kopfbildungen an der Nahtstelle zwischen den Pfeilern des Saalgeschosses und der Dachübergangszone waren allesamt Frauenköpfe, die durch ihre harmonische Stilisierung und ihre sanften Züge dem plastischen Ideal des floralen Jugendstils nahekamen. Diesem Ausdruck korrespondierten allerdings nicht fließende Bewegungen, etwa in der Anlage der Haarform. Das Haar wurde vielmehr, wenn auch leicht wellenförmig, zusammengefaßt und in einer festen Form um den Kopf gelegt. Als interpunktierender Schmuck an den glatten Pfeilern des Festsaalgeschosses waren die Kopfbildungen gleichsam architektonisiert, da man sie in würfelähnliche Massen eingebunden und das die Köpfe rahmende Rollwerk in die Fläche des Steins abgesenkt hatte. Das Haar war selbst unterhalb des Kinns rechtwinklig geschlossen worden. Die sich zu beiden Seiten des Kopfes nach unten anschließenden Spiralformen hatten die Architekten jeweils auf ein Punktelement und eine hakenförmige Linie reduziert. Abgetreppte Schildformen hielten die Spiralen zusammen und schufen gleichzeitig die Verbindung zu kurzen Friesen, die in die Fläche der Pfeilervorlagen eingelegt waren. In der Abfolge von Fries, Schild, Spirale und Haar beziehungsweise Kopf zeigte sich eine aufstrebende Bewegung, die mit jedem einzelnen Schmuckelement der figürlichen Zierform größere Körperlichkeit gab. Eine Reduzierung der Einzelformen hätte der architektonisierenden Wirkung des Ornaments eine noch größere Geschlossenheit verliehen.[35]

32 W. von Blankenburg, Heilige und dämonische Tiere... Abbildungsteil, S. 92 u. 85–91. Zur Bedeutung der Maske beziehungsweise des menschlichen Kopfes in Zusammenhang mit dem Bild des Verschlungenwerdens eines Tieres, wie Schlange, Drache oder Basilisk, vgl. u. S. 235f.

33 A. a. O., Abbildungsteil, S. 114f.; vgl. auch J. H. F. Kohlbrugge, Tier- und Menschenantlitz als Abwehrzauber, Bonn 1926, S. 21f.

34 W. von Blankenburg, Heilige und dämonische Tiere... S. 118.

35 Eine hervorragende Lösung architektonisierender Schmuckbildung unter Einschluß figürlicher Elemente zeigte beispielsweise das von Otto Rieth erbaute Kaufhaus Graumann & Stern in Berlin (Mohrenstraße). Die schlanken, glatten Frontpfeiler schlossen an ihrem Übergang zum Dach mit von Frucht- und Blattbüschel bekrönten Kopfbildungen ab, bei denen die vegetabilen Formen und die Stirnbinde des Kopfes in einfachen, würfelähnlichen Massen zusammengehalten wurden; das Haar verschmolz mit diesen Elementen zu einer Einheit. Architektonische Rundschau, 18. Jg. (1902), H. 8, Taf. 58. Vgl. auch H. Pfeiffer, Formenlehre des Ornaments... S. 80f.

Die Basis der Pfeiler des Festsaalgeschosses zeigten eine ähnliche architektonische Gliederung: Flächige Grundelemente sorgten für eine Bindung der einzelnen Schmuckformen an das Architekturglied. Der das Ornamentfeld umschließende Rahmen ließ eine umschweifende Linie erkennen, die im Mittelbau häufiger zu beobachten war. Hier floß sie aber nicht in einer einheitlichen Linie dahin, sondern war durch abrupte, eckig gehaltene Richtungswechsel und Abschlüsse strukturiert. Das Streben nach Geschlossenheit führte zur Vereinfachung der Einzelformen, was sich sowohl am Ornament als auch am Architekturgerüst bemerkbar machte.

Während an der Lützower Fassade das Hervortreten des Lotrechten noch eine stärkere Verpflichtung gegenüber der Gotik erkennen ließ, waren am Architekturgerüst der Hauptfront einige Details entwickelt, die in ihrer Weichheit dem Jugendstil nahe standen. Die vertikale Wirkung der Festsaalfenster wurde durch ein Bogenband, das sich von Pfeiler zu Pfeiler geradezu wellenförmig bewegte, gemildert. Die oberen Ecken der Fenster sparten die Architekten aus.[36] Die Ekken des Turmschaftes waren abgerundet, ebenso die Endungen der den Turmhelm rahmenden seitlichen Türmchen. Der Giebel des Risalits suggerierte eine leichte Kurvierung, die an den Nordgiebel und die obere Fensterrahmung des Behrensschen Hauses auf der Mathildenhöhe erinnerte.[37] Nun waren geschweifte Giebelformen nicht unbedingt eine originäre Schöpfung des Jugendstils, wenn auch die weit gezogenen, konkav schwingenden Olbrichschen Giebel diesen Eindruck erwecken mochten.[38] Reinhardt und Süßenguth hatten eine geschwungene Form in gerade und schräg geführte Linien mit Bogensegmentabschluß untergliedert und durch vertikale Einschübe nach oben verlängert.

Die Dachform wiederholte die geschweifte Form des hinteren Frontgebäudes. Den starren Eindruck einer steil aufsteigenden, völlig ebenen Dachfläche lösten Reinhardt und Süßenguth durch eine Art gebogenen Aufschiebling auf, der vollständig eingedeckt wurde.[39] Die geschwungene Form erleichterte an der Hauptfront den Übergang zwischen Wand und Dach, da durch das Hineinreichen der skulpturalen Teile der Fassade in die Dachzone das Hauptgesims nur wenig entwickelt werden konnte. Daneben sorgte die Höherlegung der Trauflinie für einen besseren Schutz der Wandfläche vor Wasser. Die oberhalb des geschwungenen Teils liegende Dachfläche hatte einen Aufschiebling erhalten, der den unteren Bereich des Daches überlappte.

Die Dachkonstruktion hatten die Architekten, wie bereits am ersten Bauabschnitt, in Stahl ausführen lassen. Es handelte sich um ein Pfettensparrendach, dessen Tragwerk aus Gitterbindern bestand. Die der Berliner Straße zugewandte Dachseite wurde mit schwarzen Falzziegeln (Biberschwanz) auf Lattung und hölzernen Sparren eingedeckt. Der Neigungswinkel des Daches betrug 58° 50′.[40] Die hofseitige Dachfläche – der Neigungswinkel betrug hier 60° – erhielt eine Schiefereindeckung auf Schalung und hölzernen Sparren.[41]

36 Die größeren oberen Fensterflächen waren in ihrer Binnenstruktur – durch Eisenrahmenwerk und Bleiungen verbundene kleine Scheiben – gotisierend.

37 Die Ausstellung der Darmstädter Künstler-Kolonie... S. 330f.

38 Vgl. Olbrichs stark geschweifte Giebelformen für das Blaue und Graue Haus auf der Darmstädter Mathildenhöhe. Conrad Sutter, Die Architektur Olbrichs auf der Darmstädter Ausstellung im Sommer 1904, in: Architektonische Rundschau, 21. Jg. (1905), H. 4, S. 25f.

39 Vgl. H. Pfeiffer, Stimmungswerte der Dachformen, in: Architektonische Rundschau, 21. Jg. (1905), H. 12, S. 91f.

40 Heinrich Barth, Statische Berechnung für den Neubau des Rathauses zu Charlottenburg, II. Bauteil – 1. Berechnung der eisernen Dachkonstruktion, Bl. 20, in: Bezirksamt Charlottenburg... Bauaufsichtsamt, Bauakten Otto-Suhr-Alle 100–102, Bd. 7/8.

41 A. a. O., S. 21.

Weil beide Dachflächen sehr steil waren, ging man davon aus, daß Schneeablagerungen nicht in die statischen Berechnungen einbezogen werden mußten. Das Dach über dem Haupttreppenhaus hatte Mansardenform, so daß sich nach den Seiten hin andere Neigungen als beim Hauptdach ergaben. Der Neigungswinkel der Mansarde lag bei 65° 20′, während er beim oberen Teil dieses Daches 24° 50′ betrug.[42]

Die Mauerdecken über den beiden Festsälen im 2. Obergeschoß wurden an der Dachkonstruktion aufgehängt, wobei man für die Monierdecke eine Belastung von 150 kg pro m^2 der horizontalen Projektionsfläche annahm. An den Dachbindern wurden noch zwei Laufstege angeordnet, die nur gelegentlich von einzelnen Arbeitern zur Überprüfung der Bedachungen betreten werden sollten. Dabei dienten die Laufträger der Stege gleichzeitig zur Aufhängung der Mauerdecke.[43] Die für die Auflager der Binder erforderlichen Platten wurden aus konstruktiven Gründen größer ausgeführt als erforderlich; durch Anker und Eisensplinte erhielten sie jeweilig eine feste Verbindung mit dem Mauerwerk.

Die Dacherker des Hauptgebäudes waren im Gegensatz zum ersten Bauabschnitt oberhalb der Trauflinie plaziert. Nicht mehr gotisierend, hatten sie einen leicht geschwungen ansetzenden Rahmen erhalten, der oben spitzwinklig zusammenlief, wobei die Schenkel gerade geführt waren. Die Rahmen hatten Zierkränze erhalten, die aus Folgen ovaler Segmente mit verschieden eingebundenen Mustern bestanden und in einer kleeblattförmigen Spitze gipfelten.

Die den Dachfirst entlanglaufende, in Kupfer[44] ausgeführte Bekrönung war eine Schmuckform, die an den Firstkamm beziehungsweise das Firstgitter mittelalterlicher Bauten erinnerte. Rathausbauten der Renaissance hatten die Firstbekrönung als Zierform genutzt, um die starren Dachmassen aufzulockern.[45] Um 1900 gehörten durchbrochene Firstornamente zum üblichen dekorativen Repertoire und schmückten etliche Wohn- und Geschäftshäuser.[46] Das Charlottenburger Hochbauamt stellte die Vermutung an, daß die Firstbekrönung nicht allein Schmuckelement gewesen sei, sondern auch der »Windbrechung im Hofbereich«[47] gedient habe, doch läßt sich weder in den Rathausakten noch in den statischen Berechnungen ein Beweis für diese These finden.[48]

42 A. a. O., S. 22f.

43 A. a. O., S. 24.

44 A. Hofmann, Das neue Rathaus in Charlottenburg, in: Deutsche Bauzeitung, 40. Jg. (1906), Nr. 42, S. 287 f. Ausführende Firma war P. Thom in Berlin.

45 Als Beispiele seien das mittelalterliche Rathaus und die spätere Rathaushalle (Wilhelm Vernikel, 1569–1573) in Köln genannt, die aus dem Anfang des 17. Jahrhunderts stammende Fassade des Bremer Rathauses von Lüder von Bentheim, das zwischen 1527 und 1530 von Hendrik van Peede erbaute Rathaus zu Audenaarde und das Rathaus zu Löwen, das zwischen 1448 und 1463 nach Plänen von Mathieu de Layens errichtet worden war. W. Lübke, Geschichte der Renaissance in Deutschland... Bd. 2, S. 453, Fig. 368; 3. Aufl., neubearb. v. Albrecht Haupt, Esslingen a. N. 1914, Bd. 2, S. 499, Abb. 326; A. F. Bluntschli/G. Lasius, Stadt- und Rathäuser... Abb. zu S. 58, Fig. 68 u. 70; vgl. auch Hans Koepf, Bildwörterbuch der Architektur (= Kröners Taschenausg., Bd. 194), Stuttgart 1968, S. 153.

46 Als Beispiel sei wiederum das Kaufhaus A. Tiedemann Nachf. von Otto Rieth angeführt. Das mit Kupfer gedeckte, geschwungene Dach wurde von einem mit floralen Motiven durchbrochenen Gitter bekrönt. Architektonische Rundschau, 18. Jg. (1902), H. 5, Taf. 38.

47 Vgl. Fritz Monke, Baudenkmale im öffentlichen Eigentum aus der Sicht der Hochbauämter, in: Denkmalpflegetag in Charlottenburg, 2. und 3. Juni 1988, hrsg. v. Senator für Stadtentwicklung und Umweltschutz – Bezirksamt Charlottenburg, o. O. o. J. (Berlin 1988). Häufigere Dachschäden wie das Lösen einzelner Pfannen dürften, wie dies auch vom Hochbauamt vermutet wurde, in keinem Zusammenhang mit einer konstruktiven Funktion des Zierkammes stehen. Erstaunlich bleibt, daß nach Mitteilung des Hochbauamtes eine Eindeckung des Daches mit Biberschwänzen im Herbst 1988 nicht möglich war, da bereits die Hersteller bei der Steilheit des Daches keine Garantie für das Halten der Deckung übernehmen wollten.

48 Heinrich Barth berechnete ausschließlich die entsprechenden horizontalen und vertikalen Komponenten des

Wie an der Lützower Fassade entwickelten Reinhardt und Süßenguth ein kammartiges Grundelement, dessen Ausbuchtungen abwechselnd bogenförmig überbrückt oder geöffnet waren. Die offenen Segmente waren an den Innenseiten mit einem Spiralornament versehen, dessen Teile durch ein Stabmotiv verbunden wurden. Die äußeren Stäbe wurden abgeknickt nach außen über die jeweiligen Zahnelemente zu einer weiteren Spiralform am Boden der geschlossenen Elemente geführt. Auf diese Weise entfalteten sich zwei Bewegungslinien: eine wellenförmige mit steilen Amplituden und eine geradezu rechteckig geführte, die immer wieder körperhafte Spiralformen einband. In den Kontrast von schwingender und eckiger Bewegung mischte sich hier der flüchtige Eindruck eines vegetabilen Momentes, so daß die Zierform in gewisser Weise die Wirkung organischer Bewegtheit erzielte.

Die Aufsätze der in Kupfer gedeckten polygonalen Giebeltürmchen[49] setzten sich aus drei Teilen zusammen: einem überlappenden Sockel mit einer wellenförmig geführten Unterkante, einem figürlich durchbrochenen Mittelteil und einer massiv geschlossenen Krone als oberem Abschluß. Den figürlichen Teil der Aufsätze bildeten vier kniende Skulpturen mit hochgereckten Armen, die die Krone hielten. Die abgewinkelten Arme und Beine formten gleichsam nach unten und oben Ösen, durch die eine stilisierte Blattgirlande schlangenförmig geführt wurde, abwechselnd in weiten und engen Bewegungen. Die Bedeutung der Figuren, die durch ein schildförmiges Ornament mit den Außenseiten der Sockel sowie den einzelnen Dachflächen der Türmchen verbunden waren, kann nicht zuletzt auf Grund des nur wenig aussagekräftigen historischen Fotomaterials nicht mehr genau ermittelt werden; sie dürfte jedoch in einer Beziehung zur Symbolik des Risalitgiebels gestanden haben.

Der Aufbau des Risalits gewann trotz der Gegensätze in der Materialbehandlung durch die Wiederholung einzelner Motive einen inneren Zusammenhalt. Der große Portalbogen fand durch die Rahmung des Turmsaalfensters eine Doppelung, die kleineren Bogen der Austritte zur Loggia und zum Balkon des Saalgeschosses setzten sich im bogenförmigen Abschluß des Giebels fort. Den Eingang des Rathauses hatten Reinhardt und Süßenguth sehr schlicht gehalten: keine der sonst üblichen Betonungen, etwa durch aufwendige Rahmungen und Verdachungen, nur wenige Stufen und dann ein schwerer Rundbogenbaldachin, der seine Wirkung allein aus der Schwere des Materials gewann. Die Vereinfachung des Portalbereichs durch einen schlichten raumschließenden Rundbogen gemahnte an Olbrichs Ernst-Ludwig-Haus.[50] Die Parallelen zwischen den Eingangsgestaltungen gingen noch weiter: Wie Olbrich flankierten Reinhardt und Süßenguth den Eingangsbereich mit zwei Skulpturen, die auf die Höhe der Oberbürgermeister-Loggia verlegt waren. Ludwig Habich ließ die Figuren am Ernst-Ludwig-Haus[51] reliefartig aus den Bossen herauswachsen, Reinhardt und Süßenguth versuchten, die überlebensgroßen Skulpturen des Risalits in eine enge Bezie-

Windes zu den üblichen Dachbelastungen. Zudem durfte bei den Größenverhältnissen zwischen Firsthöhe, Hofboden, Seitenflügel und dem Schmuckelement selbst kaum eine Beeinflussung der Winde erwartet werden.

49 Die Kupfer-Treibarbeit wurde von G. Knodt in Frankfurt am Main ausgeführt. A. Hofmann, Das neue Rathaus in Charlottenburg... S. 287. Die heutige spitzhaubige Form der Seitentürme ist eine Schöpfung der Restaurierung nach dem Zweiten Weltkrieg. Die ursprüngliche Kupfereindeckung der Türmchen wurde bereits frühzeitig durch eine Ziegeleindeckung ersetzt. Vermutlich wurde sie zusammen mit der Firstbekrönung im Ersten Weltkrieg abgenommen. Vgl. Berthold Grzywatz, Rathaus Charlottenburg, in: Geschichtslandschaft Berlin. Orte und Ereignisse, Bd. 1, hrsg. v. Helmut Engel u.a., Charlottenburg, T. 1, Die historische Stadt, Berlin 1986, S. 308, Abb. 268.

50 Die Ausstellung der Darmstädter Künstler-Kolonie... S. 189.

51 A.a.O., S. 190f.

Mittelrisalit der Hauptfront, Ausschnitt (Haupteingang, Loggia des Oberbürgermeister-Zimmers und Balkon des Festsaalgeschosses)

Hauptportal an der Berliner Straße.
Kunstschmiedearbeiten: A. M. Krause

hung zur Rustika des Mauerwerks zu bringen. Die Verbindung zwischen Bossenquaderung und Figurensockel war in Charlottenburg überzeugender gelöst, da der im Sockel gipfelnde Rustikapfeiler aus der Wand herauswuchs und nicht, wie in Darmstadt, abgetreppt dem Gebäude vorgelagert war. Die ornamentalen Brechungen und die selbständig aufgefaßte Form der Figuren verhinderten jedoch auch in Charlottenburg eine überzeugende Einheit von figürlichem und tektonischem Element.

Das Hauptportal des Rathauses war nicht geometrisch-puristisch vereinfacht, jedoch vollständig von der schwingenden floralen Diktion der hinteren Eingangstür abgelöst. Das verglaste Bogenfeld wurde durch ein rechtwinklig angelegtes Gitterwerk unterteilt. Der flächig gehaltene Rahmen verjüngte sich zum Scheitelpunkt des Bogens hin und war mit einem Fries rechteckig geschlossener Ornamente verziert, deren Formen abstrakt vegetabil aufgefaßt waren. Die Flächen wurden nicht mehr durch gedrehte und geschwungene Stäbe aufgelöst, sondern durch kantig, vertikal und horizontal geführte mit gitterartigen Verdichtungen. Der innere Rahmen der beiden Eingangstüren war flächig und streng rechtwinklig. Nur die Verdachungen der Türen hatten eine geschweifte Form erhalten. Die Innenflächen der Türen schlossen nach oben jeweils mit einem Bogen ab, dem verschachtelte Ornamentfelder mit wellen-, spiral- und bogenförmigen sowie geraden Linien folgten. Die Durchdringungen der Linien lösten sich nach unten in parallel geführte Stäbe auf, die schließlich kantig und in einer geschwungenen Form zusammengeführt wurden. Auffällig an der Gestaltung der Tür war erneut die differenzierende Materialbehandlung. Glatte Stäbe lösten kannelierte, gerasterte und teilweise gedrehte ab, Nieten verschiedener Größe wurden als flächenbelebendes Element eingesetzt und kontrastierten den völlig glatt gehaltenen Teilen der Türflächen. Als einzelne Ornamentform zeichnete sich das Spiralmotiv aus, das hier deutliche Aufwicklungen und nur in den Ansätzen eckige Linienführungen zeigte.

Die Bauplastik des Risalits war in ein ikonographisches Programm einbezogen, dessen Aufbau an den des Mittelbaus anschloß. Unter dem Patronat des preußischen Herrscherhauses und der Schirmherrschaft der Stadtgöttin Pallas Athene entfaltete sich das Leben der Stadt Charlottenburg, vertreten durch die Stände und repräsentiert durch das im Lichte spezifischer Herrschertugenden stehende Stadtoberhaupt. Zu den einzelnen Motivkreisen traten illustrierende Symbole oder solche mit apotropäischem Charakter.

Der Schutz des Hohenzollernhauses wurde durch Krone, Adler und Ordenskette symbolisiert. Die deutsche Kaiserkrone war deutlich an dem Kreuz auf der Stirnplatte, den Adlern auf den sich anschließenden Platten sowie den an der Hinterseite zusammengeführten Bändern zu erkennen.[52] Die Brust des Adlers zierte

52 Brockhaus' Konversations-Lexikon, 14., vollständig neubearb. Aufl. Neue revid. Jubiläumsausg., Bd. 10, Leipzig-Berlin-Wien 1902, S. 750, Beil. Taf. I, Kronen, Fig. 3. Die Krone wurde auf Erlaß Wil-

darüber hinaus ein Schild mit dem Wappen von Preußen[53], so daß jeglicher Bezug zu einem reichsständischen Adler, der im Mittelalter zum Symbol des städtischen Strebens nach Freiheit und Unabhängigkeit geworden war,[54] ausgeschlossen werden kann. Bei der Ordenskette handelte es sich vermutlich um eine Nachbildung des königlich-preußischen Hausordens. König Friedrich Wilhelm IV. hatte nach der Vereinigung der hohenzollernschen Lande mit Preußen den Orden des Hauses durch die Verfügung vom 23. August 1851 in die Reihe der preußischen Orden aufgenommen. Wilhelm I. erweiterte im Oktober 1861 den Orden zu insgesamt vier Klassen. Der Orden bestand aus einem Kreuz mit rundem Mittelfeld, in dem der königliche Adler mit dem Wappenschild der Hohenzollern untergebracht war. Die Großkomture trugen die mit den hohenzollernschen und nürnbergischen Wappenschilden und dem Szepterschilde des Kur-Erzkämmereramtes geschmückte Ordenskette.[55] Das Symbol der Krone haben wir bereits an den Giebeltürmchen bemerkt, wo kniende Männer und Frauen eine stilisierte Krone hielten. Ein Bild, in dem die Treue der Bürger zum Herrscherhaus sowie die Einheit von Volk und König ausgedrückt wurden.

Die Verbindung zwischen den Symbolen des preußischen Königshauses und dem Wappen der Stadt Charlottenburg vermittelte ein kreisförmiges Ornament mit einer Verkörperung der Stadtgöttin Pallas Athene. Die Göttin, direkt über dem Schild mit dem Stadtwappen angeordnet, war mit keinem der üblichen Attribute, Eule, Schlange, Aigis, Schild, Speer oder Gorgoneion, sondern lediglich mit einem Helm ausgestattet worden. Über dem Kopf der Göttin befand sich ein stilisiertes Gebäude, rund und mit einer glatten Kuppel. Aus der Vorgeschichte der Athene ist

Giebelabschluß am Mittelrisalit.
Bildhauer: Ernst Westpfahl

helms I. vom 15. Oktober 1871 im Modell gefertigt. Als Vorbild diente die Reichskrone des römisch-deutschen Kaisertums, die aus Plattenreif, Bügel, Kreuz und Pendilien sowie dreiteiligen Zierraten an den Innenseiten der Platten bestand. Das Kreuz war bei dieser Krone nicht auf der Stirnplatte, sondern darüber freistehend angebracht. Vgl. Hans Martin Decker-Hauff/P. E. Schramm, Die »Reichskrone«, angefertigt für Kaiser Otto I., in: P. E. Schramm, Herrschaftszeichen und Staatssymbolik... Bd. 2, S. 561 ff.

53 Durch die Erlasse Wilhelms I. vom 27. April und 15. Oktober 1871 wurde der rot bewehrte schwarze Adler, der so eng mit dem Reichsgedanken verbunden war, daß er nach 1806 in Vergessenheit geriet, zum Reichswappen erhoben. Dem einköpfigen Adler fügte man den preußischen Adlerschild als Wappen der Dynastie hinzu. A. Rabbow, Lexikon der politischen Symbole... S. 14.

54 Vgl. a.a.O., S. 23f. Anzumerken ist allerdings, daß der Giebel im Ausführungsentwurf das Stadtwappen unter einer stilisierten Sonne zeigte. Bezirksamt Charlottenburg... Bauaufsichtsamt, Bauakten Otto-Suhr-Allee 100–102, Bd. 3/4, Ausführungsentwurf, Bl. 130, gez. Reinhardt und Süßenguth, 4. November 1903.

55 Brockhaus' Konversations-Lexikon... Bd. 12, S. 628, Beil., Taf. II Orden, Fig. 8; vgl. auch Bd. 16, S. 496, Beil., Wappen der wichtigsten Kulturstaaten, Fig. 6 (Reichsadler).

bekannt, daß sie die Schutzgöttin der minoischen Paläste auf Kreta, die Schutzgöttin der Burgherren der mykenischen Zeit war und in mehr oder weniger hochgelegenen, stark befestigten Burgen verehrt wurde.[56] Die Akropolen, die Zitadellen von Städten wie Argos, Troja, Troizen, Epidauros und Athen waren ihr geweiht. Als Burg- und Stadtgöttin wurde Pallas Athene am Rathausgiebel in einer kriegerisch-abwehrenden Haltung dargestellt, da sie den Helm trug, ihr kriegerisches Wesen aber zurückhaltend entwickelt. Vielleicht ein Hinweis darauf, daß Athene sich den Friedfertigen als Göttin der Verträge und des Friedens näherte. Der Helm deutete dann an, daß Krieg und Frieden in ihrer Hand lagen.[57]

Der formale Aufbau des Giebelabschlusses ließ erneut die Tendenz zur wechselseitigen Durchdringung von Einzelformen sowie von Gerüst und Dekor erkennen. Drei Grundformen wurden miteinander kombiniert: spitzwinkliges Dreieck, Rechteck und Kreis. Die Linie des Dreiecks (Giebelrahmen) wurde mehrfach gebrochen, das Zusammenlaufen der Schenkel in Stufen verzögert. Die Begrenzungslinien eines rechteckigen Ornamentfeldes überlagerten die Außenlinien des Giebels und verlängerten gleichsam seinen oberen Abschluß. Der Mitte des Rechtecks wurde ein kreisförmiges Segment aufgelegt und vielfältig mit der dem Rechteck und dem Giebelabschluß zugrunde liegenden Dreiecksform verwoben. Zwei jeweilig nach rechts und links geführte Haken, die am Giebelrahmen geradezu eingeklinkt wurden, machten die Verzahnung besonders deutlich. Kontraste in der Materialverarbeitung, zwischen dem glatten Stein und der bildhauerisch bearbeiteten Form, führten, gerade in der Auflösung von Rechteck und Kreis in der oberen Giebelfläche, fast einmal zum Verschmelzen der Formen.

Das einzelne Ornament blieb aber eckig, scharfkantig und starr; die Verarbeitung historischer Formen war offensichtlich. Spiral- und Muschelformen wurden miteinander kombiniert, das Kreissegment inwandig mit einem leicht veränderten ionischen Kyma unterlegt. Die Kopf- und Gebäudebildung war mit variierten Wellenbändern, Würfel- und Scheibenfriesen und einem Bandgeschlinge verziert, das Stadtwappen mit einer schweren, in geometrische Muster gegliederten Schnur. Der Kopf der Athene wurde durch eine steife, sehr vereinfachte Kartusche, wie sie schon am ersten Bauabschnitt auftrat, gerahmt; die Form des Helms war streng zylindrisch aufgebaut.

Die allegorischen Ständedarstellungen der Dachübergangszone, die durch Schilde mit Symbolen zwischen den Pfeilern ergänzt wurden, müssen in die Betrachtung einbezogen werden. Der Figurenfries begann mit der Allegorie des Handwerks von Josef Drischler, es folgten Kunst und Wissenschaft von Johannes Götz[58], mit der Allegorie der Verwaltung von Wilhelm Haverkamp schloß die Darstellung zur linken Seite des Rathausturms ab. Rechtsseitig begann der Fries, ebenfalls aus der Hand Wilhelm Haverkamps, mit der Allegorie der Geistlichkeit, die Figur des Handelns schuf Josef Drischler, während die Allegorien des Ackerbaus und der Industrie nach Modellen von Heinrich Günther gefertigt worden waren. Die abschließenden Figuren der Jugendfürsorge und der Heilkunst, für die vermutlich August Vogel die Modelle geliefert

56 K. Kerényi, Die Jungfrau und Mutter der griechischen Religion ... S. 14.

57 Otto Kern, Die Religion der Griechen, Bd. 2, Die Hochblüte bis zum Ausgange des fünften Jahrhunderts, 2. Aufl. (unveränd. Nachdruck der 1. Aufl., 1935), Berlin 1963, S. 250.

58 Albert Hofmann gab als Bildhauer Götze an und meinte damit sicherlich den Berliner Bildhauer Martin Götze. Vgl. Das neue Rathaus in Charlottenburg ... S. 287. Irmgard Wirth übernahm diese Aufgabe (Die Bauwerke und Kunstdenkmäler von Berlin. Stadt und Bezirk Charlottenburg ... S. 141). Dem Herausgeber der Deutschen Bauzeitung war hier ein Fehler unterlaufen, Georg Süßenguth (Nachlaß Heinrich Reinhardt ...) gab unzweifelhaft Johannes Götz an, der auch in der ›Kunst für Alle‹, 18. Jg. (1902/03), S. 415 genannt wird.

hatte,[59] gehörten nicht mehr zum ursprünglichen Bau des Charlottenburger Rathauses, sie wurden erst bei der Erweiterung des Gebäudes in die Fassade eingefügt.
Sowohl die Plastiken selbst als auch die ihnen zugeordneten Schilde hatten die Bildhauer mit den verschiedensten Attributen versehen. Die Kunst trat mit Farbpalette und Tontafel auf, die Wissenschaft mit Eule, Fackel und geöffnetem Buch, die Verwaltung mit Schlüssel[60], Fasces[61] und Schreibgerät, die Geistlichkeit mit Kreuz, Bibel und Abendmahlskelch. Die geflügelte Kappe, die Sandalen sowie der von zwei Schlangen umringelte Heroldsstab als Attribute des Handels bezogen sich auf antike Darstellungen des Hermes. Der Götterbote und Schutzgott der Kaufleute und Diebe stand vor einem Schiffsrumpf, des weiteren waren dieser Allegorie das geschnürte Paket und der Anker beigegeben.[62] Die Landwirtschaft erschien mit Pflug, Spaten, gekreuzten Sicheln[63] und dem Füllhorn voller Früchte, die Industrie mit Zahnkranz, Bohrwerk und Spule, die Allegorie der Jugendfürsorge mit Kind und Spinnrocken[64], die Heilkunst kennzeichnete der obligatorische Äskulapstab.
Der Komplex der Ständedarstellungen war gegenüber dem ersten Bauabschnitt auffallenderweise um den Bereich der Industrie erweitert. Trotzdem ging es den Architekten nicht um eine zeitgemäße Interpretation des städtischen Gemeinwesens, vielmehr stellten sie die Kommune der Gegenwart in einen historischen Zusammenhang mit der mittelalterlichen Stadt, um die Kontinuität bürgerlicher Tätigkeit und Verwaltung hervorzuheben. Das gleichberechtigte Nebeneinander der Stände war keine Ideologisierung gesellschaftlicher Wirklichkeit, sondern der Versuch einer Reaktivierung von Geschichte, die eine Verbindung zwischen feudaler Ständefreiheit und moderner Städtefreiheit herstellte und damit die Tradition bürgerlicher Selbstverwaltung unterstrich. Dabei war es von untergeordneter Bedeutung, daß Charlottenburg eine Schöpfung des 18. Jahrhunderts war; die Stadt drückte ihren

59 Diese Zuschreibung ist hypothetisch. Da die Deutsche Bauzeitung (Neubauten der Stadt Charlottenburg. Die Erweiterungsbauten des Rathauses in Charlottenburg, 56. Jg. (1922), Nr. 8, S. 48) für die Ausführung des bildnerischen Fassadenschmucks allein August Vogel genannt hat, kann angenommen werden, daß die Modelle der allegorischen Figuren auch von ihm stammten.

60 Die Symbolik des Schlüssels bezieht sich auf die Tatsache, daß er sowohl öffnet wie schließt. In der christlichen Mythologie bezeichnet der Schlüssel die seinem Besitzer verliehene Vollmacht. An Kirchenportalen, die die Tür des Himmels symbolisierten, wurde häufig Petrus mit dem Doppelschlüssel dargestellt. Das Bild der Schlüsselgewalt beschrieb die ihm übertragene Vollmacht zu binden und zu lösen. Der Schlüssel war auch dem römischen Gott Ianus beigegeben, »dem ›Binder und Löser‹, dem ›Erfinder der Schlösser‹ und Gott der Initiation; er hat die Schlüssel der Macht, um zu öffnen und zu schließen, und den Schlüssel zu der Tür, die den Zutritt zum Reich der Götter und Menschen gewährt«. J. C. Cooper, Illustriertes Lexikon... S. 167. G. Heinz-Mohr, Lexikon der Symbole... S. 258.

61 Die Fasces, oder auch das Liktorenbündel, sind ein Bündel von Stäben und Ruten, die, um ein Beil gruppiert, durch eine Verschnürung zusammengehalten werden. Im römischen Reich waren die fasces ein Amts- und Würdezeichen der Diktatoren, Konsuln und Prätoren und wurden diesen von den Liktoren vorangetragen, Zeichen der Gewalt über Leben und Tod und im weiteren Sinne der Herrschergewalt überhaupt. Seit der Französischen Revolution waren sie, unter Hinzufügung der Freiheits- beziehungsweise Jakobinermütze, Sinnbild der republikanischen Staatsform und wurden beispielsweise ins französische Hoheitszeichen aufgenommen. A. Rabbow, Lexikon der politischen Symbole... S. 76.

62 Die Allegorien des Handels, der Landwirtschaft und der Industrie mußten nach dem Zweiten Weltkrieg restauriert werden und erhielten dabei neue Kopfbildungen, die als solche nicht die virtuos illustrative Form der Originale traf.

63 Die Sichel als Werkzeug zum Schneiden von Getreide und Gras ist ein uraltes Erntesymbol. In der gekreuzten Form dürfte ein Hinweis auf die die Landwirtschaft tragenden sozialen Schichten zu sehen sein.

64 Der Spinnrocken ist ein Symbol für die Arbeit der Frauen. Maria sitzt, einer ostkirchlichen, durch apokryphe Evangelien veranlaßten Bildtradition folgend, in manchen Bildern der Verkündigung am Spinnrocken, um das Purpurtuch für den Tempel anzufertigen, und hält eine Spindel in der Hand, während ihr

Anspruch auf städtische Autonomie aus, selbstbewußt begriff man die Selbstverwaltung als Fundament des Staates.[65]
Die einzelnen Skulpturen hatten dann auch überwiegend eine mittelalterlich inspirierte Kleidung erhalten: lange, faltige Gewänder mit kräftigen Drapierungen, Kapuze, ärmellosen Mantel, Gebände und Haube. Allesamt sehr körperlich angelegt, traten die Figuren deutlich aus der Wand hervor. Der Gegensatz zwischen skulptierten Körpern und glatter, aus Quadern gefügter Fläche des Mauerwerks machte Einflüsse der spätgotischen Bauplastik deutlich.[66] Das Faltenspiel der Gewänder war sehr nuanciert, die Gestik der Figuren von Pathos erfüllt, während die Körper in ihren Haltungen sinnlich aufgefaßt waren. Selbst dort, wo antike Motive zitiert wurden, wie beispielsweise die Gestalt des Hermes, sorgten Details, wie die Haartracht oder die Gewandung, für ein sinnenfrohes Formenspiel, weit entfernt von der klassischen Einfachheit antiker Vorbilder. Der Unterschied war an der Fassade des Rathauses selbst zu beobachten. Die Figuren der Jugendfürsorge und der Heilkunst ließen eine Strenge der Form erkennen, die dem prunkvollen Überschwang der früheren Skulpturen fremd war.
Die Loggia des Oberbürgermeister-Zimmers wurde ikonographisch akzentuiert. Zwei überlebensgroße Figuren, durch die blockhafte Geschlossenheit von Figur und Sockelplatte überaus monumental gehalten, stellten Weisheit und Gerechtigkeit dar.[67] Beide Figuren schlossen sich in ihrer bildhauerischen Auffassung den Skulpturen der Dachübergangszone an. Die gleichen mittelalterlichen Gewandungen mit schwerer Drapierung und breit entwickelter Plastizität, die den Figuren Raum für eine sinnliche Gestik ließ. Justitia stützte auf ihrem rechten, angewinkelten Bein das aufgeschlagene Gesetzbuch ab und hielt es, nach außen geöffnet, dem Betrachter entgegen. Die linke Hand der Allegorie umfaßte das auf den rechten Unterarm gelegte Schwert. Zu Füßen der Gerechtigkeit befanden sich zwei ineinander verschlungene Schlangen, die an den Gegensatz von Gut und Böse erinnerten. Die Allegorie der Weisheit zur rechten Seite der Loggia hatte die Beine gekreuzt, ihr in eine Kapuze gehüllter Kopf war gesenkt. Sie las in einem Buch, das sie auf dem linken Arm gelagert hatte; die rechte Hand hatte sie zum Schwur erhoben, als wollte sie die eben erfahrene Weisheit beschwören. Als Symboltier hatte ihr der Bildhauer zu Füßen eine Eule beigegeben.
Weisheit und Gerechtigkeit gehörten zu den Herrschertugenden. Indem sie mit dem Zimmer des Oberbürgermeisters in Verbindung standen, unterstützten sie eine patriarchalisch gedeutete Sicht der Selbstverwaltung, auch wenn das Stadtoberhaupt nur als Repräsentant des Gemeinwesens gesehen wurde. Nach der Städteordnung der östlichen preußischen Provinzen war der Bürgermeister nicht alleiniger Gemeindevorstand, sondern lediglich Vorsitz führendes Mitglied im Magistratskollegium.[68] Als »Erster unter Gleichen« besaß er keine unabhängige Stellung, er war an die Gemeindebeschlüsse gebunden, die

der Engel die Botschaft verkündet. Im Bild des Spinnens und Webens verkörpert sich das weibliche Prinzip mit seiner Fähigkeit, das Schicksal zu weben. Pallas Athene galt in der griechischen Mythologie als Beschützerin des Spinnens und Webens. G. Heinz-Mohr, Lexikon der Symbole... S. 271; J. C. Cooper, Illustriertes Lexikon... S. 179f.; K. Kerényi, Die Mythologie der Griechen... Bd. 1, S. 102.

65 Vgl. die Rede des Charlottenburger Stadtrates Ignatz Jastrow in: Reden bei der Feier des hundertjährigen Bestehens der Städteordnung am 19. November 1908 im Rathaus zu Charlottenburg, o. O. o. J. (Charlottenburg 1908), S. 14ff.

66 Urs Boeck, Plastik am Bau. Beispiele europäischer Bauplastik vom Altertum bis zur Neuzeit, Tübingen 1961, S. XVI.

67 Georg Süßenguth bezeichnete sie in seinem Referat vom Mai 1935 interessanterweise als Portalfiguren. Die Modelle stammten von August Vogel. Nachlaß Heinrich Reinhardt...; vgl. auch Tagesordnungen... Stadtverordneten-Versammlung... 1903, Drucksache Nr. 130.

68 O. Oertel, Die Städteordnung... S. 73f.

nur Gültigkeit besaßen, wenn Magistrat und Stadtverordneten-Versammlung ihnen zugestimmt hatten. Diese Stellung des Oberbürgermeisters wurde durch sein Prüfungsrecht vielleicht relativiert, aber keineswegs aufgehoben. Da die Allegorien aber gleichzeitig dem Portalbereich zugeordnet waren, erhielten sie eine allgemeinere politische Bedeutung. Nicht mehr allein Herrschertugenden, implizierten sie auch den Selbstanspruch der bürgerlichen Verwaltung – sowohl Forderung an die gewählten Vertreter der Stadtgemeinde als auch Hinweis für die Bürgerschaft –: daß die Selbstverwaltung als sozial integrative Einrichtung an die Bedürfnisse des Einzelnen und des Gemeinwesens gebunden war. Die Allegorien wurden durch Tiersymbole illustriert, während Abwehrsymbole die Wirksamkeit der Aussage gleichsam verstärken sollten. An den schmalen Seitenrisaliten[69] befand sich über den Fensterbogen des 1. Stockwerks jeweils das Bild einer Eule mit ausgebreiteten Flügeln, zu deren Füßen sich zwei Schlangen ringelten. Der Streit zwischen Gut und Böse wurde, so die Aussage dieses Bildes, schließlich durch die Weisheit überwunden. Die Eckausbildungen der darüberliegenden Balkonbrüstungen – die Balkone konnten von den Festsälen aus betreten werden – waren als stilisierte Löwenköpfe angelegt. Der brüllende Löwe hatte hier die Rolle einer abschreckenden und abschirmenden Macht, seine furchterregende Stärke diente der Abwehr böser Einflüsse,[70] was nicht minder für die Fratzen und stilisierten Masken an den Säuleneinstellungen der Oberbürgermeister-Loggia galt.

Die politische Allegorik des mittleren Risalits erhielt durch zwei Reliefs, die an der Brüstung der Loggia, zu den Seiten eines Schildes über dem Portalbogen angebracht waren, eine ungewöhnliche Note. Auf dem linken Relief war in frontaler Sicht ein Mann dargestellt, auf dem rechten eine dem Betrachter den Rücken zuwendende kniende Frau, die sich zum Mann umblickte. Das Motiv »Mann« und »Frau« gehörte als Monumentalskulptur zur Portalgestaltung des Ernst-Ludwig-Hauses in Darmstadt und wurde dort als »ein Sinnbild des Gelübdes, das die Künstler zu erhebendem Tun vereinigen sollte«[71], verstanden. Vielleicht wollten Reinhardt und Süßenguth mit ihren bescheidenen Reliefs an den Gedanken des gemeinsamen schöpferischen Aufbruchs, des fruchtbringenden Schaffensdrangs erinnern. Seitlich rahmende Schnüre mit Äpfeln und ein mit einem Adler bekrönter Frauenkopf im Scheitelpunkt des Portalbogens erläuterten diesen Gedanken.

Der ikonographische Aufbau des Giebels wiederholte sich noch einmal in Teilen an der Eingangstür des Rathauses. Ihr Rahmen schloß oben mit einer Krone ab, der zu den Seiten hin zwei stilisierte Reichsadler zugeordnet waren. Unterhalb der Krone war das Charlottenburger Stadtwappen plaziert, an das sich das Bild der Stadtgöttin, attribuiert durch zwei Schlangen, anschloß.

Die unteren Flächen der Flügelbauten hatten die Architekten für die Darstellung bürgerlicher Lebensideale genutzt. Es wurden Motive des Mittelbaus wieder aufgenommen, wobei erneut das Prinzip der Darstellung in Entsprechungen angewandt wurde. Die Reliefs zwischen den großen Bogen der Kassenräume im Erdgeschoß versinnbildlichten Fürsorge und Gemeinnützigkeit.[72] Die Fürsorge kam im Bild des seine Jungen fütternden Pelikans zum Ausdruck,[73] Gemeinnützigkeit wurde durch einen Adler verkörpert, der auf seinem Nest mit Jungvögeln mehr thronte als saß.

69 Der östliche Risalit ist heute nicht mehr vorhanden, da er im Zuge des Erweiterungsbaus, der den Reinhardt und Süßenguth-Bau nach Osten um zwei Achsen verlängerte, abgerissen wurde.

70 G. Heinz-Mohr, Lexikon der Symbole... S. 190f.; vgl. auch W. von Blankenburg, Heilige und dämonische Tiere... S. 200 f.

71 G. Fuchs, Ludwig Habich, in: Die Ausstellung der Darmstädter Künstler-Kolonie... S. 190.

72 Nachlaß Heinrich Reinhardt...

73 Das Bildwerk wurde bei der Erweiterung des Rathauses auf dem letzten östlichen Bogenpfeiler wiederholt. Ebd.

Während der Pelikan in einer langen Bildtradition steht und seine Bedeutung der Interpretation wenig Schwierigkeiten bereitet – bei der Behandlung des ersten Bauabschnitts wurde schon darüber gesprochen –, verschließt sich das Symbol der Gemeinnützigkeit einer schnellen Deutung. Der Adler galt gemeinhin als Sinnbild der Allmacht und Allwissenheit, war Begleiter der höchsten Gottheiten. So erschien er als Attribut des Zeus, und als sein Blitzträger hielt er häufig einen Donnerkeil in den Krallen.[74] In der germanisch-skandinavischen Mythologie gehörte der Adler als Wahrzeichen zu Odin.[75] Als Tier, dem großes Wissen verliehen war, saß der Adler in den Zweigen des Weltbaumes, der Esche Yggdrasil – einer Nachbildung des christlichen Kreuzbaumes –, an dem sich der höchste Gott (Odin) selbst opferte und der somit zum Sinnbild der Welt wurde.[76]

Schon in vorhellenischer Zeit wurde der Adler zum Symbol imperialen Herrschaftsanspruches, und als heraldisches Zeichen hat er bis heute seine Bedeutung erhalten. Als weltliches Herrschaftssymbol ließ sich der Adler aber schwerlich mit dem Begriff der Gemeinnützigkeit in Verbindung bringen. Der Physiologus hob die Fähigkeit des Adlers zur Erneuerung und Verjüngung hervor, indem das Symlboltier zur Sonne emporflog, seine Fittiche verbrannte, die Düsternis seiner Augen abwarf und sich anschließend in eine Quelle stürzte.[77] In diesem Bild wurde an die Erneuerung der Menschen im Glauben, in »der Sonne der Gerechtigkeit Jesu Christi«[78], erinnert. Im Tetramorph, dem Sinnbild der vier Evangelisten, war der Adler Symbol für Johannes. Dabei wies das Zeichen des vierten Evangelisten auf »die vierte Kardinaltugend der Besonnenheit, die der Christ nach dem Beispiel seines Herrn üben soll, und damit auf die Kontemplation der gültigen Maßstäbe ewigen, nicht der irdischen Korruption verfallenden Lebens«[79]. Die Sinnbilder der Evangelisten, Mensch (Matthäus), Stier (Lukas), Löwe (Markus) und Adler (Johannes), symbolisierten aber auch Christus selbst in Form der Menschwerdung, Leiden, Auferstehung und Himmelfahrt.[80] Nur in der Beziehung zur christlichen Mythologie, zur Gerechtigkeit Christi und dessen Aufforderung zu einem Leben in Vernunft und Erkenntnis, Aufopferung und Furchtlosigkeit, konnte der Adler, indem er den Christen an das Bewußtsein von den ewigen Dingen gemahnte, zu einem Symbol der Gemeinnützigkeit werden.[81] Die am Fuße des Netzes vorhandenen Schlangen stellten den Sieg über das Böse dar, in der Verknotung ihrer Schwanzenden war ihre Machtlosigkeit erfaßt.

Die modellierten Schlußsteine der Bogen im Erdgeschoß, Kopfbildungen mit Tiersymbolen, versinnbildlichten (von links nach rechts) Sparsamkeit und Verschwendung, Habsucht und Mildtätigkeit.[82] Die Sparsamkeit wurde durch einen Männerkopf verkörpert, um dessen Hals ein mit

74 G. Heinz-Mohr, Lexikon der Symbole... S. 25; J. C. Cooper, Illustriertes Lexikon... S. 9. Vgl. auch den preußischen Adler, der zur Zeit Friedrichs II. Schwert und Blitzbündel in seinen Krallen trug. A. Rabbow, Lexikon politischer Symbole... S. 13 f.

75 W. Golther, Handbuch der germanischen Mythologie... S. 356.

76 A. a. O., S. 349 f. u. 527 ff.

77 Der Physiologus... S. 8.

78 Ebd. Den Griechen galt die oberste Gottheit Zeus ebenfalls als Hüter der Gerechtigkeit. O. Kern, Die Religion der Griechen... Bd. 3, S. 248.

79 G. Heinz-Mohr, Lexikon der Symbole... S. 26. Vgl. auch Emile Mâle, Die Gotik. Kirchliche Kunst des 13. Jahrhunderts in Frankreich (Neuausg. der revid. 9. französ. Ausg. L'art religieux du XIIIe siècle en France, Paris 1958 unter Berücksicht. der 1. dt. autoris. Übertrag. von L. Zuckermandel, Straßburg 1907), Stuttgart-Zürich 1986, S. 58.

80 H. Beenken, Romanische Skulptur des 11. und 12. Jahrhunderts in Deutschland (= Handbücher der Kunstgeschichte, hrsg. v. Georg Biermann), Leipzig 1924, S. 174.

81 Vgl. E. Mâle, Die Gotik... S. 57 f.

82 Nachlaß Heinrich Reinhardt... Die Modelle für die Schlußsteine wie die der übrigen Zierformen der Hauptfront stammten von Ernst Westpfahl.

einem Schloß verbundenes Gestänge gelegt war, und durch zwei Eichhörnchen zu beiden Seiten des Kopfes, die wohl auf das Anlegen von Vorräten hindeuten sollten. Die Verschwendung war ebenfalls als männliche Eigenschaft dargestellt. Ein Männerkopf hatte eine Narrenkappe erhalten und war mit zwei Vögeln attribuiert, die vielleicht Geier als Sinnbilder der Gefräßigkeit verkörpern könnten.[83] Die Habsucht wurde weiblich aufgefaßt, die illustrierenden Vögel waren nicht eindeutig zu identifizieren. Es könnte sich um Elstern oder Truthähne handeln. Auch die Mildtätigkeit erschien als Frauenkopf, dem als Symbol ein echsenähnliches Tierpaar beigegeben war. Vielleicht Salamander, in der mittelalterlichen Kunst versinnbildlichen sie den auf Gott vertrauenden Gerechten und sind häufig als flügellose Eidechsen oder Drachen abgebildet.[84] Die Kopfbildungen der Schlußsteine waren sehr plastisch angelegt und fielen durch besonders aufwendig strukturierte Hauben auf, die sich aus verschiedenen Einzelformen zusammensetzten, wobei dem Spiralmotiv eine herausragende Rolle zukam. Die Tierdarstellungen zu den Seiten hin waren dagegen flach, reliefartig gehalten.[85]

Nach der Fertigstellung des Rathausbaus fand die Komposition des Turms bei der zeitgenössischen Kritik lobende Anerkennung. Max Creutz sprach gar von einer »genialen Schöpfung«, »wenigstens in der geschlossenen Silhouette der Gipfelung, der fein abgewogenen und durchgearbeiteten Zusammenstellung der Einzelteile, nicht zuletzt in den oben angebrachten Figuren, die aus der Enge der Stadt für die Vorstellung Fernblick und Weite bedeuten«[86]. Die Architekten selbst wiesen mit Stolz darauf hin, daß der Turm »einen großartigen Rundblick über Charlottenburg und Berlin« gewähre, »noch schöner als vom Berliner Rathausturm, weil hier der Blick für das Landschaftliche wesentlich erweitert (war) und sich trotzdem das Berliner Häusermeer vor den Augen des Beschauers ausbreitet(e)«[87].

In der christlichen Mythologie war der Turm (Turmbau zu Babel) »das Symbol des Hochmütigen, der sich ohne Maß erhebt, dem es aber doch unmöglich ist, seine menschliche Situation zu überschreiten«[88]. Zugleich verkörperte die Theophanie Jahwes eine Offenbarung immanenter Gerechtigkeit, »den Aufstand des menschlichen Gewissens gegen den Despotismus einer totalitären Organisation«[89]. In der späteren christlichen Bildtradition gewann der Turm dann positive Bedeutung – so wurde er als Leuchtturm Symbol des ewigen Lebens. Für das frühmittelalterliche und romanische Kirchengebäude drückte sich im Motiv der Türme das Bild der Kirche als Himmelsstadt aus.[90] Seit dem sechsten Jahrhundert bestimmten sie im Westen die Außenerscheinung des Kirchengebäudes, bildeten als Zweiturmanlage, das Hauptportal flankierend, eine Art Stadttor oder eine Kirche über einem Stadttor, indem über die Langhauskirche eine zentrale Turmkirche einschließlich einer Torhalle angeschoben wurde. In Anlehnung an den Gedanken der Leiter[91] wurde der Turm zu einem Symbol des Aufstiegs und der Wach-

83 J. C. Cooper, Illustriertes Lexikon ... S. 63.

84 A. a. O., S. 153; G. Heinz-Mohr, Lexikon der Symbole ... S. 251; Der Physiologus ... S. 28.

85 Der Schlußstein des dritten, im Zuge des Seelingschen Erweiterungsbaus aufgeführten Fensterbogens erhielt ebenfalls eine Kopfbildung, deren Formen vereinfacht waren und ornamentaler Durchdringungen entbehrten. Ein Männerkopf wurde mit zwei Hähnen kombiniert, womit vermutlich auf Wettbewerb und Konkurrenz hingedeutet werden sollte.

86 Das Charlottenburger Rathaus ... S. 239.

87 H. Reinhardt/G. Süßenguth, Das neue Rathaus in Charlottenburg, in: Charlottenburger Zeitung Neue Zeit vom 18. September 1904.

88 G. Heinz-Mohr, Lexikon der Symbole ... S. 296.

89 Ebd.

90 H. Sedlmayer, Die Entstehung der Kathedrale ... S. 121 ff.

91 In der christlichen Mythologie stellte man sich den Weg zum Himmel nicht anders als in Form eines

samkeit. Ein riesiger Turm mit einem getöteten Drachen wies in der christlichen Ikonographie auf Macht und Machtdenken hin.[92]

Im Profanbau des Mittelalters wurde der Turm ebenso wie in der Antike mit der Stadtbefestigung verbunden: Türme flankierten das Stadttor, sie waren Bestandteil eines Verteidigungssystems, zu dem häufig weitere Wacht- und Wartetürme in der Nähe der Stadt gehörten. Der Turm war zugleich Ausdruck von Wehrhaftigkeit, Unbezwinglichkeit und Selbstbewußtsein des Besitzers.[93] Wie bereits erwähnt, kamen Turmbauten an mittelalterlichen Rathäusern selten vor; häufig standen sie in keiner Beziehung zum Ratsgebäude, sondern waren einzeln aufgeführt. Otto Stiehl meinte, daß die regelmäßige Verbindung zwischen Rathaus und Turm zuerst in den östlichen Kolonisationsstädten Deutschlands, in Schlesien, dem preußischen Ordensland und in Polen entstanden war. Die Bürgerschaften dieser Städte grenzten sich, auch wenn sie der Hoheit slawischer Fürsten unterstanden, als selbständige Genossenschaften gegen die umwohnende Landbevölkerung ab und blickten »stolz auf ihre Überlegenheit in Bildung, Wohlstand und politischer Stellung. Hier konnte sich am ersten die Errichtung eines Ratsturmes als monumentaler Ausdruck dieses berechtigten Stolzes einbürgern, und diese Sitte erhielt sich dann auch in späteren Zeiten, als die Gegensätze des Volkstums zwischen Stadt und Land sich mehr ausgeglichen hatten.«[94] Die belgischen und holländischen Rathäuser, mit deren Bau man gegen Ende des 14. Jahrhunderts begonnen hatte, erhielten von Anfang an häufiger Türme mit bedeutender Höhenentwicklung,[95] die auf den deutschen Rathausbau einen starken Einfluß ausübten.[96] In der zweiten Hälfte des 16. Jahrhunderts wurde der Turm zu einem bestimmenden Architekturteil der Fassaden deutscher Rathäuser.[97] Allerdings blieb seine Höhenentwicklung mäßig; das galt sowohl für den nordwest- als auch den süddeutschen Bereich, allein in Sachsen, Schlesien, Ost- und Westpreußen fanden sich Turmschöpfungen, die an die Maßstäbe flandrischer Rathäuser heranreichten.

Als herausragendes Beispiel soll an dieser Stelle das rechtstädtische Rathaus in Danzig dienen, das, neben dem flandrischen Beffroi, sowohl den Wettbewerbsentwurf als auch das spätere Charlottenburger Ausführungsprojekt Reinhardt und Süßenguths beeinflußt haben dürfte.[98] Der schlanke, quadratische Turm des Danziger Rathauses stieg aus der Hauptfront mit

Aufstiegs vor, der durch das Martyrium führte. Ein Drache oder eine Schlange am Fuße der Himmelsleiter symbolisierte den Weg durch das Leiden zur Seligkeit. G. Heinz-Mohr, Lexikon der Symbole... S. 185.

92 A. a. O., S. 297.

93 C. Sutter, Der Turm, in: Architektonische Rundschau, 23. Jg. (1907), H. 9, S. 71.

94 O. Stiehl, Das deutsche Rathaus im Mittelalter... S. 155. Als Beispiel nannte Stiehl das um 1259 erbaute Rathaus zu Thorn, dessen monumentaler Turm eine Seitenlänge von 7,75 m hatte und dessen Höhe bis zum Ansatz des steilen Helmes 40 m betrug. A. a. O., S. 108 u. 110, Abb. 119. Der Turm wurde 1385 erhöht, während der Neubau des Rathauses – ein mächtiger Block, als reiner Backsteinbau aufgeführt, mit vertikalen spitzbogigen Blendnischen – erst nach 1393 erbaut wurde. Vgl. K. Gruber, Das deutsche Rathaus... S. 89ff. Gruber wies nachdrücklich auf das Vorbild des flämischen Beffroi hin. Vgl. auch N. Pevsner/J. Fleming/H. Honour, Lexikon der Weltarchitektur, Reinbek 1976, Bd. 2, S. 450.

95 A. F. Bluntschli/G. Lasius, Stadt- und Rathäuser... S. 83.

96 A. Grisebach, Das deutsche Rathaus der Renaissance... S. 150.

97 A. a. O., S. 117; C. Sutter, Der Turm... S. 79; A. F. Bluntschli/G. Lasius, Stadt- und Rathäuser... S. 35; vgl. o., Kap. Rathauswettbewerb, S. 78f.

98 Vgl. W. Lübke, Geschichte der Renaissance in Deutschland... Bd. 2, 3. Aufl... S. 213, Abb. 118. Hansjoachim Reinhardt berichtete, daß sein Vater im Zusammenhang mit den frühen Rathausausführungen eine Reise nach Holland und Belgien unternommen hatte, um besonders die Turmkonzeptionen zu studieren. Das Danziger Rathaus hatten Reinhardt und Süßenguth mit Sicherheit gekannt. Nebenbei sei hier angemerkt, daß der örtliche Leiter am ersten Bauabschnitt, Regierungsbaumeister Reinhold Kiehl, mit dem die Charlottenburger Architektengemeinschaft eng zusammenarbeitete, aus Danzig stammte.

fünf Geschossen auf. Der massive, noch gotische Teil des Turms – er war 1465 aufgeführt worden – reichte bis zur Plattform des 3. Obergeschosses. Die Wandflächen wurden durch spitzbogige Arkaden mit tiefen Laibungen gegliedert. Das 3. Obergeschoß zierte eine runde Uhr. Achteckige Türmchen kragten aus den Seiten des 3. Obergeschosses vor und lösten sich über der Plattform frei ab. Die oberste Plattform des Rathauses hatte eine steinerne, reich durchbrochene Ornamentgalerie erhalten. Die gotische Spitze, die 1550 einem Brande zum Opfer gefallen war, wurde vermutlich um 1630 neu aufgeführt.[99] Der Körperumriß der im Wechsel von geraden, runden und geschweiften Formen angelegten Spitze wurde durch zahlreiche Strebebogen, Pfeiler, Spitzen und Kugeln aufgelöst. Die sich in einer doppelten Laterne verjüngende Spitze bekrönte eine vergoldete, geharnischte Figur. Der Turm erreichte insgesamt eine Höhe von 82 m.[100]

Im Wettbewerbsentwurf fehlte noch das Motiv des Ecktürmchens. Reinhardt und Süßenguth hatten jedoch die Ecken durch Pfeiler verstärkt, die sich am Ansatz der polygonalen Spitze von der Wand lösten und zum Sockel figürlicher Wappenträger wurden. Die Eckverstärkungen wiederholten sich am Helmansatz und dienten hier der Bildung einer Figurengruppe. Die Auflösung des Turmabschlusses durch Strebebogen und Spitzen waren in diesem Entwurf ebenso enthalten wie die Motive der Galerie und der doppelten Laterne.

Der ausgeführte Turm war gegenüber dem Wettbewerbsentwurf insgesamt geschlossener und kompakter. Sein Schaft wirkte allein durch die Materialbehandlung, nur schmale, gekuppelte Fenster, in einen vertieften Mauerstreifen versetzt, unterbrachen die Fläche des Quaderwerks. Die Motivkreise des Wettbewerbsentwurfs traten bei der Ausbildung der Turmspitze erneut auf, waren jedoch wesentlich dichter angelegt. Am 3. Geschoß des Turms wurden die Ecken durch glattflächige Strebebogen verstärkt, die sich aber nicht von der Wand lösten, sondern stets mit dem Mauerwerk verbunden blieben. Auf der Höhe der Galerie – der Turm verjüngte sich an diesem Punkt – bildeten sie die Sockel für die vier Turmfiguren. Die Ecktürmchen kragten nicht vor die Wandfläche, verschmolzen vielmehr mit dem Mauerwerk, nur die abgerundeten Helme lösten sich ein wenig, die Anlehnung an ein Architekturmotiv flandrischer Stadt- und Rathäuser beziehungsweise Kaufhaus-Markthallen war gleichwohl erkennbar.[101] Dic Ecktürmchen rahmten zugleich den Ansatz der Laterne.

Den viereckigen Schaft des Turmes überführten die Architekten nicht mehr in ein sich verjüngendes Polygon, sondern behielten die quadratische Grundform bei und brachten sie stufenweise zu einem spitzförmigen Abschluß. Erst über den Fensterdurchbrechungen der Laterne verjüngten sich die Dachflächen linienhaft, wurden unter Wiederholung des Eckturmmotivs in einer Art Plattform zusammengefaßt, auf die eine weitere ornamental durchbrochene Laterne aufgesetzt war. Die Spitze der Laterne bekrönte ein überkragender zylinderförmiger Knauf.

Die Flächen des Turmabschlusses wurden auch durch den Wechsel von geschliffenen und rohen Bruchflächen sowie durch ornamental bearbeitete Teile belebt. Die in Kupfer getriebenen, 2,75 m hohen Turm-

99 W. Lübke, Geschichte der Renaissance in Deutschland ... Bd. 2, 3. Aufl... S. 212; vgl. C. Sutter, Das Thurmbuch. Thurmformen aller Stile und Länder, Berlin 1888, Taf. 13 u. Nr. 58.

100 A. F. Bluntschli/G. Lasius, Stadt- und Rathäuser ... S. 52. Zum Vergleich: Der Turm des Brüsseler Stadthauses war 106 m hoch, der Hauptturm des neugotischen Wiener Rathauses (1872–1883) von Friedrich von Schmidt, der ebenfalls den spätmittelalterlichen Beffroi zum Vorbild hatte, erreichte eine Höhe von fast 100 m. A. a. O., S. 85; Christian Baur, Neugotik, München 1981, S. 207.

101 Die Ecktürmchen waren kein selbständig entwickeltes Motiv des mittelalterlichen Profanbaus, sondern dürften dem Kirchenbau entlehnt sein. Vgl. W. Koch, Baustilkunde ... S. 356; Georg Gottlob Ungewitter, Lehrbuch der gotischen Konstruktionen, 4. Aufl., neu bearb. von K. Mohrmann, Bd. 2, Leipzig 1903, S. 599 ff.

skulpturen verkörperten »die Wachsamkeit der Stadtverwaltung«, »welche sich auf alle Bedürfnisse der Einwohner richtet(e)«[102]. Die Monumentalfiguren[103] waren als mittelalterliche Recken in wehrhaft-heroischer Haltung dargestellt. Sie standen jeweils hinter einem Schild, auf dem ein mächtiger Hahnenkopf mit hochaufgerichteten Flügeln abgebildet war. In der griechischen Mythologie verkörperte der Hahn sowohl Wachsamkeit als auch Kampfbereitschaft.[104] Die Recken hielten das Schwert in der Hand oder waren mit einem Horn ausgestattet, um Unheil abzuwehren beziehungsweise die Einwohner der Stadt vor dem nahenden Unheil zu alarmieren.

Der Rathausturm erreichte bis zum Plateau der Galerie eine Höhe von 59,5 m, bis zum Laternenansatz maß er 78 m, bis zum Oberkantenknauf 87 m, während die Kupferspitze noch 2 m über denselben hinausragte.[105] Der Turmhelm war bis zur Ordinate + 69,5 (oberste Plattform – Galerie) in Eisen konstruiert und hatte eine Kupferbekleidung auf Schalung und hölzernen Sparren erhalten. Die Turmspitze bildete ein unregelmäßiges Achteck, die Basis des unteren Turmhelmteils ein Quadrat mit abgerundeten Ecken. Den Übergang von der Turmspitze zum unteren Helmteil vermittelte eine vierseitige Pyramide mit Ausrundungen.[106] Das Eigengewicht der Bedachung mit der Unterkonstruktion berechnete Heinrich Barth auf 80 kg/m² der Dachfläche. Schneeablagerungen waren bei der Steilheit der Dachflächen völlig auszuschließen, nur bei der Abdeckung unter der offenen Laterne war Schneelast zu berücksichtigen. Der Winddruck wurde für den Helm mit 180 kg/m², für den unteren gemauerten Teil des Turms mit 125 kg/

Turmfigur, in Kupfer getrieben.
Bildhauer: Otto Stichling

102 H. Reinhardt/G. Süßenguth, Das neue Rathaus in Charlottenburg, in: Charlottenburger Zeitung Neue Zeit vom 18. September 1904.
103 Die Modelle hatte Otto Stichling hergestellt.
104 Vgl. G. Heinz-Mohr, Lexikon der Symbole ... S. 123.
105 H. Reinhardt/G. Süßenguth, Das neue Rathaus in Charlottenburg, in: Charlottenburger Zeitung Neue Zeit vom 18. September 1904; Nachlaß Heinrich Reinhardt ...
106 Heinrich Barth, Statische Berechnung für den Neubau des Rathauses ... II. Bauteil – 3. Berechnung des Hauptturmes, S. 8 u. 172ff., in: Bezirksamt Charlottenburg ... Bauaufsichtsamt, Bauakten Otto-Suhr-Allee 100–102, Bd. 9/10.

m² angenommen.[107] Die eiserne Unterkonstruktion des Helms stand auf der in Ordinate +69,5 eingezogenen Zwischendecke und wurde durch acht Anker, zwei in jeder Ecke, mit dem darunterliegenden Mauerwerk verbunden. Die Anker wurden zur Sicherheit bis zur Zwischendecke herabgeführt. Sie sollten eigentlich für den Fall berechnet werden, in dem der Turmhelm zwar fertig eingeschalt, aber noch nicht mit der Kupferbekleidung versehen war. Da deren Eigengewicht jedoch im Verhältnis zur Gesamtbelastung nur gering war, der Turmhelm außerdem im Verhältnis zu seiner Höhe eine große Basis hatte, sah Barth von einer doppelten Berechnung ab und stellte die für den fertig eingedeckten Turm ermittelte Zugspannung der Anker in Rechnung, indem er die Beanspruchung auf 500 kg/cm² erhöhte.[108]
Die in Ordinate +69,5 unter dem Fußring des Helms angeordnete Zwischendecke war nach dem System Kleine hergestellt und mit Koksasche und Schlackenbeton bis zur Oberkante der Träger beschüttet. Diese Decke diente im wesentlichen der Aussteifung der Turmwände und war keiner nennenswerten Nutzbelastung ausgesetzt. Sie war über eine kleine eiserne Wendeltreppe in einer Turmecke zu erreichen und sollte nur bei anfallenden Reparaturen an der Bedachung des Helms von Arbeitern betreten werden. Die Belastung der Decke einschließlich der Platten, Träger, des Putzes und Schüttmaterials wurde auf 350 kg/m² berechnet. In Ordinate +65,9 zog man eine Decke mit gleichen Belastungsverhältnissen ein. Die Plattform in Ordinate +59,5 war ebenfalls unter Benutzung von Kleineschen Platten zwischen eisernen Trägern hergestellt. Sie konnte über eine in der Turmmitte liegende Wendeltreppe erreicht werden. Da die Maueröffnungen der Galerie den Eintritt von Regen und Schnee zuließen, legte man die Decke, um eine gute Entwässerung zu ermöglichen, nach den Seiten hin mit Gefälle an. Es war beabsichtigt, die Plattform für etwaige Besichtungen freizugeben,[109] Barth berechnete die Nutzbelastung auf 250 kg/m², die totale Belastung (Schüttmaterial: 2 cm Asphalt, 3,5 cm Zementstrich, 16 cm Koksasche) betrug 600 kg/m².[110] Die Beschüttung der darunterliegenden Decken in den Ordinaten +56,65, +43,00 und +26,20 war bei gleicher Nutzbelastung um 8,5 cm niedriger, so daß sich für diese Dekken eine Belastung von 520 kg/m² ergab. Unterhalb der Ordinate +59,50 sprangen die Umfassungswände um 1,22 m nach außen. Das Gerüst des unteren Turmteils wurde hier von vier Mauerbogen getragen, deren Scheitelpunkte 2 m über der Decke in Ordinate +56,65 lagen.[111] Das unter der Decke in Ordinate +26,20 angeordnete Innengewölbe war als Monierkonstruktion hergestellt und an die Deckenunterzüge angehängt. Analog wurden die Monierdecken der Festsäle ausgebildet, nur daß man zur Aufhängung besondere Träger entwickelte, die von den Binderuntergurten hingen. Die in den unteren Geschossen des Turms vorhandenen Zwischendecken erhielten die gleichen Belastungen wie in den sich hier jeweils anschließenden Räumen des Hauptgebäudes.
Die Verbindungen zwischen den in den Ordinaten +26,20, +43,00 und +56,65 liegenden Zwischendecken wurden durch eiserne Treppen mit Riffelblechstufen, die an den Wänden herumführten, hergestellt. Die in Eisenblech ausgeführten Podeste stattete man mit einem Holzbelag aus. In Höhe der Zwischenpodeste (Ordinate +46,705, +50,415, +53,954) befanden sich Aussteifungen der Turmaußenwände, die den Winddruck auf die senkrecht zur Windrichtung stehenden Wände übertru-

107 A. a. O., S. 1.
108 A. a. O., S. 1 u. 2.
109 H. Reinhardt/G. Süßenguth, Das neue Rathaus in Charlottenburg, in: Charlottenburger Zeitung Neue Zeit vom 18. September 1904.
110 H. Barth, Statische Berechnung... Berechnung des Hauptturmes... S. 5.
111 A. a. O., S. 22.

gen und gleichzeitig als Verankerung dienten.[112] Die Aussteifungen sollten überhaupt ein »Ausweichen« der Wände nach beiden Richtungen verhindern, weshalb in allen Feldern gekreuzte Diagonalen und Gurtungen angeordnet wurden, die in Eisen ausgeführt und fest mit dem Mauerwerk verbunden waren.

Das mit Sandstein verblendete Mauerwerk des Turms mußte oberhalb der Ordinate +23,20 in Klinker und Zementmörtel aufgeführt werden,[113] oberhalb der Ordinate +34,00 in Ziegel und verlängertem Zementmörtel,[114] während über der Ordinate +43,00, trotz der geringeren Stärke des Mauerwerks, auch Ziegelmauerwerk in Zementmörtel genügte. Lediglich die Ekken des Turms mußten hier auf Grund der auskragenden Bogenkämpfer mit Klinker in Zement gemauert werden.[115]

Im 2. Obergeschoß lag der Innenraum des Turms zwischen den beiden großen Festsälen und war mit beiden Räumen durch 4,05 m breite Öffnungen verbunden. Diese wurden durch eiserne Träger abgefangen und die Last durch Stützen und ein Rahmensystem auf das unter der Öffnung liegende Mauerwerk gleichmäßig verteilt.[116]

Unter der auskragenden Hinterwand des Turms lag in der Zwischendecke (+26,20) ein großer Blechträger, der die Lasten besser auf die hinteren Pfeiler verteilen sollte.

Die Lasten der großen Öffnungen in der Vorder- und Hinterwand des Turms fing man durch Eisenträger und Entlastungsbogen ab, die in Sandstein, mit horizontaler und vertikaler Verfugung und dazwischen in Klinker mit Zement ausgeführt waren.[117] Mauerwerk und Stahlgerüst bildeten immer einen innigen Verbund. Unterhalb der Ordinate +23,20 löste sich das volle quadratische Mauerwerk des Turms in vier einzelne Pfeiler auf: zwei stärkere an der Front-, zwei schwächere an der Hinterseite.[118] Unter der Ordinate +14,20 erhielten die Turmpfeiler eine Verstärkung. Um einen großen Sicherheitsfaktor zu erlangen, wurde eine Absteifung des Turms durch anstoßende Wände und Gewölbe für die Windrichtungen senkrecht zur Front nicht berücksichtigt, der Turm vielmehr vollständig freistehend aufgefaßt.[119] Unterhalb der Ordinate +3,8 erfuhren die Pfeiler weitere wesentliche Verstärkungen; die bis zu diesem Punkt ermittelte Gesamtlast des Turms betrug 5 842 700 kg[120], die Summe der Vertikallasten erreichte einschließlich der Fundamentsohle – einer 2 m dicken Betonplatte – den Umfang von 8 812 990 kg.[121] Die Platten der Fundamentsohle erhielten eine Eisenarmierung durch zwei sich kreuzende Lagen von Trägern.[122]

Die Innengestaltung des Hauptgebäudes

Das Hauptgebäude beherbergte im Untergeschoß den Ratskeller mit den zu den vorderen Innenhöfen hin gelegenen Küchen- und Nebenräumen sowie Wohnungen für das Personal und den Wirt des Ratskellers, das erhöhte Erdgeschoß blieb der Stadthauptkasse und der Kasse der Gasanstalten vorbehalten – die Tresore der Kassen wurden zu beiden Seiten des Turms untergebracht –, im 1. Obergeschoß befanden sich die Zentralverwaltung mit den

112 A. a. O., S. 34 ff.
113 A. a. O., S. 67.
114 A. a. O., S. 70.
115 A. a. O., S. 71.
116 A. a. O., S. 58.
117 A. a. O., S. 71 ff. u. 96 ff. Der Sandsteinbogen der Frontseite hatte eine Stärke von 1,03 m.
118 A. a. O., S. 105 f.
119 A. a. O., S. 133.
120 A. a. O., S. 158.
121 A. a. O., S. 164.
122 A. a. O., S. 166 ff.

Büros der beiden Bürgermeister und der Magistratsbücherei, das 2. Obergeschoß enthielt die durch zwei Stockwerke gehenden Festsäle, an deren linke Rückseite sich Nebenräume inklusive einer Warmküche anschlossen.[1] Die Haupträumlichkeiten des Ratskellers, die Eingangs- und die Flurhallen des erhöhten Erdgeschosses und der darüberliegenden Stockwerke, die Seitenflügel und Teile des Haupttreppenhauses hatten Gewölbe erhalten. Nur die Decken der Seitenflügel und der großen Halle vor den Festsälen waren als Monierkonstruktion nach dem System Thomas & Steinhoff ausgeführt,[2] während die übrigen großen Vorhallen und Teile des Ratskellers massiv gewölbt waren.[3] Der Eingangshalle gaben die Architekten ein Tonnengewölbe, im Erd- und im 1. Obergeschoß entwickelten sie Kreuzgewölbe. Die Halle des erhöhten Erdgeschosses war zweischiffig angelegt, dagegen erweiterte sich das darüberliegende Stockwerk zu einer dreischiffigen Anlage. Die Architekten verbanden die Gewölbe der Schiffe miteinander, indem sie diese quer zum Mittelschiff in die Seitenschiffe überführten und auf diese Weise die in Richtung der Eingangsachse gelagerten Quertonnen verlängerten. Dieses Ineinanderübergehen der Gewölbe war nicht zuletzt deshalb notwendig, um die an der Rückfront zu beiden Seiten des Haupttreppenhauses gelegenen großen Rundbogenfenster in den Raum zu integrieren. Die sehr flach gehaltenen Gewölbe näherten sich einer korbbogigen Form. An den Umfassungswänden der Hallen liefen die Gewölbe direkt ins Mauerwerk ein. Die quadratischen Pfeiler in den Hallen wirkten außerordentlich wuchtig. Im Verhältnis zum Querschiff blieb ihre Höhenentwicklung gering, so daß sich in den Vorhallen, die in neun Joche aufgeteilt waren, der Eindruck des Gedrückten einstellte. Die mit Sandstein verkleideten Pfeiler hatten einen Granitsockel erhalten, der sich in einer kurzen konvexen Linie nach oben verjüngte. Durch ihre gedrungenen Formen vermittelten die Flure der ersten beiden Stockwerke eine etwas klösterliche Stimmung, dagegen öffnete sich auf der Ebene der Festsäle der Raum plötzlich zu lichter Höhe. In der Achse des Turms wurde der Raum von einer riesigen Quertonne überspannt, der sich zu den Seitenflügeln hin zwei große Längstonnen anschlossen. Östlich und westlich des Treppenhauses waren zwei kleinere Seitenschiffe gelegen, deren Gewölbe ebenfalls Tonnenform aufwiesen. Die Übergänge zwischen den einzelnen Tonnen wurden durch Gurtbogen betont, die sich an der östlichen und westlichen Umfassungsmauer der Halle wiederholten. Die Gewölbe der Seitenschiffe waren sowohl untereinander als auch gegen das Hauptschiff durch Gurtbogen abgegrenzt. Treppenhaus und Halle gingen in diesem Raum ineinander über. Den halbkreisförmigen Abschluß des Treppenhauses versahen die Architekten mit einem Balkon, dem sie Blendarkaden unterlegten.[4]

Sämtliche massive Decken des Hauptgebäudes waren nach dem System Kleine hergestellt. Die berechneten Totallasten der Decken lagen durchschnittlich bei 750 kg/m^2.[5]

1 Diese Räume standen durch einen Fahrstuhl mit einer besonderen Festküche im Ratskeller in Verbindung.

2 Heinrich Barth, Statische Berechnung für den Neubau des Rathauses... II. Bauteil – 2. Berechnung der eisernen Träger in den massiven Decken und über den Öffnungen, Bl. 99, in: Bezirksamt Charlottenburg... Bauaufsichtsamt, Bauakten Otto-Suhr-Allee 100–102, Bd. 7/8.

3 Das neue Rathaus in Charlottenburg... S. 326; Bezirksamt Charlottenburg von Berlin, Abteilung Volksbildung – Heimatarchiv, Inv. Nr. Ve/2b, Rathaus, Bd. 2 (Dokumentation zum Wiederaufbau des Rathauses Charlottenburg von Hans Günther), Abb. 82ff.

4 Dieser großartige Raum ist heute durch die baulichen Veränderungen nach dem Zweiten Weltkrieg ohne innere Beziehungen zum anliegenden Raumensemble, zudem bleibt er ohne rechte Funktion, da er in seiner Gesamtheit nicht mit einer geschlossenen Festsaalflucht in Verbindung steht.

5 H. Barth... Berechnung der eisernen Träger... Bl. 99ff.

Der unter dem Haupttreppenhaus liegende Teil des Ratskellers erhielt ein Rabitzgewölbe, das an den Deckenträgern aufgehängt wurde;[6] das gleiche Gewölbe befestigte man an der Konstruktion der massiv aufgeführten Treppen unterhalb des überdachten Teils der Ausgänge. Den Träger über dem Saaleingang im Turm ließen die Architekten durch schwere, ins Mauerwerk eingeführte Stahlstützen sichern.[7] Einer besonderen Sicherung bedurften auch die im erhöhten Erdgeschoß untergebrachten Tresorräume der Kassen. Den Boden des Tresors an der linken Turmseite (Stadthauptkasse) bildete größtenteils das Gewölbe über dem Ratskeller, das, 13 cm im Scheitel und 25 cm stark am Kämpfer, nur sich selbst tragend aufgeführt wurde. Über dem Gewölbe legte man in 12 cm Abstand Doppel-T-Eisen, die in einer Betonschicht von 27 cm eingebettet wurden.[8] Der rechte Tresor (Kasse der Gasanstalten) lag über einem Teil des Ratsstübchens und dem davorliegenden Korridor; die Decke war hier gerade und bestand aus einer 40 cm starken Betonschüttung. Die totale Belastung der Kellerdecken belief sich auf 1420 beziehungsweise 1720 kg/m^2. Für die Decken über den Tresorräumen entwickelte man eine Betonplatte von 27 cm Stärke auf einem Trägerlager, dessen Doppel-T-Eisen in einem Abstand von 12 cm verlegt wurden. Die Platte wurde mit einer 10 cm hohen Schicht aus Koksasche beschüttet, darüber ein Holzfußboden verlegt. Die berechnete Totalbelastung lag bei 960 kg/m^2.[9]

Die Haupttreppe war massiv aufgeführt und hatte eine eiserne Unterkonstruktion erhalten, die von Heinrich Barth für eine Totalbelastung von 1250 kg/m^2 berechnet worden war. Die Steinbalustrade der Treppe hatte er dabei mit 300 kg/lfd. m in Rechnung gestellt.[10] Auch bei der Haupttreppe des Frontgebäudes entwickelten die Architekten zwei parallel übereinander verlaufende Treppen, die gekrümmt zweiarmig, unter Einschiebung von Zwischenpodesten, geführt wurden. Die Anlage des Treppenhauses war gegenüber der anderen repräsentativen Treppe im Mittelbau wesentlich großzügiger entwickelt, die Massen wurden weitgehend aufgelöst. Gotisierende Reminiszenzen, wie die spitzbogig angelegten inneren Umfassungsmauern der Treppen im eingeschobenen Mittelbau, hatten Reinhardt und Süßenguth im Frontgebäude weitgehend aufgegeben. Der Treppenlauf selbst war geradezu gekurvt geführt, die Ausgänge in den einzelnen Stockwerken liefen in einer schwingenden Bewegung auf die Flure zu. Große Bogeneinstellungen öffneten das Treppenhaus und vermittelten raumerschließende Einblicke, wie sie wohl in keinem mittelalterlichen Rathaus geboten worden wären. Die Architekten hatten es sehr geschickt verstanden, Architekturteile und Dekor miteinander zu verbinden. Stellt man sich im erhöhten Erdgeschoß auf den inneren Treppenansatz und richtet den Blick nach oben, so wird ein Rhythmus erkennbar, in dem sich die Geländer in einer spiralförmigen Bewegung, einem ornamentalen Reigen gleichend, nach oben drehen und auf harmonische Weise durch die Brüstung des Balkons auf der Festsaalebene ergänzt werden. Die zeitgenössische Kritik beurteilte die Architektur des Treppenhauses unterschiedlich. Während Max Creutz die raumgreifenden Effekte hervorhob und »einzelne Durchblicke von überwältigender Größe«[11] empfand, bemerkte Erich Haenel in Anbetracht des konstruktiven Gerüstes, daß das Treppenhaus »jener struktiven Leichtigkeit und Selbstverständlichkeit« entbehre, »die wir bei einem modernen Bau in allererster

6 A. a. O., Bl. 103.
7 A. a. O., Bl. 150ff.
8 A. a. O., Bl. 105f.
9 A. a. O., Bl. 107.
10 A. a. O., Bl. 104.
11 Das Charlottenburger Rathaus ... S. 239.

Linie fordern müssen«[12]. Beiden Kritikern ist hier zuzustimmen, auch wenn sich Haenels Urteil auf die Wettbewerbsentwürfe sowie die ersten Zeichnungen für die Ausführung des Treppenhauses bezog.[13]
Im Wettbewerbs- beziehungsweise ersten Ausführungsentwurf grenzte die Einstellung von fünf Rundbogen das Treppenhaus strikt von den einzelnen Fluren ab. Die Treppe war an zehn Pfeilern aufgehängt, die, mit Ausnahme der inneren Eingangspfeiler, durch alle Stockwerke führten. Über dem Festsaalgeschoß waren die Stützen des eigentlichen Treppenraumes durch Rundbogen verbunden, die Decke wurde gewölbt und mit Rippen unterlegt. Zum Flur der Saalebene hatten die Architekten das Treppenhaus durch einen einzigen großen Rundbogen geöffnet, der zugleich den Blick auf den halbkreisförmigen Abschluß des Treppenraumes mit seinen vier unter Baldachinen plazierten Pfeilerskulpturen freigab.[14] Gegenüber dieser Konzeption, die streng zwischen den verschiedenen Räumen trennte, zeichnete sich die Ausführung durch fließende Übergänge aus. Die Gewölbe des Mittelschiffes auf den Flurhallen ragten in den Treppenbereich hinein, sie bildeten gleichsam den Aufgangsbogen. Über der Festsaalebene öffnete sich der Raum zu einer riesigen Halle, in der Treppenhaus und Vorhalle zu einem geschlossenen Raumensemble verschmolzen. Die Zahl der Stützen war auf sechs gesenkt worden, die durch jeweilig zwei Wand- und gekuppelte Freipfeiler sowie leichtere Zwischenstützen entlastet wurden. Diese Stützen wurden nur bis ins 1. Obergeschoß geführt. Der Treppenlauf selbst war auch in seiner Struktur reduziert worden, da die Lichtwangen nun nicht mehr auf Bogen auflagen.
Doch trotz aller Vereinfachungen und Auflösungstendenzen blieb das Architekturgerüst in seinen Einzelheiten massig. Die Hauptpfeiler waren von gewichtigem Umfang, und selbst die gekuppelten Freipfeiler und die Zwischenstützen entbehrten jener Leichtigkeit, die so viele Innenraumgestaltungen der Jugendstilkünstler auszeichnete.[15] Massigkeit bedeutete in Charlottenburg aber auch eine Materialentscheidung: Für die repräsentativen Aufgänge des Rathauses kam eben nur Sandstein und Granit in Frage, die spröde waren und gegen Verformungen gefeit. Die ornamentale Bearbeitung des Steins konnte nicht die fehlende Linienhaftigkeit in der Anordnung des Materials ersetzen, zudem führten Reinhardt und Süßenguth die Auflösungsmomente nicht konsequent zu Ende. So hätten die Treppengeländer und die Brüstungen der einzelnen Ausgänge durchbrochen oder die immerhin flach gehaltenen Schulterbogen zwischen den gekuppelten und den jeweilig gegenüber liegenden Wandpfeilern aufgehoben werden können.
Die Behandlung des Ornaments bediente sich im Inneren wiederum stilistischer und naturalistischer Permutation, indem tradierte und natürliche Formen segmentiert und in neue Zusammenhänge gestellt wurden. Die Tendenz zu wechselseitiger Durchdringung der Formen, ihrer Verschachtelung und Bindung ließ sich ebenso beobachten wie das ständige Bestreben nach weichen Abschlüssen der ornamentalen Werke. Die Einzelformen,

12 Erich Haenel, Moderne Bestrebungen in der Architektur auf der Ersten Deutschen Bauausstellung Dresden 1900, in: Die Kunst. Monatshefte für freie und angewandte Kunst, Bd. 2 (1901), Angewandte Kunst, H. 12, S. 495.

13 Zu den Wettbewerbs- und ersten Ausführungsentwürfen vgl. Bezirksamt Charlottenburg... Bauaufsichtsamt, Bauakten Otto-Suhr-Allee 100–102, Bd. 3/4, Bl. 1, 5 u. 6. Gezeichnet Reinhardt und Süßenguth, 14. Januar 1899.

14 A. a. O., Bl. 1.

15 Als frühes Beispiel für eine weiträumige Treppenanlage des Jugendstils, in der sich der gesamte Raum und das Material in einem fließenden, feingliedrigen ornamentalen Linienspiel auflösen, muß Victor Hortas Haus Tassel in Brüssel genannt werden, das 1892/93 die Reihe seiner berühmten Werke eröffnet hat. Vgl. R. Schmutzler, Art Nouveau... Abb. 131; S. Tschudi Madsen, Horta. Works and Style of Victor Horta before 1900, in: The Architectural Review, Vol. 117 (1955), Nr. 708, Abb. S. 388.

Blick in das vordere Haupttreppenhaus, 1905. Bildhauer: Heinrich Giesecke

insbesondere die vielfältigen Friese, wurden dabei sowohl in die Fläche gelegt als auch plastisch aus dem Stein gehoben, wie etwa die Kämpferbildungen auf dem Festsaalgeschoß oder die Eckbildungen der Kapitelle in den unteren Vorhallen. Florale Motive gehörten hier nicht mehr zum allgemeinen Formenrepertoire, dafür wurden Vorbilder aus dem Bereich der Meeresfauna und -flora benutzt: man denkt an Schnecken, Kraken, Seesterne, Muscheln, Quallen oder tropische Farne. Die figürlichen Darstellungen des wuchtigen Werksteingeländers nahmen diese Formen auf.[16] Es waren immer Versatzstücke von Naturformen, die, abstrahiert und in gekurvter Anordnung, zu einem Relief zusammengesetzt wurden und diesem Bewegtheit verliehen. Die Bewegung beschränkte sich zwar auf die einzelnen durch senkrechte Streben voneinander getrennten Relieffelder der Geländer; es ergab sich jedoch ein fließender Rhythmus, da sich die gekurvten Formen von Relief zu Relief fortsetzten. Auffällig viele Einzelformen rollten sich an ihren Enden zu einer Spirale auf; dieses tradierte Motiv bezog der Bildhauer in die permutierende Darstellung ein und konnte damit die Einzelform in sich selbst zurückfließen lassen.

Die Spirale, die zu den ältesten Ornamenten der Kulturgeschichte gehört, war Sinnbild für »die Unendlichkeit des Lebens in der Sterblichkeit selbst«[17]. In der unendlichen Linie wurden Tod und Geburt als innerlich zusammenhängende Geschehnisse ausgedrückt. »Der Ursprung der Linie ist die Bewegung, die in ihrem Entstehen wie gewachsen, das heißt organisch-einheitlich, und wenn gegliedert, naturhaft-rhythmisch ist.«[18] Insofern war die Spirale Urgebärde und -geschehnis zugleich, das die sich ewig wiederholende Reihenfolge Leben-Tod-Leben wiederholte. Jede Spiralform war zugleich eine Labyrinth-Darstellung, in der die Fähigkeit des Menschen, »sich durch den Tod unendlich hindurchzuwinden«[19], zur Anschauung kam. Das vom Menschen geschaffene Labyrinth, getanzt, gezeichnet oder in Gestalt eines Bauwerks, hatte in der Schnecke eine entsprechende Naturform. Doch trotz der überaus häufigen Verwendung des Spiralmotivs, der vielfältigen Variationen von Schneckenformen, fand sich nirgendwo ein konkreter Hinweis auf seine Handhabung als Evolutionssymbol. Ein ikonographischer Zusammenhang zwischen der Gestaltung der beiden repräsentativen Treppen des Rathauses ließe sich unter diesem Gesichtspunkt wohl herstellen.

An den gekuppelten Freipfeilern des Treppenhauses, die oberhalb des 1. Stockwerkes über das Werksteingeländer hinausgeführt wurden und einen schulterbogenförmigen Abschluß fanden, bezogen die Architekten erneut Unterwassermotive in die ornamentalen Arbeiten ein. Die Pfeilerkronen bildeten hier eine Art Baldachin für symbolische Tierplastiken, die an den zur Halle des 1. Obergeschosses gerichteten Stirnseiten der Doppelstützen plaziert waren. Der gewölbt vorspringende Teil der Baldachine – schildartige Ornamente hielten sie in der Mitte zusammen – bildete Formen tropischer Farne nach,[20] an Konsolen, die unterhalb der Skulpturensockel angelegt waren, wurde dieses Motiv zu einer geschlosseneren Form abgewandelt. Die Pflanzen waren trompetenförmig aufgefächert und in einer oberen, abschließenden Linie zusammengefaßt. Oberhalb des Farnmotivs waren Schnecken angeordnet,

16 Die Modelle stellte Heinrich Giesecke her. Nachlaß Heinrich Reinhardt...

17 K. Kerényi, Labyrinth-Studien. Labyrinthos als Linienreflex einer mythologischen Idee, Amsterdam-Leipzig 1941, S. 59.

18 A. a. O., S. 64. Kerényi verweist auf den Zusammenhang mit frühzeitlichen Tänzen, die die Spirale zur Grundform hatten.

19 A. a. O., S. 56.

20 S. Wichmann, Jugendstil Floral Funktional... S. 56 u. 62.

Brüstungsrelief am Treppenausgang zu den Festsälen. Bildhauer: Heinrich Giesecke

die über flache Stege in einem Punkt unten zusammengefaßt wurden, so daß die ornamentale Bearbeitung der Konsolen insgesamt den Eindruck zweier nach oben geöffneter Blüten vermittelte. Giesecke hatte die pflanzlichen Formen streng stilisiert und durch geometrische Muster ergänzt, die er in das Rahmenwerk des Baldachins einband. Rauten und Punkte wurden am oberen Abschluß der Pfeiler gerastert und anschließend in Linien überführt, die als Kanneluren die unteren Flächen der Rahmen strukturierten und in abstrahierten Lilienmotiven endeten. Den Rücken der schulterbogenförmigen Pfeilerkronen beließ der Bildhauer glattflächig, nur auf »Kämpferhöhe« waren Maskenornamente angesetzt worden. Das Ornamentale entwickelte sich auch hier nie zur selbständigen Form, die Einzelformen wurden immer so angelegt, daß sie untergeordneter Bestandteil des Architekturgerüstes blieben. Abschlußornamente, nur sparsam behandelt und überwiegend plattenförmig ausgebildet, schufen dabei die Übergänge. Dieses Prinzip, das in allen Bereichen des Rathausbaus vorzufinden war, wiederholte sich zwangsläufig bei der dekorativen Bearbeitung der Freipfeiler: Flächige Schilde, unten in Schulterbogen zusammenlaufend, vermittelten den Übergang zwischen der ornamentierten und der unbearbeiteten Werkfläche der Doppelstützen.

Die naturalistische Permutation ließ sich sehr schön in einem Schlußrelief der Treppenbrüstung am Ausgang zu den Festsälen beobachten. In körperhafter Weise verknüpfte Giesecke Schnecke, Klaue, Schlangenkörper und Federfächer zu einem Ensemble, wobei die Abstraktion der Naturformen durch aufgelegte beziehungsweise eingeschobene Friese mit geometrischen Mustern – Scheibe, Pyramide und Raute – verstärkt wurde. Ein spiralförmig aufgerolltes Band und ein aus dem Ornamentfeld herauslaufender Scheibenfries banden das Bildwerk an die anliegenden Pfosten der Brüstung. In gewisser Weise nahm das Relief das Symbol

Pfeilerkapitell im erhöhten Erdgeschoß. Bildhauer: Heinrich Giesecke

des über die Schlange obsiegenden Adlers auf, denn die bis zum Brustansatz ausgebildete Klaue dürfte einem Greifen gehören, der das Schwanzende einer Schlange gepackt hielt. In diesem Fabelwesen war die solare Natur von Adler und Löwe vereint, weshalb es der mittelalterlichen Kunst zum Symbol der Auferstehung und, da es dem Himmel und der Erde gleichermaßen angehörte, der beiden Naturen Christi wurde. In der griechischen Mythologie versinnbildlichte der Greif Kraft und Wachsamkeit und diente Apollon als Reittier.[21] Der über die Schlange obsiegende Greif symbolisierte für die christliche Kunst des Mittelalters die Macht des göttlichen Geistes beziehungsweise die dem Menschen durch die Gnade der Taufe zugefallenen Kräfte über die Sünde oder das Böse schlechthin.[22] Mit dem Eintreffen auf der Festsaalebene, dem auserwählten Ort gesellschaftlichen Zusammenseins, war somit gleichsam das Böse, das als Individual- oder Gruppenegoismus die selbstverwaltete Gemeinschaft bedrohte, überwunden oder in seine Schranken gewiesen.

Neben Spirale und Schnecke gehörten Bänder, Schilde, Fratzen, Masken und Muscheln zu den verarbeiteten tradierten Motivkreisen, die mit einer Reihe geometrisierender, die Grundelemente Elipse, Punkt, Kreis, Würfel, Pyramide und Scheibe benutzender Friese und gelegentlich mit Kymien zusammengebracht wurden. Die Kapitelle im erhöhten Erd- und im 1. Obergeschoß hatten auskragende Eckbildungen erhalten: Löwenköpfe[23], die an die figürlichen Wasserspeier der Gotik erinnerten, oder scharfkantige und

21 G. Heinz-Mohr, Lexikon der Symbole... S. 120.

22 W. von Blankenburg, Heilige und dämonische Tiere... S. 241f.; vgl. auch E. Mâle, Die Gotik... S. 73.

23 Vgl. W. Koch, Baustilkunde... S. 14.

Pfeilerkapitell im 1. Obergeschoß. Bildhauer: Heinrich Giesecke

harte Schneckenformen. Grundlage der Kapitellbildungen waren jeweils zu verschiedenen Ebenen geschichtete Platten, die durch kannelierte Bänder oder Profilleisten mit Scheiben- und Felderfriesen begrenzt wurden. Der größere Teil der Plattenflächen blieb ohne Bearbeitung. Die ornamentalen Motive verdichteten sich an den verschiedenen Rändern und wurden durch auf- oder hinabstrebende Ornamente, die in der Pfeilermitte lagen, miteinander verbunden. Schnecke und Löwenkopf schlossen sich zu einem Ensemble zusammen. Ein leicht geschwungenes, nach oben gelegtes Band führte im Scheitelpunkt zwischen den Eckbildungen zu einer Blütenkrone, deren Blattelemente muschelartig geformt waren. Ein anderes Mal wurden jeweils zwei Eckschnecken mit zwei weiteren Spiralformen verknüpft, die sich zur Mitte hin in einer abwärts geführten Bewegung abrollten. An dieser Kapitellform zeigte sich die Absicht, ornamentale Einzelformen architektonisch einzubinden, in geradezu expressiver Weise: Die Schnecken wurden mit einem nur um ihren Körper gespannten Gurt deutlich sichtbar in die Pfeilerarchitektur integriert.

Die Fratze oder Maske gehörte zu den am häufigsten verwandten Einzelmotiven des vorderen Innenbaus. Sie zierte die Kapitelle der Zwischenstützen, die Basis der Geländerpfosten, die Brüstungen der Treppenausgänge und der Halle vor dem Festsaal, die Konsolen der Wandpfeiler unterhalb der Galerie, die Pfeilerkapitelle des Balkons am Schnittpunkt der beiden oberen Treppenläufe sowie die Scheitelpunkte der Türrahmungen auf dem Festsaalflur. Die Formen waren meistens stark vereinfacht und geometrisiert. Besonders eindrucksvoll zeigten sich die plastischer gestalteten Masken der Galeriekonsolen am Eingang zur Vorhalle der Festsäle. Der markig drohende Gesichtsausdruck der Maske wurde durch einen opulenten Bart verstärkt, der, in zwei Hälften geteilt, das Gesicht kreisförmig nach unten abschloß. Auf den ersten Blick stand die Bartbildung nur in einem Zusammenhang mit der apotropäischen Wirkung der Masken; doch schien hier – was auch für die Masken der unteren Fensterpfeiler der Fassade gelten könnte – ein Bild der mittelalterlichen Kunst abgewandelt worden zu sein, in dem die Überwindung der Dunkelmächte durch Christus dargestellt war. An den Kapitellen romanischer Kirchen gibt es Bildwerke, in denen ein menschlicher Kopf zwei Untiere, gewundene Schlangen, Drachen, Basilisken oder Greife, verschlingt[24] und damit die »erlösende Überwindung der Dämonen durch Christus als Menschensohn«[25] versinnbildlicht. Die Einverleibung des Gegners Gottes beschwor ein weiteres Bild des Sieges über das Böse und trug zur Verdichtung eines zentralen Punktes der Ikonographie des Frontgebäudes bei.

Den Portalen im Inneren des Haupttraktes, besonders den Eingängen zur Flurhalle des erhöhten Erdgeschosses, zum Zimmer des Oberbürgermeisters und zum Turmsaal der Festräumlichkeiten, hatten die Architekten eine repräsentative Form gegeben. Die fünfzehnstufige Treppe zum erhöhten Erdgeschoß war mit einem massiven Werksteingeländer ausgestattet worden, das sich in einer ausschwingenden Bewegung in den Raum der Eingangshalle öffnete. Nur schlicht profilierte Pfosten gliederten das Treppengeländer. Ein mächtiger Rundbogen, mit einem kannelierten Gurt unterlegt, überspannte den Eingang zum Flur. Die Portalrahmung bestand aus Wandpfeilern mit halbsäuligen Vorlagen, die abgetreppt zum Sockel verbreitert wurden. Die Oberkanten der einzelnen Sockelstufen formten sich teilweise zu einer wellenförmigen Linie, während der Ansatz des Wandpfeilers und der Abtreppung der Pfeilervorlage in konkaven Bewegungen vollzogen wurde. Die Kapitelle bildeten Voluten, die sich, entgegen antiken Säulenordnungen, aus der Mitte der Säule heraus nach außen öffneten, um sich dann wieder zur Mitte hin aufzurollen. Die äußere Umrißlinie des Portalbogens war nicht rund, sondern variierte die Form des Schulterbogens, dessen Rückenlinie rechtwinklig gebrochen wurde. Die dadurch ausgesparte obere Fläche des Bogens banden die Architekten in eine Profilleiste ein. An der Unterseite verstärkte man die Verdachung durch einen kannelierten Gurt, der die Form eines gerafften Vorhangs nachahmte. Die den wuchtigen Schlußstein zierende Uhr, deren Zifferblatt in Bronze ausgeführt war, erinnerte den Besucher daran, daß das Sein durch Zeit strukturiert ist. Die Laibung des Portalbogens war ornamental bearbeitet worden, Spiralen und kreisförmige abstrahierte Blüten schlossen sich zu einer dekorativen Form zusammen.

Das in der Turmachse gelegene Portal zum Oberbürgermeisterzimmer ist nicht mehr erhalten, heute wird der Eingang lediglich durch einen schlichten, rechteckigen Werksteinrahmen hervorgehoben. Bildmaterial über die ursprüngliche Gestaltung konnte nicht aufgefunden werden. Immerhin zeigt eine Innenaufnahme des zerstörten Rathauses,[26] daß der Aufbau sich formal an die Gliederung des Festsaalportals angelehnt hat. Vermutlich wurde der Eingang durch einen vereinfachten Vorhangbogen überspannt, denn oberhalb des Scheitelpunktes war ein ornamentales Feld ausgebreitet, das nach den Seiten hin in den wuchtigen Sandsteinrahmen ausfloß.

Im 2. Obergeschoß vermittelte ein monumentales Portal den Zugang zu den Festsälen, der Treppenausgang wurde dabei in die Eingangsgestaltung miteinbezogen. Zwei pyramidenförmig verdachte Obelisken säumten den Ausgang der Haupttreppe, an deren Vorder- und Hinterseiten Plastiken – ebenfalls Arbeiten von Heinrich Giesecke – aufgestellt waren.

24 Vgl. W. von Blankenburg, Heilige und dämonische Tiere... Abb. 146ff. (Quedlinburg, Goslar, Riechenberg, Alpirsbach u. a.).
25 A. a. O., S. 293.
26 Bezirksamt Charlottenburg... Heimatarchiv, Inv. Nr. Ve/2b, Rathaus, Bd. 2... Abb. 82.

Konsole der Galerie im Festsaalgeschoß.
Bildhauer: Heinrich Giesecke

Die Skulpturen nahmen erneut das Motiv »Mann und Frau« auf, das bereits am Hauptportal thematisiert worden war. Gieseckes Figuren[27] waren wenig feingliedrig angelegt, die Körperformen derb, muskulös und von einer gewissen Herbheit: links die Frau mit langen Haaren und einem stilisierten Sonnendiadem, rechts der Mann mit einem Helm. Beide Figuren waren nackt, nur ein kürzerer oder längerer Lendenschurz bedeckte ihre Scham. Den Blick zu Boden gesenkt, hielten sie einen bronzenen Lichtkranz empor, der eine Art Himmel über den Figuren bildete und rechteckig, mit abgerundeten Stirnseiten um die Obelisken geführt wurde. Die Glühlampen hatten die Architekten dekorativ behandelt, sie freistehend in den Beleuchtungskranz eingesetzt.

Die beiden Figurenpaare waren, über ihre dekorative Funktion hinaus, in die Ikonographie des Treppenhauses einbezogen. Mann und Frau erschienen, nachdem im Aufstieg die bösen Mächte überwunden waren, im Lichte göttlicher Gerechtigkeit und einer neuen Lebensqualität. Die solare Symbolik trat in doppelter Form auf: als entstofflichter Baldachin, der praktisch nur noch aus einer Lichtleiste bestand, und als unmittelbare Attribute der Figuren, das Strahlendiadem der Frau und der Helm des Mannes. Der goldene Helm war in der nordischen Mythologie ein Kennzeichen Odins[28] und hatte als Attribut der höchsten Himmelsgottheit solaren Charakter. Das dieser Lichtsymbolik zugrunde liegende Motiv wiederholte sich in einer leicht abgewandelten Form am eigentlichen Saalportal. Der Eingangsbogen wurde von zwei Bronzefiguren[29] flankiert, die einen halbkreisförmigen, dicht besetzten Lichtkranz emporhielten. Die Skulpturen ruhten auf Pfeilervorlagen, deren Kapitelle aus Bronzeplatten bestanden. Diese Platten bildeten die Basis für zwei weitere Beleuchtungssysteme. Um eine zentrale, durch einen Glaskörper abgeschirmte Lichtquelle hatten die Architekten einen Kranz von zehn offenen Glühlampen gelegt. Es muß offen bleiben, ob es sich bei dieser Zierform lediglich um einen ornamentalen Einfall handelte oder ob der Kreis als Adaption der Sphaera aufzufassen war. Sollte das letztere der Fall sein – dafür spricht, daß auf der Hallenseite des Hauptportals eine Form auftauchte, die in der Verbindung von Kreuz und Kreis die Form des Reichsapfels variierte –, so wurde hier

27 Die Obelisken hatten ebenso wie die Kronen der Freipfeiler im Treppenhaus den Zweiten Weltkrieg nur wenig beschädigt überstanden. Nur die Skulpturen hatten größere Schäden davongetragen, einzelne weggerissene Körperteile wie Köpfe und Arme hätten sich allerdings wiederherstellen lassen. Statt dessen entfernte das Charlottenburger Hochbauamt im Zuge einer Reduzierung des bauplastischen Schmucks Skulpturen, Obelisken und Pfeilerkronen. Vgl. A. a. O., Abb. 76, 77 u. 84.

28 W. Golther, Handbuch der germanischen Mythologie... S. 311f.

29 Es handelte sich um Arbeiten Otto Stichlings. Nachlaß Heinrich Reinhardt...

Austritt der Haupttreppe und Turmsaalportal, 1905. Bildhauer: Heinrich Giesecke und Otto Stichling

eine »Majestätsformel«[30] aktualisiert, die den Schutz des Herrscherhauses, das man durch die strahlende Lichterkette geradezu überhöhte, versinnbildlichte.
Stichlings Bronzeplastiken waren, wenn sie auch inhaltlich dem gleichen Thema folgten, nicht mit den Skulpturen Gieseckes zu vergleichen: Zwei jugendliche Frauenfiguren mit harmonisch-feinen Gesichtszügen, die Körper anmutig, eine schwingende Bewegung ausführend. Das unter der entblößten Brust durch Gurt und Schnalle zusammengehaltene Kleid umspannte den Körper in sanften, fließenden Formen. Schönheit und Grazie drückten sich in diesem Frauenbild aus, das in seiner erlesenen Feinheit, der lyrisch-zarten Haltung und dem bewegten Verlauf der Umrißlinien dem plastischen Ideal des Jugendstils nahekam.[31] Die Frau war bei Stichling nicht etwa eine mädchenhaft-unschuldige Jungfrau, wie die zarten ätherischen Geschöpfe Hugo Höppeners (›Fidus‹) oder Heinrich Vogelers,[32] sondern ein sinnliches Geschöpf mit entwickelten Formen. Eine Frau, die sich ihrer erotischen Wirkung durchaus bewußt war. Der in die Ferne gerichtete Blick offenbarte die Sehnsucht nach erfüllter Liebe. Die Stichlingschen Skulpturen dürften allerdings an Wirkung auf den Besucher des Rathauses eingebüßt haben, da sie sehr hoch im Raum angebracht waren.
Beim Festsaalportal handelte es sich im

30 P. E. Schramm, Herrschaftszeichen und Staatssymbolik ... Bd. 1, S. 16 ff.
31 Zum Vergleich Aristide Maillols ›Flora‹ von 1910, eine frontal aufgebaute lebensgroße Figur, deren Ausdruck durch den rhythmisch bewegten Verlauf der Umrißlinien und die ausgeprägte Symmetrie in der Fügung der plastischen Formen bestimmt wurde. Maillols ›Flora‹ wuchs, bei aller plastischen Fülle der Formen, schwebend leicht empor, während Stichlings Skulptur eine stärkere Verbindung zum Sockel erhalten hatte. B. C. Hackelsberger, Plastik ... S. 289 u. Abb. 247.
32 J. Thamer, Zwischen Historismus und Jugendstil ... S. 125 f.

Grunde genommen um ein Doppelportal. Ein romanisierender Rundbogen, dessen nur wenig profiliertes Gewände nicht abgetreppt war, sich vielmehr in einer geschwungenen Form zur Eingangstür hin bewegte, bildete den äußeren Rahmen für einen inneren Portalbogen, der dem Schulterbogen nachempfunden war. Die äußere und innere Umrißlinie des Bogens hatten die Architekten unterschiedlich ausgebildet. Während außen die Rückenlinie stumpfwinklig gebrochen wurde und der Sturz sich zu einem großen Ornamentfeld verbreiterte, formte sich die Laibungslinie in einem Wechsel konvexer und konkaver Bewegung zu einer Art Karniesbogen. Die kontrastierende Behandlung von äußerer und innerer Umrißlinie wiederholte sich im unteren Bereich des Rahmenwerks: Die gerade nach oben geführten Innenkanten wurden durch deutlich nach außen geschwungene Ansätze ergänzt. Der Portalrahmen floß an dieser Stelle mit den Wandpfeilern des hinteren Rundbogens und den Pfeilervorlagen zusammen. Die Vorlagen führten über die Kämpfer hinaus, ihr oberster Teil, der jeweils den Sockel für eine der Bronzefiguren bildete, wurde verstärkt. Den Übergang zwischen Skulpturensockel und Pfeilervorlage gestalteten die Architekten wiederum in fließender Weise. Nur wenig oberhalb des Granitsockels hoben sich Lisenen aus der Fläche, die im letzten Drittel unterhalb des Kämpfers an Volumen gewannen und schließlich bündig mit den quaderförmigen Flächen der Figurensockel abschlossen.

In Höhe der Kämpferlinie zog sich ein strickleiterförmiger Fries über Pfeiler und Gewände. Der Fries wurde über den Portalrahmen hinausgeführt und in eine glattflächige Plattenverkleidung eingebunden, die man an den Sandstein des Portalbogens angelegt hatte. Die Bekleidung, die heute nicht mehr vorhanden ist, wurde auf dem sich anschließenden Mauerwerk bis über die Höhe der Fahrstuhltüren[33] hochgeführt.

Beleuchtungskörper am Turmsaalportal, 1905. Bronze. Bildhauer: Otto Stichling

33 Ursprünglich war geplant, zwei Fahrstühle zu beiden Seiten des Festsaalportals hochzuführen (vgl. Bezirksamt Charlottenburg... Bauaufsichtsamt, Bauakten Otto-Suhr-Allee 100–102, Bd. 10/11, Bl. 5), bei der Bauausführung installierte man dann nur auf der rechten Seite einen Fahrstuhl. Ein zweiter Lasten- und Personenaufzug des Frontgebäudes war, wie erwähnt, im Anschluß an die Küchenräumlichkeiten des west-

Das dekorative Feld über dem Türbogen zeigte ein schönes Beispiel ornamentaler Durchdringung. Rahmen und Dekor waren zu einem dichten Geflecht verwoben. Die Linien des Rahmens flossen in die Schmuckform ein und wurden damit Bestandteil des Ornaments. Der Mittelpunkt des Zierfeldes bestand aus zwei schildförmigen, ineinandergeschobenen Platten, deren seitliche Enden leicht aufgerollt waren. Das vereinfachte Rollwerk ging beidseitig in ein Spiralmotiv über, das die Architekten mit verschiedenen Friesen verbunden hatten; diese stellten die Übergänge zu den Architekturteilen her und verbanden die ornamentalen Einzelmotive miteinander. Ein Fries mit geometrisierender Grundform und verbindenden Bändern floß in die Fläche des inneren Portalrahmens ein, Stabfriese banden die ornamentalen Formen der Kämpfer, während abstrahierte Schnüre in schwingenden Bewegungen die Motive umspannten. Über dem Scheitelpunkt des Türbogens führten die Linien zu einem weiblichen Kopfmotiv mit lockig übereinandergelegten Haaren, die in einem Emblem zusammenliefen, und einem kronenartigen Helm. Vermutlich handelte es sich um ein Sinnbild der Stadtgöttin Pallas Athene, unter deren Schutz sich die Bürger versammelten. Den oberen Abschluß des Ornamentfeldes bildete eine Art laufender Fries.

Das beschriebene Ornament ist in dieser Form nicht mehr vorhanden. Die Restauration nach dem Zweiten Weltkrieg führte zu einer Veränderung, die deutlich macht, daß das Hochbauamt wie die engagierten Bildhauer die Grundprinzipien der ornamentalen Gestaltung von Reinhardt und Süßenguth nicht einmal erahnt hatten. Die Wiederherstellung war wenig sensibel und in einem gewissen Grade dilettantisch. Besonders Reinhardt und Süßenguths Streben nach wechselseitiger Durchdringung der Einzelmotive, Verkettung von Architektur und Ornament, von plastischer Form und Fläche sowie das Einbeziehen weicher, fließender Formen hatten die Restauratoren nicht erfaßt. So kann man heute an Stelle der ineinandergeschobenen, an den Rändern aufgerollten Schilde nur noch ein Mittelfeld beobachten, das durch gerade heruntergezogene Leisten von den anliegenden Ornamentformen abgegrenzt wird. Den geschwungenen unteren Abschluß ersetzt eine starre Platte, auf der ein Frauenkopf mit Schwingen und Symbolen wie Leier und Tasteninstrument – vermutlich ein gutgemeinter Hinweis auf die Funktion des Saales – dargestellt ist. Diese Kopfbildung ist eine schlichte Neuschöpfung, dabei sehr geschlossen und streng angelegt, ohne die lebhaft feinen Formen und die aufgelockerte plastische Gestaltung des Originals, die nicht zuletzt in der leicht geschwungenen Haartracht zum Ausdruck gekommen ist. Zu allem Überfluß plazierten die restaurierenden Bildhauer in der Schildfläche oberhalb des Kopfes noch zwei stilisierte Masken.

Die Wand- und Gewölbeflächen der Vorhalle sollten ursprünglich mit einer Monumentalmalerei ausgestattet werden, die Einsparungen am Bauprogramm verhinderten jedoch die Ausführung. Lediglich das Bogenfeld des Turmsaalportals wurde mit einem stilisierten floralen Muster ausgemalt,[34] in dem in der Art der Frührenaissance-Ornamentik Blüten-, Ast- und Laubwerk in Form volutierter Ranken übereinandergelegt war.[35]

Die hofseitige Galerie der Vorhalle hatte entsprechend dem repräsentativen Cha-

lichen Festsaals eingebaut worden. A. a. O., Bl. 29ff u. 38ff. Der dritte Fahrstuhl an der Rückseite, am Eingang zum östlichen Seitenflügel, wurde im Sommer 1914 eingerichtet. A. a. O., S. 107ff.

34 Bezirksamt Charlottenburg... Heimatarchiv, Inv. Nr. Ve/2b, Rathaus, Bd. 2... Abb. 78.

35 Vgl. H. Dolmetsch, Der Ornamentenschatz... Taf. 71; G. Ebe, Die Schmuckformen der Monumentalbauten... Bd. 2, S. 90f. Ebe zeigt beispielsweise eine Portalverdachung des Görlitzer Rathauses (Ausbau in Renaissanceformen nach 1519 durch den Stadtbaumeister Wendel Rosskopf), bei der ein bauplastischer Fries dieses vegetabilische Ornament in exemplarischer Weise entfaltet. A. a. O., Abb. 87, S. 94.

rakter des Raumes eine reiche ornamentale Durchbildung erhalten. An den Konsolen zeigten sich Verbindungen von geschlossenen Spiralformen und geometrischen Friesen, deren Grundformen aus Pyramide, Würfel oder Raute bestanden. Das Sandsteingeländer der Galerie wurde durch schlicht profilierte Doppelstreben vertikal gegliedert, zwischen denen leicht durchbrochene Geländerteile plaziert waren. Die Kombination von Spirale, Würfel, bearbeitet und unbearbeitet geschwungenen Leisten ergab ein abstraktes Ornament, das durch Körperlichkeit, Bewegtheit und Anordnung an eine natürliche Form, etwa einen Vogel, gemahnte. Über dem Schnittpunkt der beiden Treppenläufe wurde die Galerie zu einem balkonartigen Vorbau erweitert, der zugleich den Treppenausgang überdachte. Die Balkonbrüstung wölbte sich leicht in den offenen Raum und war mit einem wuchtigen Ornament belegt: Einem nur durch Bänder ornamentierten Schild hatten die Architekten einen flachbogigen Abschluß gegeben, in dem sich abstrahierte Naturformen, der trompetenförmig aufgefächerte Farn, und Spiralen zu einer in sich bewegten Form verbanden. Die übrigen Flächen des Balkongeländers überzogen Friese, die das Scheiben-, das Quader- und das Stabmotiv kombinierten. Eine Verbindung zwischen geschlossener Grundform, bewegtem Einzelmotiv und flächenstrukturierender geometrischer Form fand sich auch an den Kapitellbildungen der den Balkon tragenden Pfeiler. Einer trichterförmig geöffneten Basis – wer denkt nicht an eine entfaltete Blüte? – waren Würfel- und Scheibenfriese aufgelegt, die obere Kante des Ornaments bildeten zur Mitte hin laufende, sich dann in entgegengesetzter Richtung aufrollende Spiralen und zu den Seiten hin kurze Tropfenfriese. Die Kapitelle waren insgesamt sehr plastisch durchgebildet, mit deutlichen Stufungen im Material und einer kontrastierenden Flächenbearbeitung.

Die Ikonographie des Innenbaus wurde im wesentlichen durch die Bildwerke der Eingangshalle und des Treppenhauses bestimmt. Die Eingangshalle hatte durch ihre Höhe und die massiven, glattflächigen Pfeiler, die figürliche Wandfriese abstützten, den Charakter schlichter Monumentalität erhalten. Die schweren Formen waren hier konstruktionsbedingt, da die Pfeiler die Turmlast mittragen mußten. Die doppelt gesockelten halbrunden Stützen besetzten die Architekten im Scheitelpunkt der Rundung mit Lisenen, die sich nach unten zu einem umgekehrten Trichter verbreiterten und die Ausführung der Rundung gleichsam abschnitten. Die Kapitelle der Pfeiler zeigten eine verschachtelte Volutenausbildung: Aus einer flächigen Spirale löste sich eine segmentierte Form, die wiederum mit einer abgeflachten, aus dem Baukörper tretenden Spirale verbunden war. Unterhalb des Architravs vermittelte eine Profilleiste die einzelnen Architekturteile. Die verschiedenen Bauelemente lassen antikisierende Stileinflüsse, insbesondere der dorischen und ionischen Ordnung, erkennen. Der Figurenfries wies auf die Metope hin, das mit Bauplastiken geschmückte Zwischenfeld im Gebälk des dorischen Tempels.[36] An Stelle von Triglyphen, Steinplatten mit zwei vollen und zwei äußeren halben Rillen, verwandten Reinhardt und Süßenguth schildförmig ornamentierte Platten, die oben mit einem starken Volutenpolster und einem Kerbfries abschlossen, unten in einem aus Scheiben und Stäben zusammengesetzten Fries ausliefen. Zwischen den Voluten ließen die Architekten bronzene Wandleuchten mit grünlichem Glas anbringen. Ein Gehänge mit jeweils drei freischwebenden Glühlampen war mit dem Beleuchtungskörper verbunden, ein Arrangement, das nicht mehr erhalten ist.

36 W. Koch, Baustilkunde... S. 16f.; Alain Pasquier, Griechenland, in: Pierre Amiet u. a., Handbuch der Formen- und Stilkunde. Antike, Stuttgart-Berlin-Köln-Mainz 1981, S. 348 u. 365; Th. Krauth/F. S. Meyer, Die Bau- und Kunstarbeiten des Steinhauers... Bd. 1, S. 17f.; H. Dolmetsch, Der Ornamentenschatz... Taf. 4.

Haupteingangshalle, 1905. Bildhauer: Hermann Giesecke

Auf dem sich über die oberen Längsseiten der Eingangshalle ziehenden Relieffries wurden »alle Verwaltungszweige«[37] der Stadt allegorisiert. Auf der linken Seite, vom Straßeneingang aus beginnend, waren auf fünf Reliefs Kunst, Wissenschaft, Schule und Kirche, Bauwesen, Straßenbau und Vermessungswesen,[38] auf der rechten Seite Rettungswesen und Armenpflege, Gesundheitsversorgung, Standesamt und Kassenwesen, Gewerbegericht sowie Beleuchtungswesen und Industrie dargestellt. Heinrich Gieseckes Reliefs paßten sich in Duktus und Gestalt den antikisierenden Architekturformen an, was die Allgemeingültigkeit des Wirkens bürgerlicher Verwaltung unterstreichen sollte. Er hatte die sinnbildlichen Figuren in antikische Gewänder gekleidet – den Theoretikern der Antiken-Verehrung galten sie als zeitlos schlechthin – oder sich an Formen mittelalterlicher Bekleidung angelehnt oder auch zum Mittel des Aktes gegriffen.

Bei den von Männern besetzten Tätigkeitsbereichen überwog eine heroisierende Darstellung. Die Allegorie der Industrie oder des Gewerbegerichts zeigte athletische Gestalten, deren Muskeln hervortraten und die mit markigem Gesichtsausdruck einander gegenüberstanden beziehungsweise ihre Arbeit verrichteten. Die Arbeitsgeräte waren einfachster Natur, Hammer, Axt oder Steinhacke. Bewegung, Gestik und Gerät deuteten auf schwere körperliche Arbeit. Die soziale Rangfolge der Tätigkeiten fand interessanterweise in den Bekleidungsformen ihre Entsprechung. Die einfache, schwere körperliche Arbeit führten nackte oder halbnackte Männer aus, höhere, eine Ausbildung voraussetzende Tätigkeiten wie das Vermessen oder Entwerfen übten Männer in ärmellosen Kitteln oder hemdartigen Leibröcken aus, während leitende Funktionen durch Männer in Patriziertrachten – sie trugen etwa eine Schaube – verkörpert wurden. Die Darstellung weiblicher Charaktere hatte zwar auch einen Zug ins Monumentale, die traditionelle Rollenvorstellung ordnete jedoch Dynamik allein der Männerwelt zu, Duldung und Beharrlichkeit der weiblichen Sphäre.

In den meisten Reliefabschnitten waren Bezüge zur griechischen Mythologie zu erkennen. Die Wissenschaft versinnbildlichte eine Pallas Athene mit Helm, Speer und Ägis, auf der das Gorgonenhaupt abgebildet war. Als Attribut der Weisheit hatte man ihr die Eule beigegeben. Hygieia war als personifizierte Gesundheit mit dem Zeichen ihres Vaters Asklepios ausgestattet: einem Stab, um dessen oberes Ende sich eine Schlange ringelte. Atlas trug den Globus. In der griechischen Mythologie verkörperte er die titanischen Kräfte, die Himmel und Erde getrennt hatten. Im Bild der Kunst waren Harfe und Lorbeerkranz Attribute Apollons, die Allegorie des Gesundheitswesens zeigte den Kelch, über dessen Rand sich eine Schlange wand. Hammer und Zange im Sinnbild der Industrie erinnerten an Hephaistos, den Handwerker unter den griechischen Göttern. Auf dem Relief des Gewerbegerichts erschien, bar jeglicher historischer Parallele, handelte es sich doch nicht um Rechtsprechung im klassischen Sinne, die schon obligatorische Justitia mit der Waage. Reichten die Symbole der klassischen Antike nicht aus, da entsprechende Vorbilder fehlten, wurden mittelalterliche Figuren herangezogen, ohne die klassizistisch-monumentale Gestaltungsweise aufzugeben. Der leitende Ingenieur oder auch Stadtrat trat als Patrizier mit Urkundenrolle, der Kassenbeamte als Ratsherr mit Amtskette auf.

Die Tätigkeit der kommunalen Verwaltung entfaltete sich auch hier unter dem Patronat der Krone, sinnbildlich drückte sich das in zwei Ornamenten aus, die den Portalbogen flankierten. Ein plastisch erhöhtes Kreissegment wurde dabei mit einer

37 Nachlaß Heinrich Reinhardt...

38 Im Referat Süßenguths wird die Reihenfolge der Reliefs nicht richtig aufgezählt, zum Beispiel erscheinen hier »Industrie und Beleuchtungswesen« in der linken Relieffolge, während das Rettungswesen (Feuerwehr) überhaupt nicht erwähnt wird.

lateinischen Kreuzform verbunden, deren seitliche Arme sich rollwerkartig aus der Fläche hoben, während sich der Hauptarm oben zu einer schmalen Spirale aufrollte und sich nach unten zu einem breiter angelegten Steg mit abgerundetem Abschluß öffnete. Dieser ornamentale Einfall verarbeitete vermutlich das Motiv des Reichsapfels, der das Würdezeichen des deutschen Kaisers krönte.[39] Sphaera und Kreuz verschmolzen zu einer Form, in der die Majestätsformel jedoch erkennbar blieb, auch wenn das Kreissegment weiter ornamentiert wurde und einen Zierkranz erhielt, der dem ionischen Kyma nachgebildet war.

Die flurseitige Stirn des Eingangsbogens zur Halle des erhöhten Erdgeschosses verzierten die Architekten mit einem Schriftfries. Der Sinnspruch »Unablässige Arbeit überwindet alles« wies noch einmal auf bürgerliches Ethos hin. Im übrigen spielte die Schrift als dekorative Form am zweiten Bauabschnitt keine wichtige Rolle. Die einzelnen Buchstaben waren gegenüber den bewegten Formen des Mittelbaus strenger gefaßt und einer gotisierenden Schrift angenähert.

Die auf Grund der Einsparungen am Bauprogramm auf den Fluren des Frontgebäudes fehlenden Malereien wurden zum Teil durch die Bleiverglasungen des Treppenhauses ersetzt, die der Glasmaler Josef Scherer nach Entwürfen von Richard Guhr ausgeführt hatte. Allegorische Figuren verkörperten die Städte Berlin und Charlottenburg, denen die Stände – Kunst und Wissenschaft, Handel und Verkehr – in einem Festzug huldigten. Von Georg Süßenguth wissen wir, daß in den Glasfenstern »auf der Charlottenburger Seite das gut getroffene Portrait des Oberbürgermeisters Schustehrus zu sehen«[40] war. Weder Mäzen noch Stifter, standen dem amtierenden Oberhaupt einer selbstverwalteten Stadtgemeinde, auch wenn es sich um den Rathausbaus verdient gemacht hatte, eine mehrfache Herausstellung nicht zu und ist nur mit einer patriarchalischen Deutung der Gemeindeverfassung und wohl auch dem besonderen Geltungsbedürfnis des Oberbürgermeisters zu erklären.[41]

Die Glasfenster Richard Guhrs sind nicht mehr erhalten.[42] Es darf aber angenommen werden, daß Guhr mit kontrastreichen Farben, auch »kecke(n) Farbflecken«[43] eine effektvolle Farbwirkung zu erzielen wußte. Keine Verglasung im Plakatstil, bei der die Zufallsfärbung des Materials die Farbkomposition bestimmte, sondern ein Bildaufbau aus geformten Einzelteilen, der eine vielschichtige Farbmischung zuließ. Das zeigte die vielfache Zerlegung der Wolkenzüge, der Fahnen, Randornamente, Treppen und Gewänder. Bei der Ausführung dürfte Josef Scherer allerdings einzelne Details der Kleidung oder der Gesichtszeichnung geändert haben.[44]

Die genaue Anordnung der Glasmalereien ist auch an Hand der verbliebenen Fotos nicht mehr zu rekonstruieren. Das Treppenhaus des Frontgebäudes wies in beiden

39 Vgl. Brockhaus' Konversations-Lexikon... Bd. 4, S. 1016, Beil. Deutscher Kaiser, Wappen, Kronen und Standarten, Abb. 1.

40 Nachlaß Heinrich Reinhardt...

41 Der hohe Repräsentationswille der Oberbürgermeister kam auch in der üppig bemessenen Dienstwohnung zum Ausdruck. Das Bauprogramm forderte die Berücksichtigung von Räumlichkeiten im Umfang von 450 m². Rathaus für Charlottenburg... S. 5. Der genehmigte Entwurf von Reinhardt und Süßenguth ordnete die Dienstwohnung im 1. Obergeschoß an. Sie nahm den gesamten Raum zur rechten Seite des Turmes bis hin zum Beginn des Mittelbaus ein. Die Wohnfläche hatte sich durch diese Lösung auf 554 m² erhöht. Bericht über die Verwaltung... 1897/98, S. 24f.

42 Es existieren lediglich zwei Fotos im Charlottenburger Heimatarchiv.

43 M. Osborn, Wohnungskunst auf der Berliner Kunstausstellung 1903. Die Künstler-Vereinigung ›Neue Gruppe Berlin‹, in: Innendekoration. Illustrierte kunstgewerbliche Zeitschrift, 14. Jg. (1903), S. 214. Daß Guhr kräftige, helle Farben verwandt hat, dürfte auch aus einer Anmerkung in Süßenguths Manuskript vom Mai 1935 hervorgehen, die erwähnt, daß die Malereien bereits stark nachgedunkelt seien. Nachlaß Heinrich Reinhardt...

44 Mitteilung des Museums Fritzlar – Galerie Richard Guhr vom 17. April 1985.

Glasmalereien im vorderen Haupttreppenhaus. Entwurf: Richard Guhr. Ausführung: Josef Scherer

Geschossen insofern eine unterschiedliche Fensterordnung auf, als die Fenster im Aufstieg zum 1. Obergeschoß gekuppelt waren, während bei den darüber liegenden die Mittelstreben fehlten. Da die Einzelflächen der gekuppelten Fenster relativ klein waren, kann aber vermutet werden, daß es Glasmalereien nur in der Fensterreihe über dem 1. Obergeschloß gab. Die beiden Städteallegorien befanden sich dann in den gerade abschließenden Fenstern auf der Höhe des Treppenausgangs zum Festsaal, während die Ständedarstellungen den vier abgeschrägten Fenstern des Aufstiegs vorbehalten blieben.

Für die künstliche Beleuchtung des unteren Treppenhauses sorgten zwei Wandleuchten, die man an den Umfassungsmauern gegenüber den gekuppelten Freipfeilern angebracht hatte. Die halbkreisförmigen Grundelemente waren vermutlich innenseitig mit Glühlampen besetzt, die zur Wand hin abstrahlten; Gehänge mit jeweilig fünf freistehenden Glühlampen, an der Unterkante der Grundkörper befestigt, erhellten den offenen Treppenraum. Solche Ausstattungsdetails fehlen heute, die vorhandenen Leuchtstoffröhren, in vertikalen Ensembles zusammengefaßt, können kein angemessener Ersatz sein. An den Fensterpfeilern oberhalb der Festsaalempore waren zwei weitere, nach dem Prinzip der

unteren Treppenhauslampen aufgebaute Beleuchtungskörper befestigt; paarweise an den Stirnwänden angebrachte eigenständige Leuchten sorgten zusätzlich für eine Beleuchtung der großen Halle vor den Festsälen.
Es ist nicht ohne Ironie, daß die repräsentative Architektur des Innenbaus, der Portale und Hallen sowie des Treppenhauses vor den Festsälen endete, diese selbst aber nur eine provisorische Ausstattung erhielten. Der Wettbewerbs- beziehungsweise erste Ausführungsentwurf hatte für die Festsaalwände eine hohe Holzverkleidung vorgesehen, die oben mit Schild- und floralen Ornamenten abschloß, und Pfeilereinstellungen, die durch Friese miteinander verbunden wurden.[45] Die östliche und die westliche Umfassungswand des Turmsaals waren durch drei bis zur Decke hochgeführte Wandpfeiler und einen mittleren Pilaster strukturiert, dessen Höhe nur bis über die Mitte der Wände reichte. Die Pilaster liefen jeweils in ein von einem Reichsadler bekröntes Schildornament aus, an den übrigen Wandpfeilern wiederholte sich das Schildmotiv, wurde hier jedoch mit einer Krone abgeschlossen. Die ersten beiden zum Flur gelegenen Wandpfeiler flankierten die schmalen Verbindungstüren zu den eigentlichen Festsälen. Über der Tür lagerte ein monumentaler Reichsadler, der durch eine stilisierte Sonne und darüberliegendes Laubwerk noch erhöht wurde. Die Giebelwand des ursprünglichen Festsaals faßte ein Rundbogen aus Werkstein ein, der zur Mitte der Wand hin durch Pfeilervorlagen mit pyramidenförmiger Verdachung verstärkt wurde. Zwei weitere, gleich strukturierte Wandpfeiler rahmten einen kolossalen Kamin, dessen Aufbau die Architekten bis unter die Decke führten. Wie im Turmsaal bildeten Reichsadler und Schild den ornamentalen Abschluß, den hier das Stadtmotiv vor dem Hintergrund einer mächtigen, alles umschließenden Sonne ergänzte.[46]
Bei der Ausführung des zweiten Bauabschnitts gewannen Reinhardt und Süßenguth eine schlichtere Formensprache. Der Turmsaal wurde durch weite Bogen geöffnet, die Wände durch unprofilierte Hölzer, die bis unter die Deckenkehle liefen, gegliedert. In den abgesenkten Flächen zwischen den Holzeinstellungen brachten die Architekten Beleuchtungskörper an, die aus einem kreisförmigen Grundelement und einem Gehänge aus jeweilig drei freistehenden Lampen bestanden. In den Festsälen wurden die Ecken durch profilierte Pfeilereinstellungen verdeckt. Die Deckenkehle führten die Architekten fast bis zum Ansatz der Frontfenster herunter, den Übergang zur Wand vermittelte ein Kehlgesims. Die Gliederung der Straßenwand nahmen sie an der Hallenseite wieder auf, das heißt, Reinhardt und Süßenguth planten, die Pfeilerordnung der Front durch entsprechende Akzentuierungen an der zur Halle gelegenen Wand fortzuführen. Durch eine geringe Tieferlegung wurde das Deckenmittelfeld vom konkav geschwungenen Teil abgesetzt. Ein gemaltes Muster in einer rasterähnlichen Form verzierte die Fläche.[47] Die Unterseite des Voutenansatzes war ebenfalls durch einen ornamentalen Fries, der ein wellenförmiges Grundmuster ausführte, belebt worden. Auf der Höhe der unteren Fensterabschlüsse zog sich ein weiterer gemalter Fries über die Wände. Die Giebelseiten der beiden Festsäle waren in der Mitte nischenartig vertieft und dienten der Aufnahme eines Podiums. Pfeiler rahmten die Wandeinschnitte, auf denen man Skulpturen pla-

45 Bezirksamt Charlottenburg... Bauaufsichtsamt, Bauakten Otto-Suhr-Allee 100–102, Bd. 3/4, Bl. 5 u. 10. Gezeichnet Reinhardt und Süßenguth, 14. Januar 1899.
46 Zu den Festsaalentwürfen der Mitbewerber in der Rathauskonkurrenz vgl. Säle, in: Deutsche Konkurrenzen. Ergänzungsh. 4, Leipzig 1900. Hier liegen Entwürfe von H. Guth, R. Walter und G. Hildebrand, J. Vollmer und H. Jassoy, C. Moritz und J. Web sowie Adolf Hartung vor. Der Entwurf von Zaar & Vahl, in: Zentralblatt der Bauverwaltung, 18. Jg. (1898), Nr. 41, S. 260.
47 Die Malerarbeiten führte Marno Kellner aus. Berliner Architekturwelt, 8. Jg. (1906), H. 7, S. 250.

Provisorische Ausstattung des Festsaals, 1905. Malerarbeiten: Marno Kellner

ziert hatte.[48] Im östlichen Festsaal, der für die Einweihungsfeierlichkeiten hergerichtet worden war, schmückte ein Bild Kaiser Wilhelms II. in der Uniform der Gardes du Corps die Nische.[49] Für die Beleuchtung der Säle hatten Reinhardt und Süßenguth schwere, aber relativ einfach aufgebaute Kronleuchter gewählt. In jedem Saal hingen drei Leuchter mit parallel zur Decke angeordneten Beleuchtungskränzen, in denen offene Glühlampen in dichter Reihenfolge eingesetzt waren. An den Innenseiten der Kränze hingen in Längsrichtung der Säle jeweilig vier Gehänge, die immer aus drei einzelnen Glühlampensträngen bestanden. Als weitere künstliche Lichtquelle dienten Wandleuchten, die in Höhe der Haupteingangstüren und nur wenig unterhalb der Scheitelpunkte der unteren Fensterbogen um den Saal herumgeführt wurden, wobei für die Längsseiten die Achsenordnung der Front die Plazierung der Leuchten bestimmte. Es handelte sich um Beleuchtungskörper, deren Aufbau dem der Lampen im Treppenhaus entsprach, nur daß die Glühlampen des halbkreisförmigen Grundelementes offen in den Raum strahlten.

Die übrigen repräsentativen Räume des Rathauses wurden ebenfalls im Zweiten Weltkrieg zerstört, das galt vor allem für die Zimmer des Oberbürgermeisters und des Bürgermeisters. Über die Innenausstattung dieser Räume, aber auch der Kassenräumlichkeiten im erhöhten Erdgeschoß ist, mit Ausnahme des Empfangszimmers des Stadtoberhaupts, kein historisches Bildmaterial verfügbar. Die Grundrisse der Raumensembles wurden durch Einbauten und abweichende Aufteilungen nach dem Zweiten Weltkrieg verändert, wobei man insbesondere die weiträumigen Kassenhallen verbaute.

Das Oberbürgermeisterzimmer lag innerhalb der Turmwände, mit dem Eingang genau gegenüber dem Treppenausgang. Die zeitgenössische Kritik wertete die Ausstattung des Raumes »als das am besten gelungene Interieur«[50] des Rathauses. Beim Betreten des Zimmers gelangte man zunächst in einen schmalen Vorraum, der durch schlanke, sich nach oben verjüngende und durch eine Art Vorhangbogen mit konkaven Schenkeln verbundene Pfeilereinstellungen und durch ein kurzes, von Stäben gegliedertes Geländer abgetrennt war. Im Scheitelpunkt des Eingangsbogens hatte man einen bronzegeschmiedeten Beleuchtungskörper angebracht, der die Form eines Adlers abstrahierte.[51] Die äußere Umrißlinie bildeten zwei schlichte Bügel, in denen jeweilig, gleichsam in Verlängerung der Flügelfedern, fünf offene Glühlampen eingefaßt waren. Eine Art Schwanzteil bildete ein durch Stäbe mit dem Hauptkörper verbundenes Element, an dem man drei weitere Glühlampen befestigt hatte. Ergänzt wurde das Arrangement durch vier paarweise angeordnete Glühlampen, die, lediglich an den Leitungen befestigt, in verschiedenen Abständen aus der Grundplatte des Beleuchtungskörpers herausgeführt waren. Ein schönes Beispiel dafür, wie geschickt die Kunsthandwerker der Jahrhundertwende funktionale Elemente dekorativ auszunutzen wußten.

Die Wände des Hauptraumes hatten eine Holzvertäfelung erhalten, die nur wenig über der Höhe des Eingangsgeländers endete. Die das Holz gliedernden Pilaster wurden allerdings bis zur Decke hochgeführt und hier durch ein Gesims miteinander verbunden.[52] Das Eichenholz hatte

48 Es war nicht zu ermitteln, ob diese Anordnung (Pfeiler und Skulptur) ein Provisorium darstellte und welche Plastiken hier aufgestellt waren.

49 Das Bild war eine Stiftung des Stadtverordneten Louis Mann und wurde vom Maler A. Schlubeck ausgeführt. Die Charlottenburger Rathausfeier, in: Charlottenburger Zeitung Neue Zeit vom 21. Mai 1905.

50 M. Creutz, Das Charlottenburger Rathaus ... S. 240.

51 Die Beleuchtungseinrichtungen des Oberbürgermeisterzimmers stammten von der Berliner Firma Frost & Söhne.

52 Die Tischlerarbeiten und die weitere Ausstattung dieses Raumes übernahm die Berliner Firma Kimbel & Friedrichsen, deren künstlerischer Leiter Wilhelm Kimbel war.

Zimmer des Oberbürgermeisters, 1905. Tischler- und Holzbildhauerarbeiten: Kimbel & Friedrichsen

man grau gebeizt. Die verbliebenen freien Wandflächen gestaltete Marno Kellner auf kontrastreiche Weise, indem er in eine Art weicher Stuckmasse Rillen einkämmte, die Tiefen mit Farbe einrieb und die Höhen mit Goldbronze abzog. Auf diese Weise entstand eine lebendige Flächenwirkung, die durch eingepreßte, in Blau gehaltene Ornamente verstärkt wurde.[53] Die Querwände des Zimmers nahmen die Verbindungstüren zu den sich anschließenden Räumlichkeiten auf: nach Westen zum gemeinsamen Vorzimmer des ersten und zweiten Bürgermeisters, nach Osten zum Konferenzzimmer des Oberbürgermeisters und zu dem folgenden kleineren Ruhezimmer des Stadtoberhaupts.[54] Die Türen hatten wieder den Charakter von Portalen, die Türrahmen wurden von Bogeneinstellungen, gestützt durch die verlängerten Rahmenpfosten, überwölbt. Beiderseits der Türen waren – zumindest auf einer Seite – Bücherschränke mit einer vorgelegten Sitzbank eingebaut, deren figürliche Stützen sinnigerweise Eulen darstellten. Die den Türbereich rahmenden Holzpilaster hielten Beleuchtungskörper, ihre zentralen Lichtquellen wurden durch in sich strukturierte Glaskörper abgeschirmt.

Die Decke des Raumes hatte Wilhelm Kimbel kassettiert: Ein schmaler Streifen mit paarweise angeordneten Kassetten rahmte das Mittelfeld, dessen Fläche unterteilten größere Felder. Kräftige, mit geschnitzten Friesen belegte Balken gliederten das Deckenfeld und grenzten zugleich das Mittelfeld von den einfacher ausgeführten rahmenden Elementen ab. Den Übergang zur Loggia trennten in den Raum gezogene Holzeinstellungen mit Scheintüren und einem tiefer gelegten, kassettierten Deckenteil vom übrigen Raum. Oberbürgermeister Schustehrus hatte es sich nicht nehmen lassen, acht selbst ausgesuchte Sinnsprüche in die das Deckenmittelfeld rahmenden Balken schneiden zu lassen: »Treu in Pflicht, wahr in Rat, fest in der Tat.« »Entzweie und herrsche, ein bitteres Wort, vereine und leite, ein besserer Hort.« »Vergib dir nichts, den anderen viel.« »Was du tust, tue bald.« »Überwinde dich selbst.« »Dem Mutigen hilft Gott.« »Furchtlos und treu.« »Alles verstehen, heißt alles verzeihen.«[55]

Wurde in den Sinnsprüchen eine Art Herrschaftsethik formuliert, so verwiesen acht Tafeln, die man an den jeweiligen Endpunkten der das Mittelfeld unterteilenden Deckenbalken angebracht hatte, auf allgemein menschliche Tugenden: Weisheit, Gerechtigkeit, Sparsamkeit, Frömmigkeit, Duldsamkeit, Wahrheit, Barmherzigkeit und Fleiß. Die dekorativen Reliefs, rechteckig mit abgerundeten Ecken, die sich zu Spiralen aufrollten, waren als Bronze-Treibarbeit von der Firma Gustav Lind Nachf. (Berlin) angefertigt worden.[56] Die Ränder der Reliefs ornamentierten geschwungen gezogene Bänder und Kugelfriese, aus dem Gegenüber von fließender Linienhaftigkeit und geometrisierendem Reihenrhythmus wurde dabei eine kontrastierende Wirkung erzielt. Den Mittelpunkt der Reliefs bildeten allegorische weibliche Figuren, die mit einfachen Attributen und, in einem gesonderten unteren Feld, mit traditionellen Symbolen verbunden waren. Vor einem flächigen Hintergrund ließ der Bildhauer die Gewandformen so in Bänder übergehen, daß Kopf und Oberkörper der Frauengestalten kreisförmig umschlossen wurden. Auf diese Weise band man sie in einen weiteren inneren Rahmen ein, der die Figuren in fließenden, schwellenden Linien von der

53 M. Creutz, Das Charlottenburger Rathaus... S. 240. Material über diese Wandgestaltung ist nicht mehr vorhanden, einen Eindruck von der Arbeitsweise des Künstlers können aber Abbildungen anderer Ausführungen vermitteln.

54 Akten... Rathaus, Bd. I, Bl. 238. Das Konferenz- und das Zimmer des zweiten Bürgermeisters waren mit einem 80 cm hohen Holzpaneel ausgestattet.

55 Nachlaß Heinrich Reinhardt...

56 Vgl. Gustav Lind Nachf., Metallbildhauerei... No. 199–206.

Fläche des Hintergrunds abhob und ihrer ruhigen Haltung ein Moment der Bewegtheit verlieh. Das hier entwickelte Frauenbild war, fernab jeder entrückenden Idealisierung, ausgesprochen sinnlich, in einer Mischung aus Verführerin und unschuldigem Mädchen, angelegt. Orientalisierender Schmuck, Ohrgehänge, Stirnbänder, Gürtelschnallen, Halsketten und Kopfbedeckung, bekräftigten diesen Eindruck.

Die beigefügten Symbole wurden der christlichen und der antiken Ikonographie entliehen. Die Frömmigkeit trat mit dem Kreuz in den gefalteten Händen und dem doppelten Widder auf. Den Griechen ein Zeichen von Kraft und Fruchtbarkeit, wurde der Widder in der christlichen Kunst im Zusammenhang mit dem Abrahamsopfer zum Sinnbild Christi, den Gott an Stelle des schuldigen Menschen opferte. »In jenem symbolischen Zusammenhang, in dem die Gläubigen im Lamm den Neuchristen, im Schaf den gelehrten Jünger, im Bock den Bekehrten oder den Sünder sehen wollten, steht der Widder als Bild Christi, als Symbol der Kraft und der Ermutigung zum getrosten Kampf für die, die an die Stelle Christi treten.«[57] Die Allegorie des Fleißes war mit Spindel und dem von Bienen umkreisten Bienenkorb, die Barmherzigkeit mit Kelch und Krug sowie der doppelten Schlange dargestellt. Der Kelch hat als Gerät der Eucharistie besondere Bedeutung. Er symbolisiert den Menschen, wie er auf dem Erdboden steht und sich mit ausgestreckten, nach oben geöffneten Armen von Gott füllen läßt. Das Empfangene gibt er an andere weiter. Der Kelch ist darüber hinaus Sinnbild des menschlichen Schicksals, insofern der Mensch sein Geschick aus der Hand Gottes wie ein Kelch empfängt. Jesus sprach dann auch von dem ihm zugedachten Geschick der Passion als einem Kelch.[58] Der Krug, der häufig mit Reinigungsriten in Beziehung steht, dürfte hier ebenfalls auf die Geschichte Jesu hinweisen, den Beginn seiner Wirksamkeit mit dem Weinwunder auf der Hochzeit zu Kana, bei dem er sechs große Steinkrüge mit Wein füllt.[59] Der Sparsamkeit waren Geldbüchse und Hamsterpaar zugeordnet, der Gerechtigkeit Waage, Schwert und Adler, die Wahrheit erschien mit Spiegel und Sonne, die Weisheit mit Buch und Löwe. Der auf den ersten Blick willkürlich anmutende Bezug der Weisheit auf den Löwen, wird im Zusammenhang der christlichen Ikonographie durchaus schlüssig. Als Christussymbol wurde der Löwe auf den Stamm Juda, dem Jesus angehörte, bezogen, oder man sprach von Christus als dem »Löwen von Juda« und dem »Eröffner des Buches mit den 7 Siegeln«[60]. Die Allegorie der Duldsamkeit schließlich war mit einem Schild attribuiert – es trug die Aufschrift »Raum für alle hat die Erde« – und zwei Hähnen, deren Köpfe sinnigerweise menschliche Züge trugen. Vielleicht wollte der Bildhauer damit im Zeitalter der deutsch-britischen Flottenrivalität und der drohenden Spaltung Europas in zwei Machtblöcke auf die Notwendigkeit eines friedlichen Interessenausgleichs zwischen den Großmächten hinweisen.

Kein deutsches Rathaus ohne Ratskeller, auch in Charlottenburg fehlte er nicht. Die Haupteingangshalle des Rathauses, die sich wie ein Keil in die Räumlichkeiten schob, teilte den Ratskeller in zwei Hälften. Reinhardt und Süßenguth nutzten diese Anlage des Grundrisses, um den Ratskeller in zwei gesonderte Abteilungen aufzugliedern, die über eigene Eingänge zu erreichen waren. Unter dem westlichen Flügel des Frontgebäudes befanden sich die Bierstuben mit einer Fläche von 550 m^2, unter dem östlichen die Weinstuben, deren Fläche 285 m^2 betrug. Insgesamt waren die Räumlichkeiten für die Bewirtung von 400 beziehungsweise 200 Personen eingerichtet.[61]

57 G. Heinz-Mohr, Lexikon der Symbole ... S. 305.
58 Matth. 20, 22f.
59 G. Heinz-Mohr, Lexikon der Symbole ... S. 171.
60 A. a. O., S. 191.
61 Der zukünftige Charlottenburger Ratskeller, in: Charlottenburger Zeitung Neue Zeit vom 28. April 1904.

Deckendekorationen im Zimmer des Oberbürgermeisters, Bronze-Treibarbeit.
Ausführung: Gustav Lind Nachf., *auch nächste Seite*

Wahrheit

RAUM FÜR ALLE
HAT DIE ERDE

Fleiss

Ratsstube im Ratskeller, 1905. Möbel von C. Prächtel

Die Bierabteilung bestand aus einem direkt an der Front gelegenen Gastraum, der mit einer Holzdecke ausgestattet war. Das Hauptgewölbe mit der eigentlichen Bierabteilung schloß sich an diesen Eingangsraum an und reichte über die hintere Umfassungsmauer der Eingangshalle hinaus bis zum unteren Mauerwerk des Treppenhauses. Unter dem Treppenbereich lag der eingewölbte Figurensaal, an den sich rechts und links zwei kleine Höfe anschlossen. Der Gästebereich des Saals wurde durch Pfeilereinstellungen zu einem inneren Halbkreis verkleinert, auf diese Weise blieb ein Umgang frei, der den Zugang zur Küchenanlage vermittelte. Die gesamte Küche hatte eine Fläche von circa 280 m^2 und teilte sich in Koch-, Diner-, Spül-, Kaffee- und kalte Küche, Speiseausgabe, Zurichteraum, Kühl- und Vorratsräume auf.[62] Die Speiseausgabe schloß sich direkt an den Umgang des unter dem Treppenhaus gelegenen Saals an, dessen Fenster zu den seitlichen Höfen, aber auch zum Küchenbereich bleiverglast waren. Die Kühl- und Vorratsräumlichkeiten lagen im westlichen Seitenflügel, im Anschluß daran waren bis zur Seitentreppe des Mittelbaus auf einer Fläche von etwa 67 m^2 Zimmer für die Bedienung des Wirtes eingerichtet: ein Zimmer für die Haushälterin und ein Schlafraum für Dienstboten.[63]

Die von der Ostseite des Rathauses zugänglichen Weinstuben gliederten sich in Wein- und Ratsstube, beide an der Front gelegen, einen sich anschließenden Saal für Gesellschaften sowie ein Damen- und ein Rauchzimmer, die bereits im Bereich des östlichen Seitenflügels lagen. Die sechszimmrige, etwa 107 m^2 große Wohnung des Wirts befand sich hinter den Gästeräumen und reichte bis zur Durchfahrt des

62 Vorlagen ... Stadtverordneten-Versammlung ... 1904, Drucksache Nr. 498.
63 Ebd.

Füllungen im Ratskeller, 1905, modelliert von Heinrich Giesecke

Seitenflügels auf der Höhe des Haupttreppenhauses im Mittelbau. Die Decken der Rats- und der Weinstube hatte man nicht gewölbt, sondern ebenfalls in Holz ausgeführt. Einen Teil der Ratsstube, unterhalb des rechten Giebelturmes, trennten die Architekten durch eine Balustrade ab. Ein niedriges Holzpaneel zog sich über die Wände des Ratskellers, in der Weinabteilung wurde die Wandverkleidung durch bildhauerische Füllungen bereichert. Die Gewölbedecken ließen die Architekten mit Stuck unterlegen, die Pfeiler mit Schnekkenkapitellen und figürlichen Reliefs versehen. Großen Aufwand trieben Reinhardt und Süßenguth bei der Ausstattung des halbkreisförmigen Figurensaals. Ein breiter Türbogen schloß den Raum zur Bierabteilung hin ab, fünf weitere freistehende Bogen mit wuchtigen Pfeilern teilten den Saal in einen Hauptraum und einen rückwärtigen Umgang. Für Bogen und Pfeiler wurde Sandstein verwendet.

Üppige Ornamente bedeckten die Pfeiler: Kräftige Voluten, die in groteske Tierköpfe ausliefen, Masken, Widderköpfe, Akanthusblätter, verknotete Taue, Flechtbänder, Spiralen und geometrische Muster. Im Mittelpunkt der Pfeilerkompositionen standen Hermen. Hier versammelten sich Satyrn und Silene, die Gefolgsleute des Dionysos, zu einem Gelage. Die trunksüchtigen Gesellen wurden durch Attribute wie Spitzohren, Pferdefüße, Hufe, kleine Hörner oder Dickbäuchigkeit charakterisiert. Eine der skurrilen Gestalten trug den Thyrsos, den mit einem Pinienzapfen bekrönten Stab des Dionysos.[64]

Von den wuchernden Formen der Pfeilerarrangements hoben sich die schlichten Füllungen in der Weinabteilung ab. Es handelt sich um Motive sitzender oder kniender Frauen in Verbindung mit Musikinstrumenten, Tiersymbolen oder allgemeinen Tätigkeiten wie dem Binden einer Sandale. Die Linien der Körperumrisse wurden

64 Zu diesem Saal gehörte vermutlich das noch erhaltene Bogenfenster – es befindet sich im Eingangsbereich des Bauteils U (Erdgeschoß der Rotunde) im Erweiterungsbau des Rathauses –, da es sich inhaltlich an diese Thematik anlehnt. Der bocksbeinige Dionysos, mit der rechten Hand einen Weinkrug umdrehend, wird von zwei Frauen gestützt. In die kräftigen Farben des Fensters sind florale Motive eingebunden, die auf dem Kleid der vorderen, dem Betrachter den Rücken zuwendenden Frau durch ein flächiges Blütenmuster ergänzt werden. Das Kleid zeigt dabei die für den Jugendstil typische lockere Form mit weiten fließenden Linien, die den weiblichen Körper aus der Enge des Korsetts befreit. Die feine, bewegte Linienführung des Bildes paßt allerdings – und hier wäre Albert Hofmann zuzustimmen – wenig zu den wuchtigen, eher statischen Formen des Ratskellers.

sehr schön durch Strukturierungen des Hintergrundes ergänzt. Besonders gelungen erscheint mir das orientalisierende Bild einer Frau mit Oberarmreif und Stirnband, deren gebeugte Haltung mit dem gerundeten Federkleid eines vor ihr hockenden Pfaus gleichsam eine kreisförmige Bewegung bildete, die von der Liniierung des Hintergrundes aufgenommen wurde. Die Architekten hatten viel Mühe darauf verwandt, die Räumlichkeiten durch die Auswahl geeigneter Beleuchtungskörper und die farbige Behandlung der Kellerfenster stimmungsvoll zu gestalten. Die Glasmalereien der Hof- und Straßenfenster fanden jedoch ebensowenig wie die malerische Behandlung einzelner Wandpartien das uneingeschränkte Lob der Kritik. Albert Hofmann erklärte: »Bei der inneren Ausstattung des Hauses wurde dem Ratskeller besondere Aufmerksamkeit gewidmet; trotzdem hatte die Einheitlichkeit seiner künstlerischen Ausschmückung unter der Ungunst verschiedener Umstände zu leiden. Während für die tektonische Ausstattung des Ratskellers, für die Anbringung der Tischlerarbeiten und der Beleuchtungs-Einrichtungen reichlich Zeit zur Verfügung stand, befanden sich die Malerarbeiten und die Glasmalereien unter dem doppelt ungünstigen Umstande der Übertragung an einen zwar an sich trefflichen, aber in architektonische Beziehungen nicht genügend eingearbeiteten Künstler, und zu kurzer Frist, welche nicht die Möglichkeit zu ausgleichenden Studien und einheitlichen Abstimmungen gewährte.«[65] Dieses Urteil ist heute schwerlich nachzuvollziehen, da die Malereien und besonders die großen Glasfenster im rückwärtigen Teil des Ratskellers nicht mehr erhalten sind. An Hand des überlieferten historischen Bildmaterials kann die Innenausstattung des Ratskellers nur unvollständig nachgezeichnet werden.

Im Ratskeller wollte der Magistrat ein »Restaurant erster Klasse«[66] einrichten lassen, weshalb man von vorneherein geplant hatte, die Räumlichkeiten einschließlich des Mobiliars sowie der Beleuchtungs- und Kücheneinrichtungen vollständig auszustatten. An den Pächter stellte die Stadt sowohl im Hinblick auf die Kapitalausstattung als auch die fachliche Qualifikation hohe Anforderungen, da sie einen »(...) ruhige(n), mustergültige(n) und in jeder Beziehung der Würde des Hauses entsprechende(n) (Wirtschaftsbetrieb)«[67] garantiert wissen wollte. Die weitere mobile Einrichtung des Ratskellers war dann auch von der Genehmigung des Magistrats abhängig. Im Pachtvertrag hieß es dazu: »Das sonst zum Betrieb der Wirtschaft erforderliche Inventar, ... Tafelgeschirr aus Metall, Porzellan, Glas, außerdem Tisch- und Weißzeug, Kochgeschirr und Gerätschaften aller Art haben Mieter auf eigene Kosten nach Mustern, die der vorhergehenden Genehmigung des Magistrats bedürfen, zu beschaffen. Das gesamte Inventar muß in einer den Anforderungen an ein Restaurant ersten Ranges entsprechenden Beschaffenheit und in ausreichendem Maße vorhanden sein.«[68] Die Einflußnahme des Magistrats ging noch weiter, da vertraglich Umfang und Qualität der Getränke festgelegt wurden. Für den Fall, daß der Magistrat eigene Weine beschaffte, war der Mieter verpflichtet, diese Weine vom Magistrat zu beziehen und unter der Bezeichnung »Ratsweine« zu einem vom Magistrat festgesetzten Preise auszuschenken. Darüber hinaus konnte der Magistrat den Personalumfang mit bestimmen und gegebenenfalls die Entlassung einzelner Angestellter fordern. Bauliche Veränderungen oder solche der Anordnung, Einrichtung und Ausstattung des Ratskellers konnte der Pächter nicht beanspruchen.

Mitte Dezember 1905 schloß der Charlottenburger Magistrat einen Vertrag mit den Berliner Restauratoren Carl und Otto

65 A. Hofmann, Das neue Rathaus in Charlottenburg... S. 419.
66 Charlottenburger Zeitung Neue Zeit vom 28. April 1904.
67 Vorlagen... Stadtverordneten-Versammlung... 1904, Drucksache Nr. 498.
68 Ebd.

Heyne, die den Ratskeller zunächst für fünf Jahre mieteten. Das erste Jahr war mietfrei, im zweiten Jahr betrug die Miete 6000 Mark und verdoppelte sich dann bis zum fünften Jahr. Eine zusätzliche Vereinbarung überließ das Ratsstübchen der ausschließlichen Nutzung durch die städtischen Körperschaften.[69] In den folgenden Jahren wurden die technischen Kücheneinrichtungen mehrfach verändert; Anfang der zwanziger Jahre waren Ausbesserungen an Wänden, Türen und Oberlichten der Nebenräume notwendig geworden, ebenso mußten Anstricharbeiten in der Bierabteilung ausgeführt werden. Diese Instandsetzung übernahm, »unter ausdrücklicher Genehmigung der Hochbauverwaltung und im engsten Einvernehmen mit ihr«[70], die Schultheiß-Patzenhofer-Brauerei AG, nachdem man im Februar 1929 einen entsprechenden Pachtvertrag abgeschlossen hatte.[71]

Zum Schluß dieses Abschnittes sollen die am zweiten Bauteil beteiligten Firmen genannt werden. An der Lieferung der Eisenkonstruktionen war die Berliner AG Lauchhammer beteiligt, die Eisenkonstruktionen der Wand- und Deckenträger sowie die in Eisen ausgeführte Galerie der Verwaltungsbücherei stellte die Vereinigte Kammerich'sche Werke AG her, die Dachkonstruktionen, Stützen und Blechträger lieferte Hein, Lehmann & Co. AG, Trägerwellblech-Fabrik und Signalbauanstalt in Reinickendorf bei Berlin, während die massiven Winkeleisensteindecken von A. Borchmann & Co., einem Baugeschäft in Charlottenburg, ausgeführt wurden. Mit den Maurerarbeiten war die Schöneberger Firma Messow & Lummitsch beauftragt. Die Sandsteinbearbeitung hatte C. Schilling (Berlin) übernommen, die Ausführung der Steinbildhauerarbeiten C. Schwarz. Die einfachen Kupferarbeiten der Dächer stammten von M. Schulz, das schmiedeeiserne Portal und der bronzene Windfang aus der Werkstätte A. M. Krause. Die Steinmetzarbeiten des Innenbaus hatte man Gebr. Zeidler (Berlin) übergeben, während die Steinbildhauerarbeiten in der Hand von H. Kühnle lagen. Die Beleuchtungskörper stammten von Frost & Söhne und J. C. Spinn & Sohn, die einen Teil der Lampen für den Ratskeller herstellten. Neben Kimbel & Friedrichsen, die nicht nur das Oberbürgermeister-Zimmer, sondern auch das anschließende Konferenzzimmer ausstatteten, übernahm Georg Kuhnert die Tischlerarbeiten und Ausstattung des Vorzimmers und Zimmers des zweiten Bürgermeisters. An den Metallarbeiten waren M. Bitschkus und Paul Marcus beteiligt, die Holzbildhauerarbeiten des Ratskellers oblagen Ernst Prenzel, Ausstattung und Holzarbeiten teilten sich die Firmen Georg Kuhnert, C. Prächtel, L. Grunow, Ludwig Lüdke sowie Markgraf und Tau. Die gesinterten Platten der Hallenfußböden lieferte N. Rosenfeld & Co., die Marmorarbeiten im Ratskeller wurden von Dykkerhoff & Neumann ausgeführt.[72]

69 Akten der Stadtverordneten-Versammlung in Charlottenburg, Abschnitt IX, Nr. 11, Ratskeller, Bd. I, Bl. 7.

70 A. a. O., Bl. 44; vgl. auch Bl. 40.

71 Vorlagen für die Bezirksversammlung Charlottenburg 1929, Drucksache Nr. 15. Die Räumlichkeiten des Ratskellers umfaßten zu diesem Zeitpunkt neben Kellerlagerräumen von rund 395 m² die Bierstuben, mit Eingang an der Westseite (circa 658 m²), und die Weinstuben, mit östlichem Eingang (circa 455 m²), die aus großer und kleiner Weinstube, großem Gesellschaftsraum und, im Anschluß daran, aus einem weiteren kleineren Gesellschaftsraum bestanden; weiterhin gehörte eine Kleiderablage und ein Vorraum zu diesen Räumlichkeiten. Die in dieser Abteilung gelegene Ratsstube war nach wie vor zur ausschließlichen Benutzung durch die städtischen Körperschaften bestimmt. Die Küchenanlage hatte man inzwischen auf eine Fläche von 320 m² vergrößert, ebenso die Wohnungen für den Wirt und die Bediensteten auf 150 beziehungsweise 100 m². A. a. O.

72 Bezirksamt Charlottenburg... Bauaufsichtsamt, Bauakten Otto-Suhr-Allee 100–102, Bd. 6/7, Bl. 146f., 164ff. u. 186f.; A. Hofmann, Das neue Rathaus in Charlottenburg... S. 287f. u. 420.

Zu den Biographien der Künstler

Die am Rathausbau beteiligten Maler und Bildhauer gehörten mit wenigen Ausnahmen der älteren, in den fünfziger und sechziger Jahren des 19. Jahrhunderts geborenen Generation an. Allesamt erfolgreiche Auftragskünstler, kamen sie aus der konservativen Schule der Berliner Kunstakademie, nicht wenige von ihnen waren bei Fritz Schaper, Albert Wolff und Ernst Herter in die Lehre gegangen. Als Denkmalsplastiker mit einem ausgeprägten Sinn für das Ornamentale stellten sie unzählige Figuren für öffentliche Gebäude her und beteiligten sich an der ornamentalen Ausgestaltung von Kirchen, Rathäusern, Theatern oder Museumsbauten. Die Denkmalsmode der Wilhelminischen Zeit gab ihnen immer wieder Gelegenheit, Skulpturen zu entwerfen, die die politischen Größen der preußischen Geschichte verherrlichten. Vielleicht gilt für alle, was Hans Schliepmann einmal pathetisch über Otto Stichling gesagt hat: »Die Originalitätssucht der ›Jüngsten‹, hinter der sich oft nur die Unfähigkeit des Könnens verbirgt, hat er nie mitgemacht; dazu war sein Respekt vor der Natur zu groß, sein Sinn zu gesund.«[1] Sie blieben dem Historismus treu, allerdings in einer durch ihre Lehrer vorgegebenen »leiseren Variante«[2].

Der herrschende Naturalismus des späten 19. Jahrhunderts war unter dem Einfluß Reinhold Begas', der in Gefolgschaft Arnold Böcklins und Anselm Feuerbachs aus »der Vertrautheit mit den plastischen Schöpfungen der späten Antike und Michelangelos einen neuen Ausdruck sinnlicher Lebensnähe und prunkvollen Überschwanges entwickelt hatte«[3], um barokke Elemente erweitert worden, die mit dem strengen, linienklaren Formenkanon der klassizistischen Rauch-Schule brachen. Begas entfaltete ein Menschenbild, das dramatische Gegensätze und malerisch erfaßte Sinnenfreude einschloß. Doch was als emanzipatorischer Schritt begonnen hatte, wurde nach dem Regierungsantritt Wilhelms II. zu einem Staatsstil, der dem nationalistischen Pathos der Wilhelminischen Zeit huldigte. Das Repräsentationsbedürfnis des Kaiserreichs stellte Begas' »Kunst auf die Probe ihrer Tragfähigkeit für monumentale Aufgaben«[4]. Ihr brillant bildhauerischer Naturalismus blieb jedoch illusionistisch, da Begas den materiellen Charakter der Bildwerke leugnete und daher auch »die innere Verbindungslosigkeit mit dem Architektonischen«, woraus ein »Mangel an tatsächlicher überzeugender Monumentalität«[5] erwuchs. Gleichwohl war das Pathos, die Sinnlichkeit und Leidenschaft der Begasschen Formensprache für viele Werke der offiziellen Auftragskunst bindend. Üppige Frauen, herkulische Männer, zeitlos gekleidet, schmückten das Mauerwerk zahlreicher Verwaltungsgebäude. Kam die Einbindung in die Tradition der Berliner Bildhauerschule bei den konventionellen Aufgaben der Künstler zum Ausdruck, so zeigten auftragsfreie Versuche, daß der überlieferte Formenkanon längst nicht mehr unantastbar war. Ein neues Körperideal und die Wendung zum Typischen, die sowohl eine Reduktion der Form als auch des Inhalts einschloß, kündigte die Moderne an.[6] An die Stelle üppi-

1 H. Schliepmann, Otto Stichling, in: Berliner Architekturwelt, 15. Jg. (1913), H. 9, S. 347.
2 Peter Bloch/Waldemar Grzimek, Das klassische Berlin. Die Berliner Bildhauerschule im neunzehnten Jahrhundert, Frankfurt a. M.-Berlin-Wien 1978, Sp. 275.
3 Adolf Feulner/Theodor Müller, Geschichte der deutschen Plastik (= Deutsche Kunstgeschichte, Bd. 2), München 1953, S. 621.
4 A. a. O., S. 622; vgl. auch P. Bloch/W. Grzimek, Das klassische Berlin... Sp. 164 ff.
5 A. Feulner/Th. Müller, Geschichte der deutschen Plastik... S. 621.
6 P. Bloch/W. Grzimek (Das klassische Berlin... Sp. 313 f.) weisen darauf hin, daß es die nach 1860 geborene Generation der Begas-Schüler ist, die die bedeutendste Opposition gegen den mit dem Regierungsantritt Wilhelms II. zum Staatsstil erhobenen Neubarock bildete. Zu den herausragenden Vertretern dieser Gruppe gehören Peter Breuer, Louis Tuaillon, Nikolaus Friedrich, Reinhard Felderhoff, August Kraus

ger Körperformen traten die Anmut zierlicher Mädchen, feine, manchmal eckige Knabengestalten, während das Bemühen um das Idealtypische in Sujets Ausdruck fand, die allgemeine menschliche Tätigkeiten zum Inhalt hatten.[7] Radikale Stilisierungen figuraler Motive, ihre Verdichtung zu blockhafter Geschlossenheit, die materialgerechte Form blieben allerdings das Wagnis mutigerer Zeitgenossen, die unter dem Einfluß der Stilbewegung um die Jahrhundertwende standen.

Aufträge für Skulpturenschmuck an öffentlichen Gebäuden gaben den Bildhauern wenig Gelegenheit, eigene Vorstellungen zu verwirklichen. Die Funktionen des Bauwerks waren überwiegend durch mythologische, historische oder allegorische Darstellungen zu interpretieren, wobei die Architekten eine Art Richtlinienkompetenz besaßen. Sie fertigten die Zeichnungen für die Bauplastiken an und achteten auf die Realisierung ihrer Entwürfe.[8] Die Originalzeichnungen Reinhardt und Süßenguths für den bauplastischen Schmuck des Charlottenburger Rathauses sind nicht mehr vorhanden, eine Vorstellung von der detaillierten stilistischen Durcharbeitung geben jedoch ihre veröffentlichten Handzeichnungen für den Bau des Städtischen Museums in Altona,[9] so zum Beispiel für die Füllungen am Hauptgiebel und an den Erkern der Seitenfronten, den Fries über dem Hauptportal oder die Hermen zu beiden Seiten des Eingangs.

Die meisten der am Charlottenburger Rathaus beteiligten Künstler sind heute kaum noch bekannt,[10] ihr Werk ist verlorengegangen oder verstreut.

Der am 24. April 1864 in Bernburg (Anhalt) geborene *Gotthold Riegelmann,* Sohn eines Kunsthändlers, war Schüler A. Werner-Schwarzburgs in der Wernigeroder Anstalt für christliche Kunst von G. Kuntzsch. Zwischen 1879 und 1883 arbeitete Riegelmann in Berlin und hospitierte an der Kunstschule sowie dem Kunstgewerbemuseum, 1889 eröffnete er in Charlottenburg ein eigenes Atelier.[11]

und August Gaul. Entscheidende Anstöße zur Überwindung des Auseinanderfallens von Plastischem und Architektonisch-Räumlichem gingen von Adolf von Hildebrand und seiner zentralen Idee der »Reliefauffassung« aus, die zwischen Gesichts- und Bewegungsvorstellungen, dem das Dreidimensionale auf flächige Merkmale reduzierenden Fernbild und dem räumlichen Charakter des Nahbildes, das eine zeitliche Komponente einschließt, unterscheidet und nach der die Aufgabe des Bildhauers darin besteht, Bewegungsvorstellungen im Sinne des einheitlichen Fernbildes in eine einheitliche Gesamterscheinung zu übertragen. Dabei soll räumliches Bewußtsein entwickelt, die Kluft zwischen der gefestigten Formvorstellung und den schwankenden Gesichtseindrücken aufgehoben und beide Seiten zu einer Einheit gestaltet werden. Hans Joachim Albrecht, Skulptur im 20. Jahrhundert. Raumbewußtsein und künstlerische Gestaltung, Köln 1977, S. 70ff.; Malerei und Skulptur des 20. Jahrhunderts, in: H. Hildebrandt, Die Kunst des 19. und 20. Jahrhunderts... S. 355f.; Eduard Trier, Plastik, in: G.C. Argan, Die Kunst des 20. Jahrhunderts... S. 239f.

7 Als Beispiel für diese Tendenz sei der 1888 entstandene, auf einem Ball ›balancierende Knabe‹ von Johannes Götz genannt. Eine von der Berliner Nationalgalerie erworbene kleine Bronzeplastik, die in ihrer Linienführung, dem Befreien der Form vom Zufälligen, nicht zum Verismus des Neubarock paßte.

8 P. Bloch und W. Grzimek (Das klassische Berlin... Sp. 235) zeigen das am Beispiel der Retabel zweier Kirchen von Christoph Hehl. Wilhelm Haverkamps um 1901 für die Rosenkranzbasilika in Berlin-Steglitz (Kieler Straße) hergestelltes galvanoplastisches Altarretabel mit Darstellungen des zwischen den vier Evangelistensymbolen thronenden Christus, des Abendmahlmotivs und der Hochzeit zu Kana kennzeichnet ein elegisch-linearer Stil in der Art des maasländischen Goldschmiedes Nikolaus von Verdun. Eine stilistisch überaus ähnliche Ausführung ist beim Retabel der Herz-Jesukirche in Berlin zu sehen, das von Otto Geyer stammt. Vgl. auch Adolf Rosenberg, Die Rosenkranzkirche in Steglitz bei Berlin, in: Berliner Architekturwelt, 4. Jg. (1902), H. 2, S. 45 u. 51.

9 Atlas zur Zeitschrift für Bauwesen, 52. Jg. (1902), B. 8, 9 u. 11.

10 P. Bloch/W. Grzimek geben in ihrer Arbeit lediglich zu Wilhelm Haverkamp und Johannes Götz einige ausführlichere Anmerkungen. Vgl. Das klassische Berlin... Sp. 275f. u. 285.

11 Friedrich Jansa (Deutsche bildende Künstler in Wort und Bild, zusammengest. u. hrsg. v. F. Jansa, Leipzig 1912, S. 485) gibt als Atelieradresse Charlottenburg, Savignyplatz-Stadtbahnbogen 593–596 an.

Besonders auf kunstgewerblichem Gebiet tätig, arbeitete Riegelmann in der Kleinkunst mit Bronze, Emaille, Holz und Elfenbein, schuf monumentale Plastiken an bedeutenden Bauwerken und fertigte innere Einrichtungen und Mobiliar für Schlösser, Wohn- und Geschäftsräume, Kirchen und Verwaltungsgebäude. Im Vorwort zu einem Band mit ausgeführten Ornamenten erklärte Riegelmann das stilgerechte Nachempfinden, das Verschmelzen älterer und neuerer Formen und die freie Komposition für gleichberechtigte Richtungen.[12] Riegelmanns Formensprache verdankte viel der ornamentalen Kunst der Renaissance, seine vegetabilen Motive blieben bei aller Stilisierung einer naturalistischen Diktion verbunden. Momente der Auflösung floraler Motive waren zwar vorhanden, aber die Vereinfachung der Formen, das Herausarbeiten der strukturgebenden Elemente wurde von Riegelmann nie zum gliedernden Prinzip erhoben.

Gotthold Riegelmann schuf Bildhauerarbeiten für das Reichstagsgebäude[13], das Reichsgericht[14], das Preußische Herrenhaus und das Abgeordnetenhaus, des weiteren für die Rathäuser in Stuttgart, Elberfeld, Dessau und Köthen; für Kirchen in Homburg, Essen, Heilbronn und Berlin, Synagogen in Posen und Dessau; für die Rheinbrücken in Mainz, Bonn und Köln, das Post- und Landschaftsgebäude in Posen, für Museen in Münster und Altona. Unter den dekorativen Arbeiten für Geschäftsbauten sind die Reliefs im Haus des Vereins deutscher Ingenieure in Berlin zu nennen. Seine Reliefs in der Berliner Kaiser-Wilhelm-Gedächtniskirche, aber auch die im offiziell verordneten altdeutschen Stil schwelgenden Holzschnitzereien für die deutsche kunstgewerbliche Abteilung auf der Weltausstellung in Paris (1900) machten Riegelmann einem größeren Publikum bekannt. Dort hatte man ihm die Holzschnitzereien der Treppenhäuser in Gruppe XII (Dekoration und Ausstattung von öffentlichen Gebäuden und von Wohnräumen) und XV (Verschiedene Industrien) übertragen, im einzelnen führte er Holzdekken, Treppengeländer, Paneele und Möbel aus.[15]

Josef Drischler, der für die Front des Charlottenburger Rathauses die Nischenfiguren ›Handwerk und Handel‹ hergestellt hat, stammte aus Rinteln an der Weser, wo er 1838 geboren wurde. Seine Ausbildung erhielt er in München bei Max von Widnmann. Nach Abschluß seines Studiums führte Drischler große monumentale Modelle für bekannte Künstler aus,

12 Wörtlich hieß es bei Riegelmann: »Unsere Zeit hat erkannt, daß das absolut Schöne nicht an bestimmte Darstellungsweisen gebunden ist. Die Formensprache offenbart dem, der sie versteht, die Wahrheit von der Unsterblichkeit des menschlichen Kunstgefühls, das wohl den Ausdruck wechselt, aber nie verschwindet, und auch von Meistern bestätigt wird, die nicht an das Vorhandene anknüpfen, sondern neue Wege gehen. Andererseits hat unsere Zeit erkannt, daß es zwischen Natur und Kunst keinen feindlichen Gegensatz gibt, sondern daß diese nur aus jener neues Leben schöpfen kann. So geht neben möglichst stilgerechtem Nachempfinden früherer Weisen ein zwangloses Verschmelzen älterer und neuerer Formen einher sowie das Bestreben, unbeeinflußt von aller Überlieferung, nach freiem persönlichem Empfinden den zu bildenden Dingen eine neue Gestalt zu geben. All diesen Richtungen soll der ausübende Künstler folgen können. Jeder Stil, jedes Material erfordert andere Komposition und andere Technik. Neue Bearbeitungsweisen werden erfunden und wollen geprüft, geübt und verbessert sein...« Ausgeführte Ornamente... Vorwort.

13 Das Gedenkblatt über die an der Ausführung des Reichstagsbau Beteiligten (abgedruckt bei M. S. Cullen, Der Reichstag... S. 431 f.) nennt G. Riegelmann nicht. Cullen führt ihn in einem Ergänzungsteil als Holzschnitzer an. A. a. O., S. 435.

14 Deutsche bildende Künstler... S. 485. In den nur in gekürzter Form herausgegebenen Erinnerungen Ludwig Hoffmanns wird Riegelmann nicht als für den Reichsgerichtsbau engagierter Bildhauer und Bauplastiker erwähnt. Vgl. Ludwig Hoffmann, Lebenserinnerungen eines Architekten, bearb. u. aus dem Nachlaß hrsg. v. Wolfgang Schäche (= Die Bauwerke und Kunstdenkmäler von Berlin, Beih. 10), Berlin 1983, S. 87 f., 95 ff. u. 102 f.

15 Kunstgewerbeblatt, N. F., 11. Jg. (1900), S. 208 f. u. 220; Weltausstellung in Paris 1900... S. 330 u. 420.

ging später für sieben Jahre nach New York und fand nach seiner Rückkehr im Atelier des Berliner Bildhauers Rudolf Siemering eine Anstellung. An der Ausführung größerer Werke Siemerings war Drischler jahrelang beteiligt, bis es ihm gelang, eine eigene Werkstatt aufzumachen. Sowohl seine Portraits als auch seine Genrefiguren waren von einem »gesunde(n), schlichte(n) Realismus«[16] geprägt. Seit 1893 auf der Großen Berliner Kunstausstellung mit Büsten und Genrebildern vertreten,[17] zeigte Drischler 1894 neben der Bronzeplastik ›Fischerknabe‹ ein »recht lebendiges Portrait von Frau Vilma Parlaghy«, das der Kritiker Relling aus dem breiten Mittelmaß an Portraitbüsten ausdrücklich hervorhob.[18] Bekannt wurde Josef Drischler durch seine Moltke- und Bismarckskulpturen, unter anderem die »höchst lebenswahre« Bronzestatue Moltkes in Reichenbach (Vogtland), sowie durch seine Bismarck-Denkmäler in den sächsischen Städten Zwickau und Treuen. Für die Nische über dem Turmeingang der Berliner Kaiser-Friedrich-Gedächtniskirche schuf Drischler 1895 die in Kupfer getriebene Figur des Erzengels Michael. Auf der Großen Berliner Kunstausstellung von 1899 wußte er »durch eine ungemein lebensvolle Bronzestatue eines in seiner Arbeit rastenden Schmieds«[19] zu gefallen.

Der 1864 in Gera geborene *Heinrich Günther* studierte zwischen 1883 und 1888 an der Berliner Kunstakademie. Anschließend arbeitete er bis 1891 im Atelier von Fritz Schaper. 1892 erhielt Günther den Rompreis der Paul Schultze-Stiftung, der ihm längere Studien in Italien ermöglichte. Seit 1894 waren seine Arbeiten auf der Berliner Kunstausstellung vertreten, es folgten Beiträge für die Ausstellungen im Münchner Glaspalast (1897/98) und die Deutsche Kunstausstellung in Dresden (1899). Günther fertigte überwiegend Skulpturenschmuck für öffentliche Gebäude. Mit Reinhardt und Süßenguth arbeitete er mehrmals zusammen. So stellte er für Reinhardts Elberfelder Rathaus die Reitergruppe mit dem Ritter von Elberfeld, dem Grafen von Berg und Barbarossa her, für das Städtische Museum in Altona zwei allegorische Figuren am linken und rechten Kämpfer des großen Portalbogens. Zu den bekannteren Denkmälern Heinrich Günthers zählen die zu Ehren des Komponisten Friedrich Wilhelm Tschirch (1818–1892) in Gera (1894) und des spätromantischen Schriftstellers Julius Sturm in Köstritz. Günther war zeitweilig Mitglied der Ausstellungs-, Aufnahme- und Anordnungskommission der Großen Berliner Kunstausstellung, die vom Verein Berliner Künstler und von Vertretern der Genossenschaft der Akademie der Künste gewählt wurde.[20] Seine heroische Walküre auf der Berliner Ausstellung von 1916 wirkte wie der Abgesang auf eine Epoche.[21]

Wilhelm Heinrich Haverkamp, 1864 in Senden (Westfalen) geboren, ging bei einem Bildhauer in Münster in die Lehre. Er lernte das Kopieren von Portraitreliefs, das Sägen, Hobeln und Verleimen von Holzblöcken, das Punktieren und Gipsformen und schuf damit die Grundlage für die »spätere, im höchsten Grade anerkennenswerte Beherrschung der bildhauerischen Technik«[22], nebenbei besuchte er die Zei-

16 A. Rosenberg in: Berliner Architekturwelt, 2. Jg. (1900), H. 7, S. 261.

17 Die Kunst, Bd. 3 (1901), S. 434.

18 Die Große Berliner Kunstausstellung, in: Die Kunst für Alle, 9. Jg. (1893/94), H. 20, S. 314; Katalog Große Berliner Kunstausstellung 1894, S. 106.

19 A. Rosenberg in: Berliner Architekturwelt, 2. Jg. (1900), H. 7, S. 261.

20 Katalog Große Berliner Kunstausstellung 1905, S. IX; 1907, S. Vf.; 1908, S. VI.

21 Berliner Architekturwelt, 19. Jg. (1917), H. 4/5, S. 169; Hans Schmidkunz, Die Große Berliner Kunstausstellung 1916, in: Die christliche Kunst, 13. Jg. (1916/17), Beil. S. 33. Günther war auf dieser Ausstellung noch mit dem Modell einer Hygieia vertreten, die er für Darmstadt hergestellt hatte.

22 Johannes Tschiedel, Wilhelm Haverkamp, in: Westermanns Monatshefte, 67. Jg. (1922), T. 1, Bd. 133, H. 795, S. 232.

chenschule der Münsterschen Kunstgenossenschaft. Ein Wettbewerbserfolg, der mit einem einjährigen Stipendium verbunden war, gab Haverkamp die Möglichkeit, 1883 nach Berlin zu gehen, wo er die Kunstakademie bis 1887 besuchte und in die Modellierklasse von Fritz Schaper eintrat.[23] Schaper, der in ihm »einen schnellen, sicheren und geschmackvollen Arbeiter«[24] fand, engagierte Haverkamp für verschiedene Bildhaueraufträge. Zwei Jahre später gewann Haverkamp mit seinem Relief ›Hermes führt dem Charon die Seelen der Verstorbenen zu‹ den Großen Rom-Preis. Haverkamps Relief, urteilte J. Tschiedel, sei »äußerst bezeichnend für dessen lebendige, mit leidenschaftlichem Leben erfüllte, innerlich wahre, durch saubere Technik im einzelnen glänzende Art zu arbeiten«[25].

In Rom dürfte Haverkamp mit Louis Tuaillon in Berührung gekommen sein, der sich gerade vom Neubarock seines Lehrers Reinhold Begas löste und sich dem Neoklassizismus Adolf von Hildebrands annäherte. Von Wilhelm Hüfter erhielt der Bildhauer den Auftrag, für die Empfangshalle seiner Villa eine Marmorgruppe zu schaffen. Die Gruppe, die 1891 auf der Jahresausstellung der società dei cultura è amatori und der società dei aquarellisti in Rom gezeigt wurde, bestand aus einem korinthischen Säulenkapitell, auf dem zwei aneinandergeschmiegte Knaben saßen, den Blick in die Ferne gerichtet. Die zeitgenössische Kritik lobte uneingeschränkt: »... Die Gruppe ist in Marmor ausgeführt, durchaus gründlich studiert, mit Gefühl und Ernst, die Formen fest und schmeidig gemeißelt, eine hervorragende Arbeit nicht dieser Ausstellung allein, sondern jeder anderen, wo sie noch erscheinen wird.«[26] Im März 1892 kehrte Haverkamp nach Berlin zurück und fand wieder bei Fritz Schaper Arbeit, der mit der künstlerischen Ausstattung der Berliner Lutherkirche beschäftigt war. Haverkamp schuf eine Statue des Kurfürsten Joachim II. von Brandenburg in Terrakotta und stellte Reliefs, Medaillons und Altarskulpturen her.

In der folgenden Zeit konnte Haverkamp gehörig am Denkmalsboom des Wilhelminismus partizipieren, daneben nahmen religiöse Arbeiten in seinem Werk einen breiten Raum ein. 1896 schuf er eine Engelsgestalt sowie die Statuen des Petrus und Paulus für die Kaiser-Wilhelm-Gedächtniskirche, weiterhin Tympanonreliefs, die sich in kraftvollen Formen der neuromantischen Architektur anglichen. Noch im gleichen Jahr wurde das Bismarck-Denkmal für Plauen (Vogtland) fertiggestellt. 1898 folgte eine Monumentalgruppe für den Andreasplatz in Berlin (Friedrichshain): Ein athletischer, sitzender Arbeiter mit Schurz und Hammer, an seiner Seite der Sohn, nach dem Hammer greifend, als wollte er Einhalt gebieten. Als weitere öffentliche Aufträge schlossen sich 1899 das Schichau-Denkmal in Elbing und das Moltke-Denkmal in Plauen an, im Jahr darauf das Denkmal des Großen Kurfürsten in Minden. Diese Arbeit gefiel Wilhelm II., der sogleich eine Kopie für die Marineakademie in Kiel bestellte. Haverkamp wurde mit der Goldenen Medaille (Berlin) belohnt. Weitere Aufträge Wilhelms II. waren Haverkamp sicher: Er schuf das Modell für die goldene Medaille zum 200jährigen Bestehen der Akademie der Künste, eine Plakette zur Eröffnung der Kieler Woche, eine Medaille zur Eröffnung des Kaiser-Friedrich-Museums, ein Friedrich Krupp-Denkmal für den Hafeneingang in Kiel und eine Herme Friedrichs II. für das Schloß Küstrin, die, »im Charakter des feinsten Rokoko gehal-

23 Preußische Akademie der Künste, Personalakte W. H. Haverkamp.
24 J. Tschiedel, Wilhelm Haverkamp ... S. 236.
25 A. a. O., S. 242.
26 Robert Wellmann, Moderne Kunst in Rom. Jahresausstellung der società dei cultura è amatori und der società dei aquarellisti, in: Kunst für Alle, Bd. 7 (1892), S. 242.

ten«[27], wiederum Gefallen beim Hohenzollernkönig fand, der eine zweite Ausführung für das Neue Palais in Potsdam bestellte. Für den nach einem Entwurf von Franz Schwechten neugestalteten Sitzungssaal des Ständehauses in Merseburg schuf Haverkamp eine plastische Gruppe, die Krieg und Frieden symbolisierte.[28]

Wilhelm Haverkamp stand auf dem Höhepunkt seines Erfolgs. Im Oktober 1901 war er als Lehrer der Fachklasse für figürliches Modellieren an die Unterrichtsanstalt des Kunstgewerbemuseums in Berlin berufen und zum Professor ernannt worden, er gehörte dem Verein Berliner Künstler an und war häufig in der Jury für die Große Berliner Kunstausstellung tätig; Ende 1916 wurde er in die Akademie der Künste aufgenommen.[29]

Das Jahr 1904 brachte Haverkamp den Auftrag für eine der vier Jagdgruppen am Großen Stern im Berliner Tiergarten, eine von Wilhelm II. bestellte »zeitgenössische Fuchsjagd« – »eine bei allen Dissonanzen gut komponierte Gruppe, die sich den entsprechenden der renommierten Bildhauer Schaper und Carl Begas stilistisch anzugleichen sucht«[30]. Es schlossen sich das Kaiser-Wilhelm-Denkmal in Elbing (1905) und ein Standbild Wilhelms II. von Oranien für die Terrasse des Berliner Schlosses (1906) an. Die überlebensgroße Ringergruppe des gleichen Jahres bezeichnete J. Tschiedel als Flucht »aus all den Aufträgen, die ihm Fessel anlegten«[31]. Die Plastik wurde einige Jahre später von der Stadt Berlin erworben und im Frühjahr 1920 auf der Terrasse des neuangelegten Schillerhains aufgestellt.[32]

1907 und 1909 lieferte Haverkamp die Modelle für Kriegerdenkmäler in Lüdinghausen und Senden (Westfalen), 1910 fertigte er ein Standbild Wilhelms II. für die Marineschule in Mürwick bei Flensburg. Die Spätzeit seines Schaffens widmete Haverkamp vorwiegend der religiösen Kunst: Seine Pietà für die Marienkirche in Friedenau aus dem Jahre 1908 wäre zu nennen,[33] die Kreuzwegstationen für St. Bonifatius in Berlin (Kupferhohlgalvano), Altarreliefs und Kanzelfüllungen für die Kirche in Stadtlohn sowie die Gruppe der Heiligen Familie für den Hochaltar der Kirche des St. Martinistifts in Appelhülsen. Weitere Arbeiten im Westfälischen waren eine Bronze für das Collegium Borromaeum in Münster und der figürliche Schmuck für das gotische Portal der alten Kirche zu Warendorf. Am 13. Januar 1929 starb Wilhelm Haverkamp in Berlin.

Der Lübecker *Ernst Westpfahl* (1851–1926) gehörte um die Jahrhundertwende zu den meistbeschäftigten Bauplastikern Berlins. Neben seiner Zusammenarbeit mit Reinhardt und Süßenguth verbanden ihn vielfältige Aufgaben mit Alfred Messel, Cremer & Wolffenstein, Kayser & von Groszheim, Heinrich Seeling und Ludwig Hoffmann. Eklektiker wie die meisten der hier genannten Bildhauer, überzeugte Westpfahl durch Technik und Formwillen. Anläßlich einer Ausstellung von Keramikarbeiten der Kaiserlichen Majolika-Werkstätte in Cadinen, die im Teppichsaal des Warenhauses Wertheim ausgerichtet war, erläuterte Robert Breuer das Prinzip von

27 Mitteilungen des Vereins für die Geschichte Berlins, 20. Jg. (1903), S. 56.

28 Berliner Architekturwelt, 2. Jg. (1900), H. 2, S. 59f.

29 Vgl. auch Preußische Akademie der Künste, Reg. 3, 2. Abtlg., Nr. 8, Ordentliche Mitglieder, Bd. 2, 1901–1904. Bei der Wahl am 25. Januar 1903 standen neben Haverkamp (11 Stimmen) Ferdinand Lepcke (21), Joseph Uphues (17), August Vogel (16), August Gaul (13) und Max Kruse (16) auf der Liste. Keiner der Kandidaten erreichte die erforderliche Stimmenzahl. Im nächsten Jahr wurde August Gaul gewählt; Hugo Lederer erhielt 20, Kruse und Uphues 19, Louis Tuaillon 18 und Haverkamp 16 Stimmen. Vgl. auch Bd. 4, Mitglieder 1910–1912, Wahlen von 1911 und 1912.

30 P. Bloch/W. Grzimek, Das klassische Berlin ... S. 275; vgl. J. Tschiedel, Wilhelm Haverkamp ... S. 241.

31 A. a. O., S. 242.

32 Die Bronzeplastik steht heute am Eingang der Sportanlage im Volkspark Rehberge (Wedding).

33 Katalog Große Berliner Kunstausstellung 1908, S. 145.

Westpfahls Entwürfen: »... er will nicht einen Vogel, vielmehr den Eindruck, die knappe Vorstellung eines Vogels nutzen, um daraus einen Rapport, einen Rhythmus zu komponieren. Er stellt die Silhouetten zweier Vögel gegeneinander, (fügt d. Verf.) die Andeutung einer Pflanze hinzu und gewinnt so eine Aufteilung und Belebung der Fläche.«[34] Unter den zahlreichen bauplastischen Arbeiten Westpfahls sind die Ornamente und der figürliche Schmuck an den Balkonen und der Decke des Seelingschen Theaters am Schiffbauerdamm zu erwähnen. Für den Weißen Saal des Berliner Schlosses fertigte er 1895 den Deckenschmuck. Beim Neubau des Geschäftshauses Hermann Hofmann 1898/99[35] arbeitete der Bildhauer mit der Architektengemeinschaft Cremer & Wolffenstein zusammen. Der virtuos in frühgotischen Formen gehaltenen Fassade gab Westpfahl den gesamten plastischen Schmuck. Später bekam er von denselben Architekten Aufträge für die ornamentale Gestaltung der Kaiser Wilhelm-Akademie in Berlin, den Bau des Warenhauses Tietz in Hamburg (1912/13) und anschließend für den Erweiterungsbau des Geschäftshauses der Orenstein & Koppel – Arthur Koppel A.-G. in Berlin.

Kayser & von Groszheim engagierten Westpfahl vor der Jahrhundertwende für den Bau des Dortmunder Bauvereinshauses.[36] Zwischen 1898 und 1906 wurde Westpfahl auch vom Berliner Baustadtrat Ludwig Hoffmann mit Aufgaben betraut: den Ausführungen bauplastischen Schmucks beim Bau des Rudolf-Virchow-Krankenhauses (1898–1906), des Krankenhauses Moabit (1899–1905) und des Kinderasyls in Kreuzberg (Kürassierstraße), ferner bei der Errichtung der Gemeindeschule Grenzstraße (Wedding; Einweihung 1898) sowie der Volksbadeanstalten Baerwald- (1896–1901) und Dennewitzstraße (Einweihung 1906). Teile dieser Arbeiten zeigte man auf der Architekturausstellung der Stadt Berlin im Jahre 1901, die im Rahmen der Großen Berliner Kunstausstellung veranstaltet wurde.[37]

Die Arbeit an dem Grabdenkmal für Oscar Raif auf dem Zwölf-Apostel-Friedhof in Berlin brachte Westpfahl mit Alfred Messel zusammen,[38] der ihn auch für die bildhauerische Gestaltung der Wertheim-Bauten gewann. Westpfahl schuf 1904 Figuren und Reliefs für die Vorhalle des Warenhauses Wertheim in der Leipziger Straße und Teile des bildnerischen Schmucks für das Wertheim-Gebäude in der Rosenthalerstraße.

1908 waren auf der Großen Berliner Kunstausstellung seine Reliefs ›Verunglückt‹ und ›Wäscherinnen‹, des weiteren die für das Berliner Rathaus gefertigte Gedenktafel der Bürgermeister zu sehen.[39] Von den späteren Arbeiten des Bildhauers wurden Grabdenkmäler bekannt, wie das nach eigenem Entwurf ausgeführte Grabmal für Carl Liebermann oder die nach dem Plan des Architekten Walther Schilbach angefertigte Grabstätte für Amilie Fa-

34 Robert Breuer, Cadiner Keramiken, in: Deutsche Kunst und Dekoration. Illustrierte Monatshefte zur Förderung Deutscher Kunst und Formensprache, Bd. 26 (1910), S. 27f. Weitere Ausstellungsstücke waren nach Entwürfen von August Vogel und Ignatius Taschner gefertigt.

35 Das Gebäude wurde an der Ecke Friedrich- und Schützenstraße errichtet. Vgl. Berliner Architekturwelt, 2. Jg. (1900), H. 8, S. 281 f. Im Sommer 1899 modellierte Westpfahl den Fassadenschmuck für die Pelikanapotheke in der Leipziger Straße, die nach Plänen der Architekten Rathenau & Hirschhorn gebaut wurde. A. a. O., H. 10, S. 359 u. 363.

36 Berliner Architekturwelt, 2. Jg. (1900), H. 2, S. 47.

37 Vgl. Architektur-Ausstellung der Stadt Berlin, in: Katalog Große Berliner Kunstausstellung 1901, T. VIII, S. 14f., 17f., 23, 27f., 32 u. 42f.; H. J. Reichhardt/W. Schäche, Ludwig Hoffmann in Berlin... S. 121f., 127 u. 131. Bei den meisten Bauausführungen arbeitete Westpfahl neben anderen Bildhauern wie Ignatius Taschner, Otto Lessing, Georg Wrba, August Vogel oder Heinrich Giesecke.

38 Berliner Architekturwelt, 4. Jg. (1902), H. 9, S. 321. Die Pläne für das Grabdenkmal hatte Messel gemeinsam mit dem Architekten H. Solf entwickelt.

39 Katalog Große Berliner Kunstausstellung 1908, S. 127f.

bisch.[40] Gegen Ende des Ersten Weltkrieges war Ernst Westpfahl mit ornamentalen Bildwerken am Verwaltungsgebäude der Bismarckhütte nochmals an einer größeren Bauausführung beteiligt.[41]
Der 1859 in Flensburg geborene Bildhauer und Medailleur *August Vogel* erhielt zwischen 1876 und 1879 an der Kunstgewerbeschule in Nürnberg seine erste Ausbildung.[42] Zu seinen Lehrern gehörten der Maler, Zeichner und Illustrator Friedrich Wilhelm Wanderer[43] und Georg Eberlein, der in Nürnberg eine Professur für gotische Architektur innehatte, zugleich auch als Maler, Stecher und Lithograph tätig war. Vogel widmete sich der Holz- und der Steinbildhauerei, aber seine besondere Vorliebe galt der Metallbildnerei, wobei er nach eigenem Bekunden mannigfache Anregungen durch die Arbeiten der alten Nürnberger Meister im Germanischen Museum erhielt. Anschließend arbeitete er als Gehilfe im Münchner Atelier des Bildhauers und Ornamentschnitzers Philipp Perron, der umfangreiche Aufträge für die bayerischen Königsschlösser angenommen hatte. Vogel entwarf Möbel und Beleuchtungskörper und übernahm Goldschmiedearbeiten. 1881 bis 1883 studierte er an der Akademie der bildenden Künste bei Max von Widnmann[44] und Josef Knabl[45]. Seit 1886 erhielt August Vogel größere Aufträge durch Georg Hauberrisser,[46] Gabriel von Seidl, Rudolf von Seitz und Friedrich von Thiersch.[47] Während eines längeren Italienaufenthalts, des Besuchs von Venedig, Florenz, Rom und Neapel, entwickelte er seine Vorliebe für die figürliche Plastik der Frührenaissance, insbesondere die Werke Andrea del Verrocchios, Donatellos und Lucca della Robbias. 1889 engagierte ihn Paul Wallot für den Bau des Reichstagsgebäudes. »Ich kann nicht sagen, daß ich gerne ging, war mir doch München mit seinem für Künstler ungemein erregenden Geist zu einer zweiten Heimat geworden. Männer wie... Seidl, Lenbach und Rudolf Seitz wie viele andere waren mir Freunde und Führer geworden. Ein Geist der Renaissance herrschte dort, dem ein junges Künstlergemüt mächtig zusagte und der mit allen seinen Jugendfehlern... weit über die Grenzen Münchens hinaus für das deutsche

40 Beide Grabdenkmäler wurden auf dem Friedhof Weißensee eingerichtet; vgl. Berliner Architekturwelt, 19. Jg. (1917), H. 7, S. 233 u. 237.

41 Berliner Architekturwelt, 20. Jg. (1918), H. 11/12, S. 256.

42 Preußische Akademie der Künste, Personalakte August Vogel. Unter der Leitung August von Krelings (1819–1876), der seit 1853 in Nürnberg Direktor war, wurde die Kunstgewerbeschule zum Vorbild aller ähnlichen Anstalten in Deutschland.

43 F. W. Wanderer (1840–1895) galt als Autorität auf dem Gebiet der spätmittelalterlichen Kunst und Architektur. Bei denkmalpflegerischen Aufgaben in Nürnberg hatte er ein gewichtiges Wort mitzureden. P. J. Rée äußerte über Wanderer: »Mit der Kunst der Nürnberger Altmeister wie Wenige vertraut..., versteht er sich vortrefflich auf die freie Gestaltung und geschmackvolle Anwendung des spätgotischen und Renaissanceornaments und dessen harmonische Verbindung mit figürlichen Motiven, in deren charaktervoller Darstellung er Meister ist.« Paul Johannes Rée, Nürnberg (= Berühmte Kunststätten, Nr. 5), 3., verm. u. verb. Ausg., Leipzig 1907, S. 232 f.; vgl. auch Michael Brix, Nürnberg und Lübeck im 19. Jahrhundert. Denkmalpflege, Stadtbildpflege, Stadtumbau (= Studien zur Kunst des 19. Jahrhunderts, Bd. 44), München 1961, S. 88, 129 u. 161 ff.

44 M. von Widnmann (1812–1895) war Schüler Thorvaldsens.

45 J. Knabl (1862–1881) war Lehrer für christliche Plastik an der Münchner Akademie der Künste, die ihn als einen »den alten Meistern verwandte(n) und ebenbürtige(n) Künstler« zum Ehrenmitglied ernannt hatte.

46 Preußische Akademie der Künste, Personalakte A. Vogel.

47 G. von Seidl (1848–1913) galt als der bedeutendste Vertreter der eklektizistischen Richtung der Münchner Architektur um die Jahrhundertwende. 1878 gründete er mit dem Maler, Kunstgewerbler, Illustrator und Innenarchitekten Rudolf von Seitz (1842–1910) ein Atelier für Innendekoration. Eines ihrer Hauptwerke war die Innengestaltung des Bayerischen Nationalmuseums. Friedrich von Thiersch (1852–1921), wie Seidl und Seitz Eklektiker, trug als Repräsentant der Wilhelminischen Ära viel zur Rehabilitierung des Barock bei. Zu seinen bekanntesten Ausführungen gehörte der Münchner Justizpalast.

Kunstgewerbe bahnbrechend werden sollte.«[48]
Beim Reichstagsbau gehörte August Vogel zu einer Gruppe von Künstlern,[49] denen die Hauptlast der Ausschmückung des Gebäudes oblag. Vogel selbst war für die Herstellung der Außenkandelaber und den plastischen Schmuck im Plenarsaal verantwortlich. Daneben schuf er die Skulptur des Rudolf von Habsburg für die Saaleingangshalle, den Kronleuchter für die Wandelhalle und modellierte den Kamin und vier Holzfiguren im Bundesratssaal. Vogels Neigung zu einem dekorativen Repräsentationsstil läßt sich gut an der bildhauerischen Gestaltung der Kandelaber vor dem Reichstagsgebäude (Ostrampe) nachweisen. Die Laternenträger in Säulenform, mit Basis, Schaft und Kapitell, nicht zuletzt ihr Sockel, zeigten eine äußerst prunkvolle ornamentale Durcharbeitung. Ihre Funktion als Lichtträger war eher beiläufig behandelt, zwei Laternen hingen an seitlichen Armen, die aus der Mitte des Schaftes in Widderköpfe ausliefen. Nur der obere Teil der Säulenschäfte war glattflächig und mit einfachen ionischen Kapitellen bekrönt. An den Hauptsockeln hatte Vogel in antikisierender Manier Kindergruppen modelliert, die Freundschaft, Musik und Gesang, Tanz und Frohsinn, Liebe und Treue darstellten, während die zwischen den Gruppen angelegten bekränzten Zierschilde Tapferkeit, Schönheit, Stärke und Fruchtbarkeit versinnbildlichten. Die Verbindung zwischen Sockel und Säulenbasis stellten Stege, Tori und figürliche Bänder mit vier die Tageszeiten allegorisierenden Köpfen her. Über der mehrfach gewulsteten Säulenbasis hatte Vogel jeweils ein ringförmiges Ornament angeordnet, aus dem die Lichtarme ›herauswuchsen‹. Ergänzt wurde das Ornament durch zwei dekorative, Licht und Finsternis symbolisierende Köpfe. Den oberen Abschluß der Kandelaber bildeten Skulpturen – Allegorien des Friedens- und des Kriegsruhms –, die wiederum auf üppigen Sockeln lagerten.
Mitte der neunziger Jahre arbeitete August Vogel mit Bruno Schmitz, dem »Denkmalskünstler der Zeit«[50], bei der Ausführung der Kaiser Wilhelm-Denkmäler auf dem Kyffhäuser und am Deutschen Eck in Koblenz zusammen. Kurz vor der Jahrhundertwende begann die langjährige Zusammenarbeit mit dem Berliner Baustadtrat Ludwig Hoffmann.[51] Zu den ersten Beiträgen Vogels für Hoffmannsche Bauten gehören die Terrakotten am Gymnasium zum Grauen Kloster (Einweihung 1898), das Grabdenkmal für den Kaufmann Simon Blad auf dem Städtischen Friedhof in Friedrichsfelde und die baukünstlerische Mitgestaltung des Kreuzberger Kinderasyls (1896–1901). Seine figürlichen Darstellungen an den Portalen der Gemeinde-Doppelschule in der Kreuzberger Wilmsstraße (Frühjahr 1900) ironisieren die Erfolge und Mißerfolge alter und neuer Pädagogik, wobei, wie so häufig, menschliche Tugenden durch bestimmte Tierarten symbolisiert wurden. Die Flächen der Steinquader belebte Vogel durch Lorbeer- und Buchstabenornamente.[52]
Für die im Stil des deutschen Spätbarock zwischen 1900 und 1905 erbaute Lungenheilstätte bei Berlin-Buch steuerte August Vogel den Skulpturenschmuck an den Arkadengängen und Terrassen des Hauptbaus bei. An zwei Brückenbauten Ludwig

48 Preußische Akademie der Künste, Personalakte A. Vogel.
49 Neben Vogel waren es im wesentlichen Otto Lessing, Wilhelm Widemann, Oskar Dedreux, Alexander Linnemann und Georg Hulbe. Vgl. M. S. Cullen, Der Reichstag... S. 277f. Die vier Holzfiguren aus dem Bundesratssaal (Ausführung: G. Olm) und die Bronzeskulptur ›Rudolf von Habsburg‹ stellte Vogel auf der Weltausstellung in Paris aus. Vgl. Weltausstellung in Paris 1900... S. 59, 136 u. 331.
50 H. Schliepmann, Bruno Schmitz, in: Berliner Architekturwelt, 15. Jg. (1913), Sonderh. 13, S. VI.
51 Vgl. H. J. Reichhardt/W. Schäche, Ludwig Hoffmann... S. 121, 132f.; Architektur-Ausstellung der Stadt Berlin... S. 9, 18, 21f., 36f.
52 A. a. O., S. 22.

Hoffmanns war Vogel ebenfalls beteiligt. Für die kurze Roßstraßenbrücke in Berlin-Mitte (1899–1901) schuf er Pfeilerfüllungen, den dekorativen Erkerschmuck und modellierte eine Säule, auf der ein bekrönendes Pferd den Schild der Stadt Berlin hielt, und für die Alsenbrücke im Bezirk Tiergarten (1897–1901) gestaltete er die Erker; die in Bronze getriebenen Kandelaber wurden nach seinen Modellen hergestellt.

Die Darstellungen an dem 1901 fertiggestellten Feuerwehrdenkmal auf dem Mariannenplatz[53] lassen Vogels Vorliebe für mythologische Verweise und eine symbolische Überhöhung der Inhalte erkennen. Das Brunnendenkmal für die ihrem Beruf zum Opfer gefallenen Feuerwehrmannschaften zeigte in seinem Hauptteil, auf dem mittleren Relief, die Bekämpfung des »verderbenbringenden Elements« unter der Obhut der Pallas Athene, die hier als Schützerin der Städte erschien. Auf den seitlichen Reliefs erbaten Vertreter der verschiedensten Stände Schutz, während ein Drache »von den Waffen der Feuerwehr erdrückt«[54] wurde.

Alfred Messel engagierte Vogel für die dekorative Gestaltung des Kopfbaus des Warenhauses Wertheim, der das Gebäude zum Leipziger Platz hin abschloß. Er lieferte die Modelle für den Skulpturenschmuck an Pfeilern, Bogen, Wölbungen und Zwickeln und schuf den Brunnen in der Bogenhalle, zu dem August Gaul die Tierplastiken beisteuerte. Die zeitgenössische Kritik hob an diesem Beispiel der Vogelschen Bildhauerkunst die Einbindung der figürlichen Dekorationen in den Stein hervor.[55] Bei einem Bau wie dem 1904 vollendeten Kaiser-Friedrich-Museum des Hofarchitekten Ernst von Ihne, der die italienische Renaissance, die friderizianische Architektur Preußens und Einflüsse von Andreas Schlüter verschmolz, übernahm Vogel vertrautere Aufgaben. Zu dem mit Wilhelm Widemann geschaffenen plastischen Schmuck gehörten Kartuschen und allegorische Figuren, die die einzelnen Künste vergegenwärtigten. Über die am Haupteingang angebrachten Skulpturen ›Malerei‹ und ›Plastik‹ urteilte Paul Clemen: »Es sind Gestalten von klaren und sicheren Umrissen, geschickt auf das Fernbild berechnet, barock und doch modern, ohne Koketterie und ohne aufdringliches Pathos.«[56]

Vogel zählte in diesen Jahren zu den erfolgreichen Berliner Bildhauern. Im April 1901 war er zum außerordentlichen Professor ernannt worden, im Januar 1914 wurde er in die Akademie der Künste aufgenom-

53 A. a. O., S. 19.

54 Ebd. Hans Schliepmann kritisierte am Feuerwehrdenkmal die gezwungene und frostige Allegorik sowie den wenig geglückten Aufbau. Die Architektur auf der diesjährigen Großen Berliner Kunstausstellung, in: Berliner Architekturwelt, 4. Jg. (1902), H. 4, S. 120. Vogels Neigung zu überladenen Dekorationen wies Karl Pfälzer am Beispiel eines Brunnens nach – der Ausführungsort konnte nicht ermittelt werden –, dessen »aufs feinste« das Wasser in die Komposition einbeziehende Brunnensäule durch Tiermotive der Brunnenschale, Krebse und Schildkröten, in ihrer Wirkung abgeschwächt wurde. Denkmal und Brunnen, in: Deutsche Monatshefte, 10. Jg. (1910) der Rheinlande, H. 4, S. 127. Vgl. auch den Brunnen, den Vogel auf der Großen Berliner Kunstausstellung gezeigt hat. Katalog... 1914, S. 140; Abb. in: Berliner Architekturwelt, 17. Jg. (1915), H. 3, S. 125.

55 Fritz Wolff, Der Neubau des Warenhauses Wertheim in Berlin, in: Deutsche Kunst und Dekoration... Bd. 15 (1904/05), S. 282. W. C. Behrendt sah allerdings zwischen der Fülle der Dekorationen und einer rhythmisierten Fläche einen gewissen Widerspruch, der sich aus dem »fast pathetischen Ton der Hauptform und dem zerstreuten, allzu zierlichen Einzelleben des Ornaments« ergab. Gleichzeitig kritisierte er an Messels Ausführung, daß die profane Zweckbestimmung des Baus einen solchen Reichtum an Dekorationen nicht zulasse, wenn auch der feine Sinn des Architekten für plastische Akzentuierungen zu bewundern sei. Walter Curt Behrendt, Alfred Messel, Berlin 1911, S. 80ff.

56 Paul Clemen, Das Kaiser-Friedrich-Museum in Berlin. I. Der Bau und seine Geschichte, in: Zeitschrift für bildende Kunst, N. F., Bd. 15 (1904), H. 2, S. 34. Vogels Vorliebe für Formen der Renaissance und des Barock war auch seinen Keramikentwürfen anzumerken, die im Warenhaus Wertheim ausgestellt wurden. Vgl. R. Breuer, Cadiner Keramiken... S. 26f.

men[57] und gehörte zu den eher konservativen Mitgliedern der Akademie.[58]
Auf der Großen Berliner Kunstausstellung von 1907[59] war Vogel mit einer Auswahl seiner Medaillen und Plaketten in Silber und Bronze vertreten. Ludwig Hoffmann berichtet in seinen Erinnerungen[60], daß Vogel mit einer Silberschmiedearbeit an der Ausführung des sogenannten Kronprinzengeschenks der preußischen Städte beteiligt gewesen ist.
Einen größeren Auftrag erhielt August Vogel um 1910 von der Hansestadt Hamburg. Hier war am 3. Juli 1906 das Wahrzeichen der Stadt, die St. Michaeliskirche, einem Brand zum Opfer gefallen. In den Jahren 1907 bis 1912 wurde unter der Leitung der Architekten J. Faulwasser, H. Geißler und E. Meerwein der Wiederaufbau durchgeführt.[61] Für die völlig neu hergestellte Turmhalle und das Westportal besorgte Vogel die Bildschnitzerei und stellte die Modelle für Figurengruppen sowie eine monumentale Statue des Erzengels Michael her. Ein Modell der Skulptur und des Hauptportals der Kirche zeigte Vogel auf der Großen Berliner Kunstausstellung 1914, daneben war der Bildhauer mit der Skulptur ›Orpheus‹, einem Architrav, einem Grabstein und einem Relief sowie einem Brunnenmodell in Moabit vertreten.[62] Am 10. November 1932 starb August Vogel in Berlin.
Aus Fürth in Bayern, wo er 1865 geboren wurde, stammte *Johannes Götz.* Nach dem Besuch der Kunstgewerbeschule in Nürnberg trat er in die Berliner Akademie ein, lernte zunächst bei Fritz Schaper und wurde 1885 Schüler im Meisteratelier für Bildhauerei von Reinhold Begas.[63] Während seiner Lehrzeit entstand 1888 die in halber Lebensgröße ausgeführte Bronzestatue des auf einer Kugel balancierenden Knaben. Die Berliner Architekturwelt[64] sah darin ein »Werk von außerordentlichem Reiz« und lobte die »treffende Wiedergabe der momentanen Bewegung des jugendlichen Körpers«. In diese Zeit fiel auch die Arbeit an einer größeren Sirenengruppe, die für den Berliner Schloßbrunnen bestimmt war.[65] Die Lösung einer akademischen Aufgabe, die die ›Flucht des Aeneas‹ behandelte, brachte Götz ein Romstipendium. Während seines einjährigen Aufent-

57 Preußische Akademie der Künste, Reg. 3, 2. Abtlg., Nr. 8, Ordentliche Mitglieder, Bd. 2, 1901–1904; Bd. 4, 1910–1912; vgl. auch Reg. 4, P 2, Protokolle (Senat und Genossenschaft, Sektion für die Bildenden Künste), Bd. 2, April 1925–August 1926.

58 So war Vogel gegen die Zusammenlegung der Hochschule für bildende Künste und der Unterrichtsanstalt des Kunstgewerbemuseums, andernfalls würden die Kunstgewerbler, wie das Sitzungsprotokoll vom 24. März 1924 festhielt, »sich zu etwas Höherem gestempelt fühlen und nicht mehr ins Handwerk zurückkehren wollen«. Preußische Akademie der Künste, Reg. 4, P 2... Bd. 1, Januar 1924–April 1925.

59 Katalog Große Berliner Kunstausstellung 1907, S. 139 u. 185. Bereits auf der Pariser Weltausstellung konnte Vogel Plaketten, Medaillen und eine Bronzeplatte ausstellen. Vgl. Weltausstellung in Paris 1900... S. 374.

60 Lebenserinnerungen eines Architekten... S. 256f. Es handelte sich um einen silbernen Tafelschmuck für fünfzig Gedecke, der insgesamt aus 2067 Silberstücken bestand. Neun Bildhauer, unter anderen Taschner, Lederer, Klimsch und Gaul, benötigten elf Jahre für die Herstellung des Schmucks.

61 Vgl. Hamburg und seine Bauten unter Berücksichtigung der Nachbarstädte Altona und Wandsbek 1914, hrsg. v. Architekten- und Ingenieur-Verein zu Hamburg, Bd. 1, Hamburg 1914, S. 128f.

62 Katalog Große Berliner Kunstausstellung 1914, S. 140. Bei dem Grabstein handelte es sich vermutlich um einen Teil des Grabmals für Julius Habicht (1874–1912), den baukünstlerischen Leiter der Reichsbankbauten, auf dem Gemeindefriedhof Schmargendorf. Vgl. Der Profanbau. Zeitschrift für Architektur und Bauwesen, 11. Jg. (1915), S. 185.

63 Preußische Akademie der Künste, Reg. 2, 6. Abtlg., Nr. 5, Frequenz der Meisterateliers 1883–1897. Zu seinen Mitschülern gehörten Max Baumbach, Fritz Schadow, Reinhard Felderhoff und Harro Magnussen.

64 4. Jg. (1902), H. 4, S. 146.

65 Preußische Akademie der Künste, Reg. 2, 6. Abtlg., Nr. 7, Meisterateliers – Schüler-Angelegenheiten – Atteste 1885–1923.

haltes, 1891/92, studierte er die moderne italienische Plastik. In Rom entstand die Bronzestatue des wasserschöpfenden Mädchens, die für die Nationalgalerie und in einem weiteren Abguß für die Kunsthalle in Düsseldorf erworben wurde. Das aus einer Preiskonkurrenz hervorgegangene Relief ›Antiker Ringkampf‹ zeigt in der sicheren Beherrschung seiner Körperformen und in der Individualisierung seiner unterschiedlichen Charaktere den Einfluß der altrömischen Plastik. Dabei hielt »die scharfe Betonung der plastischen Form in den Figuren dem malerischen Element in der Gestaltung des Hintergrundes glücklich die Waage«[66].

Wieder nach Berlin zurückgekehrt, war Götz weiter als Mitarbeiter bei Reinhold Begas beschäftigt. Für das Kaiser-Wilhelm-Nationaldenkmal, dessen Ausführung Wilhelm II. unter Umgehung des Reichstags Begas zugesprochen hatte,[67] entwarf er 1893 die Quadriga des Nordportals. »Die krönende Quadriga Götzens ist eines der wirkungsvollsten Stücke am Denkmal und lehrt, wie dieser Schüler die dekorative Richtung des Meisters klug weiterführt und es gerade darin zum Feinsinnigeren bringt als der Lehrer selbst.«[68] Nach der Einweihung des Nationaldenkmals im März 1897 stellte Götz noch in Bronze gegossene Reliefs für die neben dem nördlichen Hallenportal angebrachten Abschlußgitter her. Jeweils in die Mitte der drei von Gustav Halmhuber entworfenen Gitter eingelassen, die mit ihrem Blumen- und Rankengewinde Motive des floralen Stils verwandten, setzten sich die Reliefs durch ihre dunkle Färbung vom lichten Gelb der handgeschmiedeten Gitter ab. Nach Auskunft von Johannes Götz[69] ging es bei den mit Natursymbolen in Verbindung gebrachten Tugendallegorien weniger um die Darstellung spezifischer Herrschertugenden als um die Ideale edlen Menschentums im Sinne der Freimaurer, wobei der Bildhauer auf des Hohenzollernkönigs Logenmitgliedschaft anspielte. Stärke wurde durch einen ruhenden Krieger und einen Löwen versinnbildlicht, die Schönheit erschien als nacktes Mädchen, das sich, zur Seite gebeugt, die langen, wallenden Haare ordnete und von einem Pfau begleitet wurde. Während der Löwe die Allegorie der Stärke symbolisch beglaubigte, interpretierte das Symbol »Pfau« die traditionell von einer weiblichen Figur verkörperte Schönheit als Untugend der Eitelkeit und der Gefallsucht. Wie ganz anders doch der Schönheitsbegriff der Jugendstilkünstler: »Alles, was zum Leben gehört, soll Schönheit empfangen, so wird uns die Schönheit wieder zum Inbegriff der höchsten Macht, zu ihrem Dienst entsteht ein neuer Kult.«[70] Eine weibliche Figur, liegend, in einem Buche lesend, verkörperte die Weisheit. Die Allegorie wurde, ganz im Sinne der griechischen Mythologie, durch das Symbol der

66 Berliner Architekturwelt, 1. Jg. (1899), H. 2, S. 62.

67 Dominik Bartmann, Berlin offiziell, in: Berlin um 1900, hrsg. v. d. Berlinischen Galerie e. V. in Verbindung mit der Akademie der Künste und der Berliner Festspiele GmbH, Berlin 1984, S. 187.

68 Zit. nach P. Bloch/W. Grzimek, Das klassische Berlin ... Sp. 285.

69 Berliner Architekturwelt, 1. Jg. (1899), H. 4, S. 132.

70 Peter Behrens schrieb diese Worte zur Einweihung der Künstlerkolonie in Darmstadt und benannte damit ein Leitmotiv des Jugendstils. Dolf Sternberger weist darauf hin, daß Schönheit hier nicht nur eine Idee ist, sondern »als Leben in Schönheit« eine »leuchtende Utopie«, zu der sich die Motive Frühling, Jugend, Nacktheit und Tanz fügen. Mit dem Leben in Schönheit geht der Ruf nach der erotischen Freiheit, die Emanzipation der Sinne einher. Die Erlösung von den Zwängen, den Ausbruch aus der bürgerlichen Ordnung, den Rausch der Schönheit mochten zurückhaltendere Geister wie Johannes Götz nicht beschwören, obwohl seine Schönheit, jeder exotischen Üppigkeit entbunden, in ihrer Zartheit und Jugendlichkeit durchaus den Darstellungen mancher Jugendstilkünstler nahekam. Vgl. D. Sternberger, Panorama oder Ansichten vom 19. Jahrhundert ... S. 81 f.; ders., Panorama des Jugendstils, in: ders., Vexierbilder des Menschen (= Schriften, Bd. VI), Frankfurt a. M. 1981, S. 288 f.; ders., Rede über die Idee der Schönheit, in: A. a. O., S. 305 ff.; ders., Sinnlichkeit um die Jahrhundertwende, in: Jugendstil, hrsg. v. Jost Hermand ... S. 101, 103 f.

Eule vervollständigt, daneben durch eine aufgehende Sonne als Zeichen des Wachsens der Erkenntnis. Trotz der ungünstigen Größenverhältnisse – die Reliefs waren als längliche Ovale anzulegen – komponierte Götz die Figuren gekonnt in die Flächen.

Seit 1893 beschickte Johannes Götz ziemlich regelmäßig die Große Berliner Kunstausstellung, häufiger auch den Münchner Glaspalast, und später konnte man seine Werke auf Ausstellungen des Deutschen Künstlerbundes[71] sehen, zu dessen Mitgliedern er gehörte. In Berlin war er 1894 mit der Büste eines Bildhauers vertreten, 1897 mit der genannten Quadriga und einem Grabmal in Gips – das der Bildhauer für das Grab seines Vaters in Fürth geschaffen hatte –, dem Bildnis eines greisen Pilgers, der nach einem mühevollen Weg am Kreuz seines Grabes, an dessen Sockel sitzend er sich anlehnt, zur Ruhe kommt. Als dritte Arbeit zeigte Götz auf der Ausstellung die Gipsbüste ›Drama‹, ein Frauenbildnis, dem der Bildhauer einen unerbittlichen Ausdruck gegeben hatte, um eine Stimmung anklingen zu lassen, wie sie seiner Vorstellung zufolge im Drama geweckt wird.

Nach seiner Mitarbeit am Kaiser-Wilhelm-Nationaldenkmal erhielt Johannes Götz stetig Aufträge für Monumentalwerke, die einerseits der Selbstdarstellung der Hohenzollerndynastie, andererseits der Förderung des großstaatlichen Nationalismus dienten. Nach einer Gruppe für die Siegesallee, bestehend aus dem Kurfürsten Joachim I. von Brandenburg und, als Nebenfiguren, den Büsten des Kurfürsten und Erzbischofs von Brandenburg und des Bischofs von Lebus, Dietrich von Bülow, folgten drei römische Kaiserstatuen und das Mommsen-Denkmal für die Saalburg. Diese Anlage eines römischen Kastells im Zuge des obergermanischen Limes wurde nach 1868 ausgegraben und zwischen 1897 und 1907, gefördert von Wilhelm II., durch L. Jacobi rekonstruiert und neu aufgebaut. Bei der Grundsteinlegung rief der Hohenzollernkönig den Deutschen das »civis germanus sum«[72] und den großdeutschen Gedanken ins Gewissen. Den überlebensgroßen Bronzestatuen des Antonius Pius, Hadrian und Alexander Severus[73] gab Götz die reichverzierte, mit der Toga leichtumkleidete Imperatorentracht, ferner Insignien der Macht wie Lanze, Kurzschwert und Feldherrenstab und stellte sie im Moment der Allokution dar, wobei die »feierliche Ansprache« durch eine entsprechende Geste des Armes verstärkt wurde. Auch für den als protestantischen Staatskirchenbau ausgewiesenen Berliner Dom, der unter der Leitung von Julius Raschdorff zwischen 1894 und 1905 in den Formen der italienischen Hochrenaissance errichtet wurde, hatte Johannes Götz Aufträge erhalten. Für die Hauptfront schuf er das Relief ›Luther, mit seinen Gehilfen die Bibel übersetzend‹ und die Doppelstandbilder der Evangelisten Lukas und Johannes sowie der Propheten Hesekiel und Daniel, die in einer Größe von 3,75 m als Kupfertreibarbeit ausgeführt wurden.

Auf Ausstellungen trat Johannes Götz immer wieder mit Portraitbüsten und Grabdenkmälern auf, doch die Sujets seiner Plastiken hatten sich allmählich überlebt.

71 Der Deutsche Künstlerbund wurde unter der Schirmherrschaft des Großherzogs von Sachsen-Weimar zwischen dem 15. und 17. Dezember 1903 gegründet und verstand sich als Gegenorganisation zur Allgemeinen Deutschen Kunstgenossenschaft. Der Künstlerbund trat, entgegen der konservativen, häufig die Politik staatlicher Stellen vertretenden Kunstgenossenschaft, für eine liberale Kunstpolitik ein, ohne einer bestimmten Richtung der modernen Kunst den Vorzug zu geben. Unmittelbarer Anlaß der Gründung war, daß die Kunstgenossenschaft darauf beharrte, die Weltausstellung in St. Louis nur mit Exponaten der traditionellen Richtung zu beschicken und Werke der Sezession auszuschließen. Vgl. Peter Paret, Die Berliner Secession. Moderne Kunst und ihre Feinde im Kaiserlichen Deutschland, Berlin 1981, S. 195 ff.

72 Wilhelm II., Ereignisse und Gestalten aus den Jahren 1878–1918, Leipzig-Berlin 1922, S. 152.

73 Vgl. Katalog Große Berliner Kunstausstellung 1901, S. 168; Die Kunst, Bd. 9 (1904), S. 53 f.

Über sein ›Mädchen mit Krügen‹[74] auf der 2. Künstlerbund-Ausstellung urteilte ›Die Kunst‹: »Das zur Darstellung gebrachte zweifache Bewegungsmotiv ist an und für sich gewiß sehr interessant; aber die an die geschickten Italiener erinnernde Marmorbearbeitung bringt die Arbeit um die eigentliche künstlerische Wirkung. So etwas mag man eben nicht mehr.«[75] Diese Einschätzung traf auch auf den knienden Frauenakt, eine ›Susanna‹, zu, die Götz auf der Dresdner Ausstellung 1908 zeigte, oder auf einen in Bronze ausgeführten Athleten von 1903.[76] Zu den späteren Arbeiten des Bildhauers gehörten das in Marmor ausgeführte Königin Luise-Denkmal[77] in Magdeburg, das in Hermenform gehaltene Gutenberg-Denkmal in der gleichen Stadt und das Wißmann-Denkmal in Lauterberg. Für die Schloßkirche in Wittenberg schuf Götz die Statue des Niklas von Ambsdorf, für seine Heimatstadt Fürth den Spielwarenbrunnen und für die Moabiter Brücke in Berlin den Bären. Auf der Großen Berliner Kunstausstellung konnte man 1910 die Bronzeplastik ›Achill‹ bewundern,[78] einen heroisch-glatten Krieger, den Götz im Auftrag Wilhelms II. für das Achilleion auf Korfu hergestellt hatte. Der ›Falkenjäger‹ von 1917[79] knüpfte an Götz' beste Bronzearbeiten an, hatte sich aber in seiner Ausgewogenheit, seiner antikisierenden Idealität, die noch immer vom Primat der Formidee kündigte, überholt.

Otto Stichling wurde als Sohn eines Bauern 1866 in Ohrdruf bei Gera geboren. Zunächst Porzellanmaler, ermöglichte ihm ein Stipendium des Landesfürsten Herzog Ernst 1885 den Besuch der Berliner Akademie. Stichlings bildhauerische Ausbildung, insbesondere bei Fritz Schaper und Ernst Herter, währte bis 1902. Nebenbei arbeitete Stichling als Hilfsarbeiter in den Ateliers von Eduard Lürssen, Gustav Eberlein und Ernst Westpfahl oder führte Bemalungen kunstgewerblicher Gegenstände und ornamentale Arbeiten für Kunsttöpfereien aus. Während dieser Zeit lernte er, seinem »Sinn für Stilisierung«[80] in allen Techniken gerecht zu werden. Bereits in frühen Möbelentwürfen[81] wandelte Stichling gotische Formen geschickt ab. Seine Blumenmotive näherten sich geometrischen Mustern an, durch abrupte Brechungen erhielten die Linien oftmalig einen bizarren Charakter. Stichlings Neigung zur Innerlichkeit, zu einer mystisch gefärbten Natur- und Weltbetrachtung wird deutlich, wenn beispielsweise der stark stilisierte ›Baum des Wissens‹ auf seinem Geschirrschrank als Lichtbaum erscheint, der in christlicher und germanischer Symbolik zugleich als Baum der Wiedergeburt aufgefaßt wird.

74 Vgl. Die Kunst für Alle, 20. Jg. (1904/05), S. 521. Ernst Schur sprach dagegen von einer geschmackvollen Arbeit und einer glücklichen genrehaften Durchbildung. Architektur, Plastik, Kunstgewerbe auf der Großen Berliner Kunstausstellung 1906, in: Berliner Architekturwelt, 9. Jg. (1907), H. 4, S. 126f. Eine ähnliche Thematik hatte Götz bereits in Paris mit seiner Bronzeskulptur ›Wasserschöpferin‹ präsentiert. Weltausstellung in Paris 1900... S. 135.

75 Vgl. Die Kunst, Bd. 17 (1908), S. 539.

76 Vgl. Katalog Große Berliner Kunstausstellung 1903, S. 78 u. 169.

77 Götz' Plastik war auf der Großen Berliner Kunstausstellung von 1901 vertreten; dazu berichtet Erich Willrich resignierend: »Von dem Werden einer neuen plastischen Kunst gibt diese Ausstellung keinen Begriff. Alles in allem empfängt man recht traurige Eindrücke, den traurigsten aber von der öffentlichen Denkmälerkunst Deutschlands. Darf man denn gar nicht vom künstlerischen Standpunkt an sie herantreten; ist die Denkmalsplastik ganz und gar zur Industrie herabgesunken. Es scheint so. Man wird bei alledem in seinen Ansprüchen recht bescheiden und könnte geneigt sein, den Großen Kurfürsten von Wilhelm Haverkamp und die – der Schaperschen übrigens überlegene – Königin Luise von Johannes Götz für hervorragende Werke zu halten.« Die Große Berliner Kunstausstellung 1901. Malerei und Plastik, in: Berliner Architekturwelt, 4. Jg. (1902), H. 6, S. 214.

78 Katalog Große Berliner Kunstausstellung 1910, S. 21 u. Abb. S. 11.

79 Berliner Architekturwelt, 20. Jg. (1918), H. 3/5, S. 134f.

80 H. Schliepmann, Otto Stichling... S. 346.

81 Berliner Architekturwelt, 2. Jg. (1900), H. 9, S. 340f.

Für die Umrisse der Möbel bevorzugte Stichling gerade, vor allem rechteckige Linien. Noch in späteren Entwürfen[82] wurden die strengen, etwas schwerfällig wirkenden Formen beibehalten, zudem machten sich klassizistische Einflüsse bemerkbar. Stichling wählte kostbare Materialien, Perlmutt und Silber, und er nutzte die Farbwirkung heller und dunkler Hölzer. Von den abstrakten Mustern seiner ornamentalen Arbeiten ging eine archaisierende Wirkung aus.

Otto Stichlings erster Erfolg war der Entwurf eines ›Spreebrunnens‹ für das Berliner Rathaus, der aber nicht zur Ausführung kam. In einem Wettbewerb um zwei Monumentalfiguren für das Wiesbadener Hoftheater setzte sich der Sechsundzwanzigjährige gegen renommierte Bildhauer wie Gustav Eberlein, Hermann Volz und August Vogel durch. 1902 erhielt Stichling den Auftrag, für den Kölner Pallenberg-Saal – eine Stiftung des verstorbenen Möbelfabrikanten Pallenberg für das neue Kunstgewerbemuseum der Stadt – verschiedene Plastiken und Holzreliefs herzustellen, die Schliepmann zu den vollendetsten Werken des Bildhauers zählte. Neben vier lebensgroßen, vergoldeten Bronzeplastiken, die die Künste symbolisierten, schuf er zwölf Engel für die in Holz geschnitzte Deckenrose und lieferte die Modelle für zwei Majolika-Füllungen, ›ars humana‹ und ›ars coelestina‹, und für 24 Holzreliefs. Die Leitung bei der Gestaltung des Saales hatte man Melchior Lechter übertragen, einem Mystiker und Neugotiker, der unter dem Einfluß der Schriften Richard Wagners – Melchior hatte 1886 in Bayreuth gearbeitet – und der Philosophie Nietzsches stand. In Stichling fand Lechter einen kongenialen Mitarbeiter. Stichlings Bronzeskulpturen sind, trotz der auf den Sockeln aufliegenden Gewändersäume, streng vertikalisiert – unverkennbar ihr gotisches Vorbild – und zielen auf eine frontale Ansicht. Da die Figuren sehr schmal aufgefaßt sind, lassen die vereinfachten, aufstrebenden Linien die Körper überhöht erscheinen. Verstärkt wird dieser Eindruck durch hoch aufsteigende, kräftige Flügel, die sich weit über dem Kopf der allegorischen Gestalten zu einem Oval schließen. Die Gestalten haben etwas Unwirkliches, Visionäres. Die geraden Stolen beziehungsweise Skapuliere der Engelsgestalten hat Stichling mit Pflanzenanordnungen, Bandgeschlinge, figürlichen Motiven und geometrischen Formen besetzt.

Die in Eichenholz geschnittenen und vergoldeten Holzreliefs zeigten ähnliche Charakteristika, die Vertikalisierung war aber weniger streng. Der mystisch-pantheistische Grundton des Saals wurde durch auf blauem Grund eingelassene Aphorismen Nietzsches illustriert, in denen von der Ewigkeit der Lust, der Tiefe des Leides und der ewigen Wiederkehr des Gleichen die Rede ist.[83] Um einen Eindruck von der Wirkung des Raumes zu geben, sei eine Beschreibung Rudolf Kleins zitiert: »Betreten wir den Kölner Pallenberg-Saal, es umfängt uns eine wahre Kirchenstimmung. Man glaubt, im Mysterienzimmer eines Geheimbundes zu sein. Ein gotischer Grundakkord mischt sich mit den Klängen des Orients und der rauschenden Lyrik Richard Wagners. Aus den traumhaft schweren Farben grüßen trauernde Gestalten, Priesterinnen der Schönheit und der Kunst. Der Raum wirkt wie der einer Kirche, doch allsogleich merkt man, daß in ihm nicht der unbefleckten Himmelsmagd geopfert werden soll, vielmehr den Göttin-

82 Berliner Architekturwelt, 7. Jg. (1905), H. 5, S. 187 u. 225; 8. Jg. (1906), H. 11, S. 427f. u. 434.

83 Rudolf Klein, Otto Stichlings Arbeiten und der Kölner Pallenberg-Saal, in: Berliner Architekturwelt, 5. Jg. (1903), H. 6, S. 186. Auf der Pariser Weltausstellung hatte die Firma H. Pallenberg in der Gruppe ›Dekoration und Ausstellung von öffentlichen Gebäuden und von Wohnräumen‹ einen Saal mit Erker ausgeführt. Melchior Lechter hatte die gesamte Dekoration entworfen und ein großes Gemälde beigesteuert, während O. Stichling die Modelle für Decken- und Türfiguren sowie für weitere vier Bronzeskulpturen hergestellt hatte, vermutlich handelte es sich dabei um die später im Kölner Saal untergebrachten Figuren. Weltausstellung in Paris 1900... S. 327.

nen der Schönheit; die zwar nicht mehr diese Hallen mit griechisch-hellem Frohsinn erfüllen, denn mit den feierlichen Gesten derer, die die dunkelsten Regungen des Alls und der Menschenseele vermitteln. Ein asketisch strenger Zug weht so zum Schluß aus all der Sinnlichkeit dieser im Grunde doch kalten Farben, die der Gruß vergangener Zeiten sind, und weckt die Nähe der Gefühle von Kunst und Religion.«[84]

1904 war Stichling mit »zwei prachtvollen, von G. Knodt in Frankfurt getriebenen Figurengruppen«[85] auf der Weltausstellung in St. Louis vertreten, die den Wandbrunnen im deutschen Ehrenhof zierten. Je drei männliche und weibliche Personen verschiedenen Alters, die sich auf einem Sokkel gegenübersaßen, verkörperten die Dualität von Männlichem und Weiblichem, von Energie und Passivität, von Handeln und Erkenntnis. Im Hintergrund, als Lehne angeordnet, zwei sich umringelnde Schlangen, die Einheit von Geist und Materie symbolisierend. Für diese Arbeit erhielt Stichling die Große Goldene Medaille.

Seit 1903 trat der Bildhauer auch auf der Großen Berliner Kunstausstellung auf, vornehmlich mit Gips- und Marmorbüsten sowie aparten weiblichen Aktfiguren aus Bronze.[86] Besonderen Erfolg hatte Stichling 1908, als er mit zwei Marmorbüsten, ›Träumende‹ und ›Margarethe Ansorge‹, und der Bronzeskulptur ›Junges Weib‹ vertreten war.[87] Diese Plastik wurde von der Nationalgalerie angekauft und mit der Goldenen Medaille ausgezeichnet.[88] Auf der Kunstausstellung in Düsseldorf, zu der Stichling im nächsten Jahr eingeladen war, wurde seine aus dem Marmor gehauene ›Träumende‹ »zu den bemerkenswerten Erscheinungen«[89] gezählt.

Otto Stichling wurde 1907 auf Vermittlung von Hermann Muthesius an die Kunstgewerbeschule in Altona berufen. Inzwischen hatte er neben seinen Beiträgen zum Charlottenburger Rathaus weitere Arbeiten im Bereich der Bauplastik ausgeführt, von denen die dekorativen Figuren für das Haus Trarbach genannt seien. Der Neubau in der Behrensstraße (Berlin-Mitte), der im Erdgeschoß Weinstuben und in den oberen Stockwerken Büroräume enthielt, lehnte sich an die südeuropäische Romanik an und wurde von der Kritik wegen der »völligen Einfachheit der architektonischen Behandlung und einer dekorativen Ausgestaltung, die trotz des überaus kostbaren Materialaufwandes keinen falschen Prunk vortäuscht, sondern überall volle Ehrlichkeit anstrebt«[90], gelobt. Stichling hatte für dieses Haus zwei Doppel- und vier Einzelfiguren von jeweils 2,5 m Höhe modelliert, die auf den Pilasteransätzen der Vorderfront angebracht wurden. Es handelte sich um Allegorien, die den Wein in den verschiedenen Phasen seines Werdens und Wirkens versinnbildlichten. Stichling brachte hier sehr sinnliche Momente in die künstlerische Durchbildung und ließ sich einmal zu üppigeren Formen inspirieren. Für den Innenhof der Restauration schuf der Bildhauer eine Brunnenfigur in vergoldeter Bronze und zwei dekorative Skulpturen in Kunststein, die der Architekt in das

84 R. Klein, Otto Stichlings Arbeiten ... S. 185f.
85 H. Muthesius, Die Wohnungskunst auf der Weltausstellung in St. Louis, in: Deutsche Kunst und Dekoration, Bd. 15 (1904/05), S. 219.
86 Vgl. E. Schur, Architektur, Plastik, Kunstgewerbe ... S. 126.
87 Katalog Große Berliner Kunstausstellung 1908, S. 10, 148 u. 169. Vermutlich diente die ›Träumende‹ als Modell für eine Porzellanausführung der KPM Berlin, obwohl im Katalog des Vereins Berliner Künstler (Hundert Jahre Berliner Kunst im Schaffen des Vereins Berliner Künstler 1929, o. O. o. J., S. 219) das Modell als ›Sinnende‹ geführt wird.
88 Die Kunst ... Bd. 19 (1909), S. 76.
89 Georg Howe, Die Große Kunstausstellung zu Düsseldorf 1909, in: A. a. O., S. 537.
90 Max Creutz, Der Neubau ›Haus Trarbach‹ Behrensstraße 47, in: Berliner Architekturwelt, 8. Jg. (1906), H. 2, S. 61. Die Grundrisse und die Außenarchitektur des Gebäudes entwarf Richard Walter, die innere Ausstattung Richard Riemerschmid.

schlichte Mauerwerk oberhalb des Wandbrunnens einbringen ließ.[91]
Für das Leipziger Bismarckhaus schuf Otto Stichling, dem es nie gelang, seinen Traum von der Gestaltung eines großen Denkmals zu verwirklichen, eine »Kolossalgruppe zur Verherrlichung Bismarcks«. In Altona gehörten die Standbilder ›Luther‹ und ›Kopernikus‹ für die Oberrealschule in Ottensen zu seinen Aufträgen, daneben dekorative Arbeiten im Völkermuseum Hamburg, und schließlich übernahm Stichling Teile der Ausstattung des Ozeandampfers ›Cap Finisterre‹.
Einen besonderen Namen hatte sich Otto Stichling als Grabmalsplastiker gemacht. Zu seinen frühesten Entwürfen gehören die Erbbegräbnisse für die Familien Alfred Cohn und Ignaz Wolfsohn[92] auf dem Jüdischen Friedhof in Weißensee. Bei der letztgenannten Arbeit verstand es der Bildhauer, durch geschickte Anordnung des Materials und sparsamste Ornamentierung eine monumentale Wirkung zu erzielen, während die Arbeit für die Bankiersfamilie Cohn durch den Wechsel im Material und den Einbezug der Farbe ihre Wirkung gewann: Die bronzenen Zierteile und die ornamentalen Füllungen der Seitenpfeiler, die aus türkisfarbenem, auf Kupferplatten eingebranntem Email bestanden, bildeten einen starken Kontrast zum schwarzen, fein geschliffenen Odenwald-Syenit des Gerüstes.[93] Noch aufwendiger gestaltet waren das Grabmal Hake und besonders das Erbbegräbnis Valentin Vogdt auf dem Neuen Luisen Kirchhof in Charlottenburg (Westend).[94] Bei diesem Grabmal für einen Jungverstorbenen versuchte Stichling, die Idee des Schicksals durch eine mit gebundenen Armen und schweren, müden Flügeln dahinschreitende Frau darzustellen. Die überlebensgroße Bronze stand auf einem kreuzförmigen Unterbau aus Granit und fand auf Grund ihrer »architektonische(n) Gliederung« und der »organische(n) Bindung des Ganzen«[95] großen Anklang. 1910 erhielt Stichling einen Ruf an die Charlottenburger Handwerker- und Kunstgewerbeschule,[96] doch bereits ein Jahr später, im Frühjahr 1911, starb er im Alter von 46 Jahren an einem Herzschlag.
Der Maler, Bildhauer und Kunstgewerbler *Richard Guhr* stammte aus Schwerin, wo er 1873 geboren wurde. Nach seiner Ausbildung an der Kunstgewerbeschule in Dresden und an der Unterrichtsanstalt des Kunstgewerbemuseums in Berlin konnte er im Jahre 1900 erstmals seine Bilder im Kunstsalon von Franz Gurlitt ausstellen. Man sieht seine unwirklichen Landschaften und Märchenstoffe, gemalt auf Holztafeln mit starken, glänzenden, fast grellen

91 Ein Beispiel für Stichlings originelles Ornamentieren und seine Fähigkeit, überlieferte Dekorationsmuster schöpferisch zu verarbeiten, bot die bauplastische Arbeit und die Fassadengestaltung am Haus Schönhauserstraße 19 in Berlin, das nach den Grundrissen von H. Schwiertz errichtet worden war. Vgl. Berliner Architekturwelt, 9. Jg. (1907), H. 1, S. 24 f.

92 Vgl. Blätter für Architektur und Kunsthandwerk, 19. Jg. (1906), S. 95 u. Taf. 120; 20. Jg. (1907), S. 9 f. u. Taf. 27.

93 Peter Melcher, Weißensee. Ein Friedhof als Spiegelbild jüdischer Geschichte in Berlin, Berlin 1986, S. 26 u. 29.

94 Vgl. Berliner Architekturwelt, 5. Jg. (1903), H. 6, S. 193; 8. Jg. (1906), H. 11, S. 424. Für das Grabmal H. Hartmann auf dem Neuen Jerusalemer Friedhof in der Bergmannstraße (Kreuzberg), zu dem die Architekten Erdmann & Spindler die Entwürfe geliefert hatten, stellte Stichling eine Bronzefigur her, die stilistisch an die Arbeiten im Pallenberg-Saal anschloß. Vgl. Berliner Architekturwelt, 5. Jg. (1903), H. 6, S. 187.

95 R. Klein, Otto Stichlings Arbeiten ... S. 185, 193 u. 198; H. Schliepmann, Otto Stichling ... S. 347.

96 Die Charlottenburger Handwerker- und Kunstgewerbeschule befand sich seit der Jahrhundertwende in dem Neubau Wilmersdorfer Straße 166–167. Als Fortbildungsschule bot sie Gelegenheit zur Aneignung, Ergänzung und Vervollkommnung einer zeichnerischen und kunstgewerblichen Ausbildung. Im einzelnen wurde im Freihandzeichnen, Aquarellieren, Zirkelzeichnen, Fachzeichnen, Modellieren, in Projektionslehre und im kunstgewerblichen Zeichnen und Malen Unterricht erteilt. Vgl. W. Gundlach, Geschichte der Stadt Charlottenburg ... Bd. 1, S. 543 f.; Dressler's Kunsthandbuch, hrsg. v. Willy Oskar Dressler, 6. Jg. (1911/12), S. 115.

Farben, in der Nachfolge von Arnold Böcklin, Moritz von Schwind und Albrecht Altdorfer.[97]
Richard Guhr wandte sich sehr bald der dekorativen Malerei zu. Das Fabulieren trat zurück, die individuelle Form wurde zum Träger von Linienmotiven, und auch die Farbstruktur vereinfachte sich. Bereits auf der Jubiläumsausstellung des Vereins für Deutsches Kunstgewerbe, die im November 1902 in den Räumen der alten Akademie der Künste (Unter den Linden) eröffnet wurde und für die Alfred Grenander den Entwurf geliefert hatte, war Guhr mit dekorativen Malereien vertreten. In einem großen Fries hatte er vor einem kräftigen blaugrünen Hintergrund Szenen mit tölpisch-derben Kerlen dargestellt, deren Bewegungen grotesk wirkten.[98] Der Fries enthielt in gotischer Schrift Verse aus Goethes Faust: »Die wilden Männer sind s' genannt,/ Am Harzgebirge wohlbekannt;/ Natürlich nackt in aller Kraft,/ Sie kommen sämtlich riesenhaft./ Den Fichtenstamm in rechter Hand/ Und um den Leib ein wulstig Band,/...«[99] Faust tritt in Begleitung Mephistos am kaiserlichen Hof auf. In einem allegorischen Maskenzug, in dem es Goethe um das Verhältnis des Menschen zu Besitz und Macht geht, erscheinen die »wilden Männer« als Leibwache des Kaisers, der hier in der Gestalt des Großen Pan auftritt. Ob es Guhr um eine Karikatur der Beziehungen zwischen Herrscher und Kunstbetrieb gegangen ist, mag an dieser Stelle dahingestellt sein.[100]
1903 trat Richard Guhr auf der Großen Berliner Kunstausstellung als Mitglied der ›Neuen Gruppe Berlin‹ auf, der die Architekten Emil Schaudt, William Müller sowie Max Salzmann, neben Guhr der Maler Richard Böhland sowie die Bildhauer Richard Kohn und Franz Metzner angehörten. Zum Ziel ihrer Arbeiten erklärte die Gruppe den Versuch, »die Gesamtheit ihrer künstlerischen Kräfte in den Dienst einer umfassenden ›Raum-Kunst‹ zu stellen, die unter der Führung der Architektur die verschiedenen Persönlichkeiten zu harmonischer Gemeinsamkeit der Arbeit vereinigen soll«[101]. Sie ging davon aus, daß der Raum selbst mit seinen abschließenden Linien zum wichtigsten Faktor der Gestaltung werden sollte, er den Ton für die Ausstattung angab und daß die Farbe allein bei einer einheitlichen Durchführung ihre Aufgabe als Stimmungsvermittlerin durchführen kann. Diese Programmpunkte boten keine neuen Erkenntnisse, sie erhielten aber eine besondere Wendung durch die Absicht, die Formen der Vergangenheit nicht auszuschließen. Guhrs bemerkenswertester Beitrag zu dieser Ausstellung waren die Glasfenster für ein Musikzimmer und ein monumentales Brunnenbild, das in einem als Repräsentationssaal gestal-

97 Hans Rosenhagen (Berliner Ausstellungen, in: Die Kunst, Bd. 3 [1901], Freie Kunst, S. 364) schildert einige Sujets: »Er malt die Nacht als die alte große Kupplerin, in deren dunklen Kleiderfalten moderne Pärchen kosen; den Däumling, der in seinen ›Siebenmeilenstiefeln‹ durch einen abendlichen Wald rast; eine Hexe, die aus einem altdeutschen Kupferstich genommen zu sein scheint; ›Breithut‹, der durch den dunklen Wald spaziert; oder einen jägerlich gekleideten ›Wanderer‹, der dunkel vor einer grellgrünen Landschaft ausruhend sitzt.« Rosenhagen sieht Einfälle, auf die kein »ernsthafter Künstler« kommt: einen ›Deutsche(n) Grenadier‹, plakatartig-grob in »Schießscheibengeschmack«, oder eine Landschaft ›Abendstern‹, in der dieser durch einen ins Holz eingelassenen Brillanten dargestellt wird.

98 Vgl. Kunstgewerbeblatt, N. F., 14. Jg. (1903), S. 68. Peter Jessen, Die Ausstellung des Vereins für deutsches Kunstgewerbe in Berlin, in: Berliner Architekturwelt, 5. Jg. (1903), H. 10, S. 327ff.; Adolf Brüning, Eine Wanderung durch die Ausstellung, a. a. O., S. 330, 332 u. 356.

99 Es handelt sich um die Verse 5864 bis 5869 aus Faust, zweiter Teil, erster Akt. Goethes Werke. Hamburger Ausgabe in 14 Bänden, hrsg. v. Erich Trunz, Bd. 3, 10., überarb. Aufl., München 1976, S. 181.

100 Über die Stellung Guhrs zu den Auseinandersetzungen zwischen den Sezessionen, zu deren Kunst Guhr sicherlich keinen Zugang hatte, und dem offiziellen beziehungsweise akademischen Kunstbetrieb ist wenig bekannt. Sein späteres Leben läßt aber vermuten, daß er, Asket und aus dem inneren Erleben heraus Schaffender, ein Einzelgänger war, dem der Sinn für aktuelle politische Auseinandersetzungen fehlte.

101 M. Osborn, Wohnungskunst auf der Berliner Kunstausstellung 1903... S. 213.

teten Raum aufgehängt war. Schaudt hatte die Winkel dieses Raumes durch kräftige, drei Seiten eines Achtecks bildende Pfeiler verdeckt und diese durch schlichte Dekkenbalken verbunden. Die Kanten der Pfeiler dienten der Betonung der Senkrechten, die figürlichen, karyatidenartigen Malereien von Richard Böhland im oberen Drittel der Pfeiler unterstützten diese Wirkung. Guhrs Wandgemälde, eine Pallas Athene in stilisierter En-face-Haltung zwischen zwei Paaren tanzender Mädchen, paßte sich dieser Linienführung an. Die Figuren waren steif aufgerichtet und streng symmetrisch gestellt,[102] nur das dekorativ, nicht durch eine natürliche Bewegung begründete Bauschen der Gewänder milderte die Starrheit. Das Gelb und Braun der Wände steigerte sich in Guhrs Komposition durch etwas Gold, helles Erdbeerrot und ein wenig Kupfergrün. Der Repräsentationssaal wie auch das Musikzimmer drückten eine ernste Feierlichkeit aus, die durch die Massigkeit und Schwere der Möbel potenziert wurde, Räume, die eher an Kultstätten erinnerten.

Die ›Neue Gruppe‹ hatte Erfolg. Richard Guhr wurde neben Albert Männchen vom Reichskommissar Theodor Lewald für die künstlerische Leitung der malerisch-dekorativen Ausschmückung der deutschen kunstgewerblichen Abteilung auf der Weltausstellung in St. Louis verpflichtet und erhielt gleichzeitig den Auftrag für einen figürlich-dekorativen Fries.[103] Der deutsche Pavillon, für den man eine um die Seitenflügel gestutzte, mit Dekor überladene Nachbildung des Charlottenburger Schlosses gewählt hatte, gab in St. Louis einen Überblick über die kulturellen und technischen Erzeugnisse Deutschlands. Während die Ausstellung im künstlerischen Bereich, wenn man von Werken einiger älterer Künstler wie Adolph Menzel absah, nur Mittelmaß bot, wußte die kunstgewerbliche Abteilung durch ihre »künstlerische Höhe«[104] zu gefallen.

Nach seiner Rückkehr aus den Vereinigten Staaten wurde Guhr als Lehrer an die Dresdner Kunstgewerbeschule berufen. Auf der Deutschen Kunstgewerbeausstellung 1906 in Dresden stattete Guhr das von Wilhelm Kreis entworfene ›Sächsische Zimmer‹ mit dekorativen Gemälden aus und präsentierte sich auch als Plastiker.[105] Als Bildhauer war Richard Guhr Autodidakt, hatte jedoch schnell Erfolg. Siegreich aus der Konkurrenz um die bauplastische Gestaltung des neuen Dresdner Rathauses hervorgegangen, übertrug man ihm die Ausführung einer Turmfigur und weiterer Attika- und Portalfiguren.

Die den Rathausturm bekrönende Monumentalfigur des Herakles mit dem Füllhorn wie auch das Deckengemälde der ›Ephesischen Diana‹ im Vestibül des Sächsischen Hauses brachten zentrale Aspekte des Guhrschen Werks zum Vorschein. Die Rathausplastik kultivierte einen Repräsen-

102 Anna L. Plehn, Neue Gruppe Berlin, in: Kunstgewerbeblatt, N. F., 15. Jg. (1904), H. 2, S. 4 f.; Hermann Lüer, Neue Gruppe Berlin, in: Berliner Architekturwelt, 6. Jg. (1904), H. 6, S. 198, 201 u. 203.

103 Vgl. Die Kunst, Bd. 9 (1904), S. 270. Zu der tragikomischen Geschichte über die deutsche Beteiligung an der internationalen Kunstausstellung in St. Louis, dem Streit um die Auswahl der Künstler und Kunstwerke sowie dem Ausschluß der modernen Strömungen, unter anderen der Berliner Sezession, die dem Kaiser ästhetisch wie ideologisch suspekt waren, vgl. P. Paret, Die Berliner Secession ..., S. 167 ff.

104 Hermann Muthesius schrieb in seinem zusammenfassenden Bericht, daß die deutsche kunstgewerbliche Abteilung »eine der schönsten und eindrucksvollsten Teile der Ausstellung« sei. »Viele ihrer Leistungen sind so rein und stehen auf einer solchen unantastbaren künstlerischen Höhe, daß auch die Feinde alles Modernen die Segel streichen. Hier läßt sich nicht mehr darüber diskutieren, ob die moderne Bewegung berechtigt sei, ob sie den zu stellenden Anforderungen gerecht werde, ob sie Lebensdauer in sich trage ... Deutschland hat einen völligen, unbestrittenen kunstgewerblichen Sieg errungen.« Die Wohnungskunst auf der Weltausstellung in St. Louis, in: Deutsche Kunst und Dekoration, Bd. 15 (1904/05), S. 209. Vgl. auch Leo Nachtlicht, Berlin auf der Weltausstellung St. Louis 1904, in: Berliner Architekturwelt, 7. Jg. (1905), H. 11, S. 393 ff.

105 Vgl. Moderne Bauformen, Monatsschrift für Architektur und Baukunst, 5. Jg. (1906), S. 47, 54, 90 f., 212 u. 218. Der große Erker im Bibliothekszimmer enthielt Guhrs Bronzeplastik ›Judith‹.

tationsstil, der die griechisch-römische Formentradition mit ihren allegorisch-mythologischen Bedeutungen in die Industriekultur einband und der sich zugleich als heldisch-tragische Geste stark empfindender, auf sich gestellter Willens- und Tatmenschen zu erkennen gab. Der Einfluß Nietzsches, seine Negierung der Klassengesellschaft und die Begründung eines Individualismus, der dazu aufrief, den Eigenwert des Einzelnen auf sich selbst zu gründen, auf die Kraft seiner Persönlichkeit und die Unabhängigkeit seines Ichs, wurde in dieser Kunst virulent.

Zu Richtmaßen der Selbstbewertung wurden die Stärke des Empfindens, der Willenskraft und des Selbstgefühls. Die Gedanken von Tod und Erneuerung, Schuld und Erlösung sind Leitmotive in Richard Guhrs Werk.

In der ›Ephesischen Diana‹ beschwört er die vielbrüstige Fruchtbarkeitsgöttin kleinasiatischer Kulturen, die ›Große Mutter‹, die stetige Erneuerung gewährt. Zu ihrer Seite mit der Schlangenkrone, auch er Garant des Lebens, der zweigeschlechtliche Dionysos. Wie er im Mythos Proteus ist, der Sichverwandelnde und der Verwandler, im Spannungsfeld zwischen Daseinslust und leidvollem Untergang, so erscheint er auf vielen Gemälden Richard Guhrs in Kind- und Mannesgestalt, als Zauberer Merlin, als Herakles und als politische Allegorie deutschnationaler Erneuerung in einem Grals- und Erlösungsmythos, der durch die Bühnenwerke Richard Wagners beeinflußt ist. Hier wie dort waren antisemitische Tendenzen nicht zu übersehen. Wagner, Nietzsche und Schopenhauer blieben für Richard Guhr lebenslang künstlerische und geistige Richtschnur. Die »Wagner-Ehrung« wurde schließlich zum beherrschenden Thema seines Schaffens, der er über hundert Gemälde widmete. Aber erst 1932 konnte Guhr im Liebenthaler Grund bei Dresden und in Graupa die Wagner-Denkmäler, die er teilweise selbst finanziert hatte, aufstellen. Auf der Großen Ausstellung des Vereins Berliner Künstler im Moabiter Glaspalast 1925 erntete Guhr mit seinen heroisierenden Wagner-Bildern nur Spott und Mitleid. Max Osborn kommentierte: »Eine Nummer für sich ist der Dresdner Richard Guhr, der wilde Phantastereien, schwer literarisch behängt, in kleinlichem Vortrag zu bändigen sucht, ein angeborenes Können sonderbar verschwendend. Richard Wagner spielt dabei als Heros, Gott, Götze und Erlöser eine wunderliche Rolle...«[106].

1933 lehnte Guhr den Direktorposten an der Kunstgewerbeschule in Dresden ab, übernahm jedoch ein Jahr später, als Nachfolger Ludwig von Hoffmanns, die Leitung der Abteilung für Monumentalmalerei an der Dresdner Kunstakademie. 1937 ging Guhr vorzeitig in den Ruhestand und zog sich nach Schloß Albrechtsburg zurück, wo er die Gemälde seiner ›Wagner-Ehrung‹ ausstellte. Bei dem Luftangriff auf Dresden im Februar 1945 verbrannten sämtliche von Guhr aufbewahrten Bilder. Nach Ende des Zweiten Weltkriegs ließ sich Guhr in Höckendorf (Kreis Dippoldiswalde, Bezirk Dresden) nieder und begann zunächst, naturalistische Landschafts- und Genrebilder zu malen. Doch bald malte er einen großen Teil seiner verloren gegangenen Weltanschauungsbilder, auf Tafelbildgröße gebrachte Monumentalmalerei, bis zu seinem Tode im Oktober 1956, neu.[107] Vom malerischen und plastischen Werk Richard Guhrs seien noch die Fresken im Lichthof des Provinzmuseums in Münster (1907), der Fassadenschmuck des Curio-Hauses in Hamburg (1910), die dekorativen Bildwerke an den Häusern der Dresdner Kaufmannschaft und der Kunstgenossenschaft genannt. Für das Hotel Adlon in Berlin schuf Guhr Kandelaberfiguren mit den Tierkreiszeichen. Zu den

106 Vossische Zeitung vom 16. Mai 1925; vgl. Fritz Stahls Wertung im Berliner Tageblatt vom 16. Mai 1925.

107 Die nachgelassenen Bilder befinden sich heute in Fritzlar (Galerie Richard Guhr beim Museum Fritzlar).

weiteren Arbeiten seines Berliner Ateliers gehörten der Figurenschmuck an der Schöneberger Stadtparkbrücke, im Stadtbad und an der Feuerwache Neukölln sowie der bauplastische Schmuck am Warenhaus Wertheim in der Königstraße (Berlin-Mitte). Dieser Neubau war nach Entwürfen der Architekten Kayser & von Groszheim und Ernst Rentsch ausgeführt worden.[108] Dekorative Elemente blieben nur wenigen Stellen der Fassaden vorbehalten: den Schlußsteinen der Fensterbogen des 1. Obergeschosses an den Fronten der König- und Grunerstraße sowie den Risaliten an der Neuen Friedrichstraße. Daneben hatten noch die Pfeiler des niedrigen Zwischenbaus Bauplastiken erhalten. Für den Haupteingang an der Königstraße modellierte Guhr die Doppelarmleuchter, die in Bronze gegossen wurden.

Nach 1915 war Richard Guhr mit der Herstellung von Außen- und Innenplastiken für das Rathaus in Barmen beschäftigt, 1920 folgten die Figuren am Theater von Teplitz (Böhmen). Die Stadt Bochum beauftragte Guhr mit der Ausführung eines großen Wandgemäldes für den Stadtverordneten-Sitzungssaal.[109] Daraufhin entstand zwischen 1927 und 1930 das monumentale Bild ›Der deutsche Parnaß‹, dessen Maße 5 mal 8 m betrugen.

Zu den meistbeschäftigten Bildhauern beim Charlottenburger Rathausbau gehörte *Heinrich Giesecke,* den eine langjährige Zusammenarbeit, später auch verwandtschaftliche Beziehungen, mit Reinhardt und Süßenguth verband.[110] Giesecke war Eklektiker, mit einer Vorliebe für die Plastik der Renaissance und des Barock; bemühte er sich in neuen Formen zu sprechen, blieben seine Versuche wenig überzeugend. Als glänzender Techniker war Giesecke von einem überschäumenden Temperament, das seinen ornamentalen Arbeiten öfter zum Nachteil geriet, da die Kompositionen überladen und prunkhaft wirkten. Zu seinen frühesten bauplastischen Arbeiten gehörte der bildhauerische Schmuck für Miets- und Wohnhäuser, beispielsweise für das Gebäude Hardenbergstraße 24, das nach dem Grundriß von G. Reimarus und der Fassadengestaltung Hans Grisebachs errichtet worden war, oder für das von Hermann Krengel entworfene Mietshaus Tauentzienstraße 12. Das erhaltene Wohnhaus des Architekten Wilhelm Martens in der Fasanenstraße (Nr. 26) stattete Giesecke in Anlehnung an Renaissanceformen innen und außen mit dekorativen Elementen aus. Verbindungen zu Martens gab es auch in späteren Jahren. Beim Neubau der Deutschen Bank in Berlin-Mitte, der zwischen 1896 und 1898 unter Martens' Leitung ausgeführt wurde, war Giesecke neben Gotthold Riegelmann für die bildhauerische Innengestaltung, vor allem des Vestibüls, des Lichthofes und des Sitzungssaals engagiert worden.[111]

Die Zusammenarbeit Heinrich Reinhardts mit Giesecke begann mit dem Bau des Elberfelder Rathauses. Der Bildhauer modellierte die Schlußsteine und übrigen Ornamentformen am Gebäude. Es folgte die dekorative Gestaltung der in den Formen der Frührenaissance gehaltenen Rathäuser von Dessau und Köthen. Für einen der letzten Rathausbauten von Reinhardt und Süßenguth, das einem barocken Klassizismus angenäherte Spandauer Verwaltungsgebäude, entwarf der Charlottenburger Bildhauer – sein Atelier befand sich in der Bleibtreustraße 50 – Portalaufsätze, Kartuschen, Zierschilde und sonstigen bauplastischen Schmuck. Giesecke, den die Berli-

108 Vgl. Der Neubau des Warenhauses A. Wertheim an der König-Straße in Berlin, in: Deutsche Bauzeitung, 46. Jg. (1912), Nr. 89, S. 781, 783; Nr. 93, S. 829.

109 Daß Guhrs ›Musenberg‹ einer realistischen Selbstdarstellung der städtischen Gemeinde nahekam und Identifizierungsmöglichkeiten bot, darf wohl bezweifelt werden. Vgl. auch Heinz-Toni Wappenschmidt, Rathäuser im rheinisch-westfälischen Industriegebiet... S. 274 ff.

110 Georg Süßenguth heiratete später eine Schwester der Brüder Heinrich und Albert Giesecke. Der letztgenannte war selbst Architekt. Eine seiner bekannteren Arbeiten ist das Bürogebäude der Bundesversicherungsanstalt für Angestellte am Fehrbelliner Platz in Berlin-Wilmersdorf.

111 Vgl. Berliner Architekturwelt, 1. Jg. (1899), H. 6, S. 208 f. u. 211 f.

ner Architekturwelt[112] einmal zu den »hervorragendsten Kunsthandwerkern« Berlins gezählt hat, wurde auch von anderen renommierten Berliner Architekten wie dem Berliner Stadtbaurat Ludwig Hoffmann verpflichtet. Für die Feuerwache in der Fischerstraße, eine der ersten Arbeiten Hoffmanns für die Stadt Berlin, modellierte Giesecke den Giebelschmuck, eine Allegorie des Kampfes zwischen Feuer und Wasser.[113] Die Gemeindedoppelschulen in der Glogauer-Straße (Kreuzberg) und der Christianastraße sowie die Gemeindeschule in der Grenzstraße, ebenfalls im Innenbezirk Wedding, erhielten Fassaden-, Portal- und figürlichen Schmuck, der nach Modellen Gieseckes gefertigt worden war. Für das malerisch angelegte Märkische Museum am Köllnischen Park gestaltete Giesecke einen Renaissanceerker. Die Architekturausstellung der Stadt Berlin, die 1901 im Moabiter Glaspalast zu sehen war, zeigte die Entwürfe zu den Märchenbrunnen im Friedrichshain. Die Modelle für den Schneewittchen- und den Dornröschenbrunnen stammten sämtlich von Heinrich Giesecke. Die weitere Planung führte jedoch zu einer Überarbeitung der ursprünglichen Entwürfe, die bildhauerische Ausführung wurde Georg Wrba, Ignatius Taschner und Josef Rauch übertragen.[114] Die genannten Arbeiten fielen alle in das erste Jahrzehnt nach der Jahrhundertwende.

1898 war Alfred Messels berühmter Wertheim-Bau in der Leipziger Straße eingeweiht worden, an dessen Innenausstattung Giesecke beteiligt war. Für das Portal und die ornamentalen Teile des Teppichsaals, den Messel vergleichsweise traditionell als »Atelierarrangement« in den Formen des italienischen Barock gestaltet hatte, fertigte Giesecke die Modelle. Kritiker registrierten wohlwollend die Interieurstimmung des Raumes. Walter Curt Behrendt bemerkte: »Es steckt in diesen Räumen noch sehr viel ›Kunstgewerbe‹; aber dieses Kunstgewerbe hat nichts zu schaffen mit der historischen Gelehrsamkeit und akademischen Schulweisheiten der Stilkopisten. Es ist das Produkt eines höchst differenzierten persönlichen Geschmacks, der empfangene Eindrücke mit geschickter Variation wiederzugeben weiß und gewisse künstlerische Dinge... nicht willkürlich, sondern mit einem sehr modernen, vom kritischen Intellekt erzogenen Gefühl nachzuahmen versteht.«[115] Eine sehr zusprechende Kritik, wenn man bedenkt, wie üppig etwa sich die Portalgestaltung entfaltete:[116] Gewundene, mit Blattwerk belegte Säulen – das Motiv wiederholte sich am Treppenaufgang in einer weiblichen Lichtträgerfigur, die eine sie umringelnde Schlange bändigt –, schwere Kartuschen, Rollwerk und Voluten.

Heinrich Giesecke wird auch in der Liste der Bildhauer,[117] die am Reichstagsbau beteiligt waren, geführt. Über Umfang und Art der Arbeiten Gieseckes konnte an dieser Stelle nichts in Erfahrung gebracht werden. Hingegen sind Teile seines Werkes in einem anderen Bau Paul Wallots, dem Präsidialgebäude des Reichstags, bekannt. Das Wohnhaus des Reichstagspräsidenten schloß sich auf dem Grundstück an der Ostfront, zwischen Reichstagsufer, Sommer- und Dorotheenstraße, dem Parlamentsgebäude an. Für die dekorative Ausstattung der repräsentativen Räumlichkeiten hatte Wallot neben Giesecke August Vogel und Wilhelm Widemann gewon-

112 A. a. O., S. 212.

113 Architektur-Ausstellung der Stadt Berlin... S. 34f; H. J. Reichhardt/W. Schäche, Ludwig Hoffmann in Berlin... S. 132f. Der Vorname Gieseckes wird bei Reichhardt/Schäche durchweg falsch angegeben.

114 Architektur-Ausstellung der Stadt Berlin... S. 32; H. J. Reichhardt/W. Schäche, Ludwig Hoffmann in Berlin... S. 33, 86f. u. 135f.

115 W. C. Behrendt, Alfred Messel... S. 87.

116 Vgl. A. Hofmann, Berliner Neubauten. 86. Das Warenhaus A. Wertheim in der Leipziger Straße, in: Deutsche Bauzeitung, 32. Jg. (1898), Nr. 37, S. 229f.

117 M. S. Cullen, Der Reichstag... S. 432.

nen.[118] Die Vertäfelungen der Pilasterordnung im Musiksaal erhielten Füllungen, die von Heinrich Giesecke modelliert waren. Die sehr flach gehaltenen, vergoldeten Bauplastiken waren unterhalb der Decke in die einzelnen Pilaster eingelassen. Als Standesallegorien wurden sie aus einer Vielzahl übereinandergeschichteter Symbole aufgebaut.[119] Man könnte von einer Mischung aus naturalistisch-attributiver Beschreibung und griechisch-römischer Symbolik sprechen. Die stilistischen Parallelen zu den Standesallegorien in den hinteren Treppenhäusern des Charlottenburger Rathauses sind nicht zu übersehen. Die Allegorie des Handels[120] zeigte beispielsweise die gleiche Verknüpfung von Attributen, wie sie an den Pfeilern des Treppenhauses H in Charlottenburg zu sehen waren. Hier wie dort fand man eine bunte Mischung aus Hermesstab, Waage, geschnürtem Paket, Ketten der Verladekräne, aus Schreibgerät, Dreisack, Poseidons usw. Bei allem Naturalismus der Darstellung bleibt interessant, daß die Allegorie des Wehrstandes keine zeitgemäßen Attribute erhielt, sondern gänzlich in eine antike Sprache entrückt war. Der Krieg trat in Gestalt der kühl-überlegten Athene auf, zugleich aber war er mit der Aura männlicher Heldenverehrung versehen. Neben dem vom Adler bekrönten Helm gab es als weitere Attribute die Ägis mit dem Gorgonenhaupt, Speer und Schwert und die Rüstung eines antiken Soldaten. Der Aufbau der Reliefs – die Mischung antiker und zeitgenössischer Symbole, jedoch streng angeordnet um eine Mittelachse, die entweder in Form einer Säule oder eines Bandes im Relief integriert oder nur als gedachte Linie erschien – war keineswegs eine originäre Schöpfung Gieseckes. Verblüffend ähnlich aufgebaute Holzschnitzereien sind aus dem französischen Barock, der Zeit Ludwigs XIV., bekannt:[121] Die Art und Weise, wie aus dem Zentrum heraus, in dem sich die Motive verdichten, die verschiedenen Symbole strahlenförmig angeordnet sind, ist hier bereits ausgebildet.

Für das von Franz Thyriot erbaute Gymnasium in Zehlendorf schuf Giesecke die plastischen Bildwerke am Haupteingang und führte die Antragearbeiten in der Aula aus. Während dieser Zeit versuchte sich der Charlottenburger Bildhauer auch als Denkmalsplastiker. Bei einem Wettbewerb um das Rudolf von Bennigsen-Denkmal in Hannover wurde Heinrich Giesecke neben Hermann Volz und Karl Hilgers ein dritter Preis zuerkannt.[122] Der Titel seines Entwurfs, ›Das ganze Deutschland soll es sein‹, war sicherlich mehr als ein Motto. Für die Lützower Kirche in Charlottenburg, deren Neubau Jürgen Kröger nach eigenen Plänen in den Jahren 1910/11 leitete, stellte Giesecke einen barocken Hochaltar her, eingefaßt von Marmorsäulen, die von Adlern bekrönt wurden. Die Marmorkanzel mit reichgegliedertem Korb und Schalldeckel stammt ebenfalls aus Gieseckes Werkstatt. Zeigte sich Am Lützow barockes Pathos, so fielen die Relieffelder für das in den Jahren 1912/13 nach Plänen Emil Schaudts errichtete Geschäftshaus des Seidenhauses Michels & Cie (Rankestraße 1/Ecke Kurfürstendamm) sachlicher aus. Von späteren Arbeiten Gieseckes ist wenig bekannt. Die Mietshausanlage von Reinhardt und Süßenguth am Bahnhof Jungfernheide erhielt von Giesecke sehr flächig gehaltene, kleinformatige Tier- und Märchenfiguren sowie allegorische Gestalten, die jeweils oberhalb

118 F. Schultze, Das Wohnhaus für den Reichstagspräsidenten in Berlin, in: Zentralblatt der Bauverwaltung, 24. Jg. (1904), Nr. 89, S. 554.

119 A. a. O., S. 556; Kunstgewerbeblatt, N. F., 15. Jg. (1904), S. 146–148, Abbildungen von neun Wandfüllungen.

120 A. a. O., S. 147.

121 H. Dolmetsch (Der Ornamentenschatz ... Taf. 80 A) veröffentlichte eine solche Holzschnitzerei französischen Ursprungs, die aus der Sammlung von Gipsabgüssen der Königlichen Zentralstelle für Gewerbe und Handel in Stuttgart stammt.

122 Berliner Architekturwelt, 7. Jg. (1905), H. 6, S. 231.

der Hauseingänge angebracht wurden. Für die spätere Siedlungsanlage der Architekten in der Steegerstraße schuf der Bildhauer eine freistehende Figurengruppe ›Genoveva‹, die erhalten geblieben ist.

Josef Scherer, der die Glasfenster im Haupttreppenhaus des Charlottenburger Rathauses nach Kartons von Richard Guhr ausgeführt hat, betrieb in Wilmersdorf eine Kunstanstalt für Glasmalerei. Zu seinen hervorhebenswerteren Arbeiten zählen die Glasfenster der evangelischen Kirche an der Dorfaue in Lichterfelde, eines in norddeutscher Backsteingotik gestalteten Baus von Fritz Gottlob, und die Glasfenster für den Sitzungssaal des Verwaltungsgebäudes der AEG (Luisenstraße),[123] das nach Entwürfen von Kayser & von Groszheim errichtet worden ist. Auf der ersten internationalen Ausstellung für dekorative Kunst in Turin gehörte Scherer zu den ausführenden Kunstgewerblern. Arno Körnig hatte ihm für seinen Raum die Glasarbeiten übertragen.[124]

Der Charlottenburger Dekorationsmaler *Marno Kellner* hatte sich vor allen Dingen als Kirchenmaler einen Namen gemacht. Schwechtens St. Simeonskirche in der Kreuzberger Wassertorstraße (1894–1897) stattete er zusammen mit seinem Partner *Paul Gathemann* mit Wand- und Gewölbemalereien aus.[125] Bei einem weiteren Kirchenbau Schwechtens, der Apostel Paulus-Kirche in Berlin-Schöneberg, wurden sie erneut für dekorative Malereien engagiert. In Charlottenburg gehörten die Malereien in der Trinitatiskirche zu den bekannteren Arbeiten der Ateliergemeinschaft. Die in den Stilformen des märkischen Backsteinbaus zwischen 1896 und 1899 errichtete Kirche – in einem engeren Wettbewerb hatte man den Entwürfen von Vollmer & Jassoy gegenüber denen von Franz Schwechten und Max Spitta den Vorzug gegeben – erhielt in der Kämpferhöhe des Gewölbes einen etwa 2 m hohen Fries, der sich um den Innenraum herumzog und die Geschichte Christi darstellte. Die Komposition der unmittelbar auf den Putz aufgetragenen Malereien sollte, auf Flächenwirkung berechnet, »möglichst de(n) Eindruck von hellfarbigen Wandteppichen«[126] hervorrufen. Das runde Glasfenster an der Rückwand des rechteckigen Altarraums, das zwischen grün ornamentierten Scheiben die Symbole der vier Evangelisten wiedergab, war nach Entwürfen von Gathemann und Kellner gefertigt. Für Glasfenster der Villa C. Knorr in Heilbronn, ebenfalls von der Architektengemeinschaft Vollmer & Jassoy erbaut, lieferten die Maler Entwürfe und Zeichnungen mit allegorischen Darstellungen.[127]

Mit Reinhardt und Süßenguth arbeiteten Gathemann und Kellner beim Bau des in den Jahren 1898 bis 1901 errichteten Städtischen Museums Altona zusammen, dessen Vorhalle, Haupttreppenhaus und Haupthalle sie mit Deckenmalereien ausstatteten. In Dessau, wo Reinhardt und Süßenguth zur gleichen Zeit den Bau des neuen Rathauses leiteten – das Gebäude wurde am 5. Oktober 1901 eingeweiht –, malte Marno Kellner allein die Fensterlaibungen im Gemeinderatssaal, vor allem die Holzdecken und Kreuzgewölbe des Ratskellers aus, wobei, neben historischen und mythischen Inhalten, die Funktion der Räumlichkeiten in humoresken Bildern angedeutet wurde.[128] Kellners ornamentale Entwürfe

123 Berliner Architekturwelt, 2. Jg. (1900), H. 11, S. 417 u. 419.

124 L. Nachtlicht, Berlin auf der ersten internationalen Ausstellung für dekorative Kunst in Turin 1902... S. 207. Zwei Jahre zuvor hatte J. Scherer auf der Pariser Ausstellung die Glasarbeiten für die Straßburger Firma Vols & Wittmer übernommen; es handelte sich um ein »vornehmes Bade- und Toilettenzimmer«, für das Armand Vols den Entwurf geliefert hatte. Weltausstellung in Paris 1900... S. 328f.

125 Die St. Simeonskirche in Berlin, in: Berliner Architekturwelt, 1. Jg. (1899), H. 1, S. 14.

126 Die Trinitatiskirche in Charlottenburg, in: A. a. O., H. 10, S. 347.

127 Zum Beispiel ›Das Werden und die Verwendung der Brotfrucht‹, vgl. Berliner Architekturwelt, 2. Jg. (1900), H. 6, S. 221 u. H. 4, S. 147f.

128 Das neue Rathaus in Dessau, in: Deutsche Bauzeitung, 37. Jg. (1903), Nr. 60, S. 387; Berliner Architekturwelt, 5. Jg. (1903), H. 8, S. 285.

beziehen sich in ihrer Komposition vegetabilischer und figürlicher Motive, häufig Tiere oder symbolische Gegenstände, in ihrer symmetrischen Ausbildung und der vielfachen Verwendung des Akanthusblattes deutlich auf die deutsche und italienische Renaissancemalerei.[129]
Obwohl *Franz Eissing* auch durch Entwürfe und durch ausgeführte Malereien in Kirchen und öffentlichen Gebäuden auf sich aufmerksam gemacht hatte, war er vor allem als Glasmaler erfolgreich. Für Schwechtens Romanisches Haus an der Ostseite des Auguste Viktoria-Platzes in Charlottenburg schuf er einen Teil der Glasfenster. Entwürfe für eine Kirche in Kassel und den Bremer Dom, Darstellungen eines Seraphim und der Heiligen Cäcilie,[130] gehörten ebenso zu seinen Arbeiten wie die Glasfenster für das Kreishaus Zerbst oder das Köpenicker Rathaus, deren Entwürfe 1904 auf der Großen Berliner Kunstausstellung zu sehen waren.[131] Eissing verstand es, die Farbwirkung seiner Fenster zu erhöhen, indem er die verschiedenen Gläser mit Einlagen von geschlagenen Glassteinen verband. 1902 zeigte Eissing in Moabit einige Studienköpfe, die stark auf Flächenwirkung angelegt waren, im Jahr darauf die in Wassercaseinfarben ausgeführten Bilder ›Die Aussendung der Apostel‹ und ›Drei Tageszeiten‹.[132]
Die übrigen am Charlottenburger Rathaus beteiligten Kunsthandwerker waren nicht minder anerkannte Repräsentanten des Berliner Kunstgewerbes, die mit den renommiertesten Architekten Berlins zusammenarbeiteten und an der Bauausführung vieler öffentlicher und privater Gebäude sowie Denkmäler in Berlin, aber auch im übrigen Deutschland beteiligt waren. Genannt sei die *Metallbildhauerei Gustav Lind Nachf.*, die Gustav Lind 1891 begründet hatte. Lind, der 1903 verstarb, blickte zur Zeit der Gründung seiner Firma auf eine zehnjährige Tätigkeit als Lehrer für Treib- und Ziselierkunst am Berliner Kunstgewerbemuseum zurück. Die Metallbildhauer und Kunstschmiede *Max Bitschkus, Paul Marcus, Methling & Gleichauf*[133] sowie *A. M. Krause* wurden ebenso häufig von Architekten zu dekorativen Fassaden- und Innenarbeiten herangezogen, wie *Wilhelm Kimbel* – auf den wir noch ausführlicher zu sprechen kommen – für innere Ausstattungen.

129 Vgl. Berliner Architekturwelt, 1. Jg. (1899), H. 7, S. 254; 2. Jg. (1900), H. 1, S. 38; 5. Jg. (1903), H. 2, S. 65.
130 Berliner Architekturwelt, 5. Jg. (1903), H. 4, S. 141 f. u. 144.
131 Katalog Große Berliner Kunstausstellung 1904, S. 152; Berliner Architekturwelt, 7. Jg. (1905), H. 4, S. 146 f.; H. 2, S. 72.
132 Katalog Große Berliner Kunstausstellung 1903, S. 13; Berliner Architekturwelt, 5. Jg. (1903), H. 4, S. 111; H. 6, S. 243; vgl. auch 9. Jg. (1907), H. 5, S. 195 f.
133 Vgl. Adolf Brüning, Die Schmiedekunst in Berlin, in: Berliner Architekturwelt, 5. Jg. (1903), H. 11, S. 368; vgl. auch Weltausstellung in Paris 1900 ... S. 330 u. 373.

Drittes Kapitel

Der Erweiterungsbau

Grundstücksfrage und Planungen

Albert Hofmann schloß seinen wohlmeinenden Bericht über das neue Rathaus mit der Bemerkung: »Indessen wie es dasteht, erscheint es doch nur als ein Torso, denn die seitlichen Endigungen, die namentlich dem wuchtigen Turm ein Gegengewicht zu geben bestimmt sind, fehlen und die bald zu schaffen, eine künstlerische und wohl auch verwaltungstechnische Notwendigkeit wird«[1] und sprach hiermit Überlegungen an, die schon während der Bauzeit den Magistrat der Stadt beschäftigt hatten. Der Neubau des Rathauses erwies sich bereits unmittelbar nach seiner Fertigstellung als räumlich kaum noch ausreichend.

Zum Verständnis dieser Entwicklung muß man sich die weiterhin außerordentliche Dynamik der Bevölkerungsbewegung in Charlottenburg vor Augen führen. War für den Zeitraum zwischen 1900 und 1905 gegenüber den vorangegangenen Volkszählungsperioden ein leichter absoluter Rückgang zu verzeichnen, so lag die Zunahme mit über 50000 Einwohnern immer noch überdurchschnittlich hoch. Die Einwohnerzahl betrug nunmehr 239547. In der nächsten Periode erreichte das absolute Wachstum eine neue Höchstmarke: bis 1910 hatte die Bevölkerung um 66429 Personen zugenommen. Nach den Ergebnissen der Volkszählung lebten in Charlottenburg jetzt 305976 Einwohner.[2] Zu den Stadtbezirken mit den höchsten Zuwachsraten gehörten das Schloßviertel sowie die Bereiche Kurfürstendamm und Lietzensee. Mit Abstand folgten Lützow, Martinikenfelde und nach 1905 Kalowswerder, wobei die zuletzt genannten Stadtbezirke zusammen mit dem Schloßviertel die durchschnittlich am dichtesten bewohnten Gebiete darstellten. Hier lebten im Dezember 1910 zwischen 84 und 105 Menschen auf einem Grundstück, während es im allgemeinen in Charlottenburg nur 66 waren.[3] Das Bevölkerungswachstum war, wie in den vorangegangenen Jahrzehnten, weniger auf einen hohen Geburtenüberschuß als auf kräftige Wanderungsgewinne zurückzuführen, die durchschnittlich zwischen 3,48 und 4,38 Prozent lagen.

Nach 1910 verlangsamte sich das Bevölkerungswachstum zusehends, und im Jahresabschnitt 1914 verzeichnete die Stadt einen Einwohnerrückgang von über 17000; der Bevölkerungsstand sank auf 309638. Die rückläufige Entwicklung hielt bis 1917 an, erst das Jahr 1918 brachte eine Wende, und bis 1920 stieg die Einwohnerzahl auf 340453 an. Mit dieser Höhe war die obere Grenze des Bevölkerungsstandes fast erreicht. Bis zur Volkszählung von 1925 nahm die Einwohnerzahl mit 4686 nur noch geringfügig zu und fiel anschließend, bis zum nächsten Zensus im Jahre 1933, auf den Stand von 1920 zurück. In den folgenden Jahren blieb die Rückläufigkeit erhalten, wobei die Änderungen der Bezirksgrenzen nach dem 1. April 1938, vor allem der Verlust des einwohnerstarken Ostviertels jenseits der Nürnberger Straße und des Martinikenfeldes, die Bevölkerungsabnahme verstärkten. Die Volkszählung vom 17. Mai 1939 ergab eine Einwohnerzahl von 299955.[4]

1 A. Hofmann, Das neue Rathaus in Charlottenburg... S. 420.
2 Vgl. Bericht über die Verwaltung... 1910, S. 2.
3 Vgl. a.a.O., S. 3.
4 Vgl. Statistisches Jahrbuch der Stadt Berlin, 15. Jg. (1939), S. 8; B. Grzywatz, Arbeit und Bevölkerung im Berlin der Weimarer Zeit. Eine historisch-statistische Untersuchung (= Einzelveröffentlichungen der Histori-

Doch wir haben weit vorgegriffen. – Um die Jahrhundertwende arbeitete und plante die Kommunalverwaltung unter dem Druck einer »Bevölkerungsexplosion«, deren Ausmaß die Behörden immer wieder überraschte. Die städtischen Körperschaften beauftragten die Grundstückserwerbs-Deputation, das Gelände zwischen der Kirchhofstraße und dem Wilhelm-Platz (heute: Richard-Wagner-Platz) sowie das zwischen der Berliner Straße und Am Lützow zu erwerben.

Zu ersten Verhandlungen kam es im Januar 1901. Der Apotheker Otto Schwendler und der Restaurator Joseph Rexhausen hatten ihre Grundstücke Berliner Straße 71/Lützower Straße 13 mit einer Gesamtfläche von 2271 m² beziehungsweise Lützower Straße 14 mit einer Fläche von 523 m² dem Magistrat zum Kauf angeboten. Der Stadtsyndikus Bruno Schulze und der Sekretär Paul Mellenthin handelten einen Vertrag aus, der den Ankauf der beiden Grundstücke für 590000 beziehungsweise 84000 Mark sowie die Weitervermietung der Gebäude an die bisherigen Besitzer vorsah. Am 21. März 1901 brachte der Magistrat eine entsprechende Vorlage in die Stadtverordneten-Versammlung ein. Zur Begründung des geplanten Grundstücksankaufs führte der Magistrat aus: »Vom Augenblick der Bestimmung des alten Rathausgrundstücks Berliner Straße 72 und 73 als Bauplatz für das neue Rathaus sind wir uns bewußt gewesen, daß es im Interesse einer späteren Ausdehnung der Baulichkeiten liege, rechtzeitig für die Ergänzung des zur Verfügung stehenden Baugeländes zu sorgen. Die Entwicklung der Verhältnisse zeigt, daß die Notwendigkeit einer Erweiterung wahrscheinlich noch früher eintreten wird als seiner Zeit angenommen.«[5]

Obwohl die Bevölkerung Charlottenburgs um die Jahrhundertwende jährlich zwischen 3,4 und 5,8 Prozent zugenommen hatte, mochten die Stadtverordneten aus dieser Entwicklung jedoch keine Notwendigkeit langfristiger Erweiterungsplanungen des im Bau befindlichen Verwaltungsgebäudes ableiten, zumal die offerierten Grundstückspreise außerordentlich hoch waren, und überwiesen die Magistratsvorlage am 27. März einem Ausschuß zur Beratung. Unter dem Vorsitz des Stadtverordneten-Vorstehers Ströhler forderte der Ausschuß zunächst vom Magistrat Nachweise für die Zahl der Beamten, die im neuen Rathaus untergebracht werden konnten, und für die Möglichkeiten, auf städtischem Grundbesitz kostengünstig ein weiteres Verwaltungsgebäude zu errichten. Prüfungen ergaben dann, daß »ein Bedürfnis für den Ankauf in den nächsten 25 Jahren auszuschließen wäre«[6]. Trotzdem empfahl der Ausschuß den Erwerb der Grundstücke, vorausgesetzt, die Preise ließen sich auf 450000 beziehungsweise 70000 Mark herabsetzen.

Die Mehrheit der Stadtverordneten war jedoch nicht für die Pläne des Magistrats zu gewinnen. Inzwischen hatten die Apotheker Felix Schneemann und Ernst Moritz Schneider das Schwendlersche Grundstück erworben. Joseph Rexhausen war gestorben, seine Frau und Erbin Rosalie bot der Stadt erneut das Gelände Lützower Straße 14 an. Am 14. Mai 1901 unternahm der Magistrat mit einer neuen Vorlage einen weiteren Versuch, den Ankauf in der Stadtverordneten-Versammlung durchzusetzen. In einem Nachtrag zur Vorlage vom 30. Mai erklärte der Magistrat, daß zum 1. April 1901 etatmäßig 415 Beamte bei der Stadt in Stellung waren und daß bis zum Zeitpunkt der Fertigstellung des neuen Rathauses mit einer Zahl von 500 Beamten zu rechnen sei, die nur schwerlich im neuen Verwaltungsgebäude untergebracht werden könn-

schen Kommission zu Berlin, Bd. 63), Berlin 1988, S. 201 ff. u. 210ff.; Michael Erbe, Von der Kleinstadt zur Großstadt. Zur Bevölkerungs- und Sozialgeschichte Charlottenburgs zwischen 1880 und 1920, in: Von der Residenz zur City. 275 Jahre Charlottenburg, hrsg. v. Wolfgang Ribbe, Berlin 1980, S. 289f.

5 Akten... Rathaus, Bd. I, Bl. 101.

6 Tagesordnungen... Stadtverordneten-Versammlung... 1901, S. 203.

Vergleichs-Aufstellung zweier Baupläne unter Zugrundelegung von 4100 qm nutzbarer Bürofläche
a) auf dem Nachbargrundstück des derzeitigen Rathauses
b) auf einem nicht benachbarten Grundstück

Bürofläche	Zur Bebauung erforderlich	Baukosten			Beamte können untergebracht werden	Kosten des Gebäudes einschließlich Grunderwerb pro Kopf der unterzubringenden Beamten
		pro qm	Zusammen	einschließlich Grunderwerb		
a) 4100 qm	1466 qm	470 M	690 000 M	+ 581 000 M 1 271 000 M	550	2310 M
b) 4100 qm	1630 qm[1]	470 M	766 000 M	+ 240 000 M[2] 1 006 000 M	450[3]	2367 M

Anmerkung 1. Das Mehr gegenüber der Bebauungsfläche bei a ist zurückzuführen auf das erforderliche Mehr an Nebenräumen, Haupttreppen pp.
Anmerkung 2. Für 1630 qm Bebauung erforderlich 2400 qm Grundfläche unter Zugrundelegung von nur 100 M pro qm 240 000 M.
Anmerkung 3. Zu den 4 Obergeschossen für Sitzungs-, Vor- und Dezernentenzimmer zu reserviren 7 Fensterachsen zu 3 bis 4 Beamten, können mithin weniger untergebracht werden 4 × 25 = 100 Beamte als bei a; ganz abgesehen davon, daß in einem separaten Gebäude im Untergeschoß mehr Raum für besondere Zwecke: Hauswart-Wohnung usw. verloren geht.

Quelle: Akten ... Rathaus, Bd. I, Bl. 151

ten.[7] Eine erneute Zersplitterung der Verwaltung durch die Unterbringung einzelner Dienststellen in verschiedenen Gebäuden hätte, auch wenn die Kostenfrage für eine solche Lösung sprach, die mit dem Rathausneubau angestrebte Zentralisierung der Verwaltung, eine verbesserte Beaufsichtigung des Geschäftsbetriebes und die Erhöhung seiner Effizienz hintertrieben.

Eine östliche Erweiterung des Rathauses bot sich an, da die Anschlußgrundstücke an der Lützower Straße unbebaut waren, wogegen in Richtung Wilhelm-Platz ein modernes Mietshaus an der Berliner und eine Brauerei an der Lützower Straße wenig für eine Umgestaltung zu Bürozwecken geeignet waren. Der Magistrat hatte bereits einen Bauplan ausarbeiten lassen, der vorsah, das neue Rathaus um drei Gebäude, zwischen denen große Höfe angelegt werden sollten, zu erweitern. Probleme im Hinblick auf die Integration des Anbaus in das Erscheinungsbild der Hauptfassade schloß der Oberbürgermeister aus, vielmehr glaubte er, die Front des Erweiterungsbaus »unabhängig von der für das Rathaus projektierten Turmfassade entwickeln«[8] zu können. In diesem Erweiterungsbau sollte annähernd die gleiche Zahl von Beamten untergebracht werden wie im neuen Rathaus. Das hieß, es sollten hier etwa 500 bis 600 Arbeitsplätze geschaffen werden, was sich nur durch Verzicht auf Repräsentationszimmer realisieren ließ. Schätzungen veranschlagten die Baukosten auf 690 000 Mark; unter Hinzurechnung der Grundstückspreise ergab sich ein Kostenaufwand von 1 271 000 Mark für den gesamten Erweiterungskomplex. Der Bau eines zweiten Rathauses – ein Gedanke, der ebenfalls in die Diskussion eingebracht wurde – hätte nach Ansicht des Magistrats den gleichen Kostenaufwand erfordert und wäre insofern indiskutabel gewesen, als ein weiteres selbständiges Verwaltungsgebäude in einer Bauperiode hätte fertiggestellt werden müssen. Am 19. Juni 1901 stimmten die Stadtverordneten in nichtöffentlicher Sitzung dem Grundstückskauf zu. Durch den Kaufvertrag vom 20. September gin-

7 Akten ... Rathaus, Bd. I, Bl. 150.
8 Ebd.

gen das ehemalige Schwendlersche Grundstück und der Besitz der Rexhausenschen Erben in das Eigentum der Stadt über.
Weitere Grundstückserwerbungen im Zusammenhang mit der projektierten Erweiterung des Rathauses unterblieben in den folgenden Jahren, erst im Februar 1907 kaufte die Stadt vom Hotelbesitzer August Trabert die Grundstücke Lützower Straße 15–16 sowie Am Lützow 11 für 480000 Mark. Oberbürgermeister Schustehrus berichtete, daß zu diesem Zeitpunkt die im Rathaus vorhandenen Räume besetzt waren und ein Teil der Behörden schon in anderen städtischen Gebäuden untergebracht werden mußten.[9] Die Erweiterung des Rathauses war dringend notwendig und wurde bei den zuständigen Stellen der Magistratsverwaltung seit geraumer Zeit beraten. Einzelne von der Stadt erworbene Gebäude wurden für Verwaltungszwecke umgebaut und nahmen dann verschiedene Dienststellen auf. Im Dezember 1907 erwarb der Magistrat das Gelände Berliner Straße 75/Lützower Straße 9 für 550000 Mark vom Rentier Richard Voorgang, im April 1908 folgte das Grundstück Wilhelm-Platz 1a und im Mai 1911 das Gelände Berliner Straße 76/Lützower Straße 8.
Am 1. Oktober 1910 waren im alten Rathaus 610 Beamte untergebracht, und zwar in den Gebäuden

Berliner Straße 70	14 Beamte
Berliner Straße 71	52 Beamte
Lützower Straße 15	8 Beamte
Lützower Straße 16	44 Beamte
Am Lützow 11	101 Beamte
Kirchhofstraße 3	91 Beamte.[10]

Zu dieser Zeit arbeitete demnach nicht weniger als ein Drittel der städtischen Beamten außerhalb des Rathauses. Eine solche Entwicklung war um so erstaunlicher, als seit der Einweihung des neuen Hauses kaum mehr als fünf Jahre vergangen waren.
Der städtische Verwaltungsapparat wuchs nicht nur als Folge der Bevölkerungszunahme, sondern auch der Einrichtung neuer Verwaltungszweige, wie des Kaufmannsgerichts, des Elektrizitätswerks und der Wasserwerke, der Polizeiverwaltung, des städtischen Pressedienstes sowie des Wohnungsamts. Weitere Einrichtungen, wie die Volksbadeanstalt, die Volksbücherei, das Bürgerhaus oder die Fürsorgestellen, wurden über das Rathaus geleitet, was auch für die Steuerzahl- und Sparkassennebenstellen galt. Die Zahl der steuerpflichtigen Bürger nahm in Charlottenburg zwischen 1895 und 1910 zwei- bis dreimal so stark zu wie die Bevölkerung. Die Zahl der Sparer bei der städtischen Sparkasse hatte sich von 15000 im Jahre 1895 auf 103000 im Jahre 1910 erhöht. Die Sparkasse war aus diesen Gründen besonders an einer Erweiterung des Rathauses interessiert.
Mit aller Deutlichkeit zeigte sich nun, daß die Planungen für das Rathaus Charlottenburg von Anfang an von einer falschen Einschätzung der Entwicklung der Bevölkerungs- und Verwaltungsverhältnisse ausgegangen waren, »die Unauskömmlichkeit der Rathausräume« hatte sich bereits vor der Fertigstellung erwiesen. Kritik an der Konzeption des Rathauses mochte der Magistrat jedoch nicht gelten lassen. Er erklärte vielmehr, daß zum gegebenen Zeitpunkt ein größerer Bau unwirtschaftlich gewesen wäre, was wohl nur einfältigen Geistern einleuchten mochte. Im übrigen glaubte der Magistrat mit dem Hinweis auf die Unmöglichkeit einer langfristigen realistischen Raumplanung weiteren kritischen Erörterungen ausweichen zu können. Aus den Erfahrungen folgerte man, daß ein spezielles Bauprogramm und eine Raumplanung für den Erweiterungsbau überflüssig wären. Lapidar hieß es im Erläuterungsbericht über den Erweiterungsbau: »Jedenfalls erübrigt es sich vollkommen, den Umfang des jetzigen Erweiterungsbaues nach irgendeiner genauen Zahl von Beamten abzugrenzen, für welche Platz zu schaffen wäre. Ein genaues Bauprogramm aufzustellen, wie dies bei anderen Bauten unbedingt erforderlich ist, hat

9 Vorlagen ... Stadtverordneten-Versammlung ... 1907, Drucksache Nr. 67.
10 Vorlagen ... Stadtverordneten-Versammlung ... 1910, Drucksache Nr. 318, Erläuterungsbericht.

in dem vorliegenden Falle kaum irgendeinen Wert, da der Raumbedarf sozusagen nur eine Frage der Zeit ist und beinahe halbjährlich sich steigert.«[11] Für entscheidend hinsichtlich der Größe des Erweiterungsbaus hielt der Magistrat allein die Bedingungen der Grundstücksverhältnisse und der Grundstücksabmessungen.

Für die Planung und Leitung des Erweiterungsbaus war Heinrich Seeling verantwortlich, der im Jahre 1907 mit 42 von 59 Stimmen zum Stadtbaurat gewählt worden war. Seine Wahl erfolgte für die Dauer von zwölf Jahren unter Gewährung eines Jahresgehalts von 15000 Mark, womit Charlottenburg seinen Stadtbaurat höher dotierte als Berlin. Seeling war eigentlich kein Spezialist für Rathausbauten, einen Namen hatte er sich vor allen Dingen als Theaterarchitekt gemacht.

Als Sohn des Maurermeisters Christian Seeling wurde er am 1. Oktober 1852 in Zeulenroda im Fürstentum Reuß geboren. Er absolvierte die Baugewerkschule in Holzminden und ging anschließend als Zeichner in das Zentralbüro der Berlin-Lehrter Bahn in Stendal. Im Frühjahr 1870 fand Seeling im Atelier von Ende & Böckmann in Berlin eine Anstellung und hospitierte an der Berliner Bauakademie bei J. H. Strack und Richard Lucae. Im Herbst 1873 ging er nach Wien, »wo damals die große zweite Renaissance eingesetzt hatte und die zahlreichen Monumentalbauten entstanden, die heute die Ringstraße zieren«[12], um unter dem Oberbaurat Franz Ritter von Neumann zu arbeiten. Ende Dezember 1875 kehrte er nach Berlin zurück und trat in das Atelier von Kayser & von Groszheim ein, wurde jedoch schon kurze Zeit später auf Grund mangelnder Aufträge entlassen. Seeling bewarb sich daraufhin um den Großen Staatspreis für Architektur an der Akademie der Künste zu Berlin, unterlag aber gegen seinen Freund Hermann Stiller, den späteren Direktor der Düsseldorfer Kunstgewerbeschule. Seeling erhielt dann eine Stelle bei Hugo Licht, dem Ratsbaudirektor in Leipzig, mit dem er einen Wettbewerbsentwurf für das Hamburger Rathaus bearbeitete. 1877 reiste Seeling für fünf Monate nach Italien; er kam nur bis Paestum, erst in den neunziger Jahren gelang es ihm, auch Sizilien zu durchstreifen. In Berlin trat Seeling als erster Architekt in das Spezialbaubüro für das Palais Borsig ein, das nach Lucaes Tod Hermann Ende weiterführte. Als nach dem Ableben des »Lokomotivkönigs« der Bau unvollendet blieb, machte sich Seeling selbständig und führte überwiegend kunstgewerbliche Arbeiten aus. Gleichzeitig unterrichtete er an der Kunstschule zu Berlin und arbeitete als Assistent von Hermann Ende an der Berliner Bauakademie.

Die selbständige Bautätigkeit Seelings begann mit der Errichtung des Rathauses von Calau, das im Anschluß an einen Wettbewerb im Architekten-Verein zu Berlin 1879/80 nach seinen Plänen und unter seiner Leitung gebaut wurde. Zwei Jahre später gewann er beim Wettbewerb um einen Plan für das Reichstagsgebäude einen zweiten Preis. Dieser große Erfolg für den erst Dreißigjährigen hatte allerdings ein peinliches Nachspiel, das gar zur »Affäre Seeling« hochgespielt wurde. Ende April 1883 – der Reichstag hatte noch nicht über die Bauausführung und die Anstellung Paul Wallots entschieden – veröffentlichte Seeling unter Beibehaltung der Fassadengestaltung des prämiierten Wallotschen Entwurfs eine neue Grundrißdisposition für das Reichstagsgebäude.[13] Seeling behauptete, daß die geforderte Tieferlegung des Plenarsaals nicht mit Wallots Grundriß zu vereinbaren sei. Die sachliche Kritik Seelings nahmen indes die wenigsten ernst, schließlich hätte ein erfahrener Baumeister wie Wallot seinen Entwurf entsprechend

11 Akten... Rathaus, Bd. II, Bl. 44.

12 A. Hofmann, Vom Mörtelknaben zum Akademie-Senator. Zum 70. Geburtstag von Heinrich Seeling, in: Deutsche Bauzeitung, 56. Jg. (1922), Nr. 78, S. 458.

13 Heinrich Seeling, Neue Grundrissdisposition zu den Wallot'schen Facaden des Reichstagsgebäudes, Berlin 1883.

umarbeiten können. Man sah in Seelings Vorgehen einen unverblümten »Angriff auf das Wallot'sche Projekt«[14], der nur dazu diente, Wallot den Erfolg streitig zu machen. Seeling suchte unverdrossen Wallot auf, um ihn zu einer Zusammenarbeit zu bewegen.[15] Dieser lehnte jedoch Seelings überarbeitete Grundrißdisposition ebenso ab wie dessen Anerbieten auf Vereinigung und nannte die Einflußnahme auf den Bundesrat »unanständig«. Der Berliner Architekten-Verein verurteilte einmütig Seelings Verhalten, der darauf freiwillig aus dem Verein ausschied. Daß die Akademie des Bauwesens in einem Gutachten Seelings Argument vom Widerspruch zwischen äußerer Form und Grundriß aufnahm, mochte ihm nur ein geringer Trost gewesen sein.[16]

Nach dem hervorragenden Abschneiden im Reichstagswettbewerb brachen Seelings Erfolge nicht mehr ab. Noch im Jahr der Reichstagskonkurrenz wurde ihm in der Preisbewerbung um ein Theater in Halle an der Saale der erste Preis zugesprochen und die Ausführung übertragen. 1886 konnte das Stadttheater seiner Bestimmung übergeben werden. »Es war der erste Theaterbau nach der Katastrophe beim Brand des Ring-Theaters in Wien, der auf neuer Grundlage, auf neuen Anordnungen des Grundrisses, beruhend auf den Erfahrungen von Wien, aufgebaut war. Heinrich Seeling wurde damit der Begründer einer neuen Periode des Theaterbaus in Deutschland.«[17] Von diesem Zeitpunkt an spezialisierte sich Seeling sehr erfolgreich als Theaterarchitekt. 1888–91 folgte das Stadttheater in Essen, 1892 das Theater am Schiffbauerdamm in Berlin, in den anschließenden Jahren die städtischen Theater in Rostock (1894) und Bromberg (1896). Zwischenzeitlich hatte Seeling die Bebauung der ehemaligen Schicklerschen Zuckersiederei-Grundstücke an der Schicklerstraße, in der Nähe des Bahnhofes Alexanderplatz in Berlin, mit einer Reihe herrschaftlicher Zinshäuser, deren Fassaden einheitlich gestaltet wurden, übernommen. 1897 erprobte sich Seeling als Kirchenbaumeister: Für die Stadt Bromberg entwarf er die Pläne für die Christuskirche in freien gotischen Formen.

Durch seine Erfolge rückte Seeling in den Kreis der Kandidaten für die Königliche Akademie der Künste. Bei den Wahlen von 1895 scheiterte er noch wie Hermann Eggert, Otto Rieth und Hermann von der Hude. Doch im Januar des folgenden Jahres wählte ihn die Sektion für bildende Künste, noch vor Eggert, zum ordentlichen Mitglied der Akademie.[18] Bald darauf führte er in unmittelbarem Auftrag den Um- und Erweiterungsbau des Aachener Stadttheaters durch, das 1901 eröffnet wurde. Es folgte der aufwendige Bau des städtischen Schauspielhauses in Frankfurt am Main und das Hoftheater in Gera (1902). 1904 konnte das unter Seelings Leitung umgebaute und erweiterte Hoftheater in Braunschweig seinen Spielbetrieb wieder aufnehmen. Das im nächsten Jahr eingeweihte Stadttheater in Nürnberg entstand auf Grund einer fast zehnjährigen Planbearbeitung und wurde als interessanter Versuch interpretiert, »das Wesen des modernen Theaters in Formen auszusprechen, die sich denen der deutschen Renaissance annäherten«[19]. Die Entwicklung im Theaterbauwesen, insbesondere die Verquickung von Architekten- und Unternehmertätigkeit sowie die Schwierigkeit, bei weit vom Wohnsitz entfernten Bauten

14 Deutsche Bauzeitung, 17. Jg. (1883), Nr. 48, S. 282.

15 M. S. Cullen, Der Reichstag... S. 161 ff.

16 Der Bau des Reichstagshauses, in: Deutsche Bauzeitung, 17. Jg. (1883), Nr. 47, S. 277. Vgl. auch K. E. O. Fritsch, Der Bau des Reichstagshauses, in: a. a. O., Nr. 48, S. 282; ders., Ein neuer Konkurrenzentwurf zum Reichstagshause, in: a. a. O., Nr. 38, S. 221 f.

17 A. Hofmann, Vom Mörtelknaben zum Akademie-Senator... S. 459.

18 Preußische Akademie der Künste, Reg. 2, 2. Abtlg., Nr. 7, Mitglieder, Immatrikeln und Personalnotizen 1893–1899.

19 H. Schliepmann, Heinrich Seeling, in: Berliner Architekturwelt, 15. Jg. (1913), H. 12, S. 476.

rechtzeitig Korrekturen vornehmen zu können, veranlaßte Seeling, die Stadtbauratsstelle in Charlottenburg anzunehmen. Die Anstellungsbedingungen gestatteten dem Architekten, die noch im Bau befindlichen Theatergebäude in Kiel und Freiburg fertigzustellen.

Inzwischen war Seeling vom preußischen Ministerium für öffentliche Arbeiten als Berater bei der Ausarbeitung der neuen baupolizeilichen Bestimmungen für Gebäude wie beispielsweise Theater verpflichtet worden. 1908 wurde er zum außerordentlichen Mitglied der Königlichen Akademie des Bauwesens gewählt, und schließlich ernannte ihn der preußische Staat zum königlichen Baurat. Drei Jahre später, im Februar 1911, trat Seeling an Stelle des verstorbenen Carl von Groszheim in den Senat der Akademie der Künste ein; er blieb bis Ende der zwanziger Jahre Senator[20] und gehörte unter anderem der Kommission für die Vergabe des Großen Staatspreises für Architektur an.[21] In Charlottenburg begann eine umfangreiche Tätigkeit Seelings: Schulbauten, unter anderen die Leibniz-Oberrealschule, die Dove- und Marchbrücke, die Erweiterung des Krankenhauses Westend, die Klinik für Geburtshilfe, die Lungenheilstätte Waldhaus Charlottenburg bei Beetz-Sommerfeld und das Puls'sche Alters-Versorgungsheim.

Die zeitgenössische Kritik lobte an der Arbeitsweise des nicht akademisch ausgebildeten Seeling die raumschöpferischen Fähigkeiten, seine Neigung zur Klarheit und »höchste ratio« bei der Entwicklung der Grundrisse. Ein Können, das in einer Zeit, die auf das Dekorative außerordentlichen Wert legte, nicht immer genügend gewürdigt wurde. Stilistisch war Seeling kein Neuerer, er schloß sich den jeweiligen Zeitströmungen an. Einmal wandte er sich einem »zierlichen Barock« zu, ein andermal den »Bestrebungen des Jugendstils«, und auch die Ansätze zu einer sachlicheren Bauweise in den Jahren vor dem Ersten Weltkrieg blieben nicht ohne Einfluß auf ihn. Die Kritik hielt dem Monumentalbaukünstler Seeling jedoch zugute, daß er neue Anregungen nicht wahllos übernahm, sondern sie stets zu »Eigenem umzuschmelzen« wußte. »So ist denn ein Künstler von leichter und großer Schaffenskraft, der freudig und verständnisvoll mit seiner Zeit mitgeht und doch über sie hervorragt, der gegebene Leiter für das Bauwesen großer städtischer Gemeinwesen.«[22] Seeling blieb bis zur Eingemeindung Charlottenburger Baustadtrat. Die mit der Bildung der Gemeinde Groß-Berlin einhergehenden Veränderungen in den Personalverhältnissen der leitenden Verwaltungsangestellten veranlaßten ihn, sein Amt niederzulegen. Er verstarb im Februar 1932.

Seelings Hauptwerk für die Stadt Charlottenburg war sicherlich das Deutsche Opernhaus in der Bismarckstraße, das auf der Grundlage nur flüchtiger Vorstudien in 13 Monaten fertiggestellt wurde. Es blieb eines seiner umstrittensten Werke. Fritz Stahl entrüstete sich im Berliner Tageblatt über den Bau, »weil alles, was Form und Kunst an ihm ist oder sein sollte, zur allerschärfsten Art der Ablehnung zwingt«[23]. Seelings »Klassizismus« war ihm öde, trist und trivial, die ornamentalen Motive schablonenhaft, die äußere Gestaltung plump, formlos und uneinheitlich, da der glatte obere Teil des Gebäudes ebensowenig mit dem Säulenbau vermittelt wurde wie dieser mit den Flügeln des Hauses. Robert Breuer äußerte sich später entschiedener: »Neben ... Vorstellungsreichen gibt es dann allerdings Leute, denen die Aufgabe bereits durch die

20 Seeling hatte die Wahl deutlich gegen Ludwig Hoffmann und Otto March gewonnen. Preußische Akademie der Künste, Senatsakten, Vol. II u. III; Reg. 4, P 2, Protokolle (Senat und Genossenschaft, Sektion für die Bildenden Künste), Bd. 3, Oktober 1926–Oktober 1928.

21 A. a. O., Reg. 4, P 2 ... Bd. 4, November 1928–September 1932.

22 H. Schliepmann, Heinrich Seeling ... S. 474.

23 Ausgabe vom 5. November 1912.

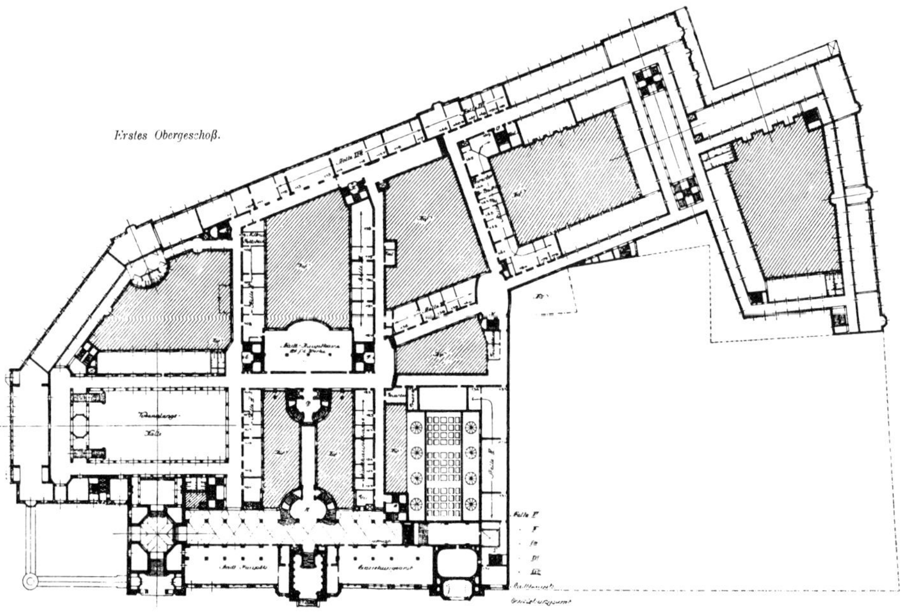

Heinrich Seeling, Grundriß des projektierten Erweiterungsbaus, 1910

Erledigung des Technischen vollbracht zu sein dünkt; diese Redlichen sind getreue Diener aller Bestimmungen, die das Entleeren des Zuschauerhauses, das Abziehen etwaigen Rauches, daneben eine gute Akustik, ungehinderte Bühneneinsicht vom letzten Platze aus und die Aufstellung eines möglichst vollkommenen Bühnenapparates fordern. Dieser Klasse ist Seeling ein maßgebender Repräsentant; von seinem Charlottenburger Opernhaus konnte man geradezu sagen, daß es, mustergültig in dem Notwendigen, nur des einen entbehrte, der Hand des architektonisch Gestaltenden.«[24] Wenn man einmal von Stahls Vorwurf der Uneinheitlichkeit absieht, auf den ich hier nicht näher eingehen kann, fällt beiden Kritikern bei Seeling ein Mangel an ästhetischem Wollen auf; daß die Vernachlässigung stilistischer Fragen, die Seeling, bei aller Vorliebe für »alte Arbeiten«, als »eigentlich unerhebliche Nebendinge«[25] wertete, in seinem Drang zum Notwendigen begründet war, wußten sie an diesem Architekten nicht zu schätzen. Als »Mann der Sachlichkeit« gehörte Seeling einer falschen Zeit an, die von ihm das Arbeiten mit historischen Stilen verlangte. Die Berliner Architektenvereinigungen verteidig-

24 R. Breuer, Oskar Kaufmann, in: Deutsche Kunst und Dekoration... Bd. 32 (1913), H. 3, S. 110.
25 Nachruf auf Heinrich Seeling, in: Die Bauwelt, 23. Jg. (1932), H. 7, S. 192.

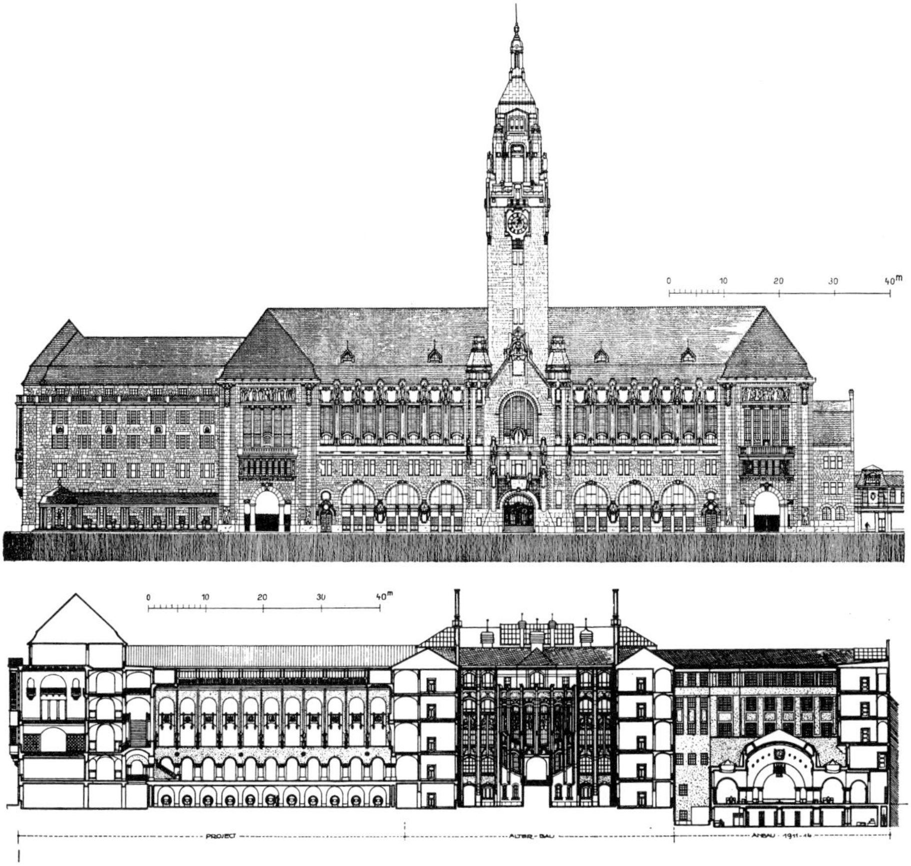

Oben Heinrich Seeling, Entwurf zu einem Erweiterungsbau des Rathauses, 1910. *Unten* Heinrich Seeling, projektierter Erweiterungsbau des Rathauses, Schnitt in west-östlicher Richtung, 1910

ten Seeling und sprachen von »unsachverständigen Stimmen in der politischen Presse«[26]. Die Berliner Architekturwelt forderte vom Künstler, daß er »seinen Weg zu gehen habe, ohne sich vom Gerede des Tages anfechten zu lassen«[27]. Schließlich müsse es »zu einer Frivolität der Anschauungen des großen Publikums führen, wenn der ernst Schaffende, sobald er nicht ein Höchstes erreicht, wie ein bloßer Routinier oder Pfuscher behandelt wird«[28]. Zudem sei zu berücksichtigen, daß Seeling für die Planung und Bauausführung nur begrenzte Zeit und Mittel zur Verfügung gestanden hätten. In der Deutschen Bauzeitung erschien ein an Oberbürgermeister Schustehrus gerichtetes Protestschreiben, in dem man sich gegen »die entartete Form der kritischen Beurteilung« verwahrte und die Stadt Charlottenburg zu einem Kunstwerk beglückwünschte, »aus dem eine große Summe von kunsttechnischer Erfahrung und ein seltenes Gestaltungsvermögen«[29] spreche. Viele unterschrieben, vor allem Architekten, Baumeister und Bauräte, Maler und Bildhauer, nur die Namen

26 Berliner Architekturwelt, 15. Jg. (1913), H. 9, S. 384.
27 Ebd.
28 Ebd.
29 Deutsche Bauzeitung, 46. Jg. (1912), Nr. 93, S. 835.

Heinrich Seeling, projektierter Erweiterungsbau des Rathauses im Bereich Lützower und Kirchhofstraße, 1910

der Charlottenburger Architekten Heinrich Reinhardt und Georg Süßenguth suchte man vergebens. Sie gaben damit wohl ihrer Enttäuschung Ausdruck, daß Seeling darauf bestanden hatte, den Erweiterungsbau des Rathauses auszuführen, obwohl sie sich gern des Anbaus angenommen hätten. Immerhin hatte die Architektengemeinschaft schon während der ersten Bauausführung auf Verlangen des Magistrats mit Vorstudien für eine Erweiterung des Rathauses begonnen.[30]

Heinrich Seeling legte einen Entwurf vor, der den Reinhardt und Süßenguthschen Bau nach Osten und Westen um jeweils zwei Achsen verlängerte, ihm sodann durch ruhige, kräftige Risalite, die auch das steile Dach in der Flucht der Berliner Straße abzuschließen vermochten, seitlichen Halt gab und der ihn – nicht zuletzt durch die Relativierung des übergewichtigen Turmes – ausgewogener proportionierte. Die seitlichen Risalite sollten der stark vertikalisierenden Gliederung des Hauptbaus entgegenwirken und »den Turm zu einem Akkord mit der Gesamtfront zusammenklingen... lassen«[31]. Ihr Rhythmus, die Wiederholung vertikaler Motive durch Pilasterordnungen, verliehen dem Rathaus eine Harmonie, die dem ursprünglichen Bau auf Grund der Bemessungen des Bauplatzes nie vergönnt war. Daß Seeling den Fassaden der Risalite dabei ein eigenes Gesicht gab, tat der Ausgewogenheit der Komposition keinen Abbruch. Dieser Eindruck wurde allein durch die geplanten Anschlußbauten zum Wilhelm-Platz hin gestört, zumal Seeling den Westflügel nicht durch eine geringere Höhe vom Hauptbau abgrenzte und damit auch nicht in die sich anschließende Wohnhausbebauung und deren Geschoßhöhen integrierte. Der Stadtbaurat versuchte diesem Mangel abzuhelfen, indem er den Westflügel deutlich hinter die Baufluchtlinie zurücklegte, und zwar auf die Höhe der Umfassungsmauern der Flurhalle des Hauptgebäudes. Der gewonnene Raum

30 Hansjoachim Reinhardt teilte mir mit, daß Seeling den Antritt der Stadtbauratsstelle von der Ausführung des Erweiterungsbaus abhängig gemacht hatte. Heinrich Reinhardt verzieh es Seeling nie, daß er nicht sein Büro für die Erweiterung verpflichtete, obwohl Reinhardt den Stadtbaurat sonst durchaus als Baumeister schätzte.

31 Neubauten der Stadt Charlottenburg. Die Erweiterungsbauten des Rathauses in Charlottenburg, in: Deutsche Bauzeitung, 56. Jg. (1922), Nr. 1, S. 2.

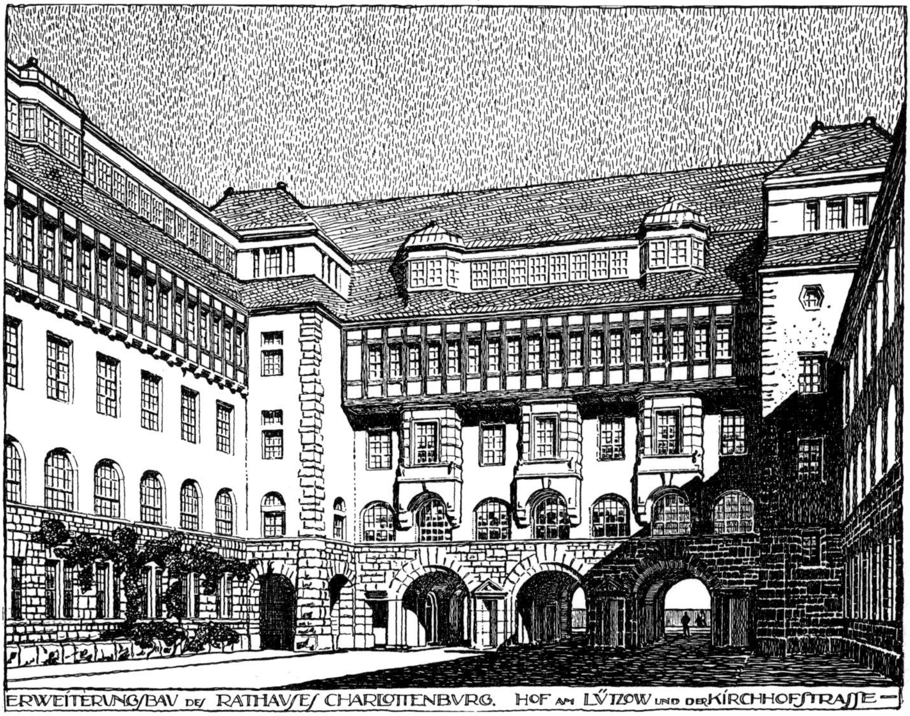

Heinrich Seeling, projektierter Erweiterungsbau des Rathauses, Hof Am Lützow und an der Kirchhofstraße

sollte von einem überdachten Wandelgang einschließlich eines runden Pavillons, für den ein Brunnen oder ein Denkmal vorgesehen war, eingegrenzt werden.

In westlicher Richtung plante Seeling eine geschlossene Bebauung, die mit einer längeren Front und abschließenden Erkern an den Wilhelm-Platz grenzte. Die Lützower Straße sollte unter Einschluß von drei geräumigen Höfen bis zur Kirchhofstraße bebaut werden. Für den Eintritt in den Platz Am Lützow sah Seeling eine Zurücknahme der Bauflucht um sieben Achsen vor. Den freigewordenen Raum sollten Arkaden abschließen, während Seeling der zum Platz liegenden Stirnseite des an der Lützower Straße verlaufenden Gebäudekomplexes durch einen hohen Dachaufbau Halt geben und sie mit einem kleineren Uhrenturm bekrönen wollte. An der Kirchhofstraße schloß sich dann ein weiterer Gebäudekomplex an, der flacher entworfen war. Der Architekt mußte sich nach den für die verschiedenen Straßenbreiten baupolizeilich vorgeschriebenen Hauptgesimshöhen richten und nutzte dies für einen malerisch gestalteten Aufbau. Am einschneidenden Winkelbau Am Lützow war für das Erdgeschoß ein offener Hallenbau vorgesehen, der als Hauptzugang zum Rathaus für den sich anschließenden Stadtteil und zugleich als Zugang zu dem hier geplanten Schauhof gedacht war. Der in seiner Grundform unregelmäßig angelegte Hof sollte einen Brunnen aufnehmen. Der Hoffront fehlte der sachliche Ausdruck der Straßenfassaden: Erkerbauten in Fachwerk, Holzeinlagen im oberen Mauerwerk, Dacherker und gefußte Dachaufbauten erinnerten an Attribute spätmittelalterlicher Rathäuser. Eine Reminiszenz, die Seeling schnörkellos zu handhaben wußte.

Für den Westflügel des Erweiterungsbaus projektierte Seeling einen Festsaal. Die von Reinhardt und Süßenguth ausgeführten

Festräume hatten häufig Anlaß zur Kritik gegeben. Sie erwiesen sich als zu schmal und ermöglichten dadurch keine einheitliche »Festtafel-Aufstellung«, was durch den im Turmbau angeordneten Empfangsraum, der in seinen Maßen der Tiefe der Festsäle entsprach, verhindert wurde.[32] Der neue Festsaal sollte im 3. Obergeschoß des westlichen Risalits an der Berliner Straße liegen, gleichsam als Pendant zum späteren Märkischen Saal, und die gesamte Fläche des Risalitbaus bis zum Flur, der an den ersten großen Innenhof grenzte, einnehmen. Seeling wollte weiterhin diesen von großen Fluren umgebenen Hof des Westflügels nach Vorbildern in Kopenhagen und Dresden überdachen lassen und als Ausstellungs- und Versammlungshalle ausbilden.

Die Pläne für eine beidseitige Erweiterung des Rathauses konnten jedoch nicht realisiert werden. Einerseits gelang es dem Magistrat nicht, alle Grundstücke in Richtung Wilhelm-Platz aufzukaufen, andererseits war das an der Südostseite, Ecke Berliner- und Kirchhofstraße, gelegene Postamt durch Zukauf und Neubau beträchtlich erweitert worden. Zudem waren die Preisforderungen für die Grundstücke zwischen dem Postgebäude und dem Reinhardt und Süßenguth-Bau, die weiter zur Berliner Straße hin lagen, nach Ansicht des Magistrats und der Stadtverordneten zu hoch. Einzelne Stadtverordnete hielten Seelings Pläne für überdimensioniert und weit über die Bedürfnisse der städtischen Verwaltung hinausgehend. Der Stadtverordnete Otto Harnisch berichtete über die Ausschußberatungen der Erweiterungspläne mit unverhohlenem Spott: »Wir sehen ferner, daß unser Herr Baurat, der überirdische..., schon in seinem Künstlertraum soweit gegangen ist, uns ein Projekt vorzulegen, dessen Ausführung vielleicht oder höchst wahrscheinlich nicht allzuviele von uns erleben werden. Der Herr Baurat zeigt uns hier, daß sogar für den Fall, daß wir einmal über den Nachbarn im Westen verfügen können, dann auch noch das, was wir jetzt nur nach Osten zu bauen, nach Westen zu eine zweckmäßige Erweiterung und schöne Vervollständigung finden wird. Ich möchte betonen, daß dieser Fall... in sehr weiter Zukunft liegt, denn wenn Sie sich auf dem untern Plane den schwarzen Grundriß des jetzigen Rathauses und den neuen, rot gezeichneten Erweiterungsbau betrachten, dann bemerken Sie daneben noch ein rosa Stück, das annähernd so groß ist wie das jetzige Rathaus mit dem neuen Erweiterungsbau zusammen. Wir sind also auf lange, lange Jahre so mit Terrain versehen, das zunächst für die Bebauung in Frage kommt, daß wir uns dem Westen zu kaum werden zu vergrößern brauchen. So schön auch die Fassade ... aussieht, so wenig werden wir in die Lage kommen, zu ihrer Ausführung Mittel zu gebrauchen.«[33] Die spätere Entwicklung zeigt, daß diese Einschätzung kurzsichtig war. Seelings Pläne hätten die langersehnte Zentralisierung der Verwaltung ermöglicht und, bei allem Kompromißcharakter in Details, eine hervorragende städtebauliche Lösung herbeigeführt. Im Bereich Berliner Straße, Wilhelm-Platz, Lützower- und Kirchhofstraße wäre ein zusammenhängender Ver-

32 Der Stadtverordnete Leopold Jolenberg bemerkte dazu: »Unsere Festsäle lassen doch mancherlei zu wünschen übrig: langes schmales Handtuch, dann kommt der Turm, dann wieder langes schmales Handtuch und meiner Ansicht nach unnötige Höhe. Wer einmal ein Festessen dort mitgemacht hat, z. B. bei Kaisers Geburtstag, und unglücklicherweise in dem anderen Raume plaziert worden ist, hat nie davon etwas gehört, was in dem einen Raum gesprochen worden ist. Es ist nichts Zusammenhängendes ... vielleicht ließen sich die Festräume in zwei Etagen teilen und die beiden Etagen dann zu Büroräumen verwenden, und vielleicht ließe sich beim Umbau ein neuer Festsaal machen.« Amtliche Berichte... Stadtverordneten-Versammlung ... 1910, S. 464. Der Vorschlag Jolenbergs wurde nach dem Zweiten Weltkrieg im Zuge des Wiederaufbaus realisiert. Die Kritik ist sachlich allerdings nicht gerechtfertigt, da übersehen wurde, daß es sich um die Anlage zweier Säle handelte, die von der Anordnung her zwar miteinander zu verbinden, aber nicht als einheitlicher Raum entworfen waren.

33 Amtliche Berichte... Stadtverordneten-Versammlung... 1910, S. 464.

waltungskomplex entstanden, ein politisches Zentrum in einem geschlossenen Architekturbild. Zugleich hätten der Wilhelm-Platz und der Platz Am Lützow städtebauliche Akzente erhalten. Die unmittelbaren Bedürfnisse der städtischen Verwaltung führten statt dessen zu einem Kompromiß, der noch heute den mehr oder weniger spontanen Charakter des Erweiterungsbaus und die Notwendigkeit einer abschließenden Lösung erkennen läßt.

Der Entwurf Heinrich Seelings und die Bauausführung

Seelings endgültiger Entwurf verzichtete sowohl auf eine westliche Erweiterung als auch auf eine geschlossene Bebauung im Zuge der Lützower bis zur Höhe der Kirchhofstraße. Die zwei kleinen Häuser auf den Grundstücken Lützower Straße 13 und 14, die der Stadt seit 1901 gehörten und im übrigen unbebaut waren, sowie die Wohnhäuser, die in geschlossener Bebauung auf der Berliner Straße 70–71 standen, wurden abgerissen, die Gesamtfläche der genannten Grundstücke wurde für den Erweiterungsbau genutzt. Die Anordnung der einzelnen Flügel des Anbaus deckte sich mit den ursprünglichen Entwürfen, Seeling nahm also von Anfang an auf spätere Erweiterungen Rücksicht.

Da es dem Magistrat nicht gelungen war, die rückwärtigen Geländeteile der Grundstücke Berliner Straße 65, 66 und 67 zu erwerben, mußte sich der Baustadtrat für die notwendige Querverbindung zwischen den einzelnen Grundstücken eine besondere Lösung einfallen lassen. Durch einen parallel zur Lützower Straße in flachem Winkel zur Mittelachse angelegten Flügel wurde eine bequeme Richtungslinie für den Verkehr von und zu dem alten Rathausgebäude, besonders zu dessen mittlerem Querflur geschaffen. Eine eingeschobene, im Grundriß oval gestaltete Flurhalle vermittelte den Zugang zu den Flügeln des Alt- und des Erweiterungsbaus. Ihre besondere Form sollte dem Besucher das Zurechtfinden erleichtern. Die sich nordöstlich an die Flurhalle anschließenden Verwaltungstrakte waren so angelegt, daß eine spätere Erweiterung sie als Teile in eine größere Hofanlage integrieren konnte. »Im übrigen ist selbstverständlich darauf geachtet worden, daß Umänderungen bei den späteren Erweiterungen nicht nötig sind. Nur die Treppe in der Nordostecke des jetzigen Erweiterungsbaues wird voraussichtlich bei Fortsetzung des Baues entbehrlich und ist deshalb nur als Nottreppe behandelt.«[1]

Auf Grund des starken Gefälles zur Lützower Straße hin hatte der Architekt einen Wechsel der Geschosse vorgesehen. Das im Haupttrakt an der Berliner Straße etwa 1,5 m unter dem Straßenniveau liegende Kellergeschoß kam in Richtung Lützow immer weiter aus dem Boden heraus, so daß es sich empfahl, dieses Stockwerk an der Hinterfront zur Einrichtung von Büroräumen auszunutzen und dafür auf das oberste Stockwerk zu verzichten. Die Höhenverschiebung bot die Gelegenheit, die Geschoßhöhe des 1. Obergeschosses, die von Reinhardt und Süßenguth wegen der Sitzungssäle auf 5,2 m gesteigert worden war, auf das übliche Maß von 4,2 m herabzusetzen.

Der Zugang zur Sparkasse an der Berliner Straße war ebenerdig angelegt. Eine offene, nur durch Gitter gegen die Straße abgeschlossene Halle stellte die Verbindung zur eigentlichen Vorhalle her, die über einen Drehwindfang beziehungsweise zwei seitliche Türen erreicht werden konnte. Ein rechteckig angelegter Korridor vor der Sparkassenhalle vermittelte über einen breiten Treppenlauf den Zugang zum Hauptflur des bestehenden Hauses. Die Raumachse der Sparkassenhalle war gegenüber der Vorhalle verschoben, so daß der Abschlußrisalit der Fassade weiter von der Turmachse abgerückt werden konnte.

1 Vorlagen ... Stadtverordneten-Versammlung ... 1910, Drucksache Nr. 318, Erläuterungsbericht, S. 491.

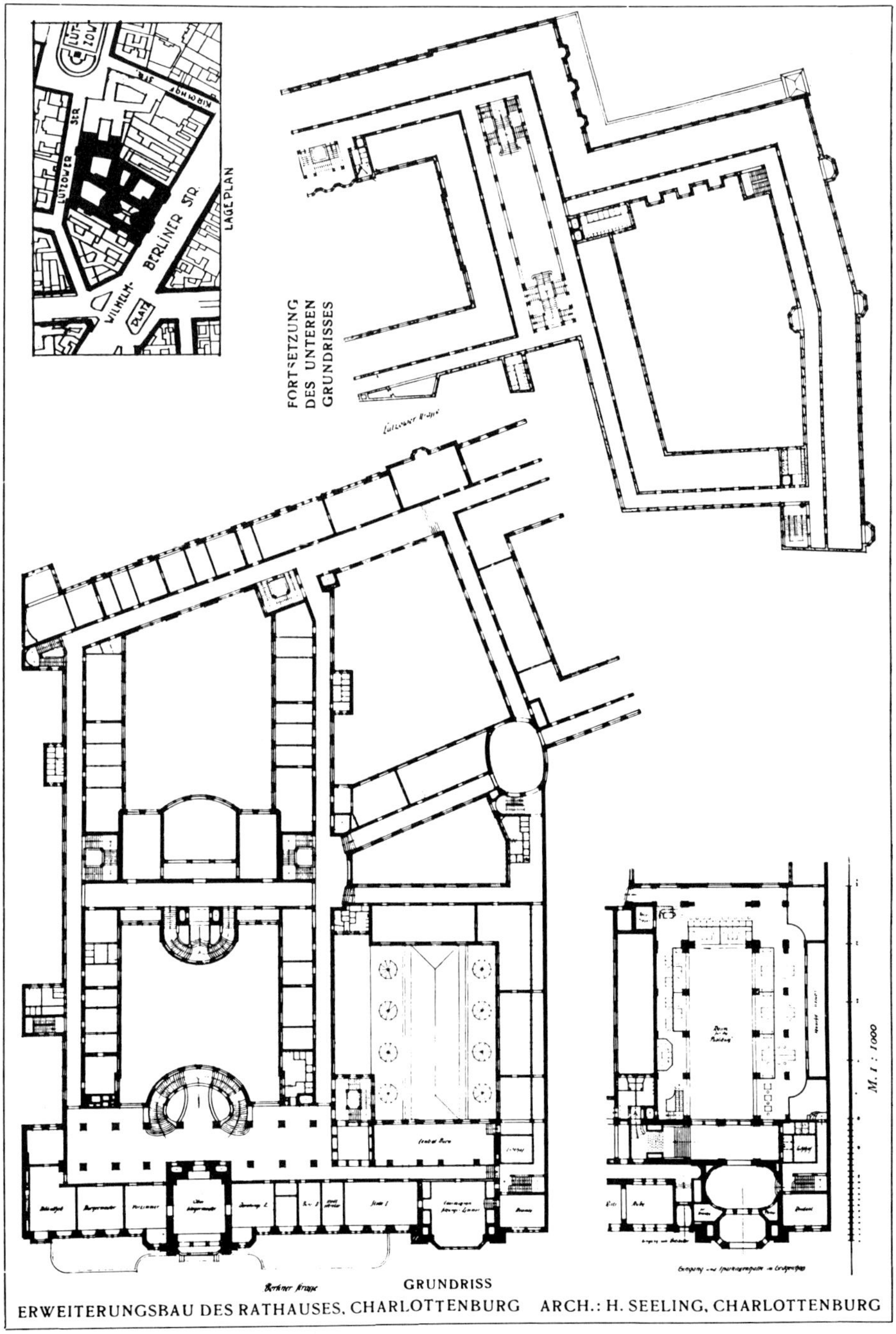

Grundriß des Rathauses Charlottenburg mit dem ausgeführten Erweiterungsbau von Heinrich Seeling

Nutzbare Flächen des Rathauses vor und nach der Erweiterung
(Nach Angaben des Magistratsbaurates Winterstein vom 13. Juni 1911)

	Altes Rathaus bisher qm	nach der Erweiterung qm	Erweiterungs-bau qm	Insgesamt: qm
Festsäle	630	630	20	650
Sitzungssäle	990	990	190	1180
Verwaltungsräume	6400	6260	6190	12450
davon für die Sparkasse	400	–	2290	2290
Ratskeller	1290	1290	50	1340

Quelle: Vorlagen... Stadtverordneten-Versammlung... 1911, Drucksache Nr. 205

Diese Verschiebung erleichterte die dringend geforderte bessere Anordnung der Ratsstube und gestattete, die im erhöhten Erdgeschoß des Altbaus gelegenen Stadtkassenräume zu erweitern. Die ehemalige Trinkstube des Magistrats im Altbau des Rathauses gliederte man der Weinabteilung an, während in dem sich nach vorn anschließenden Raum eine neue Ratsstube eingerichtet wurde. Im Gegensatz zur alten Ratsstube, die nur von der Straße aus zu erreichen war, gab es jetzt eine Treppenverbindung mit den Innenräumen des Rathauses. Die Anordnung dieser Räumlichkeiten erforderte die Beseitigung der Nebentreppe C und die Änderung der letzten Fensterachse des Hauptbaus.

Für die Anlage der Kassenhalle und für die im darunterliegenden Geschoß eingerichtete Stahlkammer ergab sich von selbst die Benutzung eines neu geschaffenen Hofes, der für die Gruppierung der Räume in den oberen Stockwerken erforderlich war und der Kassenhalle das nötige Oberlicht zuführte. Der Hauptraum der Sparkasse maß 23 mal 40 m, durch die ebenerdige Einrichtung des Zugangs konnte eine größere Höhe erreicht werden. Der mittlere, durch Oberlicht erhellte Teil des Raumes war 30 m lang, 10,3 m breit und 9 m hoch. Unter diesem Hauptraum befand sich der einbruchssichere Keller für die Wertfächer, der über eine gesonderte Treppe und Fahrstuhlanlage von der Kassenhalle aus zu erreichen war. Der einheitlich gestaltete Raum im Untergeschoß erstreckte sich über eine Länge von 37 und eine Breite von 30 m. Die Sicherung an Wand, Decke und Fußboden war besonders aufwendig. Die Stärke des Fußbodens betrug einen halben Meter, die Wände maßen im Querschnitt 64, die Decke 50 cm. 30000 laufende Meter gehärtete Stahlschienen – eine Spezialkonstruktion der Berliner Firma Panzer (Badstraße) – waren in Wänden, Decke und Boden verlegt worden. In die der Öffentlichkeit zugängliche Stahlkammer gelangte man von einem Kontrollraum aus durch zwei je 150 Zentner schwere Panzertüren. Schwer vergitterte Öffnungen trennten eine weitere Stahlkammer, die dem städtischen Kassenwesen vorbehalten blieb, vom öffentlichen Teil ab. Um die Tresorräume gegen »unvermutete Sprengungs-Versuche« zu schützen, hatte der Architekt um die Stahlkammer einen Kontrollgang angelegt.

Im 1. Stock, über der Vorhalle zur Sparkasse, schob Seeling ein größeres Kommissions-Sitzungszimmer ein. Der östliche Festsaal des Reinhardt und Süßenguth-Baus erfuhr eine zweiachsige Verlängerung, während im anschließenden Raum des Erweiterungsbaus ein »Saal für Bürgerschaftszwecke« eingerichtet wurde, den Seeling später zum »Märkischen Saal« ausbauen ließ. Da der Magistrat eine Gedenkhalle für die im Kriege gefallenen Beamten plante, nutzte Seeling die Verlängerung der großen Flurhalle im 1. Obergeschoß, um hinter der neuangegliederten Treppe einen quadratischen Raum als Ehrenstätte zu gestalten. Ausgeführt wurde sie bereits im Laufe des Krieges.

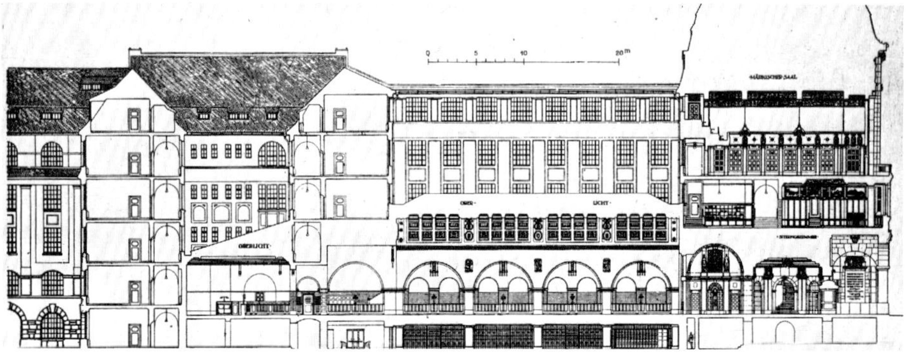

Längsschnitt durch den Erweiterungsbau des Rathauses

Im Gebäudeteil Lützower Straße schloß sich an den vorhandenen Gewerbegerichtssaal noch ein zweiter Saal für das Kaufmannsgericht an, das hiermit einen eigenen Tagungsraum erhielt. Dem Mangel an größerem Warteraum vor den Gerichtssälen begegnete der Architekt mit der Anlage eines doppelt breiten Flurs. In den beiden unteren Etagen war der Flur auf die gewöhnliche Breite beschränkt und nach dem Hof hin als offene Halle ausgebildet.

Die nutzbare Fläche des alten Rathauses lag bei 9710 m², durch den Erweiterungsbau wurde sie um 8740 m² vergrößert, wobei die Fläche für reine Verwaltungsräume in beiden Bauten annähernd gleich groß war. Der Fortfall opulenter Repräsentationsräume erlaubte eine ökonomischere Nutzung der Flächen im Erweiterungsbau.

Bei der Grundrißlösung hatte Heinrich Seeling jegliche bauliche Hervorhebung einzelner Verwaltungsstellen, wie etwa der Dezernentenzimmer, vermieden. Sämtliche Räume, denen nicht eine besondere Funktion zugewiesen war, wurden ganz allgemein für Verwaltungszwecke hergestellt, »ohne sie baulich schon von vorneherein für irgendeinen besonderen Zweck herzurichten, denn bei dem steten Anwachsen aller Geschäftsstellen hat es sich als undurchführbar erwiesen, jede einzelne Stelle dauernd in den ihr anfänglich zugewiesenen Räumen zu belassen«[2]. In den Grundrissen des Architekten fehlten folglich die Zwischenwände, sie wurden erst nach der Fertigstellung des Rohbaus für die in Aussicht genommene Raumverteilung festgelegt. Maßgebend für die Anordnung der Räume war lediglich, daß sie möglichst wenig durch Flure, Treppen oder Nebenräume unterbrochen beziehungsweise endgültig festgelegt wurden. Alle Zwischenwände waren aus leicht entfernbarem Material (Prüßwände) hergestellt, jede Fensterachse konnte nachträglich durch Zwischenräume abgetrennt werden. Hinsichtlich der Lage der Räume achtete Seeling darauf, daß möglichst wenige Dienstzimmer während der Bürozeit der vollen Sonne ausgesetzt waren.

2 A. a. O., S. 492.

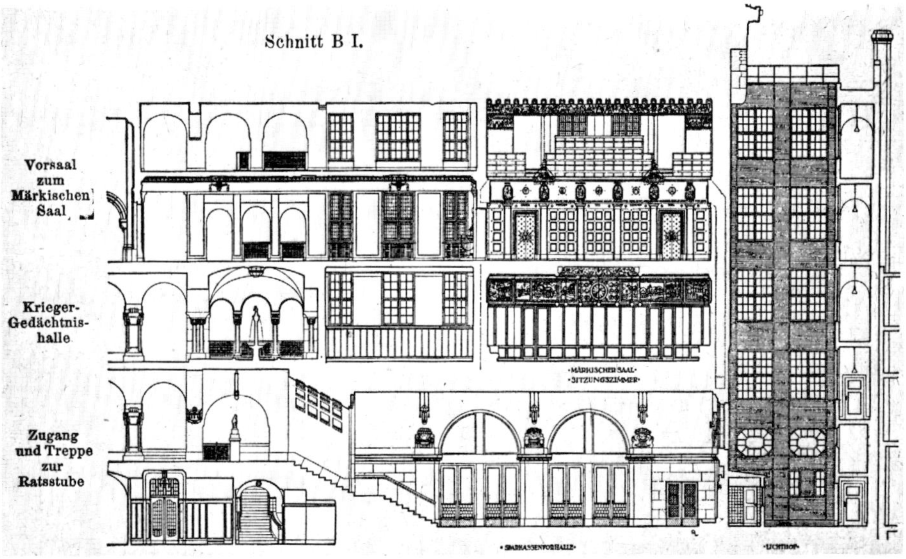

Schnitt durch Anschluß- und Risalitbau an der Berliner Straße

Da der Kesselraum im Reinhardt und Süßenguthschen Bau nur beschränkt erweiterungsfähig war, entschloß sich der Magistrat, das Rathaus durch eine Fernheizung mit Wärme versorgen zu lassen. Die Baukosten und die jährlichen Aufwendungen für die baulichen Einrichtungen lagen zwar bei einer Fernheizung höher als bei der Erweiterung der vorhandenen Anlage, die Stadt hatte jedoch den Vorteil wesentlich niedrigerer Betriebskosten und ersparte sich zudem bei einer späteren nochmaligen Erweiterung des Rathauses die Anlage eines zweiten Kesselhauses.

Seelings Vorentwürfe vom 10. November 1910 waren unverändert in den endgültigen Bauentwurf übernommen und der Stadtverordneten-Versammlung am 9. Juni 1911 vorgelegt worden. Nach einer kurzen Ausschußberatung, die zu keinen Abänderungen führte, nahmen die Stadtverordneten die Vorlage am 28. Juni an. In einem Überschlag berechnete der Stadtbaurat die Baukosten auf drei Millionen Mark. Gegenüber den ursprünglichen Plänen des Magistrats bedeutete das mehr als eine Verdopplung; weitere 1,3 Millionen Mark mußten für den erforderlichen Grundstückserwerb ausgegeben werden.

Am 12. August 1911 begannen die Erweiterungsarbeiten mit dem Bau der Stahlkammer. Die geschäftliche Oberleitung bei der Bauausführung wurde dem Magistratsbaurat Hans Winterstein übertragen, die für den Erweiterungsbau eingerichtete »Ausführungsbaustube« unterstand dem Stadtbaumeister Paul Weingärtner. Ihm wurden der Bauleiter Carl Morgenroth, den später A. Kolbe ablöste, und die Techniker Otto Rothe und Monsehr beigegeben. Als künstlerische Mitarbeiter wurden die Architekten Josef Reuters und Erich Threde, der vor allem für die Innenarchitektur zuständig sein sollte, gewonnen.

Die Sparkassenräume konnten am 12. September 1913 der Verwaltung und dem öffentlichen Verkehr übergeben werden, und nur sechs Wochen später, am 24. Oktober, nahm der Magistrat die Verwaltungsräume in Gebrauch. Die Fassadenarbeiten wurden im Mai 1914 beendet, die Ratsstube Ende 1915 eingeweiht, während die Arbeiten an der Gedenkhalle und dem Märkischen Saal sich bis zum Februar 1916 hinzogen.

Als Kontrast zum schlesischen Sandstein des Reinhardt und Süßenguthschen Baus wählte Seeling für den Risalit der Haupt-

Kostenüberschlag für den ersten Erweiterungsbau des Rathauses zu Charlottenburg

1. 85 500 cbm umbauter Raum zu 30 M		2 565 000 M
2. Fernheizanlage:		
a) Anlagen im Elektrizitätswerk	45 000	195 000 M
b) Kanal und Fernrohrleitung	150 000	
3. Sonderkosten für die Sparkasse:		
a) Stahlpanzerung	65 000	140 000 M
b) 5000 Wertfächer (Safes)	75 000	
4. Insgemein, Pflaster, Umbau des jetzigen Rathauses		100 000 M
		3 000 000 M

Quelle: Vorlagen... Stadtverordneten-Versammlung ... 1910, Drucksache Nr. 318

front und den niedriger gehaltenen Anschlußbau, der die Verbindung zu der bestehenden Wohnhausbebauung ohne Härte herstellte, rötlich gelben, weiß patinierenden deutschen Kalksinter (Travertin). Der Lichthof neben der Sparkassenhalle und dem Aufgang zum Märkischen Saal (Treppe L) wurde mit weiß glasierten Ziegeln verblendet. Der große hintere Hof an der Lützower Straße erhielt im Erdgeschoß Muschelkalk-Quaderwerk, während für die oberen Stockwerke lediglich Muschelkalk-Gesimse und Rauhputz in Goldockerton vorgesehen waren. Das Dach deckte man mit deutschem Schiefer ein. Die Fassade an der Lützower Straße ließ Seeling ebenfalls in Rauhputz und gequadertem Muschelkalk ausführen.

An dieser Straßenfront gab der Stadtbaurat die vorhandenen großachsigen Architekturformen auf, da mit einer solchen Formgebung die Übergänge der verschiedenen Gebäudehöhen nicht zu bewältigen waren und man außerdem für die Aufteilung und stete Veränderungsmöglichkeit der Büroräume kleinere Achsen benötigte. Seeling ließ den östlichen Risalit des Reinhardt und Süßenguthschen Baus abreißen, rückte den Erweiterungsbau in die vorhandene Bauflucht und versuchte, der Fassade durch einen nur wenig aus der Front hervortretenden Risalit an ihrer östlichen Seite Halt zu geben.

Die Fassaden

Bei der Gestaltung der Frontarchitektur an der Berliner Straße folgte Heinrich Seeling zwar dem großachsigen Aufbau des Reinhardt und Süßenguthschen Baus, er konnte sich jedoch nicht dazu entschließen, von einem stilistischen Wechsel abzusehen. Nur bei den Anschlußachsen übernahm er die vorgegebenen Formen. Der Stadtbaurat vertrat die Auffassung, daß ein Anbau durchaus als solcher in Erscheinung treten sollte. Diese Auffassung war bereits für den spätmittelalterlichen Kommunalbau richtungweisend, wobei es zu den Vorzügen der städtischen Baumeister gehörte, die einzelnen Teile trotz ihrer formalen Selbständigkeit in einem Gruppenbau miteinander zu verschmelzen.[1] Demgegenüber wurde in anderen Teilen Europas eine einmal gewonnene Form lange bewahrt. Bei den mittelalterlichen Kommunalpalästen der italienischen Städte etwa hielt man sich noch Jahrhunderte später an die romanischen und gotischen Formen, in denen die Gebäude einmal erbaut worden waren.[2]
Den aus der Bauflucht tretenden Risalit

1 O. Stiehl, Das deutsche Rathaus im Mittelalter... S. 55ff., 66ff., 82ff.; A. Grisebach, Das deutsche Rathaus der Renaissance... S. 132. Grisebach beobachtet, daß im letzten Drittel des 16. Jahrhunderts allmählich eine Vereinfachung und Klärung des Grundrisses angestrebt wird. Die Stockwerke werden nun gleichmäßiger ausgebildet. »Sie kündigen sich an der Fassade gleichmäßig an und sollen sich auch im Grundriß gleichen. Strebt man doch nach einem immer festeren Zusammenwachsen des Innenbaues mit dem Außenbau.« A.a.O., S. 134.

2 J. Paul, Die mittelalterlichen Kommunalpaläste in Italien, Phil. Diss. Freiburg i.Br. 1963, S. 111f.

Heinrich Seeling, Erweiterungsflügel des Rathauses an der Berliner Straße, 1913

Polyphem, Relief am Eingang des Erweiterungsbaus, Berliner Straße. Bildhauer: August Vogel

kennzeichnete ein strenger vertikaler Rhythmus, hervorgerufen durch die seitlichen Pilaster und die dichten Fensterunterteilungen. Die Wandpfeiler schlossen nach oben mit ornamentalen Blumenformen und dekorativen Köpfen ab, während die Sockel gleichsam als Flachreliefs ausgebildet waren. Von August Vogel stammten die monumentalen Reliefs: Rechts vom Eingang der durch Odysseus überlistete Zyklop Polyphem, der wilde und gewalttätige Sohn des Poseidon,[3] der sich mit seiner ungeheuren Körperkraft nicht einmal vor den Göttern scheut, in seinem Wesen dumm, gefühllos und grausam ist,[4] als »Personifikation der durch den Geist überlisteten Habgier«[5]; auf der anderen Seite Rübezahl, der Berggeist des Riesengebirges, der in den schlesischen Sagen als Mönch und Bergmännlein, aber auch als Riese oder in Tiergestalt erscheint und die Armen und das Recht schützt. Vogel stellte den bärtigen, nur mit einem Tierfell um die Lenden bekleideten Wilden als gutmütiges Wesen dar, an das sich die vom Schicksal Benachteiligten in ihrer Not wenden, nicht auch seine zerstörerischen Züge.

Die allegorischen Darstellungen bezogen sich nun nicht mehr auf eine programmatische Bürgerlichkeit und das patriarchalisch gedeutete Ideal der Selbstverwaltung, sondern folgten weitgehend allgemeinmenschlichen Vorstellungen, die vordergründig und abstrakt waren, da sie nicht mehr aus dem Spannungsverhältnis verschiedener Seinsmöglichkeiten abgeleitet wurden. Gleichwohl blieb für diese, an zentralen Orten des Rathauses plazierte Kunst eine erzieherische Moralität konstitutiv, wie sie der preußische Monarch Wilhelm II. anläßlich der Eröffnung der Siegesallee formuliert hatte: »Die Kunst soll mithelfen, erzieherisch auf das Volk einzuwirken, sie soll auch den unteren Ständen nach harter Mühe und Arbeit die Möglichkeit geben, sich an den Idealen wieder aufzurichten ... Wenn nun die Kunst, wie es jetzt vielfach geschieht, weiter nichts tut, als das Elend noch scheußlicher hinzustellen, wie es schon ist, dann versündigt sie sich damit am deutschen Volke. Die Pflege der Ideale ist zugleich die größte Kulturarbeit, und wenn wir hierin den anderen Völkern ein Muster sein und bleiben wollen, so muß das ganze Volk daran mitarbeiten, und soll die Kultur ihre Aufgabe voll erfüllen, dann muß sie bis in die untersten Schichten des Volkes hindurchgedrungen sein. Das kann sie nur, wenn die Kunst die Hand dazu bietet, wenn sie erstrebt, statt daß sie in den Rinnstein niedersteigt.«[6]

Vogel hatte die Figuren nur wenig aus dem Stein gehoben, die zentralen Gestalten

3 Vgl. K. Kerényi, Mythologie der Griechen, Bd. 1 ... S. 149.
4 Karl Scherling, Polyphemos, in: Paulys Realencyclopädie ... Halbbd. 42, Stuttgart 1952, Sp. 1811.
5 Neubauten der Stadt Charlottenburg ... S. 48.
6 Das persönliche Regiment. Reden und sonstige öffentliche Äußerungen Wilhelms II., zusammengestellt von Wilhelm Schröder, München 1907, S. 164f.

Ornamentale Bauplastik am Risalit des Erweiterungsbaus

füllten fast die ganze Reliefffläche aus. Nur zu Füßen des Berggeistes, der als Attribut eine Keule trug, erhielt die Darstellung größere Plastizität: Die Gesten und Bewegungen der Notleidenden und Schutzsuchenden trugen fast schon expressive Züge. Durch ihre Vertikalität und die Proportionen ihrer Zentralfiguren paßten sich die beiden Reliefs der Frontarchitektur an. Die Haar- und Barttracht Polyphems war nicht minder als der Bart Rübezahls ornamental gewellt, die aufrechte, frontale Haltung, die herabhängenden Arme, die Wiederholung des Bewegungsmotivs und der Parallelismus der Anordnung waren Elemente einer Komposition, der es um eine auf das Dekorative gerichtete Stilisierung ging. Das plastische Element als solches blieb jedoch als selbständiger Bestandteil des Baukörpers erkennbar. Die Reliefs wurden nicht, wie etwa bei Arbeiten von Bruno Schmitz und Franz Metzner, in die Fläche des Mauerwerks integriert, waren auch nicht in einer abstrahierenden Auffassung des Plastischen Bestandteil des Architekturgerüstes, sondern blieben dem Bauorganismus vorgelagert.

Der auf Pfeilern gelagerte Eingangsbogen sprang aus der Bauflucht des Risalits hervor. Der Erker des Kommissions-Sitzungszimmers über dem Portal war auf seinen seitlichen Flächen mit reichem ornamentalen Schmuck versehen, darüber schloß sich der Balkon zum Märkischen Saal an, der eine schlichte Brüstung mit senkrechten Streben erhalten hatte. Unter dem Hauptgesims erstreckte sich über die Breite der Fensterfront des Saalgeschosses ein gewaltiger Relieffries, ebenfalls aus der Werkstatt August Vogels. Das Relief wurde durch eine Zentralfigur in zwei Teile gegliedert. Einzelne Figuren und Figurengruppen wandten sich diesem Zentrum zu, wobei die verschiedenen Bewegungsabläufe, die Gesten und Akzentuierungen der Figuren für eine Rhythmisierung sorgten. August Vogel ging es weiter darum, die Einzelmomente in einer großen Bewegungslinie zusammenzufassen: Die auf das Zentrum gerichteten Personengruppen wurden auf Grund ihrer Gestik und Bewegung wie durch ein Band, das gleichsam im Zentrum des Reliefs seinen Ausgang nahm, zusammengehalten. Schmückende Elemente fanden hier nur spärliche Anwendung. Links rankte sich ein Weinstock mit Laub und Trauben, rechts das Blattwerk und die Früchte eines Apfelbaums.

Die allegorische Darstellung, »das Wirken städtischer Fürsorge«[7], griff in Thematik und Detailausbildung auf griechisch-hellenistische Motive zurück. Im Zentrum thronte, von Säulen eingerahmt und gesokkelt, eine Frau. Die weibliche Personifikation der Stadt schloß an eine Tradition an, die bis in die Antike zurückverfolgt werden kann. Städte wie Antiochia und Alexandria verehrten Tyche, die griechische Göttin des Schicksals, als Stadtgöttin. Zu

7 Neubauten der Stadt Charlottenburg ... S. 48.

Fries am Risalit des Erweiterungsbaus, Berliner Straße, 1913. Bildhauer: August Vogel

ihren Attributen gehörte die Zinnenkrone[8] und als Zeichen des Wohlstandes ein Ährenbündel. Launenhaft und unberechenbar, führte Tyche den Wechsel der Geschicke herbei, beeinflußte den glücklichen Zufall oder die gute und böse Fügung. Zum Zeichen ihrer Wandelbarkeit, der Unsicherheit ihrer Gaben wurde sie häufig auf einer rollenden Kugel oder mit Rad dargestellt. Zu ihren weiteren Attributen gehörten Füllhorn, Flügel und Steuerruder. Als im Hellenismus die festgefügte Ordnung der Polis auseinanderbrach und der Glaube an das Wirken der Götter erschüttert wurde, gewann Tyche als alles beherrschende Göttin an Bedeutung.[9] In Vogels Rezeption ist die Stadtgöttin der ruhende Pol, die Schützerin des städtischen Gemeinwesens; die Stadt selbst wird zum Abbild einer idealen fürsorglichen Einrichtung. Das Bildprogramm des Erweiterungsbaus folgte hier einer Idealisierung der städtischen Selbstverwaltung, wie sie schon beim plastischen Schmuck des Altbaus beobachtet werden konnte: die Stadt als universales Ordnungselement, die fürsorgliche Verwaltung als Idealtypus einer städtisch verfaßten Gemeinschaft. Die politischen und sozialen Differenzen zwischen dem antiken Stadtstaat, der Stadt im mittelalterlichen Ständestaat, der Fürstenstadt des

8 Der Relieffries wurde nach dem Zweiten Weltkrieg wenig sorgfältig restauriert. Im Originalzustand war die Stadtgöttin mit einer Krone ausgestattet. Vermutlich wurden Kopf und Oberkörper rekonstruiert. Akten- und Bildmaterial über die bildhauerischen Restaurationsarbeiten ist leider fast gar nicht mehr vorhanden. Bei der Wiederherstellung der Fassaden und der Innenarchitektur in den fünfziger Jahren führten August Rhades und Friedrich Zuchantke die Bildhauer- und Steinmetzarbeiten aus. Sie besaßen weder das technische Können August Vogels noch das Vermögen, sich in seine kraftvolle, mitunter üppige Formgebung einzufühlen. Eine frontale Ansicht des Relieffrieses im ursprünglichen Zustand konnte nicht aufgefunden werden.

9 Vgl. O. Kern, Die Religion der Griechen, Bd. 3, Von Platon bis Kaiser Julian, 2. Aufl. (unveränd. Nachdruck der 1. Aufl., 1938), Berlin 1963, S. 74ff.

17. und 18. Jahrhunderts sowie der offenen Bürgerstadt des 19. Jahrhunderts wurden einer enthistorisierenden Betrachtungsweise geopfert, die Stadt wurde, einer anthropologischen Konstante gleich, zur Urform menschlichen Zusammenlebens erhoben, die Verwaltung mit dem Status einer allein unterstützenden, helfenden und anregenden Einrichtung ihres politischen Charakters entkleidet.

Idealisierung kam auch in den die Zentralgestalt flankierenden Einzelfiguren zum Ausdruck. Mit erhobenen Armen nahm Tyche zur Rechten – ein ständig wiederkehrender Topos – die Waage von Justitia entgegen, zur Linken trat der geflügelte Eros heran, der der Stadtgöttin die Fackel reichte. Die Verbindung mit der Allegorie der Stadt deutete darauf hin, daß Eros[10] als vergeistigtes Prinzip aufgefaßt war. In der sokratischen Philosophie wurde vorausgesetzt, daß aus der Erkenntnis der Wahrheit richtiges, sittliches Leben folge, Eros bezeichnete daher die Hingabe an die Ausformung der Seele und des Geistes, an die geistige und sittliche Förderung des Zusammenlebens. Die Fackel als »Flamme des Lebensprinzips«[11] gehörte zu Eros' Attributen. August Vogel machte in seiner Interpretation der Stadt Gerechtigkeit und Liebe im Sinne einer sittlichen Vernunft zu den grundlegenden Antriebsmomenten des städtischen Gemeinwesens.

Vogels Relieffries war, wie bereits erwähnt, im Zweiten Weltkrieg beschädigt worden; bei der Rekonstruktion in den fünfziger Jahren wurden große Teile der rechten, aber auch Einzelheiten der linken Hälfte, vor allem aber die zentrale Gestalt der Tyche wiederhergestellt. Das Gesicht der Tyche, ihr Oberkörper, die Krone, Fackel und Waage waren großenteils weggesprengt, so daß Rhades den Stein neu modellieren mußte.[12] Es verbietet sich eigentlich, von Rekonstruktion zu sprechen, da der Duktus des Vogelschen Originals bei der Restauration verlorengegangen ist. An die Stelle der pathetischen, durch eine optimistische Grundhaltung charakterisierten Darstellung Vogels trat – deutlich an der, zumindest in Teilen, erneuerten Gewerbegruppe zu sehen – Nachdenklichkeit und Resignation. Der zielgerichtete, erwartungsfrohe Blick wich der Demut, der Versenkung in sich selbst. Daß es bei der Wiederherstellung auch zu handwerklichen Ungeschicklichkeiten gekommen ist, zeigt die Gruppe am linken Rand des Reliefs: Der rechte Arm des Jungen, auf dessen Schultern sich ein Greis stützte, war unverhältnismäßig lang, zudem hielt der Junge im Original den rechten Arm mit der geballten Faust dicht am Körper, während er den linken Arm mit einer verkrüppelten Hand weiter vorstreckte.

Das »Wirken der städtischen Fürsorge« schloß in der Darstellung (von links nach rechts) die Armenfürsorge, Kunst und Wissenschaft sowie das Bauwesen ein, weiterhin das Gewerbe, das Schulwesen und die Säuglingsfürsorge. Der zeitlos idealisierende Charakter der Darstellung kam auch in der Verwendung antiker Kleiderformen zum Ausdruck. Weinstock und Apfelzweige, dekorativer oberer Abschluß des Frieses, rundeten die allegorische Darstellung als Fruchtbarkeits- und Erkenntnissymbole ab.

Der übrige dekorative Schmuck der Fassade zeigte in seiner strikten Stilisierung und Geometrisierung vegetabilischer Formen romanische Einflüsse. Aber auch die Auswahl der Motive, einzelne Tiere, Fabelwesen, Tiergruppen, Fratzen, Masken, Palmettenvariationen, Blatt- und Blütenreihungen, und die Art ihrer Anbringung an Kapitellen, Gesimsen, Bogen, Pfeilern und Fensterrahmungen waren im Sinne der Romanik entwickelt.[13] Die Verarbeitung

10 Vgl. K. Kerényi, Die Mythologie der Griechen, Bd. 1 ... S. 58f. u. 91f.

11 J. C. Cooper, Illustriertes Lexikon ... S. 48.

12 Bezirksamt Charlottenburg ... Heimatarchiv, Inv. Nr. Ve/2b, Rathaus, Bd. 2 ... Abb. 145.

13 George Zarnecki, Plastik im 12. Jahrhundert, in: H. Fillitz, Das Mittelalter I (= Propyläen Kunstgeschichte, Bd. 5), Frankfurt a. M.-Berlin-Wien 1984, S. 230ff., Abb. 278, 285, 300 u. 301; H. Losowska, Romanik und Frühgotik ... S. 332ff.

der historischen Formen zielte jedoch nicht mehr auf Permutation ab: die tradierte Einzelform blieb in ihrer Struktur erhalten und wurde lediglich abgewandelt. Seelings Tendenz zu einem proportionsbetonten Monumentalismus korrespondierte hier einer mittelalterlichen Auffassung der Bauplastik, die diese nur in strikter Bindung an das Architekturgerüst entwickelt hatte. Sie kam seinem Bemühen um eine wandbetonte, flächig-kubische Architektur entgegen. Dabei war der Zug zur Formenstrenge und Sachlichkeit nicht mit einer Loslösung vom historisierenden Formenrepertoire verbunden. Der Erweiterungsbau verwies nicht auf »Modern-Puristisches«[14], vielmehr in seiner historischen Bezogenheit auf eine konservative monumentale Baugesinnung.

In der offenen Vorhalle des Eingangs an der Berliner Straße befand sich im Bogenfeld über der Drehtür ein nach Entwürfen Ernst Pfannschmidts[15] von der Deutschen Glasmosaik Gesellschaft Puhl & Wagner gefertigtes Mosaik, das nach Meinung der zeitgenössischen Kritik »stilistisch nicht recht zur Architektur stimmen will und etwas aus dem Rahmen fällt«[16]. Es zeigte zwei Frauengestalten, von denen die eine schon die Blüten pflückt, während die andere auf reife Früchte wartet. Die Längsseiten der Vorhalle hatten breite Pilaster mit Blattschmuck erhalten. Oberhalb des Kämpfergesimses angebrachte Reliefs stellten, von massiven Steinrahmen eingeschlossen, Knaben bei der Wein-, Apfel- und Birnenernte dar. Das Größenverhältnis zwischen den in die Mitte gesetzten

14 R. Hamann/J. Hermand, Stilkunst um 1900... S. 356.

15 Pfannschmidt wurde am 11. März 1868 in Berlin geboren. Er lernte zunächst im Atelier seines Vaters Carl Gottfried, der als Historien-, Bildnis- und Landschaftsmaler, Illustrator, Radierer und Bildhauer zu den letzten Vertretern der strengen religiösen Kunst des 19. Jahrhunderts gehörte. Zwischen 1885 und 1890 studierte Pfannschmidt an der Akademie der Künste in Berlin, anschließend für weitere fünf Jahre an der Düsseldorfer Akademie, wo er zu den Meisterschülern Eduard von Gebhardts gehörte. 1896 erhielt er den Großen Staatspreis der Preußischen Akademie der Künste, »trotz der etwas sehr starken Nachahmung von Gebhardts«, die sich besonders im Hauptbild »Christus predigt in Bethanien« bemerkbar machte (Preußische Akademie der Künste, Reg. 3, 8. Abtlg., Nr. 10, Die Konkurrenzen um den Großen Staatspreis [hierzu Beiakten: Bewerbungen der Maler, der Bildhauer, der Architekten] 1892–1900, Bl. 219). 1898 fuhr Pfannschmidt nach Rom und blieb dort acht Jahre lang. In Italien machte er sich mit den Fresken und Tafelbildern Giottos, Fra Angelicos und Pinturicchios vertraut, zuvor hatte er auf Reisen die niederländischen Meister Rembrandt, Memling und Rubens für sich entdeckt. 1904 erhielt er den zum ersten Mal vergebenen Preis der Adolf-Müller-Stiftung für sein Bild »Christus predigt in der Schule«. 1908 kehrte Pfannschmidt nach Berlin zurück. Im Januar 1915 wurde er Mitglied der Akademie der Künste, an der er ein Meisteratelier für Malerei verwaltete und im Mai 1928 in den Senat der Sektion für bildende Künste eintrat. Als kirchlicher Künstler, der zahlreiche Altarbilder, Wandmalereien, Glasfenster und Mosaiken, zum Beispiel für die Michaeliskirche in Hamburg und die Kaiser-Wilhelm-Gedächtniskirche in Berlin, schuf, war Pfannschmidt ein ausgeprägter Stilist, dem es darauf ankam, in typischen Darstellungen der biblischen Personen und Vorgänge, »zusammengesetzt aus charakterisierenden Motiven der einfachsten, unzweideutigsten, in ihrer Einfalt ganz allgemein gültigen Art«, die biblische Überlieferung zu erschließen und damit zu bewahren. Als Stilprinzip sann er dabei weder auf »archäologisch-ethnographische Repräsentation« noch auf Aktualisierung, sondern auf »die Benutzung und Idealisierung einer frei behandelten, wesentlich germanisch-vertrauten und durch historische Ferne unbestimmten Formenwelt« (W. von Oettingen, Ernst Pfannschmidt, in: Die Kunstwelt. Monatsschrift für bildende Kunst der Gegenwart, Bd. 1 (1911/12),S. 313 ff.). An der Akademie der Künste gehörte Pfannschmidt zu den konservativen Kräften, die sich nicht für die Wahl eines George Grosz oder Edwin Scharff einsetzen mochten (Preußische Akademie der Künste, Reg. 4, P 2 ... Bd. 3, Oktober 1926–Oktober 1928). Den vom Preußischen Kultusministerium 1932 verfügten »Pairsschub«, der mit der Satzungsänderung vom August 1931 vorbereitet worden war, kritisierte Pfannschmidt unter anderem als Eingriff in die Souveränität der Akademie (a. a. O., Reg. 4, S 1, Senatoren, Bd. 4, November 1928–September 1932; P 2, Bd. 5, Oktober 1932–August 1933). Die Nationalsozialisten zwangen Pfannschmidt wie andere »Mitglieder einer vergangenen Kunstepoche« zum Rücktritt beziehungsweise zur Einnahme eines »inaktiven Status«, um eine »nationalsozialistische Neubelebung der Akademie« durchzusetzen (a. a. O., M 1, Bd. 11 b, 1937–1943). Pfannschmidt starb am 28. September 1949 in Ebersdorf (bei Lobenstein [Thüringen]).

16 Neubauten der Stadt Charlottenburg... S. 48.

Fruchtkörben und den flankierenden kleineren Knabengestalten erweckte den Eindruck einer reichen Ernte.
Die Fassaden der Höfe zeigten keinen aufwendigen Schmuck. Die Wandflächen wurden durch einfache horizontale und vertikale Bauelemente gegliedert und erzielten durch unterschiedliche Materialanordnungen dekorative Wirkungen. Allein beim Hallenhof legte Seeling auf eine konzentriertere Verwendung des Bauschmucks wert. Die Rundbogen und die gesockelten Pfeiler der Durchfahrten zum Lützow waren in Quadermauerwerk ausgeführt und wurden bei der Gestaltung der Fensteröffnungen und der Blendfenster fortgesetzt. Die an der Wand zwischen den Einfahrten plazierten dekorativen Köpfe stellten Zeus und zwei ihn flankierende Frauen dar. Das »Haupt des Olymps« war an seinem Attribut, dem Blitz, erkennbar, während die durch gekreuzte Füllhörner charakterisierten Frauenköpfe vermutlich Tyche und die Muttergöttin Demeter, die Korn›mutter‹ und Getreidegöttin, darstellten. Den Eindruck eines sich nach außen öffnenden Hofes beseitigte die Vermauerung der restlichen drei Bogen nach dem Zweiten Weltkrieg.
Gesimse und Pilaster gliederten die oberen Wandflächen, wobei der Architekt die waagerechten und senkrechten Ordnungen auf die Flächen zwischen dem 1. und 3. Obergeschoß konzentrierte. Ein kräftiges Stockwerkgesims zog sich im 3. Obergeschoß um den dreiflügeligen Anbau und vermittelte den Eindruck eines einheitlichen Abschlusses, die darüberliegenden Wandflächen mit unterschiedlichen Stockwerkshöhen waren überwiegend ungegliedert und schlicht verputzt. Unterschiedliche Fensterordnungen nutzte Seeling zur weiteren Flächenbelebung, rundbogige Fensterformen lösten Rechteck- und Stichbogenfenster ab.
An der Fassade zur Lützower Straße fiel zunächst der Wechsel in Material und Formen auf. Den Reinhardt und Süßenguth-Bau verlängerte Seeling unter Aufnahme der vorhandenen Formen um drei Achsen. Der Anschlußtrakt wiederholte getreu die Ornamente des Altbaus, was auch bedeutete, daß an entsprechenden Stellen Standessymbole angebracht wurden. Seeling entschied sich, und das war allemal eine Verbeugung vor dem Zeitgeist, für den Wehrstand und die Technik. Den Übergang zur Architektur des Erweiterungsbaus vermittelte ein leicht vortretender Risalit, dessen 2. und 3. Obergeschoß ein Erker, mit Austritt im 4. Stockwerk, vorgelegt war. Der Risalit erhielt bis ins 2. Obergeschoß Quadermauerwerk, darüber und an seiner abschließenden Seite schlichte Putzflächen. Die Ecken des Risalits waren durch Quaderketten armiert, die im 4. Obergeschoß von verputzten Doppelpilastern abgelöst wurden.
Die Umrahmungen der Rundbogenfenster im 1. Stockwerk waren in Quadern ausgeführt, den einzigen Schmuck bildeten dekorative Schlußsteine und die archivoltartige Einfassung des Bogens. Die Fensterbrüstungen des Erkervorbaus ließ der Architekt bauplastisch behandeln. Die Ornamente hatten Allegorien menschlicher Tugenden, wie Fleiß und Treue, zum Inhalt und wiederholten Tier- und Pflanzensymbole. Die Steinbildhauerarbeiten führte, wie bereits an der Fassade in der Berliner Straße, Carl Schillings aus.
Stilistisch entfernte sich der Erweiterungsbau vom Reinhardt und Süßenguth-Bau. Seeling versuchte sich weder in Stilexperimenten, noch setzte er sich mit aktuellen Formen auseinander, sondern griff eklektisch auf Klassizismus, italienische Renaissance und frühe Romanik zurück.[17] Auf Vorbilder der Renaissance wiesen einerseits die Fensterordnungen mit ihren gequaderten Rahmungen sowie der Wechsel zwischen Quadermauerwerk und ruhigen Putzflächen in den rückwärtigen Gebäudeteilen hin, auf klassizistische Einflüsse die strenge vertikale Ordnung der Hauptfassade mit den seitlichen monumentalen

17 Die Einordnung in einen »gemäßigten Jugendstil« bei K. K. Weber (Staats- und Kommunalbauten ... S. 50) ist unverständlich und bleibt unbelegt.

Heinrich Seeling, Front des Erweiterungsbaus an der Lützower Straße, Ausschnitt, 1987

Pilastern, dem Kranzgesims, Giebelfeld und den senkrechten Fensterunterteilungen, während sich romanisierende Elemente in der Bogeneinstellung des Eingangs und der Bauplastik zeigten. Der Eingang zum Erweiterungsbau mit seinen wuchtigen Pfeilern und dem großen Rundbogen ließ Anklänge an frühromanische Formen erkennen, die in einigen Details der Innenarchitektur, insbesondere bei der Sparkassen- und der Ehrenhalle, wieder aufgenommen wurden.

Innenarchitektur und Bildwerke

Die Wände des sich an den Windfang anschließenden ovalen Eingangsraumes hatte Seeling durch Doppelpilaster und Architrav gegliedert. Die Flächen zwischen den Wandpfeilern waren als Blendnischen mit Kämpfergesims und Mauerbogen aus Quaderwerk angelegt. Die Nischen wurden mit grünlich gebrannten, glatten Kacheln verkleidet. Die in Höhe des Kämpfergesimses plazierte waagerechte Reihe erhielt ein schlichtes Punktmuster, das sich wie ein Band in den übrigen Bogen fortsetzte. Den oberen Wandabschluß bildete ein Kranzgesims, die Verbindung zur Decke war getreppt, die Einschnittflächen mit umlaufenden Friesen belegt. Der schwere östliche Aufgangsbogen zum vorderen Treppenhaus bekam einen modellierten Schlußstein: einen Männerkopf, von Knaben eingerahmt, die in ihren hoch erhobenen Händen Dreieck und Zirkel hielten. Hier hat sich der Charlottenburger Stadtbaurat verewigt. Auf der gegenüberliegenden Seite schmückte ein flaches Relief die Innenfläche der Blendnische, ein antikisch gekleideter Mann mit Stab und Schriftrolle nahm das Baumeistermotiv auf. Oberhalb der Doppelpilaster hatte Heinrich Seeling rechteckige Reliefs anbringen lassen, die in Quader und abgerundete Dreiecke mit Vasen-, Blatt- und Blütenmotiven unterteilt waren. Von der Vorhalle zu den Sparkassenräumen führte links eine Treppe in voller Hallenbreite zum alten Bauteil, während man zur rechten Seite einen Laufbrunnen in farbig glasiertem Tonbrand eingerichtet hatte. Die Wandflächen des Raumes waren in geschliffenem, quaderförmigen Travertin ausgeführt. Monolithe Pfeiler aus tief schwarzgrau wirkendem Muschelkalk strukturierten die Flächen. Die Pfeilerordnung zeigte eine Architravbauweise, ein waagerechter profilierter Balken verband die Stützen miteinander. Über den Kämpfergesimsen mit ihren abstrahierenden Blattmotiven lagerten gesockelte Wandreliefs, die eine Kombination von Pflanzen-, Tier- und mythologischen Themen zur Darstellung brachten. In stark vereinfachenden Formen wurden Körbe oder Töpfe mit Früchte tragenden Pflanzen von Löwen, Knaben oder auch Sphinxen umgeben. Die den Wandbrunnen flankierenden Pfeiler trugen zwei Skulpturen.

Ungeschliffene graugelbe Kalksteinplatten deckten den Boden ab, der durch einen schwarzweißen Mosaikfries in Form eines Mäanders eingerahmt wurde. Die massiv ausgeführte Decke hatte einen schlichten ungefärbten Kalkputzanstrich bekommen. Der dekorative Wandbrunnen erhielt durch ein Fenster oberhalb des Architravs gedämpftes Licht.

Die fein abgestufte farbliche Nuancierung der Materialien – dunkler Travertin, grünlich matt schimmernde Kacheln, die gelben Bodenplatten – und der spärliche Lichteinfall gaben der Halle etwas von dem »wohlig glühenden Dämmer«[1], der zum Inbegriff der Zimmerbeleuchtung im 19. Jahrhundert gehört hatte. Mit Raffinement suchten Dekorateure die Farbschattierungen des Interieurs zur Wirkung zu bringen. Direkte Spiegelung, metallischer Glanz galten als »barbarisch und stillos«[2], da sie die gleitenden Farbübergänge zerschnitten und das in den Stoffen und anderen Ma-

1 D. Sternberger, Panorama oder Ansichten vom 19. Jahrhundert ... S. 194.

2 Georg Hirth, Das deutsche Zimmer der Renaissance. Anregungen zu häuslicher Kunstpflege, München 1880, S. 54.

terialien aufbewahrte Licht zerstörten. Glanz und Mattigkeit, das reflektierende und aufsaugende Verhalten zum Licht zählten zu den Leitprinzipien dieser Dekorationsästhetik. Seelings Behandlung des Lichtes, den abgestuften Glanz, die Wirkung der Farben und die durch sie hervorgerufene Stimmung kann man selbst heute noch erfahren, obwohl der nicht in allen Einzelheiten rekonstruierte Raum der Sparkasse durch fehlende beziehungsweise zusätzliche Beleuchtungsquellen und das von außen einwirkende Licht geschädigt ist.

Die Skulpturen der den Wandbrunnen flankierenden Pfeiler – die Modelle stammten vom Friedenauer Bildhauer Bernhard Butzke[3] – waren Allegorien der Sparsamkeit und der Freigiebigkeit.[4] Männlich, mit geschnürtem Kornbündel und dem Goldklumpen in der angewinkelten linken Hand erschien die Sparsamkeit, weiblich, mit langen Haaren, Krone und Weintrauben die Freigiebigkeit. Die Zuordnung der Allegorien ist jedoch spekulativ, da die Attribute nicht eindeutige Beziehungen auferlegten. Korn wie Wein sind Fruchtbarkeitssymbole, zusammen verkörperten sie das Erzeugnis menschlicher Arbeit und standen für den Lebensunterhalt. Korn ist ein Bild für Überfluß, auch der Weinstock kann für Reichtum stehen. Die Allegorien bildeten demnach keine Dichotomie von gut und schlecht, sondern deuteten Verhaltensdispositionen an. Das kam auch im Parallelismus der Haltung beider Figuren zum Ausdruck: frontal konzipiert, waren ihre angewinkelten rechten Beine jeweilig nach innen gekippt, stellten die Figuren in Bezug zueinander. Anlage und Durcharbeitung der Skulpturen waren ohne die Kenntnis der antiken Plastik schlechthin undenkbar.

Der Wandbrunnen wurde von zwei Pilastern eingerahmt, deren Kämpfergesims sich in einen Fries verlängerte und auf diese Weise die Pfeiler mit einer Blattschmuckleiste verband. Die Ecken des Gesimses hatten aus dem Stein gemeißelte Köpfe erhalten. Die innere Wandfläche war als Blendnische mit Kämpfer und Schlußstein ausgebildet. Die Kachelverkleidung des Stirnbogens und die Längsseiten zierte schlichter dekorativer Schmuck. Schmale Profilleisten grenzten das innere Nischenbild von den Blendrahmungen ab. Die Kacheln der Brunnensäule – rechteckig geformt, mit abgerundeten Ecken – schimmerten in einem satten Tannengrün. Der Schaft der Säule war ohne ornamentale Durchbildung, an der Stirnseite trat der Wasserspender als kleiner Kopf hervor, die sich darunter anschließende Fläche hatte nischenartige Vertiefungen. Den oberen Abschluß der Säule bildete eine Haube mit einer sitzenden Knabenfigur, die einen im Rücken plazierten Blumenkranz festhielt. Die Farben des glasierten Tons waren kräftig, aber gedämpft: braun, beige, gelb, grün und blau. Die Innenfläche der Brunnenschale

3 Bernhard Butzke, am 20. Mai 1876 in Berlin geboren, lernte an der Berliner Porzellanmanufaktur und der Unterrichtsanstalt des Berliner Kunstgewerbemuseums. Zwischen 1893 und 1900 war er an der Königlichen Porzellanmanufaktur tätig. Butzke gehörte zu einer jüngeren Generation von Bildhauern, die sich um eine »strenge, vereinfachte Plastik« und »gemäßigte Formen bei Menschendarstellungen« bemühten (Berliner Architekturplastik, in: Die Kunstwelt... Bd. 2 (1912/13), S. 587f.). Neben seinen Arbeiten für Charlottenburg schuf er dekorative Plastiken für das Rathaus Friedenau, ein Kriegerehrenmal und den Gänsemädelbrunnen in Plön (Holstein), ein weiteres Ehrenmal für Schmolsin (Pommern) und eine Skulptur des Reichstagsabgeordneten Paul Singer. Auf den Großen Berliner Kunstausstellungen war er unter anderem mit dekorativen Plastiken wie ›Besiegter Faun‹ (1913) oder ›Das Lied vom Leben‹ vertreten. Dressler's Kunsthandbuch... 9. Jg. (1930); Allgemeines Lexikon der bildenden Künstler des 20. Jahrhunderts, hrsg. v. H. Vollmer, Bd. 1, Leipzig 1953, S. 367; Katalog Große Berliner Kunstausstellung 1913, S. 76; 1914, S. 139.

4 Neubauten der Stadt Charlottenburg... S. 450. Im Katalog der Großen Berliner Kunstausstellung werden zwei Modelle Butzkes für die Sparkassenvorhalle im Rathausneubau zu Charlottenburg aufgeführt, die Titel der Figuren mit ›Geben‹ und ›Nehmen‹ bezeichnet. Inwieweit es sich um Modelle der für den Erweiterungsbau ausgeführten Skulpturen handelt, konnte nicht festgestellt werden, Butzke stellte auch ein Modell des Brunnens aus, so daß davon ausgegangen werden kann, daß er am gesamten Entwurf der Brunnenanlage und der Skulpturen beteiligt gewesen war. Katalog der Großen Berliner Kunstausstellung 1914, S. 138.

hatte man mit einem Mosaikboden belegt.

Durch zwei große, verglaste, in sich zu vier Bronzetüren aufgeteilte Bogenöffnungen betrat man die Sparkassenhalle,[5] die durch Decken- und Seitenlicht erhellt wurde. Die subtile Dekoration aus Licht, Farbe und Material fand hier ihren Höhepunkt. Zur Komposition des Glanzes kam, noch deutlicher als in der Vorhalle, der Ausdruck von Schwere, Monumentalität und Gediegenheit hinzu. Seeling schwebte der Gedanke vor, »bürgerliche Behäbigkeit, Solidität und einen erweiterten Wohlstand, den der Kassenraum einer Bank ausdrücken soll, mit der Anforderung einer dem Sparsinn der Bürgerschaft dienenden öffentlichen Anstalt zu verbinden und auf diesen Zweck hinzuweisen«[6]. Die Schwere der romanisierenden Formen kam diesem Gedanken entgegen, das Stilzitat folgte hier einer »Logik der Funktion«[7]. Für Gediegenheit sprachen die mächtigen Monolithe, die schweren Bogen, die aus dem vollen herausgearbeitete Hallendecke und die Gewölbe der Seitenschiffe, während der plastische Schmuck auf die unmittelbare Funktion der Sparkasse deutete.

Drei geschliffene Travertinmonolithe, zwischen denen sich wuchtige Rundbogen spannten, unterteilten die Längsseiten der Halle.[8] Die Seitenschiffe waren mit Tonnen- und Kreuzgewölben massiv eingewölbt, die Decke der Haupthalle in Eisenbeton eingestampft. Die sich auf diese Weise ergebenden Kassetten für das Oberlicht wurden steinmetzmäßig bearbeitet. Die Stimmung des Raums erzeugten die durch leicht grün getönte schmale Friese gerahmten Relieffenster des Oberlichts, die bis zum Gewölbeansatz geführten Mattglasurplatten der Umfassungswände und eine diskrete Tönung der Längswände. Die Raumwirkung, bei der es weniger um Luxus denn um Ruhe und Wärme ging, wurde durch die schwarz-graugrün gebeizten Eichenholzzahltische, die mit Marmorintarsien belegt waren, unterstützt. Der innere Glanz des funktionellen Interieurs war hier Kompositionselement der Raumdekoration.

5 Die Errichtung einer städtischen Sparkasse in Charlottenburg wurde trotz mehrerer Initiativen der Stadtverordneten-Versammlung erst beschlossen, als im Dezember 1886 der Landrat des Kreises Teltow, E. von Stubenrauch, angekündigt hatte, daß zum 1. April des nächsten Jahres die Filiale der Teltower Kreissparkasse geschlossen werde. Nachdem der Oberpräsident der Provinz Brandenburg das ausgearbeitete Sparkassenstatut am 19. April 1887 bestätigt hatte, konnte die Charlottenburger Sparkasse am 2. Dezember 1887 eröffnet werden. Untergebracht wurde sie im Vorderhaus des alten Rathauses in der Berliner Straße 73. Im westlichen Flügel des Erdgeschosses räumte man ihr zwei Zimmer ein, von denen der zweifenstrige Raum als Kassenzimmer und der dahinterliegende einfenstrige als Tresorraum eingerichtet wurde. Die Sparkasse verblieb in diesen Räumen bis zum Jahre 1899, in dem das alte Rathaus abgerissen wurde. Sie zog dann vorübergehend in das Haus Spreestraße 31 und 1902, nach Fertigstellung des ersten Bauteils des neuen Rathauses, in das Erdgeschoß des Mittelgebäudes. Die Raumbedürfnisse der Sparkasse spielten bei der Inangriffnahme des Erweiterungsbaus eine nicht unwesentliche Rolle. Im Erläuterungsbericht hieß es dazu: »Gerade die Sparkasse ist es deshalb auch, welche die Erweiterung des Rathauses am dringendsten macht. Die jetzigen Räume sind für den heutigen Betrieb bereits vollständig unzureichend, noch weniger werden sie aber dem Zuwachs der nächsten Jahre genügen. Es kommt hinzu, daß die Sparkasse beabsichtigt, nach dem Vorgehen anderer Städte kleine einbruchssichere Wertfächer zum Vermieten einzurichten. Die kostspielige bauliche Einrichtung für derartige Fächer im jetzigen Rathaus vorzunehmen lohnt sich aber nicht, könnte auch nur in einem so geringen Umfange erfolgen, daß sie sofort wieder zu klein würde.« Vorlagen... Stadtverordneten-Versammlung... 1910, Drucksache Nr. 318. Vgl. auch Die Sparkasse der Stadt Charlottenburg 1887–1912, Charlottenburg 1912, S. 5ff. u. 23.

6 A. a. O., S. 24.

7 P. Bloch, Stil-Zitate und die Logik der Funktion, in: Beiträge zum Problem des Stilpluralismus (= Studien zur Kunst des neunzehnten Jahrhunderts, Bd. 38), hrsg. v. Werner Hager/Norbert Knopp, München 1977, S. 159. Vgl. auch die Kritik am Begriff der »Stileinheit« als eines romantischen Postulats durch J. A. Schmoll gen. Eisenwerth, Stilpluralismus statt Einheitszwang... S. 83ff.

8 Um einer Auflage der Baupolizei zu entsprechen, wurden als zusätzliche Sicherung Überlagsträger eingebaut.

Sparkassenvorhalle, um 1915. Bildhauer: Bernhard Butzke

Sparkassenhalle, um 1915

Für ihre Majolika-Reliefs[9], die über den sechs Zwischenpfeilern angebracht waren, hatten Hinrichsen & Isenbeck[10] dann auch eine warme, dunkle und intensive Tongebung bevorzugt: weinrot, violett, braun, beige, dunkelgrün, gelb und blau. Die Darstellungen kreisten um die Themen Aussaat und Ernte, allegorisierten aber menschliche Arbeit schlechthin. Weder reines noch freies Handeln, ist Arbeit von Natur und der Bedürftigkeit des Menschen sowie den geschichtlich gewordenen Herrschafts- und Gesellschaftsverhältnissen abhängig. Die archaisierende Darstellung des Arbeitsprozesses und der Arbeitsmittel legte eine Deutung der Arbeit im mythischen Sinne nahe: nicht als Leistung und Werk, sondern schicksalhaft, als Mühe und Last.

Vielleicht spielte hier auch ein christliches

9 Bisher hatte man angenommen, daß die Reliefs im Zweiten Weltkrieg zerstört worden waren. Ich konnte allerdings erhaltene Teile im Turm des Rathauses ausfindig machen. Es besteht kein Zweifel, daß diese Reliefs aus der Sparkassenhalle stammen. Eine Restaurierung einzelner vollständig erhaltener Teile erscheint mir ohne weiteres möglich.

10 Die Bildhauer Johannes Hinrichsen und Ludwig Isenbeck taten sich als dekorative Plastiker bei verschiedenen öffentlichen Bauvorhaben in Berlin hervor. Sie schufen den Reliefschmuck für die Charlottenburger Marchbrücke von Heinrich Seeling, den Brunnen vor dem Rathaus in Lankwitz, arbeiteten mit der Architektengemeinschaft Jürgensen & Bachmann bei dem Bau des Restaurations- und Saalgebäudes im Zoologischen Garten sowie dem Bau des Rathauses Schöneberg zusammen und stellten Zierformen für die Außenfassaden her. Der führende Kopf der Gemeinschaft war der am 19. April 1882 in Potsdam geborene Isenbeck, der an der Unterrichtsanstalt des Berliner Kunstgewerbemuseums studiert hatte. Zu seinen bekannteren selbständigen Arbeiten gehörten der Raabe-Brunnen in Holzminden und Kriegerehrenmale in Schleswig und Neumünster. Für das Rathaus Tempelhof stellte er einen Zierbrunnen her. Max Liebermann bescheinigte ihm: »Er gehört zu den besonders begabten jüngeren Bildhauern Berlins«, der »seine Kunst schon bei Aufgaben verschiedener Art an Büsten, Reliefs, an größeren Kriegerdenkmälern usw. mit Erfolg geführt« hat. Preußische Akademie der Künste, Reg. 4, K 10, Künstler und Kunstwerke. Auskünfte über Künstler, Kunstwerke

Verständnis der Arbeit als Auftrag Gottes und zugleich als fluchbeladene Folge menschlicher Schuld eine Rolle. Mit rohen, unbeholfenen Werkzeugen, wenn nicht gar von Hand wurden auf diesen Reliefs Boden und Material bearbeitet. Die agrarisch strukturierte Lebensform, die archaische Einfachheit bäuerlicher Arbeit wurde, in Abkehr von der entwickelten Arbeitsteilung der Industriegesellschaft, idealisiert.[11] Im Mittelpunkt dieser Produktionsform stand hier die Familie. Mann und Frau arbeiteten gemeinsam auf Feld und Acker, die geschlechtsspezifischen Arbeiten im Haus und in der Werkstatt blieben immer Bestandteile eines integrierten Reproduktionsprozesses.

Die Darstellung von Hinrichsen und Isenbeck zeigte überwiegend Personengruppen. Männer und Frauen standen sich gegenüber, hier und dort traten Kinder als verbindendes Element auf. Inwieweit sie selbst Bestandteil der Ernteallegorie waren, sei dahingestellt, wichtiger erscheint mir die zentrale Rolle der Familie, die im Sinne der christlich-organischen Gesellschaftsauffassung als »gottgewollte Ordnung«[12], als der »kleinste soziale Organismus«[13] verstanden wurde. Die Darstellung verband auf Grund ihres abstrakt idealisierenden Charakters verschiedene Motivkreise miteinander. So fehlte in einem der Reliefs nicht das Bild der Fruchtbarkeitsgöttin Demeter, die in ihren Händen zwei große, überquellende Füllhörner hielt. Im einzelnen waren die dekorativen Ziele der Bildhauer schablonenhaft realisiert. Eine individualisierende Durchbildung vermeidend, kehrten Gesichter typenhaft wieder, wiederholten sich Kopf- und Körperhaltungen. Gestik und Haltung blieben jedoch frei von starren Heroisierungen, die Menschen waren demütig, verhalten, ergeben einem Los, das den Lebensprozeß als Widerfahrnis der Arbeit, des Säens und Erntens deutete. Der Bezug auf eine archaische Lebensform war keineswegs ein Kontrapunkt zur Geldwirtschaft der modernen Industriegesellschaft, etwa als völkische Abkehr vom »Großstadtwesen«; es ging den Bildhauern nicht um Widerspruch zur Raumfunktion, wenn sie Grundmuster menschlicher Existenz hervorhoben. Die Typisierung diente vielmehr einer monumentalisierenden Wirkung, einer idealistischen Abstraktion, die Bürgerlichkeit aller historischen Bezüge entkleidete. Das Einbringen religiöser Momente hatte dabei eine verstärkende Tendenz.[14]

Geld erschien nicht nur als Tauschmittel, Wertaufbewahrungs- und Zahlungsmittel zur Erfüllung von Rechtsansprüchen, sondern als allgemeiner Wertmaßstab; die Stadtsparkasse nicht lediglich als »eine gemeinnützige öffentliche Gemeindeanstalt, die zur sicheren verzinslichen Anlegung von Ersparnissen und zur Befriedigung des Kreditbedürfnisses nach Maßgabe ihrer Mittel dient«[15], sondern als universeller Ort, an dem sich Arbeit objektiviert.

Der Allegorie des Säens und Erntens paßte sich die Darstellung der Lebensalter an. Sinnigerweise waren die Plastiken über dem rückwärtigen großen Bogen zu beiden Seiten einer durch Figuren flankierten Schmuckuhr angebracht. Die Ausführung erfolgte ebenfalls in Majolika-Relief. Die verschiedenen Lebensalter des männlichen und weiblichen Geschlechts wurden durch

sowie allgemeine Fragen des Kunstlebens (auch abgelehnte Angebote zum Ankauf von Kunstwerken), Bd. 3, 1926.

11 Zum Ausgangspunkt der künstlerischen Bestrebungen wurde hier das zeitlos »Allgemein-Menschliche«, das sich in eine vereinfachte Hülle kleidete. R. Hamann und J. Hermand nannten diesen Idealismus ein Stilwollen, »das sich die Gestaltung überzeitlicher Monumente zur Aufgabe setzt...«, und sahen in dieser Kunst eine Absage an den Liberalismus der Persönlichkeit und eine Huldigung des Nationalen sowie den Versuch, das »Deutsche an sich« zum Ausdruck zu bringen. R. Hamann/J. Hermand, Stilkunst um 1900... S. 348.

12 Otto Schilling, Christliche Gesellschaftslehre (= Schriften zur deutschen Politik, H. 11 u. 12), Freiburg 1926, S. 30.

13 A.a.O., S. 41.

14 Vgl. R. Hamann/J. Hermand, Stilkunst um 1900... S. 326ff. u. 350f.

15 Die Sparkasse der Stadt Charlottenburg... S. 13.

Köpfe[16] dargestellt, die sich in Auffassung und Durchbildung den antiken und mittelalterlichen Formen der Pfeilerreliefs anschlossen. Der Verbleib der Figuren, die die Schmuckuhr rahmten, ist unklar. An Hand historischer Fotos ist nicht eindeutig auszumachen,[17] ob Teile der im Rathausturm aufbewahrten Relieffragmente dazugehörten. Einiges spricht jedoch für zwei beschädigt erhaltene Reliefgruppen. Es handelt sich um eine aufrechtstehende Frau mit Spindel und Tochter sowie um einen Mann mit Sense, seinen Sohn und ein Schaf zu seinen Füßen. Farbgebung und die Art der Sockelung weisen auf eine Zusammengehörigkeit hin. Durch die Haltung der Personen wird diese Vermutung verstärkt: Mann und Frau sind einander zugewandt und blicken sich erwartungsvoll, aber auch entschlossen an, während die Kinder den Blick zum Boden gesenkt halten, den Körper jedoch durch eine Drehung dem jeweiligen Gegenüber zuwenden. An dem der Schmuckuhr gegenüberliegenden Bogen war das Relief der Demeter angebracht, so daß sich ein subtiler Zusammenhang ergab: Zwischen göttlichem Willen und Schutz – dem Garanten auch der Ordnung – und den Grundbedingungen des Lebens stand die Vergänglichkeit des Menschen, der gezwungen war, die ihm gegebene Zeit zu nutzen.

Die romanisierende Rundbogenarchitektur der Sparkassenhalle wurde durch die skulpturalen Arbeiten von Max Krause[18] vorzüglich ergänzt. Dem Kämpfergesims der Travertinpfeiler gab der Bildhauer kräftigen Blattschmuck mit Ecklösungen in Gestalt von Charakterköpfen und Masken, die er frei aus dem Stein gemeißelt hatte. Die Komposition variierte das Palmetten- und das Akanthusmotiv und verband es mit figürlichen Darstellungen – Tiergruppen mit Schlangen, Fischen, Krebsen, Eidechsen oder Vögeln –, die, naturalistisch gearbeitet, streng in die Ordnung der dekorativen Bauteile eingegliedert wurden,[19] wie es aus der romanischen Kunst des 11. und 12. Jahrhunderts bekannt ist.[20]

16 Von diesen Bauplastiken sind zwölf erhalten, die ich ebenfalls im Rathausturm finden konnte. Die genaue Zahl der Köpfe kann nicht ermittelt werden, aber vermutlich waren es insgesamt sechzehn; da am rückwärtigen Bogen acht angebracht waren und durchaus von einer symmetrischen Anordnung ausgegangen werden kann, muß über dem Eingangsbogen die gleiche Anzahl gehangen haben.

17 Eine der frühesten Aufnahmen der Sparkassenhalle (veröffentlicht in: Die Sparkasse der Stadt Charlottenburg... o.S.) zeigt nur vorläufige Modelle der Reliefs, die Realisierung führte zu Abänderungen. Vgl. Deutsche Bauzeitung, 56 Jg. (1922), Nr. 77, S. 449.

18 Max Reinhold Krause stammte aus Filehne, wo er am 5. Oktober 1875 geboren wurde. Nach dem Besuch der Handwerkerschule in Berlin studierte er an der Arts Students' League in New York und der Académie des Beaux Arts in Brüssel. Seine unmittelbar aus dem Stein gehauenen Bauplastiken – neben seinen Arbeiten für die Kassen- und Brunnenhalle des Seelingschen Erweiterungsbaus lieferte er Steinplastiken für das Rathaus Allenstein, deren deutschnationale Glorifizierung der Weltkriegsereignisse Krause nicht von einer Ausführung abhielten – waren außerordentlich kompakt angelegt und bildeten einen Gegenpol zu seinen feingliedrigen Bronzeskulpturen. Auf der 4. Gesamtausstellung Neue Kunst bei Hans Goltz in München war Max Krause 1916 neben Wilhelm Lehmbruck, Eli Nadelmann und Wilhelm Schmid mit einer ›weiblichen Figur‹ vertreten. Einem Ruf als Lehrer für das Steinmetzfach am Staatlichen Bauhaus in Weimar konnte Krause nicht mehr Folge leisten, da er am 13. November 1920 in Berlin verstarb. Vgl. Nachruf auf Max Reinhold Krause, in: Sozialistische Monatshefte, 26. Jg. (1920), Bd. 55, H. 26, S. 1124f.; Das neue Rathaus in Allenstein, in: Aus dem Ostlande, 11. Jg. (1916), H. 10, S. 381; XXX. Ausstellung – 4. Gesamtausstellung Neue Kunst – Hans Goltz, August–Oktober 1916.

19 H. Losowska, Romanik und Frühgotik... S. 253; W. von Blankenburg, Heilige und dämonische Tiere... S. 63ff.

20 Eine rein dekorative Art von Bauplastik mit Pflanzenwerk, Flechtbändern, Tieren und Fabelwesen als vorherrschenden Motiven entwickelte sich in der oberitalienischen Romanik und fand vor allem in Mitteleuropa Nachahmung. George Zarnecki, Plastik im 12. Jahrhundert... S. 233 u. 241; W. von Blankenburg, Heilige und dämonische Tiere... S. 109. Ein Vergleich mit den Kapitellbildungen in der Quedlinburger Schloßkirche, der Schottenkirche in Regensburg und besonders der Münsterkirche in Essen zeigt, daß Krause sich eigentlich relativ eng an die romanischen Vorbilder hielt. S. auch den Blattfries an der Apsis des Doms in Königslutter. A. a. O., Abbildungsanhang, S. 20f., 37, 85, 90 u. 97.

Tyche, Wandrelief aus der Sparkassenhalle, 1987, farbig glasierter Tonbrand. Bildhauer: Hinrichsen & Isenbeck

Max Krauses Materialgewandtheit und virtuose Steinbehandlung zeigte sich besonders bei der Gestaltung von Köpfen. Individualisierend und ausdrucksstark, vermied sie schablonenhafte Wiederholungen. Daß die Komposition auch mythische Elemente aufnahm, läßt sich an einem Beispiel verdeutlichen, bei dem der Bildhauer das Kopfmotiv mit zwei flankierenden Vögeln verband. Vermutlich handelte es sich um Raben, so daß man annehmen kann, Krause habe sich hier auf die germanische Mythologie bezogen. Odin, der oberste Gott in den norwegisch-isländischen Sagas, hatte zwei Raben auf den Schultern, Hugin, »das Denken«, und Munin, »das Gedächtnis«, die überall hin gelangten und alles berichteten, was sie gesehen hatten, und damit Odins Erkenntnis ständig erweiteren. Zugleich galt Odin als überragender Lehrer der Künste, und vielleicht regte dieses Merkmal den Bildhauer zu seiner Assoziation an.[21]

Im ikonographischen Programm des Erweiterungsbaus deutete sich ein Wechsel der Inhalte an. Während man sich bei der Errichtung des Rathauses, ungeachtet der formalen Gestaltung, auf das Skulpturenprogramm altdeutscher Rathäuser bezogen, Tugend- und Herrscherallegorien und ständische Gesellschaftsvorstellungen hervorgehoben hatte, orientierte sich die Bauplastik des Seelingschen Anbaus an überzeitlichen Werten. Die Wendung zum Allgemein-Menschlichen, zu lebensphilosophischen Vorstellungen ließ sich auch nicht mehr auf eine Auseinandersetzung mit zeitgenössischen Formen ein. Während Reinhardt und Süßenguth ein konservatives Bildprogramm aufzulösen versucht hatten, indem sie überlieferte Formvorstellungen selbständig abwandelten, setzte Seeling entschiedener auf die Wirkung des Materials und seine farbliche Gestaltung. Dekorative Elemente spielten nur noch eine untergeordnete Rolle und wurden in die Architektur integriert. Das galt auch für die figürlichen Bauplastiken der Vorderfront, die entweder – allerdings auf eine äußerliche Weise – in die Fassade eingebunden oder so flach gehalten waren, daß sie eher den Charakter einer Platte annahmen. Der Wechsel des Materials Travertin, Muschelkalk, Marmor, Granit oder farbig glasierter Tonbrand, die Komposition der Farben und nicht zuletzt die strenge tektonische Gliederung der Räume gaben der Innenarchitektur ihr charakteristisches Gepräge. Die Strukturierung durch wuchtige Pfeiler und Bogen und das Hervorheben geschlossener Flächen entsprang Seelings Neigung zu monumentalen Lösungen, wobei diese Monumentalkunst

21 Vgl. W. Golther, Handbuch der germanischen Mythologie ... S. 309f.

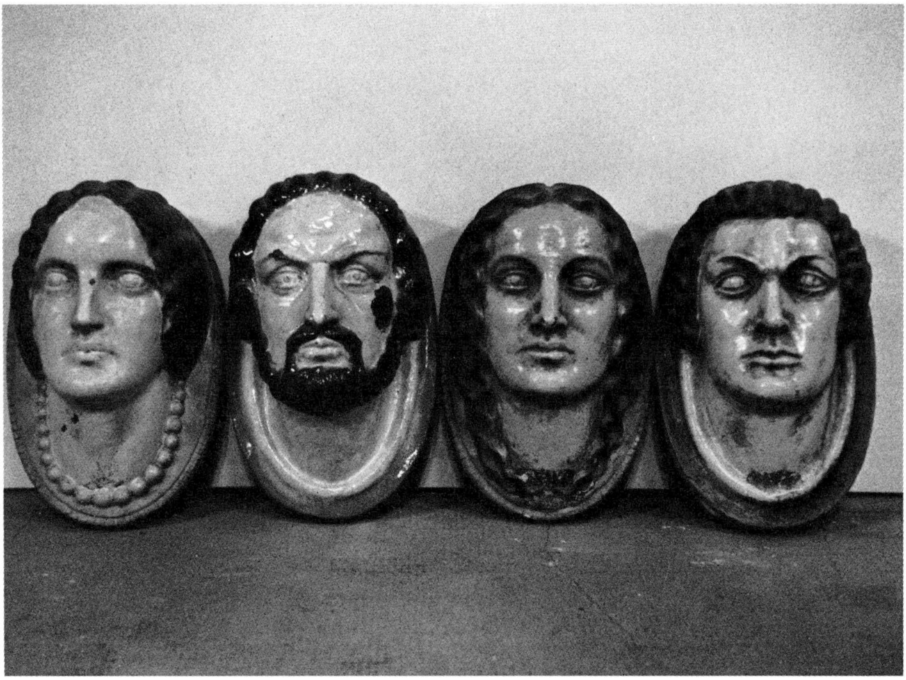

Allegorie der Lebensalter, 1987, farbig glasierter Tonbrand, ursprünglich in der Sparkassenhalle angebracht. Bildhauer: Hinrichsen & Isenbeck

über historische Anleihen vermittelt war. Reinhardt und Süßenguth zeigten zwar auch eine Tendenz zur Betonung der Fläche, jedoch waren gleichzeitig Auflösungsmomente vorhanden, wie beispielsweise bei der Bewegung der Dachlinien, oder sie brachen die Geschlossenheit eines Raumes auf, indem sie ihn durch Linien gliederten und auf diese Weise eine komplexere Raumdurchdringung – es sei an die Treppenhäuser im Altbau erinnert – bewerkstelligten. Seelings großartige Kassenhalle wirkte dagegen durch die Wucht der Massen, ihr monumentales Rahmenwerk und durch den Wechsel von Pfeilern, Bogen und geschlossenem Mauerverband.

Als Hinwendung zum Typischen, zum Wesentlichen, kann auch Seelings Aufnahme des Brunnenmotivs gedeutet werden. Reinhardt und Süßenguth hatten die Verwendung eines Zierbrunnens nicht in Erwägung gezogen, obwohl der Jugendstil das Wasser als organisches Element gerne in die Gestaltung der Innenräume einbezog. Ihr Interesse galt nicht nur der dekorativen Wirkung des Wassers, sondern ebenso seiner Bedeutung als »Sinnbild der Materie und des Mütterlichen«[22]. – Die Erweiterung der großen Querhalle im 1. Obergeschoß nutzte Heinrich Seeling zur Anlage einer Gedenkhalle, die das Brunnenmotiv wiederholte. Der Raum war zum Flur hin offen und schloß an die romanisierende Architektur der Sparkassenhalle an. Schmale, gesockelte Säulenpaare, dunkelgrau geschliffen und in achteckiger Form, trugen schwere Rundbogen. Die Kapitelle der Säulenpaare hatte Max Krause frei im Stein behandelt. Charakterköpfe, Pflan-

22 R. Schmutzler, Art Nouveau – Jugendstil... S. 271. In Verbindung mit der Metaphorik des Säens und Erntens, der Lebensaltersymbolik und der hellenistischen Sinnlichkeit könnte man fast eine Wiederaufnahme lebensphilosophischer Vorstellungen des Jugendstils sehen.

Krieger-Gedächtnishalle, 1913. Bildhauer: Hinrichsen & Isenbeck und Max Reinhold Krause

zen- und Tiermotive wechselten einander ab. Krause arbeitete, wie schon in der Sparkassenhalle, mit einer naturalistischen Auffassung. Die Köpfe schmückten die schmalen Stirnseiten der Kapitelle und waren einander zugewandt. Da sie durch ein kreisförmiges Segment eingerahmt wurden, hatten sie einen medaillonartigen Charakter. Diese Rahmung wiederholte sich bei den Tiermotiven der Längsseiten. Die Verbindung zwischen den kreisförmigen »Reliefs« wurde durch pflanzliche Motive hergestellt, die streng symmetrisch angeordnet waren und in dieser Ordnung schon fast einen abstrakt geometrischen Charakter annahmen, wobei an den Längsseiten der Kapitelle jeweils ein einzelnes freier gearbeitetes Tiermotiv eine bogenförmige Beziehung zu den gerahmten Segmenten schuf.[23] Die Stirnseiten der Kämpfer hatten nur wenig aus dem Stein gehobene abstrakte Reihenmuster erhalten.

Der Boden der Gedenkhalle wurde durch einen geometrisch gegliederten Mosaikfries eingefaßt, in den einzelnen Bogenöffnungen schlossen sich größere Mosaikfelder mit Kompositionen aus figürlichen und geometrischen Motiven an. Die Gewölbedecke war nicht, wie in ihrer heutigen Form, schlicht verputzt, sondern mit Stuck besetzt, der bewegt verschlungene Pflanzenformen zeigte.[24] Zu den Seiten und den seitlichen Bogen des Eingangs hin schlossen Gitter die Gedenkhalle ab. Dunkel, fast schwarz getönt, zeigten sie eine

23 In der Detaillierung zeigten die Kapitelle eine durchaus selbständige Durchbildung. Aufbau und Gliederung lehnten sich jedoch an romanische Vorbilder des 12. Jahrhunderts an. Vgl. H. Losowska, Romanik und Frühgotik... S. 337 u. 340f.

24 Auf dem überlieferten Fotomaterial ist nicht klar zu erkennen, ob die pflanzlichen Darstellungen mit figürlichen Motiven, etwa in Form von Heiligengestalten, verbunden waren, wodurch die Hervorhebung der hellenistischen Mysterienkulte hätte relativiert werden müssen.

feine Rasterbildung mit verstärkten Mittelstreben, die durch kreisförmig eingeschobene Tier- und abstrahierende Pflanzenmotive aufgelockert wurden. Die Oberfläche der senkrechten Streben, die die figürlichen Felder unterteilten beziehungsweise einen Abschluß für die Raster bildeten, war bearbeitet und mit einem Blumenband überzogen.

Die Mitte des Raumes zierte ein Laufbrunnen »feinen Maßstabes«[25], den Heinrich Seeling entworfen hatte. Hinrichsen und Isenbeck stellten die Modelle her, während Max Krause für die Umsetzung in Stein gesorgt hatte. Der Brunnen setzte sich aus drei Teilen zusammen: einem in den Boden eingelassenen vieleckigen Auffangbecken, einem kurzen, kräftigen Sockel mit der Laufschale – das Wasser ergoß sich in dünnen Strahlen aus Löwenköpfen, die am oberen Beckenrand angesetzt waren – und einer sich nach oben verjüngenden Säule mit Kapitell und bekrönender Figur. Diese zur Jahrhundertwende beliebte Brunnenkomposition kombinierte den aus der Romanik bekannten Schalenbrunnen mit dem figurbekrönten, reich geschmückten Stockbrunnen der Renaissance, wobei der Abschluß mit einer Bronzefigur auf italienische Vorbilder zurückging.[26] Den dekorativen Mittelpunkt der Brunnenanlage bildeten Säulenschaft, Kapitell und Bronzefigur. Der fein gemeißelte Schaft war mit seiner rhombenförmigen Strukturierung[27] einer Kornähre nachempfunden. Mit dem bildhauerisch aufwendig geformten Kapitell, das traubentragende Weinstöcke nachbildete, in denen sich Vögel niedergelassen hatten, wurde eine ikonographische Darstellung entfaltet, die die Fruchtbarkeits-, Wachstums- und Lebenssymbole der griechischen Mythologie vereinigte.

Die Kornähre war das zentrale Symbol der Eleusinischen Mysterien, die der Korngöttin Demeter geweiht waren und Fruchtbarkeitsrituale zum Inhalt hatten.[28] Den Weinstock assoziiert man gewöhnlich mit Dionysos. Er verkörperte, zumal wenn er voller Trauben hing, Schöpferkraft und Fruchtbarkeit. Im Mittelpunkt der dionysischen Kulte stand eine phallische Prozession. Zwischen Demeter und Dionysos gab es eine enge Verbindung, da er aus einem Verhältnis von Zeus und Persephone, der Tochter Demeters[29], hervorgegangen war. In den Eleusinischen Mysterien wurde der »dreimal Geborene« als das göttliche Kind gefeiert, dessen Geburt der zelebrierende Priester zu verkünden hatte.[30] Die zierliche Knabenfigur, die den Abschluß der Brunnensäule bildete, dürfte deshalb den griechischen Fruchtbarkeitsgott darstellen, spielte Dionysos doch in den mythologischen Erzählungen die Rolle eines zarten Knaben.[31] Außerdem deutete die in der rechten Hand gehaltene Weintraube auf das Attribut einer Fruchtbarkeitsgottheit hin.

Ludwig Isenbeck, aus dessen Werkstatt das

25 Neubauten der Stadt Charlottenburg ... S. 22.

26 Ein in dieser Weise aufgebauter Brunnen mit eleganten, zierlichen Formen findet sich im Nürnberger Rathaus. Th. Krauth/F. S. Meyer, Die Bau- und Kunstarbeiten des Steinhauers ... Bd. 1, S. 298 f.; vgl. auch H. Koepf, Bildwörterbuch der Architektur ... S. 79 f.

27 Diese Form der Steinbearbeitung war nicht weniger am romanischen Innenbau orientiert und beispielsweise an Säulen der Kaminwand des aus den letzten Jahrzehnten des 12. Jahrhunderts stammenden Kaiserpalastes zu Gelnhausen zu finden. G. Ebe, Die Schmuckformen der Monumentalbauten ... Bd. 1 ... S. 99 u. 102.

28 Robert von Ranke-Graves, Griechische Mythologie. Quellen und Deutung, Reinbek 1984, S. 80 f.; K. Kerényi, Die Mythologie der Griechen, Bd. 1 ... S. 181 ff.

29 R. von Ranke-Graves weist darauf hin, daß Demeter, die vorhellenische Dreifaltige Göttin, in ihrer Gestalt Mädchen (Kore), Nymphe (Persephone) und altes Weib (Hekate) vereinigte, und zwar in einer Zeit, als nur Frauen die Mysterien des Ackerbaus ausübten. Kore stand für grünes Getreide, Persephone für die reife Ähre und Hekate für das geerntete Korn. Griechische Mythologie ... S. 80.

30 K. Kerényi, Die Mythologie der Griechen, Bd. 1 ... S. 198 f., 213 ff.; ders., Die Mysterien von Eleusis, Zürich 1962, S. 144 ff.

31 K. Kerényi, Die Mythologie der Griechen, Bd. 1 ... S. 198.

Medaillonreliefs, 1987, getönter Gips, ursprünglich in der Krieger-Gedächtnishalle angebracht. Bildhauer: Hans Perathoner, *links* Mäßigung und Klugheit, *rechts* Tapferkeit

Modell für die Bronzefigur kam, hatte die Plastik auf einer flachen, nur wenig gerundeten Platte, die sich geschickt in das Kapitell einfügte, plaziert. Die Haltung der Gestalt rundete den Aufbau des Brunnens ab. Der Knabe kniete, der Oberkörper war leicht vorgebeugt und wurde durch die linke Hand, die den Oberschenkel umfaßte, abgestützt, so daß man den Eindruck bekam, die dargestellte Gottheit sähe dem sich ständig aus den Weinstöcken ergießenden Wasser nach. Diese feinsinnige Abstimmung der bildhauerischen Elemente wurde nach dem Zweiten Weltkrieg zerstört, da der neuen Brunnenfigur von August Rhades, die die ursprüngliche Skulptur ersetzte und nur noch in Werkstein ausgeführt war, die organische Beziehung zur Brunnenkomposition fehlte, zudem ihre Ikonographie verändert wurde. Rhades schuf eine aufrecht stehende, frontal wirkende Plastik, die auf einem deutlich erhöhten runden Sockel verankert war. Diese Basis mißachtete die Umrißlinie des Kapitells und fügte sich nicht in die vorgegebene Struktur ein. Die aufrechte Haltung verlängerte die vertikale Linie der Brunnensäule und hob den rundenden Abschluß auf, der durch Isenbecks Skulptur gegeben war. Der gröber geformte Knabe trug eine mönchische Haartracht und hielt als Attribut ein rundes Brot am Körper. Die ursprünglich sinnlicher angelegte Symbolik des Brunnens wurde damit von einer christlichen Ikonographie überlagert, die das Leben und dessen Erhaltung auf Christus bezog, durch den ein neues Leben ermöglicht und für die Zukunft das »Heil« verbürgt wurde.

Für die Bogenöffnungen der hinteren, abschließenden Wand hatte Seeling Gedenktafeln aus Messing, nach Art der alten Grabplatten Peter Vischers, geplant, die dann aber in schwarz getöntem Holz mit aufgemalter Schrift hergestellt wurden.[32] Acht große, polychrom behandelte Reliefs gaben dem quadratischen Raum eine besondere farbige Note. Sie waren »eine urwüchsige, vielleicht etwas bizarr anmutende, aber sicheres Studium der alten

32 Die Deutsche Bauzeitung (Neubauten der Stadt Charlottenburg... S. 22) erläuterte, daß Kirchengedenktafeln aus der Zeit nach den Freiheitskriegen zu Anfang des 19. Jahrhunderts als Vorbild gedient hatten.

mittelalterlichen Meister verratende und ganz moderne Arbeit von eigenartigem Reiz«[33]. Die von Hans Perathoner[34] geschaffenen Medaillonreliefs mit fast vollplastischen Halbfiguren waren jeweils paarweise an den vier Seiten des Raumes angebracht, und zwar schmückten sie die Zwickel der von Doppelsäulen getragenen Bogen.[35]

Perathoners Plastiken allegorisierten Tapferkeit, Gerechtigkeit, Liebe, Mäßigung und Klugheit, Wissenschaft, Weisheit, Hoffnung und Glauben. Der Bildhauer hatte geplant, die Reliefs in Holz zu schnitzen, doch da die Mittel nicht ausreichten, war er zu einer Ausführung in getöntem Gips gezwungen.[36] Medaillonmotiv und rundplastische Halbfigur kombinierte Perathoner mit einem kräftigen linearen Element, das die plastischen Formen durchdrang und sie auflöste. Perathoner nutzte die lineare Bearbeitung, um den Gegensatz zwischen Ruhe und fließender Bewegung darzustellen. »Kraftvoll treten (sie) aus der Wand, mit der sie durch eine tektonisch-plastische Formung doch segensreich verbunden bleiben, heraus; ragend erhöhen sie den sonst etwas bedrückt erscheinenden Raum, durchfluten ihn belebend mit dem rhythmischen Fluß ihrer Bewegungen und der Harmonie ihrer klangvollen Farbigkeit.«[37] Entgegen dieser begeisterten Aufnahme ist doch zu fragen, ob Seeling nicht den relativ kleinen Raum überfrachtet und damit die ruhige Wirkung der doppelsäuligen Bogenarchitektur gestört hat. Perathoners Figuren waren religiös inspiriert. Bildhauerisch ließen sie, trotz der linearen Auflösung, eine Nähe zur christlichen Bauernplastik erkennen. Im Grunde genommen variierte Perathoner das Madonnenmotiv, wodurch der Übergang zum Symbolischen erschwert wurde. Er rang sich nicht zu einer welthaft-expressiven Ausdrucksweise durch, sondern beließ seine Plastiken im Bereich einer christlich motivierten Heimatkunst, die sich dem Symbolcharakter des Raums nicht aufschloß.

Bezeichnend für die Innenarchitektur des Erweiterungsbaus war an dieser Stelle wieder eine subtile Behandlung der Farbe und des Lichts. Die Gedenkhalle empfing überwiegend gedämpftes Licht von der Seite – nur vormittags fiel stärkeres Licht durch die Fenster des anliegenden Treppenhauses ein –, so daß eine intensive Farbgebung aus Gold, Braun, Grün, Blau, Blaugrün und Rot dem Raum einen vielfältig abgestuften Glanz verlieh. In diese Komposition paßte sich die künstliche Beleuchtung ein. Entgegen dem heute vorhandenen vollständig geschlossenen Metallschirm, der nur eine Abstrahlung nach oben zuläßt, ließ Heinrich Seeling einen kielförmigen, polygonalen Schirm anbringen, der mit verschieden großen Öffnungen nach unten und oben abstrahlte, während der seitliche Lichtausfall durch gefärbtes Glas gedämpft wurde.

Das Brunnenmotiv wurde auf der Ebene der Festsäle nochmals aufgenommen. See-

33 Ebd.

34 Hans Perathoner wurde am 21. November 1872 in Sankt Peter-Hinterlaien (Südtirol) geboren. Seine erste Ausbildung erhielt er an der Kunstschule in Sankt Ulrich und studierte anschließend an der Münchner Akademie der Künste, wo er Schüler W. von Rümanns wurde. 1897 trat er eine Stelle als Lehrer an der Handwerkerschule in Bielefeld an, 1914 berief man ihn an die Städtische Kunstgewerbeschule West in Charlottenburg. Aus der Vielzahl seiner Arbeiten waren der architektonisch festgefügte Leineweber-Brunnen in Bielefeld sowie die Kruzifixe für die Kirchen Sankt Martin in Berlin-Mahlsdorf und Berlin-Biesdorf zu nennen. Perathoner starb am 28. Juli 1946 in Berlin.

35 Die Reliefs galten als verschollen, wurden aber vom Autor im Turm des Rathauses entdeckt. Sie befinden sich in einem relativ guten Zustand, sind weitgehend unversehrt und wären ohne übermäßigen Aufwand an ihren ursprünglichen Aufhängungsort zurückzubringen.

36 Oskar Gehrig, Hans Perathoner zu seinem 50. Geburtstag, in: Die christliche Kunst. Monatsschrift für alle Gebiete der christlichen Kunst, der Kunstwissenschaft sowie für das gesamte Kunstleben, 19. Jg. (1922/23), S. 30.

37 A. a. O., S. 31.

Vorraum zum Märkischen Saal, um 1915. Bildhauer: Hinrichsen & Isenbeck

ling nutzte den Vorraum[38] eines neuen Versammlungssaals, des sogenannten Märkischen Saals, zur Anlage eines Wandbrunnens. Die sorgfältige Gestaltung des Raumes ergab sich aus seiner Vermittlungsfunktion für den dahinter liegenden Repräsentationssaal. Der Architekt hatte die auf den Innenhof gehenden Fenster in leichter farblicher Tönung ausführen lassen, die Wände wurden durch rechteckige, farblich abgesetzte Rahmungen gegliedert, die Decke durch ornamentierte Profilleisten kassettiert, womit Seeling ein Strukturprinzip der Wandgliederung im Märkischen Saal vorbereitete. Die Mitte der Decke öffnete sich zu einem getreppten Feld, das von figürlichen Ornamenten gerahmt wurde und der Aufnahme eines massiven Kronleuchters diente. Den Übergang zwischen Wand und Decke milderte Seeling durch einen Fries mit einem abgewandelten Palmettenmotiv. Den Brunnen plazierte der Charlottenburger Stadtbaurat an der Saalwand des Vorraums. Das Mittelfeld der Wand nahm die Brunnenanlage auf, seitlich waren Türen angeordnet, die einerseits in den Saal, andererseits zum Verbindungsgang der sich östlich anschließenden Büros beziehungsweise zum vorderen östlichen Treppenhaus führten. Die Holztüren nahmen das Rastermotiv auf, die Kassetten waren ornamental bearbeitet. Die Brunnenwand hatte den Charakter eines breitflächigen, der Wand vorgelagerten Pfeilers mit einem in den Raum ragenden Kämpfergesims, das von einem geometrischen Muster überzogen wurde. Der Brunnen selbst bestand aus einem blockhaften Stock, der sich oben zu einem sehr schmalen Becken öffnete; auf dessen hinteren Rand hatte man einen kleineren, eingeschnittenen Sockel für den figürlichen Ab-

38 Der Raum ist in seiner ursprünglichen Form nicht mehr erhalten, bei den Restaurierungsarbeiten nach dem Zweiten Weltkrieg wurde auf seine Rekonstruktion keine Mühe verwandt.

schluß der Brunnensäule plaziert. Figur und Sockel waren in eine Nische integriert, die eine rechteckige, profilierte Rahmung mit krönendem Dreiecksgiebel erhalten hatte. Zur offenen Flurhalle hin wurde die Brunnenanlage, die auf einer Platte angebracht war, durch freistehende, mit zierlichen Ketten verbundene schmiedeeiserne Stäbe abgegrenzt.[39]

Inhaltlich rezipierte die Anlage Fruchtbarkeitsallegorien, die der griechischen Mythologie entlehnt waren. Oberhalb des Kämpfers setzte sich eine plastische Gruppe aus einer zentralen Frauenbüste und zwei flankierenden Bären zusammen. Der Bär als Auferstehungs- und Lebenssymbol gehörte zu den Attributen der Artemis.[40] Neben der jungfräulichen Fruchtbarkeitsgöttin erschien eine kleine, auf einer Schildkröte[41] sitzende Bronzefigur, gehörnt und bocksbeinig. Ob es sich hierbei um die Darstellung eines Satyrn oder des Hirtengottes Pan handelte, kann unberücksichtigt bleiben, in jedem Fall wurde durch diese Zuordnung die orgiastische Seite der Fruchtbarkeitsmythologien unterstrichen.

Eine »Lieblingsschöpfung des Architekten«[42] war der Märkische Saal, der sich an die Festsäle des Reinhardt und Süßenguthschen Baus anschloß. Mit einer Breite von 12 und einer Tiefe von 16 m bot er, unter Einschluß einer Galerie an der rückwärtigen Wand, 300 Personen Platz. Der Saal, an dessen Gestaltung Josef Reuters beteiligt war, sollte vor allem als Vortragssaal genutzt werden. Ein hohes Eichenholzpaneel umschloß den Raum. Eingestellte ornamentierte Pilaster sorgten für eine vertikale Gliederung; durch einen verbindenden Architrav, der mit einem Schriftband bemalt war, wurde das obere Drittel des Paneels, das keine spezifische vertikale Gliederung besaß, abgetrennt; das in den Raum verlängerte Brüstungsgesims der Galerie bildete den oberen Abschluß der Holzverkleidung. Die Felder zwischen den Pilastern waren kassettiert, nur die Türen unterhalb der in den Raum ragenden Galerie hatten eine abgesetzte dekorative Durcharbeitung erhalten. Die Balkendecke hatte Seeling in ungehobelten Brettern aus Kiefernholz herstellen lassen, sie verliefen in Längsrichtung und wurden von vier kräftigen Querbalken getragen.

Deutlicher als alle anderen Repräsentationsräume demonstrierte der Märkische Saal, welchen Wert Heinrich Seeling auf eine farbliche Gestaltung legte und mit welch meisterhafter Nuancierung Farben aufeinander abgestimmt wurden. »Was herrscht und alles andere in diesem Raum in seinen Bann schlägt, ist einzig und allein die Farbe...«[43]

Das Eichenholzpaneel war kräfig grün und in den Kassettenfeldern rot gebeizt, leicht bemalt und mit Nägeln beschlagen. Den Wandpfeilern gab Seeling eine schwarzgraue Tönung und ließ sie mit Silbergrau einreiben. Die Türrahmung unterhalb der Galerien besaß die gleiche Farbgebung, während die Türflügel in einem Tiefrot gebeizt waren. Die Türen hatten einen reichen handgeschmiedeten Schmuck mit bizarren figürlichen Motiven erhalten, der aus der Werkstatt von Schulz und Holdefleiss stammte. Die Baubeschläge waren teils blank, teils schwarz eingerieben, die Rosettennägel schwarz gebrannt und bunt bemalt.

Den Höhepunkt der dekorativen Ausstattung bildete die in »reichster Farbenwir-

39 Die Ausführung der Brunnenanlage lag mit ziemlicher Sicherheit in den Händen von Hinrichsen und Isenbeck.

40 K. Kerényi, Mythologie der Griechen, Bd. 1 ... S. 116.

41 Die Schildkröte verkörperte in der griechischen Mythologie das weibliche Prinzip, die Fruchtbarkeit der Wasser und galt als Attribut der Aphrodite, in deren Gestalt sich Züge der semitischen Fruchtbarkeits-, Liebes- und Himmelsgöttin Astarte mit der kleinasiatischen Muttergottheit vereinten. J. C. Cooper, Illustriertes Lexikon ... S. 159; Johannes Irmscher, Lexikon der Antike, 8. Aufl., Bindlach 1987, S. 43.

42 Neubauten der Stadt Charlottenburg ... S. 45.

43 Albert Gut, Neue Charlottenburger Bauten von Heinrich Seeling, in: Berliner Architekturwelt, 19. Jg. (1917), H. 6, S. 178.

Teilansicht des Märkischen Saals, 1914

kung« durchgeführte Holzdecke und der sich über die Oberwände erstreckende Wandfries. Die Unterzüge und der Wandfries zeigten in der Art der Manessischen Liederhandschrift in großer Figurenfülle Episoden aus der Geschichte der Mark Brandenburg bis zum Einzug der Hohenzollern als Landesherren. Die Malereien waren mit einem Spruchband unterlegt, das die historischen Darstellungen kommentierte. Geometrische und vegetabile Motive schmückten die Unterseiten der Stützbalken und die Hölzer der Balkenlage. Die Entwürfe der Friese hatte Marno Kellner in seinem Atelier hergestellt und dann an Ort und Stelle zusammen mit den übrigen malerischen Aufgaben in Kasein-Malerei ausgeführt. Die ornamentale Gestaltung der Decke lehnte sich in freier Auffassung an mittel- und süditalienische Vorbilder des 12. Jahrhunderts wie den zwischen 1174 und 1189 entstandenen Dom von Monreale an.[44] Auch die Balken der offenen Dachstühle mittelalterlicher Kommunalbauten in Italien waren vermutlich mit gemalten Ornamenten verziert.[45] Bildliche Darstellungen mit Richteremblemen oder den jeweiligen Stadtheiligen konzentrierten sich auf den Großen Saal. Im 13. Jahrhundert entstanden friesartig angeordnete Bildfolgen, die historische Ereignisse nachzeichneten, und gleichzeitig Bilder mit allegorisch-politischem Charakter.[46]

Seeling ging es darum, durch die farbliche Komposition die Struktur der Decke auf-

44 Vgl. Renate Wagner-Rieger, Architektur, in: H. Fillitz, Das Mittelalter I... S. 219, Abb. XXX.

45 Reste einer solchen Ausmalung sind im Kommunalpalast von Brescia erhalten. J. Paul, Die mittelalterlichen Kommunalpaläste in Italien... S. 113.

46 Für den Palazzo Publico in Siena malte Ambrogio Lorenzetti Fresken mit Allegorien des guten und schlechten Regiments, in Brescia treten Gerechtigkeitsdarstellungen auf: Justitia und der städtische Beamte werden in Beziehung zueinander gesetzt. A. a. O., S. 111 f.

Türbeschläge aus dem Märkischen Saal. Schmiedearbeiten: Schulz & Holdefleiss

zulösen, ohne daß diese optisch in einzelne Teile zerfiel. Der farblichen Wirkung war deshalb die sachliche Darstellung völlig untergeordnet. Farbliche Akzente hatte noch der obere Teil des Eichenholzpaneels erhalten. Massive, nach oben verengte Holzrahmen nahmen in »freier Auffassung« die Wappen der Städte der Mark Brandenburg und figürliche Wappenhalter auf, die direkt auf das Holz gemalt waren. An den seitlichen Innenwänden des Risalits symbolisierten jeweils drei Bilder die Schwesterstädte Berlin und Charlottenburg. Zur künstlichen Beleuchtung des Saals hatte Seeling bei der Firma Schwinzer & Gräf schwere, schmiedeeiserne Kronleuchter bestellt, die bunt bemalt waren und aus »Beleuchtungsringen« bestanden. Ein unregelmäßig durchbrochenes Geflecht überspannte den unteren Teil des Kronleuchters in Form einer Halbkugel und wurde von einem Lichtkranz bekrönt. Das Vorbild dieser Beleuchtungskörper dürfte im 12. Jahrhundert zu finden sein, beispielsweise in dem von Friedrich I. Barbarossa nach 1165 gestifteten oktogonalen Leuchter für die Pfalzkapelle in Aachen, eine Lichtkrone in der Kombination von Toren, Türmen und Lichtern.[47] In den unteren polygonalen Teil der Beleuchtungskörper waren senkrechte Leuchtelemente eingefügt, die nach oben und unten abstrahlten. Heinrich Seeling hatte beabsichtigt, einen »Raum von ernster Stimmung zu schaffen, wie er wohl in ein deutsches Rathaus passen dürfte«[48], und das ist ihm auf überzeugende Weise gelungen. Zugleich verdeutlichte diese Innenarchitektur, daß der Charlottenburger Baustadtrat der Gegenwart fernstand, eine besondere Vorliebe für überlieferte Formen besaß, die er meisterhaft zu verarbeiten wußte. Dabei befand sich Seeling keineswegs im Spannungsfeld heftiger Kontroversen über die Ausführungsentwürfe, sondern konnte als Baustadtrat ohne größere Konflikte seine Ideen umsetzen. Zeitgenössische Kritiker wie Albert Gut lobten Seelings souveräne

47 Vgl. Heinz Götze, Castel Del Monte. Gestalt und Symbol der Architektur Friedrichs II., 2., erg. u. verb. Aufl., München 1986, S. 100f., Abb. 167 u. 168.
48 Neubauten der Stadt Charlottenburg... S. 45.

Aufnahme und Verarbeitung historischer Überlieferung: »An unsere besten alten Vorbilder knüpft Seeling hier an, nicht sklavisch und engherzig; mit bewußter Übernahme der glänzenden Technik der Alten zwar, aber unter gleichzeitiger Fortentwicklung des Gegebenen, indem er das Überlieferte in liebevollstem Eingehen auf das Kleinste mit Eigenem durchdringt.«[49] Diesem Urteil kann man getrost zustimmen, aber der in seiner Detailausbildung gelungene Saal bleibt Bestandteil eines architektonischen Ensembles und ist auch nach seiner Stellung in der Gesamtkomposition des Baukörpers zu beurteilen. Der organische Bezug zur übrigen Architektur des Erweiterungsbaus fehlte jedoch, da die übrigen repräsentativen Innenräume das Holz als Material nie in der hier dominierenden Weise in Erscheinung treten ließen. Auf einen parallelen Raumentwurf im Reinhardt und Süßenguthschen Bau konnte sich Seeling gleichfalls nicht beziehen. Reinhardt und Süßenguth entfalteten in ihren Sitzungssälen zwar eine üppige Holzarchitektur, die ihre Wirkung jedoch ausschließlich durch ihre Linienführung und ornamentale Durchdringung erzielte – Farbe trat hier nur vollkommen äußerlich, in Form von selbständigen Bildern, in Erscheinung –, nicht aber in ihrer Kombination mit dem Material, in der Seeling, deutlicher als es jemals bei Reinhardt und Süßenguth der Fall war, Vorbilder mittelalterlicher Ratssäle schöpferisch verarbeitete.[50]

Als Versammlungsraum fristete der Märkische Saal nach seiner Fertigstellung ein Schattendasein. In den dreißiger Jahren nutzte man den Raum, in dem reihenweise mit Leisten befestigte Stühle aufgestellt waren,[51] zu gelegentlichen Filmvorführungen.

Im Stockwerk unter dem Märkischen Saal war mit dem Kommissions-Sitzungszimmer ein weiterer Raum des Erweiterungsbaus sorgfältig gestaltet worden. Der Raum maß mit dem vorgebauten Erker etwa 12 m in der Tiefe und 14 m in der Breite. Die Wände waren von C. Prächtel mit geblasenem Eschenholz vertäfelt worden und hatten schwarze Einlagen erhalten. Zur Decke hin löste sich das Paneel in einen Bilderfries auf, der neuere Charlottenburger Gemeindebauten, wie Oper, Schiller-Theater, Krankenhaus- und Schulbauten oder Brücken, darstellte. Die in Schwarzweiß gehaltenen Bilder waren gleichsam Ausdruck des zu sich selbst gekommenen Bürgertums. Es ging nicht länger um den Ausgleich kultureller Defizite, sondern um die bewußte Zurschaustellung der eigenen kulturellen Leistungen. Das überdurchschnittliche Steueraufkommen der Stadt ermöglichte eine rege kommunale Bautätigkeit. Allerdings war von ei-

49 A. Gut, Neue Charlottenburger Bauten von Heinrich Seeling... S. 178.

50 Eine norddeutsche spätmittelalterliche Raumkomposition, die eine farbig behandelte Balkendecke mit einem an der Wand laufenden Bilderfries kombinierte, ist durch den Fürstensaal des Lüneburger Rathauses bekannt, der aus der zweiten Hälfte des 15. Jahrhunderts stammte. An der Decke und den Deckenbalken waren, gerahmt von ornamentalen Verzierungen, 150 Bildnisse deutsch-römischer Kaiser dargestellt. Bei dem Bilderfries der Wand handelte es sich eigentlich um eine Folge von Gemälden verschiedener Landesfürsten. Der Saal hatte seine Bedeutung als »Danzhus«, in dem die vornehmen Bürgerfamilien ihre Feste feierten. Dieser lange Festsaal beeindruckte durch eine Architektur, die ohne Säulen und Pfeiler auskam. Vgl. O. Stiehl, Das deutsche Rathaus im Mittelalter... S. 154 u. 159. Die aufwendige Ausstattung der Innenräume mit Holzbildhauer-, Schnitz- und Schmiedearbeiten, Malereien und kunstvoll getischlerten Möbeln, die Steigerung der Dekoration von der Eingangshalle zu den Haupträumen sind herausragende Merkmale der Renaissance im deutschen Rathausbau. Vgl. A. Grisebach, Das deutsche Rathaus der Renaissance... S. 135f. Die aufsteigende Struktur einer Rathausarchitektur, die gleichsam einen symbolischen Aufstieg von der untersten Ebene der Gefängnisse bis zur obersten mit dem größten und repräsentativsten Versammlungssaal sowie dem Fürstenzimmer nachvollzog, ist immer wieder am Augsburger Rathaus (1614–20) von Elias Holl bewundert worden. Vgl. Sergiusz Michalski, Das Ausstattungsprogramm des Augsburger Rathauses, in: Elias Holl und das Augsburger Rathaus. Ausstellung der Stadt Augsburg, Stadtarchiv, hrsg. v. Wolfram Baer/Hanno-Walter Kruft/Bernd Rueck, Regensburg 1985, S. 77f.

51 Landesarchiv Berlin, Rep. 207, Acc. 2372, Nr. 1644, Märkischer Saal.

Kommissions-Sitzungszimmer, 1913. Bildhauer: Hermann Feuerhahn. Tischlerarbeiten: C. Prächtel. Beleuchtungskörper: Schwinzer & Gräf

nem in die Zukunft weisenden Gestaltungswillen hier nichts mehr zu spüren, die Suche nach »neuen Formen« vergessen; für eine Selbstfindung außerhalb überkommener Formvorstellungen blieb die Ästhetik zu konservativ, zu eklektizistisch, während der Hang zur Monumentalarchitektur, zum Repräsentieren gleichzeitig die Absicht der imperialen Geste offenbarte. – In der Mitte der rückwärtigen Wand wurde der Bilderfries unterbrochen, um einer vermutlich in Bronze gearbeiteten Uhr Platz zu machen. Sechs kleine Medaillon-Reliefs rahmten die Uhr ein, sie versinnbildlichten die zwölf Tierkreiszeichen.

Dekoratives Glanzstück des Sitzungszimmers war die in Stuck hergestellte Decke. Hermann Feuerhahn[52] hatte sie in mehrere

52 Der am 20. Mai 1873 in Hildesheim geborene Bildhauer erhielt seine Ausbildung an der Unterrichtsanstalt des Kunstgewerbemuseums in Berlin. Nach weiteren Studien an der Kunstgewerbeschule Hannover, bei Christian Behrens in Breslau und Studienreisen nach Frankreich, Italien und Nordamerika ließ er sich 1905 in Berlin nieder. Als dekorativer Plastiker schloß sich Feuerhahn jener modernen Richtung an, »die in dem Schmuck, sei er Mensch oder Arabeske, vorerst den Ausdruck tektonischer Kräfte sieht und in starker Stilisierung eine weithin sichtbare Wirkung erzielt« (W. Kurth, Hermann Feuerhahn, in: Allgemeines Lexikon der Bildenden Künstler... Bd. 11, S. 517). In seiner strukturellen Auffassung erinnerte Feuerhahn an Franz Metzner, der sich in seinen Arbeiten um ein Zusammenwirken von Monumentalplastik und Architektur bemühte. Auf der Großen Berliner Kunstausstellung im Jahre 1903 waren im Saal für Architektur, den Albert Gessner entworfen hatte, Pfeilerreliefs von Feuerhahn zu sehen. Für den Bau des Weinhauses Rheingold von Bruno Schmitz führte er Bronzereliefs mit allegorischen Figuren für verschiedene Säle aus und ließ darin deutlich den Einfluß Franz Metzners erkennen, der als Hauptschmuck für die Fassade des Gebäudes stilisierte »monumentale Muskelornamente« hergestellt hatte. Ein Jahr später, 1908, arbeitete Feuerhahn mit dem Architekten Oskar Kaufmann beim Bau des Hebbel-Theaters zusammen. Seine Figuren und Reliefs befreiten sich hier von den Monumentalproportionen, der forcierten Stilisierung und rhythmischen Verwendung. Die Verbindung zu Kaufmann blieb auch weiterhin bestehen, Feuerhahn lieferte dekorative Plastiken

Ratsstube, 1917. Holzbildhauer- und Tischlerarbeiten: Wilhelm Kimbel. Bronzebeleuchtungskörper: Schwinzer & Gräf

Felder aufgeteilt: ein großes rundes Mittelstück zur Aufnahme der Beleuchtungskörper und vier kleinere runde Felder mit allegorischen Darstellungen, die in die Ekken plaziert worden waren. Die Decke wurde von einer profilierten Leiste eingefaßt, die Verbindung zwischen den einzelnen ornamentalen Feldern vermittelten mit Früchten behangene Weinstöcke, die sich in bewegten Linien über die Decke zogen. Das Mittelfeld bestand aus einer doppelstöckigen Weinpflanze mit Früchten und Laub. Die Innenseite des Stuckornaments hatte Feuerhahn in die Decke abgesenkt, um die Innenseite, die sich nach oben, zum bildhauerisch unbearbeiteten Innenfeld hin verjüngte, auf durchbrochene Weise formen zu können. Der Fruchtbarkeitsbaum nahm vierzehn an Ketten hängende Beleuchtungskörper auf, die in das plastische Weinrankenwerk strahlten. Die allegorischen Darstellungen der kleineren Felder bezogen sich auf die Grundelemente des Seins, Erde, Luft, Wasser und

für das Stadttheater in Bremerhaven oder das Haus Konschewski und die Wohnung Dr. Epstein in Berlin. Feuerhahns Statuen für die Fassade der Königlichen Berliner Bibliothek zeigte eine Loslösung vom Funktionszwang der Architektur und eine Rückkehr zur bildhauerischen Auffassung, wobei historische Reminiszenzen, namentlich der italienischen Renaissance, deutlich wurden. Mit Heinrich Seeling hatte Feuerhahn bei den Theaterbauten in Nürnberg, Kiel und Freiburg im Breisgau bereits zusammengearbeitet. Für Seelings Charlottenburger Opernhaus schuf Feuerhahn fünf lebensgroße Reliefs, die über den fünf Haupteingängen zum Zuschauerraum angeordnet waren und durch fünf Schlußsteinköpfe unter dem Gebälk der Säulen ergänzt wurden. Die Reliefs kehrten das Figürliche wieder selbständig hervor und orientierten sich an antiken Vorbildern. Erwähnenswert bleibt, daß die Reliefs Motive der antiken Mythologie mit lebensphilosophischen Vorstellungen verbanden. Zu beiden Seiten eines Mittelreliefs mit Eros und Psyche waren die Wegstrekken des Lebens als Andante, Scherzo, Furioso und das Finale als Largo sinnbildlich dargestellt. Das Deutsche Opernhaus zu Charlottenburg, in: Deutsche Bauzeitung, 47. Jg. (1913), Nr. 13, S. 113.

Feuer, wie die ältere griechische Naturphilosophie oder die mittelalterlichen Alchimisten sie sahen.[53] In der Verkörperung von Erde und Luft standen sich Geist und Materie, Vater- und Mutterprinzip gegenüber; in der Darstellung von Feuer und Wasser waren die Widersprüche in der Welt der Elemente vereinigt, die beiden großen Prinzipien des Universums, das Aktive und das Passive. Die im Widerstreit stehenden Elemente waren zugleich notwendig für alles Leben. Inhaltlich nahm diese Dekoration die lebensphilosophischen Vorstellungen vom Fließenden, vom Säen und Ernten, vom Geboren- und Altwerden, von Fruchtbarkeit, Schöpferkraft und Sinnlichkeit auf und bezog sich damit auf die Ikonographie der übrigen Hallen und Räume.

Eher an die Innenarchitektur des Kommissions-Sitzungszimmers als an die des Märkischen Saals schloß sich der Ausbau der neuen Ratsstube an, auch wenn Heinrich Seeling meinte, sie habe den »Charakter einer alten getäfelten Patrizierstube«[54]. In diesem Raum präsentierte sich der gediegene Luxus des Wilhelminismus mit seiner Vorliebe für kostbare Materialien. Wie bereits erläutert, hatte der Magistrat die Ratsstube des Reinhardt und Süßenguthschen Baus als zu beengt empfunden und deshalb für den Erweiterungsbau eine geräumigere Anlage gefordert, die eine direkte Treppenverbindung zu den Innenräumen des Rathauses erhalten sollte. Die Vorlage des Magistrats zur »Verstärkung des Rathauserweiterungsbaufonds« vom 27. November 1913 beschrieb die Funktion der Ratsstube folgendermaßen: »Die Ratsstube hat neben dem Zweck, für die städtischen Körperschaften als geselliger Versammlungsraum zu dienen, vor allem auch die Aufgabe, als Empfangsraum für den Empfang und die Bewirtung auswärtiger Vertreter von Behörden und Korporationen benutzt zu werden. Die Festsäle sind hierzu bei einer geringen Personenzahl nicht geeignet.«[55] Die Kosten für den Ausbau der 86 m^2 großen Ratsstube bezifferte der Magistrat auf 35000 bis 40000 Mark. Da der Raum eine repräsentative Funktion übernehmen sollte, waren die Stadtverordneten durchaus bereit, »eine der Bedeutung (der) Stadt entsprechende Ausstattung« zu befürworten. Die vorhandene Ratsstube wurde der Weinabteilung des Ratskellers angegliedert und neu ausgebaut. Durch eine Schiebetür stellte Seeling die Verbindung zwischen den einzelnen Räumen her. Da der Raum in die Achsenteilung des Altbaus übergriff, mußte die Ratsstube in zwei Teile zerlegt werden, die durch einen großen Bogen vermittelt wurden.

Heinrich Seeling hatte für den Raum einen Entwurf im Maßstab 1 : 10 angefertigt und die Ausführung der Täfelungsarbeiten Wilhelm Kimbel[56] übertragen. Vor allem der

53 Neubauten der Stadt Charlottenburg... S. 45. Aufnahmen der allegorischen Darstellungen sind nicht überliefert.

54 Ebd.

55 Vorlagen... Stadtverordneten-Versammlung... 1913, Drucksache Nr. 306.

56 Der Innenarchitekt, Zeichner und Kunsttischler Wilhelm Kimbel, der bereits im Reinhardt und Süßenguth-Bau die Tischlerarbeiten für das Oberbürgermeister- sowie das Konferenzzimmer ausgeführt und die Möbel geliefert hatte, stammte aus einer alten Kunsttischlerfamilie. Als Sohn Martin Kimbels, der sich als Reformer des Kunstgewerbes einen Namen gemacht hatte, wurde er am 4. Februar 1868 in Breslau geboren. 1882 begann er eine Tischlerlehre in Hamburg und erhielt anschließend eine Ausbildung im Zeichenatelier seines Vaters. Seit 1886 war Wilhelm Kimbel in verschiedenen Büros als Zeichner beschäftigt, unter anderem bei der Architektengemeinschaft Cremer & Wolffenstein in Berlin, für die er zahlreiche Entwürfe zum Innenausbau von Villen lieferte. Für kurze Zeit arbeitete er bei den Firmen Max Pallenberg in Köln und Anton Bembé in Mainz, bevor er im Spätherbst 1889 nach New York ging. Nach einem Jahr erfolgloser Arbeit als selbständiger Architekt arbeitete Kimbel als Zeichner in den Ateliers des Kirchenarchitekten W. Schickel und Wilhelm Baumgartens. 1894 kehrte Wilhelm Kimbel nach Deutschland zurück, trat ins väterliche Geschäft ein und gründete schließlich drei Jahre später in Berlin mit seinem Freund Aßmus Friedrichsen die Firma Kimbel & Friedrichsen. Kimbel, das »Beispiel eines vom Handwerk her gewordenen Künstlertums« (Robert Corwegh, Wilhelm Kimbel, in: Innendekoration... 26. Jg. [1915], S. 399), setzte sich für eine Erneuerung des Kunst-

östliche, noch erhaltene Teil[57] der Ratsstube war kostbar dekoriert. Pfeilereinstellungen gliederten die Wände, die Zwischenfelder waren durch profilierte Leisten und Verdachungen in Türhöhe gerahmt, die oberen, mit schmaleren Profilen versehenen Teile mit Intarsien verziert.[58] Die Wand zum Flur nahm zwischen den Türeinstellungen einen Wandschrank auf, dessen oberer Teil verglast war; oberhalb des Schrankes befand sich eine Intarsienarbeit, die das Charlottenburger Schloß darstellte. Die vertieften Felder über den Türeinstellungen der Wand waren offen und von einem spiralförmigen Ornament, das von einem dekorativen Kopf zusammengehalten wurde, eingefaßt. Die Ecken dieses Teils der Ratsstube verdeckten in den Raum gesetzte Pfeiler. An der Deckenaufteilung wiederholte sich der Grundriß des Raumes. Kräftige Profile und Kassetten besorgten die Rahmung, aus der Mitte heraus trat eine profilierte runde Platte mit einem aufwendigen Intarsienfeld, das noch einmal die Lebensmetaphorik darstellte. Ein kranzförmig gebildeter Weinstock mit Laub und Früchten umschloß ein nach allen Seiten ausstrahlendes Feuer, das Symbol der Erneuerung des Lebens. Für die Wände verwandte Kimbel deutsches mattiertes Nußbaumholz, für die eingelegten Zierleisten Palisander und Mooreiche. Das reich intarsierte Deckenmittelfeld stellte er aus einer Platte her: ein »Meisterwerk der Täfelkunst«, kommentierte die zeitgenössische Kritik.

Der Übergangsraum zur Weinstube war etwas bescheidener dekoriert. Die Wände wurden flächiger strukturiert, ohne Pfeiler und Türeinstellungen, die Decke durch schlichte Profile in einfacher Weise kassettiert. Über der Verbindungstür zur neuen Weinstube war eine weitere Intarsienarbeit mit einer Darstellung der Charlottenburger Brücke angeordnet. Die Fensterfront zur Berliner Straße hin hatte Glasmalereien erhalten. In Kleidung, attributiver Ausstattung und dekorativer Rahmung spätmittelalterlicher Manier folgend, allegorisierten vier Männergestalten Handwerk, Handel, Recht und Kunst. Über der figürlichen Malerei hatte der Architekt Schrifttafeln mit Sinnsprüchen anbringen lassen.

gewerbes aus der Praxis des Handwerks ein, befürwortete eine schöpferische Arbeit, die Entwurf und Ausführung vereinigte, ohne der Maschinenfeindlichkeit der Arts and Crafts-Bewegung nachzugeben (W. Kimbel, Unser Handwerk in Not, in: Innendekoration... 26. Jg. [1915], S. 404 u. 420). Kimbel blieb der gewachsenen Tradition verpflichtet, die »anarchistische Verneinung alles Dagewesenen und Bestehenden« war ihm fremd, die »anpassende Pflege der Überlieferung« (A. Hofmann, Wilhelm Kimbel. Ein Künstlerbild der Gegenwart, in: Deutsche Bauzeitung, 58. Jg. (1924), Nr. 68, S. 430) sein eigentliches Metier. Als Eklektiker hatte Kimbel eine Vorliebe für das »Preziösentum«, die den kostbaren Detailwerten eine zentrale Stellung in der Komposition eines Möbelstücks gab. Seit 1899 war Wilhelm Kimbel mit Möbelentwürfen und Raumstudien auf der Großen Berliner Kunstausstellung vertreten. Er wurde mit dem Titel eines Hofzeichners und 1908 mit der Goldenen Medaille für Kunst ausgezeichnet. Zu den bekanntesten Arbeiten Wilhelm Kimbels gehörte die nach seinen Entwürfen ausgeführte Innenausstattung der Schlösser Paulinum (Hirschberg [Schlesien]) und Ganz (Uckermark), der Saalbauten der Deutschen Bank und verschiedener Räume der Hotels Adlon und Eden in Berlin.

57 Die erhalten gebliebenen Täfelungen der Ratsstube fanden bei der Restaurierung des Ratskellers in den sechziger Jahren Verwendung, und zwar für die Ausstattung eines als Weinstube konzipierten Raumes. Dieser Raum wurde nicht am ursprünglichen Ort der Ratsstube eingerichtet, sondern in den weiter zum Turm hin gelegenen Teil des Ratskellers, den Heinrich Seeling zur neuen Weinstube ausgebaut hatte, verlegt. In den Räumen der ehemaligen Ratsstube ist heute die Bürgerberatung des Bezirksamtes Charlottenburg untergebracht.

58 In der oberen Mitte der westlichen Wand befand sich der eingelegte Spruch: »Begonnen und hergestellt im Jahre des großen Krieges 1914«. Neubauten der Stadt Charlottenburg... S. 48.

Viertes Kapitel

Vom Umgang mit dem Erbe

Ausbaumaßnahmen und Erweiterungspläne

Nach dem Ende des Ersten Weltkrieges stellten sich den städtischen Behörden vermehrte Verwaltungsaufgaben. Demobilisierung und Wohnungsbewirtschaftung erforderten die Einrichtung neuer Dienststellen. Da gleichzeitig ein eklatanter Wohnraummangel in der Stadt bestand, sollten die neuen Verwaltungseinheiten nicht in Privatgebäuden untergebracht werden.

Der Magistrat legte am 9. Oktober 1919 der Stadtverordneten-Versammlung einen Antrag vor, in dem er um die Genehmigung von 300000 Mark »für die Schaffung von weiteren Büroräumen im Rathaus«[1] nachsuchte. Die Hochbauverwaltung hatte vorgeschlagen, »über das 5. Geschoß hinaus Räume im Dachgeschoß und im Untergeschoß sowie die großen Vorflure in den übrigen Geschossen zu Büroräumen herzurichten«[2]. Durch diese Maßnahmen wurden 910 m² Bodenfläche gewonnen, ein Teil der außerhalb des Rathauses benutzten Räume konnte für Wohnzwecke freigegeben werden. Die neuen Diensträume waren für das Wohnungs- und Mieteinigungsamt vorgesehen.[3] Wegen der allgemeinen Dringlichkeit hatte der Magistrat die Bauausführung schon vor der Bewilligung der Gelder durch die Stadtverordneten beginnen lassen. Diese stimmten auf ihrer Sitzung am 15. Oktober 1919 dem Antrag des Magistrats zu.

Die Ausbaumaßnahmen betrafen den Erweiterungsbau. Im Untergeschoß wurde ein Teil des ovalen Verteilungsflurs für Bürozwecke abgetrennt. Der Flur des Frontgebäudes an der Lützower Straße erhielt einen neuen Grundriß, der hofseitig neue Büros vorsah. Im 2. Obergeschoß und in den darüberliegenden Stockwerken wurde jeweils ein weiterer Raum an der Ostseite des zweiten Innenhofes (Gebäudeteil t) eingerichtet. Im 3. Obergeschoß ließ Seeling den Flur des hinteren Frontgebäudes zugunsten von Büroräumen verkleinern, während im 4. Obergeschoß der Flur des an der Südseite des zweiten Innenhofes gelegenen Verbindungsflügels (Gebäudeteil u) für die Aufnahme von Dienstzimmern hergerichtet wurde. Im Hauptgebäude löste man im 4. Obergeschoß den Wandelraum vor der Galerie des Märkischen Saals auf und richtete ihn für Verwaltungstätigkeiten ein (Raum 427). Das Dachgeschoß des Verbindungsflügels, des Frontgebäudes an der Lützower Straße und des länglichen Gebäudetraktes am hinteren Außenhof (Gebäudeteile u–y) wurden für Bürozwecke ausgebaut.[4]

Die Bauarbeiten waren noch vor Ende des Jahres abgeschlossen. Doch bereits wenige Monate später zeigte sich, daß die neu geschaffenen Diensträume bei weitem

1 Vorlagen ... Stadtverordneten-Versammlung ... 1919, Drucksache Nr. 227.

2 Ebd.

3 Die Personalzunahme beim Mieteinigungsamt war mit dem Inkrafttreten der Mieterschutzverordnung vom 23. September 1910 verbunden. § 6 machte die Kündigung eines Mieters von der Genehmigung des Mieteinigungsamtes abhängig. Durch diese Ausweitung des Amtsbereiches waren Neueinstellungen notwendig geworden, die die Zahl der Mitarbeiter am 1. Dezember 1919 von 43 auf 103 erhöhte. Zu weiteren umfangreichen Personalvermehrungen zwang die Wohnungsbewirtschaftung und die Kohlenversorgung. Bezirksamt Charlottenburg ... Bauaufsichtsamt, Bauakten Otto-Suhr-Allee 98, Bd. 2/3, Bl. 36f.

4 A.a.O., Bl. 18–27.

nicht ausreichten. Der Magistrat hatte zunächst daran gedacht, die Festsäle für Verwaltungstätigkeiten einzurichten; wegen der zu erwartenden hohen Kosten und der Schwierigkeiten des Ausbaus mußte von diesen Plänen jedoch Abstand genommen werden. Der östliche Teil der Festsäle blieb allerdings, ohne daß besondere Ausbaumaßnahmen getroffen wurden, einer Büronutzung unterworfen.

Am 7. Mai 1920 forderte der Magistrat die Stadtverordneten-Versammlung auf, zur Schaffung von weiteren Büroräumen 1180000 Mark aus Anleihmitteln zu bewilligen.[5] Der Magistrat plante, das Haus Kirchhofstraße 9 um ein Stockwerk zu erhöhen und mit dem Rathaus durch einen zweistöckigen Neubau, der über das vermietete Grundstück Am Lützow 12 führen sollte, zu verbinden. Insgesamt hoffte der Charlottenburger Magistrat, durch die Neu- und Ausbauten für 93 Beamte Diensträume schaffen zu können. Mit dem Hinweis auf die unmittelbare Verbindung der Geschäftsstellen und die mögliche Versorgung durch die Fernheizanlage des Rathauses versuchte der Magistrat, die Vorlage den Stadtverordneten schmackhaft zu machen.

Der Antrag fand in der Stadtverordneten-Versammlung keine Mehrheit. Die Verordneten Erich Eyck und Wilhelm Mickler kritisierten die hohen Baukosten und gaben der Hoffnung Ausdruck, daß die Eingemeindung eine Einschränkung der bezirklichen Verwaltungstätigkeiten zur Folge haben werde und somit Diensträume verfügbar würden.[6] Die Vorlage des Magistrats wurde an einen Ausschuß überwiesen und verblieb dort, bis die Stadtleitung ihn am 30. Juni 1920 zurückzog. Durch die Bereitstellung eines bisher von der Schulverwaltung genutzten Hauses konnte der »dringendste Bedarf« an Büroräumen gedeckt werden.[7]

Noch im Jahre 1920 erfuhr die Sparkassenhalle im Seeling-Bau eine Erweiterung. Längst zu klein geworden, konnte sie durch Überbauung des an der Nordseite der Halle gelegenen Hofes von unregelmäßiger Grundform vergrößert werden. Der an dieser Stelle angelegten Girokasse stand ein Raum von 11 m Tiefe und 30 m Breite zur Verfügung, der durch Oberlicht gut beleuchtet war. Im Obergeschoß richtete man eine Anzahl von Nebenräumen für die Sparkasse ein, die über einen Treppenlauf direkt mit der Haupthalle in Verbindung standen. Nach Herausnahme der Fenster und Beseitigung der Brüstung der alten Nordwand ergab sich für den jetzt fertiggestellten Hallenbau ein einheitlicher Raum von rund 50 m Länge.

Die Einbeziehung Charlottenburgs in den Verband Groß-Berlin setzte dem selbständigen Arbeiten der Baumeister in den Vororten und der selbständigen Vertretung ihrer Entwürfe ein Ende. Die Eingemeindung machte zunächst alle Bauvorhaben im Hinblick auf einen weiteren Ausbau des Rathauskomplexes zunichte. Zu den aufgegebenen Projekten gehörte der Neubau eines Festsaals im Westflügel, die Hofüberdachung für Ausstellungszwecke und die Errichtung eines neuen Magistrats-Sitzungsaals unter dem Festsaal, in Fortsetzung der großen Querhalle des Altbaus, da der alte unter ungünstigen Lichtverhältnissen litt. Unter diesem Sitzungsraum sollte, ähnlich wie beim Sparkassenflügel, eine weitere Zugangshalle zum Rathaus und zugleich zum Ratskeller geschaffen werden. Für den Keller selbst waren eine leistungsfähigere Küchenanlage sowie ein großer Weinfaßlagerraum vorgesehen.

Mit der Vorlage vom 19. Mai 1921 unternahm das Bezirksamt Charlottenburg einen neuen Versuch, die Bezirksverordneten für einen Anbau zu gewinnen und die entsprechenden Mittel beim Magistrat Berlins zu beantragen. Durch das »Gesetz über die Bildung einer neuen Stadtge-

5 Vorlagen... Stadtverordneten-Versammlung... 1920, Drucksache Nr. 159.
6 Amtliche Berichte... Stadtverordneten-Versammlung... 1920, S. 291.
7 Vorlagen... Bezirksversammlung... 1921, Drucksache Nr. 25.

meinde Berlin« vom 27. April 1920,[8] das zum 1. Oktober in Kraft getreten war, hatte Charlottenburg seinen Status als selbständige Stadtgemeinde verloren, was sich besonders im Verlust der Finanzhoheit niederschlug. Die Bezirke erhielten nur ein Etatvorschlagsrecht, und weiterhin sollte ihnen bei der Durchführung des Haushalts ein »angemessener Spielraum« eingeräumt werden. Die Wegnahme der Etatautonomie zwang die bis zuletzt um ihre Selbständigkeit kämpfenden Repräsentanten Charlottenburgs, für die Mittel ihrer Bauvorhaben bei den zentralen Verwaltungsorganen der Stadt um Genehmigung nachzusuchen. Bezirksbürgermeister Arthur Scholtz begründete die Wiederaufnahme des Bauvorhabens mit der Möglichkeit, »Arbeitsgelegenheit für Erwerbslose zu schaffen, andererseits um Wohnräume, die jetzt noch von unseren Geschäftsstellen benutzt werden, zur Linderung der von Tag zu Tag steigenden Wohnungsnot freizumachen«[9].

Das Bezirksamt nahm die Planungsvorstellungen vom Mai 1919 auf, nur daß jetzt sowohl das Vorder- als auch das Hinterhaus des Gebäudes Kirchhofstraße 9 um ein weiteres Stockwerk erhöht werden sollten. Die Kosten bezifferte die Vorlage auf 1 540 000 Mark. Nach dem Berlin-Gesetz benötigte das Bezirksamt für seine Anträge beim Magistrat nicht die Zustimmung der Bezirksversammlung. Da jedoch die Zuständigkeiten zwischen dem Bezirksamt und der Bezirksversammlung nur unzulänglich geregelt waren und häufig zum Streit zwischen dem Magistrat und den verschiedenen Bezirken führten, folgte das Charlottenburger Bezirksamt der Tradition der echten Magistratsverfassung in den östlichen preußischen Provinzen und holte auf den durch Ortssatzung allein den Bezirksämtern übertragenen Gebieten die Zustimmung oder das Einverständnis der Versammlungen ein.[10]

Nach längeren Ausschußberatungen unter dem Vorsitz des Bezirksverordneten Josef Brix stimmte die Bezirksversammlung der Vorlage zu, wobei die Summe der beantragten Mittel auf 1 720 000 Mark heraufgesetzt wurde. Die Mehrkosten ergaben sich aus der Notwendigkeit, die in städtischen Häusern untergebrachten Büroräume in Wohnungen umzuwandeln. Daraufhin ersuchte das Bezirksamt den Magistrat um Bereitstellung der Mittel und reichte einen Vorentwurf über das Bauvorhaben ein. Nach einer technischen Prüfung gab der Magistrat den Antrag zur Überarbeitung zurück, worauf das Bezirksamt Charlottenburg einen neuen Entwurf anfertigte, den es am 21. November 1921 in die Bezirksversammlung einbrachte. An Stelle einer in leichter Bauweise ausgeführten Erweiterung sollte jetzt ein nach den allgemeinen baupolizeilichen Vorschriften errichteter Massivbau hergestellt werden, der auch spätere Geschoßvermehrungen zuließ. Die notwendige Anpassung an die vorhandenen Stockwerkshöhen des Rathauses zog eine Vergrößerung des umbauten Raums und folglich eine Steigerung der Kosten nach sich. Die Bezirksverordneten stimmten diesen Plänen zwar am 16. Dezember zu, doch gelang es nicht, die Genehmigung des Magistrats zu erlangen; im Mai 1922 wurden die Bauvorhaben endgültig zu den Akten gelegt.

8 Preußische Gesetzessammlung 1920, S. 123. Zur späteren Phase der Eingemeindungsverhandlungen, der Rolle des Zweckverbandes Groß-Berlin und der Organisation der Gemeindeverwaltungen im Ersten Weltkrieg vgl. K. Nowack, Das Werden von Groß-Berlin ... S. 131 ff.; Felix Escher, Berlin und sein Umland. Zur Genese der Berliner Stadtlandschaft bis zum Beginn des 20. Jahrhunderts (= Einzelveröffentlichungen der Historischen Kommission zu Berlin, Bd. 47), Berlin 1985, S. 311 ff.; Otto Uhlitz, Zur Geschichte des Berliner Bezirksverfassungsrechts. Eine Rückschau unter besonderer Berücksichtigung Charlottenburgs, in: Von der Residenz zur City. 275 Jahre Charlottenburg, hrsg. v. Wolfgang Ribbe, Berlin 1980, S. 325 ff.

9 Vorlagen ... Bezirksversammlung ... 1921, Drucksache Nr. 25.

10 O. Uhlitz, Zur Geschichte des Berliner Bezirksverfassungsrechts ... S. 346; B. Grzywatz, Rathaus Charlottenburg ... S. 306 f.; Christian Engeli, Gustav Böß. Oberbürgermeister von Berlin 1921–1930 (= Schriftenreihe des Vereins für Kommunalwissenschaften e. V. Berlin, Bd. 31), Stuttgart-Berlin-Köln-Mainz 1971, S. 32 f. und 117 ff.

Baukosten für Erweiterungsvorhaben

a)	für den Verbindungsbau	1 510 000 M
b)	für den Aufbau auf das Vorderhaus Kirchhofstraße 9	380 000 M
c)	für den Aufbau auf das Hinterhaus Kirchhofstraße 9	225 000 M
d)	für den Umbau der Büroräume	185 000 M
	zusammen	2 300 000 M

Quelle: Vorlagen für die Bezirksversammlung... 1921, Drucksache Nr. 68

Die kritischen Einwände gegen die Magistratsvorlage vom Mai 1920 erwiesen sich im nachhinein als durchaus berechtigt. Bis zum Frühjahr 1924 war ein Überschuß an Diensträumen vorhanden, so daß eine große Anzahl für Wohnungszweck zur Verfügung gestellt werden konnte.[11] Mit wenigen Ausnahmen waren sämtliche Dienststellen im Rathaus untergebracht.

Erst Mitte der zwanziger Jahre erwuchsen der kommunalen Verwaltung durch die Übernahme von Tätigkeiten bei der Erwerbslosenhilfe und der städtischen Krankenkasse neue Aufgaben, die schnell zu einer erneuten Raumnachfrage führten. Der Verwaltungsbericht für die Jahre 1932 bis 1936 stellte fest, »daß das Rathaus den Ansprüchen schon seit Jahren nicht mehr genügte«[12]. Die Verlegung der Steuerkassen in die entsprechenden Stadtgegenden sowie der Umbau des stillgelegten Krankenhauses Kirchstraße 19–20 zur Schaffung weiterer Büroräume brachten der bezirklichen Verwaltung nur vorübergehend Erleichterung. Die in den Jahren der Weltwirtschaftskrise erschreckende Zunahme der Wohlfahrtserwerbslosen machte eine ständige Bereitstellung neuer Räume notwendig. Aus Sicherheitsgründen war das Bezirksamt bemüht, den Besucherstrom zu dezentralisieren. Im Rathaus verblieben die Hauptabteilung des Wohlfahrtsamts sowie die Sozialrentner- und Kriegsbeschädigtenfürsorge, während die Masse der Unterstützungsempfänger in fünf verschiedenen nahegelegenen Gebäuden betreut wurde. Trotzdem kam es im Rathaus zu gewalttätigen Auseinandersetzungen, so daß die Polizei eingreifen mußte. Die Wohlfahrtsstellen standen unter ständigem Polizeischutz, und ebenso wie in den Steuerkassen wurden einzelne Bedienstete mit Schußwaffen ausgerüstet.

Aber auch nach dem 30. Januar 1933 blieb das Raumproblem im Rathaus erhalten, zumal die nationalsozialistischen Organisationen Zimmer in den städtischen Gebäuden beanspruchten. 1939 vom Magistrats-Oberbaurat Georg Graffki entwikkelte Pläne sahen vor, das Rathaus im Zuge der Lützower Straße nach Osten hin zu erweitern. In einem Schreiben des Charlottenburger Bezirksbürgermeisters an den Generalbauinspektor für die Reichshauptstadt Berlin vom 13. November 1939 wurde im Zusammenhang mit dem Bau von Luftschutzräumen auf das Erweiterungsprojekt hingewiesen.[13] Die Baupläne, die im Hochbauamt des Bezirks entwickelt worden waren, übersandte der Bezirksbürgermeister Mitte Dezember an den Generalbauinspektor;[14] von den eingereichten Grundrissen, Ansichten und Schnitten ist lediglich noch eine Bebau-

11 Eine nicht unwesentliche Rolle dürfte dabei auch der Personalabbau zu Anfang der zwanziger Jahre gespielt haben. Vgl. Ernst Fölsche, Der Personalabbau in Berlin, in: Berliner Wirtschaftsberichte, 1. Jg. (1924), Nr. 7, S. 49f.; ders., Nach dem Personalabbau in Berlin, in: Berliner Wirtschaftsberichte, 3. Jg. (1926), Nr. 1, S. 1f.; B. Grzywatz, Arbeit und Bevölkerung im Berlin der Weimarer Zeit... S. 365f.

12 Verwaltungsbericht der Bezirksverwaltung Charlottenburg vom 1. April 1932 bis 31. März 1936, hrsg. v. Bezirksbürgermeister des Verwaltungsbezirks Charlottenburg der Reichshauptstadt Berlin, Berlin 1937, S. 14.

13 Zentrales Staatsarchiv Potsdam, 46.06 (Generalbauinspektor für die Reichshauptstadt Berlin), Nr. 1479, Erweiterungsbau des Rathauses Charlottenburg, 1939–1940, Bl. 7.

14 Schreiben vom 14. Dezember 1939. Das Bauvorhaben wurde unter dem Titel »Nr. B 353. Charlottenburg, Berliner Straße 72. Rathauserweiterung« registriert. A.a.O., Bl. 4 u. 5.

ungsskizze erhalten.[15] Graffkis Entwurf folgte nicht der Seelingschen Vorstellung einer fast völlig geschlossenen Bebauung bis an die Fluchtlinie der Kirchhofstraße; der Erweiterungsbau endete vielmehr im rückwärtigen Gelände der Kirchhofstraße, so daß hier die rechtwinklig geschlossene Gebäudefront in einem länger angelegten spitzen Winkel auf die Straße zulief. Nur ein kleiner dreiachsiger Flügelbau vermittelte den Anschluß an die Flucht der vorhandenen Bebauung in der Kirchhofstraße.
Das alte Frontgebäude an der Lützower Straße und der parallel verlaufende Gebäudeteil in der Tiefe des Geländes wurden um siebzehn Achsen verlängert und die Gebäudemassen um zwei große Innenhöfe gruppiert. Zwei quergestellte Baukörper verbanden die langgestreckten Flügelbauten miteinander. Am Eingang zum Platz Am Lützow sollte die Bauflucht bis auf die Höhe der hofseitigen Begrenzungslinie des Front- beziehungsweise Hintergebäudes zurückgelegt werden. Graffki verzichtete auf eine erschöpfende Bebauung des Geländes und plante an der Kirchhofstraße ein schmaleres Gebäude, das im Gegensatz zum Seelingschen Entwurf einen strengen rechteckigen Grundriß besaß. Damit ergab sich auch keine Notwendigkeit, einen weiteren freien Innenhof anzulegen. Das Erdgeschoß war als überdeckter Hallenhof konzipiert, von dem aus eine Treppe den Zugang zum hinteren Teil des projektierten Erweiterungsbaus vermittelte. Der über diesem offenen Hof liegende Gebäudeteil sollte vermutlich als bis zum 4. Obergeschoß durchgehende Halle ausgebildet und durch ein Oberlicht beleuchtet werden. Das Bauvorhaben des Bezirks wurde jedoch zunächst auf zwei Jahre zurückgestellt und schließlich aufgegeben.[16]

Die ornamentfreudige Architektur des Charlottenburger Rathauses dürfte wohl kaum den Beifall der Nationalsozialisten gefunden haben. Zwar benutzten und kultivierten Baumeister des Dritten Reiches wie Albert Speer strukturgebende Bauornamente, vor allem Pilaster und Gesimse; applizierte Ornamente lehnten sie jedoch ab, da diese ihrem Wesen nach unterschiedliche Stile und Epochen verrieten und somit einem historischen Wandel unterlagen, auf Vergänglichkeit hinwiesen. Die Nationalsozialisten bestanden aber auf Dauerhaftigkeit und Unveränderbarkeit, sie wollten die Vorstellung vom Ewigkeitswert des nationalsozialistischen Systems auch in der Architektur verwirklichen. »Wir lehnen ab, was in bröselnden Schutt zerfällt, verrostet und verrottet; wir schätzen die Echtheit, die im Alter Patina ansetzt... Wer auf Jahrhunderte hinaus seine politischen Ziele setzt, der baut auch standfest bis in die fernste Zukunft.«[17]
Die nationalsozialistische Architektur lehnte Bauformen wie die deutsche Gotik oder den Barock ab, die faschistischen Cäsaren strebten zum Klassischen, suchten den »Weg zum Großen«, den sie in einem kolossalen Neoklassizismus gefunden zu haben glaubten. Ebenso fraglich erscheint es, ob das Charlottenburger Rathaus als Monumentalbauwerk die Würdigung der neuen Machthaber fand, da es einerseits in der Tradition bürgerlicher Verwaltungsbauten stand und als Symbol der Selbstverwaltung und bürgerlichen Selbstbewußtseins gedeutet werden wollte, andererseits sich in einer Baulage befand, die wenig Distanz zu den Bürgern der Stadt schuf und zugleich wenig Raum ließ für Aufmärsche oder andere inszenierte Massenveranstaltungen.[18] Es verwundert daher nicht, daß

15 A. a. O., Bl. 1. Maßstab 1:500.
16 A. a. O., Bl. 4.
17 Hermann Seeger, Öffentliche Verwaltungsgebäude (= Handbuch der Architektur, begründet v. Eduard Schmitt, T. 4, Halbbd. 7, H. 1 b), 3. Aufl., Leipzig 1943, S. 15.
18 Daß dem Aufmarschplatz als Bestandteil der Rathausanlage während der nationalsozialistischen Herrschaft besondere Bedeutung beigemessen wurde, läßt sich an zwei Berliner Rathausbauten der dreißiger Jahre zeigen. Das Rathaus Tiergarten von Richard Ermisch (1935/36) und das Rathaus Tempelhof von Hellmut Delius (1938/39) boten einen H-förmigen beziehungsweise annähernd H-förmigen Grundriß; der die Schenkel verbindende Querflügel wurde weit hinter die Bauflucht zurückgeschoben, um Raum für einen

während der nationalsozialistischen Zeit nicht das Rathaus, sondern eher der Kuppelsaal des Deutschen Sportforums Ort repräsentativer Zusammenkünfte war. Zudem schuf die neue Verfassung der Reichshauptstadt Berlin, die am 1. Januar 1937 in Kraft trat, eine straffe zentralistische Verwaltungsorganisation, die die letzten Reste bezirklicher Autonomie beseitigte. Die Selbstverwaltung als Institution der unmittelbaren und mittelbaren Mitwirkung der Bevölkerung an der innergemeindlichen Willensbildung wurde vollends aufgehoben, so daß das Rathaus als Ort demokratischer Gemeindepolitik aus dem Blickfeld des einzelnen Bürgers geriet.[19] Die politischen Entscheidungsprozesse blieben undurchsichtig, zumal sie maßgeblich von den einzelnen Instanzen der NSDAP beeinflußt wurden.

Die Zerstörung des Rathauses und der Wiederaufbau nach dem Zweiten Weltkrieg

Während des Zweiten Weltkriegs wurde das Charlottenburger Rathaus weitgehend zerstört. Ein Luftangriff am 1. März 1943 machte den Bezirksverordneten-Sitzungssaal unbenutzbar. Die Charlottenburger Zeitung vom 3. März äußerte sich empört über die »jüngste Schand-Tat der britischen Luftpiraten«: »Die durch den Massenabwurf von Brandbomben verursachten Schäden sind fast ausschließlich ziviler Natur, Wohnviertel und Rathäuser, Krankenhäuser und Kirchen sind und bleiben nun einmal keine kriegswichtigen Ziele, und eben darum bleibt es unerfindlich, worin der tiefere Sinn und Zweck eines solchen Bubenstreiches überhaupt liegen soll.« Die moralische Entrüstung diente hier wohl ausschließlich demagogischen Zwecken, die auf die Erhaltung und die Befestigung des notwendigen Feindbildes abzielten. Im September des gleichen Jahres zerstörte ein weiterer Angriff die Ostseite des 4. Obergeschosses. Die schwersten Schäden erlitt das Rathaus am 22. November 1943 durch eine schräg in den Turm und bis ins Erdgeschoß schlagende Luftmine. Über das Ausmaß des Schadens gab die Charlottenburger Zeitung in den nächsten Tagen keine genauen Berichte. Es blieb bei der üblichen Hetze auf die »anglo-amerikanischen Luftgangster« und bei beschwörenden Durchhalteparolen. Hinter dieser restriktiven Informationspolitik stand die Furcht des nationalsozialistischen Regimes vor den Folgen eines Bekanntwerdens des

Aufmarschplatz zu schaffen. Die Hervorhebung des Rathauses als eines öffentlichen Gebäudes, indem man – wie häufig bei Rathausneubauten des 19. Jahrhunderts – dem Rathaus eine Freifläche vorlegte, auch wenn diese vorher nicht vorhanden war, solch ein städtebaulicher Akzent wurde durch die Platzanlage zumindest des Verwaltungsgebäudes im Bezirk Tiergarten nicht geschaffen, dazu waren die einzelnen Gebäudeteile zu gleichförmig angelegt. Die veränderten politischen Verhältnisse, die Ausschaltung der demokratischen Selbstverwaltung konnte man an der Außenarchitektur dieser Verwaltungsgebäude deutlich ablesen. Bewußt wurde auf jede Repräsentation verzichtet, die Büroräume und die wenigen noch vorhandenen kleineren Sitzungssäle waren zweckgemäß innerhalb des Grundrisses verteilt, die Sitzungssäle selbst beeinflußten nicht mehr die Außenarchitektur, die repräsentativen Versammlungsräume der bezirklichen Körperschaften waren gänzlich aus den Bauprogrammen verschwunden. Dagegen erhielten Ehrenhallen »für die Gefallenen der Bewegung« eine hervorragende Stellung im Rathausprogramm. In Tiergarten erweiterte Ermisch an zentraler Stelle den Hauptflur des Querflügels nach Norden, um die hier eingerichtete Ehrenhalle und den Flur stimmungsvoll zusammenklingen zu lassen. In Tempelhof war die Ehrenhalle »zweigeschossig in würdiger Form angelegt« und an der Außenarchitektur des Gebäudes hervorgehoben. Auf ein wesentliches Rathausattribut mochte indes die nüchtern-sachliche Verwaltungsarchitektur nicht verzichten: In Tiergarten erinnerte ein Dachreiter, in Tempelhof gar ein gedrungener Turm an den Gebäudetyp »Rathaus«. Vgl. a. a. O., S. 118ff.

19 Vgl. Rudolf Suthoff-Groß/Ernst Luther, Verfassung und Verwaltung der Reichshauptstadt Berlin auf der Grundlage des Gesetzes über die Verfassung und Verwaltung der Reichshauptstadt Berlin vom 1. Dezember 1936, Berlin 1938, S. 30ff. Zur allgemeinen Entwicklung der Kommunalverfassung im Dritten Reich vgl. Horst Matzerath, Nationalsozialismus und kommunale Selbstverwaltung (= Schriftenreihe des Vereins für Kommunalwissenschaften e.V. Berlin, Bd. 29), Stuttgart-Berlin-Köln-Mainz 1970, S. 105ff.

Schadensumfangs; die »Moral der Volksgenossen«, der Durchhaltewille durfte nicht erschüttert werden, deshalb auch das allgemeine Fotografierverbot.

Die Bezirksverwaltung war umgehend in die Fürstin-Bismarck-Schule, Sybelstraße 2–4, umgezogen, einzelne Verwaltungsteile wurden in das Gebäude des Reichsmilitärgerichts in der Witzlebenstraße 4–5 verlegt. Über die neuen Dienststellen des Rathauses berichtete die Charlottenburger Zeitung in ihrer Ausgabe vom 27. November 1943: »Das Rathaus Charlottenburg in der Berliner Straße 72/73 ist durch den Terrorangriff vom 22. zum 23. November ernstlich beschädigt worden. Der Dienstbetrieb kann deshalb in ihm nicht aufrechterhalten werden. Die Bezirksverwaltung hat noch in der gleichen Nacht einen Notbetrieb im Gebäude der Fürstin-Bismarck-Schule eingerichtet, der allmählich in normale Bahnen übergeleitet wird, so daß alsdann sämtliche Dienststellen ein festes Unterkommen finden werden.

Die Quartierausgabe an Obdachlose findet in den zukünftigen Sammelunterkünften statt, in denen auch für die ersten Tage die Verpflegung an Obdachlose ausgegeben wird.

Die Fliegerschädenbeseitigung, wozu auch die Ausgabe von Pappe und Dachpappe gehört, wird weiterhin, wie bisher, durch die zuständigen Baubüros, die sich in den einzelnen Bezirksteilen befinden, geregelt. Die Bevölkerung mag dafür, wie sie es bisher auch dankenswerterweise getan hat, Verständnis aufbringen, daß Pappe und Dachpappe häufig erst in größeren Mengen herangeführt werden müssen.

Für alle Fragen, die von Obdachlosen an die Gemeindeverwaltung zu richten sind, stehen, wenn auch in verkleinertem Umfange, fast alle früheren Dienststellen des Rathauses auch weiterhin zur Beantwortung bereit. Eine Notdienststelle des Standesamts ist ebenfalls in der Fürstin-Bismarck-Schule eröffnet worden.

Auch die Transportstelle hat im gleichen Hause Unterkunft gefunden.

Es wird ausdrücklich darauf aufmerksam gemacht, daß sich das Wirtschafts- und Ernährungsamt wie bisher in der Witzlebenstraße 34/35 befindet.

Die Fliegerversorgungsnachweise werden jedoch nicht in der Witzlebenstraße, sondern jeweilig in der betreffenden Sammelunterkunft ausgegeben. Der Volksgenosse erspart sich somit Wege, wenn er wegen der Verabreichung eines Fliegerversorgungsnachweises sich nicht nach der Witzlebenstraße, sondern ausschließlich zu seiner Sammelunterkunft begibt.

Das Kriegsschädenamt hat sowohl für Hausratschäden, Gebäudeschäden wie auch Gewerbe- und Gebäudebenutzungsschäden ebenfalls seine Tätigkeit in der Sybelstraße aufgenommen. Die Bezirksverwaltung wird bemüht bleiben, so schnell wie möglich sämtliche Dienststellen wieder in vollen Lauf zu bringen.«

Unter dem Titel »Neugier ist nicht am Platze« erklärte die Charlottenburger Zeitung am 27. November: »Es sollte eigentlich keines besonderen Hinweises bedürfen, daß es heute weniger denn je angebracht ist, durch die Straßen zu streifen, um an den Stätten der Verwüstung seine Neugier zu befriedigen ... Neugierige müssen daher in allen Fällen mit einer sofortigen Heranziehung zur Mithilfe bei Aufräumungsarbeiten rechnen.« Mit Nachdruck erinnerte die Zeitung an das Fotografierverbot: »Es wird nochmals eindringlich auf die bestehende Verfügung hingewiesen, wonach das Photographieren von Schadensstellen durch nicht dazu befugte Personen streng verboten ist.« Die letzten noch erhaltenen Gebäudeteile des Rathauses an der Straße Alt-Lietzow fielen am 24. April 1945, wenige Tage vor der Kapitulation Berlins, einem letzten Luftangriff zum Opfer. Bei diesem unerwarteten Angriff kamen dreizehn Arbeiter, die unter der Flurhalle ihre Mittagspause abhielten, ums Leben. Zu den völlig zerstörten Bauteilen des Rathauses gehörten der damalige Stadtverordneten-Sitzungssaal sowie die Säle und Räume im Gebäudeabschnitt an der Berliner Straße, unter anderem das Bürgermeister- und das Kommissions-Sitzungszimmer. Schwere Schäden wiesen der Turm und die Fassade sowie das

Ansicht des zerstörten Rathauses, 1948

Haupttreppenhaus einschließlich des ornamentalen Schmucks auf.
Zur Sicherung des zerstörten Rathauses wurden besondere Maßnahmen durchgeführt. Das Loch in der östlichen Turmwand ließ die Bezirksverwaltung vermauern, der vordere westliche Seitenflügel des Hauptgebäudes, der Mittelbau, Teile des Erweiterungsbaus und das hintere Frontgebäude erhielten Notdächer, der Flur vor dem westlichen Festsaal und im ersten Querflügel des Seelingschen Anbaus mauerte man vorläufig ab.[1] Die Sandsteinarchitektur des Rathauses war erheblich beschädigt: Am Turm waren Eckquader herausgeschossen, das östliche Giebeltürmchen und ein Teil der anschließenden Außenwand waren völlig herausgedrückt worden. Das Travertingesims des Risalits am Erweiterungsbau hatte ebenso Schaden gelitten wie die aus dem gleichen Material hergestellten Fensterpfeiler des Märkischen Saals. Die Dacheindeckungen und -konstruktionen waren vollständig zerstört, das Deckengewölbe über dem vorderen Haupttreppenhaus eingestürzt. Von der beschädigten Bauplastik müssen zuallererst die vier Figuren des westlichen Frontflügels und das Relief am Architrav des Erweiterungsbaus genannt werden. Diese Schäden waren alle schwerwiegender Natur, doch hatte das Architekturgerüst des Rathauses in weiten Teilen gehalten. Der Turm war nicht eingestürzt, und die Struktur der Hauptfront einschließlich des bauplastischen Schmucks war erhalten geblieben, was ebenso für das Frontgebäude an der Lützower Straße zutraf.
Demgegenüber hatte der Schaden an der Innenausstattung größere und weitreichendere Ausmaße. Unter den repräsentativen Räumlichkeiten blieben nur der Magistrats-Sitzungssaal und die Kommissionszimmer des Mittelbaus erhalten, alle anderen Säle mit ihrer aufwendigen, detaillierten Gestaltung waren völlig ausgebrannt, ebenso die Zimmer des Oberbürgermeisters und seines Stellvertreters sowie große Teile des Ratskellers. Die Sparkassenhalle blieb relativ gut erhalten, aber auch hier waren wichtige Ausstattungsgegenstände für immer verloren. Die Bauplastik der Innenräume, der Flure und Hallen war schwer beschädigt – völlig zerstört eigentlich nur der ornamentale Rahmen des Eingangs zum Oberbürgermeisterzimmer –, doch hatten sich Kapitell- und Eckausbildungen, Treppenwandungen und Pfeilerreliefs teilweise so erhalten, daß eine Rekonstruktion keine Schwierigkeiten barg. Die Glas- und Wandmalereien oder mobile Einrichtungsgegenstände wie das Mobiliar waren dagegen schwer zu ersetzen.
Im Sommer 1944 hatte man mehrere Dienststellen, darunter die Stadtkasse, im Turm des Rathauses unterbringen können, aber erst Ende Mai 1945 konnte nach einer behelfsmäßigen Instandsetzung ein kleinerer Teil der übrigen Räumlichkeiten wieder bezogen werden. Schließlich begann am 1. April 1947 der planmäßige Neuaufbau.[2] Nach der Währungsreform schritten die Wiederherstellungsarbeiten dann allmählich voran.
Zur Aufrechterhaltung des geregelten Dienstbetriebes mußte das Bezirksamt ehemalige Wohnräume, Wohnhäuser, Büro- und Geschäftshäuser sowie frühere staats- und reichseigene Gebäude in Anspruch nehmen. Außer im Haus in der Witzlebenstraße als Zentrum der Verwaltung waren verschiedene Dienststellen in den Gebäuden Kaiserdamm 45–46 und 49–50, Richard-Wagner-Straße 5, Havelstraße 10–12 (heute: Arcostraße), Wilmersdorfer Straße 98–99 sowie in weiteren Häusern am Tegeler Weg, an der Platanenallee, der Schloß- und der Heerstraße untergebracht. Die finanziellen Aufwendungen waren bei der Beschränktheit der Haushaltsmittel nicht unerheblich. In einem Rundschreiben an die einzelnen Abteilungen des Bezirksamtes vom 6. Januar 1950

1 Vgl. den Situationsplan des Amts für Hochbau über das Dach des Rathauses vom 18. April 1951, Bezirksamt Charlottenburg... Hochbauamt.
2 Vgl. Bezirksamt Charlottenburg... Heimatarchiv, Inv. Nr. Ve/2b, Rathaus, Bd. 2.

forderte Bürgermeister Albert Horlitz zur Sparsamkeit auf: »Für alle diese Gebäude sind Mieten bzw. Verwaltungsgebühren zu entrichten, die die Haushaltswirtschaft in einem erheblichen Umfang belasten. Während in einigen Abteilungen Aufgabengebiete fortgefallen sind oder sich verringerten, sind anderen Abteilungen neue, nicht unbedeutende Aufgaben übertragen worden. Ferner mußte das Bezirksamt Charlottenburg für die Durchführung der Aufwertung der Uraltkonten Büroräume für die Unterbringung von rund 100 Angestellten und für die Einrichtung von Zahlstellen beschaffen. Durch diese Maßnahmen sind zur Zeit in einigen Dienststellen die Diensträume vollständig unzureichend. Bei der derzeitigen schlechten finanziellen Lage ist eine Anmietung von weiteren Büroräumen nicht mehr vertretbar. Das Sparsamkeitsprinzip muß nicht nur aufrechterhalten, sondern weiter verstärkt werden. Wir müssen uns daher bei der Benutzung von Diensträumen und beim Gebrauch von Inventar... weitgehendst einschränken und unseren Bedarf auf ein Mindestmaß herabsetzen«[3].

Der Mangel an finanziellen Mitteln setzte auch der raschen Instandsetzung des Rathauses Grenzen. In einem Antrag vom November 1949 ersuchte das Bezirksamt den Magistrat um die Bewilligung einmaliger Ausgaben für Baumaßnahmen im Jahre 1950.[4] Von den geforderten 13,9 Millionen sollten 1418000 DM für Bürodienstgebäude, das hieß für den Aufbau des Rathauses, verwandt werden. In der Bezirksversammlung vom 1. Februar 1950 mußte Bürgermeister Horlitz den Bezirksverordneten bekanntgeben, daß der Westberliner Magistrat lediglich 3,8 Millionen DM bewilligt hatte. Der enttäuschte Horlitz erklärte: »Wir werden mindestens 2,5 bis 3 Millionen brauchen, um die dringendsten Arbeiten ausführen zu können. Dann werden im alten Rathaus 450 Räume entstehen. Dieses reicht aber nicht aus, um alle Angestellten unterbringen zu können. Wir werden also nach der Herstellung des alten Rathauses doch noch auf Privatdiensträume zurückgreifen müssen.«[5]

Von den bewilligten Mitteln konnte das Bezirksamt zunächst 600000 DM für den Wiederaufbau des zentralen Verwaltungsgebäudes aufwenden. Besondere Sorge bereitete dem Bezirksamt eine eventuell ratenweise Auszahlung der bewilligten Mittel und die Auflage des Senats, bei einem Wechsel des Verwendungszwecks um Genehmigung nachzusuchen. Aus diesem Grund forderte Bürgermeister Horlitz: »Diese Mittel dürfen nicht ratenweise gezahlt werden, sondern müssen am 1. April 1950 in voller Höhe zur Verfügung stehen und sich in jedem Fall untereinander ausgleichen. Das war bisher nicht so. Wurde irgendein Betrag eingespart, mußte erst ein Bittgang zur Kämmerei angetreten werden, damit dieser Betrag an anderer Stelle Verwendung finden konnte. Besonders hindernd würde sich die ratenweise Freigabe der 600000 DM für die Instandsetzung des alten Rathauses auswirken; deshalb die Forderung: 1. keine Ratenzahlungen, 2. daß das Bezirksamt selbst die Verwendung der Mittel bestimmt.«[6]

In seinem Bericht über die Instandsetzungsarbeiten meldete Horlitz Zweifel an, ob die Übergabe der ersten Verwaltungseinheiten, wie vorgesehen, zum 1. April 1950 erfolgen könnte. Seit Mitte Februar arbeiteten etwa 120 »Fachleute« an der Sonderherstellung des alten Rathauses, und mit dem Fortschritt des Baus war mit einer Erhöhung ihrer Zahl zu rechnen. Die neuen Decken und Wände wurden teils massiv, teils aus Holz eingezogen. Man tauschte defekte Eisenträger aus und über-

3 Landesarchiv Berlin, Rep. 207, Acc. 2552, lfd. Nr. 3972, Bl. 16.
4 Einladungen und Drucksachen der Bezirksverordnetenversammlung Charlottenburg vom Dezember 1946 bis Dezember 1950, Vorlage Nr. 135.
5 Protokolle der Bezirksverordnetenversammlung Charlottenburg 1949/50, Sitzung 1. Februar 1950.
6 Der Charlottenburger. Amtliches Nachrichtenblatt des Bezirksamtes Charlottenburg, 2. Jg. (1950), Nr. 6.

holte das Dach vollständig. Unter der Leitung des Architekten Hans Günther vom Amt für Hochbau, der durch die Mitarbeiter Borchert, Nau und Franke unterstützt wurde,[7] sollte das Rathaus Charlottenburg in seiner alten Gestalt wiederaufgebaut werden. Die Natursteinfassaden wurden deshalb sorgfältig ausgebessert und restauriert. Nur die Frontarchitektur der Innenhöfe stellte man vorläufig im billigeren Betonverfahren her. Die zerstörten beziehungsweise beschädigten Teile der Sandsteinfassade wurden abgetragen und erneuert; die Vermauerung des durch Bomben herausgedrückten Turmabschnitts ließ das Amt für Hochbau entfernen, anschließend wurde die Wand in Sandstein wieder aufgeführt.[8] Die über herausgeschossenen Eckquadern liegenden Werksteine erhielten eine Untermauerung und wurden dann verkleidet.[9] Der östliche Turm des Mittelgiebels bekam ein neues Oberteil in Sandstein.[10] Die Hauben beider Türmchen veränderte man vollständig, indem man ihnen eine gotisierende spitze Haube aufsetzte. Reinhardt und Süßenguth hatten an Stelle spitzer Abschlüsse ornamental durchbrochene Kränze entwickelt, die den geschwungenen Linien des Giebels, der Dachfensterumrahmungen und der Dachbekrönung korrespondierten.[11] Darüber hinaus hatten die Giebeltürmchen immer in einem engen Zusammenhang mit der gesamten Turmfassade, insbesondere dem Aufbau des Hauptturms gestanden. Hans Günther lehnte sich aber bei dessen Wiederaufbau an den ursprünglichen Entwurf Reinhardt und Süßenguths an und übernahm die aus vielfachen architektonischen Versatzstükken gegliederte Form. Allerdings nicht auf dem Wege einer Rekonstruktion, da die Turmhelmlösung vereinfacht wurde. Die Stufungen der Übergänge zwischen den Einzelteilen reduzierte Günther, und gleichzeitig verzichtete er auf ornamentale Anbindungen, so daß der Helm insgesamt ein glatteres und gestraffteres Gesicht bekam. Die abgerundeten Verbindungsflächen zwischen den gegiebelten Fenstereinstellungen hatten Reinhardt und Süßenguth mit Reihenornamenten belebt, die Trauflinie des sich verjüngenden Helms war stärker profiliert, ebenso der Ansatz zur Turmspitze, der gar Eckausbildungen erhalten hatte. Die Halbsäuleneinstellungen standen nicht frei wie nach Günthers Wiederaufbau, sondern waren in ein vermittelndes Rahmenwerk eingeschlossen, die Spitze setzte bei Reinhardt und Süßenguth kranzförmig an – eine Parallele zu den Giebeltürmchen –, das Auslaufen des Helms nach oben war im originären Zustand in sich abgestufter.

Aber auch am Fassadenaufbau wurden einschneidende Veränderungen vorgenommen. Der zweigeschossige Ausbau des östlichen Festsaals machte eine neue Fensterordnung notwendig. Reinhardt und Süßenguth hatten die starke vertikale Wirkung der Festsaalfenster gedämpft, indem sie die Ecken der oberen Abschlüsse abrundeten und das untere Drittel durch einen bogenförmigen Sandsteinrahmen abteilten. Am großen Rundbogenfenster des Mittelrisalits wiederholte sich diese Gliederung, nur daß der aufwendiger dekorierte Mittelbogen hier die Tür zum Balkon aufnahm. Die oberen Fensterflächen wurden durch ein eisernes Rahmenwerk zusammengehalten, dessen Flächen eine Bleiverglasung mit rechteckigen Scheiben aus gepreßtem Glas erhalten hatten. Der abgegrenzte untere Teil der Fensterflä-

7 Landesarchiv Berlin, Rep. 207, Acc. 3075, lfd. Nr. 5218.

8 Bezirksamt Charlottenburg ... Heimatarchiv, Inv. Nr. Ve/2 b, Rathaus, Bd. 2 ... Abb. 110.

9 A. a. O., Abb. 131.

10 A. a. O., Abb. 101.

11 Vgl. die Situationsskizze des Amts für Hochbau (nicht datiert, Abb. auf S. 342). Nachdem im Herbst 1988 mit dem Wiederaufbringen des Zierkamms begonnen wurde, ist das Mißverhältnis zwischen der Giebelturmlösung und dem Architekturrahmen sowie seiner ornamentalen Durchdringung noch offensichtlicher.

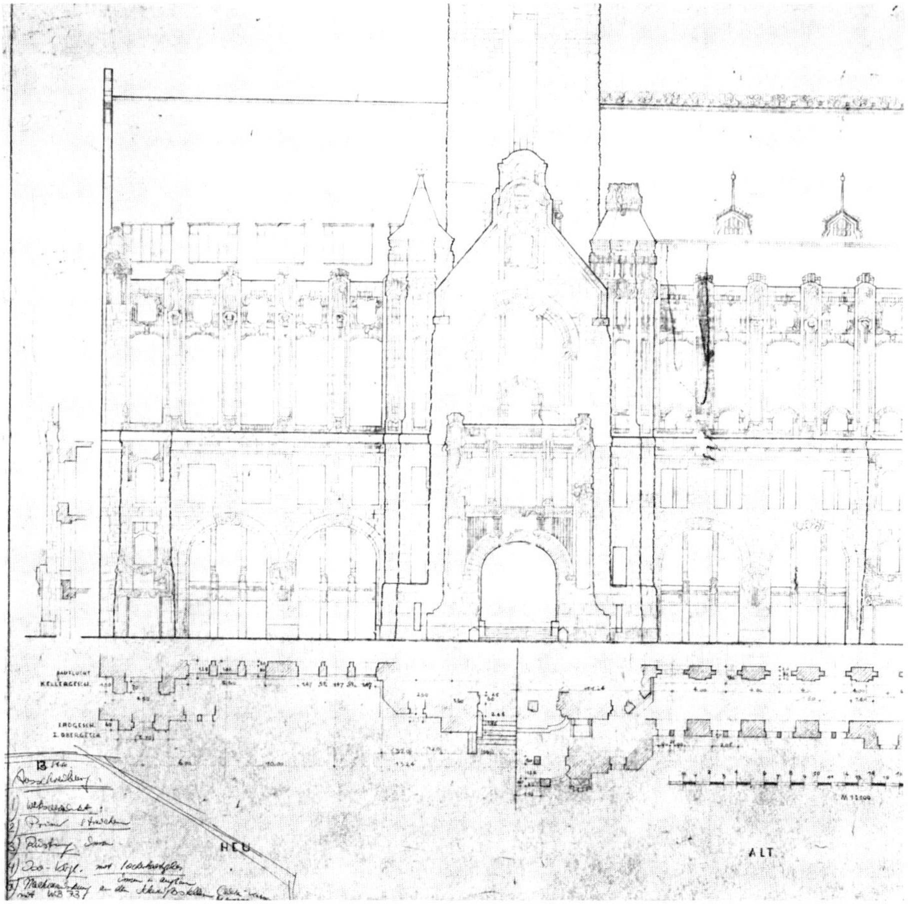

Situationsskizze des Amts für Hochbau zur neuen Fassadengestaltung, um 1951

chen war in größere Einzelelemente aus durchsichtigem Glas aufgeteilt. Diese Fensterordnung stand sowohl im Material als auch in der Flächengliederung in einer engen Verbindung zur Funktion der dahinterliegenden Räume. Der unterschiedliche Lichteinfall nahm den Festsälen die Höhe, die rundbogigen Unterteilungen dienten der Orientierung der im Raum anwesenden Personen: dem Einzelnen wurde das Gefühl gegeben, sich nicht in einem monumental angelegten Raum zu verlieren.

Dieses Kompositionsprinzip wurde letztlich aktuellen praktischen Raumbedürfnissen geopfert. Die Decke des aufgeteilten östlichen Festsaals erforderte eine strikte horizontale Teilung der Fensterflächen und den Einsatz von großflächig strukturierten Holzfenstern mit durchsichtigem Glas. Damit bekam die Frontarchitektur einen härteren Ausdruck, die Vertikalisierung wurde strenger und nahm der Front die dämpfenden Momente. Das große Fenster des Risalits wurde vom Hochbauamt auf die gleiche Art verändert. Der bogenförmige Rahmen des Austritts mit seinen Ornamenten verschwand vollends. Zweifellos nahm man dem Rathaus gerade Teile jener Charakteristika, die sich in spezifischer Weise den Formen des Jugendstils angepaßt hatten.

Über dem Fenster des Märkischen Saals waren die Trägerauflager beschädigt, so daß man Entlastungsträger einziehen mußte.[12] Die durch Brand zerstörten Travertinpfeiler des Fensters wurden nicht neu aufgeführt, sondern durch untermauerte Stahlstützen ersetzt, die man mit Werkstein umkleidete.[13] Um eine Rekonstruktion der Kapitellbildungen und des sie verbindenden Frieses bemühte man sich nicht. Bei der Restaurierung der östlichen Reliefs am Fenster des Kommissions-Sitzungszimmers wandelten die beauftragten Bildhauer die Motive der erhalten gebliebenen westlichen Reliefs ab, während die Figur über dem Scheitelpunkt des Eingangsbogens vereinfacht wurde.

Nach Beendigung der notwendigen Innenausbauten, bei denen man auf eine richtige Wölbung des Haupttreppenhauses verzichtet und unter die neue Dachkonstruktion lediglich eine Rabitzkuppel gespannt hatte,[14] sollte der ornamentale Schmuck des Rathauses rekonstruiert werden. Die Wiederherstellung des figürlichen Schmucks zeigte allerdings, worauf bereits hingewiesen wurde, im Detail eine oberflächliche Auffassung von Treue zum Original und war nicht frei von technischen Ungeschicklichkeiten. Die ersten vier Figuren des östlichen Flügels am Hauptgebäude müssen schlichtweg als Neuschöpfungen bezeichnet werden.[15] Auch einzelne Architekturteile wurden völlig neu gestaltet: Der Eingang zum Oberbürgermeisterzimmer hatte, wie noch auf einer Fotografie des zerstörten Raums zu erkennen ist,[16] einen bogenförmigen Sandsteinrahmen, der sich im Scheitel zu einem schildartigen Ornamentfeld öffnete. Die neue, rechteckige Rahmung aus schlicht profiliertem Werkstein ist ein Fremdkörper in der Innenarchitektur. Oder es fiel beispielsweise die gegenläufig angelegte Treppe zum Dachgeschoß des Hauptgebäudes, deren Geländer eine schöne kurvig bewegte Linienführung erhalten hatte, einer rationellen Raumgestaltung und -planung zum Opfer, wenn sie durch eine gerade einläufige Treppe mit kantigen Stäben als Brüstungselementen ersetzt wurde.[17]

Der Umzug einzelner Dienststellen ins alte Rathaus verzögerte sich erwartungsgemäß; erst am 7. Mai 1950 konnte die Bürgerschaft Richtfest am Gebäudeabschnitt Alt-Lietzow feiern.[18]

Die Bürgervertreter taten sich schwer mit dem demokratischen Neubeginn nach dem Zusammenbruch des Nationalsozialismus. Von einer kritischen Auseinandersetzung mit den zwölf Jahren Gewaltherrschaft, gerade auch im Hinblick auf die Rolle des Verwaltungsapparates, war wenig zu spüren. Entnazifizierungskommissionen hatten zwar die Verwaltung von aktiven Nationalsozialisten und ihren Anhängern befreit, Schwierigkeiten bereitete es jedoch, die Erfahrung der nationalsozialistischen Diktatur politisch aufzuarbeiten. Zudem hatte der Nationalsozialismus die Wirkung eines Rasiermessers, das überlieferte Traditionen radikal abgeschnitten und Geschichte im Zusammenhang mit konkreter Erfahrung zerstört hatte. Es verwundert nicht, daß die nationalsozialistische Zeit als schwer durchschaubarer Schicksalsschlag gedeutet wurde, der das Leben der Bürger getroffen und schließlich zum »unverschuldeten« Zusammenbruch geführt habe. Erleichtert wurde diese Verdrängungsarbeit durch den schon bald nach Ende des Zweiten Weltkriegs ausbrechenden Ost-West-Konflikt.

12 Bezirksamt Charlottenburg... Heimatarchiv, Inv. Nr. Ve/2b, Rathaus, Bd. 2 ... Abb. 148–150.

13 A.a.O., Abb. 146, 147 u. 151.

14 A.a.O., Abb. 86, 86a u. 89.

15 Die Steinmetzarbeiten führten Otto Rösler und C. Winterhelt aus, während August Rhades und Friedrich Zuchantke als Bildhauer beschäftigt waren. Landesarchiv Berlin, Rep. 207, Acc. 3075, lfd. Nr. 5218.

16 Bezirksamt Charlottenburg... Heimatarchiv, Inv. Nr. Ve/2b, Rathaus, Bd. 2 ... Abb. 82.

17 A.a.O., Abb. 36.

18 Die Bezirkszeitung Der Charlottenburger meldete in ihrer Ausgabe vom 6. Mai 1950: »Zwar dauert es noch eine geraume Zeit, bis er (der Rathausbau – d. Verf.) hundertprozentig bezugsfertig ist, aber die 150 Zimmer, die nach diesem Richtfest im Endspurt in Angriff genommen werden, machen die zu 80 Prozent zerstörte ›Ruine‹ bereits zu 65 Prozent benutzbar.«

Zu den Besonderheiten der Geschichte Charlottenburgs nach der Novemberrevolution gehört sicherlich das »zeitliche Zusammenfallen« der Etablierung der Demokratie und des Verlusts der politischen Selbständigkeit der Stadt. Das konservative, in einem patriarchalischen Politikverständnis erzogene Bürgertum konnte sich schwerlich mit der Eingemeindung in den Verband Groß-Berlin abfinden, und nicht weniger schwer fiel es ihm, sich den politischen Gegebenheiten der Republik anzupassen. Von nicht zu unterschätzender Bedeutung für den politischen Standort des Verwaltungsapparates war auch, daß nicht wenige seiner Beamten aus ehemaligen Militärkreisen kamen. Mit der Republik mochten sich diese Schichten nicht anfreunden und ebensowenig mit einem demokratischen Selbstverständnis der Verwaltung.

Das Vorspiel zur Übernahme lokaler Machtpositionen war der Versuch der NSDAP, an exponierter Stelle, besonders auf den Bezirksrathäusern, die Hakenkreuzfahne zu hissen, »was zugleich eine Machtprobe provozieren wie auch den Umsturz der politischen Verhältnisse und die Herrschaft des Nationalsozialismus demonstrieren sollte«[19]. Nach den Reichstagswahlen vom 5. März 1933, die der NSDAP nur im Bündnis mit der DNVP eine knappe Mehrheit gebracht hatte, ließ Göring als Reichskommissar für das preußische Innenministerium »einen Funkspruch an alle Behörden über das Hissen von Hakenkreuzfahnen«[20] ergehen, in dem er darauf hinwies, »daß, falls aus der Bevölkerung der Wunsch in die Behörden käme, die Hakenkreuzfahne aufzuziehen, man sich ›diesem Wunsch nicht widersetzen‹ solle«[21]. In Charlottenburg war bereits am Mittag des 6. März unter Beteiligung einer großen Menschenmenge und in Anwesenheit von SA-Formationen die Hakenkreuzflagge auf dem Rathaus gehißt worden.[22] Das Grunewald-Echo berichtete, daß es sich »um einen spontanen Akt der Bevölkerung«[23] gehandelt habe. Ein provokatorischer Akt mochte hier wohl weniger vorliegen, schließlich hatte die Bezirksverwaltung schon seit Februar die Entsendung eines Bezirksverordneten der NSDAP zu allen Sitzungen des Bezirksamts, der Deputationen und Ausschüsse geduldet.[24] Die Kommunalwahlen vom 12. März brachten den Nationalsozialisten und der DNVP[25] mit 38 Sitzen die Mehrheit im Bezirksparlament. Die NSDAP konnte 42,2 Prozent der abgegebenen Stimmen auf sich vereinigen, die Deutschnationalen 14,2 Prozent.[26] Charlottenburg gehörte zusammen mit Steglitz, Spandau, Pankow, Schöneberg und Köpenick zu der Gruppe von Verwaltungsbezirken, die den höchsten nationalsozialistischen Wähleranteil aufwiesen.

Der Auflösung der Selbstverwaltung durch den nationalsozialistischen Staat wußten die Bezirksorgane nichts entgegenzusetzen, die Zusammenarbeit zwischen NSDAP und Gemeindeverwaltung verlief reibungslos, zudem wurden verschiedene Stellen des Verwaltungsapparates mit Parteimitgliedern besetzt. Bereits im März 1933 hatten die Nationalsozialisten »Marxisten und Juden« aus dem Bezirksamtskollegium verdrängt. Vier unbesoldete Stadträte, »ein Kommunist und drei Juden«, wurden entlassen, vier besoldete Stadträte schieden infolge des Ablaufs ihrer Wahlzeit aus, der sozialdemokratische

19 H. Matzerath, Nationalsozialismus und kommunale Selbstverwaltung... S. 66.
20 Vossische Zeitung vom 6. März 1933.
21 Ebd.
22 Vossische Zeitung vom 7. März 1933. Am gleichen Tag konnte die Fahnenhissung in den Bezirken Spandau, Neukölln und Weißensee durchgesetzt werden.
23 Ausgabe vom 12. März 1933.
24 Verwaltungsbericht... 1932 bis 1936... S. 12.
25 Die Deutschnationalen traten als Kampffront Schwarz-Weiß-Rot zur Wahl an. Vgl. B. Grzywatz, Rathaus Charlottenburg... S. 305.
26 Statistisches Jahrbuch der Stadt Berlin, 9. Jg. (1933), S. 270 u. 274.

Stadtrat Albert Horlitz wurde beurlaubt und später endgültig verabschiedet. Nach offizieller Darstellung wurden auf Grund des »Gesetzes zur Wiederherstellung des Berufsbeamtentums« vom 7. April 1933 in Charlottenburg 48 Beamte entlassen oder in den Ruhestand versetzt. 27 Personen, da sie nicht »arischer Herkunft« waren (§ 3), neun wegen politischer Unzuverlässigkeit und weitere zwölf Personen zwecks Vereinfachung der Verwaltung (§ 5,6 BBG).[27] Für die Kontinuität der Verwaltungsarbeit dürfte nicht zuletzt Bürgermeister Karl Augustin gesorgt haben, der im Amt blieb und bis zum Ablauf seiner Dienstzeit, Ende 1936, den Bezirk Charlottenburg leitete. Erst dann wurde mit dem Diplom-Ingenieur Hermann Pauschardt ein altgedientes Parteimitglied zum Bezirksbürgermeister ernannt. Durch das »Gesetz über eine vorläufige Vereinfachung der Verwaltung der Hauptstadt Berlin« vom 22. September 1933 sowie das spätere Verfassungs- und Verwaltungsgesetz setzten die Nationalsozialisten das Führerprinzip in der bezirklichen Verwaltung durch und beseitigten gleichzeitig die Bezirksversammlungen. Der Bezirksbürgermeister, den haupt- und ehrenamtliche Beigeordnete unterstützen und beraten sollten, wurde auf Vorschlag des Oberbürgermeisters, »nach Fühlungnahme mit dem Gauleiter der nationalsozialistischen Bewegung«, von den Aufsichtsbehörden berufen und entlassen, womit er faktisch in die Abhängigkeit von Staat und Partei geriet. Der von den Nationalsozialisten in Gang gesetzte Zerstörungsprozeß der bezirklichen Selbstverwaltung hatte deren Funktionalisierung für die politischen Ansprüche der totalitären Staatspartei sowie die Aufhebung ihrer politischen Bedeutung zum Ziel. Die personellen Voraussetzungen für die Instrumentalisierung der Verwaltung verstand die NSDAP geschickt als Maßnahmen zur Bekämpfung der Korruption, als »Reinigung« und »Erneuerung« moralisch zu rechtfertigen.[28] Das Charlottenburger Bezirksamt war in den Weimarer Jahren, insbesondere nach den Neuwahlen im Januar 1922, von Mitgliedern der DVP und der DNVP dominiert, zu denen eine Reihe parteiloser Stadträte trat, die als bürgerlich Konservative einzuschätzen waren. Die politische Rechte hatte bereits zu dieser Zeit versucht, die sozialdemokratischen Stadträte Paul Hirsch und Gottlieb Karrer im Zusammenhang mit der Abbauverordnung auszuschalten, was nur durch die vereinten Bemühungen der Parteien der Weimarer Koalition (SPD, DDP und Zentrum) verhindert werden konnte. Der Boden für die »Säuberungsaktionen« der Nationalsozialisten war gut vorbereitet. Den Verlust der bezirklichen Selbstverwaltungsrechte mußte die Bevölkerung hinnehmen. Aber wenn auch die Bezirksgeschäfte nach wie vor im alten Rathaus wahrgenommen wurden und deren Umfang sogar zugenommen hatte, so ließ sich durch die Aufhebung der politischen Mitwirkung eine Entfremdung zwischen Bürger und Verwaltung nicht vermeiden; der bürokratische Apparat und vor allem die Entscheidungsstrukturen tauchten ins Dunkel der Anonymität, was durch vielfältige repräsentative Inszenierungen nicht ausgeglichen werden konnte.

Nach dem Zweiten Weltkrieg versuchte die Verwaltung, die Tradition der gemeindlichen Selbstverwaltung neu zu beleben, den »demokratischen Geist«, der sich auf eine vertrauensvolle Zusammenarbeit zwischen Bürger und Verwaltung gegründet hatte, zu reaktivieren. Den ersten Verwaltungsberichten des Bezirks nach 1945 war jedoch zu entnehmen, daß Bürgernähe und Transparenz des bürokratischen Apparates keineswegs selbstverständliche Tugenden waren. Die »Arroganz der Bürokraten« gehörte noch nicht der Vergangenheit an, und ebensowenig gehörte eine bürgerbezogene Arbeit zum politischen Selbstverständnis der Verwaltung. In einem Rundschreiben des Berliner Magistrats vom 14.

27 Verwaltungsbericht... 1932 bis 1936... S. 12f.
28 H. Matzerath, Nationalsozialismus und kommunale Selbstverwaltung... S. 70f.

Dezember 1945 wurde die Beseitigung des »faschistischen Beamtendünkels« zu einer vordringlichen Aufgabe erhoben: »Die Berliner Presse hat in der letzten Zeit öfters unhöfliches, unfreundliches oder verständnisloses Verhalten einzelner Dienststellen und ihrer Angestellten vor das Forum der Öffentlichkeit gebracht. Der Magistrat der Stadt Berlin, der in der Beseitigung aller Reste faschistischen Beamtendünkels aus der neuen Verwaltung eine vordringliche Aufgabe sieht, begrüßt auch diesen Weg der Erziehung der Verwaltungsangestellten zu Trägern wahrhaft sozialen und demokratischen Geistes. Sein Ziel ist es, jedem seiner Angestellten zum Bewußtsein zu bringen, daß der Bürger, der die Verwaltung in Anspruch nimmt, nicht nur Objekt, sondern zugleich höchster Träger der Stadtverwaltung ist und daß die schnelle und zuvorkommende Abfertigung der Besucher nicht als lästige Störung der bürokratischen Arbeit empfunden werden darf.«[29] Im ersten Verwaltungsbericht nach Kriegsende erklärte Bezirksbürgermeister Horlitz, in fortdauernden Lehrgängen für den Nachwuchs und in regelmäßigen Besprechungen mit den Angestellten werde immer wieder darauf aufmerksam gemacht, daß von der Verwaltungsbürokratie nicht nur fachliche Tüchtigkeit zu fordern sei, sondern ebenso »Hilfsbereitschaft« und ein »freundlicher Ton« dem Bürger gegenüber. Das Bezirksamt bemühte sich, das Rathaus zu öffnen und zu einem Platz für die Nöte der Bürger zu machen. Fast beschwörend appellierte Horlitz an die vertrauensvolle Zusammenarbeit: »Erfolgreich kann unsere Arbeit nur dann sein, wenn Bürger und Verwaltung in gegenseitigem Vertrauen zusammenarbeiten. Dieser demokratische Geist ist in Charlottenburg lebendig. Das haben die großen Versammlungen gezeigt, zu denen das Bezirksamt die Bürger wiederholt eingeladen hatte. Hier konnte jeder freimütig und offen sprechen über alle Aufgaben, die uns heute gestellt sind und die wir nur gemeinsam lösen können. Nur die auf gegenseitigem Vertrauen gegründete Arbeit führt zu einem guten Erfolg. Zwischen den Bürgern und der Verwaltungsbürokratie dürfen keine Schranken bestehen. Jedes Mitglied der Gemeinde hat Anspruch auf den Rat und die Unterstützung der in der Verwaltung Arbeitenden, kein Bürger darf abgewiesen werden. Dieses Vertrauen ist in Charlottenburg von Jahr zu Jahr gestiegen. Wir haben die Türen der Amtszimmer weit geöffnet«[30].

Mit der Vorläufigen Verfassung von Groß-Berlin, die nach der Genehmigung durch die Alliierte Kommandantur am 20. Oktober 1946 in Kraft trat, wurde die politische Selbständigkeit der Stadt formell wiederhergestellt, der Bevölkerung gab sie in Angelegenheiten der Stadt beziehungsweise des Bezirkes das Selbstverwaltungsrecht zurück. Ironischerweise blieb die Vorläufige Verfassung ein ziemlich getreues Abbild des Groß-Berlin-Gesetzes von 1920. Die vorbereitenden Entwürfe zeichneten sich sogar durch Versuche aus, einen zentralistischen Magistrat durchzusetzen. Einsprüche der Alliierten Kommandantur verhinderten eine Verwaltungskonzentration in der Hauptverwaltung und sicherten den Bezirken die Selbstverwaltung zur Wahrnehmung örtlicher Belange und Aufgaben. Die unkoordinierten Zuständigkeitsregelungen des Gesetzes von 1920, die die Verantwortlichkeiten zwischen Bezirksamt und Bezirksverordneten-Versammlung sowie zwischen Bezirksamt und Magistrat nicht eindeutig voneinander abgegrenzt hatten, wurden jedoch übernommen. Der Ausbruch des alten Streits um Zentralisation und Dezentralisation beziehungsweise über den Umfang der bezirklichen Selbstverwaltung war damit erneut vorprogrammiert.[31]

29 Landesarchiv Berlin, Rep. 207, Acc. 2552, lfd. Nr. 3973, Bl. 146.
30 Bezirksamt Charlottenburg 1945–1950, hrsg. v. Bezirksamt Charlottenburg, Berlin-Charlottenburg 1950, S. 3.
31 Vgl. O. Uhlitz, Zur Geschichte des Berliner Bezirksverfassungsrechts ... S. 399f.; Eberhard Machalet, Die

Der Weg zu demokratischen Verwaltungsformen wurde durch das Mißtrauen der Militäradministration gegenüber den Selbstverwaltungsorganen erschwert.[32] Kooperatives Handeln stellte sich erst nach Jahren der Zusammenarbeit ein. »Nach und nach erkannte man, wie zähe wir ringen, um aus den Trümmern, in die wir unverschuldet geraten waren, wieder herauszukommen; wie ernst es uns ist mit der Verwirklichung der Demokratie.«[33] Das »unverschuldet«, das Bürgermeister Horlitz hier aussprach, mußte einem Angehörigen der alliierten Streitkräfte bedenklich erscheinen, und wenn das »wir« sich im engeren Sinne auf den Verwaltungsapparat bezog, war Widerspruch angebracht; zu leicht hatten sich die öffentlichen Bediensteten für die Ziele der nationalsozialistischen Politik funktionalisieren lassen. In Charlottenburg hatten Entnazifizierungs-Kommissionen, die sich aus Mitgliedern der Parteien (CDU, LDP, SPD, SED), des Freien Deutschen Gewerkschaftsbundes, der Frauenausschüsse und Parteilosen zusammensetzten, gearbeitet. Auf Anfrage der Gruppe der freien Berufe erklärte der Bezirksverordnete Walter Schröder am 1. August 1946 in einer Sitzung der vorläufigen Bezirksversammlung – obwohl die Personalien einzelner Angestellter sich nicht mehr ermitteln ließen, die Akten waren vor Kriegsende verbrannt worden –, daß die Verwaltung von Nationalsozialisten gesäubert sei. In wesentlichen Stellen befanden sich keine Personen mehr, die in der »Hitlerperiode« eine Beförderung erfahren hatten beziehungsweise als aktive Nationalsozialisten einzustufen waren. Nur noch fünf Angestellte, sechs Ärzte und sechzehn Krankenschwestern, die nach der Bestimmung Nr. 1 zur Anordnung des Alliierten Kommandanten über die Entnazifizierung, Teil II[34] als Nazianhänger charakterisiert wurden, standen in Diensten des Bezirks.[35]

Neben Legitimationsproblemen war die Bezirksverwaltung mit drückenden täglichen Aufgaben konfrontiert. Der allgemeine Wohnraum-, Nahrungs- und Rohstoffmangel bei gleichzeitiger hoher Arbeitslosigkeit und dünner Finanzdecke der kommunalen Körperschaften machte Zwangsbewirtschaftungsmaßnahmen notwendig, die bis Anfang der fünfziger Jahre unumgänglich blieben. Materialmangel und dadurch bedingte Lieferungsengpässe verzögerten den vom Bezirksstadtrat Robert Eichenbrenner noch Anfang März 1950 angekündigten baldigen Bezug[36] der Räumlichkeiten im Charlottenburger Rathaus. Insgesamt waren etwa 320 Beschäftigte, die wieder in das Rathaus einziehen sollten, in angemieteten Räumen untergebracht. So arbeitete beispielsweise das Gesundheitsamt seit Januar 1946 im Haus Wilmersdorfer Straße 98–99.[37] In der zweiten Septemberhälfte konnte dann ein Teil der Dienststellen in das Rathaus zurückkehren, ein weiterer folgte im Dezember 1950, während die Abteilung Wirtschaft in das Gebäude Kaiserdamm 45–46 zog.[38] Am 15. März 1952 wurde am Hauptgebäude in der Berliner Straße die Richtkrone aufgezogen, bis zu diesem Zeitpunkt hatte die Instandsetzung 2,8 Millionen DM verschlungen.[39] H. Günther erklärte zum Fortgang der Wiederherstel-

Berliner Bezirksverwaltung (= Schriftenreihe des Vereins für Kommunalwissenschaften e. V. Berlin, Bd. 39), Stuttgart-Berlin-Köln-Mainz 1973, S. 37ff.

32 Bezirksamt Charlottenburg 1945–1950 ... S. 45.

33 A. a. O., S. 5.

34 Verordnungsblatt der Stadt Berlin, 2. Jg. (1946), Nr. 11, S. 77f.

35 Protokolle der Bezirksverordnetenversammlung Charlottenburg 1946–1948, Sitzung vom 1. August 1946, S. 8f.

36 Protokolle der Bezirksverordnetenversammlung Charlottenburg. Sitzungen des Ältestenrats von August 1948–Dezember 1950, Sitzung des Bau- und Wohnungsausschusses am 9. März 1950.

37 Landesarchiv Berlin, Rep. 207, Acc. 2552, lfd. Nr. 3973, 6003/1, Geschäftsverkehr.

38 Landesarchiv Berlin, Rep. 207, Acc. 2552, lfd. Nr. 3972, 6002/0, Diensträume, Bl. 14–17.

39 Landesarchiv Berlin, Rep. 207, Acc. 3075, lfd. Nr. 5218.

Bezirksamt Charlottenburg
von Groß-Berlin
Abt. Bau- u. Wohnungswesen
Gesch.-Z. BauWohn 1

26

Berlin-Charlottenburg, den 29. Juli 1950

Verfg. Fernruf: 32 52 21 Anschl. 259

1.) An
das Verwaltungsamt
h i e r.

Betr.: Anzahl der Beschäftigten bzw. Schüler in den von der Bezirksverwaltung gemieteten Räumen.

Bezug: Dortg. Rundschr. vom 25.d.Mts. - VA 2/6-.

Gebäude Straße Nr.	Dienststelle	Beschäftigte	Schüler
Bürodienstgebäude Witzlebenstr. 4/5	Abteilung Bau- und Wohnungswesen (Büro)	19	---
Desgl.	Amt für Aufbau	58	---
Desgl.	Amt für Hochbau (einschl. Heiz- und Maschinenamt sowie Elektroamt)	52	---
Desgl.	Amt für Wohnungswesen	98	---
	Zus.	227	
Bürodienstgebäude Kaiserdamm 45/46	Amt für Stadtplanung	15	---
Desgl.	Amt für Vermessung	31	---
Desgl.	Amt für Hochbau (Arbeitsgebiet Hoch/Bes.)	12	---
Desgl.	Amt für Tiefbau (einschl. Straßenbaupolizei)	32	---
	Zus.	90	

2.) Z.d.A.

Im Auftrage:
Dienststellenleiter.

Quelle: Landesarchiv Berlin, Rep. 207, Acc. 2552, lfd. Nr. 3972, 6002/0, Diensträume, Bl. 26

lungsarbeiten: »Mit der Errichtung des Großdachstuhles des Rathauses sind nunmehr sämtliche Teile desselben mit Ausnahme des Turmes überdacht, und das Bestreben geht in diesem Jahr dahin, die letzten noch verfügbaren Räume auszubauen, damit auch die Abteilung Personal und Verwaltung von der Bismarckstraße 113 ins Rathaus übersiedeln kann. Hierzu sollen noch 79 Räume (66 Diensträume und 13 Nebenräume) bis zum Ablauf des Haushaltsjahres 1952 geschaffen werden. Hiermit wäre dann die Höchstzahl der zu gewinnenden Räume erreicht, und ein weiterer Bedarf könnte nur durch einen Erweiterungsbau gedeckt werden.«[40] Zur vollständigen Fertigstellung des Rathauses mußten in den nächsten Jahren der ehemalige Märkische Saal, der Turm mit dem darunterliegenden Bürgermeisterzimmer, das Haupttreppenhaus, der Festsaal, der ehemalige Stadtverordneten-Sitzungssaal und der Ratskeller ausgebaut sowie die Fassade an der Berliner Straße restauriert werden. Für die noch ausstehenden Arbeiten veranschlagte H. Günther Kosten in Höhe von 2,3 Millionen DM.[41]

Bei den Wiederherstellungsarbeiten hielt sich das Hochbauamt nicht an den gegebenen Grundriß, sondern veränderte auf den einzelnen Ebenen die Raumdisposition. Zu den einschneidendsten Veränderungen zählte die Aufgabe des östlichen Festsaals, der durch eine eingezogene Decke in zwei Geschosse aufgeteilt wurde. Im neugewonnenen 4. Obergeschoß richtete man Büroräume ein, den darüberliegenden Dachraum baute das Hochbauamt zu einem 5. Obergeschoß mit Dienstzimmern aus. Der Dachaufbau mußte, da man eine Lichtzufuhr für die einzelnen Räume benötigte, zwangsläufig verändert werden. Reinhardt und Süßenguth hatten die Dachfläche mit vier kleinen Erkern besetzt und sie mit einer leicht vorkragenden Trauflinie verbunden. Der unter dieser Linie liegende Teil des Daches wölbte sich zum Hauptgesims hin. Das aufsteigende Dach verlor dadurch seinen starren Charakter und führte gleichsam ein Kurve aus, die sich noch heute an der Führung des Giebels nachvollziehen läßt. Der steil nach unten laufende Teil des Daches löste sich in einer leichten Schwingung aus der Fläche und wurde von einer aufstrebenden, leicht bogenförmigen Bewegung wieder eingeholt. Die Fenster selbst liefen spitzförmig aus und waren mit einem im Ansatz mäßig geschwungenen Rahmen versehen, den wiederum ein durchbrochener Metallkranz schmückte. Die Linienführung mit Bogen und Schwüngen korrespondierte sehr schön den sich auflösenden Flächen und dämpfte gleichzeitig die aufstrebenden Linien der Fenster des Festsaalgeschosses. Heinrich Seeling setzte diese Architektur im Frontgebäude des Erweiterungsbaus feinfühlig fort, während die Instandsetzung des Daches nach dem Zweiten Weltkrieg einem Neubau gleichkam. Der Einbau von liegenden Rechteckfenstern zerstörte die Bewegung der Flächen, das Dach stieg nun in einer einzigen Linie steil nach oben. Diese Lösung kann nur bedauert werden, da sie der Rathausarchitektur ein ganz wesentliches Gestaltungsmoment genommen hat. Der noch verbliebene Westgiebel verlor damit seine innere Beziehung zum Querschnitt des Daches und hat nur noch eine Blendfunktion. Daß für die Dachfenster andere Lösungen möglich waren, zeigte der Reinhardt und Süßenguthsche Bau selbst. Man hätte nur zur hinteren Fassade gehen und sich die ähnlich strukturierte Dachfläche mit den geschwungenen Atelierfenstern ansehen müssen.

Den ehemaligen Stadtverordneten-Sitzungssaal ließ das Bezirksamt nicht in seiner alten Funktion wiederherstellen, nach den Plänen von Werner Düttmann wurde der Raum zu einem Vortragssaal mit einer darüberliegenden Kinoanlage umgestaltet. Ein Vorraum, der zugleich als Vestibül diente und den Zugang zum Hauptflur des heutigen 3. Obergeschosses vermittelte, wurde dem neuen Saal vorgelegt. Den am

40 Ebd.
41 Ebd.

Treppenhaus F liegenden früheren Vorraum baute man als Bühne aus. »Die alten Podien am Grund des Saales im 3. Obergeschoß und die zugehörenden Tribünen im 4. Obergeschoß wurden entfernt, ebenso alle Trennwände, um eine freie Gestaltung des ganzen Raums nach allen Seiten hin zu gewährleisten. Alle sich in dem alten Saal mit den Vorräumen befindlichen Eisenkonstruktionen wurden herausgerissen.«[42]
Der im Frühjahr 1958 in Betrieb genommene Bürgersaal bot 234 Personen Platz.[43] Die Bestuhlung war paarweise und in sechs Reihen angeordnet und bestand aus einem hellen, einfachen Holzgestühl, das mit braunem Cord bezogen war. Der Raum konnte nur noch künstlich beleuchtet werden. Regelmäßig gegeneinander versetzte, in die dunkle Decke eingelassene Leuchten übernahmen diese Aufgabe. Die hell gehaltenen Längswände waren im unteren Bereich mit einer Strukturtapete ausgestattet. Der hintere Teil des Raumes, als Garderobe ausgewiesen, wurde durch eine Wand aus horizontalen Profilleisten und gelochten Papplatten abgetrennt. Den Bühnenraum akzentuierten helle Holzverkleidungen, die an den Innenseiten der den Saal verengenden Wandvorsprünge angebracht waren.

Der »freundliche Bürgersaal« kann keinesfalls überzeugen. Schnell hingeworfen, mit billigen Materialien hergestellt, könnte er der Veranstaltungssaal eines jeden beliebigen Gebäudes sein. Der größte Mangel des Düttmannschen Entwurfs war dabei die völlige Mißachtung der vorhandenen Raumstruktur. Reinhardt und Süßenguth hatten den Sitzungssaal zum nördlichen Innenhof hin mit einem weiten Bogen abschließen lassen, Düttmann ignorierte dieses Element zugunsten eines rechteckig angelegten Zuschauerraums. Es ist zu bedauern, daß das Hochbauamt beziehungsweise der Senator für Bau- und Wohnungswesen nicht mehr Verständnis für die Innen- und Außenarchitektur des Rathauses entwickelte. Es gab keine stichhaltigen Gründe, den Sitzungssaal des »Bezirksparlaments« nicht wieder an seinem bisherigen Ort einzurichten. Vielleicht war es das Bedürfnis der Verwaltung nach einer Zeit, in der die innerbezirkliche demokratische Willensbildung ausgeschaltet war, dem Wunsch nach »Bürgernähe« und »Transparenz der Verwaltung« auch dadurch Ausdruck zu geben, daß man den Raum der Bezirksversammlung an die Hauptfassade verlegte.

Bis zum 15. Juli 1951 hatte die Bezirksverordneten-Versammlung ihre Beratungen im großen Sitzungssaal des Reichsmilitärgerichts in der Witzlebenstraße abgehalten. Nach dem Auszug tagten die Bezirksverordneten im behelfsmäßig hergerichteten ehemaligen Magistrats-Sitzungssaal. Am 9. April 1954 wurde dann der ehemalige Märkische Saal im Erweiterungsbau nach einem umfassenden Ausbau als neuer Bezirksverordnetensaal eingeweiht. Von der differenzierten Material- und Farbkomposition Heinrich Seelings war nichts mehr verblieben, eine neue Raumarchitektur kündigte von Funktion, Einfachheit und Zweckmäßigkeit. Mit relativ geringen Mitteln, 98 200 DM, war der neue Versammlungssaal ausgebaut worden. Der Raum bot in sechs Sitzreihen mit paarweise angebrachten Klappsesseln 48 Bezirksverordneten Platz, auf der hofseitigen Tribüne waren 60 Plätze für Besucher angebracht. Die Decke des Vorraums hatte das Hochbauamt dunkelorange, die des Plenarsaals selbst ockerfarben streichen lassen. Für die Wände wählten die städtischen Architekten eine 1,2 m hohe, nußbaumfarben gebeizte Vertäfelung, während die darüberliegende Wandfläche olivgrün getüncht wurde. Die herausnehmbaren Sitze erhielten einen hellbraunen Kunstlederbezug. Flache Schalenlampen sorgten für die Beleuchtung des Raumes. Zum Schmuck des Saales gehörte eine große Glasfront aus gehämmertem Ornamentglas, die den Saal zur

42 Bezirksamt Charlottenburg... Bauaufsichtsamt, Bauakten Otto-Suhr-Allee 100–102, Bd. 13/14.
43 Charlottenburg. Ein Vierjahresbericht, 1957–1960, hrsg. v. Bezirksamt Charlottenburg von Berlin, Berlin o.J., S. 40. Die Ausbaukosten beliefen sich nach Angaben in den Bauakten auf 193 900 DM.

Fensterseite hin abschloß und einen kleinen Vorraum freiließ, über den man den Balkon betreten konnte. Entworfen von Alexander Wiemer und ausgeführt von August Wegner (Vereinigte Werkstätten für Mosaik und Glasmalerei, Berlin), war links das Charlottenburger Wappen, rechts der Berliner Bär in Kristallglas eingeschliffen. Die Stirnwand über den erhöhten Sitzen des Bezirksamts zeigte eine stilisierte Zeichnung Wiemers mit herausragenden Charlottenburger Bauwerken wie dem Kraftwerk, dem Schloß, dem Olympia-Stadion, den Ausstellungshallen und dem Funkturm, der Luisenkirche, dem Schiller-Theater, der Gedächtniskirche und dem Rathaus. Die Selbstdarstellung der Stadt unterschied sich hier weder inhaltlich noch in der Gewichtung von den Bildprogrammen etwa des Seelingschen Erweiterungsbaus. Unterschiede bestanden lediglich in der Form, ein solches Maß an Bescheidenheit war dem wilhelminischen Charlottenburg fremd.

Im Zuge der Aufbaumaßnahmen war man im Kellergeschoß des Hauptgebäudes zu Fundamentverstärkungen gezwungen, da Nachrechnungen ergeben hatten, daß die Fundamente nicht ausreichend dimensioniert waren.[44] Im Durchgangsbogen der Ratsstube wurden Pfeilerstützen eingezogen und vermauert. Gleichzeitig mußte die Intarsienvertäfelung abgenommen werden, um die gerissene Massivdecke zu erneuern.[45] Das spätere »Intarsienzimmer« verlegte man in westliche Richtung.

Zu den wenigen Räumen, die noch einen Eindruck von der ursprünglichen Innenarchitektur des Reinhardt und Süßenguth-Baus geben, gehören der ehemalige Magistrats-Sitzungssaal[46] und die sich anschließenden Sitzungszimmer. Die alten Wandvertäfelungen mit den Spruchfriesen sind hier erhalten geblieben beziehungsweise wiederhergestellt worden. Im offenen Vorraum des Magistrats-Sitzungssaals sind selbst noch die eingebauten Sitzbänke vorhanden, in den Sitzungszimmern bestehen noch Reste des ornamentalen Wandschmucks. Ansonsten hat sich das Hochbauamt jedoch wenig Mühe gegeben, die zerstörten Räume zu rekonstruieren. Das betrifft vor allen Dingen den Magistrats-Sitzungssaal. Hier hat man auf eine Wiederherstellung der Stuckdecke, der Beleuchtungskörper und einzelner Einbauten verzichtet.

Die trotz ihrer wuchtigen Formen großartige Kassenhalle im Erweiterungsbau des Rathauses wurde Anfang der fünfziger Jahre bedenkenlos umgebaut. Nach der Währungsreform hatte die neugeschaffene Berliner Zentralbank die Kassenhalle und die früheren Tresorräume der Sparkasse mietweise übernommen. Als im Jahre 1954 die Zentralbank ein eigenes, neu erstelltes Gebäude in der Bismarckstraße bezog, wurde die Kassenhalle umgebaut. Das westliche Seitenschiff trennte man durch Holzglaswände ab, über die linke seitliche Pendeltür und einen dahinterliegenden Windfang war der neue Raum von der Eingangshalle aus zu erreichen; die Berliner Kassenverein AG übernahm ihn zur Miete. Den übrigen Teil der Kassenhalle richtete das Hochbauamt für die Stadtkasse ein, später bezog die Stadtbücherei Charlottenburg die Räume. Umbaumaßnahmen, die auf die speziellen Raumbedürfnisse der Bücherei abgestellt waren, zerstörten die Wirkung des Raumes vollends. Wenn die Rekonstruktion der subtilen Farbkomposition Seelings zu aufwendig und kostenträchtig war, so hätte sich das Hochbauamt doch bemühen können, trotz einer Funktionsänderung die Struktur des Raumes zu erhalten. Dem Besucher bietet sich heute ein trauriges Bild. Leichte Trennwände in den Seitenschiffen und der Halle selbst versperren den Blick

44 Bezirksamt Charlottenburg... Bauaufsichtsamt, Bauakten Otto-Suhr-Allee 100–102, Bd. 13/14.

45 Bezirksamt Charlottenburg... Heimatarchiv, Inv. Nr. Ve/2b, Rathaus, Bd. 2... Abb. 135–136.

46 In einer Feierstunde am 12. Oktober1955 benannte die Bezirksverordneten-Versammlung den bisherigen Sitzungssaal in Pommernsaal um und »übernahm gleichzeitig die Patenschaft über die Pommersche Landsmannschaft«. Charlottenburg. Ein Zweijahresbericht 1955–56, hrsg. v. Bezirksamt Charlottenburg von Berlin, Berlin 1957, S. 20.

Vorderes Haupttreppenhaus, beschädigte Treppenwandungen und Pfeiler, 1952

auf die raumgreifende Architektur und ihre monumentale Wirkung.[47]

Die Wiederherstellungsarbeiten der fünfziger Jahre zeugen insgesamt von einer mangelnden Sensibilität gegenüber der wilhelminischen Architektur. Allzuschnell war man bereit, auf die sicherlich drängenden Raumbedürfnisse einzugehen und eine zweckentsprechende, nüchterne Innenarchitektur zur Verfügung zu stellen.[48] Mit der überlieferten Bausubstanz ging man dabei wenig sorgfältig um. Das läßt sich besonders deutlich an der Restauration des Haupttreppenhauses und der Flurhalle vor dem Festsaal beobachten. Nachkriegsfotos zeigen, daß Teile des bauplastischen und figürlichen Schmucks, wie die Vergiebelung der Treppenpfeiler oder die Geländerpfosten am Treppenausgang einschließlich der figürlichen Beleuchtungsträger, zwar beschädigt, aber im wesentlichen doch erhalten geblieben sind. Diesen dekorativen Schmuck trug man schlichtweg ab, andere erhaltene Bauplastiken, so zum Beispiel die farbigen Majolika-Reliefs der Sparkassenhalle oder die Medaillon-Reliefs der Ehrenhalle, entfernte man und ließ sie im Turmzimmer verstauben. Die Retuschen

47 Durch eine Aufgabe der multifunktionalen Nutzung der Räumlichkeiten, beispielsweise durch die Übergabe aller Teile an die Stadtbücherei, wäre eine Rückgewinnung der Raumstruktur möglich. Eine sinnvolle Planung müßte dann darüber Auskunft geben, auf welche Weise die Raumbedürfnisse der Bücherei in die Architektur der Halle zu integrieren wären.

48 Das gilt auch für das mit einem Kostenaufwand von 30 000 DM 1956 neueingerichtete Bürgermeister-Zimmer und das unter dem ehemaligen Märkischen Saal liegende Sitzungszimmer 3.

Ausgang des vorderen Haupttreppenhauses zum 2. Obergeschoß, 1947

Portal zum ehemaligen Turmsaal, 1947

an der Innenarchitektur waren unnötig und sind meines Erachtens nur aus einer zeitbedingten Abneigung gegen die üppig-schweren Formen der wilhelminischen Architektur zu erklären.

In den sechziger Jahren zeigte sich dann teilweise eine veränderte Haltung; noch nicht instandgesetzte Räume des Rathauses wie der Ratskeller wurden in engerer Anlehnung an die ursprüngliche Architektur wiederhergestellt. »Wir restaurieren den Ratskeller, so wie er war in seinem Jugendstil, und zwar vor allem die vorderen Räume, wo die Holztäfelung größtenteils erhalten blieb«, betonte Baustadtrat Herbert Grigers.[49] Im Mai 1945 teilweise ausgebrannt, war der Ratskeller dann behelfsmäßig hergerichtet und zeitweilig von der Verwaltungsschule übernommen worden.[50] Die Restauration gelang besonders im vorderen Eingangsbereich, in der Seelingschen Ratsstube – hier war die Intarsiendecke Wilhelm Kimbels erhalten geblieben –, und im rückwärtigen Kuppelsaal, wo der plastische Schmuck wieder hergestellt wurde. Von einer Rekonstruktion kann jedoch nicht gesprochen werden, die Verbindung zwischen restaurierten und neueingerichteten Teilen des Kellers ist weniger gelungen.[51]

Trotzdem stellen diese Restaurierungsversuche gegenüber den rigoroseren Neueinrichtungsmaßnahmen der fünfziger Jahre einen erheblichen Fortschritt dar, der sich ebenfalls an der Freilegung und Wiederherstellung der Malereien am rückwärtigen Eingang des Reinhardt und Süßenguth-

49 Zit. nach Gerd Wegner, Charlottenburgs neuer Ratskeller, in: Welt am Sonntag vom 26. April 1964.

50 Charlottenburg. Ein Zweijahresbericht 1955–56 ... S. 20.

51 Ein erhalten gebliebenes Glasfenster konnte man nicht unterbringen, es ziert, reichlich unglücklich, eine Wand des ovalen Verteilungsflures im Erdgeschoß des Seeling-Baus.

Baus zu Anfang der achtziger Jahre ablesen läßt.[52]

Rekonstruktionsversuche bergen erhebliche Schwierigkeiten in sich, da einerseits umfangreiche wissenschaftliche Vorarbeiten geleistet, Quellen aufbereitet werden müssen, andererseits die vollständige Wiederherstellung eines Originalzustandes, nicht nur aus Kostengründen, mit den aktuellen Raumanforderungen nicht immer in Einklang zu bringen ist. Oftmals bleiben punktuelle Rekonstruktionsversuche, zumal wenn ein geschlossenes Raumensemble vorhanden ist, unbefriedigender als Lösungen, die sich auf der Grundlage der vorhandenen Architektur um eine integrationsfähige Interpretation bemühen.

Nicht weniger unglücklich als Werner Düttmanns Neugestaltung des Bürgersaals fiel der Wiederaufbau des verbliebenen Festsaals Anfang der sechziger Jahre aus. Auch hier ignorierte Düttmann die Raumkonzeption von Reinhardt und Süßenguth. Er nahm die nach innen gewölbte Kassettendecke ab und entfernte die abgeschrägten Eckpfeiler. Reinhardt und Süßenguth hatten durch diese Mittel und die erwähnte Fenstergliederung dem monumentalen Raum die Härte genommen. Düttmann setzte an die Stelle weicher Abschlüsse das Raumprinzip des rechten Winkels. Ein stark gegliedertes Holzpaneel der Wand zur Wandelhalle hin verstärkte die vertikalen Momente, die Lichtanlage – abgedeckte Neonröhren, die an einer schweren, u-förmigen Stahlkonstruktion aufgehängt waren – gab dem Raum eine überaus große Kälte. Die Beleuchtungsanlage war in ihrer Struktur zu einfach angelegt, um eine Raumwirkung zu erzeugen. Dem Besucher des Festsaals wurde nicht das Gefühl vermittelt, sich in einem Raum des Rathauses zu befinden.

Der 1965 neueingeweihte Festsaal blieb in dieser Form nur bis zum Frühjahr 1988 bestehen. Mit einem Kostenaufwand von 800 000 DM wird der Saal zur Zeit völlig umgestaltet. Wie so häufig spielte auch dieses Mal der Raummangel des Bezirksamtes bei der Konzeption eine wichtige Rolle. Der Raum wird in zwei Geschosse aufgeteilt, wobei das obere Stockwerk Büroräume aufnehmen soll, während das untere als Festsaal ausgestaltet wird.

Es mutet wie eine Ironie der Geschichte an, daß einem Bauwerk, dem man häufig das »Maskenhafte des Historismus« vorgeworfen hatte, erst die Umbaumaßnahmen nach dem Zweiten Weltkrieg zu einer Maske verhalfen. Das Außen entspricht nun nicht mehr, wie noch stets in Reinhardt und Süßenguths Konzeptionen, dem Innen. Die Raumgestaltung selbst geht aber über die Neuschöpfung der fünfziger und sechziger Jahre hinaus und versteht Neugestaltung als Interpretation der überlieferten Architektur. Den Entwurf lieferte Samad Zamani vom Hochbauamt Charlottenburg.[53]

Der Grundgedanke des Entwurfs nimmt Akzente der Rathausarchitektur linear auf, um sie in eine zeitgenössische Architektursprache und Materialauffassung einzubinden. Zamani übernimmt die Achsenarchitektur und bemüht sich, durch Betonung der Achsen die Strenge des Raumes aufzulösen. Da man konstruktiv gezwungen war, ein Trägersystem von Wand zu Wand zu verwenden, bot sich eine solche Lösung an, zugleich konnten die Belüftungsanlagen integriert werden. Die Frontpfeiler

52 1982 und 1984 waren zum ersten Mal Konservierungsmaßnahmen am Turm und an der Hauptfassade notwendig geworden. Poröse Stellen an den Sandsteinquadern und den Figuren, Risse und lose Figurenteile machten eine umfassende Reinigung des Mauer- und Figurenwerks erforderlich und eine anschließende Befestigung der losen Teile, vor allem an den bauplastischen Ornamenten. Nach der Befestigung wurden die Figuren und Ornamente hydrophobiert (wasserabweisend imprägniert).

53 Samad Zamani, 1941 im Iran geboren, studierte zwischen 1963 und 1966 an der Ingenieurschule und anschließend, bis 1971, an der Technischen Hochschule Aachen Architektur. Zu seinen Lehrern gehörten Gottfried Böhm und Hubertus Sprungala. An der Technischen Universität Berlin promovierte er 1976 bei Peter Koller mit einer regionalen Analyse über die Provinz Westaserbeidschan. Seit 1982 ist er beim Hochbauamt Charlottenburg beschäftigt, am Fachbereich 2 der Technischen Universität Berlin hat er einen Lehrauftrag für das Fach Zeichnen.

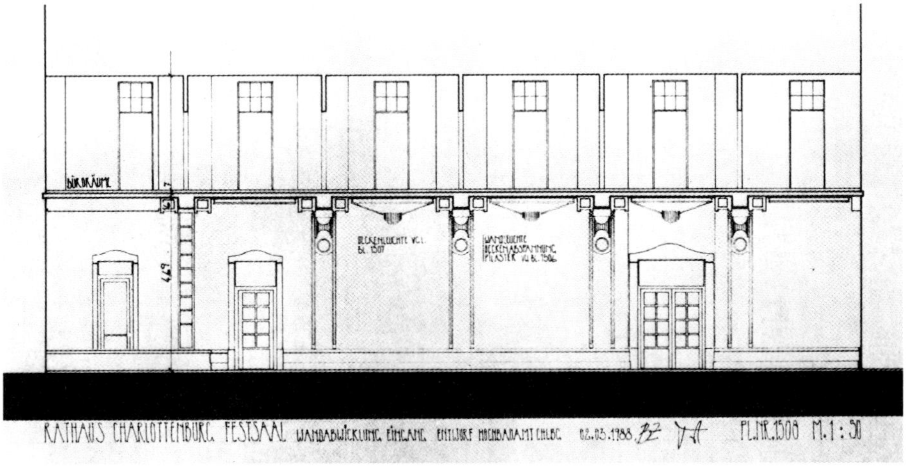

Samad Zamani, Entwurf zum Festsaal, 1988

werden auf diese Weise im Saal als Funktionskanäle an der Decke gleichsam weitergeführt. Schlichte Profile begrenzen diese Raumelemente, die an den Seitenwänden fortlaufen und hier als Rahmung von Wandbeleuchtungskörpern dienen. Der Deckengrundriß zeigt durch die Achsenbildung eine Aufteilung in Rechtecke, eine Form, die nicht in der Rathausarchitektur vorzufinden ist, da Reinhardt und Süßenguth diese Formen nicht belassen, sondern ornamental bearbeitet haben. Die ursprüngliche Festsaaldecke war mit malerischen Mitteln kassettiert, und so bot sich das Raster als Gestaltungselement an. Durch eine besondere Anordnung der Deckenlichtanlage sollen die Raster herausgearbeitet werden. Ein von der Dekke abgehängtes Lichtrohrsystem – sein Durchmesser beträgt 6,5 cm, die Seitenlänge 2 m – strahlt gegen die weiße Decke, durch die Schattenbildung wird der Eindruck einer Kassettengliederung hervorgerufen.

Der Saal soll zwar als multifunktionaler Raum ausgebaut werden, der Festsaalcharakter aber erhalten bleiben. Reinhardt und Süßenguth hatten »festliche Stimmung« durch große Kronleuchter, Lichtkränze mit einzelnen Gehängen, zu erzeugen versucht. Zamani nimmt diesen Gedanken auf und läßt von den sechs inneren Feldern der Deckenraster jeweilig vier diagonale Arme abgehen, an denen ein »Kronleuchter« angebracht ist. An einer Messingschale hängt eine Vielzahl von Glasstäbchen mit winzig kleinen Halogenleuchten. Reinhardt und Süßenguths Arbeitsweise bei der Gestaltung von Wänden, vor allem ihr Verfahren, durch Ornamente Abschlüsse nach oben und nach unten zu schaffen, greift Zamani bei der Behandlung der Seitenwände des Festsaals auf.[54] Die von der Decke herunterlaufenden Profilleisten dienen als Vorhangbegrenzung und Abstandhalter für Wandleuchten, die an allen Frontpfeilern sowie parallel an der Wand zur Haupthalle angebracht werden. Die Leuchten – der bronzegoldene Schirm ein Rechteck, aus dem unten und oben ein Halbkreis ausgeschnitten ist – stehen als obere Wandabschlüsse mit einer Grundplatte aus weiß emaillierter Stahllegierung in Verbindung, in die die Deckenpfeiler in einer geschwungenen Linie gleichsam ausfließen. Die Lampen, die bei kleineren Veranstaltun-

54 Der Architekt hat sich besonders von der Wandgestaltung der Haupteingangshalle, der Verbindung von ornamentalem Fries und Beleuchtungskörper, sowie von den Abschlüssen der Gurtbänder mit übereinandergelegten Platten in den Fluren vor den ursprünglichen Sitzungssälen inspirieren lassen.

gen als Grundbeleuchtung dienen sollen, strahlen durch punktförmige Öffnungen nach unten, während sie oben offengehalten sind, um in die Profile hineinzuleuchten und zur Schattenbildung beizutragen. Die 1,6 m tiefen Fensterbrüstungen werden unten mit einem 0,5 m hohen Paneel verkleidet, die darüberliegenden Heizkörper erhalten eine geschlossene Stahlblechfront, die bündig mit den Pfeilern abschließt, so daß wieder eine durchlaufende glatte Wandfläche entsteht. Die Verbindung zum Vorsaal – »eine verschalte Schießschanze« (Zamani) – wird zum Festraum hin verlegt und durch eine fast stumpf anschlagende Holztür glatt geschlossen. Eingelegte Kassettenfelder gliedern die Türfläche, die durch eine anders gelegte Maserung leicht profiliert wird. Die seitliche Rahmung der Tür bilden die oben beschriebenen Wandleuchten. Die übrigen Türen sind ähnlich aufgebaut. Um die Tür zur Haupthalle, die in der Flurachse liegt, in die Fensterachsenordnung des Saales einzubinden, wird sie von Zamani verbreitert und mit einem feststehenden Teil verbunden, so daß eine größere Türbreite vorgetäuscht wird. Der kleine, zum Saal hin ursprünglich offene Erkerraum wird der rationalen Raumgliederung geopfert, der Architekt benutzt ihn zur Installation der technischen Anlagen. Die Farbgebung soll so zurückhaltend wie möglich, fast neutral, bleiben. Die neue Raumkonzeption muß als durchaus gelungen bezeichnet werden; der beabsichtigte Dialog mit der Rathausarchitektur ist einsehbar, und obgleich manche Elemente, wie die strengen Schirme der Wandleuchten, eher an einen späteren Peter Behrens erinnern, dürfte Zamani insbesondere mit der ornamentalen Wandbearbeitung den Gestaltungsprinzpien von Reinhardt und Süßenguth nahekommen,[55] wenn diese auch insgesamt weichere Abschlüsse bevorzugt hätten. Die Großzügigkeit eines wilhelminischen Rathausfestsaals ist allerdings für immer verlorengegangen; der Bruch zwischen der raumgreifenden Architektur des vorderen Haupttreppenhauses sowie der Wandelhalle und den gedrückteren Verhältnissen des neuen Festraumes ist durch keine noch so gelungene anpassende Interpretation aufzuheben.

Im September 1988 begann das Hochbauamt Charlottenburg im Zuge der »Rekonstruktionsmaßnahmen«[56] mit dem Aufbringen der Dachbekrönung. Der in Kupfer getriebene Zierkamm war im Ersten Weltkrieg abgenommen und eingeschmolzen worden. Fariborz Zareh[57] vom Hochbauamt Charlottenburg hatte bereits vor Jahren entsprechende Pläne ausgearbeitet. Zeichnungen über die Dachbekrönungen fanden sich nicht einmal in den Rathausbauakten, so daß nur überlieferte Fotos die

55 Vgl. die ähnlich projektierte Wandstruktur von Reinhardt und Süßenguth im Aufriß.

56 Von »Rekonstruktion«, wie es das Hochbauamt in seiner Broschüre zum Denkmalpflegetag formuliert (Denkmalpflegetag in Charlottenburg 2. und 3. Juni 1988, hrsg. v. Senator für Stadtentwicklung und Umweltschutz – Bezirksamt Charlottenburg o. O. o. J. [Berlin 1988]), kann im eigentlichen Sinne nicht gesprochen werden. Die Architektur des ursprünglichen Baus wurde nach dem Zweiten Weltkrieg in vielen Punkten grundlegend geändert, und diese Eingriffe werden, wo es opportun ist, noch heute fortgesetzt: Bei der im Sommer 1988 begonnenen neuen Dacheindeckung verwandte man nicht das ursprüngliche Material, den Biberschwanz, sondern rote holländische Pfannen. Rekonstruktion heißt im Fall Charlottenburger Rathaus eher »nachempfindende Restaurierung«, wobei die einzelnen Maßnahmen relativ willkürlich, ohne Gesamtplanung, die Details in ihrem Zusammenhang mit dem Ganzen wahrnähme, durchgeführt werden. Denkmalpflege bleibt hier nur Annäherung und dabei nicht frei von Widersprüchen. Die unterschiedlichen Dachformen der beiden Frontgebäude erinnern beispielsweise an Diskussionsbeiträge Charlottenburger Stadtverordneter, die im Frühjahr 1902 zur Durchsetzung der ursprünglich geplanten neugotischen Fassade an der Berliner Straße verschiedene Frontausbildungen zulassen wollten. Veränderungen, durch neue Raumforderungen veranlaßt, sollten sich sensibel an die Gebäudestruktur anlehnen und nicht – wie beispielsweise die Vorplanungen für einen neuen Eingangsbereich am Hauptportal Otto-Suhr-Allee, die eine Vergrößerung des Windfangs vorsehen, indem sie ihn tiefer in den Raum hineinziehen – die Qualität der vorhandenen Architektur beeinträchtigen.

57 Fariborz Zareh studierte von 1966 bis 1972 an der Technischen Universität Berlin Architektur und ist seit 1978 beim Hochbauamt Charlottenburg beschäftigt.

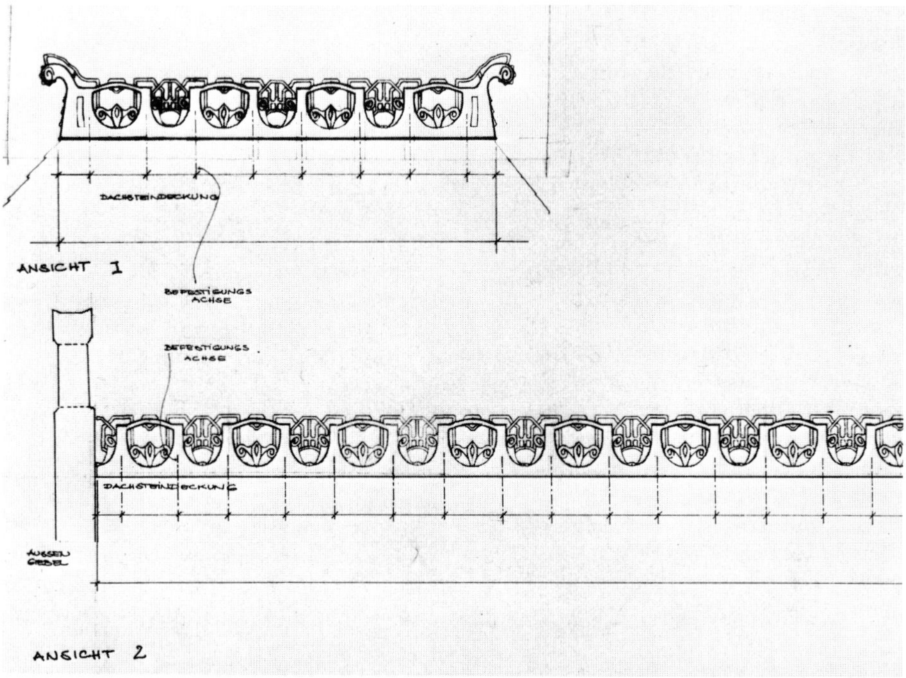

Fariborz Zareh, Entwurf zur Rekonstruktion der Dachbekrönung, um 1984

Möglichkeit einer Rekonstruktion eröffneten. Schwierigkeiten ergaben sich vor allem bei der Bestimmung der Größenverhältnisse, besonders der Höhe der dekorativen Teile. Nachdem auf der Grundlage eines Rasters Länge und Höhe bestimmt waren, begannen die Versuche der zeichnerischen Annäherung; die endgültigen Pläne für die Ausführung wurden im Maßstab 1 : 1 vergrößert.[58] Zareh schätzt seine Arbeit selbst als »Nachempfinden« ein, das in der Tat den Duktus des Originals trifft. Die steil abgesetzte Wellenbewegung des Firstornaments, die Verbindung zwischen spiralförmigen und stabgliedrigen Teilen sind in ihrem Wechsel aus gerader und kurviger Linienführung sehr gut nachgezeichnet. Der Rand des körperhaften Grundelements scheint mir jedoch ursprünglich stärker profiliert, die Wellenspitzen eckiger ausgestellt; der Nachbau hat hier etwas mehr gerundet beziehungsweise abgeglättet und damit Reinhardt und Süßenguths Tendenz zur Begrenzung bewegter dekorativer Formen etwas abgeschwächt.

Neuere Rathausplanung

Mit dem Wiederaufbau des zerstörten Rathauses stellte sich zugleich ein altes Problem der Verwaltungsorganisation ein: die mangelnde Zentralisierung der einzelnen Dienststellen. Ende der fünfziger Jahre waren im Rathaus der Bezirksbürgermeister mit dem Sekretariat, die Büros der Bezirksverordneten-Versammlung und die Fraktionen, die Abteilungen Personal und Verwaltung (ohne Standesamt), Sozialwesen, Jugend und Sport (ohne Sportamt und Jugendpflege), Bau- und Wohnungswesen (ohne Gartenbauamt), Finanzen (ohne Ausgleichsamt) und das Amt für Wohnungswesen sowie die öffentliche Stadtbü-

58 Bei der Entwicklung der Anschlüsse ging Zareh ursprünglich von einer Biberschwanz-Kronendeckung aus.

cherei unterbracht.[1] Die Gesundheitsabteilung sowie Teile des Jugend- und Sportamtes arbeiteten im ehemaligen Wohngebäude Wilmersdorfer Straße 98–99; die Abteilungen Volksbildung, Wirtschaft und das Ausgleichsamt waren zu diesem Zeitpunkt in dem Dienstgebäude Heerstraße 12[2] untergebracht, einem ehemaligen, im Krieg schwer beschädigten Büro- und Verwaltungsbau, der unter erheblichem Kostenaufwand wiederhergestellt worden war. Das Standesamt war in der restaurierten Villa Alt-Lietzow 28, das Gartenbauamt am Spandauer Damm untergebracht.

Der Wiederaufbau des Rathauses wurde auf Grund der nicht bedarfsdeckenden Raumsituation spätestens seit Anfang der fünfziger Jahre im Bezirksamt mit dem Plan eines Erweiterungsbaus verknüpft. Baustadtrat Hans-Jörg Petersen wies in einem Schreiben vom 25. November 1952 auf die Notwendigkeit der Erweiterungsplanung hin und forderte das Stadtplanungsamt auf, zu prüfen, ob es zweckmäßig sei, die Ecke am Richard-Wagner-Platz zu bebauen oder das Rathaus in Richtung Warburgzeile zu erweitern.[3] Das Bezirksamt hatte sich auf der Sitzung des Vortages unter städtebaulichen Gesichtspunkten bereits für einen Ausbau am Richard-Wagner-Platz entschieden und eine architektonisch befriedigende Lösung für die Verbindung zwischen dem Alt- und dem Neubau gefordert. Während der 250-Jahr-Feier sollte die Grundsteinlegung erfolgen. Da sich ein anliegendes Grundstück noch in Privathand befand, verlangte das Bezirksamt die Aufstellung eines entsprechenden Bebauungsplanes, damit die Enteignung vorbereitet werden konnte.[4] Das Stadtplanungsamt riet ebenfalls von einer Erweiterung nach Osten aus Kostengründen ab und favorisierte einen westlichen Ausbau, da nur das Grundstück Berliner Straße 74/Alt-Lietzow 12 aus Privatbesitz erworben und das ehemalige Reichsgrundstück Richard-Wagner-Platz 2 überschrieben werden mußte, während sich das gesamte verbleibende Terrain bereits in städtischem Besitz befand. Insgesamt erarbeitete das Stadtplanungsamt drei Erweiterungsvarianten.[5]

Vorschlag A sah einen östlichen Ausbau an der Berliner Straße vor und brachte bei einer fünfgeschossigen Bauweise eine zusätzliche Nutzfläche von 7200 m². Die Nachteile dieser Variante bestanden in der für 50 Prozent der Büroräume nördlichen Lage und in dem schlechten Besonnungsabstand, außerdem mußten die Grundstücke Berliner Straße 66–69 erworben werden. Vorschlag C erwog eine Bebauung auf dem teilweise freien Gelände zwischen dem Seelingschen Erweiterungsbau und der Warburgzeile an der Straße Alt-Lietzow. Dem möglichen Gewinn von 8000 m² Nutzfläche standen nicht unerhebliche Mängel gegenüber: Die Hälfte der Räume ging nach Norden, der nur 20 m breite Abstand zu den Häusern Alt-Lietzow 20–22 war für deren Besonnung ungünstig, zudem hätten die unter Denkmalschutz stehenden Bauwerke Alt-Lietzow 28–30[6] abgerissen werden müssen.

1 Charlottenburg. Ein Vierjahresbericht 1957–1960... S. 40.

2 Es handelt sich um das ehemalige Gebäude der Reichsjugendführung, das zwischen 1939 und 1941 im Auftrag der Philipp Holzmann AG, die später einen Teil der Anlage als Bürogebäude nutzte, entworfen und ausgeführt worden ist, die künstlerische Oberleitung bei der Bauausführung hat die Gesellschaft Paul Emmerich übertragen. Die Bauwerke und Kunstdenkmäler von Berlin... Stadt und Bezirk Charlottenburg... S. 154f.

3 Bezirksamt Charlottenburg von Berlin, Abteilung Bauwesen – Stadtplanungsamt, Akten Rathaus Charlottenburg, 6133/90, Ordner Nr. 1, Bl. 3.

4 A. a. O., Bl. 5f., Anl. 1.

5 A. a. O., Bl. 16ff.

6 In einem Schreiben vom 6. Januar 1953, in dem das Stadtplanungsamt zu einer Ausarbeitung der Variante C aufgefordert wurde, erklärte Bezirksstadtrat Petersen, daß auf die Häuser Alt-Lietzow 28 und 30 keine Rücksicht genommen werden müsse, sie also abgerissen werden könnten. A. a. O., Bl. 11. Das schwerbeschädigte Haus Alt-Lietzow 30, eines der ältesten Ackerbürgerhäuser der Stadt, wurde dann tatsächlich abgetragen.

Amt für Stadtplanung, Entwurf zur Erweiterung des Rathauses, um 1952

Ein neues Gebäude am Richard-Wagner-Platz schließlich mit Anbindung an den Reinhardt und Süßenguthschen Bau brachte bei einer sieben- beziehungsweise fünfgeschossigen Bauweise eine weitere Nutzfläche von 15 000 m^2, wobei nur 30 Prozent der Räume Nordlicht erhielten. Die Kosten für den Erwerb der benötigten Grundstücke blieben mit 255 200 DM verhältnismäßig gering.[7] Diese Variante B bot die Aussicht auf eine befriedigende städtebauliche Konzeption, die einerseits die Errichtung einer breiten Platzwand zum Richard-Wagner-Platz, andererseits eine Loslösung des Neubaus vom bestehenden Rathausgebäude zuließ. Das Stadtplanungsamt machte jedoch darauf aufmerksam, daß die Anlage des Richard-Wagner-Platzes in städtebaulicher Hinsicht keine zufriedenstellende Lösung biete. Es müsse das Gesicht eines wirklichen Platzes geschaffen werden, was heiße, die Mischung des Bestandes mit den in Zukunft entstehenden Baumassen und eine entsprechend sorgfältige Prüfung der Bebauung vorzunehmen. »Die Funktion eines Rathauses als öffentliches Gebäude und Sinnbild des Bürgertums, setzt eine prägnante Hervorhebung des Bauwerks als städtebauliches Element – der Turm, der fast jedes Rathaus schmückt, ist daher ein sinnfälliges Motiv – voraus. Die Anordnung des Altbaus in der Berliner Straße war mehr oder weniger aus der Notwendigkeit geboren, ein Rathaus auf einem zur Verfügung stehenden Grundstück zu errichten... Hierbei ist es kaum gelungen, den Abstand als öffentliches Gebäude vor allen anderen Baulichkeiten infolge der Einengung zu erzielen«[8]. Das Stadtplanungsamt nahm damit einen Gedanken auf, der den Charlottenburger Rathausbau seit seiner Projektierung beglei-

7 A. a. O., Bl. 8.
8 A. a. O., Bl. 18.

tete, und es fiel nicht schwer anzumerken, daß die früheren Grundstückskäufe der Stadt am Richard-Wagner-Platz beziehungsweise am früheren Wilhelm-Platz allein unter dem Gesichtspunkt einer Rathauserweiterung vorgenommen worden waren. Die Varianten A und C boten dagegen weder städtebaulich noch funktional eine Lösung, da die Erweiterungsbauten lediglich einen »Anhänger« zum Altbau darstellten und keine übersichtliche Anordnung der Baumassen zuließen.

Hans Günther hatte für die Variante eines Ausbaus zum Richard-Wagner-Platz hin bereits einen Entwurf ausgearbeitet, der die geschlossene Erweiterung des Rathauses bis zum Platz vorsah. Der Westgiebel des Reinhardt und Süßenguth-Baus sollte abgetragen, das Dach zum Walmdach umgebaut werden. Die freigelegte Westwand gliederten drei Pilaster, ein horizontales Fensterband unter dem Hauptgesims sowie ein zur Straße liegendes zweigeschossiges Fenster, wodurch die Ordnung der Hauptfront »um die Ecke gezogen wurde«. Ein fünfgeschossiger, kräftig hinter die Baufluchtlinie des Rathauses zurückgelegter Anbau, der mit dem Fenstergesims des Festsaalgeschosses abschloß, zunächst der Berliner Straße folgte und sich dann in einer breiten Fläche dem Richard-Wagner-Platz öffnete, vermittelte den Übergang zum Haupttrakt des Erweiterungsensembles: einem mit neun Geschossen sicherlich zu hoch geratenen Bau, der sich, in spitzem Winkel zur Berliner Straße, mit seiner Stirnseite dem Platz zuwandte. Das Gebäude überschritt die Fluchtlinie des Vermittlungsbaus, das Erdgeschoß des vorspringenden Bauteils war als offene Halle ausgebildet.

Das Bezirksamt lehnte diesen Entwurf ab, da die architektonische Gestaltung des Verbindungsteiles zwischen dem bestehenden Rathaus und dem Neubau nicht befriedigte.[9] Städtebaulich war die Höhenentwicklung des Haupttraktes zu kritisieren, weil dieser mit seiner Längsseite an einer relativ schmalen Nebenstraße lag und die anliegenden niedrigen Wohnbauten beschattete. Durch einen knappen Anschlußbau ließ sich das Problem nicht lösen.

Im Janaur 1953 mußten die Erweiterungsplanungen auf Grund fehlender Finanzmittel eingestellt werden, die weiteren Beratungen rückten die Gestaltung des Richard-Wagner-Platzes in den Vordergrund.[10] In der folgenden Zeit beschäftigte man sich überwiegend mit der Frage der Verkehrsführung am Richard-Wagner-Platz. Auf den stadteigenen Grundstücken Alt-Lietzow 2–10 sollte in Verbindung mit einer Grünanlage ein Parkplatz für die Rathausbesucher angelegt werden.[11] Erst im Mai 1956 wurden Erweiterungspläne im Zusammenhang mit der Errichtung eines Neubaus für das Gesundheitsamt erörtert.[12] Der Senator für Bau- und Wohnungswesen beabsichtigte, auf dem Gelände am Richard-Wagner-Platz ein Gesundheitsamt zu errichten und im Kontext einer späteren Rathauserweiterung einen öffentlichen Wettbewerb auszuschreiben.[13] Die Planungen verzögerten sich jedoch, da sich die beteiligten Behörden, Tiefbau-, Hochbau- und Stadtplanungsamt sowie die entsprechenden Stellen der Senatsverwaltung, zunächst nicht auf einen Bebauungsplan einigen konnten. Erst im Juli 1958 gab der Senator für Bau- und Wohnungswesen seine Zustimmung zu einer Gestaltung, die den Platz als Kreisplatz mit durchgehender Hauptverkehrsrichtung (Otto-Suhr-Allee) ausbauen wollte.[14] Durch die Platzform wurde die noch fehlende Bebauung weitgehend festgelegt.

9 A. a. O., Bl. 3.
10 A. a. O., Bl. 19; Arbeitsbericht 1. 4. 1951–31. 3. 1954, Bezirksamt Charlottenburg von Berlin, o. O. o. J. (Berlin 1954), S. 8.
11 Bezirksamt Charlottenburg … Stadtplanungsamt, Akten Rathaus … 6133/90, Ordner Nr. 1, Bl. 34 ff.
12 Bezirksamt Charlottenburg … Stadtplanungsamt, Akten Rathaus … 6133/90, Ordner Nr. 2, Bl. 24.
13 Die vorläufige Baukostenhöhe wurde auf 4,5 Millionen DM festgelegt. A. a. O., Bl. 27.
14 A. a. O., Bl. 50, 57, 60–64.

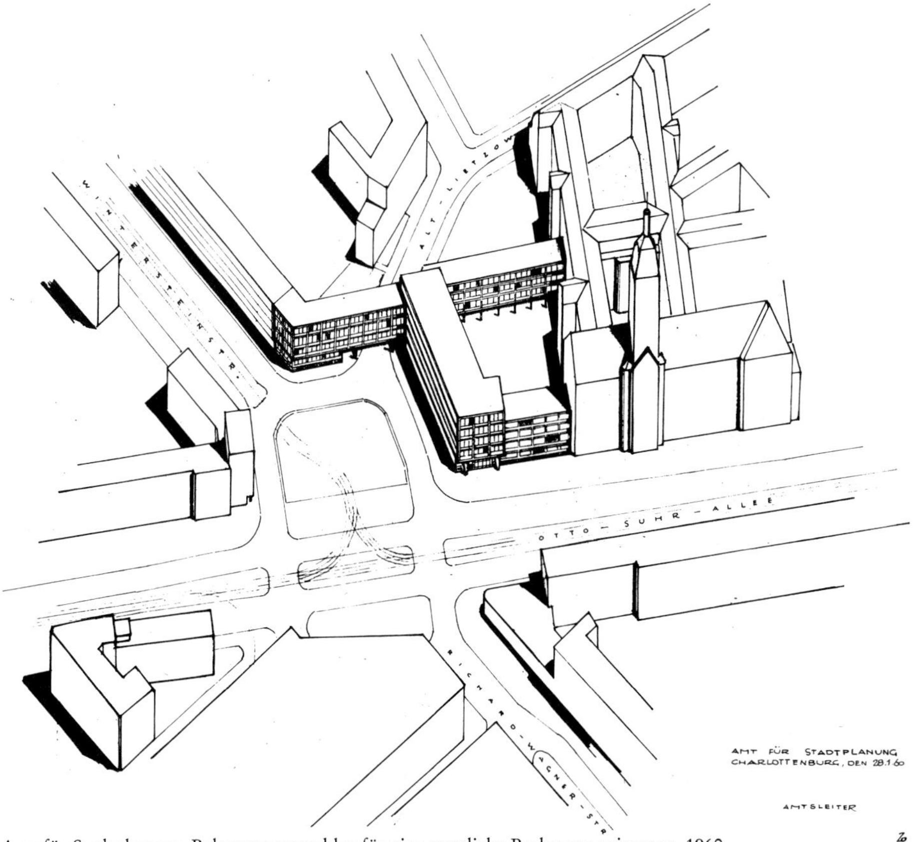

Amt für Stadtplanung, Bebauungsvorschlag für eine westliche Rathauserweiterung, 1960

Die in ungleichen Abständen und verschiedenen Breiten in den Platz einmündenden Straßen ließen eine Platzbildung durch begrenzende Baukörper nicht oder nur so zu, daß von einem Abschluß im Sinne einer raumbildenden Platzwand nicht gesprochen werden konnte. Um der nördlichen Platzhälfte einen Abschluß zu geben, schlug das Stadtplanungsamt vor, die Straße Alt-Lietzow unter Einbeziehung des Grundstücks Alt-Lietzow 1–3 Ecke Wintersteinstraße 2 durch einen verbindenden Baukörper zu den noch freien Grundstücken zu überbauen. Dieser Baukörper sollte in den für 1962 vorgesehenen Neubau des Gesundheitsamtes auf der Restfläche der Grundstücke Otto-Suhr-Allee 106–108, Richard-Wagner-Platz 2–4 und Alt-Lietzow 2–10 einbezogen werden.[15] Nach weiteren Beratungen wurde mit Rücksicht auf das Rathaus vorgeschlagen, das Anschlußgebäude auf den Grundstücken Otto-Suhr-Allee 104–108 etwas 10 bis 12 m hinter der Baugrenze aufzuführen, »damit der Giebel des Rathauses und das Gebäude selbst in seiner Wirkung von der Otto-Suhr-Allee aus nicht beeinträchtigt« werde.[16]

15 Bezirksamt Charlottenburg... Stadtplanungsamt, Akten Rathaus... 6133/90, Ordner Nr. 3, Bl. 3.

16 A. a. O., Bl. 7 u. 12. Die Beratung fand unter Vorsitz von Senatsbaudirektor Düttmann am 10. März 1960 beim Senator für Bau- und Wohnungswesen statt. Als städtebaulicher Berater war Rudolf Hillebrecht hinzugezogen worden, der die geplante Führung der Straße Alt-Lietzow mit der schrägen Einmündung in den Platz kritisierte. Dem Grundgedanken des Planungsvorschlags, der Bildung einer Platzwand durch die Straßenüberbauung, stimmten alle Beteiligten zu.

Für die städtebauliche und architektonische Gestaltung der Platzwand schlug Werner Düttmann die Ausschreibung eines öffentlichen Bauwettbewerbes vor. Das Bauvorhaben wurde in die Fünfjahresplanung des Senators für Gesundheitswesen aufgenommen, eine erste Baurate in Höhe von 900 000 DM im Rechnungsjahr 1964 für das neue Gesundheitsamt zur Verfügung gestellt.[17] Da in weiteren Verhandlungen zwischen dem Senator für Bau- und Wohnungswesen sowie dem Tiefbau- und Stadtplanungsamt des Bezirks im Spätherbst 1961 Einigung über die Verkehrsführung am Richard-Wagner-Platz erzielt wurde, beabsichtigte das Bezirksamt, lediglich einen engeren Bauwettbewerb auszuschreiben.[18] Doch dann verzögerte sich die Konkretisierung der Planungen, da ein aktualisiertes Raumprogramm der Abteilung Gesundheitswesen fehlte, und schließlich scheiterte die Verwirklichung des Projekts an einer fehlenden Finanzierung.

Keine zwei Jahre später sprach man nur noch von einer östlichen Erweiterung des Rathauses. In einer Vorlage für die Bezirksamtssitzung am 1. Juli 1963 wurde vom Stadtplanungsamt vorgeschlagen, aus städtebaulichen Überlegungen die Grundstücke Otto-Suhr-Allee 90–92 und 94 vorsorglich zu erwerben, »um sie zum Teil in den Rathausstandort zur Anlage noch fehlender Wageneinstellplätze zu verwerten und um in der Otto-Suhr-Allee im Anschluß an das Rathaus die dringend notwendige Bereinigung der vorhandenen Bebauung in Verbindung mit bodenordnenden Maßnahmen durchführen zu können«[19]. Das Bezirksamt stimmte diesem Vorschlag zu. Bei einer Ortsbesichtigung erklärte Oberbaurat Wolfram Konwiarz[20], daß beide Rathausgiebel an der Otto-Suhr-Allee möglichst mit der vorhandenen Bauflucht abschließen und in gleicher Höhe eingebaut werden sollten. Frühere Überlegungen zurückgesetzter Anbauten bedurften nach Konwiarz der Überprüfung.[21] Da die Firma Christian Mattschaß das Verkaufsangebot für das Grundstück Otto-Suhr-Allee 90–92 zurückzog, entwickelte das Stadtplanungsamt im September 1965 einen Plan, der nur das Grundstück Otto-Suhr-Allee 94 für eine Rathauserweiterung, und zwar in Verbindung mit einem öffentlichen Durchgang im Zuge eines Grüngürtels, vorsah. Die Baulücke zwischen Rathaus und Postamtsgebäude sollte vollständig geschlossen werden.[22]

Kostenaufstellung für eine westliche Erweiterung des Rathauses vom 13. April 1966

Einnahmen und sächliche Ausgaben:
An Kosten werden nach Schätzungen etwa entstehen für:

1. Grunderwerb (Für die Durchführung der vorgesehenen Verbindung über die Grundstücke Otto-Suhr-Allee 94 und Hinterland 92/90, zugleich Erweiterungsfläche für die Bezirksverwaltung).	ca. 525 800,– DM
2. Freimachung des Grundstücks Otto-Suhr-Allee 94	63 500,– DM
3. Straßenkosten einschl. Leitungsverlegungen am Platz Alt-Lietzow und innerhalb der Gemeinbedarfsfläche	37 000,– DM
4. Anlage der Stellflächen in 2 Ebenen	500 000,– DM
5. Grünanlagen und Pflasterung des Fußweges	39 000,– DM
6. Erweiterung der Bezirksverwaltung	4 000 000,– DM
7. Fußgängerbrücke über die Otto-Suhr-Allee (anteilig)	200 000,– DM
insgesamt etwa	5 365 300,– DM

Quelle: Bezirksamt Charlottenburg ... Abteilung Bauwesen – Stadtplanungsamt, 6142/128, Akten Grundstücke Otto-Suhr-Allee 80–102, Alt-Lietzow 14–30, Warburgzeile 1–15, Ordner Nr. 2, Bl. 37.

Der fünfgeschossige Anbau bestand aus zwei Flügeln und integrierte den Frontbau

17 A. a. O., Bl. 22 f.
18 A. a. O., Bl. 32–36.
19 A. a. O., Bl. 58.
20 Senator für Bau- und Wohnungswesen II D, Denkmalunterhaltung und Stadtbildpflege.
21 Bezirksamt Charlottenburg ... Stadtplanungsamt, Akten Rathaus ... 6133/90, Ordner Nr. 3, Bl. 83.
22 Bezirksamt Charlottenburg ... Stadtplanungsamt, Akten Rathaus ... 6133/90, Ordner Nr. 4, Bl. 3, S. 2, Bl. 11.

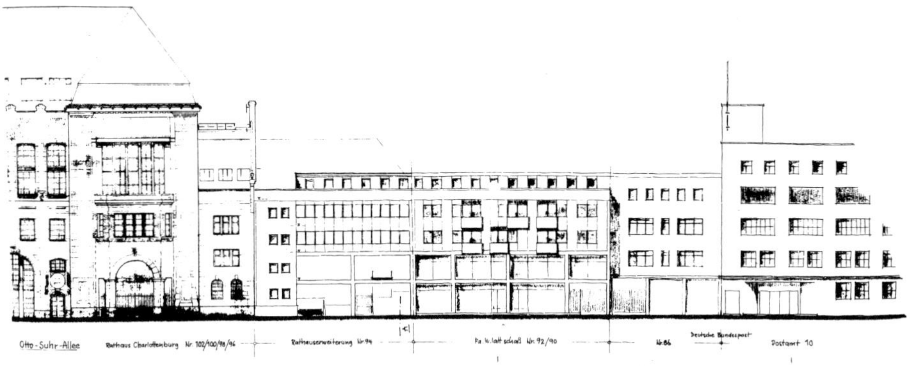

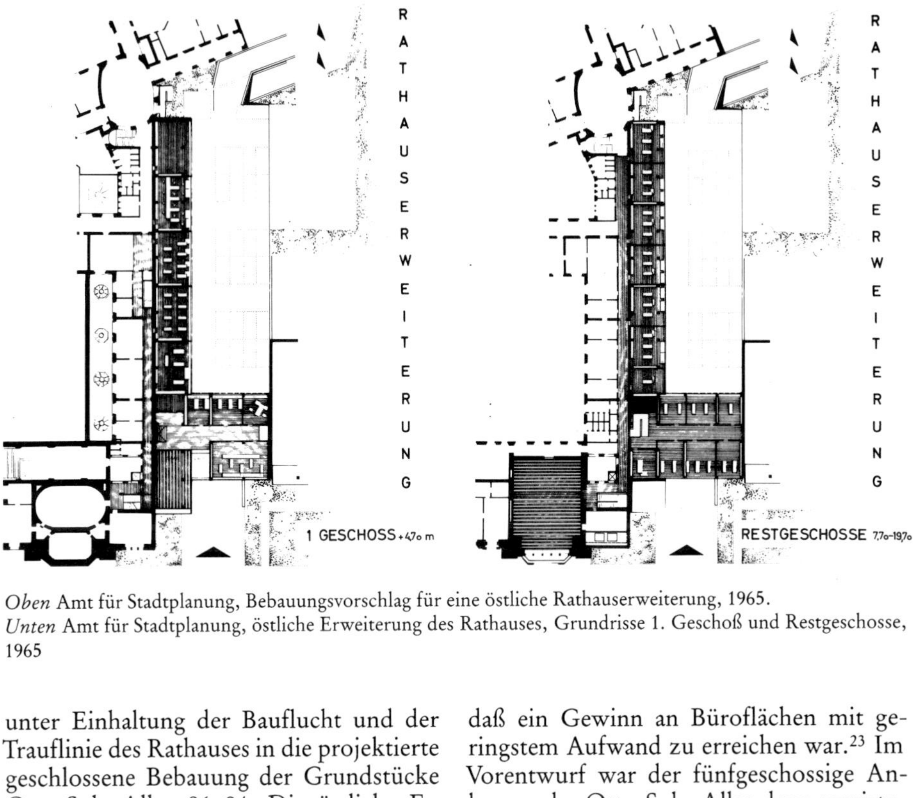

Oben Amt für Stadtplanung, Bebauungsvorschlag für eine östliche Rathauserweiterung, 1965.
Unten Amt für Stadtplanung, östliche Erweiterung des Rathauses, Grundrisse 1. Geschoß und Restgeschosse, 1965

unter Einhaltung der Bauflucht und der Trauflinie des Rathauses in die projektierte geschlossene Bebauung der Grundstücke Otto-Suhr-Allee 86–94. Die östliche Erweiterung des Rathauses bot sich nach Meinung des Stadtplanungsamtes als besonders geeignet an, da in allen Geschossen entlang des Giebels Flure vorhanden waren, die nur einhüftig genutzt wurden, so daß ein Gewinn an Büroflächen mit geringstem Aufwand zu erreichen war.[23] Im Vorentwurf war der fünfgeschossige Anbau an der Otto-Suhr-Allee dann zweistufig hinter die Bauflucht des Rathauses zurückgesetzt, dem Verbindungsflügel zum Grundstück Otto-Suhr-Allee 90–92 schloß sich im rückwärtigen Gelände ein langer, schmaler Erweiterungsbau an, der

23 Begründung zum Bebauungsplanentwurf VII–128 vom 13. April 1966, in: Bezirksamt Charlottenburg... Abteilung Bauwesen – Stadtplanungsamt, 6142/128, Akten Grundstücke Otto-Suhr-Allee 80–102, Alt-Lietzow 14–30, Warburgzeile 1–15, Ordner Nr. 1, Bl. 55.

bis zum ovalen Verteilungsflur des Seeling-Baus reichte. Der Anschluß der Rathausbaulichkeiten und der danebenliegenden Firmen- und Wohngebäude an das Postamt 10 wurde über das Grundstück Nummer 86 vermittelt, dessen Baufluchtlinie mit dem durchgezogenen 5. Obergeschoß des Erweiterungsbaus zusammenlief. Der Senator für Bau- und Wohnungswesen hatte bereits am 8. November 1965 seine grundsätzliche Zustimmung zu diesem Bauvorhaben gegeben.[24] Die Nutzfläche des fünfgeschossigen Erweiterungsbaus lag bei 5090 m^2.[25] Es gelang dem Bezirksamt Charlottenburg jedoch nicht, das 1594 m^2 große Grundstück Otto-Suhr-Allee 94 zu erwerben, dagegen gelang der Ankauf der rückwärtigen Geländeteile des Grundstücks Otto-Suhr-Allee 90–92, auf denen Parkflächen eingerichtet wurden.

Die Rathausplanung befand sich in der zweiten Hälfte der sechziger Jahre in einer mißlichen Situation. Einerseits bestand nach wie vor der Wunsch, die Verwaltung örtlich zu zentralisieren und besonders für das in einem angemieteten Wohngebäude untergebrachte Gesundheitsamt einen Neubau zu erstellen, andererseits galt es, die Vor- und Nachteile einer östlichen beziehungsweise westlichen Erweiterung des Rathauses unter städtebaulichen und sozialen Gesichtspunkten abzuwägen. Auf der 58. Sitzung der Deputation für das Bauwesen am 20. April 1966 wurde von einem nach Westen geführten Ausbau des Charlottenburger Rathauses abgeraten. »Man sollte vielmehr versuchen, durch eine andere Nutzung der Flächen dort Belebung zu erzeugen.«[26] In einem Schreiben des Stadtplanungsamtes vom 11. Juli 1966 an den Senator für Bau- und Wohnungswesen wurde festgestellt, daß die landeseigenen Grundstücke am Richard-Wagner-Platz einer privaten Wohnbebauung in Kombination mit einer geschäftlichen und gewerblichen Nutzung zugeführt werden sollten.[27] Im Gegenzug schlug das Stadtplanungsamt vor, »die dringend erforderliche Erweiterung der Verwaltung auf minimalsten zusätzlichen Flächen durchzuführen«[28]. Für diese Baumaßnahme beabsichtigte man, die Grundstücke östlich des Seeling-Baus in Anspruch zu nehmen. In einer Vorlage für die Bezirksamtssitzung am 4. März 1968 faßte Baustadtrat Grigers den Planungsstand zusammen: An der Absicht, alle bezirklichen Verwaltungen im Rathaus zusammenzufassen und zu diesem Zweck zusätzliche Geschoßflächen in und am Rathaus zu schaffen, sollte festgehalten werden. Außerhalb des Rathauses waren

im Verwaltungsgebäude Heerstraße (Abteilung Volksbildung, Ausgleichsamt, Baulenkung)	7300 m^2
im Gesundheitsamt Wilmersdorfer Straße	5400 m^2
und in der Fürsorgestelle Gierkezeile	2700 m^2
zusammen	15400 m^2

Bruttogeschoßfläche vorhanden.[29] Da vor

24 Bezirksamt Charlottenburg... Abteilung Bauwesen – Stadtplanungsamt, Akten Rathaus... 6133/90, Ordner Nr. 4, Bl. 14.

25 A. a. O., Bl. 5. Das Bezirksamt Charlottenburg stimmte am 18. April dem Bebauungsplan VII–128 zu, der Senator für Bau und Wohnungswesen auf der 46. Planungssitzung am 16. Juni und die Bezirksversammlung am 8. Juli 1966. A. a. O., Bl. 7f., 61 u. 6142/128, Ordner Nr. 2, Bl. 13, 20ff. Die von der Berliner Industrie- und Handelskammer erhobenen Einwände gegen die Anlage einer langgestreckten, schmalen innerstädtischen Grünverbindung auf Kosten von Gewerbebetrieben wurden vom Senat angenommen und fanden in der späteren Fassung des Entwurfs zum Bebauungsplan VII–128 Berücksichtigung. Der Plan einer Fußgängerbrücke über die Otto-Suhr-Allee wurde ebenfalls aufgegeben. A. a. O., Ordner Nr. 1, Bl. 61ff.; Ordner Nr. 2, Bl. 26f., 34 u. 36.

26 Bezirksamt Charlottenburg... Stadtplanungsamt, Akten Rathaus... 6142/128, Ordner Nr. 1, Bl. 63.

27 S. Entwurf zum Bebauungsplan VII–70. Bezirksamt Charlottenburg... Abteilung Bauwesen – Stadtplanungsamt, Akten Rathaus... 6133/90, Ordner Nr. 4, Bl. 28.

28 Ebd. Das Stadtplanungsamt nannte als Ursache für die Planungsänderung neben städtebaulichen dann folgerichtig »wirtschaftliche Gründe«. A. a. O., Bl. 40.

29 Bezirksamt Charlottenburg... Stadtplanungsamt, Akten Rathaus... 6133/90, Ordner Nr. 5, Bl. 12.

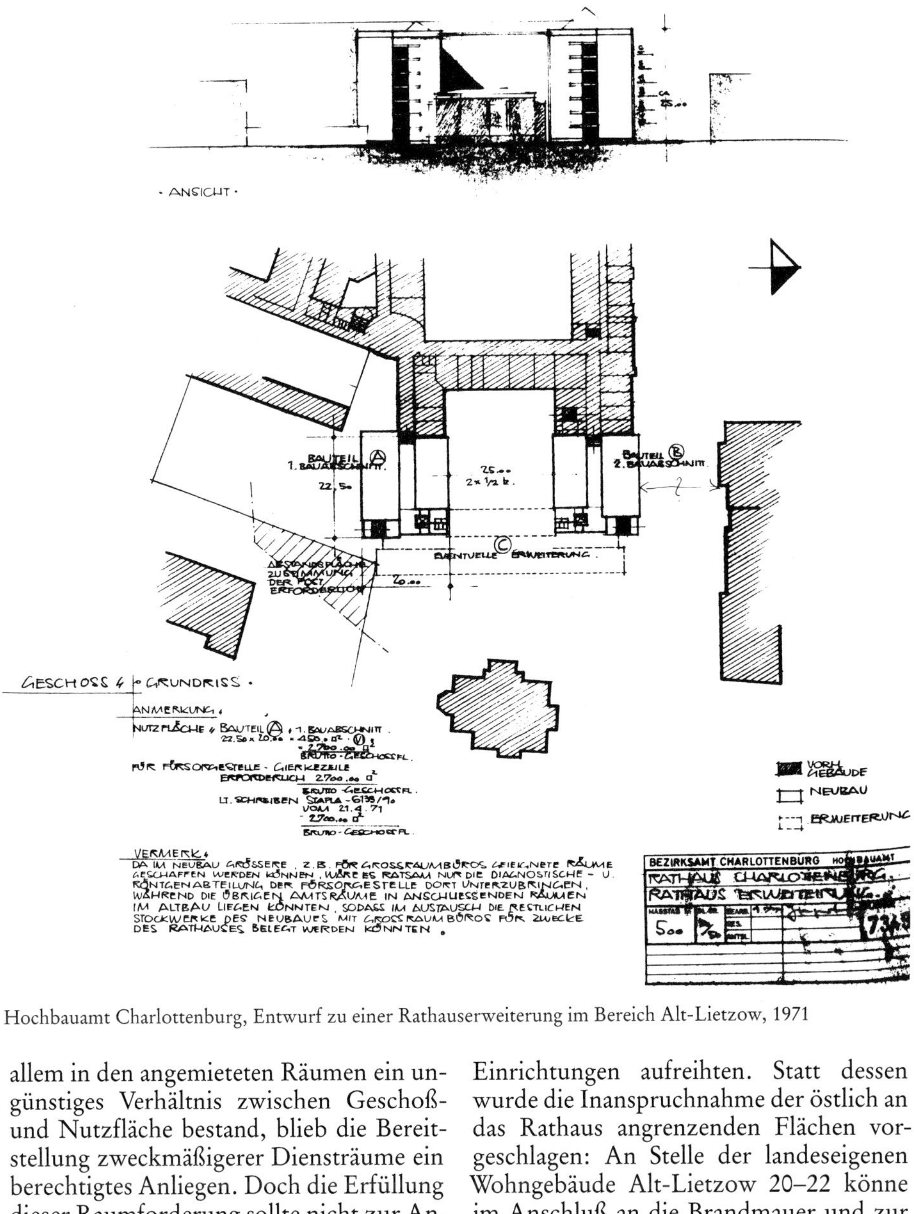

Hochbauamt Charlottenburg, Entwurf zu einer Rathauserweiterung im Bereich Alt-Lietzow, 1971

allem in den angemieteten Räumen ein ungünstiges Verhältnis zwischen Geschoß- und Nutzfläche bestand, blieb die Bereitstellung zweckmäßigerer Diensträume ein berechtigtes Anliegen. Doch die Erfüllung dieser Raumforderung sollte nicht zur Anlage einer »Amtsstraße«[30] führen, die, bei Berücksichtigung sämtlicher Planungsvorstellungen, eine 300 m lange Straßenfront von der Warburgzeile bis zur Wintersteinstraße entstehen ließe, an der sich fast ausschließlich Verwaltungen und ähnliche Einrichtungen aufreihten. Statt dessen wurde die Inanspruchnahme der östlich an das Rathaus angrenzenden Flächen vorgeschlagen: An Stelle der landeseigenen Wohngebäude Alt-Lietzow 20–22 könne im Anschluß an die Brandmauer und zur Abrundung des Rathaus-Baukörpers ein Gebäude mit 4900 m² Geschoßfläche errichtet werden; auf dem noch privaten Grundstück Otto-Suhr-Allee 94 stehe im Anschluß an den Rathausgiebel eine Geschoßfläche von 2800 m² zur Verfügung,

30 Nachtdepesche vom 10. August 1967.

während sich auf den rückwärtigen Flächen der benachbarten Grundstücke (92–90) in Verbindung mit dem Rathausgebäude ein weiterer Anbau mit 4000 m² Geschoßfläche realisieren lasse. Das inzwischen durch das Grundstücksamt erworbene Gelände Alt-Lietzow 12 biete die Möglichkeit, an die Brandmauer des Rathauses einen weiteren Trakt anzubauen, mit dem eine Geschoßfläche von circa 3000 m² zu gewinnen wäre.[31] Auf Grund eines günstigeren Verhältnisses von Brutto- zu Nettofläche reichte die sich auf diese Weise ergebende Geschoßfläche von 14 700 m² aus, um die bislang externen Abteilungen im zentralen Verwaltungsgebäude des Bezirks unterzubringen.[32] Die östliche Bebauung biete den weiteren Vorteil, daß man ohne zusätzliche Treppenhausanlagen und teilweise ohne Flure auskäme. Zugleich wäre damit dem nach seinen Seiten hin unfertig wirkenden Rathausgebäude östlich ein befriedigender baulicher Abschluß gegeben. Bezirksstadtrat Grigers glaubte damit den Nachweis erbracht zu haben, daß die im Bebauungsplan VII–70 genannten Grundstücke am Richard-Wagner-Platz nicht mehr für Erweiterungsbauten benötigt würden und deshalb für die Errichtung eines kombinierten Wohn- und Geschäftshauses freigegeben werden könnten. Das Bezirksamt Charlottenburg stimmte am 4. März 1968 diesem Vorschlag zu.[33]

Im Februar 1967 hatte der Senator für Bau- und Wohnungswesen Rolf Schwedler die ›Neue Heimat Kommunal‹ (Hamburg) für eine Bebauung der freien Grundstücke am Richard-Wagner-Platz interessiert. Am 8. August übersandte die Neue Heimat einen Vorentwurf von Paul Seitz, der eine fast vollständige Überbauung der Grundstücksflächen vorsah. Über einen zweigeschossigen Unterbau wurden »eigenwillig geformte Bauteile« in vier, fünf und neun Etagen angeordnet. Den Brandgiebel des Rathausgebäudes und des Wohngebäudes Wintersteinstraße 8 stellte Seitz bewußt frei und ließ lediglich die zweigeschossige Bebauung an den Verwaltungsbau anschlie-

Raumprogramm[1] für das Gesundheitsamt Charlottenburg vom 11. Februar 1970

Dezernent und Vorzimmer	65 m²
Amtsarzt	85 m²
Büroleiter und Verwaltungsgruppe	310 m²
Stellvertretender Amtsarzt	75 m²
Amtsärztliche Untersuchungsstelle	205 m²
Sportarzt	60 m²
Hygiene und Seuchenbekämpfung	140 m²
Lebensmittelüberwachung	160 m²
Leitende Fürsorgerin	30 m²
Säuglings- und Kleinkinderfürsorge	270 m²
Schulgesundheitsfürsorge	165 m²
Schulzahnklinik	220 m²
Beratungsstelle für Körperbehinderte	385 m²
Sozialpsychiatrischer Dienst	385 m²
Nachgehende Krankenfürsorge	110 m²
Beratungsstelle für Geschlechtskranke	295 m²
Tuberkulosefürsorge	645 m²
Schirmbildstelle	290 m²
Veterinäramt	285 m²
Reserve	120 m²
Kellerräume	450 m²
Insgesamt	4750 m²

1 Nettofläche. Benötigte Bruttogeschoßfläche ca. 6000–7000 m²

Quelle: Bezirksamt Charlottenburg... Abteilung Bauwesen – Stadtplanungsamt, Akten Rathaus... 6133/90, Ordner Nr. 5, Bl. 18; Ordner Nr. 9, Bl. 9, Bild 20

31 Bezirksamt Charlottenburg... Stadtplanungsamt, Akten Rathaus... 6133/90, Ordner Nr. 5, Bl. 13.

32 Die etwa 640 erforderlichen Stellplätze sollten durch ein Parkhaus mit fünf Ebenen auf den Grundstücken Alt-Lietzow 11–15 Ecke Arcostraße 2–4 und durch entsprechende Anlagen in den Untergeschossen der geplanten Erweiterungsbauten geschaffen werden.

33 Bezirksamt Charlottenburg... Stadtplanungsamt, Akten Rathaus... 6133/90, Ordner Nr. 5, Bl. 31.

ßen. Dazwischen erhoben sich die sieben Obergeschosse in gestuften Baukörpern mit bis zu neun Vollgeschossen. Die am höchsten gelegene Geschoßdecke lag bereits mehr als 35 m über dem Straßenniveau.[34] Was an der Kritik des Stadtplanungsamtes an diesem Entwurf hier hauptsächlich interessiert, ist die bewußte Freistellung des Rathauses, »obwohl die Erbauer dieses Gebäude in die Straßenflucht eingeordnet und den beiderseitigen Anbau in der Gestaltung der Straßenfassade berücksichtigt hatten. Es sollte doch der Versuch unternommen werden, mit unseren heutigen Gestaltungsmitteln diesem Bauwerk eventuell durch direkten Anbau gerecht zu werden«[35]. Die Absicht von Paul Seitz, dem Richard-Wagner-Platz keine Begrenzung im Sinne einer Platzwand zu geben, wurde dagegen vom Stadtplanungsamt anerkannt. »Ein Platz im Sinne einer räumlichen Ordnung war dieses Straßenstück nie, so daß auch jetzt Versuche in dieser Richtung keine Verbesserung des Straßenbildes ergeben würden.«[36]

Der Wandel der Auffassungen gegenüber den Planungen der fünfziger beziehungsweise der frühen sechziger Jahre war verblüffend. Auch in der Aufgabenstellung für den engeren Wettbewerb der Bebauung des Richard-Wagner-Platzes im Spätherbst 1969 setzte sich diese Ansicht durch. Die städtebauliche Anordnung des Neubaukomplexes hatte die nicht freistehenden Baukörper des Rathauses, den hohen Einbau, der nur die Straßenfassade als solche in Erscheinung treten ließ, zu berücksichtigen.[37]

Daß das Rathaus zwischen privaten Wohnhäusern hatte errichtet werden müssen, von dieser Lösung waren weder die Architekten noch der Magistrat der Stadt Charlottenburg besonders angetan, geschweige denn, daß von einer konzeptionellen Entscheidung hätte gesprochen werden können. Für die städtischen Körperschaften waren die zentrale Lage des Bauplatzes und die Kostenfrage ausschlaggebend, die Architekten selbst hätten von Anfang an ein freiliegendes Grundstück bevorzugt, um dem monumentalen Gebäude mehr Raum zu geben, es in Erscheinung treten zu lassen. Der Kompromiß bei der Platzwahl veranlaßte den Magistrat, schon frühzeitig umliegende Grundstücke zu erwerben, um nicht nur den erweiterten Raumbedürfnissen der Verwaltung nachzukommen, sondern auch dem durchaus als »Torso« empfundenen Hauptbau seitliche Abschlüsse zu geben. Die Pläne des Charlottenburger Stadtbaurates Heinrich Seeling legten deshalb auf die notwendige Proportionierung der Baumassen, die Abschlußbildung und die Entwicklung einer Platzwand zum Wilhelm-Platz hin größten Wert, wobei Seeling den sich zum Platz erstreckenden Erweiterungsflügel aus der Bauflucht des Gebäudes nahm, um die repräsentativen Teile des Rathauses zu akzentuieren und die Symmetrie des Haupttraktes nicht zu stören. Seeling gab dem Rathaus einen westlichen Vorplatz, so daß sich die Höhen in der Entwicklung der Baumassen dem Betrachter langsamer erschlossen und zugleich der erweiterte Wilhelm-Platz einen festen Abschluß erhielt. Hier zeigte sich der Versuch, den Platz in eine räumliche Ordnung zu stellen, die vom Rathausgebäude bestimmt wurde. Dabei dürfte die unregelmäßige Anlage des Wilhelm-Platzes die Wirkung des seitlich zurückgesetzten Amtsgebäudes noch verstärkt haben.[38] Die Vorstellungen von Hans Günther und Werner Düttmann gingen in eine ähnliche Richtung. Auch sie verlangten den Einbezug des Rathauses in

34 Bezirksamt Charlottenburg... Stadtplanungsamt, Akten Rathaus... 6133/90, Ordner Nr. 4, Bl. 58.
35 Ebd.
36 Ebd.
37 Bezirksamt Charlottenburg... Stadtplanungsamt, Akten Rathaus... 6133/90, Ordner Nr. 7, Bl. 30 u. 37.
38 Vgl. Camillo Sitte, Der Städtebau nach seinen künstlerischen Grundsätzen. Ein Beitrag zur Lösung modernster Fragen der Architektur und monumentalen Plastiken unter besonderer Beziehung auf Wien, Wien 1889, S. 55ff.

eine Platzanlage, den aus der Bauflucht genommenen niedrigen Anbau, der den Blick auf die schön gegliederten seitlichen Klinkerfassaden des Reinhardt und Süßenguthschen Baus freigab, die Wandbildung zum Platz hin und einen mit wenigen baulichen Mitteln zu vollziehenden westlichen Abschluß des Verwaltungsgebäudes. Rathausbauten nach dem Zweiten Weltkrieg versuchten weitgehend eine Platzanbindung herzustellen und, wo immer es die innerstädtischen Verhältnisse zuließen, das Gebäude in den Ortskern einzubeziehen. Ließ sich eine Gruppierung im historisch gewachsenen Zentrum nicht durchsetzen, wählte man häufig eine Lage, die einen neuen städtebaulichen Akzent setzte und zugleich auf das alte Stadtzentrum orientiert war.[39]

Die neuere Argumentation des Stadtplanungsamtes Charlottenburg kann nicht überzeugen, da sie einerseits die Planungsgeschichte des Rathauses ignoriert, andererseits aus Opportunitätsgründen die eingebundene Lage und die Unfertigkeit der östlichen Wand hervorhebt. Die Einbindung des Rathauses in eine vorhandene Wohnbebauung gilt natürlich für das Rathaus als Ganzes und schließt deshalb auch die seitlichen Abschlüsse ein. Bekanntlich gab der Seelingsche Erweiterungsbau dem Hauptgebäude einen östlichen Abschluß, während gerade der westliche bis heute fehlt. Das Problem der östlichen Brandgiebel soll dabei keineswegs ignoriert werden, kann aber nur untergeordnete Bedeutung haben. Ein weiterer östlicher Anbau, so sehr er sich vom Grundriß her anbieten mag, verunstaltete die Proportionen des Rathauses vollends. Nur durch eine westliche Ergänzung wäre die einseitige Massierung der Baumassen aufzufangen. Zudem würden die vielgliedrigen Anbaumaßnahmen die Übersichtlichkeit des Grundrisses, die schon durch den Seelingschen Anbau eingeschränkt wurde, nachhaltig stören.

Das Eintreten für eine Belebung des Richard-Wagner-Platzes, »eine bessere Mischung durch belebende Ergänzung auch nach Büroschluß«[40], oder für den »städtebaulichen Trend zur Besiedlung des Stadtinneren mit Wohnungen«[41] blieb unglaubwürdig, wenn gleichzeitig der anliegende

39 Als Beispiele für einen vom historischen Zentrum abgewandten Bauplatz und den Versuch einer gleichzeitigen städtebaulichen Bezugnahme auf den Ortskern seien hier das von Arne Jacobsen und Wilhelm Weitling entworfene Rathaus von Mainz und das von Jungjohann-Hoffmann-Krug entworfene Rathaus von Rendsburg genannt. In beiden Fällen wählte man einen exponierten Bauplatz außerhalb des historischen Stadtzentrums und versuchte, Bezüge zur vorhandenen Altbausubstanz, zur Altstadt und zum Stadtgrundriß herzustellen und dabei eine optimale visuelle Verbindung zu schaffen. W. Meyer-Bohe, Rathäuser ... S. 186f. u. 196f. Überwiegend in kleineren Städten ließen sich Rathausbauten in Altstadtkernen realisieren. Oftmalig handelt es sich um Erweiterungsbauten. Als Neubauprojekt seien das Rathaus Schweitenkirchen von Alexander Pagenstecher genannt, das sensibel in einen unter Denkmalschutz stehenden Baubereich integriert wurde, und Gottfried Böhms eigenwillig expressives Bensberger Rathaus. A. a. O., S. 36, 44 u. 146f. Wie schwierig eine städtebauliche Akzentsetzung durch einen Erweiterungsbau ist, zeigt das Beispiel des Rathauses Wedding von Fritz Bornemann (1962–1964). Das von Magistratsoberbaurat Friedrich Hellwig auf einem Eckgrundstück erbaute alte Rathaus, das eher dem Typus eines technischen Verwaltungsgebäudes zuzuordnen ist, verweigerte sich durch seine asketische Strenge und Geschlossenheit jeglichem Anbau. Bornemann schuf deshalb einen selbständigen, zurückgesetzten Erweiterungsbau und vermittelte über einen großzügig angelegten Platz – die anliegende Straße wurde geschlossen – den Zusammenhalt mit dem Altbau. Doch die Zurücknahme der Neuanlage war mit dem Verlust einer Hervorhebung des Rathausensembles in Stadt- und Straßenbild verbunden, zumal der neue Verwaltungstrakt als neutrales Hochhausgebäude angelegt war und der entwickelte Vorplatz in keiner organischen Verbindung zu den übrigen anliegenden Baumassen stand. Vgl. auch K. K. Weber, Staats- und Kommunalbauten ... S. 20f. u. 33f.

40 Der Telegraph vom 13. Januar 1970.

41 Der Tagesspiegel vom 13. Januar 1970. Hierzu muß angemerkt werden, daß die ursprüngliche Planung eine größere gewerbliche Nutzung vorsah. 6000 m² Geschoßfläche sollten für zehn gewerbliche Einheiten, wie Praxen mit Wohnung für Rechtsanwälte, Ärzte oder Vertreter sowie für Ladengeschäfte, Autoverkauf, Cafés oder eine Bankfiliale, zur Verfügung gestellt werden, während 10500 m² auf Wohnungen entfielen. Bezirksamt Charlottenburg ... Stadtplanungsamt, Akten Rathaus ... 6133/90, Ordner Nr. 5, Bl. 36. Ursprünglich war sogar eine Mischung von einem Drittel Wohnungen und zwei Dritteln Gewerbefläche geplant. A. a. O.,

Platz zugunsten eines flüssigeren Verkehrs zerstört würde.[42] Zudem mußte berücksichtigt werden, daß das Rathaus im Umfeld eines überwiegend als Wohngegend ausgewiesenen Stadtteils errichtet worden ist, selbst die heutige Otto-Suhr-Allee kann man nicht als reine Geschäftsstraße bezeichnen. Eine Rathauserweiterung hätte den Mischcharakter der Bebauung keineswegs gefährdet, zumal angemietete Gebäude, wie das Gesundheitsamt in der Wilmersdorfer Straße, wieder Wohnzwekken zugänglich gemacht worden wären.[43]
Das Bezirksamt Charlottenburg war ebensowenig wie der Senator für Bau- und Wohnungswesen in der Lage, eine Erweiterung des bestehenden Rathauses in absehbarer Zeit durchzusetzen. Da bei einem Beharren auf dem überaus sinnvollen Westausbau das Gelände am Richard-Wagner-Platz auf Jahre hinaus »Ödland« geblieben wäre, entschied man sich kurzerhand für eine Wohn- und Geschäftsbebauung, die sich schnell mit Hilfe einer gemeinnützigen Wohnungsbaugesellschaft verwirklichen ließ. Die östliche Erweiterung des Rathauses verblieb dagegen im Planungsstadium. Da die Erweiterungsflächen überwiegend in wenig einsehbaren, rückwärtigen Geländeteilen lagen, brauchte das Bezirksamt wohl nicht mit Forderungen der Öffentlichkeit nach einer baulichen Lösung zu rechnen.[44] In einer Sitzung des Bezirksamtes am 17. Oktober 1981 hieß es, daß der Bebauungsplan VII–128 für das Rathaus weiter betrieben werden soll.[45]
Aus dem engeren Wettbewerb um die Bebauung des Areals am Richard-Wagner-Platz ging die Berliner Architektengemeinschaft Joachim Wermund und Peter Heinrichs (Mitarbeiter: Kerstin Dörrhöfer) als Sieger hervor.[46]
Die Architekten gliederten die Baumassen in zwei Teile: Einen acht- bis zehngeschossigen Komplex, der an das neben dem Rathaus liegende ältere Mietshaus anschloß, und einen dreigeschossigen, zum Richard-Wagner-Platz hin vorgelagerten Baukörper, der ausschließlich gewerblichen Zwecken zugeführt wurde. Ein schmaler Steg verband die beiden Bauteile. Die Verbindung zum Rathaus wurde nicht ideal gelöst, da der Anbaukomplex über die Höhe des anliegenden fünfgeschossigen Mietshauses hinausging, so daß der Giebel des Reinhardt und Süßenguthschen

Bl. 41. Im Wettbewerb blieben dann nur noch 1500 m^2 Gewerbefläche übrig. Bezirksamt Charlottenburg... Stadtplanungsamt, Akten Rathaus... 6133/90, Ordner Nr. 8, Bl. 44.

42 Eine Rolle spielte die Festlegung der U-Bahntrasse, die Lage des U-Bahnhofes, die Straßenführung der Otto-Suhr-Allee, für die man zeitweilig einen Tunnel plante, und die Abknickung der Straße Alt-Lietzow. Bezirksamt Charlottenburg... Stadtplanungsamt, Akten Rathaus... 6133/90, Ordner Nr. 6, Bl. 44f.; Ordner Nr. 7, Bl. 9, 21f.

43 Die Furcht, der Richard-Wagner-Platz könnte durch eine Erweiterung des Rathauses ähnlich wie der Ernst-Reuter-Platz oder der Fehrbelliner Platz zu einem Behördenraum ohne kommunikative Beziehung außerhalb der Dienstzeiten veröden, erscheint mir deshalb nicht stichhaltig. Vgl. Berliner Morgenpost vom 20. April 1987.

44 In einer Bezirksamts-Sitzung am 20. März 1978 erklärte Bezirksstadtrat Ehrhard Körting, daß in den nächsten fünfzehn Jahren nicht mit einer Rathauserweiterung zu rechnen sei. Bezirksamt Charlottenburg... Stadtplanungsamt, Akten Rathaus... 6133/90, Ordner Nr. 10.

45 Bezirksamt Charlottenburg... Abteilung Bauwesen – Stadtplanungsamt, Akten Rathaus... 6142/128, Ordner Nr. 2.

46 Die ›Neue Heimat Kommunal‹ war als ausführendes Unternehmen ausgeschieden, da sie nur einen beschränkten Wettbewerb zwischen den Berliner Architekten Konrad Sage, Herbert Stranz und Günter Hönow ausschreiben lassen wollte, während dem Bezirksamt Charlottenburg eine größere Konkurrenz oder gar ein allgemeiner Wettbewerb vorschwebte. Bezirksamt Charlottenburg... Stadtplanungsamt, Akten Rathaus... 6133/90, Ordner Nr. 5, Bl. 75; Ordner Nr. 6, Bl. 4, 17 u. 25. Schließlich übernahm die Gagfah die Ausführung und veranstaltete einen Wettbewerb unter acht Berliner Architekten: Planungsgenossenschaft I i. G., Günter Hönow, Dietrich Garski, Hans-Dieter Bolle, J. Wermund u. P. Heinrichs, Peter Bratz, Dietrich Hassenstein und Jörn-Peter Schmidt-Thomsen, Albrecht Wagner sowie Klaus Kirsten und Heinz Nather. Bezirksamt Charlottenburg... Stadtplanungsamt, Akten Rathaus... 6133/90, Ordner Nr. 7, Bl. 3, 28f.

Reinhardt und Süßenguth, Erster Innenhof, heutiger Zustand

Baus teilweise verdeckt, während durch die Höhenentwicklung am Richard-Wagner-Platz die nähere Fernwirkung des Rathauses eingeschränkt wurde.[47]
Die Architekten assoziierten andererseits die Achsenarchitektur des Rathauses, indem sie den Baukomplex in vertikale Segmente gliederten und den Wechsel zwischen Pfeilern und Fenstern an der Rathausfassade durch Zurücknahme einzelner Bauglieder gleichsam zu wiederholen suchten. Die Materialanbindung der Fassaden war wenig überzeugend: Sichtbeton wurde von weißen Eternitplattenverkleidungen abgelöst und durch bräunliche Metallplatten ergänzt. Die Beschränkung auf Beton wäre mehr gewesen.

47 Der Landeskonservator hielt die Arbeit von Heinrichs und Wermund unter den Wettbewerbsbeiträgen für die beste im Sinne des Denkmalschutzes. Bezirksamt Charlottenburg ... Stadtplanungsamt, Akten Rathaus ... 6133/90, Ordner Nr. 8, Bl. 58. Das Preisgericht hatte die Konkurrenzentwürfe nach sechs Prüfgruppen bewertet: 1. Fahrverkehr, Erschließung, Ver- und Entsorgung; 2. Ruhender Verkehr; 3. Brauchbarkeit für Gewerbe und Wohnen; 4. Konstruktion, Haustechnik; 5. Wirtschaftlichkeit; 6. Stadtbild, Gestaltqualität. Die höchsten Bewertungszahlen erhielten die Brauchbarkeit für gewerbliche Anlagen und Wohnen sowie die Wirtschaftlichkeit. A. a. O. (Bericht über die 50. Sitzung der Baudeputation am 14. Januar 1970).

Literaturverzeichnis

Ungedruckte Quellen

Archiv der Preußischen Akademie der Künste

Personalakten

Reg. 2, 2. Abtlg., Nr. 1f., Mitglieder 1865–1876 u. ff.

Reg. 2, 2. Abtlg., Nr. 7, Mitgliederimmatrikeln und Personalnotizen 1893–1899.

Reg. 2, 6. Abtlg., Nr. 5, Frequenz der Meisterateliers 1883–1897.

Reg. 2, 6. Abtlg., Nr. 7, Meisterateliers – Schüler-Angelegenheiten – Ateste 1885–1923.

Reg. 3, 2. Abtlg., Nr. 8, Ordentliche Mitglieder, Bd. 2, 1901–1904; Bd. 3, 1905–1909; Bd. 4, 1910–1912.

Reg. 3, 8. Abtlg., Nr. 10, Die Konkurrenzen um den Großen Staatspreis (hierzu Beiakten: Bewerbungen der Maler, der Bildhauer, der Architekten) 1892–1900.

Reg. 4, B 8, Beileidsbezeugungen für Künstler und andere Persönlichkeiten, Bd. 1, 1926–1929; Bd. 2, 1930–1934.

Reg. 4, G 2, Glückwünsche (Geburtstage von Mitgliedern und anderen Persönlichkeiten), Bd. 1, 1926–1929.

Reg. 4, K 10, Künstler und Kunstwerke. Auskünfte über Künstler, Kunstwerke sowie allgemeine Fragen des Kunstlebens (auch abgelehnte Angebote zum Ankauf von Kunstwerken), Bd. 3, 1926; Bd. 4, 1928.

Reg. 4, M 1, Mitglieder, Bd. 1, 1924–1925; Bd. 2, 1925–1927; Bd. 3, 1927–1928; Bd. 4, 1928; Bd. 5, 1929; Bd. 6, 1929–1930; Bd. 7, 1931; Bd. 8, 1932; Bd. 11, 1932–1938; Bd. 11a, 1937–1940; Bd. 11b, 1937–1943; Bd. 11c, 1935–1941.

Reg. 4, P 2, Protokolle (Senat und Genossenschaft, Sektion für die Bildenden Künste), Bd. 1, Januar 1924–April 1925; Bd. 2, April 1925–August 1926; Bd. 3, Oktober 1926–Oktober 1928; Bd. 4, November 1928–September 1932; Bd. 5, Oktober 1932–August 1933; Bd. 6, Januar 1933–Januar 1937.

Reg. 4, S 1, Senatoren, Bd. 1, 1923–1927; Bd. 2, 1928–1930; Bd. 3, 1930; Bd. 4, 1932–1934.

Senatsakten, Vol. II u. III.

Landesarchiv Berlin

Rep. 207, Acc. 1039, Nr. 292, Karolinger Platz 4.

Rep. 207, Acc. 2372, Nr. 1644, Märkischer Saal.

Rep. 207, Acc. 2372, Nr. 2752, Stuhmerallee 2.

Rep. 207, Acc. 2552, lfd. Nr. 3972, 6002/0, Diensträume. 6002/1, Instandsetzung und Bezug der alten Dienstgebäude 1948–1960.

Rep. 207, Acc. 2552, lfd. Nr. 3973, 6003/1, Geschäftsverkehr. Das Verhalten des Bezirksamtes gegenüber Alliierten Stellen.

Rep. 207, Acc. 3075, lfd. Nr. 5218, Bezirksamt Charlottenburg (nach 1945). Einladungen zu Empfängen, Einweihungen und sonstigen Feierlichkeiten.

Staatsarchiv Potsdam

Pr. Br. Rep. 2 A, IHb, Nr. 468. Bau und Reparatur des Rathauses, Einrichtung des Stadtgerichtslokals und der Gefängnisse, 1811–1861.

Pr. Br. Rep. 2 S, Nr. 3502. Feststellung der Kosten zur Reparatur des Rathausturms zu Charlottenburg und des Bestandes der Kriegs-, Metz-, Mahl- und Brauziesegefälle, 1724–1725.

Pr. Br. Rep. 2S, Nr. 3593, Vererbpachtung eines Flecks hinter dem Rathaus zu Charlottenburg an den Geheimrat von Klinggräf zur Anlegung einer Maulbeerplantage, 1754.

Pr. Br. Rep. 2S, Nr. 3594, Forderung der von der Geheimrätin von Sellenthin der Kämmerei schuldigen Summe für die in Erbpacht überlassene Maulbeerplantage und der Plan der v. Sellenthin zur Übergabe der Plantage an den Rittmeister von Byern, 1771–1774.

Deutsches Zentralarchiv Merseberg

Rep. 77, Tit. 2757[b], Nr. 3. Die Vermietung eines Teils des Rathauses zum Vorteil der Kämmereikasse betr. wegen der über die Vermietung desselben an den Gastwirt Retzlaff eingegangenen Beschwerden und Einräumung eines brauchbaren Geschäftsgelaßes für das Stadtgericht in dem Rathause, 1819–1821. Ohne Paginierung.

2.2.1. (Rep. 89H), Nr. 14481. Berlin-Charlottenburg, Bd. 2, 1893–1911.

Deutsches Zentralarchiv Potsdam

46.06 (Generalbauinspektor für die Reichshauptstadt Berlin), Nr. 1479, Erweiterungsbau des Rathauses Charlottenburg, 1939–1940.

Bezirksamt Charlottenburg von Berlin, Abteilung Bauwesen

1. Bauaufsichtsamt

Barth, Heinrich, Nachtrag zur statischen Berechnung für den durch Bauschein No. 440 genehmigten Neubau des Rathauses zu Charlottenburg. Änderungen im Stadtverordneten-Sitzungssaal, in: Bauakten, Otto-Suhr-Allee 100–102, Bd. 6/7, Bl. 76–119.

Barth, Heinrich, Nachtrag zur statischen Berechnung für das Rathaus zu Charlottenburg, in: Bauakten, Otto-Suhr-Allee 100–102, Bd. 4/5, Bl. 152–168.

Barth, Heinrich, Statische Berechnung der eisernen Dachkonstruktionen für den Neubau des Rathauses zu Charlottenburg, in: Bauakten, Otto-Suhr-Allee 100–102, Bd. 5/6, S. 1–154.

Barth, Heinrich, Statische Berechnung der Deckenträger des III. Obergeschosses für den Neubau des Rathauses zu Charlottenburg, in: Bauakten, Otto-Suhr-Allee 100–102, Bd. 5/6, Bl. 161–165.

Barth, Heinrich, Statische Berechnung der Giebelwände am Vorderhause des Rathauses zu Charlottenburg. II. Bauteil, in: Bauakten, Otto-Suhr-Allee 100–102, Bd. 9/10, Bl. 209–214.

Barth, Heinrich, Statische Berechnung für den Neubau des Rathauses zu Charlottenburg. II. Bauteil – 1. Berechnung der eisernen Dachkonstruktionen; 2. Berechnung der eisernen Träger in den massiven Decken und über den Öffnungen, in: Bauakten, Otto-Suhr-Allee 100–102, Bd. 7/8, Bl. 1–419; 3. Berechnung des Hauptturmes, in: Bauakten... Bd. 9/10, S. 1–210.

Bauakten, Otto-Suhr-Allee 98, Bd. 1–3.

Bauakten, Otto-Suhr-Allee 100–102, Bd. 1–20.

Bauakten, Preußenallee 30, Bd. 1/2 ff.

Bauakten, Stuhmerallee 2, Bd. 2/3.

Blume, R., Statische Berechnung der schmiedeeisernen Nebentreppe zum Dachgeschoß neben Treppe H im Rathaus Charlottenburg, in: Bauakten, Otto-Suhr-Allee 100–102, Bd. 5/6, Bl. 187–189.

Blume, R., Statische Berechnung einer schmiedeeisernen Nebentreppe zu Tribüne und Dachgeschoß im Rathause Charlottenburg, in: Bauakten, Otto-Suhr-Allee 100–102, Bd. 5/6, Bl. 190–192.

Reinhardt, H./G. Süßenguth, Statische Berechnungen der Eisenkonstruktionen für den Neubau des Rathauses zu Charlottenburg, in: Bauakten, Otto-Suhr-Allee 100–102, Bd. 4/5, Bl. 1–144 (I. Bauabschnitt, Träger über Keller-, Unter- und Erdgeschoß, über I. bis III. Obergeschoß).

Walter, Rudolf, Statische Berechnung der Träger und Stützen für die Steuerkassenschalteröffnungen im Rathause Charlottenburg, in: Bauakten, Otto-Suhr-Allee 100–102, Bd. 5/6, Bl. 184–186.

Walter, Rudolf, Statische Berechnung der Trägerlager über dem Kellergeschoß für den Neubau des Rathauses zu Charlottenburg, in: Bauakten, Otto-Suhr-Allee 100–102, Bd. 5/6, Bl. 166–181.

2. Hochbauamt

Pläne, Schnitte und Ansichten des Rathauses Charlottenburg.

Pläne und Ansichten einzelner Projekte zur Erweiterung des Rathauses Charlottenburg.

3. Stadtplanungsamt

Akten Rathaus Charlottenburg 6133/90.
Ordner Nr. 1 – 1. November 1952–30. März 1954;
Ordner Nr. 2 – 1. April 1954–30. September 1954;
Ordner Nr. 3 – 4. Februar 1960–30. August 1965;
Ordner Nr. 4 – 1. September 1965–30. Dezember 1967;
Ordner Nr. 5 – 1. Januar 1968–30. Januar 1969;
Ordner Nr. 6 – 1. Februar 1969–30. Juni 1969;
Ordner Nr. 7 – Wettbewerb Richard-Wagner-Platz, 1. Juli 1969–30. September 1969;
Ordner Nr. 8 – 1. Oktober 1969–31. März 1970;
Ordner Nr. 9 – 1. April 1970–29. November 1972;
Ordner Nr. 10 – 30. November 1972.

Akten Grundstücke, Otto-Suhr-Allee 80–102, Alt-Lietzow 14–30, Warburgzeile 1–15. 6142/128.
Ordner Nr. 1 – 22. Mai 1964–13. Juni 1966;
Ordner Nr. 2 – 14. Juni 1966–8. Oktober 1981.

Pläne, Grundrisse und Ansichten einzelner Projekte zur Erweiterung des Rathauses Charlottenburg.

Bezirksamt Charlottenburg von Berlin, Abteilung Personal und Verwaltung

Verwaltungsbücherei

Akten der Stadtverordneten-Versammlung in Charlottenburg.
Abschnitt V, Nr. 11, Das Rathaus, Bd. I u. II.
Abschnitt IX, Nr. 11, Ratskeller, Bd. I.
Abschnitt I, Nr. 23, Sitzungssaal, Bd. I.
Abschnitt II, Nr. 12a, Diensträume, Bd. I.
Abschnitt II, Nr. 19, Rathausfestsäle, Bd. I.
Einladungen und Drucksachen der Bezirksverordnetenversammlung Charlottenburg 1946–1954.

Protokolle der Bezirksverordnetenversammlung Charlottenburg 1946–1950.

Protokolle der Bezirksverordnetenversammlung Charlottenburg. Sitzungen des Ältestenrats von August 1948–Dezember 1950.

Stellenplan des Bezirksamts Charlottenburg. Rechnungsjahr 1934.

Stellenplan des Verwaltungsbezirks Charlottenburg. Rechnungsjahr 1936, Anlage zum Verrechnungshaushalt Nr. 1 – Personalbesoldung.

Vorlagen für die Bezirksversammlung Charlottenburg 1921–1933.

Abteilung Volksbildung

1. Kunstamt

Inventarliste der Kunstwerke des Bezirks Charlottenburg von Berlin.

2. Heimatarchiv

Grundrisse, Schnitte und Ansichten des Rathauses Charlottenburg.

Inv. Nr. Ve/2b, Rathaus, Bd. 2 (Dokumentation zum Wiederaufbau des Rathauses Charlottenburg von Hans Günther).

Bezirksamt Tiergarten von Berlin, Abteilung Bauwesen

Bauaufsichtsamt

Bauakten Kaiserin-Augusta-Allee 96/97, Bd. 1–3.

Nachlaß Heinrich Reinhardt.

Interviews

Hansjoachim Reinhardt, Berlin-Spandau; Samad Zamani, Berlin-Charlottenburg; Fariborz Zareh, Berlin-Charlottenburg.

Gedruckte Quellen

Bericht über die Verwaltung und den Stand der Gemeinde-Angelegenheiten des Stadtkreises Charlottenburg für das Etatjahr 1880/81 bis 1897/98.

Bericht über die Verwaltung und den Stand der Gemeinde-Angelegenheiten der Stadt Charlottenburg für das Etatjahr 1898/99 bis 1899.

Bericht über die Verwaltung und den Stand der Gemeinde-Angelegenheiten der Stadt Charlottenburg für das Verwaltungsjahr 1900 bis 1920.

Amtliche Berichte über die Verhandlungen der Charlottenburger Stadtverordneten-Versammlung in den öffentlichen Sitzungen nach stenographischer Aufnahme 1890–1920.

Arbeitsbericht 1. 4. 1951–31. 3. 1954, Bezirksamt Charlottenburg von Berlin, o. O., o. J. (Berlin 1954).

Berlin. Chronik der Jahre 1951–1954 (= Schriftenreihe zur Zeitgeschichte, Bd. 5), hrsg. im Auftrage des Senats von Berlin, Landesarchiv Berlin, Abteilung Zeitgeschichte, bearb. durch Hans J. Reichhardt/J. Drogmann/Hanns U. Treuther, Berlin 1968.

Berlin. Statistisches Jahrbuch 1980, hrsg. v. Statistischen Landesamt Berlin.

Bezirksamt Charlottenburg 1945–1950, hrsg. v. Bezirksamt Charlottenburg, Berlin-Charlottenburg 1950.

Charlottenburg. Ein Zweijahresbericht 1955–56, hrsg. v. Bezirksamt Charlottenburg von Berlin, Berlin 1957.

Charlottenburg. Ein Vierjahresbericht 1957–1960, hrsg. v. Bezirksamt Charlottenburg von Berlin, Berlin o. J.

Der Charlottenburger. Amtliches Nachrichtenblatt des Bezirksamtes Charlottenburg, 1. Jg. (1949) u. 2. Jg. (1950).

Denkschrift über die Vereinigung des Stadtkreises Charlottenburg mit der Haupt- und Residenzstadt Berlin, verfaßt im Auftrage des Herrn Ministers des Innern vom Magistrat von Charlottenburg im September 1882.

Dienstblatt 1935.

Gemeindeblatt der Stadt Berlin, 69. Jg. (1927).

Groß-Berlin als Einheitsgemeinde? Denkschrift des Magistrats von Charlottenburg, 1920.

Landespressedienst, Berlin 1954 ff.

Preußische Gesetzessammlung 1920, 1933.

Das persönliche Regiment. Reden und sonstige öffentliche Äußerungen Wilhelms II., zusammengestellt von Wilhelm Schröder, München 1907.

Reichsgesetzblatt Teil 1.

Statistik des Deutschen Reichs, Bd. 107, 206 f. u. 211.

Statistisches Jahrbuch 1980, hrsg. v. Statistischen Landesamt Berlin.

Statistisches Jahrbuch der Stadt Berlin, 4. Jg. (1928), 9. Jg. (1933) u. 15. Jg. (1939).

Tagesordnungen sowie Vorlagen und Mitteilungen für die Stadtverordneten-Versammlung zu Charlottenburg 1894–1903.

Verordnungsblatt der Stadt Berlin, 2. Jg. (1946).

Erster Verwaltungsbericht der neuen Stadtgemeinde Berlin für die Zeit vom 1. Oktober 1920 bis 31. März 1924, bearb. im Statistischen Amt der Stadt Berlin, Berlin 1926.

Verwaltungsbericht der Stadt Berlin 1924–1927 (1. April 1924 bis 31. März 1928), hrsg. v. Statistischen Amt der Stadt Berlin, Berlin 1929–1931.

Verwaltungsbericht der Bezirksverwaltung Charlottenburg vom 1. April 1932 bis 31. März 1936, hrsg. v. Bezirksbürgermeister des Verwaltungsbezirks Charlottenburg der Reichshauptstadt Berlin, Berlin 1937.

Vorlagen für die Stadtverordneten-Versammlung zu Charlottenburg 1904–1920.

Periodika und Handbücher

Allgemeines Lexikon der Bildenden Künstler von der Antike bis zur Gegenwart, begründet von Ulrich Thieme und Felix Becker, Leipzig 1907–1950.

Allgemeines Lexikon der Bildenden Künstler des 20. Jahrhunderts, hrsg. v. Hans Vollmer, Leipzig 1953–1962.

Amiet, Pierre, u. a., Handbuch der Formen- und Stilkunde. Antike, Stuttgart-Berlin-Köln-Mainz 1981.
Architektonische Rundschau. Skizzenblätter aus allen Gebieten der Baukunst, 12. Jg. (1896) – 26. Jg. (1910).
Die Architektur des 20. Jahrhunderts. Zeitschrift für moderne Baukunst, hrsg. v. Hugo Licht, 3. Jg. (1903), 4. Jg. (1904).
Argan, Giulio Carlo, Die Kunst des 20. Jahrhunderts 1880–1940 (=Propyläen Kunstgeschichte, Bd. 12), Frankfurt a. M.-Berlin-Wien 1984.
Atlas zur Zeitschrift für Bauwesen, 52. Jg. (1902).
XXX. Ausstellung – 4. Gesamtausstellung Neue Kunst – Haus Goltz, August–Oktober 1916.
Bauer, Wolfgang/J. Dümotz/S. Golowin/H. Röttgen, Bildlexikon der Symbole, München 1980.
Der Baumeister. Monatsschrift für Architektur und Baupraxis, 1. Jg. (1903) –5. Jg. (1907).
Die Bauwelt. Zeitschrift für das gesamte Bauwesen, 14. Jg. (1923) u. 23. Jg. (1932).
Die Bauwerke und Kunstdenkmäler von Berlin. Im Auftrage des Senators für Bau- und Wohnungswesen hrsg. v. Amt für Denkmalpflege, Charlottenburg. Zweiter Teil, Stadt und Bezirk Charlottenburg, Schriftleitung u. Einführung Paul Ortwin Rave, bearb. v. Irmgard Wirth, Textbd., Berlin 1961.
Berliner Adressbuch 1897 ff.
Berliner Architekturwelt. Zeitschrift für Baukunst, Malerei, Plastik und Kunstgewerbe der Gegenwart, 1. Jg. (1899) –20. Jg. (1918).
Bezold, Gustav von, Die Baukunst der Renaissance in Deutschland, Holland, Belgien und Dänemark (=Handbuch der Architektur, T. 2, Die Baustile. Historische und technische Entwicklung, Bd. 7), Stuttgart 1900.
Blätter für Architektur und Kunsthandwerk, 14. Jg. (1901) –23. Jg. (1910).
Brockhaus' Konversations-Lexikon, 14., vollständig neubearb. Aufl. Neue revid. Jubiläumsausg., Leipzig-Berlin-Wien 1901–1904.
Bluntschli, Alfred Friedrich/G. Lasius, Stadt- und Rathäuser, in: Handbuch der Architektur, T. 4, Entwerfen, Anlage und Einrichtung der Gebäude, Halbbd. 7, Gebäude für Verwaltung, Rechtspflege und Gesetzgebung; Militärbauten, H. 1, hrsg. v. Eduard Schmitt, 2. Aufl., Stuttgart 1900.
Bühlmann, Josef, Die Bauformenlehre (=Handbuch der Architektur, T. 1, Allgemeine Hochbaukunde, Bd. 2), 2. Aufl., Stuttgart 1901.
Christie, Yves, u. a., Handbuch der Formen- und Stilkunde. Mittelalter, Stuttgart-Berlin-Köln-Mainz 1982.
Die christliche Kunst. Monatsschrift für alle Gebiete der christlichen Kunst, der Kunstwissenschaft sowie für das gesamte Kunstleben, 10. Jg. (1913/14) ff.
Cooper, J[ean] C[ampbell], Illustriertes Lexikon der traditionellen Symbole, Leipzig 1986.
Dekorative Kunst, 1. Jg. (1897/98) –10. Jg. (1907/08).
Deri, Max, u. a., Einführung in die Kunst der Gegenwart, 2. Aufl., Leipzig 1920.
Deutsche Bauhütte. Zeitschrift und Anzeiger für alle Zweige praktischer Baukunst, 4. Jg. (1900) ff.
Deutsche Bauzeitung, 17. Jg. (1883) ff.
Deutsche bildende Künstler in Wort und Bild, zusammengest. u. hrsg. v. Friedrich Jansa, Leipzig 1912.
Deutsche Kunst und Dekoration. Illustrierte Monatshefte zur Förderung Deutscher Kunst und Formensprache, Bd. 1 (1897/98) ff.
Deutsche Monatshefte, hrsg. v. Wilhelm Schäfer, 10. Jg. (1910) der Rheinlande.
Dolmetsch, H., Der Ornamentenschatz. Ein Musterbuch stilvoller Ornamente aus allen Kunstepochen, Stuttgart 1897.
Dressler's Kunsthandbuch, hrsg. v. Willy Oskar Dressler, 6. Jg. (1911/12); 7. Jg. (1921); 9. Jg. (1930).
Ebe, Gustav, Die Schmuckformen der Monumentalbauten aus allen Stilepochen seit der Griechischen Antike. Ein Lehrbuch der Dekorationssysteme für das Äußere und Innere. Bd. 1, Antike und altchristliche Zeit – Romanische Epoche – Gothische Epoche, Leipzig 1896; Bd. 2, Früh- und Hochrenaissance, Spätrenaissance und erste Barockperiode, Berlin 1897; Bd. 3, Zweite Barockperiode, Rokoko und Klassizismus, Berlin 1897.
Feulner, Adolf/Theodor Müller, Geschichte der deutschen Plastik (=Deutsche Kunstgeschichte, Bd. 2), München 1953.
Fillitz, Hermann, Das Mittelalter I (=Propyläen Kunstgeschichte, Bd. 5), Frankfurt a. M.-Berlin-Wien 1984.
Fischer, Wend, Bau Raum Gerät (=Die Kunst des 20. Jahrhunderts, Bd. 3, hrsg. v. Carl Georg Heise), München 1957.
Geschichte des Kunstgewerbes, hrsg. v. H. Th. Bossert, Bd. VI, Berlin-Charlottenburg 1935.
Golther, Wolfgang, Handbuch der germanischen Mythologie, 3. Aufl. (unveränd. Nachdruck der revid. Ausg. von 1908), Essen 1987.
Grant, Michael/John Hazel, Lexikon der antiken Mythen und Gestalten, 4. Aufl., München 1986.
Haack, Friedrich, Die Kunst des 19. Jahrhunderts (=Grundriß der Kunstgeschichte, Bd. 5, hrsg. v. Wilhelm Lübke, 13. Aufl.), 2., verm. u. verb. Aufl., Esslingen a. N. 1907.
Handbuch moderner Architektur. Eine Kunstgeschichte der Architektur unserer Zeit vom Einfamilienhaus bis zum Städtebau, hrsg. v. Martin Elsässer u. a., Berlin 1957.
Handwörterbuch der Kommunalwissenschaften, hrsg. v. Josef Brix/Hugo Lindemann/Otto Most/Hugo Preuss/Albert Südekum, Bd. 1–4, Jena 1918–1924.
Heinz-Mohr, Gerd, Lexikon der Symbole. Bilder und Zeichen der christlichen Kunst, 7. Aufl., Köln 1983.
Hildebrandt, Hans, Die Kunst des 19. und 20. Jahr-

hunderts (=Handbuch der Kunstwissenschaft, Bd. 23), Wildpark-Potsdam 1924.
Himmelheber, Georg, Die Kunst des deutschen Möbels. Klassizismus/Historismus/Jugendstil (=Heinrich Kreisel, Die Kunst des deutschen Möbels. Möbel und Vertäfelungen von den Anfängen bis zum Jugendstil, Bd. 3), München 1973.
Hunger, Helmut, Lexikon der griechischen und römischen Mythologie mit Hinweisen auf das Fortwirken antiker Stoffe und Motive in der bildenden Kunst, Literatur und Musik des Abendlandes bis zur Gegenwart, 6., erweit. u. erg. Aufl., Wien 1959.
Innendekoration. Illustrierte kunstgewerbliche Zeitschrift für den gesamten inneren Ausbau, 14. Jg. (1903) ff.
Irmscher, Johannes, Lexikon der Antike, 8. Aufl., Bindlach 1987.
Kanitz, F., Katechismus der Ornamentik. Leitfaden über die Geschichte, Entwicklung und charakteristischen Formen der Verzierungsstile aller Zeiten, 6., verm. u. verb. Aufl., Leipzig 1902.
Katalog Große Berliner Kunstausstellung 1894 ff.
Kieling, Uwe/Uwe Hecker, Berliner Architekten und Baumeister bis 1800. Biographisches Lexikon (=Miniaturen zur Geschichte, Kultur und Denkmalpflege Berlins, Nr. 9), hrsg. v. der »Interessengemeinschaft für Denkmalpflege, Kultur und Geschichte der Hauptstadt Berlin im Kulturbund der DDR«, Berlin 1983.
Koepf, Hans, Bildwörterbuch der Architektur (=Kröners Taschenausg., Bd. 194), Stuttgart 1968.
Krauth, Theodor/Franz Sales Meyer, Die Bau- und Kunstarbeiten des Steinhauers, 2 Bde., Leipzig 1896.
Die Kunst. Monatshefte für freie und angewandte Kunst, Bd. 1 (1900) ff.
Die Kunst für Alle, hrsg. v. Friedrich Pecht, 7. Jg. (1891/92) ff.
Kunstgewerbeblatt, N. F., 8. Jg. (1897) ff.
Die Kunstwelt. Monatsschrift für bildende Kunst der Gegenwart, Bd. 1 (1911/12) ff.
Mitteilungen des Vereins für die Geschichte Berlins, 20. Jg. (1903); 23. Jg. (1906).
Moderne Bauformen. Monatsschrift für Architektur und Baukunst, 5. Jg. (1906).
Aus dem Ostlande, 11. Jg. (1916).
Pevsner, Nikolaus, Europäische Architektur von den Anfängen bis zur Gegenwart, München 1957.
Pevsner, Nikolaus/John Fleming/Hugh Honour, Lexikon der Weltarchitektur, 2 Bde., Reinbek 1976; 2., erweit. Aufl., München 1982.
Pfeiffer, Hermann, Die Formenlehre des Ornaments (=Handbuch der Architektur, T. 1, Allgemeine Hochbaukunde, Bd. 3), Leipzig 1926.
Der Profanbau. Zeitschrift für Architektur und Bauwesen, 11. Jg. (1915).
Rabbow, Arnold, Lexikon der politischen Symbole, München 1970.
Riewerts, Theodor, Die Entwicklung des Kunstgewerbes seit der Mitte des 19. Jahrhunderts, in: Geschichte des Kunstgewerbes, hrsg. v. H. Th. Bossert, Bd. 6, Berlin-Charlottenburg 1935, S. 284–338.
Schieder, Theodor, Vom Deutschen Bund zum Deutschen Reich 1815–1871 (=Gebhardt, Handbuch der deutschen Geschichte, hrsg. v. Herbert Grundmann, 9., neu bearb. Aufl., Bd. 15), 7. Aufl., München 1982.
Seeger, Hermann, Öffentliche Verwaltungsgebäude (=Handbuch der Architektur, begründet v. Eduard Schmitt, T. 4, Halbbd. 7, H. 1b), 3. Aufl., Leipzig 1943.
Simson, Otto von, Das Mittelalter II (=Propyläen Kunstgeschichte, Bd. 6), Frankfurt a. M.-Berlin-Wien 1984.
Sozialistische Monatshefte, 26. Jg. (1920), Bd. 55.
Ungewitter, Georg Gottlob, Lehrbuch der gotischen Konstruktionen, 4. Aufl., neu bearb. v. K. Mohrmann, 2 Bde., Leipzig 1901 u. 1903.
Vogt, Adolf Max, 19. Jahrhundert (=Belser Stilgeschichte, Bd. 10), Stuttgart 1971.
Wasmuths Lexikon der Baukunst, hrsg. v. Günther Wasmuth, 4 Bde., Berlin 1919–1937.
Weltausstellung in Paris 1900. Amtlicher Katalog der Ausstellung des Deutschen Reichs, Berlin o. J. (1900).
Weltkunst. Illustrierte Zeitschrift für Kunst/Buch/Alle Sammelgebiete und ihren Markt. Zentralorgan sämtlicher Deutscher Kunst- und Antiquitätenhändler-Verbände, 23. Jg. (1953).
Wochenschrift des Architekten-Vereins zu Berlin, 1. Jg. (1906) ff.
Wörterbuch der Soziologie, hrsg. v. Wilhelm Bernsdorf, 2., neubearb. u. erweit. Ausg., Stuttgart 1969.
Zeitler, Rudolf, Die Kunst des 19. Jahrhunderts (=Propyläen Kunstgeschichte, Bd. 11), Frankfurt a. M.-Berlin-Wien 1984.
Zeitschrift für bildende Kunst mit dem Beiblatt Kunstchronik, N. F., Bd. 12 (1901) ff.
Zentralblatt der Bauverwaltung, 10. Jg. (1890) ff.

Zeitungen

Berliner Morgenpost.
Berliner Tageblatt.
Charlottenburger Bürger-Zeitung.
Charlottenburger Zeitung.
Charlottenburger Zeitung Neue Zeit.
Grunewald-Echo.
Nachtdepesche.
Offenbacher Zeitung.
Der Tag.
Der Tagesspiegel.
Der Telegraph.
Teltower Kreisblatt.
Vossische Zeitung.
Welt am Sonntag.

Monographien und Aufsätze

Ahlers-Hestermann, Friedrich, Stilwende. Aufbruch der Jugend um 1900, Frankfurt a. M.-Berlin-Wien 1981.

Albrecht, Hans Joachim, Skulptur im 20. Jahrhundert. Raumbewußtsein und künstlerische Gestaltung, Köln 1977.

Das Alte Testament nach Martin Luthers Übersetzung mit Erläuterungen und erklärenden Anmerkungen, hrsg. v. Otto von Gerlach, Bd. 4, 6. Aufl., Leipzig 1883.

Altmann, Wilhelm, Aus geschichtlichen Urkunden zur brandenburgisch-preußischen Verfassungs- und Verwaltungsgeschichte, 2 Bde., Berlin 1897.

Architekten-Verein zu Berlin (Mitteilungen), in: Deutsche Bauzeitung, 17. Jg. (1883), Nr. 36, S. 215; Nr. 47, S. 279; Nr. 54, S. 323; Nr. 57, S. 336; Nr. 64, S. 384.

Architektonisches von der Großen Kunst-Ausstellung 1898, in: Deutsche Bauzeitung, 32. Jg. (1898), Nr. 39, S. 245–247; Nr. 41, S. 257–261; Nr. 42, S. 265–267.

Die Architektur auf der Großen Berliner Kunstausstellung, Berlin 1903, in: Der Baumeister. Monatsschrift für Architektur und Baupraxis, 2. Jg. (1904), S. 6–8.

Architektur und Gesellschaft von der Antike bis zur Gegenwart (= Geschichte und Sozialkunde, Bd. 6), hrsg. v. Hannes Stekl, Salzburg 1980.

Politische Architektur in Europa vom Mittelalter bis heute – Repräsentation und Gemeinschaft, hrsg. v. Martin Warnke, Köln 1984.

Architektur-Ausstellung der Stadt Berlin, in: Katalog Große Berliner Kunstausstellung 1901, T. VIII, S. 1–43.

Berliner Architekturplastik, in: Die Kunstwelt. Monatsschrift für bildende Kunst der Gegenwart, Bd. 3 (1913), S. 569–578.

Arndt, Adolf, Demokratie als Bauherr, in: Bauwelt, 52. Jg. (1961), H. 1, S. 7–13.

Die Ausstellung der Darmstädter Künstler-Kolonie, hrsg. v. Alexander Koch (unveränd. Nachdruck der ersten Ausgabe von 1901), Darmstadt 1971.

Bandmann, Günter, Ikonologie der Architektur, in: Politische Architektur in Europa vom Mittelalter bis heute – Repräsentation und Gemeinschaft, hrsg. v. Martin Warnke, Köln 1984, S. 19–71.

Bartmann, Dominik, Berlin offiziell, in: Berlin um 1900, hrsg. v. der Berlinischen Galerie e. V. in Verbindung mit der Akademie der Künste und der Berliner Festspiele GmbH, Berlin 1984, S. 183–209.

Der Bau des neuen Rathauses in Charlottenburg, in: Deutsche Bauzeitung, 32. Jg. (1898), Nr. 31, S. 199.

Vom Bau des Reichstagshauses, in: Deutsche Bauzeitung, 17. Jg. (1883), Nr. 13, S. 75; Nr. 14, S. 77–78; Nr. 47, S. 277–278; Nr. 48, S. 281–283; Nr. 49, S. 292; Nr. 52, S. 306–307, Nr. 57, S. 336; Nr. 85, S. 505; Nr. 86, S. 509–510.

Allseitig anerkannter Baumeister eines Jahrhunderts. Architekt Professor Heinrich Reinhardt, der Schöpfer des Charlottenburger Rathauses, wird morgen 75 Jahre alt, in: Charlottenburger Zeitung vom 18. September 1943.

Baur, Christian, Neugotik, München 1981.

Beenken, Hermann, Romanische Skulptur des 11. und 12. Jahrhunderts in Deutschland, (= Handbücher der Kunstgeschichte, hrsg. v. Georg Biermann), Leipzig 1924.

Beenken, H., Der Historismus in der Baukunst, in: Historische Zeitschrift, Bd. 157 (1938), H. 1, S. 27–68.

Behne, Adolf/Max Krause, in: Der Cicerone. Halbmonatsschrift für Künstler, Kunstfreunde und Sammler, 12. Jg. (1920), S. 861.

Behrendt, Walter Curt, Alfred Messel. Mit einer einleit. Betrachtung von Karl Scheffler, Berlin 1911.

Peter Behrens und die russische Kritik, in: Vossische Zeitung, Nr. 89, vom 18. Februar 1913, 2. Beilage.

Beiträge zum Problem des Stilpluralismus (= Studien zur Kunst des 19. Jahrhunderts, Bd. 38), hrsg. v. Werner Hager u. Norbert Knopp, München 1977.

Benevolo, Leonardo, Geschichte der Architektur des 19. und 20. Jahrhunderts, 2 Bde., München 1964.

Berger, Manfred, Historische Bahnhofsbauten, II. Braunschweig, Hannover, Preußen, Bremen, Hamburg, Oldenburg und Schleswig-Holstein, Berlin 1987.

Bernstein, Eduard, Die Berliner Arbeiterbewegung von 1890 bis 1905, Berlin 1924.

Das fünfundzwanzigjährige Bestehen der Architektenfirma Reinhardt & Süßenguth, in: Deutsche Bauzeitung, 53. Jg. (1919), Nr. 18, S. 82–83.

Bientz, Erich, Wettbewerb unter den Mitgliedern des Architektenvereins zu Berlin und der Vereinigung Berliner Architekten zur Erlangung von Entwurfsskizzen für den Bau zweier höherer Schulen nebst Turnhallen und Direktorialgebäude, einer Kirche und zweier Pfarrhäuser in Treptow bei Berlin, in: Wochenschrift des Architektenvereins Berlin, 3. Jg. (1908), Nr. 38, S. 199–205.

Blankenburg, Wera von, Heilige und dämonische Tiere. Die Symbolsprache der deutschen Ornamentik im frühen Mittelalter, 2. Aufl. (Reprint der Erstaufl. von 1943), Köln 1975.

Bloch, Peter, Stil-Zitate und die Logik der Funktion, in: Beiträge zum Problem des Stilpluralismus (= Studien zur Kunst des 19. Jahrhunderts, Bd. 38), hrsg. v. Werner Hager u. Norbert Knopp, München 1977, S. 159–162.

Bloch, P./Waldemar Grzimek, Das klassische Berlin. Die Berliner Bildhauerschule im neunzehnten Jahrhundert, Frankfurt a. M.-Berlin-Wien 1978.

Board, H., Die internationale Kunstausstellung zu Düsseldorf 1904, in: Die Kunst. Monatshefte für freie und angewandte Kunst, Bd. 9 (1904), Freie Kunst, S. 533–553.

Boeck, Urs, Plastik am Bau. Beispiele europäischer

Bauplastik vom Altertum bis zur Neuzeit, Tübingen 1961.

Bölsche, Wilhelm, Entwicklungsgeschichte der Natur, 2 Bde., Berlin 1896.

Böttcher, Helmut M., Die große Mutter. Zeugungsmythen der Frühgeschichte, Düsseldorf-Wien 1968.

Boetzkes, R., Kerykeion, in: Paulys Realencyclopädie der classischen Altertumswissenschaften. Neue Bearb. v. Georg Wissowa, hrsg. v. W. Kroll u. K. Mittelhaus, Halbbd. 21, Stuttgart 1921, Sp. 330–342.

Bouillon, Jean-Paul, Der Jugendstil in Wort und Bild, Stuttgart 1985.

Breudicke, Hans, Drei Denkmäler für Küstrin, in: Mitteilungen des Vereins für die Geschichte Berlins, 20. Jg. (1903), Nr. 5, S. 55–58.

Breuer, Robert, Cadiner Keramiken, in: Deutsche Kunst und Dekoration. Illustrierte Monatshefte zur Förderung Deutscher Kunst und Formensprache, Bd. 26 (1910), S. 25–28.

Breuer, R., Oskar Kaufmann, in: Deutsche Kunst und Dekoration. Illustrierte Monatshefte zur Förderung Deutscher Kunst und Formensprache, Bd. 32 (1913), H. 3, S. 109–132.

Breysig, Kurt, Das Haus Peter Behrens. Mit einem Versuch über Kunst und Leben, in: Die Ausstellung der Darmstädter Künstler-Kolonie, hrsg. v. Alexander Koch (unveränd. Nachdruck der ersten Ausg. von 1901), Darmstadt 1971, S. 333–348.

Brix, Michael, Nürnberg und Lübeck im 19. Jahrhundert. Denkmalpflege, Stadtbildpflege, Stadtumbau (= Studien zur Kunst des 19. Jahrhunderts, Bd. 44), München 1961.

Brües, Eva, Rathäuser, in: Kunst des 19. Jahrhunderts im Rheinland, Bd. 2, Architektur II. Profane Bauten und Städtebau, Düsseldorf 1980, S. 33–48.

Brüning, Adolf, Eine Wanderung durch die Ausstellung, in: Berliner Architekturwelt, 5. Jg. (1903), H. 10, S. 330–362.

Brüning, A., Die Schmiedekunst in Berlin, in: Berliner Architekturwelt, 5. Jg. (1903), H. 11, S. 365–369.

Brüning, A., Alte und neue Kunst, in: Berliner Architekturwelt, 7. Jg. (1905), H. 3, S. 79–82.

Brurein, Wilhelm, Berliner Architekturplastik, in: Die Kunstwelt. Monatsschrift für bildende Kunst, 2. Jg. (1912/13), H. 9, S. 569–578.

Buddensieg, Tilman, Die Kaiserlich Deutsche Botschaft in Petersburg von Peter Behrens, in: Politische Architektur in Europa vom Mittelalter bis heute – Repräsentation und Gemeinschaft, hrsg. v. Martin Warnke, Köln 1984, S. 374–398.

Bürger und Verwaltung. Untersuchungen in publikumsintensiven Dienststellen der Bezirksämter Charlottenburg und Kreuzberg von Berlin, hrsg. v. Senator für Inneres, VC, Berlin 1980. T. 1, Überblick über Ergebnisse, Maßnahmen und weitere Aufgaben; T. 2, Charlottenburg (Bürgerbefragung 1979); T. 3, Kreuzberg (Bürgerbefragung 1979).

Burckhardt, Jacob, Die Baukunst der Renaissance in Italien (= Gesammelte Werke, Bd. 2), Basel 1955.

Cassirer, Ernst, Philosophie der symbolischen Formen, T. 2, Das mythische Denken, 3. Aufl., Darmstadt 1958.

Cassou, Jean/Emil Luigi/Nikolaus Pevsner, Durchbruch zum 20. Jahrhundert. Kunst und Kultur der Jahrhundertwende, München 1962.

Clemen, Paul, Das Kaiser-Friedrich-Museum in Berlin. I. Der Bau und seine Geschichte, in: Zeitschrift für bildende Kunst, N. F., Bd. 15 (1904), H. 2, S. 27–40.

Commichau, Felix, Das Ernst-Ludwig-Haus, in: Die Ausstellung der Darmstädter Künstler-Kolonie, hrsg. v. A. Koch, Darmstadt 1971, S. 133–139.

Commichau, F., Rudolf Bosselt, in: Die Ausstellung der Darmstädter Künstler-Kolonie, hrsg. v. A. Koch, Darmstadt 1971, S. 285–300.

Ein Communalfest, in: Teltower Kreisblatt vom 8. Dezember 1860.

Corwegh, Robert, Wilhelm Kimbel, in: Innendekoration. Illustrierte kunstgewerbliche Zeitschrift für den gesamten inneren Ausbau, 26. Jg. (1915), S. 389–399.

Cremona, Italo, Die Zeit des Jugendstils, München-Wien 1966.

Creutz, Max, Der Neubau ›Haus Trarbach‹ Behrensstraße 47, in: Berliner Architekturwelt, 8. Jg. (1906), H. 2, S. 61–76.

Creutz, M., Das Charlottenburger Rathaus, in: Berliner Architekturwelt, 8. Jg. (1906), H. 7, S. 239–256.

Creutz, M., Forderungen und Ergebnisse der modernen architektonischen Entwicklung, in: Berliner Architekturwelt, 8. Jg. (1906), H. 8, S. 279–282.

Creutz, M., Fortschritt und Rückstand, in: Berliner Architekturwelt, 8. Jg. (1906), H. 12, S. 439–442.

Creutz, M., Von der Dresdner Kunstgewerbeausstellung, in: Berliner Architekturwelt, 9. Jg. (1907), H. 5, S. 187–189.

Cullen, Michael S., Der Reichstag. Die Geschichte eines Monumentes, o. O. (Berlin) 1983.

Decker-Hauff, Hans Martin/P.E. Schramm, Die »Reichskrone«, angefertigt für Kaiser Otto I., in: P. E. Schramm, Herrschaftszeichen und Staatssymbolik. Beiträge zu ihrer Geschichte vom dritten bis zum sechzehnten Jahrhundert, Bd. 2, Stuttgart 1955, S. 560–637.

Denkmalpflegetag in Charlottenburg 2. und 3. Juni 1988, hrsg. v. Senator für Stadtentwicklung und Umweltschutz – Bezirksamt Charlottenburg, o. O. o. J. (Berlin 1988).

Deri, Max, Naturalismus, Idealismus, Impressionismus, in: M. Deri u. a., Einführung in die Kunst der Gegenwart, 2. Aufl., Leipzig 1920, S. 47–129.

Das Deutsche Opernhaus zu Charlottenburg, in: Deutsche Bauzeitung, 47. Jg. (1913), Nr. 10, S. 85–90; Nr. 11, S. 97–101; Nr. 13, S. 113–115.

Dihm, Ludwig, Carl Schäfer, in: Zentralblatt der Bauverwaltung, 28. Jg. (1908), Nr. 39, S. 265–270.

Dohrn, Tobias, Die Tyche von Antiochia, Berlin 1960.
Ebe, Gustav, Der Stadtverordneten-Sitzungssaal im neuen Rathause zu Charlottenburg, in: Deutsche Bauhütte. Zeitschrift und Anzeiger für alle Zweige der praktischen Baukunst, 9. Jg. (1905), S. 301–302.
Um Eberswalde, Chorin und den Werbellin-See: Ergebnisse der heimatkundlichen Bestandsaufnahme in den Gebieten Joachimsthal, Groß-Ziethen, Eberswalde und Hohenfinow (=Heimatkundliche Bestandsaufnahme in der DDR, Bd. 34), hrsg. v. der Akademie der Wissenschaften der DDR, Institut für Geographie und Geoökologie, Arbeitsgruppe Heimatforschung, Berlin 1981.
Eimer, Gerhard, Bernt Notke, Das Wirken eines niederdeutschen Künstlers im Ostseeraum, Bonn 1985.
Eliade, Mircea, Geschichte der religiösen Ideen, Bd. 1, Von der Steinzeit bis zu den Mysterien von Eleusis, Freiburg-Basel-Wien 1978.
Eliade, M., Das Heilige und das Profane. Vom Wesen des Religiösen, 2. Aufl., Frankfurt a. M. 1985.
Ellwein, Thomas, Das Regierungssystem der Bundesrepublik Deutschland, 3., neubearb. u. erweit. Aufl., Opladen 1973.
Endell, August, Das Wolzogen-Theater in Berlin, in: Berliner Architekturwelt, 4. Jg. (1902), H. 11, S. 377–395.
Endell, A., Werkring-Ausstellung, in: Berliner Architekturwelt, 8. Jg. (1906), H. 6, S. 214–216.
Engeli, Christian, Gustav Böß. Oberbürgermeister von Berlin 1921–1930 (=Schriftenreihe des Vereins für Kommunalwissenschaften e. V. Berlin, Bd. 31), Stuttgart-Berlin-Köln-Mainz 1971.
Erbe, Michael, Von der Kleinstadt zur Großstadt. Zur Bevölkerungs- und Sozialgeschichte Charlottenburgs zwischen 1880 und 1920, in: Von der Residenz zur City. 275 Jahre Charlottenburg, hrsg. v. Wolfgang Ribbe, Berlin 1980, S. 287–315.
Eine Erweiterung des Rathauses in Charlottenburg, in: Berliner Architekturwelt, 13. Jg. (1911), H. 12, S. 502.
Eschenburg, Theodor, Zur politischen Praxis in der Bundesrepublik Deutschland, Bd. II, Kritische Betrachtungen 1961 bis 1965, München 1966.
Escher, Felix, Berlin und sein Umland. Zur Genese der Berliner Stadtlandschaft bis zum Beginn des 20. Jahrhunderts (=Einzelveröffentlichungen der Historischen Kommission zu Berlin, Bd. 47), Berlin 1985.
Eschmann, Karl, Jugendstil. Ursprünge. Parallelen. Folgen, Saarbrücken-Kastellaun 1976.
Eschmann, K., Es war nicht alles Jugendstil zwischen 1890 und 1920, Kassel 1982.
Evers, Hans Gerhard, Vom Historismus zum Funktionalismus, Baden-Baden 1967.
Faden, Eberhard, Berlin im Dreißigjährigen Kriege (=Berlinische Bücher, Bd. 1), Berlin 1927.
Faulwasser, Julius, Der Wettbewerb zur Erlangung von Entwürfen für das Empfangsgebäude des neuen Hauptbahnhofes in Hamburg, in: Deutsche Bauzeitung, 35. Jg. (1901), Nr. 12, S. 69–74.
Festschmuck der Stadt Charlottenburg am 27. u. 28. Mai 1905, in: Zentralblatt der Bauverwaltung, 25. Jg. (1905), Nr. 44, S. 277–279.
Hermann Feuerhahn, in: Die Kunstwelt. Monatsschrift für bildende Kunst, 1. Jg. (1911/12), H. 1, S. 18–23.
Fölsche, Ernst, Der Personalabbau in Berlin, in: Berliner Wirtschaftsberichte, 1. Jg. (1924), Nr. 7, S. 49–51.
Fölsche, E., Nach dem Personalabbau in Berlin, in: Berliner Wirtschaftsberichte, 3. Jg. (1926), Nr. 1, S. 1–4.
Forstner, Dorothea, Die Welt der Symbole, Innsbruck-Wien-München 1961.
Neues Forum. Repräsentativer Sitzungssaal im Rathaus Charlottenburg, in: Der Telegraf am Sonntag vom 4. April 1954.
Frampton, Kenneth, Die Architektur der Moderne. Eine kritische Baugeschichte, Stuttgart 1983.
Franz, Gerhard H., Spätromanik und Frühgotik, Baden-Baden 1969.
Fritsch, K. E. O., Der Bau des Reichstagshauses, in: Deutsche Bauzeitung, 17. Jg. (1883), Nr. 14, S. 77–78; Nr. 48, S. 281–283.
Fritsch, K. E. O., Ein neuer Konkurrenzentwurf zum Reichstagshause, in: Deutsche Bauzeitung, 17. Jg. (1883), Nr. 38, S. 221–223.
Fritsch, K. E. O., Der Wettbewerb um den Entwurf eines neuen Rathauses in Charlottenburg, in: Deutsche Bauzeitung, 32. Jg. (1898), Nr. 7, S. 42–43.
Fuchs, Georg, Großherzog Ernst Ludwig und die Entstehung der Künstler-Kolonie, in: Die Ausstellung der Darmstädter Künstler-Kolonie, hrsg. v. A. Koch, Darmstadt 1971, S. 17–22.
Fuchs, G., Ludwig Habich, in: Die Ausstellung der Darmstädter Künstler-Kolonie, hrsg. v. A. Koch, Darmstadt 1971, S. 189–195.
Furtwängler, A., Gorgo, in: W. H. Roscher, Ausführliches Lexikon der griechischen und römischen Mythologie, Leipzig 1886–1890, Bd. I, 2, Sp. 1695–1727.
Gagfah 1918–1968. Eine Dokumentation, Hamburg o. J. (1968).
Gauert, Adolf, Das ›Szepter‹ von Sutton Hoo, in: P. E. Schramm, Herrschaftszeichen und Staatssymbolik. Beiträge zu ihrer Geschichte vom dritten bis sechzehnten Jahrhundert, Bd. 1, Stuttgart 1954, S. 260–280.
Gehrig, Oskar, Hans Perathoner zu seinem 50. Geburtstag, in: Die christliche Kunst. Monatsschrift für alle Gebiete der christlichen Kunst, der Kunstwissenschaft sowie für das gesamte Kunstleben, 19. Jg. (1922/23), S. 29–32.
Geist, Johann Friedrich, Passagen. Ein Bautyp des 19. Jahrhunderts, München 1969.
Die Gemeinnützige Baugesellschaft Berlin-Heerstraße, Berlin o. J. (1919).

Genzmer, Felix, Christoph Hehl, in: Zentralblatt der Bauverwaltung, 31. Jg. (1911), Nr. 55, S. 349–350.

Genzmer, F., Rathäuser, in: Handwörterbuch der Kommunalwissenschaften, hrsg. v. Josef Brix u. a., Bd. 3, Kommunalpolitik der politischen Parteien – Staatsgeschäfte in den Gemeinden, Jena 1924, S. 507–513.

Gericke, Reinhard, Der Bezirk Charlottenburg und seine Bezirksverordnetenversammlung (= Publikationen der Fachhochschule für Verwaltung und Rechtspflege, hrsg. v. Rektor), Berlin 1985.

Germann, Georg, Gothic Revival in Europe and Britain: Sources, Influences and Ideas, Cambridge 1978.

Geschichte der gemeinnützigen Wohnungswirtschaft in Berlin, hrsg. v. Verband Berliner Wohnungsbaugenossenschaften und -gesellschaften e. V. am 28. November 1957.

Giedion, Sigfried, Architektur und Gemeinschaft. Tagebuch einer Entwicklung (= rowohlts deutsche enzyklopädie, Nr. 18), Hamburg 1956.

Goethes Werke, Hamburger Ausgabe in 14 Bänden, hrsg. v. Erich Trunz, Bd. 3, 10., überarb. Aufl., München 1976.

Götz, Wolfgang, Historismus. Ein Versuch zur Definition des Begriffes, in: Zeitschrift des deutschen Vereins für Kunstwissenschaft, Bd. 24 (1970), S. 196–212.

Götze, Heinz, Castel Del Monte. Gestalt und Symbol der Architektur Friedrichs II., 2., erg. u. verb. Aufl., München 1986.

Grisebach, August, Das deutsche Rathaus der Renaissance, Berlin 1907.

Gruber, Karl, Das deutsche Rathaus, München 1943.

Grzywatz, Berthold, Rathaus Charlottenburg, in: Geschichtslandschaft Berlin. Orte und Ereignisse, Bd. 1, hrsg. v. Helmut Engel, Stefi Jersch-Wenzel u. Wilhelm Treue, Charlottenburg, T. 1, Die historische Stadt, Berlin 1986, S. 289–318.

Grzywatz, B., Arbeit und Bevölkerung im Berlin der Weimarer Zeit. Eine historisch-statistische Untersuchung (= Einzelveröffentlichungen der Historischen Kommission zu Berlin, Bd. 63), Berlin 1988.

Gundlach, Wilhelm, Geschichte der Stadt Charlottenburg, 2 Bde., Berlin 1905.

Gurlitt, Cornelius, Otzens ›Grundsätze‹, in: Berliner Architekturwelt, 3. Jg. (1901), H. 6, S. 230–238.

Gurlitt, C., Zur Befreiung der Baukunst. Redig. u. komment. v. Werner Kallmorgen (= Bauwelt-Fundamente, Nr. 22), Frankfurt a. M.-Berlin 1968.

Gut, Albert, Neue Charlottenburger Bauten von Heinrich Seeling, in: Berliner Architekturwelt, 19. Jg. (1917), H. 6, S. 177–190.

Haberland, Georg, Wohnungsversorgung und Bauordnung, Berlin 1925.

Habich, Georg, Über deutsche Medaillen und Plaketten, in: Deutsche Kunst und Dekoration. Illustrierte Monatshefte zur Förderung Deutscher Kunst und Formensprache, Bd. 1 (1897/98), S. 130–140.

Hackelsberger, Berthold C., Stichwort Plastik, in: Jugendstil. Der Weg ins 20. Jahrhundert, hrsg. v. Helmut Seling, Heidelberg-München 1959, S. 279–304.

Haeckel, Ernst, Natürliche Schöpfungsgeschichte, Berlin 1879.

Haeckel, E., Kunstformen der Natur, Leipzig-Wien 1899–1904.

Haenel, Erich, Moderne Bestrebungen in der Architektur auf der Ersten Deutschen Bauausstellung Dresden 1900, in: Die Kunst. Monatshefte für freie und angewandte Kunst, Bd. 2 (1901), Angewandte Kunst, H. 12, S. 493–496.

Haiko, Peter/Hannes Stekl, Architektur in der industriellen Gesellschaft, in: Architektur und Gesellschaft von der Antike bis zur Gegenwart (= Geschichte und Sozialkunde, Bd. 6), hrsg. v. H. Stekl, Salzburg 1980, S. 251–342.

Hamann, Richard/Jost Hermand, Stilkunst um 1900. Epochen deutscher Kultur von 1870 bis zur Gegenwart, Bd. 4 (= sammlung dialog 52), 2. Aufl., München 1975.

Hamburg und seine Bauten unter Berücksichtigung der Nachbarstädte Altona und Wandsbek 1914, hrsg. v. Architekten- und Ingenieur-Verein zu Hamburg, 2 Bde., Hamburg 1914.

Hartlaub, Gustav Friedrich, Zur Sozialpsychologie des Historismus in der Baukunst, in: ders., Fragen an die Kunst. Studien zu Grenzproblemen, Stuttgart 1950, S. 45–65.

Heffter, Heinrich, Die deutsche Selbstverwaltung im 19. Jahrhundert. Geschichte der Ideen und Institutionen, 2., überarb. Aufl., Stuttgart 1969.

Hermand, Jost, Jugendstil. Ein Forschungsbericht 1918–1964 (= Erweit. Sonderdruck aus Deutsche Vierteljahresschrift für Literaturwissenschaft und Geistesgeschichte, 38. Jg. (1964), H. 1 u. 2), Stuttgart 1965.

Herzig, Wenzel, Die angewandte oder praktische Aesthetik oder die Theorie der dekorativen Architektur, Leipzig 1873.

Herzog-Hauser, Gertrud, Tyche, in: Paulys Realencyclopädie der classischen Altertumswissenschaften, 2. Reihe, 14. Halbbd., Stuttgart 1948, Sp. 1643–1689.

Heuß, Theodor, Friedrich Naumann. Der Mann, das Werk, die Zeit, Stuttgart-Berlin 1937.

Hillebrecht, Rudolf, Über den Neubau von Rathäusern, in: Bauamt und Gemeindebau, 28. Jahr (1955), H. 1, S. 9–11.

Hirsch, Paul, 25 Jahre sozialdemokratischer Arbeit in den Gemeinden. Die Tätigkeit der Sozialdemokratie in der Berliner Stadtverordneten-Versammlung, Berlin 1908.

Hirsch, P., Die Städteordnung für die sechs östlichen Provinzen der Preußischen Monarchie vom 30. Mai 1853, Berlin 1910.

Hirsch, Siegmund, Revolution im Messing 1908–1928, Lammersdorf 1967.

Hirth, Georg, Das deutsche Zimmer der Renaissance. Anregungen zu häuslicher Kunstpflege, München 1880.

Historismus und bildende Kunst. Vorträge und Diskussionen im Oktober 1963 in München und Schloß Anif (=Studien zur Kunst des 19. Jahrhunderts, Bd. 1), München 1965.

Hoeber, Fritz, Peter Behrens (=Moderne Architekten, Bd. 1, hrsg. v. Fritz Hoeber), München 1913.

Högg, Emil, Moderne Rathäuser, in: Architektonische Rundschau, 20. Jg. (1904), H. 3, S. 17–21.

Hoenn, Karl, Artemis. Gestaltwandel einer Göttin, Zürich 1946.

Hoffmann, Ludwig, Lebenserinnerungen eines Architekten, bearb. u. aus dem Nachlaß hrsg. v. Wolfgang Schäche (=Die Bauwerke und Kunstdenkmäler von Berlin, Beih. 10), Berlin 1983.

Hofmann, Albert, Wettbewerb für Entwürfe zu einem Märkischen Provinzial-Museum in Berlin, in: Deutsche Bauzeitung, 27. Jg. (1893), Nr. 19, S. 117–118; Nr. 20, S. 121–129; Nr. 22, S. 133–135.

Hofmann, A., Berliner Neubauten. 86. Das Warenhaus A. Wertheim in der Leipziger Straße, in: Deutsche Bauzeitung, 32. Jg. (1898), Nr. 35, S. 217–219; Nr. 37, S. 229–232.

Hofmann, A., Das städtische Museum in Altona, in: Deutsche Bauzeitung, 35. Jg. (1901), Nr. 64, S. 393–394; Nr. 65, S. 401–402.

Hofmann, A., Das neue Rathaus in Charlottenburg, in: Deutsche Bauzeitung, 40. Jg. (1906), Nr. 42, S. 287–291; Nr. 62, S. 419–420, 423 u. 426.

Hofmann, A., Vom Mörtelknaben zum Akademie-Senator. Zum 70. Geburtstag von Heinrich Seeling, in: Deutsche Bauzeitung, 56. Jg. (1922), Nr. 78, S. 457–459.

Hofmann, A., Die neuen Saalbauten der ›Deutschen Bank‹ in Berlin, in: Deutsche Bauzeitung, 58. Jg. (1924), Nr. 48, S. 273–278; Nr. 50, S. 289–295.

Hofmann, A., Wilhelm Kimbel. Ein Künstlerbild der Gegenwart, in: Deutsche Bauzeitung, 58. Jg. (1924), Nr. 68, S. 429–432; Nr. 71, S. 454–459.

Hofmann, Elise, Der Mikrokosmos im Ornament, in: Kosmos. Handweiser für Naturfreunde und Zentralblatt für das naturwissenschaftliche Bildungs- und Sammelwesen, 22. Jg. (1925), H. 10, S. 334–341.

Hofmann, Julius (Hrsg.), Baukunst und dekorative Skulptur der Renaissance in Deutschland, Einleitung von Paul Klopfer, Stuttgart 1909.

Hofstätter, Hans H., Symbolismus und die Kunst der Jahrhundertwende. Voraussetzungen Erscheinungsformen Bedeutungen, Köln 1965.

Hofstätter, H. H., Jugendstil. Graphik und Druckkunst, Eltville 1985.

Elias Holl und das Augsburger Rathaus. Eine Ausstellung der Stadt Augsburg, Stadtarchiv, hrsg. v. Wolfram Beer, Hanno Walter-Kraft u. Bernd Roeck, Regensburg 1985.

Hossfeld, Oskar, Die Preisbewerbung für den Neubau des Rathauses in Charlottenburg, in: Zentralblatt der Bauverwaltung, 17. Jg. (1897), Nr. 51, S. 573–575; Nr. 52, S. 585–588.

Howe, Georg, Die Große Kunstausstellung zu Düsseldorf 1909, in: Die Kunst. Monatshefte für freie und angewandte Kunst, Bd. 19 (1909), S. 537–546.

Hubrich, Hans-Joachim, Hermann Muthesius. Die Schriften zu Architektur, Kunstgewerbe, Industrie in der ›Neuen Bewegung‹, Berlin 1981.

Hüter, Karl-Heinz, Architektur in Berlin 1900–1933, Dresden 1987.

Hundert Jahre Berliner Kunst im Schaffen des Vereins Berliner Künstler 1929, o. O. o. J.

250 Jahre Charlottenburg. Festschrift aus Anlaß des Stadtjubiläums, hrsg. v. Bezirksamt Charlottenburg von Berlin, bearb. v. Karl Ernst Rimbach, Berlin-Charlottenburg 1955.

Jastrow, Ignaz, Sozialpolitik und Verwaltungswissenschaft. Aufsätze und Abhandlungen von I. Jastrow, Bd. 1, Berlin 1902.

Jastrow, I., (Rede) in: Reden bei der Feier des hundertjährigen Bestehens der Städteordnung am 19. November 1908 im Rathaus zu Charlottenburg, o. O. o. J. (Charlottenburg 1908), S. 3–51.

Jaumann, Anton, Das Hebbel-Theater in Berlin, in: Deutsche Kunst und Dekoration, Bd. 22 (1908), S. 117–132.

Jessen, Peter, Die Ausstellung des Vereins für deutsches Kunstgewerbe in Berlin, in: Berliner Architekturwelt, 5. Jg. (1903), H. 10, S. 327–329.

Joedicke, Jürgen, Geschichte der modernen Architektur. Synthese aus Form, Funktion und Konstruktion, Stuttgart 1958.

Joedicke, J., Architektur im Umbruch. Geschichte, Entwicklung, Ausblick, überarb. u. erweit. Neuaufl., Stuttgart 1980.

Jost, Dominik, Literarischer Jugendstil, Stuttgart 1969.

Das fünfundzwanzigjährige Jubiläum der Architektenfirma Reinhardt & Süßenguth in Charlottenburg, in: Deutsche Bauzeitung, 53. Jg. (1919), Nr. 18, S. 82–83.

Jugendstil (=Wege der Forschung, Bd. CX), hrsg. v. Jost Hermand, Darmstadt 1971.

Jugendstil. Der Weg ins 20. Jahrhundert, hrsg. v. Helmut Seling, Heidelberg-München 1959.

Jugendstil. Zimmereinrichtungen um 1900 (Reprint der Ausg. Möbel und Zimmereinrichtungen der Gegenwart, Berlin 1904/05), Hannover 1981.

Kaeber, Ernst, Das Weichbild der Stadt Berlin seit der Steinschen Städteordnung, in: ders., Beiträge zur Berliner Geschichte. Ausgewählte Aufsätze (=Einzelveröffentlichungen der Historischen Kommission zu Berlin, Bd. 14), bearb. v. Werner Vogel, Berlin 1964, S. 234–376.

Kania, Hans/Hans-Herbert Möller, Mark Brandenburg (=Karl Friedrich Schinkel. Lebenswerk. 10, hrsg. v. Paul Ortwin Rave), Berlin-München 1960.

Kees, Hermann, Musai, in: Paulys Realencyclopädie

der classischen Altertumswissenschaften. Neue Bearb. v. Georg Wissowa, hrsg. v. W. Kroll u. K. Mittelhaus, Halbbd. 31, Stuttgart 1933, Sp. 681–757.

Kerényi, Karl, Apollon. Studien über antike Religion und Humanität, 2., erweit. Aufl., Amsterdam-Leipzig 1941.

Kerényi, K., Labyrinth-Studien. Labyrinthos als Linienreflex einer mythologischen Idee, Amsterdam-Leipzig 1941.

Kerényi, K., Hermes der Seelenführer, Zürich 1944.

Kerényi, K., Die Geburt der Helena, Zürich 1945.

Kerényi, K., Die Jungfrau und Mutter der griechischen Religion. Eine Studie über Pallas Athene, Zürich 1952.

Kerényi, K., Die Mysterien von Eleusis, Zürich 1962.

Kerényi, K., Die Mythologie der Griechen, Bd. 1, Die Götter- und Menschheitsgeschichten, 10. Aufl., Frankfurt a. M., 1988; Bd. 2, Die Heroengeschichten, 8. Aufl., Frankfurt a. M. 1986.

Kern, Otto, Die Religion der Griechen, Bd. 1, Von den Anfängen bis Hesiod; Bd. 2, Die Hochblüte bis zum Ausgange des fünften Jahrhunderts; Bd. 3, Von Platon bis Kaiser Julian, 2. Aufl. (unveränd. Nachdruck der 1. Aufl., 1926, 1935 u. 1938), Berlin 1963.

Kimbel, Wilhelm, Unser Handwerk in Not. Aus einer Aufsatzreihe von Wilhelm Kimbel, in: Innendekoration. Illustrierte kunstgewerbliche Zeitschrift für den gesamten inneren Ausbau, 26. Jg. (1915), S. 404–420.

Klein, Rudolf, Otto Stichlings Arbeiten und der Kölner Pallenberg-Saal, in: Berliner Architekturwelt, 5. Jg. (1903), H. 6, S. 183–199.

Knapp, Werner, Rathäuser (= Architekturwettbewerbe. Schriftenreihe für richtungsweisendes Bauen, H. 5), Stuttgart 1940.

Koch, Alexander, Wohnungskunst auf der Berliner Ausstellung 1903, in: Innendekoration. Illustrierte kunstgewerbliche Zeitschrift für den gesamten inneren Ausbau, 14. Jg. (1903), S. 203–208.

Koch, Wilfried, Baustilkunde. Europäische Baukunst von der Antike bis zur Gegenwart, München 1982.

Kohlbrugge, J. H. F., Tier- und Menschenantlitz als Abwehrzauber, Bonn 1926.

Konkurrenzentwurf zu einem Rathause für Charlottenburg von Zaar & Vahl in Berlin, Repräsentations-Saal, in: Deutsche Bauzeitung, 32. Jg. (1898), Nr. 41, S. 260.

Konkurrenzentwurf für ein Rathaus in Köthen, in: Architektonische Rundschau, 12. Jg. (1896), H. 11.

Kraemer, Friedrich Wilhelm, Bauten der Wirtschaft und Verwaltung, in: Handbuch der Architektur, hrsg. v. Martin Elsässer u. a., Berlin 1954, S. 311–443.

Kranz-Michaelis, Charlotte, Rathäuser im Kaiserreich 1871–1918 (= Materialien zur Kunst des 19. Jahrhunderts, Bd. 23), München 1976.

Kreishaus für Itzehoe, in: Deutsche Konkurrenzen, Bd. 3 (1894), H. 3, Nr. 27.

Krusche, Wilhelm, 5 Jahre nationalsozialistischer Aufbauarbeit in Finow, in: Oberbarnimer Kreiskalender, 28. Jg. (1939), S. 66–69.

Kühns, F[riedrich] J[ulius], Geschichte der Gerichtsverfassung und des Prozesses in der Mark Brandenburg vom 10. bis zum Ablauf des 15. Jahrhunderts, 2 Bde., Berlin 1867.

Kuhn, P. Albert, Geschichte der Baukunst mit ästhetischer Vorschule als Einleitung zur Geschichte und zum Studium der bildenden Künste, Halbbd. 2, Von der Baukunst der gotischen Stilperiode bis zur Baukunst der neuesten Zeit inkl. (= Allgemeine Kunstgeschichte, Bd. 1), Einsiedeln-Waldshut-Cöln a. Rh. 1909.

Die dekorative Kunst in den Ausstellungspalästen der Esplanade des Invalides. I. Deutschland, in: Die Kunst. Monatshefte für freie und angewandte Kunst, Bd. 2, Angewandte Kunst, München 1900, S. 377–384.

Kunst im 3. Reich. Dokumente der Unterwerfung, hrsg. v. Frankfurter Kunstverein und der Arbeitsgruppe des kunstgeschichtlichen Instituts der Universität Frankfurt im Auftrag der Stadt Frankfurt, 2. Aufl., Frankfurt a. M. 1980.

Kurth, W., Hermann Feuerhahn, in: Allgemeines Lexikon der Bildenden Künstler von der Antike bis zur Gegenwart, begr. v. Ulrich Thieme u. Felix Bekker, Bd. 11, Leipzig 1915, S. 517.

Lanckorońska, Maria Gräfin, Das Jugendstil-Ornament in der deutschen Buchkunst, in: Jugendstil (= Wege der Forschung, Bd. CX), hrsg. v. Jost Hermand, Darmstadt 1971, S. 156–177.

Lathan, Ian, Deutschland. Jugendstil: Morgenrot der Moderne, in: Frank Russel, Architektur des Jugendstils. Die Überwindung des Historismus in Europa und Nordamerika, Stuttgart 1981, S. 171–195.

Lind, Gustav, Nachf., Metallbildhauerei, Berlin 1905.

Löhneysen, Wolfgang Freiherr von, Der Einfluß der Reichsgründung von 1871 auf Kunst und Kunstgeschmack in Deutschland, in: Zeitschrift für Religions- und Geistesgeschichte, Bd. 12 (1960), S. 17–44.

Lohmeyer, Hans, Die Entwicklung Berlins zum Stadtstaat. Ein Beitrag zur Geschichte der Selbstverwaltung seit 1850, in: Der Bär von Berlin, 5 (1955), S. 16–32.

Lorenz, Felix, Ein deutscher Kunsthandwerker, in: Die Kunstwelt. Monatsschrift für die bildende Kunst, Bd. 1 (1911/12), S. 146–149.

Losowska, Hanna, Romanik und Frühgotik, in: Yves Christie u. a., Handbuch der Formen- und Stilkunde. Mittelalter, Stuttgart-Berlin-Köln-Mainz 1982, S. 241–376.

Lübke, Wilhelm, Geschichte der Renaissance in Deutschland (= Geschichte der neueren Baukunst, Bd. 2 u. 3), 1. + 2. Abteilung, 2., verb. u. verm.

Aufl., Stuttgart 1882; 3. Aufl., neubearb. v. Albrecht Haupt, Esslingen a. N. 1914.
Lüer, Hermann, Neue Gruppe Berlin, in: Berliner Architekturwelt, 6. Jg. (1904), H. 6, S. 197–212.
Lux, Joseph August, Das neue Kunstgewerbe in Deutschland, Leipzig 1908.
Machalet, Eberhard, Die Berliner Bezirksverwaltung (= Schriftenreihe des Vereins für Kommunalwissenschaften e.V. Berlin, Bd. 39), Stuttgart-Berlin-Köln-Mainz 1973.
Madsen, Stefan Tschudi, Horta. Works and Style of Victor Horta before 1900, in: The Architectural Review, Vol. 117 (1955), Nr. 708, p. 388–392.
Madsen, S. T., Jugendstil. Europäische Kunst der Jahrhundertwende, München 1967.
Madsen, S. T., Sources of Art Nouveau, 2. Aufl., New York 1975.
Der ›Märkische Saal‹ im Charlottenburger Rathaus, in: Charlottenburger Zeitung Neue Zeit vom 8. Februar 1916.
Mâle, Emile, Die Gotik. Kirchliche Kunst des 13. Jahrhunderts in Frankreich (Neuausg. der revid. 9. französ. Ausg. L'art religieux du XIIIe siècle en France. Etude sur l'iconographie du moyen age et sur ses sources d'inspiration, Paris 1958 unter Berücksicht. der 1. dt. autoris. Übertrag. von L. Zukkermandel, Straßburg 1907), Stuttgart-Zürich 1986.
Mang, Karl, Geschichte des modernen Möbels. Von der handwerklichen Fertigung zur industriellen Produktion, Stuttgart 1978.
Matzerath, Horst, Nationalsozialismus und kommunale Selbstverwaltung (= Schriftenreihe des Vereins für Kommunalwissenschaften e. V. Berlin, Bd. 29), Stuttgart-Berlin-Köln-Mainz 1970.
Meinecke, Friedrich, Die Entstehung des Historismus, München-Berlin 1936.
Melcher, Peter, Weißensee. Ein Friedhof als Spiegelbild jüdischer Geschichte in Berlin, Berlin 1986.
Meyer, Alfred G., Die Jubiläums-Ausstellung des Vereins für Deutsches Kunstgewerbe in Berlin (1902), in: Kunstgewerbeblatt, N. F., 14. Jg. (1902/03), H. 4, S. 65–74; H. 5, S. 85–99.
Meyer, Gustav, Der Neubau eines Dienstgebäudes für die obersten Marinebehörden in Berlin, in: Zentralblatt der Bauverwaltung, 34. Jg. (1914), Nr. 55, S. 405–409.
Meyer-Bohe, Walter, Rathäuser, Stuttgart-Berlin-Köln-Mainz 1984.
Michalski, Sergiusz, Das Ausstattungsprogramm des Augsburger Rathauses, in: Elias Holl und das Augsburger Rathaus. Ausstellung der Stadt Augsburg, Stadtarchiv, hrsg. v. Wolfram Baer u. a., Regensburg 1985, S. 77–90.
Mignot, Claude, Architektur des 19. Jahrhunderts, Stuttgart 1983.
Deutsche Möbel des Barock und Rokoko (= Deutsche Möbel vom Mittelalter bis zum Anfang des 19. Jahrhunderts, Bd. 2), hrsg. v. Hermann Schmitz, 2. Aufl., Stuttgart 1937.
Monke, Fritz, Baudenkmale im öffentlichen Eigentum aus der Sicht der Hochbauämter, in: Denkmalpflegetag in Charlottenburg, 2. und 3. Juni 1988, hrsg. v. Senator für Stadtentwicklung und Umweltschutz – Bezirksamt Charlottenburg, o. O. o. J. (Berlin 1988).
Mühlke, C., Der Neubau des Städtischen Museums in Altona, in: Zeitschrift für Bauwesen, 52. Jg. (1902), Sp. 21–36.
Städtisches Museum in Altona, in: Atlas zur Zeitschrift für Bauwesen, 52. Jg. (1902), Bl. 7–11.
Muthesius, Hermann, Die Preisbewerbung um Entwürfe für ein Rathaus in Elberfeld, in: Zentralblatt der Bauverwaltung, 14. Jg. (1894), Nr. 7, S. 69–70; Nr. 8, S. 79–82; Nr. 9, S. 89–93; Nr. 10, S. 100–102; Nr. 11, S. 114–115.
Muthesius, H., Der kunstgewerbliche Dilettantismus in England. Insbesondere das Wirken des Londoner Vereins für ländliche Kunstindustrie, Berlin 1900.
Muthesius, H., Die neuere kirchliche Baukunst, Berlin 1901.
Muthesius, H., Stilarchitektur und Baukunst. Wandlungen der Architektur im 19. Jahrhundert und ihr heutiger Standpunkt, Mülheim a. d. Ruhr 1902.
Muthesius, H., Die englische Baukunst der Gegenwart. Beispiele neuer englischer Profanbauten, mit Grundrissen, Textabbildungen und erläuterndem Text, Bd. 1–4, Berlin-Leipzig 1900–1903.
Muthesius, H., Das englische Haus. Entwicklung, Bedingungen, Anlage, Einrichtung und Innenraum, Bd. 1–3, Berlin 1904–1905.
Muthesius, H., Die Wohnungskunst auf der Weltausstellung in St. Louis, in: Deutsche Kunst und Dekoration. Illustrierte Monatshefte zur Förderung Deutscher Kunst und Formensprache, Bd. 15 (1904/05), S. 209–227.
Muthesius, H., Die Bedeutung des Kunstgewerbes. Eröffnungsrede zu den Vorlesungen über modernes Kunstgewerbe an der Handelshochschule in Berlin, in: Dekorative Kunst, 10. Jg. (1907/08), S. 177–192.
Nachruf auf Max Reinhold Krause, in: Sozialistische Monatshefte, 26. Jg. (1920), Bd. 55, H. 26, S. 1124–1125.
Nachruf auf Heinrich Seeling, in: Die Bauwelt, 23. Jg. (1932), H. 7, S. 192.
Nachtlicht, Leo, Berlin auf der ersten internationalen Ausstellung für dekorative Kunst in Turin 1902, in: Berliner Architekturwelt, 5. Jg. (1903), H. 3, S. 75–78; H. 6, S. 205–216.
Nachtlicht, L., Berlin auf der Weltausstellung St. Louis 1904, in: Berliner Architekturwelt, 7. Jg. (1905), H. 1, S. 19–27; H. 7, S. 233–237; H. 11, S. 393–396.
Nerdinger, Winfried/Birgit Stenger, Das Münchner Rathaus, in: Das Rathaus im Kaiserreich Kunstpolitische Aspekte einer Bauaufgabe des 19. Jahrhunderts (= Kunst, Kultur und Politik im Deutschen Kaiserreich, Bd. 4), hrsg. v. Ekkehard Mai/Jürgen Paul/Stephan Waetzoldt, Berlin 1982, S. 151–178.

Neubau des Rathauses Charlottenburg, in: Die Kunst für Alle, 18. Jg. (1902/03), S. 416.
Der Neubau des Warenhauses A. Wertheim an der König-Straße in Berlin, in: Deutsche Bauzeitung, 46. Jg. (1912), Nr. 86, S. 753–755; Nr. 89, S. 781–783; Nr. 93, S. 829f.
Neubauten der Stadt Charlottenburg. Die Erweiterungsbauten des Rathauses in Charlottenburg, in: Deutsche Bauzeitung, 56. Jg. (1922), Nr. 1, S. 1–3; Nr. 2, S. 9–11; Nr. 4, S. 21–22; Nr. 8, S. 45–48; Nr. 77, S. 449–450; Nr. 79, S. 461–463.
Neuse, Richard, Spandau – ein märkisches Stadtbild. Festschrift zur Einweihung des neuerbauten Rathauses, Spandau 1913.
Nilsson, Martin P., Die Griechen, in: Lehrbuch der Religionsgeschichte, begründ. v. Chantepie de la Saussaye, hrsg. v. A. Bertholet u. E. Lehmann, Bd. 1, Tübingen 1925, S. 281–505.
Nilsson, M. P., Geschichte der griechischen Religion, Bd. 1, Die Religion Griechenlands bis auf die griechische Weltherrschaft, 3., durchges. u. erg. Aufl., München 1967.
Nowack, Klaus, Das Werden von Groß-Berlin, Phil. Diss. FU Berlin 1953.
Oertel, Ottomar, Die Städteordnung für die sechs östlichen Provinzen der Preußischen Monarchie vom 30. Mai 1853. Mit Ergänzungen und Erläuterungen, 6. Aufl., Liegnitz 1914.
Oettingen, W. von, Ernst Pfannschmidt, in: Die Kunstwelt. Monatsschrift für bildende Kunst der Gegenwart, Bd. 1 (1911/12), S. 311–315.
Ein Offenbacher baute Charlottenburgs Rathaus, in: Offenbacher Zeitung vom 25. April 1942.
Ohm, Siegfried, Beiträge zur Kultur- und Sozialgeographie der Eberswalder Pforte (= Berliner geographische Arbeiten, H. 17), Stuttgart 1938.
Osborn, Max, Wohnungskunst auf der Berliner Kunstausstellung 1903. Die Künstler-Vereinigung ›Neue Gruppe Berlin‹, in: Innendekoration. Illustrierte kunstgewerbliche Zeitschrift, 14. Jg. (1903), S. 213–219.
Osborn, M., Die ›Große‹ Ausstellung, in: Vossische Zeitung vom 16. Mai 1925.
Osborn, M., Berlin (= Berühmte Kunststätten, Bd. 43), 2. Aufl., Leipzig 1926.
Ostini, Fritz von, Drei neue deutsche Rathäuser, in: Velhagen & Klasings Monatshefte, 21. Jg. (1906/07), H. 8, S. 153–169.
Otto, Walter F., Die Götter Griechenlands. Das Bild des Göttlichen im Spiegel des griechischen Geistes, 5. Aufl., Frankfurt a. M. 1961.
Otzen, Johannes, Die moderne Kunst in der Architektur und deren Einfluß auf die Schule, in: Berliner Architekturwelt, 3. Jg. (1901), H. 6, S. 225–230.
Paret, Peter, Die Berliner Secession. Moderne Kunst und ihre Feinde im kaiserlichen Deutschland, Berlin 1981.
Pasquier, Alain, Griechenland, in: Pierre Amiet u. a., Handbuch der Formen- und Stilkunde. Antike, Stuttgart-Berlin-Köln-Mainz 1981, S. 323–450.
Paul, Jürgen, Die mittelalterlichen Kommunalpaläste in Italien, Phil. Diss. Freiburg i. Br. 1963.
Paul, J., Das ›Neue Rathaus‹ – Eine Bauaufgabe des 19. Jahrhunderts, in: Das Rathaus im Kaiserreich. Kunstpolitische Aspekte einer Bauaufgabe des 19. Jahrhunderts (= Kunst, Kultur und Politik im Deutschen Kaiserreich, Bd. 4), hrsg. v. Ekkehard Mai/Jürgen Paul/Stephan Waetzoldt, Berlin 1982, S. 29–90.
Pauli, Gustav, Das Rathaus zu Bremen (= Die Baukunst, Ser. 1, H. 6), Berlin-Stuttgart 1898.
Pecht, Friedrich, Die VII. Internationale Kunstausstellung in München, in: Die Kunst für Alle, 12. Jg. (1896/97), S. 333–338.
Pehnt, Wolfgang, Architektur, in: Giulio Carlo Argan, Die Kunst des 20. Jahrhunderts 1880–1940 (= Propyläen Kunstgeschichte, Bd. 12), Berlin-Frankfurt a. M.-Wien 1984.
Perry, B. E., Physiologus, in: Paulys Realencyclopädie der classischen Altertumswissenschaften. Neue Bearb. v. Georg Wissowa, hrsg. v. W. Kroll u. K. Mittelhaus, Halbbd. 39, Stuttgart 1941, Sp. 1074–1129.
Pevsner, Nikolaus, Wegbereiter moderner Formgebung. Von Morris zu Gropius (= rowohlts deutsche enzyklopädie, Bd. 33), Hamburg 1957.
Pevsner, N., Moderne Architektur und der Historiker oder die Wiederkehr des Historizismus, in: Deutsche Bauzeitung, 66. Jg. (1961), Nr. 10, S. 757–764.
Pevsner, N., Architektur und angewandte Kunst, in: J. Cassou u. a., Durchbruch zum 20. Jahrhundert. Kunst und Kultur, München 1962, S. 229–260.
Pevsner, N., Architektur und Design. Von der Romantik zur Sachlichkeit, München 1971.
Pevsner, N., Der Beginn der modernen Architektur und des Design, Köln 1971.
Pfälzer, Karl, Denkmal und Brunnen, in: Deutsche Monatshefte, 10. Jg. (1910) der Rheinlande, H. 4, S. 125–132.
Pfeiffer, Hermann, Die künstlerische Bedeutung des Fugenschnittes und der Steinbehandlung, in: Architektonische Rundschau, 20. Jg. (1904), H. 12, S. 94–95.
Pfeiffer, H., Stimmungswerte der Dachformen, in: Architektonische Rundschau, 21. Jg. (1905), H. 12, S. 89–94.
Der Physiologus, übertragen und erläutert von Otto Seel, Zürich-Stuttgart 1960.
Plehn, Anna L., Neue Gruppe Berlin, in: Kunstgewerbeblatt, N. F., 15. Jg. (1904), H. 2, S. 21–30.
Poelzig, Hans, Der Architekt, in: Anna Teut, Architektur im Dritten Reich, 1933–1945 (= Bauwelt Fundamente 19), Frankfurt a. M.-Berlin 1967, S. 31–52.
Posener, Julius, Anfänge des Funktionalismus. Von Arts and Crafts zum Deutschen Werkbund (= Bauwelt Fundamente 11) Berlin-Frankfurt a. M.-Wien 1964.
Posener, J., Berlin auf dem Wege zu einer neuen Archi-

tektur. Das Zeitalter Wilhelms II. (=Studien zur Kunst des 19. Jahrhunderts, Bd. 40), München 1979.
Preisbewerbungen Rathaus Charlottenburg, in: Zentralblatt der Bauverwaltung, 17. Jg. (1897), S. 195–196, S. 572–573 u. 585; 18. Jg. (1898), S. 8.
Quitzsch, Hans, Die ästhetischen Anschauungen Gottfried Sempers, Berlin 1962.
Ranke-Graves, Robert von, Griechische Mythologie. Quellen und Deutung, Reinbek 1984.
Rathaus für Charlottenburg, in: Deutsche Konkurrenzen, Bd. 8 (1898), H. 7 u. 8, Nr. 91 u. 92.
Vom Rathaus in Charlottenburg, in: Architektonische Rundschau, 22. Jg. (1906), H. 2, S. 15 u. Taf. 11; 23. Jg. (1907), H. 10, S. 81.
Rathaus für Dessau und Steglitz, in: Deutsche Konkurrenzen, Bd. 6 (1896), H. 3, Nr. 63.
Rathaus für Duisburg, in: Deutsche Konkurrenzen, Bd. 6 (1896), H. 3, Nr. 63.
Rathaus für Elberfeld, in: Deutsche Konkurrenzen, Bd. 3 (1894), H. 6–7, Nr. 30–31.
Das Rathaus im Kaiserreich. Kunstpolitische Aspekte einer Bauaufgabe des 19. Jahrhunderts (=Kunst, Kultur und Politik im Deutschen Kaiserreich, Bd. 4), hrsg. v. Ekkehard Mai/Jürgen Paul/Stephan Waetzoldt, Berlin 1982.
Rathaus für Köthen, in: Deutsche Konkurrenzen, Bd. 5 (1895), H. 7, Nr. 55.
Rathaus für Rheydt, in: Deutsche Konkurrenzen, Bd. 3 (1894), H. 10, Nr. 34.
Das neue Rathaus in Allenstein, in: Aus dem Ostlande, 11. Jg. (1916), H. 10, S. 380–381.
Das neue Rathaus in Charlottenburg, in: Deutsche Bauzeitung, 38. Jg. (1904), Nr. 51, S. 313–317; Nr. 53, S. 325–326.
Das neue Rathaus in Dessau, in: Deutsche Bauzeitung, 37. Jg. (1903), Nr. 59, S. 377–378 u. 380; Nr. 60, S. 385–388.
Das neue Rathaus in Neukölln, in: Deutsche Bauzeitung, 43. Jg. (1909), Nr. 91, S. 621–625; Nr. 93, S. 637–641; Nr. 98, S. 673–675.
Die ältesten Rathausbauten in Deutschland, in: Deutsche Bauzeitung, 4. Jg. (1870), Nr. 28, S. 229.
Der Rathausentwurf Charlottenburg von Reinhardt und Süßenguth, in: Der Baumeister, 2. Jg. (1904), H. 1, S. 6.
Rathäuser, IRB Literaturauslese Nr. 50, hrsg. v. Informationszentrum Raum und Bau der Fraunhofer-Gesellschaft (IRB), Stuttgart 1983.
33 Rathäuser (=Architekturwettbewerbe. Schriftenreihe für richtungweisendes Bauen, H. 33), ausgewählt v. Wilhelm Tiedje u. Arnold Wietrzichowski, Stuttgart 1962.
Rathäuser in Großstädten, IRB Literaturauslese Nr. 712, hrsg. v. Informationszentrum Raum und Bau der Fraunhofer-Gesellschaft (IRB), Stuttgart 1986.
Die Charlottenburger Rathausfeier, in: Charlottenburger Zeitung Neue Zeit vom 21. Mai 1905.
Der zukünftige Charlottenburger Rathauskeller, in: Charlottenburger Zeitung Neue Zeit vom 28. April 1904.
Rathauswettbewerb Charlottenburg, in: Zentralblatt der Bauverwaltung, 18. Jg. (1898), S. 8 u. 54.
Rauda, Wolfgang/Rudolf Delling, Deutsche Rathäuser, Frankfurt a. M. 1958.
Rée, Paul Johannes, Nürnberg (=Berühmte Kunststätten, Nr. 5), Leizpzig 1907.
Referat Georg Süßenguth auf der II. Versammlung Berliner Architekten am 20. April 1911 über drei größere Bauausführungen von Reinhardt und Süßenguth, in: Deutsche Bauzeitung, 45. Jg. (1911), Nr. 36, S. 307.
Reichhardt, Hans J./Wolfgang Schäche, Ludwig Hoffmann in Berlin. Die Wiederentdeckung eines Architekten (=Ausstellungskataloge des Landesarchivs Berlin, 5), Berlin 1987.
Reiher, Monika, Tendenzen der städtebaulichen Entwicklung Charlottenburgs seit 1945, in: Von der Residenz zur City. 275 Jahre Charlottenburg, hrsg. v. Wolfgang Ribbe, Berlin 1980, S. 497–630.
Reinhardt, Heinrich/G. Süßenguth, Das neue Rathaus in Charlottenburg, in: Charlottenburger Zeitung Neue Zeit vom 18. Oktober 1904.
Relling, Die große Berliner Kunstausstellung, in: Die Kunst für Alle, 9. Jg. (1893/94), H. 18, S. 280–282; H. 19, S. 296–299; H. 20, S. 312–315.
Von der Residenz zur City. 275 Jahre Charlottenburg, hrsg. v. Wolfgang Ribbe, Berlin 1980.
Restaurations- und Saalneubauten im Berliner Zoologischen Garten, in: Berliner Architekturwelt, 14. Jg. (1912), H. 7, S. 253–291.
Reuther, Hans, Die große Zerstörung Berlins. 200 Jahre Stadtbaugeschichte, Frankfurt a. M. 1985.
Reuther, H., Die Sakralbauten von Christoph Hehl. Ein Beitrag zur Hannoverschen Bauschule Conrad Wilhelm Hases, in: Niederdeutsche Beiträge zur Kunstgeschichte, 8. Jg. (1969), S. 211 ff.
Rheims, Maurice, Kunst um 1900, Wien-München 1965.
Riegelmann, Gotthold, Ausgeführte Ornamente, Berlin o. J. (1900).
Rilke, Rainer Maria, Sämtliche Werke, hrsg. v. Rilke-Archiv in Verbindung mit Ruth Sieber-Rilke, besorgt durch Ernst Zinn, Bd. 1–3, Wiesbaden 1955–1959.
Rosenberg, Adolf, Drei Jahre Berliner Architektur, in: Berliner Architekturwelt, 4. Jg. (1902), H. 1, S. 1–4.
Rosenberg, A., Die Rosenkranzkirche in Steglitz bei Berlin, in: Berliner Architekturwelt, 4. Jg. (1902), H. 2, S. 43–52.
Rosenhagen, Hans, Berliner Ausstellungen, in: Die Kunst. Monatshefte für freie und angewandte Kunst, Bd. 3 (1901), Freie Kunst, S. 363–366.
Rosenhagen, H., Die zweite Ausstellung des Deutschen Künstlerbundes in Berlin, in: Die Kunst für Alle, 20. Jg. (1904/1905), H. 21, S. 491–501; H. 22, 515–523.
Rückert, Emil, Der Dienst der Athena, Hildburghausen 1829.

Rüdell, Alexander, Der Wettbewerb um den Entwurf für das Empfangsgebäude auf dem neuen Hauptbahnhofe in Hamburg, in: Zentralblatt der Bauverwaltung, 21. Jg. (1901), Nr. 9, S. 53–56; Nr. 11, S. 65–68; Nr. 13, S. 77–79; Nr. 15, S. 89–92.
Rüdell, A., Neuere Eisenbahnhochbauten. VII. Das neue Empfangsgebäude auf dem Hauptbahnhof in Hamburg, in: Zentralblatt der Bauverwaltung, 26. Jg. (1906), Nr. 97, S. 619–622; Nr. 99, S. 632–633.
Russel, Frank, Stuhl und Stil 1850–1950. Die Bedeutung des Sitzmöbels in Beispielen der bedeutenden Gestalter, Stuttgart 1980.
Russel, F., Architektur des Jugendstils. Die Überwindung des Historismus in Europa und Nordamerika, Stuttgart 1981.
Rykwert, Joseph, Ornament ist kein Verbrechen. Architektur als Kunst, Köln 1983.
Säle, in: Deutsche Konkurrenzen, Ergänzungsh. 4, Leipzig 1900.
Saran, Richard, Außerordentlicher Wettbewerb unter den Mitgliedern des Architekten-Vereins zu Berlin zur Erlangung von Entwürfen zum Neubau des Rathauses in Spandau, in: Wochenschrift des Architekten-Vereins zu Berlin, 3. Jg. (1908), Nr. 45, S. 233–252.
Sauerlandt, Max, Deutsche Plastik des Mittelalters, Königstein i. Ts.-Leipzig 1924.
Schäfer, Carl, Von deutscher Kunst. Gesammelte Aufsätze und nachgelassene Schriften, Berlin 1910.
Schaefer, Karl, Die Deutsche Botschaft in St. Petersburg (= Sonderdruck des Profanbau, hrsg. v. H. Licht), Leipzig o. J. (1914).
Schallenberger, J./H. Kraffert, Berliner Wohnungsbauten aus öffentlichen Mitteln. Die Verwendung der Hauszinssteuer, Berlin o. J. (1926).
Scharoun, Hans, Struktur in Raum und Zeit, in: Handbuch der Architektur, hrsg. v. Martin Elsässer u. a., Berlin 1957, S. 11–21.
Scheffler, Karl, Die Architektur der Großstadt, Berlin 1913.
Scheffler, K., Verwandlungen des Barocks in der Kunst des 19. Jahrhunderts, Wien 1947.
Scheffler, K., Das Phänomen der Kunst. Grundsätzliche Betrachtungen zum 19. Jahrhundert, München 1952.
Scherling, Karl, Polyphemos, in: Paulys Realencyclopädie der classischen Altertumswissenschaften, Halbbd. 42, Stuttgart 1952, Sp. 1810–1822.
Schich, Winfried, Das mittelalterliche Berlin (1237–1411), in: Geschichte Berlins, hrsg. v. Wolfgang Ribbe, Bd. 1, Von der Frühgeschichte bis zur Industrialisierung, München 1987, S. 139–250.
Schilling, Otto, Christliche Gesellschaftslehre (= Schriften zur deutschen Politik, H. 11 u. 12), Freiburg 1926.
Schliepmann, Hans, Die Architektur auf der diesjährigen Großen Berliner Kunstausstellung, in: Berliner Architekturwelt, 4. Jg. (1902), H. 4, S. 115–120.
Schliepmann, H., Die Berliner Hochbahn als Kunstwerk, in: Berliner Architekturwelt, 4. Jg. (1902), H. 9, S. 303–311; H. 10, S. 339–348.
Schliepmann, H., Haus ›Rheingold‹ in Berlin. Eine Meisterschöpfung von Bruno Schmitz, in: Deutsche Kunst und Dekoration. Illustrierte Monatshefte für moderne Malerei, Plastik, Architektur, Wohnungs-Kunst und künstlerische Frauenarbeiten, Bd. 20 (1907), S. 1–60.
Schliepmann, H., Große Berliner und Sezessions-Kunstausstellung, in: Berliner Architekturwelt, 14. Jg. (1912), H. 4, S. 127–132.
Schliepmann, H., Otto Stichling, in: Berliner Architekturwelt, 15. Jg. (1913), H. 9, S. 345–355.
Schliepmann, H., Heinrich Seeling, in: Berliner Architekturwelt, 15. Jg. (1913), H. 12, S. 473–510.
Schliepmann, H., Bruno Schmitz, in: Berliner Architekturwelt, 15. Jg. (1913), Sonderh. 13.
Schlipf, Joseph, Hochgotik und Spätgotik, In: Yves Christie u. a., Handbuch der Formen- und Stilkunde. Mittelalter, Stuttgart-Berlin-Köln-Mainz 1982, S. 379–498.
Schmalenbach, Fritz, Jugendstil und neue Sachlichkeit, in: Jugendstil (= Wege der Forschung, Bd. CX), hrsg. v. Jost Hermand, Darmstadt 1971, S. 65–77.
Schmidkunz, Hans, Die Große Berliner Kunstausstellung 1913, in: Die christliche Kunst. Monatsschrift für alle Gebiete der christlichen Kunst, der Kunstwissenschaft sowie für das gesamte Kunstleben, 10. Jg. (1913/14), S. 89–96 u. 121–126.
Schmidkunz, H., Die Große Berliner Kunstausstellung 1916, in: Die christliche Kunst. Monatsschrift für alle Gebiete der christlichen Kunst, der Kunstwissenschaft sowie für das gesamte Kunstleben, 13. Jg. (1916/17), Beilage, S. 19–20, S. 26–27, S. 30–31 u. S. 33–34.
Schmidkunz, H., Die Große Berliner Kunstausstellung 1923, in: Die christliche Kunst. Monatsschrift für alle Gebiete der christlichen Kunst, der Kunstwissenschaft sowie für das gesamte Kunstleben, 20. Jg. (1923/24), Beilage, S. 9–10.
Schmidt, Friedrich/Martin Ebel, Wohnungsbau der Nachkriegszeit in Deutschland. Einleitungsbd. und Bd. 1, Berlin-Brandenburg, Berlin o. J. (1919).
Schmidt, Paul Ferdinand, Berliner Gitter, in: Berliner Architekturwelt, 10. Jg. (1908), H. 7, S. 244–246; H. 8, S. 283–286.
Schmoll, J. A. gen. Eisenwerth, Stilpluralismus statt Einheitszwang – Zur Kritik der Stilepochen-Kunstgeschichte, in: Argo. Festschrift für Kurt Badt, hrsg. von Martin Gosebruch u. Lorenz Dittmann, Köln 1970, S. 77–95.
Schmutzler, Robert, Art Nouveau – Jugendstil, Stuttgart 1962.
Schramm, Percy Ernst, Herrschaftszeichen und Staatssymbolik. Beiträge zu ihrer Geschichte vom dritten bis zum sechzehnten Jahrhundert (= Schriften der Monumenta Germaniae Historica, Bd. 13/I–III), 3 Bde., Stuttgart 1954–1956.
Schramm, P. E., Sphaera Globus Reichsapfel. Wande-

rung und Wandlung eines Herrschaftszeichens von Caesar bis zu Elisabeth II. Ein Beitrag zum Nachleben der Antike, Stuttgart 1958.

Schuchard, Jutta, Carl Schäfer 1844–1908. Leben und Werk des Architekten der Neugotik (= Materialien zur Kunst des 19. Jahrhunderts, Bd. 21), München 1979.

Schultze, Friedrich, Das neue Charlottenburger Rathaus, in: Zentralblatt der Bauverwaltung, 21. Jg. (1901), Nr. 57, S. 350–352.

Schultze, F., Das Wohnhaus für den Reichstagspräsidenten in Berlin, in: Zentralblatt der Bauverwaltung, 24. Jg (1904), Nr. 87, S. 541–543; Nr. 89, S. 553–559.

Schulz, Arthur, Deutsche Skulpturen der Neuzeit. Eine Sammlung hervorragender Werke der Bildhauerkunst, ausgeführt von zeitgenössischen Künstlern, 3 Bde., Berlin 1900.

Schulze, Franz, Mies van der Rohe. Leben und Werk, Berlin 1986.

Schumacher, Fritz, Architektonische Aufgaben der Städte, in: Die deutschen Städte. Geschildert nach den Ergebnissen der ersten deutschen Städteausstellung zu Dresden 1903, Bd. 1, hrsg. v. Robert Wuttke, Leipzig 1904, S. 46–66.

Schumacher, F., Strömungen in deutscher Baukunst seit 1800, Leipzig 1935; 2. Aufl., Köln 1955.

Schumann, Paul, Die große Kunstausstellung Dresden 1908, in: Die Kunst. Monatshefte für freie und angewandte Kunst, 23. Jg. (1908), S. 529–540.

Schur, Ernst, Die Große Berliner Kunstausstellung, in: Berliner Architekturwelt, 8. Jg. (1906), H. 3, S. 79–88.

Schur, E., Architektur, Plastik, Kunstgewerbe auf der Großen Berliner Kunstausstellung 1906, in: Berliner Architekturwelt, 9. Jg. (1907), H. 4, S. 123–128.

Sedlmayr, Hans, Die Entstehung der Kathedrale, Zürich 1950.

Seeling, Heinrich, Neue Grundrissdisposition zu den Wallot'schen Facaden des Reichstagsgebäudes, Berlin 1883.

Semper, Gottfried, Die vier Elemente der Baukunst, Braunschweig 1851.

Semper, G., Der Stil in den technischen und tektonischen Künsten oder Praktische Ästhetik, Bd. 1, Die textile Kunst für sich betrachtet und in Beziehung zur Baukunst, Frankfurt a. M. 1860; Bd. 2, Keramik, Tektonik, Stereotomie, Metallotechnik für sich betrachtet und in Beziehung zur Baukunst, München 1863.

Die St. Simeonskirche in Berlin, in: Berliner Architekturwelt, 1. Jg. (1899), H. 1, S. 13–14.

Sitte, Camillo, Der Städtebau nach seinen künstlerischen Grundsätzen. Ein Beitrag zur Lösung modernster Fragen der Architektur und monumentalen Plastiken unter besonderer Beziehung auf Wien, Wien 1889.

Die neuen Sitzungssäle, in: Charlottenburger Zeitung Neue Zeit, 34. Jg. (1903), Ausgabe vom 8. Januar 1903.

Die Sparkasse der Stadt Charlottenburg 1887–1912, Charlottenburg 1912.

Sperlich, Hans-Günther, Stichwort Architektur, in: Jugendstil. Der Weg ins 20. Jahrhundert, hrsg. v. Helmut Seling, Heidelberg-München 1959, S. 37–64.

Spieker, Helmut, Von der Unschuld der Formen, in: Architekten- und Ingenieur-Verein zu Berlin, Schriftenreihe Diskussion 5/81, Rathaussitzung in Charlottenburg zur Stadtentwicklung von Schinkel bis zur internationalen Bauausstellung in Berlin, S. 25–50.

Spindler, Ernst, Wettbewerb ›Hotel Aschinger‹, in: Berliner Architekturwelt, 8. Jg. (1906), Nr. 4, S. 119–139.

Stadelmann, Rudolf, Vom Geist des ausgehenden Mittelalters. Studien zur Geschichte der Weltanschauungen von Nicolaus Cusanus bis Sebastian Franck (= Deutsche Vierteljahresschriften für Literaturwissenschaft und Geistesgeschichte, Bd. 15), Halle a. d. Saale 1929.

Die deutschen Städte. Geschildert nach den Ergebnissen der ersten deutschen Städteausstellung zu Dresden 1903, Bd. 1, hrsg. v. Robert Wuttke, Leipzig 1904.

Sternberger, Dolf, Jugendstil. Begriff und Physiognomik, in: Jugendstil (= Wege der Forschung, Bd. CX), hrsg. v. Jost Hermand, Darmstadt 1971, S. 27–46.

Sternberger, D., Sinnlichkeit um die Jahrhundertwende, in: Jugendstil, hrsg. v. Jost Hermand, Darmstadt 1971, S. 100–106.

Sternberger, D., Zauberbaum, in: Jugendstil, hrsg. v. Jost Hermand, Darmstadt 1971, S. 145–155.

Sternberger, D., Panorama oder Ansichten vom 19. Jahrhundert (= Schriften, Bd. V), Frankfurt a. M. 1981.

Sternberger, D., Panorama des Jugendstils, in: ders., Vexierbilder des Menschen (= Schriften, Bd. VI), Frankfurt a. M. 1981, S. 273–302.

Sternberger, D., Rede über die Idee der Schönheit, in: ders., Vexierbilder des Menschen (= Schriften, Bd. VI), Frankfurt a. M. 1981, S. 303–314.

Sterner, Gabriele, Jugendstil. Kunstformen zwischen Individualismus und Massengesellschaft, Köln 1975.

Stiehl, Otto, Das deutsche Rathaus im Mittelalter, Leipzig 1905.

Stier, Hubert, Die deutsche Renaissance als nationaler Stil und die Grenzen ihrer Anwendung, in: Deutsche Bauzeitung, 18. Jg. (1884), Nr. 72, S. 426–429; Nr. 73, S. 435–436.

Stockmeyer, E., Gottfried Sempers Kunsttheorie, Zürich-Leipzig 1939.

Suthoff-Groß, Rudolf/Ernst Luther, Verfassung und Verwaltung der Reichshauptstadt Berlin auf der Grundlage des Gesetzes über die Verfassung und Verwaltung der Reichshauptstadt Berlin vom 1. Dezember 1936, Berlin 1938.

Sutter, Conrad, Das Thurmbuch. Thurmformen aller Stile und Länder, Berlin 1888.

Sutter, C., Die Architektur Olbrichs auf der Darmstädter Ausstellung im Sommer 1904, in: Architektonische Rundschau, 21. Jg. (1905), H. 4, S. 25–28.
Sutter, C., Der Turm, in: Architektonische Rundschau, 23. Jg. (1907), H. 9, S. 69–71; H. 10, S. 77–84.
Tettau, Wilhelm Freiherr von, Wandlungen im architektonischen Empfinden, in: Deutsche Bauhütte. Zeitschrift und Anzeiger für alle Zweige praktischer Baukunst, 4. Jg. (1900), Nr. 29, S. 190–191.
Tettau, W. Freiherr von, Die Privat-Architektur auf der Deutschen Bauausstellung, in: Deutsche Bauhütte, Zeitschrift und Anzeiger für alle Zweige praktische Baukunst, 4. Jg. (1900), Nr. 30, S. 216–217.
Thamer, Jutta, Zwischen Historismus und Jugendstil. Zur Ausstattung der Zeitschrift »Pan« (1895–1900) (= Europäische Hochschulschriften, Reihe XXVIII, Kunstgeschichte, Bd. 8), Frankfurt a. M.-Berlin-Cirencester 1980.
Thierbach, Hans, Neue Bauten von Reinhardt und Süßenguth, in: Berliner Architekturwelt, 16. Jg. (1914), H. 12, S. 479–481.
Treitschke, Heinrich von, Luther und die deutsche Nation. Vortrag, gehalten in Darmstadt am 7. November 1883, Berlin 1883.
Trier, Eduard, Plastik, in: G. C. Argan, Die Kunst des 20. Jahrhunderts (= Propyläen Kunstgeschichte, Bd. 12), Frankfurt a. M.-Berlin-Wien 1984, S. 239–289.
Die Trinitatiskirche in Charlottenburg, in: Berliner Architekturwelt, 1. Jg. (1899), H. 10, S. 343–350.
Tschiedel, Johannes, Wilhelm Haverkamp, in: Westermanns Monatshefte, 67. Jg. (1922), T. 1, Bd. 133, H. 795, S. 231–243.
Uhlitz, Otto, Kleine Verfassungsgeschichte Berlins (= Berliner Forum 6/69).
Uhlitz, O., Zur Geschichte des Berliner Bezirksverfassungsrechts. Eine Rückschau unter besonderer Berücksichtigung Charlottenburgs, in: Von der Residenz zur City. 275 Jahre Charlottenburg, hrsg. v. Wolfgang Ribbe, Berlin 1980, S. 317–426.
Unruh, Georg Christoph von, Die Städte im Kaiserreich, in: Das Rathaus im Kaiserreich. Kunstpolitische Aspekte einer Bauaufgabe des 19. Jahrhunderts (= Kunst, Kultur und Politik im Deutschen Kaiserreich. Schriften eines Projekt-Kreises der Fritz-Thyssen-Stiftung, Bd. 4), hrsg. v. Ekkehard Mai/Jürgen Paul/Stephan Waetzoldt, Berlin 1982, S. 11–28.
Velde, Henry van de, Die Renaissance im modernen Kunstgewerbe, Berlin 1901.
Velde, H. van de, Kunstgewerbliche Laienpredigten, Leipzig 1902.
Velde, H. van de, Zum neuen Stil. Aus seinen Schriften ausgewählt und eingeleitet von Hans Curjel, München 1955.
Velde, H. van de, Geschichte meines Lebens, München 1962.
Viollet-le-Duc, Eugène-Emmanuel, Dictionnaire raisonné de l'architecture française du XIe au XVIe siècle, Paris o. J. (1854–1869).
Vogel, F. Rudolf, Über monumentale Baukunst, in: Deutsche Bauhütte. Zeitschrift und Anzeiger für alle Zweige praktischer Baukunst, 4. Jg. (1900), Nr. 26, S. 176; Nr. 29, S. 189–190.
Voss, Hans, Neunzehntes Jahrhundert, Frankfurt a. M. o. J. (1969).
Wagner, Otto, Moderne Architektur, Wien 1896.
Wagner-Rieger, Renate, Architektur, in: H. Fillitz, Das Mittelalter I (= Propyläen Kunstgeschichte, Bd. 5), Frankfurt a. M.-Berlin-Wien 1984, S. 132–275.
Wappenschmidt, Heinz-Toni, Rathäuser im rheinisch-westfälischen Industriegebiet. Die Bildprogramme in Krefeld, Bochum und Elberfeld, in: Das Rathaus im Kaiserreich. Kunstpolitische Aspekte einer Bauaufgabe des 19. Jahrhunderts (= Kunst, Kultur und Politik im Deutschen Kaiserreich, Bd. 4) hrsg. v. Ekkehard Mai/Jürgen Paul/ Stephan Waetzoldt, Berlin 1982, S. 261–300.
Warren, Geoffrey, Jugendstil, Wiesbaden 1972.
Weber, Klaus Konrad, Staats- und Kommunalbauten, in: Berlin und seine Bauten, hrsg. v. Architekten- und Ingenieur-Verein zu Berlin, T. III, Bauwerke für Regierung und Verwaltung, Berlin-München 1966, S. 65–81.
Wegner, Gerd, Charlottenburgs neuer Ratskeller, in: Welt am Sonntag vom 26. April 1964.
Wellmann, Robert, Moderne Kunst in Rom. Jahresausstellung der società dei cultura è amatori und der società dei aquarellisti, in: Die Kunst für Alle, Bd. 7 (1891/92) S. 241–244.
Der Wettbewerb für das neue Empfangsgebäude auf dem Bahnhof Karlsruhe i. B., in: Deutsche Bauzeitung, 39. Jg. (1905), Nr. 30, S. 181–184; Nr. 32, S. 192–194.
Ein Wettbewerb um Entwürfe für ein neues Rathaus in Charlottenburg, in: Deutsche Bauzeitung, 31. Jg. (1897), S. 216, 224, 628, 640 u. 648.
Der engere Wettbewerb zur Erlangung von Entwürfen für ein Dienstgebäude der obersten Marinebehörden in Berlin, in: Deutsche Bauzeitung, 44. Jg. (1910), Nr. 95, S. 773–778.
Der wiederholte Wettbewerb zur Erlangung für ein neues Rathaus in Dresden, in: Deutsche Bauzeitung, 37. Jg. (1903), Nr. 58, S. 373–375; Nr. 59, S. 378–379; Nr. 60, S. 405–409.
Wichmann, Siegfried, Jugendstil, Art Nouveau, München 1974.
Wichmann, S., Jugendstil Floral Funktional in Deutschland und Österreich und deren Einflußgebieten, Herrsching 1984.
Widmer, Karl, Das abstrakte Ornament in der Entwicklung der modernen Kunst, in: Architektonische Rundschau, 25. Jg. (1909), H. 4, S. 27–30.
Wilhelm II., Ereignisse und Gestalten aus den Jahren 1878–1918, Leipzig-Berlin 1922.
Das Wilhelminische Deutschland. Stimmen der Zeit-

genossen, hrsg. u. kommentiert v. Georg Kotowski/Werner Pöls/Gerhard A. Ritter, Frankfurt a. M. 1965.
Willrich, Erich, Die Große Berliner Kunstausstellung 1901. Malerei und Plastik, in: Berliner Architekturwelt, 4. Jg. (1902), H. 5, S. 151–158; H. 6, S. 209–217.
Wolff, Fritz, Der Neubau des Warenhauses Wertheim in Berlin, in: Deutsche Kunst und Dekoration. Illustrierte Monatshefte zur Förderung Deutscher Kunst und Formensprache, Bd. 15 (1904/05), S. 277–292.
Wollschläger, Günter, Das Rathaus Charlottenburg, in: Mitteilungen des Vereins für die Geschichte Berlins, 70. Jg. (1974), Nr. 13, S. 373–379.
Zarnecki, George, Plastik im 12. Jahrhundert, in: H. Fillitz, Das Mittelalter I (= Propyläen Kunstgeschichte, Bd. 5), Frankfurt a. M.-Berlin-Wien 1984, S. 226–329.
Zetzsche, Carl, Neue Formen. Deutsche Ornamentik, in: Architektonische Rundschau, 19. Jg. (1903), H. 1, S. 1–3; H. 2, S. 9–12; H. 3, S. 17–21.
Ziegler, Konrad, Gorgo, in: Paulys Realencyclopädie der classischen Altertumswissenschaften, Halbbd. 14, Stuttgart 1912, Sp. 1630–1655.
Zimmer, Gerhard, Römische Berufsdarstellungen (= Archäologische Forschungen, Bd. 12), Berlin 1982.

Ortsregister

Personen- und Namenregister

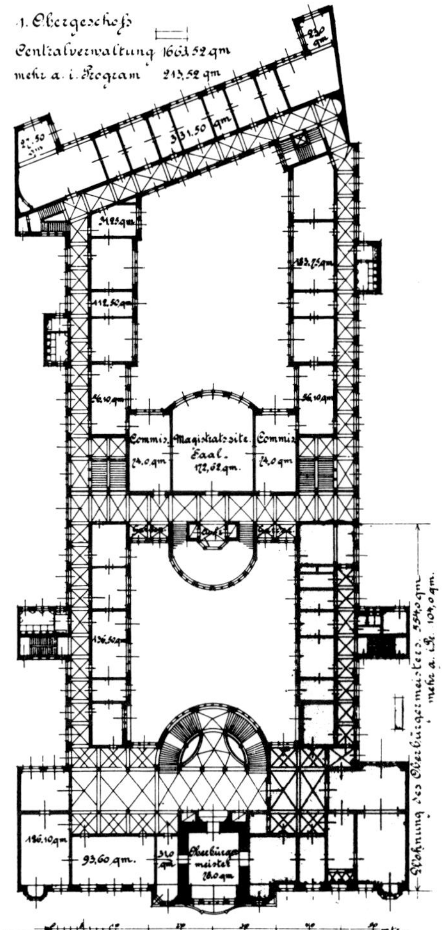
1. Obergeschoß
Centralverwaltung 1663,52 qm
mehr a. i. Program 213,52 qm
Magistratssitz-Saal.
172,62 qm.
Wohnung des Oberbürgermeisters

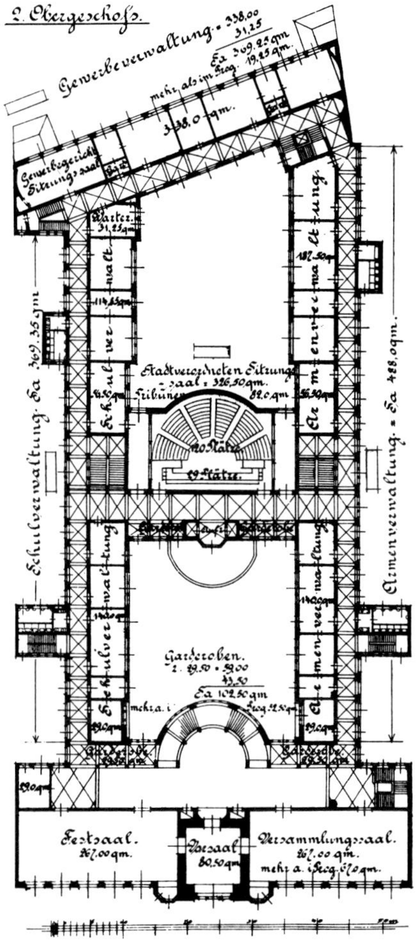
2. Obergeschoß.
Gewerbeverwaltung
Stadtverordneten Sitzungs-saal = 326,50 qm.
Garderoben.
Festsaal.
267,00 qm.
Vorsaal
80,50 qm
Versammlungssaal.
267,00 qm.
Schulverwaltung
Armenverwaltung

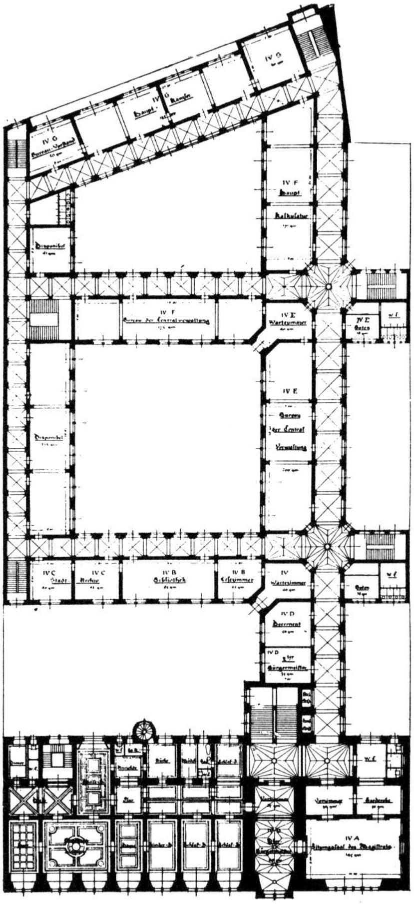

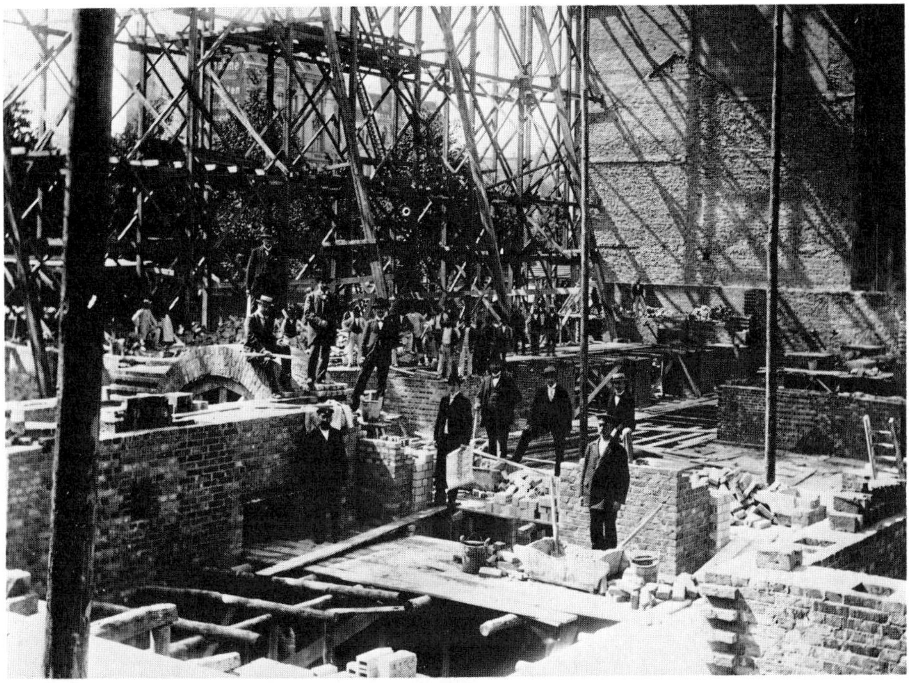

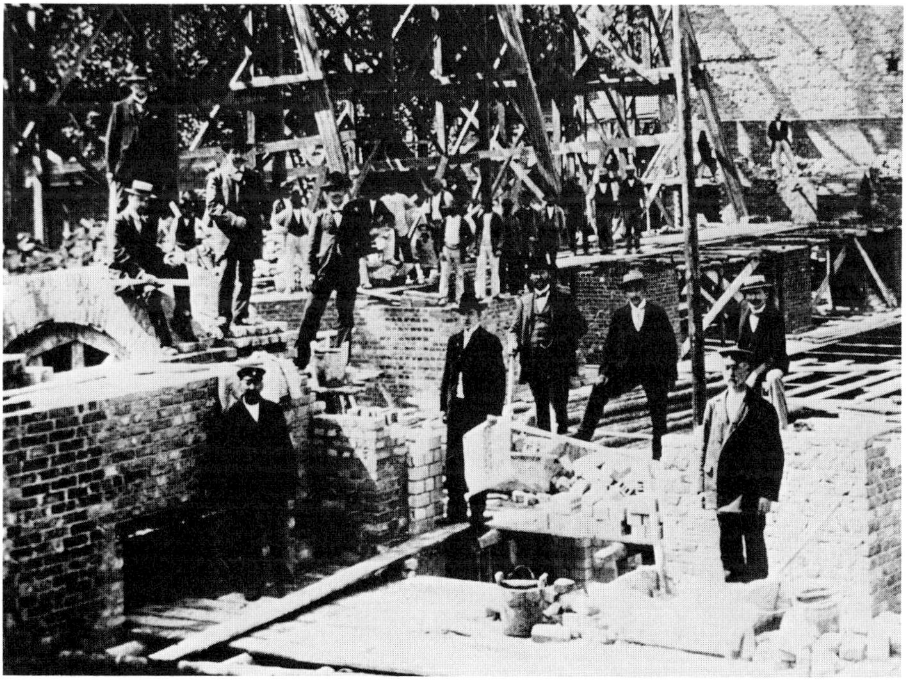

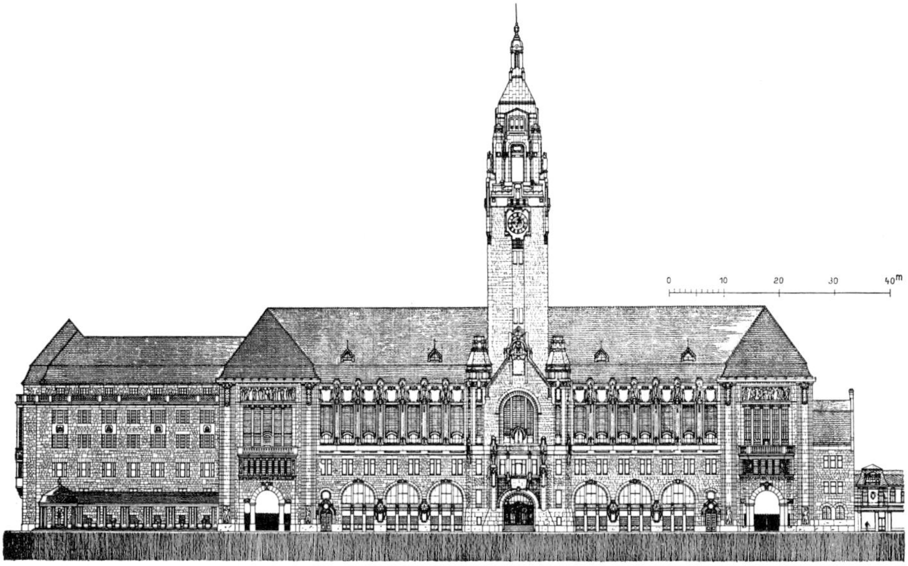

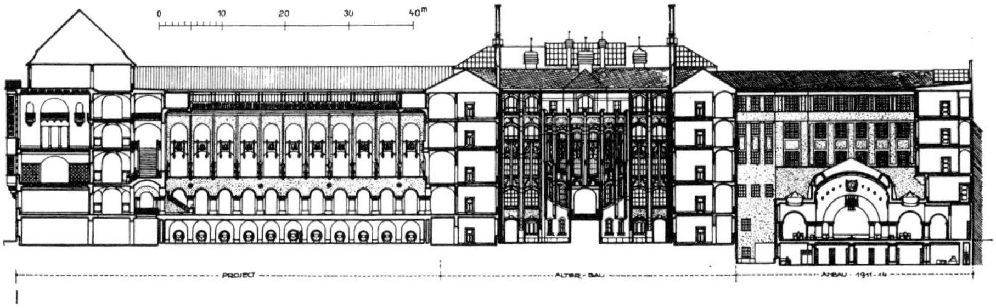

